Roman Capaul
Daniel Steingruber

# Betriebswirtschaft verstehen

Das St. Galler Management-Modell

**3. Auflage**

Schweizer Ausgabe

**Bibliographische Informationen der Deutschen Nationalbibliothek**
Die Deutsche Nationalbibliothek verzeichnet diese Publikation in der Deutschen Nationalbibliographie;
detaillierte bibliographische Daten sind im Internet über: http://dnb.dnb.de abrufbar.

**Hinweise zu ergänzenden Materialien zur 3. Auflage**

**Für Lehrpersonen:**
– Downloads zur 3. Auflage:
  – Folien zum Lehrbuch (978-3-06-451400-3)
  – Unterrichtseinheiten und Fälle (978-3-06-451399-0)
  – Vertiefende Materialien zur Unterrichtsvorbereitung (978-3-06-451398-3)

**Für Lehrpersonen und Lernende/Studierende:**
– 🛜 Weblinks zur Veranschaulichung der Theorie der 3. Auflage unter www.iwp.unisg.ch/weblinks
– ⟳ Lösungen zu den Aufgaben und Korrigendum unter www.iwp.unisg.ch/bwl

**Ebenfalls bei der Cornelsen Schulverlage GmbH erschienen:**

Capaul, R. & Steingruber, D. (2014). Business Studies. An Introduction to the St. Gallen Management Model.
Solutions for the exercises are available at www.iwp.unisg.ch/bwl.

The book is an American English translation of the German language publication:
Betriebswirtschaft verstehen – Das St. Galler Management-Modell, 2. Auflage, 2013.

Redaktion: Elisabeth Berten
Lektorat: Veronika Kühn, Köln
Umschlaggestaltung und Layoutkonzept: nach einer Idee von Studio SYBERG, Berlin
Technische Umsetzung: zweiband.media Berlin
Umschlagfoto: Peter Wirtz, Dormagen


www.cornelsen.ch

3. Auflage, 4. Druck 2020

Alle Drucke dieser Auflage sind inhaltlich unverändert
und können im Unterricht nebeneinander verwendet werden.

© 2016 Cornelsen Schulverlage GmbH, Berlin
© 2017 Cornelsen Verlag GmbH, Berlin

Druck: Mohn Media Mohndruck, Gütersloh

ISBN: 978-3-06-451395-2 (Schülerbuch)
ISBN: 978-3-06-451396-9 (E-Book))

**PEFC zertifiziert**
Dieses Produkt stammt aus nachhaltig
bewirtschafteten Wäldern und kontrollierten
Quellen.

www.pefc.de

PEFC/04-31-1033

## Vorwort

Unternehmen sind produktive, soziale, komplexe, sich wandelnde Systeme. Innerhalb des Systems gibt es vielfältige Vernetzungen und Wechselwirkungen. Um die Funktionsweise von Unternehmen besser zu verstehen, sind Modelle hilfreich. An der Universität St. Gallen wird seit 1972 auf der Basis des St. Galler Management-Modells Betriebswirtschaftslehre gelehrt. An der Schnittstelle zwischen Lehre, Weiterbildung, Forschung und Unternehmenspraxis hat sich das Modell laufend weiterentwickelt.
Seit 2002 wird das „St. Galler Management-Modell" in der 3. Generation gelehrt. Das Modell wurde didaktisch vereinfacht und den neuen praktischen und theoretischen Entwicklungen angepasst. Im Gegensatz zu den früheren Modellgenerationen wurde das Augenmerk besonders auf die prozessorientierte Betrachtung, die vielfältige Verknüpfung des Unternehmens mit seinen Anspruchsgruppen sowie die ethisch-normative Dimension gerichtet.
Immer wieder wurden wir darauf angesprochen, eine zusammenfassende Darstellung der betriebswirtschaftlichen Grundlagen für den Gymnasialunterricht und Schulen, die zur allgemeinen Hochschulreife führen, anzubieten. Um den Leserinnen und Lesern einen Orientierungsrahmen zu geben, haben wir das „St. Galler Management-Modell" beigezogen. Bevor wir das Modell beschreiben, wird ausgeführt, weshalb überhaupt Unternehmen wirtschaftlich tätig werden, was Unternehmen leisten und welche Arten von Unternehmen es gibt. Wir beginnen also in unserem persönlichen Alltag und schauen, wie uns Unternehmen konkret begegnen. Erst dann folgt die generalisierende Sicht anhand des Modells.

Alle Kapitel sind nach dem gleichen Muster aufgebaut: Leitfragen, Schlüsselbegriffe, sprachliche und bildliche Verankerung im St. Galler Management-Modell, Einführungsbeispiel sowie weitere Beispiele, welche die Theorie veranschaulichen und Aufgaben, zu deren Lösung unterschiedliche Methoden und Instrumente aus der Betriebswirtschaftslehre verwendet werden müssen. Aufgrund dieser didaktischen Konzeption empfehlen wir den Lernenden folgenden Umgang mit dem Lehrbuch:

- Lesen Sie zuerst die Leitfragen, damit Sie wissen, was Sie im Kapitel erwartet. Behalten Sie die Fragen im Hinterkopf, um zielgerichteter zu lesen. Testen Sie abschliessend anhand der Leitfragen Ihren Lernerfolg.
- Nach der Bearbeitung des Kapitels können Sie Ihr Wissen auch anhand der Schlüsselbegriffe testen. Sie sollten die Schlüsselbegriffe in eigenen Worten erklären können.
- Versuchen Sie zu verstehen, wo das Kapitel im Modell verankert ist. Zudem soll Ihnen bewusst werden, dass zwischen den einzelnen Modellelementen Verknüpfungen bestehen. Das Modellelement ist also immer im Gesamtzusammenhang zu betrachten. In den Randspalten finden Sie die wichtigsten Verknüpfungen zwischen und innerhalb der Modellelemente.
- Verbinden Sie die Theorie des Kapitels möglichst mit dem Ausgangsbeispiel. Versuchen Sie darüber hinaus auch andere Beispiele zu finden, welche die Theorie veranschaulichen.

Die Unternehmensbeispiele zu Beginn jedes Kapitels sind gezielt ausgewählt. Sie variieren bezüglich Branche, Standort, Produkt, Grösse und Rechtsform. Sie sollen ein Abbild der Volkswirtschaft darstellen und die Vielfalt der unternehmerischen Tätigkeiten aufzeigen. Wir versuchten, wenn immer möglich, die Theorie mit real existierenden Unternehmen zu erklären. Fiktive und von uns didaktisch bewusst konstruierte Beispiele (Unternehmen, Personen, Produkte usw.) sind mit Anführungs- und Abführungszeichen gekennzeichnet. Die ausgewählten Textbeispiele widerspiegeln nicht unsere Meinung. Es sind Materialien, welche die Lernenden kritisch hinterfragen sollen. Ziel ist, dass sie zu einer eigenen, differenzierten und begründeten Meinung gelangen können.

Hinweis zum Gebrauch der männlichen und weiblichen Form: Zur besseren Lesbarkeit der Texte haben wir uns für die männliche Form entschieden und sprechen damit selbstverständlich beide Geschlechter an.

Ein solches Werk kann nicht ohne vielseitige Unterstützung entstehen. Unser Dank gilt dem Rektorat der Universität St. Gallen, welches uns diesen Auftrag anvertraute, und dem Institut für Wirtschaftspädagogik für die Infrastruktur und die finanzielle Unterstützung.

*Ladina Caluori,* M. A. HSG, dipl. Wipäd., hat in der ersten Phase des Projekts wesentliche Basisarbeit in zahlreichen Kapiteln geleistet und kreative Ideen beigesteuert. Auf diesem Fundament konnten wir die Kapitel weiterentwickeln.

*Thomas Zweifel,* B. A. HSG, war eine tragende Stütze im Projekt. Er hat mehrere Kapitel (Organisationstheorien, Organisationsformen, Leasing, Rechnungslegung-Finanzanalyse und Unternehmensbewertung, Gesellschaftsrecht) als Erstautor verfasst, zahlreiche Aufgaben und Lösungen entwickelt und sehr fundierte theoretische Inputs über das ganze Buch hinweg beigesteuert.

*Gabriela Kern,* B. A. HSG, und *Angela Schönenberger,* B. A. HSG, entwickelten mehrere Kapitel inhaltlich weiter. Sie erhöhten mit ihrem kritischen Blick und den konstruktiven Beiträgen sowie den zahlreichen Aufgaben und Lösungen die Qualität dieses Lehrwerks wesentlich.

*Eszter Kiss-Deák,* M. A., Dipl.-Ing., unterstützte uns mit der sorgfältigen Erarbeitung der Grafiken.

*Tina Cassidy,* M. A. HSG, dipl. Wipäd., und Karin Salzgeber, B. A. HSG, haben in mehreren Kapiteln wertvolle Grundlagen geliefert.

*Dr. Martin Keller* war für alle am Werk Engagierten jederzeit ein konstruktiver und differenzierter Ratgeber. Den Studierenden der Zusatzausbildung Wirtschaftspädagogik der Universität St. Gallen danken wir für die hilfreichen Anregungen.

Schliesslich danken wir den Mitarbeitern des Verlags für die konstruktive Zusammenarbeit während des gesamten Entwicklungsprozesses. Der Dank richtet sich insbesondere an *Daniel Fasnacht, Heinz Ziburske, André Barraud, Edgar Brütsch, Dorothe Redeker, Andrea Zumbrunn* sowie *Kirstin Eichenberg* und *Torsten Symank* von V+I+S+K.

St. Gallen, im Sommer 2010
*Prof. Dr. Roman Capaul und M. A. HSG, dipl. Wipäd. Daniel Steingruber*

## Vorwort zur 2. Auflage

Die 1. Auflage „Betriebswirtschaft verstehen" hat einen erfreulichen Start erlebt. Zahlreiche Lehrpersonen in mehreren Kantonen setzen das Lehrbuch im Schwerpunktfach Wirtschaft und Recht in den Gymnasien ein. Verschiedene Wirtschaftsmittelschulen und höhere Fachschulen arbeiten ebenfalls mit diesem Lehrbuch. Auch in Deutschland wächst das Interesse an diesem Lehrmittel. Wegen der hochstehenden Qualität wurde dieses Lehrmittel im Juni 2011 vom Verein „Jugend und Wirtschaft" mit dem Gütesiegel „Goldene Schiefertafel" ausgezeichnet, welches für herausragende Lehr- und Lernmedien verliehen wird. Die vielen positiven Rückmeldungen von Lehrpersonen sowie Schülern freuten uns und motivierten uns für die Erstellung einer 2. Auflage. Die bewährte Grundkonzeption und die Anzahl Seiten haben wir belassen. Wir konzentrierten uns auf die Aktualisierung der Beispiele sowie Zahlen und entwickelten in grossem Umfang unterstützende Zusatzmaterialien für die Lehrpersonen.

Gegenüber der 1. Auflage finden Sie im Lehrmittel folgende Veränderungen und Weiterentwicklungen:
- Fehler in den Theorieteilen und Lösungen wurden ausgemerzt.
- Bei den Einführungsbeispielen wird konsequent eine problemorientierte Einstiegsfrage angewendet.

– In diversen Kapiteln haben wir den freien Platz mit zusätzlichen Aufgaben und entsprechenden Lösungen auf der IWP-Webseite ergänzt. Dadurch hat sich die Reihenfolge der Aufgaben teilweise verändert.
– Kleine Veränderungen im Kapitel Investitionen
– Die Unternehmensbeispiele wurden aktualisiert.
– Verweise innerhalb des Buches sind mit der entsprechenden Seitenzahl versehen und Verweise auf die Zusatzmaterialien (auf einer CD) sind neu hinzugefügt.
– Tabellen und Abbildungen wurden durchgängig nummeriert

Diese umfassende Weiterentwicklung konnte nur dank der Unterstützung zahlreicher Personen erfolgen. Wir möchten deshalb unseren studentischen Hilfskräften *Samuel Obrecht, Lucia Loher* und *Corinne Sylla* danken, welche zusätzliche Materialien entwickelten und zahlreiche Ideen einbrachten.
Die drei Studierenden absolvieren gleichzeitig die Vertiefungsrichtung „Wirtschaftspädagogik". Besonders gefreut haben uns die gründlichen Rückmeldungen von Wirtschaftslehrpersonen, welche die neuen Fallstudien im Unterricht ausprobierten und uns sinnvolle Impulse für die Optimierung zustellten. Wertvolle Anregungen sind aus den beiden Lehrerfortbildungskursen für Wirtschaftslehrpersonen des Kantons St. Gallen und Buchpräsentationen in die Weiterentwicklung eingeflossen.

St. Gallen, im Frühling 2013
*Prof. Dr. Roman Capaul und M. A. HSG, dipl. Wipäd. Daniel Steingruber*


**Vorwort zur 3. Auflage**

Das Buch umfasst auch in der 3. Auflage die gleiche Anzahl Seiten. Somit bleiben die deutsche und englische Version im Aufbau und Umfang identisch.
Gegenüber der 2. Auflage finden Sie folgende Veränderungen und Weiterentwicklungen:
– Erhöhung der Funktionalität und Lesefreundlichkeit des Buches durch Nummerierung der Leitfragen, Konkretisierung der Fusszeile, einen Verweis auf das Inhaltsverzeichnis zu Kapitelbeginn
– Aktualisierung der Unternehmensbeispiele, Zahlen, Aufgaben sowie Ergänzung von neueren Begriffen und Konzepten in der BWL
– Kleinere Fehler in den Theorieteilen und Lösungen wurden ausgemerzt.
– In einigen Kapiteln haben wir den freien Platz für zusätzliche aktuelle Informationen genutzt.
– Verweise innerhalb des Buches erweitert und Verweise für Lehrpersonen auf die Zusatzmaterialien (Downloads) klarer hinzugefügt
– Weblinks in den Marginalien führen auf interessante Seiten, welche die Theorie des Lehrmittels in Bild, Ton oder Schrift noch weiter veranschaulichen.
– Schliesslich sind zusätzliche, fertig entwickelte und ausprobierte Unterrichtseinheiten für die Lehrpersonen zu den Themen Investitionsrechnung, Umweltsphären und Modell, Sharing Economy und Mobile Payment, eine Maturitätsprüfung sowie eine Projektidee zur Erstellung von Prüfungsfragen mit Schülern entstanden.

An dieser Stelle danken wir M. A. HSG, dipl. Wipäd. Simona Fischer, M. A. HSG, dipl. Wipäd. Corinne Sylla und B. B. A. Jay Binneweg für ihre Unterstützung bei der 3. Auflage. Auch die laufenden Hinweise und Rückmeldungen von Lehrpersonen bringen uns ständig weiter. Ein besonderer Dank gehen an Elisabeth Berten (Redaktion) und Veronika Kühn (Lektorat) für die äusserst angenehme Zusammenarbeit.

St. Gallen, im Frühling 2016
*Prof. Dr. Roman Capaul und Dr. Daniel Steingruber*

# Einführung

# A   Modellüberblick

# B  Umweltsphären, Anspruchsgruppen und Interaktionsthemen

# C Ordnungsmomente

# D Prozesse

# E Entwicklungsmodi

# Toolbox

# Anhang

# Einführung

# 1 Vom Bedürfnis zur Nachfrage

→ S.11 Inhaltsübersicht

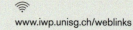
www.iwp.unisg.ch/weblinks

## Leitfragen

a) Was wird im Wirtschaftsleben unter einem Bedürfnis verstanden?
b) Welche Bedürfnisarten gibt es?
c) Wie entsteht aus einem Bedürfnis eine Nachfrage?
d) Was sind Güter und welche Güterarten lassen sich unterscheiden?
e) Weshalb können nie alle Bedürfnisse befriedigt werden?
f) Was versteht man unter dem ökonomischen Prinzip?

## Schlüsselbegriffe

Bedürfnis, Bedürfnisbefriedigung, Existenzbedürfnis, Wahlbedürfnis, Maslow'sche Bedürfnispyramide, Individualbedürfnis, Kollektivbedürfnis, Bedarf, Nachfrage, Kaufkraft, Freie Güter, Wirtschaftliche Güter, ökonomisches Prinzip, Minimumprinzip, Maximumprinzip

## Verankerung im Modell

Ausgangspunkt wirtschaftlicher Aktivitäten sind unterschiedlichste menschliche Bedürfnisse. Diese werden durch die Unternehmen aufgegriffen und führen zur Bereitstellung von Gütern. Ein Bedürfnis kann tatsächlich jedoch nur befriedigt werden, wenn die notwendigen finanziellen Mittel zum Erwerb der Güter vorhanden sind. Der Einsatz dieser finanziellen Mittel (Konsumenten) und die Herstellung der Güter (Unternehmen) erfolgt nach dem ökonomischen Prinzip.

Bei den in diesem Kapitel behandelten Begriffen handelt es sich um grundlegende Begriffe, welche für ein allgemeines unternehmerisches Denken notwendig sind. Diese Begrifflichkeiten können deshalb nicht an einer konkreten Stelle im Modell verankert werden.

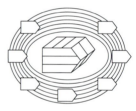

**Beispiel** Hotel Laudinella – Was Hotelgäste gerne frühstücken

Hotelgäste haben beim Frühstück unterschiedliche Bedürfnisse, welche vom Kalorientanken bis zum „Nur-Kaffee-Gipfeli" reichen. Genau darüber weiss man im St. Moritzer Hotel Laudinella Bescheid. Der F&B-Manager[1] muss folgende Vorlieben befriedigen: Sportler lieben Rührei, Fruchtsalat, Joghurt und Müesli. Kongressgäste konzentrieren sich auf Gipfeli und Müesli, da sie unter Zeitdruck stehen. Italiener greifen beim Süssen zu und Japaner bei Peperoni – kaum jedoch bei Milchprodukten. Beliebt bei Schweizer Gästen sind dunkles Brot, Fruchtsalat und Birchermüesli. Doch welche weiteren Bedürfnisse haben die Hotelgäste und wovon hängt es ab, ob diese befriedigt werden können?

[1] F&B-Manager: ist in der Gastronomie für „Food and Beverages", also Speisen und Getränke, verantwortlich.

Abb. 1

# 1.1 Bedürfnisse, Bedarf, Nachfrage

Nicht nur Hotelgäste haben Bedürfnisse, sondern auch Sie. Vor der Mittagspause beginnt oft Ihr Magen zu knurren. Das Bedürfnis „Hungerstillen" befriedigen Sie eventuell mit einem Menü in der Kantine.

**Ein Bedürfnis ist das Verlangen oder der Wunsch, einem empfundenen oder tatsächlichen Mangel Abhilfe zu schaffen. Die Beseitigung des Mangels nennt man Bedürfnisbefriedigung.**

Die Bedürfnisse der Menschen sind je nach Alter, Land, Beruf, Ort, Zeit usw. unterschiedlich. Sie können nach Dringlichkeit, nach Wichtigkeit und nach Bedürfnisträgern eingeteilt werden.

**Beispiel** Feriengast – Individualität der Bedürfnisse

Während sich ein 25-jähriger Feriengast den ganzen Tag über sportlich betätigen möchte, sehnt sich ein 50-jähriger Weiterbildungsseminarteilnehmer nach einer angenehmen Atmosphäre zum Lernen.

Dem Menschen gelingt es nie, alle seine Bedürfnisse zu befriedigen. Er kann auch nicht jedes Bedürfnis gleichzeitg befriedigen, weshalb er sich zuerst für die Befriedigung der dringlichen Bedürfnisse (Existenzbedürfnisse) und erst dann für die Befriedigung der weniger dringlichen Bedürfnisse (Wahlbedürfnisse) entscheidet.

Tab. 1

**Existenzbedürfnisse**

Existenzbedürfnisse sind ausschliesslich darauf gerichtet, das menschliche Leben durch Nahrung, Kleidung und eine einfache Wohnung zu sichern.

**Wahlbedürfnisse**

Bei den Wahlbedürfnissen trifft der Mensch eine Auswahl aus verschiedenen Bedürfnissen. Diese sind nicht unmittelbar lebensnotwendig. Sie zielen darauf ab, sich einem allgemein vorhandenen Lebensstandard anzugleichen oder diesen zu übertreffen. Beispiele sind Reisen, Auto und Schmuck. Die Werbung versucht den Menschen so zu beeinflussen, dass bei ihm stets neue Wahlbedürfnisse entstehen, die er befriedigen möchte.

Der amerikanische Psychologe Abraham Harold Maslow hat herausgefunden, dass die Wahlbedürfnisse nach einer bestimmten Rangordnung befriedigt werden. Die Unterscheidung der Bedürfnisse erfolgt nach dem Kriterium der Wichtigkeit. Sobald die Bedürfnisse einer unteren Stufe (siehe Abbildung auf der folgenden Seite) gestillt sind, strebt der Mensch nach Bedürfnissen der nächsthöheren Stufe.

Abb. 2

## Maslow'sche Bedürfnispyramide

**Selbstverwirklichungsbedürfnisse**
Individualität, Talententfaltung, Kunst, Güte

**Wertschätzungsbedürfnisse**
Status, Wohlstand, Karriere, Macht, Siege

**Soziale Bedürfnisse**
Freundeskreis, Partnerschaft, Liebe, Kommunikation

**Sicherheitsbedürfnisse**
Gesetze, fester Job, Versicherungen, Ordnung

**Existenzbedürfnisse**
Nahrung, Trinken, Schlaf, Wohnung, Sauerstoff

Eine weitere Möglichkeit, Bedürfnisse zu unterscheiden, ist die Einteilung nach den Bedürfnisträgern.

Tab. 2

### Individualbedürfnisse

Jeder Einzelne entscheidet selbst, wann und in welcher Reihenfolge er welche Bedürfnisse befriedigen möchte.

### Kollektivbedürfnisse

Es gibt Bedürfnisse, welche von der Einzelperson nicht alleine befriedigt werden können. Je mehr Individuen die gleichen Bedürfnisse befriedigen wollen, desto grösser werden die Probleme für die Gesellschaft. Es entstehen Kollektivbedürfnisse. Damit das Individualbedürfnis „Mobilität" befriedigt werden kann, muss der Ausbau von Strassen und Eisenbahnlinien als Kollektivbedürfnis vorangetrieben werden.

**Beispiel** Hotel Laudinella – Bedürfnisträger

Das Existenzbedürfnis nach Nahrung kann jeder Hotelgast im St. Moritzer Hotel Laudinella individuell befriedigen, indem er sich am Frühstücksbuffet bedient. Das Bedürfnis der Hotelgäste nach umfassender Sicherheit während ihrem Aufenthalt ist dagegen nur kollektiv wirkungsvoll zu befriedigen, z. B. durch einen Sicherheitsdienst. Nach Maslow streben die Hotelgäste zuerst danach ihren Hunger zu stillen, bevor sie sich um ihre Sicherheit sorgen.

→ Aufgaben 1 und 2

Die Entscheidung, ein bestimmtes Bedürfnis befriedigen zu können, hängt davon ab, welcher Betrag vom Einkommen für Konsumzwecke verfügbar ist.

Diesen Betrag nennt man **Kaufkraft**[1]. Möchten Sie Ihren Wunsch nach Mobilität und gesellschaftlicher Anerkennung mit einem Ferrari erfüllen, so werden Sie vielleicht feststellen, dass Ihre verfügbaren Mittel für Konsumzwecke, also Ihre Kaufkraft, nicht ausreichend sind. Die mit Kaufkraft ausgestatteten Bedürfnisse nennt man **Bedarf**. Wird die vorhandene Kaufkraft auf einem Markt zur Deckung des Bedarfs eingesetzt, entsteht eine **Nachfrage**. Mit der Herstellung und dem Angebot von wirtschaftlichen Gütern versuchen Unternehmen die Nachfrage zu befriedigen.

[1] Kaufkraft: Fähigkeit eines Menschen, Güter zu erwerben; Zahlungsfähigkeit

Abb. 3

**Vom Bedürfnis zur Nachfrage**

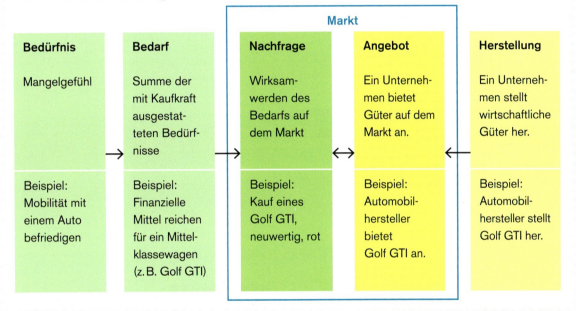

| Bedürfnis | Bedarf | Markt | | Herstellung |
|---|---|---|---|---|
| | | Nachfrage | Angebot | |
| Mangelgefühl | Summe der mit Kaufkraft ausgestatteten Bedürfnisse | Wirksamwerden des Bedarfs auf dem Markt | Ein Unternehmen bietet Güter auf dem Markt an. | Ein Unternehmen stellt wirtschaftliche Güter her. |
| Beispiel: Mobilität mit einem Auto befriedigen | Beispiel: Finanzielle Mittel reichen für ein Mittelklassewagen (z. B. Golf GTI) | Beispiel: Kauf eines Golf GTI, neuwertig, rot | Beispiel: Automobilhersteller bietet Golf GTI an. | Beispiel: Automobilhersteller stellt Golf GTI her. |

**Beispiel** Hotelgast – Vom Bedürfnis zur Nachfrage

Das Hotel Laudinella bietet unter anderem die Verpflegungsart Halbpension an, bestehend aus einem Frühstücksbuffet und einem Mittag- oder Abendessen vom Buffet in der Stüva à discrétion, asiatische Gerichte im Siam Wind, Pizzas in der Pizzeria Caruso, Käsespezialitäten im Le Carnotzet, traditionell japanische Küche im Kura und französische Gaumenfreuden in der La Brasserie. Jeder Halbpension-Hotelgast muss sich entweder über den Mittag oder am Abend individuell verpflegen. Natürlich hat jeder Gast unterschiedliche Bedürfnisse. Zudem haben alle verschiedene finanzielle Mittel. Herr Jung ist reich und möchte sich ein exklusives Abendessen im Restaurant des legendären Badrutt's Palace gönnen (mit Kaufkraft ausgestattetes Bedürfnis = Bedarf). Er bestellt einen Gourmetteller (der Bedarf wird am Markt wirksam = Nachfrage), verspeist diese Delikatesse und bezahlt schliesslich die Rechnung.

→ Aufgabe 3

Abb. 4

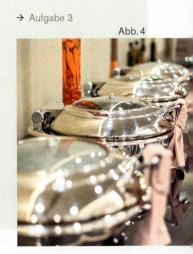

## 1.2 Wirtschaftliche Güter

Im Gegensatz zu den zahlreichen menschlichen Bedürfnissen sind die finanziellen Mittel zur Bedürfnisbefriedigung begrenzt. Güter, die von der Natur in ausreichender Menge zur Verfügung gestellt werden und deshalb gratis sind, nennt man **freie Güter**. Luft ist z. B. in fast allen Situationen ein solches freies Gut. Die Gruppe der freien Güter wird immer kleiner. In der Vergangenheit ist der Mensch mit diesen Gütern zu wenig sorgsam umgegangen (z. B. Wasser), weswegen heutzutage oftmals der Verbrauch dieser Güter ebenfalls etwas kostet (z. B. Frischwasser). Beschränkt vorhandene Güter werden **wirtschaftliche Güter** (oder knappe Güter) genannt. Weil sie knapp und begehrt sind, erzielen sie einen Preis.

→ Aufgabe 4

Abb. 5

**Kategorisierung der Güter**

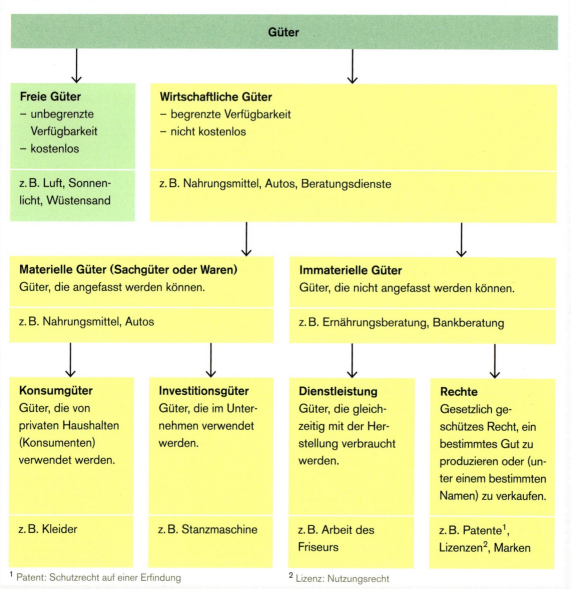

| Güter | |
|---|---|

**Freie Güter**
– unbegrenzte Verfügbarkeit
– kostenlos

z. B. Luft, Sonnenlicht, Wüstensand

**Wirtschaftliche Güter**
– begrenzte Verfügbarkeit
– nicht kostenlos

z. B. Nahrungsmittel, Autos, Beratungsdienste

**Materielle Güter (Sachgüter oder Waren)**
Güter, die angefasst werden können.

z. B. Nahrungsmittel, Autos

**Immaterielle Güter**
Güter, die nicht angefasst werden können.

z. B. Ernährungsberatung, Bankberatung

**Konsumgüter**
Güter, die von privaten Haushalten (Konsumenten) verwendet werden.

z. B. Kleider

**Investitionsgüter**
Güter, die im Unternehmen verwendet werden.

z. B. Stanzmaschine

**Dienstleistung**
Güter, die gleichzeitig mit der Herstellung verbraucht werden.

z. B. Arbeit des Friseurs

**Rechte**
Gesetzlich geschützes Recht, ein bestimmtes Gut zu produzieren oder (unter einem bestimmten Namen) zu verkaufen.

z. B. Patente[1], Lizenzen[2], Marken

[1] Patent: Schutzrecht auf einer Erfindung    [2] Lizenz: Nutzungsrecht

## 1.3 Ökonomisches Prinzip

Sicherlich haben Sie auch schon einmal überlegt, ob Sie lieber im Restaurant essen oder ins Kino gehen möchten. Vielleicht sollten Sie aber auch auf beides verzichten und stattdessen eine Playstation kaufen? Ihren unbegrenzten Bedürfnissen stehen begrenzte Mittel zur Verfügung. Sie müssen also „haushalten", d.h. Sie gehen mit den vorhandenen Mitteln möglichst effizient um. Sie handeln nach dem **ökonomischen Prinzip**[1]. Das ökonomische Prinzip kann zwei Ausprägungen annehmen.

[1] Ökonomisches Prinzip: auch Wirtschaftlichkeitsprinzip oder Input-Output-Relation genannt.

Abb. 6

**Das ökonomische Prinzip**

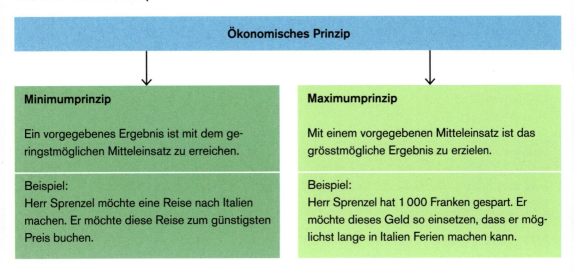

Das ökonomische Prinzip trifft sowohl auf Haushalte, als auch auf Unternehmen zu.

→ Aufgaben 5 und 6

**Beispiel** Hotel Laudinella

*Minimumprinzip*
Das Hotel Laudinella möchte mit möglichst geringen Werbeausgaben die vom Eigentümer vorgegebene Bettenauslastung von 90 % erreichen.

*Maximumprinzip*
Das Hotel Laudinella möchte mit dem vorgegebenen Werbebudget von 50 000 Franken eine möglichst hohe Bettenauslastung erreichen.

# Aufgaben – 1 Vom Bedürfnis zur Nachfrage

**1**

a  Nennen Sie für jede Stufe der Maslow-Pyramide je mindestens ein weiteres Beispiel.

b  Welche Schlussfolgerungen lässt die Maslow'sche Bedürfnispyramide über die Nachfrage von Luxusgütern zu?

c  Welche Bedürfnisse gemäss der Maslow'schen Bedürfnispyramide werden mit dem Kauf folgender Dienstleistung bzw. Produkt abgedeckt?
  1. Die Registrierung auf der Partnervermittlungsplattform Friendscout24
  2. Einer Nike-Winterjacke

**2**

Erläutern Sie, ob es sich bei den folgenden Fällen um Existenz-, Wahl-, Individual- oder Kollektivbedürfnisse handelt. Pro Beispiel sind zwei Antworten möglich.

a  Florian hätte gerne eine Playstation.

b  Sabine liebt Kinos über alles. Sie freut sich auf das neue Multiplex-Kino.

c  Politiker fordern einen zweiten Autobahntunnel durch den Gotthard.

d  Ursi verbringt fast jedes zweite Wochenende in ihrer Ferienwohnung.

e  Luca besucht die zweite Klasse der Primarschule.

f  Corina besucht zusätzlich zum Schulunterricht zwei Stunden Spanisch pro Woche bei einer Privatlehrerin.

g  Kevin trainiert viermal wöchentlich im Fitnesscenter.

h  Eine Flüchtlingsfamilie wird mit den nötigsten Kleidern versorgt.

**3**

a  Erklären Sie anhand des Beispiels „ins Kino gehen" was unter Bedürfnis, Bedarf und Nachfrage verstanden wird.

b  Welcher Zusammenhang besteht zwischen dem „verfügbaren Einkommen" und der „Kaufkraft". Recherchieren Sie hierzu im Internet.

c  Welche weiteren Elemente neben dem verfügbaren Einkommen haben einen Einfluss auf die Kaufkraft?

d  Beschreiben Sie anhand eines anschaulichen Beispiels einen möglichen Zusammenhang zwischen dem „Bedürfnis nach Mobilität von unter 18-jährigen Personen" und dem „Angebot eines Unternehmens".

e  Beschreiben Sie anhand eines anschaulichen Beispiels den Zusammenhang zwischen dem „Bedürfnis von älteren Menschen nach Sicherheit bei der Überquerung von Strassen" und dem „Angebot eines Unternehmens". Strukturieren Sie Ihre Antwort wie folgt: (1) Bedürfnis, (2) Zusammenhang zwischen Bedürfnis und Angebot, (3) Angebot. Schreiben Sie Ihre Antwort in ganzen Sätzen.

**4**

a  Erstellen Sie unter Beachtung der Kategorisierung von Gütern (siehe Abb. 5) einen Entscheidungsbaum. Konsultieren Sie hierfür die Toolbox (siehe S. 558). Starten Sie mit dem Begriff „Kostenpflicht" (Hat das Gut einen Preis?).

b Geben Sie zu den folgenden Fällen an, um welche Kategorie von Gütern es sich handelt (Konsumgut, Investitionsgut, Dienstleistung, Recht).

1. Eine Druckerei kauft neue, leistungsfähige Druckmaschinen.
2. Fritz kauft Heizöl für sein Einfamilienhaus.
3. Karl möchte in den Ferien nach Mallorca reisen. Dazu lässt er sich im Reisebüro beraten.
4. Familie Kauer kauft in einem Möbelhaus einen Tisch für ihr Wohnzimmer.
5. Eine Druckfabrik kauft Druckerschwärze zur Zeitungsherstellung.
6. Ein Kreditinstitut verwaltet das persönliche Vermögen von Vera.
7. Stefan kauft sich einen neuen Bleistift für die Schule.
8. Architekt Müller kauft sich einen Bleistift für seine Planzeichnungen.

c Suchen Sie mehrere Beispiele für Dienstleistungen.

d Sie diskutieren mit Kollegen über die Entwicklung von freien Gütern hin zu wirtschaftlichen Gütern.

1. Im Verlauf der Diskussion nennt ein Kollege die ‚Tiersafari' als Beispiel für diese Entwicklung. Nehmen Sie zu diesem Beispiel Stellung.
2. Eine Kollegin nennt das Gut ‚Wasser'. Nehmen Sie zu diesem Beispiel Stellung. Nehmen Sie hierfür Bezug zu Nestlé, welche Wasser weltweit sehr erfolgreich verkaufen.

**5**

Beurteilen Sie, nach welchen Ausprägungen des ökonomischen Prinzips die folgenden Individuen handeln und begründen Sie Ihre Wahl.

a Ein Dienstleistungsunternehmen will alle Kundenaufträge erfüllen, möchte aber beim Lohnaufwand sparen.

b Petra möchte ein paar Tennisschuhe kaufen. Dazu geht sie in verschiedene Geschäfte, auf der Suche nach dem günstigsten Angebot.

c Ein LKW-Fahrer möchte mit einer Tankfüllung Diesel eine möglichst weite Strecke zurücklegen.

d Ein Pizza-Service möchte den Fahrtweg für alle bestellten Pizzas möglichst kurz halten.

e Ein Transportunternehmen möchte mit allen zur Verfügung stehenden Lieferwagen einen maximalen Umsatz erreichen.

f Tina möchte von ihrem Ferienort im Tessin möglichst schnell nachhause gelangen.

g Roland nutzt seine Freizeit zum Lernen, um einen möglichst guten Schulabschluss zu erreichen.

h Sophia versucht, mit 100 g Waschpulver so viel Wäsche wie möglich sauber zu waschen.

**6**

Erklären Sie Ihrem Mitschüler das ökonomische Prinzip aus Sicht eines Handyherstellers.

www.iwp.unisg.ch/bwl

# 2 Die Leistung eines Unternehmens

→ S. 11 Inhaltsübersicht

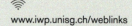
www.iwp.unisg.ch/weblinks

## Leitfragen

a) Was bedeutet der Begriff Wertschöpfung?

b) Welche Ziele soll ein Unternehmen erreichen?

c) In welcher Beziehung stehen die Unternehmensziele zueinander?

d) Was bedeutet der Begriff Produktion?

e) Welche Produktionsfaktoren werden unterschieden und welche Bedeutung haben sie für die Produktion?

f) Welche Bedeutung haben die Unternehmen im volkswirtschaftlichen Kreislauf?

g) Worin unterscheidet sich die Betriebswirtschaftslehre von der Volkswirtschaftslehre?

h) Welches sind die Unterschiede zwischen einem Unternehmen, einem Betrieb und einer Firma?

## Schlüsselbegriffe

Wertschöpfung, Unternehmensziele, Zielbeziehungen, Zielneutralität, Zielharmonie, Zielkonflikt, Produktion, Produktionsprozess, Betriebswirtschaftliche Produktionsfaktoren, Elementarfaktoren, Dispositive Faktoren, Volkswirtschaftliche Produktionsfaktoren, einfacher Wirtschaftskreislauf, erweiterter Wirtschaftskreislauf, Volkswirtschaftslehre, Betriebswirtschaftslehre, Unternehmen, Betrieb, Firma

## Verankerung im Modell

Unternehmen produzieren Waren und stellen Dienstleistungen bereit, um die Bedürfnisse aus der Gesellschaft möglichst optimal zu befriedigen. Dabei verfolgen Unternehmen die verschiedensten Ziele, z. B. solche finanzieller oder ökologischer Art.

Die in diesem Kapitel behandelten Themen sind grundsätzlicher Natur und können deshalb nicht konkret im Modell verankert werden.

---

**Beispiel**  Appenzeller®* Käse – Ein Schweizer Unternehmen

★ www.appenzeller.ch

Abb. 7

Der Appenzeller® Käse ist die einzigartig würzige Spezialität aus dem Appenzellerland und wird weltweit vertrieben. Der Käse wird in einem Verbund von mehr als 56 Dorfkäsereien hergestellt. Der Käse wird im In- und Ausland stark beworben und wurde durch seine Behandlung mit der geheimnisvollen Kräutersulz bekannt. Wie wird dieser Käse produziert? Welche Produktionsfaktoren braucht es dazu und was für Ziele möchte Appenzeller® Käse überhaupt erreichen?

## 2.1 Wertschöpfung

KS5

Unternehmen befriedigen die Bedürfnisse der Konsumenten, indem sie Waren und Dienstleistungen bereitstellen und anbieten. Im Prozess der Erstellung, der Weiterverarbeitung und dem Handel wird der Wert dieser Güter gesteigert. Diese Wertzunahme wird als „Wertschöpfung" bezeichnet. Es wird „Mehrwert" geschaffen.

**Die Differenz zwischen dem Verkaufserlös und dem Wert der eingesetzten Waren oder Dienstleistungen (Vorleistungen) ist die Wertschöpfung des Unternehmens.**

Abb. 8

**Beispiel** Appenzeller® Käse – Wertschöpfung

Die Wertschöpfung findet beim Appenzeller® Käse in der Herstellung von Käse aus Milch statt. Um ein Kilo Appenzeller® Käse herzustellen, kauft ein Käser Milch vom Bauern für 19 Franken (Vorleistung), die er zu Käse verarbeitet (Leistung des Unternehmens). Den Käse verkauft er anschliessend für 25 Franken pro Kilogramm. Der Verkaufswert des Käses (CHF 25) abzüglich der Kosten für die Milch (CHF 19) ergibt eine Wertschöpfung von 6 Franken.

Verkaufserlös (CHF 25)  —  Vorleistung (CHF 19)  =  Wertschöpfung (CHF 6)

Die Wertschöpfung steht als Einkommensquelle zur Verfügung, um die am Unternehmensgeschehen Beteiligten für ihre Leistungen zu entschädigen: Dazu gehören die Arbeitnehmer (Löhne), die Eigen- und Fremdkapitalgeber (Zinsen) sowie der Staat (Steuern). Reicht die Wertschöpfung nicht aus, um alle Beteiligten angemessen zu entlohnen, kann ein Unternehmen nicht bestehen.

→ Aufgabe 1

## 2.2 Unternehmensziele

Jedes Unternehmen setzt sich Ziele (**Unternehmensziele**), die es erreichen möchte. Diese geben Auskunft darüber, wie sich ein Unternehmen verhalten und in welche Richtung es sich entwickeln soll. In den letzten Jahren erlangten neben den ökonomischen Zielen (z. B. Gewinnmaximierung) auch soziale und ökologische Ziele eine grössere Bedeutung. Diese drei Zieldimensionen werden auch mit den Begriffen „Profit, People, Planet" umschrieben.

Abb. 9

**Unternehmensziele**

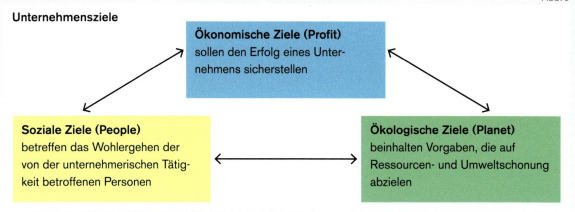

**Ökonomische Ziele (Profit)**
sollen den Erfolg eines Unternehmens sicherstellen

**Soziale Ziele (People)**
betreffen das Wohlergehen der von der unternehmerischen Tätigkeit betroffenen Personen

**Ökologische Ziele (Planet)**
beinhalten Vorgaben, die auf Ressourcen- und Umweltschonung abzielen

**Profit** In erster Linie sind Unternehmen Wirtschaftsbetriebe und verfolgen vorrangig ökonomische Ziele. Mithilfe verschiedener Kennzahlen→ wird gemessen, wie erfolgreich ein Unternehmen bei der Herstellung von Produkten und Dienstleistungen innerhalb einer Zeitperiode ist.

→ S. 431 Finanzanalyse

**People** In einem Unternehmen sind stets Menschen dafür verantwortlich, Waren zu produzieren bzw. Dienstleistungen zu erbringen. Deshalb ist ein Unternehmen auf motivierte Mitarbeiter→ angewiesen, wenn es erfolgreich sein möchte. Soziale Ziele, wie gerechte Entlohnung, Arbeitsplatzsicherheit, Mitspracherecht und freiwillige Sozialleistungen spielen unter diesem Aspekt eine wichtige Rolle.

→ C8 Kultur,
D2 Führungsstile

**Planet** Um den Planeten Erde als Lebensgrundlage für nachfolgende Generationen zu erhalten, werden auch ökologische Ziele→ für Unternehmen immer zentraler. Deshalb ist eine zunehmende Sensibilisierung für Umweltbelange unerlässlich, um einen aktiven Umweltschutz zu betreiben. Die Ressourcenerschöpfung oder die Umweltverschmutzung sind Themen aus diesem Bereich, die von Unternehmen thematisiert und gezielt angegangen werden müssen.

→ D6 Umweltmanagement

Die drei genannten Zieldimensionen können in unterschiedlicher Beziehung (**Zielbeziehungen**) zueinander stehen, wie die nachfolgende Tabelle zeigt.

→ Aufgabe 2

Tab. 3

| Zielbeziehung | Beschreibung | Beispiel zur Appenzeller® Sortenorganisation |
|---|---|---|
| **Zielharmonie** | Die Verfolgung eines Ziels fördert die Erfüllung des anderen Ziels. | Die Wärmerückgewinnung aus den Produktionsanlagen zur Senkung des Energieverbrauchs (Planet) führt auch zu tieferen Heizkosten (Profit). |
| **Zielneutralität** | Die Erfüllung einer Zielsetzung hat keinen Einfluss auf die Erreichung eines anderen Ziels. | Die Senkung des Papierverbrauchs im Büro (Planet) hat keinen Einfluss auf die Zufriedenheit der Käser (People). |
| **Zielkonflikt** | Die Erfüllung einer Zielsetzung beeinträchtigt die Erreichung des anderen Ziels. | Höhere Löhne um die Zufriedenheit der Käser (People) zu steigern, führt zu einem kleineren Gewinn (Profit) für das Unternehmen. |

## 2.3 Produktion

Die Produktion ist für die Wertschöpfung verantwortlich.

**Produktion ist im Wesentlichen ein Kombinationsprozess in dem betriebswirtschaftliche Produktionsfaktoren (Input) zu absatzreifen Sachgütern oder Dienstleistungen (Output) transformiert (Prozess) werden.**

Der Prozess im Unternehmen sieht wie folgt aus:

Abb. 10

**Produktion**

Abb. 11

**Beispiel** Appenzeller® Käse – Wertschöpfungskette (Produktionsprozess)    → Aufgabe 3

Bei der Produktion stellt die Milch den Input und der Käselaib den Output dar.

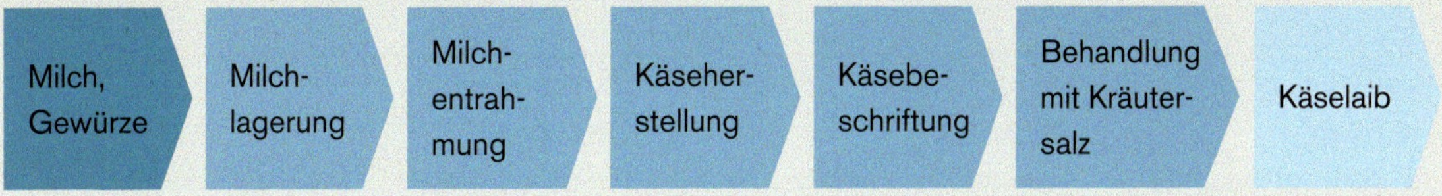

Milch, Gewürze → Milchlagerung → Milchentrahmung → Käseherstellung → Käsebeschriftung → Behandlung mit Kräutersalz → Käselaib

## 2.4 Produktionsfaktoren

Damit ein **Produktionsprozess** stattfinden kann, sind Inputs notwendig. Solche Inputs werden auch Produktionsfaktoren genannt. Diese können aus betriebswirtschaftlicher sowie aus volkswirtschaftlicher Sicht kategorisiert werden.

### Betriebswirtschaftliche Produktionsfaktoren

Die in der Produktion eingesetzten betrieblichen Leistungsfaktoren werden auch **betriebswirtschaftliche Produktionsfaktoren** genannt. Sie gehen beim Produktionsprozess in die Produktion ein. Sie müssen haushälterisch und möglichst optimal eingesetzt werden, damit das Unternehmen im Wettbewerb bestehen kann. Die betriebswirtschaftlichen Produktionsfaktoren können unterschiedlich systematisiert werden. Sehr gebräuchlich ist die Gliederung nach Gutenberg.*

★ Gutenberg, E. (1951). *Grundlagen der Betriebswirtschaftslehre*. Berlin, Springer.

**23**

Abb. 12

**Betriebswirtschaftliche Produktionsfaktoren**

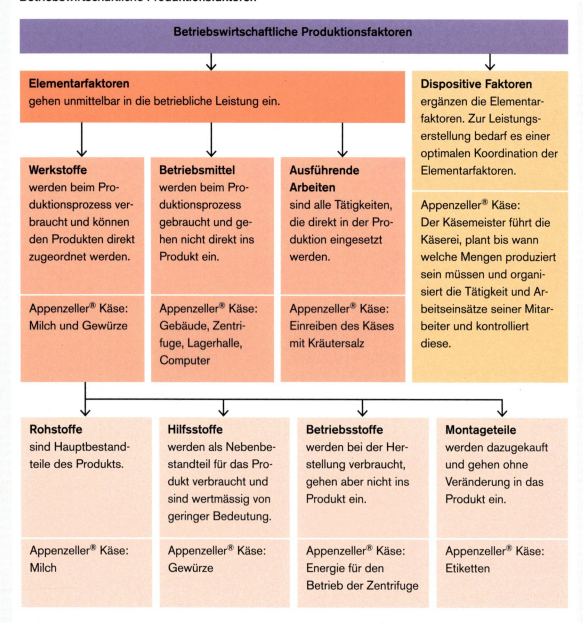

Durch die Kombination der Elementarfaktoren mit der dispositiven Arbeit lässt sich also die Leistungserstellung, bzw. der Produktionsprozess im Unternehmen beschreiben.

**Volkswirtschaftliche Produktionsfaktoren**

Auch aus einer volkswirtschaftlichen Perspektive gibt es Produktionsfaktoren. Diese werden Arbeit, Boden/Natur und Kapital genannt. Mithilfe dieser Produktionsfaktoren (Input) wird die volkswirtschaftliche Gesamtleistung (Output) erstellt.

Abb. 13

## Volkswirtschaftliche Produktionsfaktoren

| Volkswirtschaftliche Produktionsfaktoren |
|---|

**Arbeit**
ist jede Tätigkeit der Menschen zur Erzielung von Erwerbseinkommen (Erwerbsarbeit). Eigenarbeit im Haushalt und Garten zählen nicht dazu.

**Boden/Natur**
ist weder vermehrbar noch transportierbar (knappes Gut). Er wird für landwirtschaftliche, industrielle, gewerbliche und verkehrsmässige Belange genutzt.

**Kapital**
sind finanzielle und sachliche Mittel, die zur Herstellung von Sachgütern und Dienstleistungen benötigt und nicht für den Konsum eingesetzt werden.

---

**Beispiel** Appenzeller® Käse – Volkswirtschaftliche Produktionsfaktoren → Aufgabe 4

Abb. 14

Um Appenzeller® Käse herzustellen, werden alle drei Produktionsfaktoren benötigt. Die Arbeit wird von den Käsergesellen und den Käsern ausgeführt und geleitet. Sie mischen alle Zutaten, überprüfen, ob der Prozess wunschgemäss abläuft und die Qualität den Vorgaben entspricht. Das Kapital setzt sich aus finanziellen Mitteln, die jede Käserei zur Gründung aufbringen musste sowie den Maschinen und Lagerräumen zusammen, die zur Käseproduktion benötigt werden. Der Faktor Boden ermöglicht den Betriebsstandort. Vor allem die geografische Lage (Nähe zu den Milchproduzenten im Appenzellerland) und die verkehrstechnische Anbindung für die Milchlieferung spielen dabei eine Rolle.

Neben diesen drei traditionellen Produktionsfaktoren werden Information und Bildung in Anbetracht der weltweiten Vernetzung durch das Internet immer wichtiger. Informationen sind wichtige Faktoren, welche aber zuerst gewonnen, bewertet und weiterverarbeitet werden müssen. Hierfür sind gut ausgebildete Arbeitskräfte zentral. Um den gesellschaftlichen und ökonomischen Wandel zu bewältigen, sind Arbeitskräfte zum lebenslangen Lernen aufgefordert. Unternehmen schenken deshalb der Weiterbildung ihrer Mitarbeitenden grosse Beachtung und investieren entsprechende finanzielle Mittel.

## 2.5   Unternehmen im Wirtschaftskreislauf

Die Leistungserstellung kann jedoch nicht unabhängig von anderen Akteuren erbracht werden, da ein Unternehmen als Teil einer Volkswirtschaft agiert, die aus unzähligen wirtschaftlichen Akteuren besteht. Jeder dieser Akteure trifft jeden Tag Dutzende von ökonomischen Entscheidungen, die zu Transaktionen[1] mit anderen Akteuren führen. Eine Käserei (Unternehmen) entscheidet beispielsweise, ob zusätzliche Mitarbeitende (Private Haushalte) angestellt werden sollen oder ein Kredit (Bank) für den Kauf einer Maschine beantragt werden soll. Das Modell des Wirtschaftskreislaufs hilft dabei, diese zahlreichen Vorgänge vereinfacht darzustellen. Es wird zwischen dem einfachen und dem erweiterten Wirtschaftskreislauf unterschieden.

[1] Transaktion: Übertragung von Gütern oder Informationen zwischen zwei Wirtschaftssubjekten

### Einfacher Wirtschaftskreislauf

Der **einfache Wirtschaftskreislauf** zeigt stark vereinfacht die Güter- und Geldströme zwischen Unternehmen und privaten Haushalten.

Abb. 15

**Der einfache Wirtschaftskreislauf**

Die privaten Haushalte stellen den Unternehmen ihre Arbeitsleistung, Boden und Kapital zur Verfügung (Güterströme). Mithilfe dieser Produktionsfaktoren stellen die Unternehmen verschiedene Konsumgüter und Dienstleistungen her (Güterströme). Als Gegenleistung für die Arbeitsleistung erhalten die privaten Haushalte (Mitarbeitende) ein Arbeitseinkommen (Geldstrom). Für die Nutzung des zur Verfügung gestellten Bodens müssen die Unternehmen eine Bodenrente bezahlen (Geldstrom). Das Kapital, das von den privaten Haushalten nicht für den Konsum ausgegeben wird (Ersparnisse), stellen sie den Unternehmen bereit. Als Entschädigung erhalten die privaten Haushalte hierfür ein Kapitaleinkommen, z.B. in Form von Zinsen oder Dividenden (Geldstrom). Dank dem Arbeitseinkommen, der Bodenrente und dem Kapitaleinkommen können die privaten Haushalte Konsumgüter und Dienstleistungen erwerben.

## Erweiterter Wirtschaftskreislauf

Die Zusammenhänge werden realitätsnaher, wenn der einfache Wirtschaftskreislauf durch weitere Akteure Staat, Banken und das Ausland ergänzt wird. Im **erweiterten Wirtschaftskreislauf** sind die Geld- und Güterströme der gesamten Wirtschaft abgebildet. Zur besseren Übersichtlichkeit sind in der nachfolgenden Abbildung nur die Geldströme dargestellt.

→ Aufgabe 5

Abb. 16

### Der erweiterte Wirtschaftskreislauf

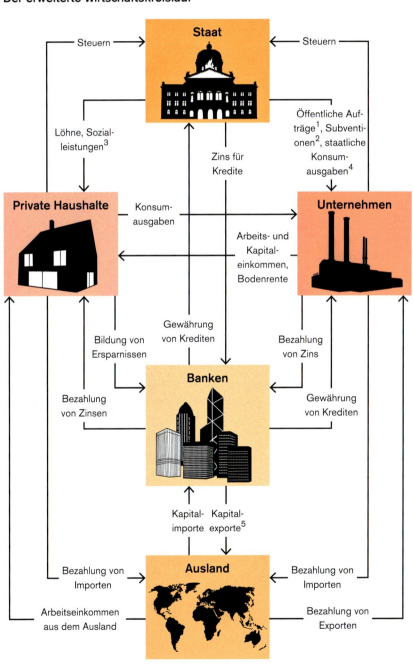

[1] Öffentliche Aufträge: Der Staat gibt beispielsweise einem Strassenbauunternehmen den Auftrag, einen Autobahnabschnitt zu bauen.

[2] Subventionen: Der Staat zahlt beispielsweise einem Landwirtsbetrieb eine Zulage.

[3] Sozialleistungen: Der Staat bezahlt beispielsweise einem Rentner seine Rente.

[4] Staatliche Konsumausgaben: Der Staat kauft beispielsweise Taschenmesser für seine Armeeangehörigen.

[5] Kapitalexporte: Inländische Sparer kaufen beispielsweise ausländische Wertpapiere.

## 2.6 Begriffsabgrenzung

**Volkswirtschaftslehre – Betriebswirtschaftslehre**

Wie anhand der Unterscheidung zwischen betriebs- und volkswirtschaftlichen Produktionsfaktoren bereits erkennbar wurde, lassen sich die Wirtschaftswissenschaften in Volkswirtschaftslehre (VWL) und Betriebswirtschaftslehre (BWL) unterteilen.

Die **Volkswirtschaftslehre** widmet sich den gesamtwirtschaftlichen Zusammenhängen. Es geht hierbei z. B. um:
– die Beziehungen zwischen privaten Haushalten, Unternehmen, Banken, dem Staat und anderen Ländern
– Arbeitslosigkeit
– Angebot und Nachfrage
– Konjunkturpolitik
– Inflation
Da die Volkswirtschaftslehre immer die ganze Wirtschaft eines Landes oder sogar mehrerer Länder betrachtet, muss auf viele Details verzichtet werden. Bei dieser Sichtweise wird nicht geschaut, was konkret im einzelnen Unternehmen geschieht. Die Wirtschaft wird sozusagen aus der „Vogelperspektive" betrachtet.

Mit Vorgängen in einem einzelnen Unternehmen beschäftigt sich die **Betriebswirtschaftslehre**. Fragen, die sich im betriebswirtschaftlichen Feld stellen, sind:
– Wie kann der Gewinn gesteigert werden?
– Wie soll ein Unternehmen organisiert sein?
– Wie sollen die Mitarbeiter geführt werden?
– Welche Investitionen sollte ein Unternehmen tätigen?
– Wie soll ein bestimmtes Produkt vermarktet werden?
– Von welchem Anbieter sollen die Rohstoffe bezogen werden?
Trotz der Fokussierung auf das einzelne Unternehmen berücksichtigt die Betriebswirtschaftslehre auch die umliegenden Märkte mit möglichen Kunden, die Politik (Staat) und die anderen Unternehmen (Konkurrenz). Im Falle der Betriebswirtschaftslehre erfolgt die Betrachtung wirtschaftlicher Zusammenhänge aus der „Froschperspektive".

**Die Volkswirtschaftslehre (VWL) befasst sich aus der Vogelperspektive mit gesamtwirtschaftlichen Vorgängen und Zusammenhängen.**

**Die Betriebswirtschaftslehre (BWL) befasst sich aus der Froschperspektive mit dem einzelnen Unternehmen und dessen unmittelbarer Umwelt.**

→ Aufgabe 6

Betriebswirtschaftliche Entscheidungen können in einem Spannungsfeld zu volkswirtschaftlichen Zielen stehen. Damit ein Unternehmen überleben kann, ist es manchmal gezwungen, Arbeitsplätze in Billiglohnländer auszulagern. Dies erhöht die Arbeitslosigkeit im eigenen Land.

**Beispiel** Hotel Laudinella – Spannungsfeld zwischen VWL und BWL

Abb. 17

Wenn im Hotel Laudinella immer weniger Gäste übernachten, muss das Hotel einen Teil seiner Mitarbeitenden entlassen. Aus betriebswirtschaftlicher Sicht stellt diese Massnahme eine Kostenreduktion dar, welche sich auf die finanzielle Lage des Hotels positiv auswirkt. Wenn aber viele Unternehmen wegen einer schlechten Auftragslage einen Teil der Mitarbeitenden entlassen müssen und keine neuen Arbeitsplätze entstehen, steigt die Arbeitslosigkeit. Eine hohe Arbeitslosigkeit ist aus volkswirtschaftlicher und sozialer Sicht nicht erfreulich.

Aus betriebswirtschaftlicher Sicht könnte es für die Hotels in St. Moritz sinnvoll sein, sich zu einer Hotelkette zusammenzuschliessen. Dadurch könnten sie den Wettbewerbsdruck ausschalten und die Preise diktieren. Aus volkswirtschaftlicher Sicht ist aber die Ausschaltung des Wettbewerbs für die Kunden unvorteilhaft. Aus diesem Grund gibt es in allen entwickelten Volkswirtschaften Wettbewerbsbehörden, die unter bestimmten Bedingungen Unternehmenszusammenschlüsse untersagen.

### Unternehmen – Betrieb – Firma

Im allgemeinen Sprachgebrauch wird ein Unternehmen häufig mit Betrieb und Firma gleichgesetzt. In der Betriebswirtschaftslehre müssen diese drei Begriffe aber klar voneinander getrennt werden.

Ein **Unternehmen** ist eine eigenständige, rechtliche und wirtschaftliche Einheit, die Sachgüter und Dienstleistungen anbietet. In Abgrenzung dazu ist ein **Betrieb** die örtliche Produktionsstätte, d. h. eine technisch-organisatorische Wirtschaftseinheit, die dem Zweck der Sachgüter- und Dienstleistungserstellung dient. Folglich kann ein Unternehmen aus einem oder mehreren Betrieben (Produktionsstätten) bestehen. Die **Firma** ist im rechtlichen Sinne der Name des Unternehmens, unter dem die Geschäfte getätigt werden (z. B. „Laudinella AG").

# Aufgaben – 2  Die Leistung eines Unternehmens

**1**

Durch welche Tätigkeiten entsteht bei folgenden Beispielen ein Mehrwert?

a  Versicherung

b  Getreidebauer

c  Schreiner

d  youtube.com (Internetplattform)

e  Autohersteller

**2**

a  Nennen Sie je drei ökonomische, ökologische und soziale Ziele aus Sicht einer Dorfkäserei, die Appenzeller® Käse produziert.

b  Welche der neun Ziele stehen harmonisch (h), neutral (n) und konfligierend (k) zueinander?

**3**

a  Zeichnen Sie die Wertschöpfungskette eines Reisebüros vom ersten Kundenkontakt bis zum Antritt der Reise auf.

b  Zeichnen Sie die Wertschöpfungskette eines Medienhauses von der Rückkehr des Journalisten vom Einsatzort bis zum Erscheinen der elektronischen oder physischen Zeitung.

**4**

Beschreiben Sie den Einsatz der volkswirtschaftlichen Produktionsfaktoren bei den Beispielen aus Aufgabe 1.

**5**

Was tauschen folgende Akteure untereinander aus?

a  Unternehmen – Bank

b  Bank – Privater Haushalt

c  Staat – Unternehmen

d  Unternehmen – Privater Haushalt

e  Ausland – Unternehmen

**6**

Um welchen Teilbereich der Wirtschaftswissenschaft (VWL oder BWL) handelt es sich jeweils?

Lisa interessiert sich für …

a  … den Anstieg der Arbeitslosenquote im Zuge einer Wirtschaftskrise.

b  … die zukünftige Unternehmensstrategie des Hotels Laudinella, mit deren Hilfe das Hotel mehr Gäste anlocken will.

c  … den stetigen Anstieg des Preisniveaus für Süssigkeiten und Spielwaren, welche sie so gerne kauft.

d  … die Werbemassnahmen, mit welchen das nahegelegene Einkaufszentrum um Kunden buhlt.

 www.iwp.unisg.ch/bwl

# 3 Unternehmensarten

→ S. 11 Inhaltsübersicht

UE1

www.iwp.unisg.ch/weblinks

## Leitfragen

a) Welche Wirtschaftssektoren werden unterschieden?

b) Anhand welcher Kriterien kann die Grösse eines Unternehmens bestimmt werden?

c) Worin unterscheiden sich Privatunternehmen, öffentliche Unternehmen und gemischtwirtschaftliche Unternehmen?

d) Was ist der Unterschied zwischen einem Profit- und einem Non-Profit-Unternehmen?

e) Welche Rechtsformen gibt es und wie ist die Haftung im Falle eines Verlustes geregelt?

## Schlüsselbegriffe

Wirtschaftssektoren, Branche, Unternehmensgrösse, KMU, Privatunternehmen, Öffentliche Unternehmen, Gemischtwirtschaftliche Unternehmen, Non-Profit-Organisation, Einzelunternehmen, Kollektivgesellschaft, Aktiengesellschaft

## Verankerung im Modell

Der Wirtschaftskreislauf hat aufgezeigt, welche Rolle die Unternehmen in der Wirtschaft spielen. Ihre Grundfunktion im Kreislauf, nämlich Güter und Dienstleistungen zu erstellen, ist allen gemeinsam. Allerdings gibt es unterschiedliche Arten von Unternehmen, welche in diesem Kapitel aufgezeigt werden.

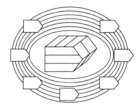

## Beispiel  i-Technique GmbH*

Während seiner Zeit als Gymnasiast an der Kantonsschule in Wil hatte Simon Michel mit seinem Unternehmen i-Technique GmbH einen Reparaturservice für kaputte iPods und iPhones angeboten. Simon beschäftigte vier Mitschüler. Das Unternehmen gehörte ihm alleine und erzielte zu den besten Zeiten einen Jahresumsatz von 100 000 Franken. Seit 2011 war die Firma aus zeitlichen Gründen (Hochschulstudium) inaktiv und wurde im 2014 liquidiert. Dank dieser unternehmerischen Erfahrung konnte Simon das im Studium erlernte BWL-Wissen jeweils gut verknüpfen.

Zu welcher Art von Unternehmen gehörte i-Technique? Diese Frage soll anhand verschiedener Kriterien beantwortet werden.

*  Huijser, D. (2009, 27. Mai). Big Business dank defekten iPhones. *Anzeiger – Das Ostschweizer Wochenmagazin*, 22, S. 14 f.

Abb. 18

## 3.1 Einteilung nach Wirtschaftssektoren

An der Erstellung und Verwendung von Produkten und Dienstleistungen sind in der Regel mehrere Unternehmen beteiligt. Die Unternehmen werden nach folgenden Kriterien in drei **Wirtschaftssektoren** eingeteilt:

→ Aufgabe 1

Tab. 4

| Wirtschafts-sektor | Definition | Beispiel |
|---|---|---|
| Primärer | Rohstoff-gewinnung | – Landwirt, der Milch produziert. |
| Sekundärer | Fabrikation/ Verarbeitung | – Käserei, welche die Milch zu Käse verarbeitet. <br> – Apple, welches iPods und iPhones herstellt. |
| Tertiärer | Dienst-leistung | – Transportunternehmen, welches den Käse in die Volg-Filiale bringt, wo der Käse an den Endkunden verkauft wird. <br> – i-Technique, welche defekte iPods und iPhones repariert. |

Die Anteile der einzelnen Wirtschaftssektoren an der gesamten Volkswirtschaft haben sich in den letzten 100 Jahren in der Schweiz und anderen westlichen Ländern stark verändert. Unsere Wirtschaft hat sich in den letzten Jahrzehnten von einer landwirtschaftlichen über eine industrielle zu einer dienstleistungs-orientierten Wirtschaft gewandelt (Strukturwandel). In einigen Ländern spielen der primäre und der sekundäre Wirtschaftssektor nach wie vor eine zentrale Rolle.

Tab. 5

| Wirtschafts-sektor* | Schweiz | Deutsch-land | USA | Tschad | Nigeria |
|---|---|---|---|---|---|
| Primärer | 0,8 %[1] | 0,9 % | 1,6 % | 54,3 % | 20,6 % |
| Sekundärer | 26,7 % | 30,8 % | 20,7 % | 13,2 % | 25,6 % |
| Tertiärer | 72,5 % | 68,4 % | 77,7 % | 32,4 % | 53,8 % |

★ The World Factbook 2014

[1] Die Prozentzahlen beziehen sich auf den Beitrag des Sektors ans Bruttoinlandprodukt (Gesamtwert aller hergestellten Güter).

Die Wirtschaftssektoren können weiter in Wirtschaftszweige – so genannte **Branchen** – unterteilt werden. Das BFS[2] weist gewisse Daten nach Branchen getrennt aus. So entstehen differenzierte Daten zur Wirtschaftsentwicklung.

[2] BFS: Bundesamt für Statistik

→ Aufgabe 2

Tab. 6

| Wirtschaftssektor | Branchen | Beispiel |
|---|---|---|
| Primärer | – Land-, Forstwirtschaft, Gartenbau und Jagd | – Landwirt Fritz Müller |
|  | – Fischerei, Fischzucht | – Thedy Waser Forellenzucht |
| Sekundärer | – Bergbau | – Kieswerk Heimberg AG |
|  | – Verarbeitendes Gewerbe, Industrie | – Käserei, Rieter |
|  | – Energie- und Wasserversorgung | – Axpo |
|  | – Baugewerbe | – Strabag |
| Tertiärer | – Handel und Reparatur | – i-Technique |
|  | – Gastgewerbe | – Hotel Laudinella |
|  | – Verkehr | – Busbetriebe der Stadt Zürich |
|  | – Information und Kommunikation | – Swisscom, Die Post |
|  | – Finanz- und Versicherungs-dienstleistungen | – Raiffeisen-Bank |
|  | – Gesundheits- und Sozialwesen | – Privatklinik Hohenegg |
|  | – Erziehung und Unterricht | – Bénédict-Schule |
|  | – Grundstücks- und Wohnungswesen | – Livit AG |

## 3.2  Einteilung nach Unternehmensgrösse

Die Unternehmen werden häufig in Kleinstunternehmen, kleine Unternehmen, mittlere Unternehmen und Grossunternehmen eingeteilt. Für diese Einteilung werden drei unterschiedliche Kriterien miteinander kombiniert. Sind die Kriterien für den Jahresumsatz oder die Jahresbilanzsumme sowie die Mitarbeiterzahl erfüllt, so kann ein Unternehmen einer Kategorie zugeordnet werden. Hier die Angaben, nach denen in der Europäischen Union unterschieden wird:

[1] Vollzeitstellenbasis: z.B. zwei 50%-Stellen ergeben eine Vollzeitstelle

[2] Jahresumsatz: Gesamtheit aller Einnahmen innerhalb eines Jahres

[3] Bilanzsumme: Gesamtheit aller Vermögenswerte

Tab. 7

**Kriterien**

| Einteilung | Mitarbeiterzahl (auf Vollzeit-stellenbasis[1]) | Jahresumsatz[2] (in Euro) | | Jahresbilanz-summe[3] (in Euro) | Beispiel |
|---|---|---|---|---|---|
| Kleinstunter-nehmen | < 10 | ≤ 2 Mio. | oder | ≤ 2 Mio. | i-Technique |
| Kleine Unternehmen | < 50 | < 10 Mio. | oder | ≤ 10 Mio. | Regionales Gartencenter |
| Mittlere Unternehmen | < 250 | ≤ 50 Mio. | oder | ≤ 43 Mio. | Hotel Laudinella |
| Grossunter-nehmen | ≥ 250 | > 50 Mio. | oder | > 43 Mio. | Lufthansa |

Kleinst-, kleine und mittlere Unternehmen werden mit der Abkürzung **KMU** zusammengefasst. Zwei Drittel aller Beschäftigten in der Schweiz arbeiten bei einem KMU und 99 % aller Unternehmen sind KMUs.

## 3.3 Einteilung nach Eigentumsverhältnissen

Als weitere Unterscheidung können die Eigentumsverhältnisse hinzugezogen werden. Je nachdem, wer Eigentümer eines Unternehmens ist, liegt eine andere Unternehmensart vor.

Tab. 8

| Unternehmensart | Eigentümer | Beispiele | |
|---|---|---|---|
| Privatunternehmen | Privatpersonen oder private Unternehmen | i-Technique, Hotel Laudinella, BMW, Nestlé, Aldi | |
| Öffentliche Unternehmen | Staat (Bund, Kanton, Gemeinde) | SBB[1], Die Post, SUVA[2] | [1] SBB: Schweizerische Bundesbahnen<br>[2] SUVA: Schweizer Unfallversicherungsanstalt |
| Gemischtwirtschaftliche Unternehmen | Sowohl Private als auch der Staat | Schweizerische Nationalbank, Swisscom | |

Bei **Privatunternehmen** wird das unternehmerische Risiko alleine von den Eigentümern getragen. Wenn ein Unternehmen Verluste schreibt, müssen die privaten Eigentümer diese tragen. Der Staat kann nur über Gesetze Einfluss auf das Unternehmen und seine Aktivitäten nehmen. Im Rahmen der Gesetze sind die Unternehmen in ihrem Handeln frei und können nicht direkt durch den Staat beeinflusst werden.

Damit auch Randregionen Strom- und Telefonanschlüsse erhalten oder abgelegene Dörfer durch den öffentlichen Verkehr erschlossen sind, tritt der Staat als Unternehmer auf (**Öffentliche Unternehmen**). Diese Dienstleistungen zahlen sich oft nicht aus und kosten mehr als sie einbringen. Darum sind diese Unternehmen im Eigentum der öffentlichen Hand, also des Staates, damit dieser entstehende Defizite mit Steuergeldern ausgleichen kann.

In den letzten Jahren ist man zur Überzeugung gelangt, dass auch öffentliche Unternehmen möglichst Gewinn bringend wirtschaften sollten. Die Steuerzahler sind nicht mehr bereit, beliebige Defizite zu decken. Vom Staat werden daher gewisse Voraussetzungen festgelegt. Demnach soll die Post eine flächendeckende Grundversorgung anbieten. Allerdings muss die Post im Rahmen dieser Leistungserfüllung auch Sparmassnahmen durchführen, die beispielsweise zur Schliessung von Poststellen oder einer reduzierten Leerung von Briefkästen führen.

Unter dem Stichwort „Service public" wird über die Ausgestaltung der Grundversorgung (z. B. Post, SBB) politisch diskutiert.

**Gemischtwirtschaftliche Unternehmen** wurden teilprivatisiert, um ihnen auf dem Markt eine flexiblere und damit stärkere Rolle zu ermöglichen. Der Staat besitzt eine Beteiligung am Unternehmen. Je nachdem, ob es sich dabei um eine Mehrheits- oder Minderheitsbeteiligung handelt, ist der Einfluss des Staates auf das Unternehmen unterschiedlich gross.

→ Aufgabe 3

## 3.4 Einteilung nach Gewinnorientierung

Es gibt sowohl Profit- als auch Nonprofit-Unternehmen, wobei sich die Begriffe Profit- und **Non-Profit-Organisationen (NPO)** etabliert haben. Beide Unternehmensarten erbringen spezifische Leistungen zur Befriedigung eines bestimmten Bedürfnisses. Die Non-Profit-Organisation hat im Gegensatz zur Profitorganisation keine Gewinnerfordernis.

**Beispiel** SRG SSR idée suisse und Mobility® CarSharing – Gewinnorientierung

Die SRG SSR idée suisse erbringt mit ihren Radio- und Fernsehprogrammen Leistungen im Auftrag der Öffentlichkeit: den Service public. Sie steht ausschliesslich im Dienst der Allgemeinheit und verfolgt keinen Gewinnzweck.* ★ www.srg-ssr.ch

Mobility® CarSharing hält in ihrem Leitbild fest: „Wir erwirtschaften einen angemessenen Gewinn und sichern damit eine gesunde Entwicklung des Unternehmens."* ★ www.mobility.ch

## 3.5 Einteilung nach Rechtsform

Die einzelnen Rechtsformen werden im Kapitel D23 Gesellschaftsrecht näher beleuchtet. Vorab seien aber schon einmal das Einzelunternehmen, die Kollektivgesellschaft, die Aktiengesellschaft (AG) und die Gesellschaft mit beschränkter Haftung (GmbH) genannt.

An einem **Einzelunternehmen** ist lediglich eine Person beteiligt. Sie ist alleinige Eigentümerin und haftet bei einem Verlust mit ihrem Privatvermögen. Eine **Kollektivgesellschaft** besteht aus mehreren Eigentümern, welche auch mit ihrem Privatvermögen für Verluste haften müssen. Eine **Aktiengesellschaft** besteht zwar auch aus mehreren Eigentümern (Aktionäre), diese haften jedoch nicht mit ihrem Privatvermögen für allfällige Verluste, sondern nur mit dem eingeschossenen Kapital. Dasselbe gilt für die GmbH.

→ Aufgaben 4 und 5

# Aufgaben – 3  Unternehmensarten

**1**

Ordnen Sie jeweils den untenstehenden Unternehmungsaktivitäten den
passenden Wirtschaftssektor zu.

a  Haare schneiden

b  Eröffnung von Bankkonten

c  Zusammenbau von Handys

d  Steuerberatung

e  Anbau von Spargeln

f  Weiterverarbeitung von Uhrwerken

**2**

Gehen Sie dieses Lehrbuch durch und ordnen Sie die Unternehmensbeispiele
in den grauen Boxen den einzelnen Branchen zu.

**3**

Diskutieren Sie zu zweit die Rolle des Staates als Unternehmen. Wählen Sie
eines der folgenden Themen aus: Poststellen, Erschliessung von Randregionen
mit öffentlichen Verkehrsmitteln, Mobilfunkinfrastruktur.
Nennen Sie je vier Pro-und Contra-Punkte. Diskutieren Sie anschliessend das
Ergebnis in der Klasse.

**4**

Erstellen Sie ein Mindmap→ zu diesem Kapitel.

→ S.548 Mindmapping

**5**

Beschreiben Sie die Unternehmen anhand der vorgegebenen Kriterien.
Machen Sie hierzu eine Internetrecherche.

Tab. 9

|  | Sektor | Branche | Grösse | Eigentums-verhältnisse | Gewinn-orientierung | Rechts-form |
|---|---|---|---|---|---|---|
| Bühler AG, Uzwil |  |  |  |  |  |  |
| St. Galler Kantonalbank |  |  |  |  |  |  |
| Hofmann Garten-bau AG |  |  |  |  |  |  |
| Schweizerischer Samariterbund |  |  |  |  |  |  |
| Guthauser & Sohn Malergeschäft |  |  |  |  |  |  |
| 1A Bahnhof Taxi GmbH |  |  |  |  |  |  |

www.iwp.unisg.ch/bwl

# A

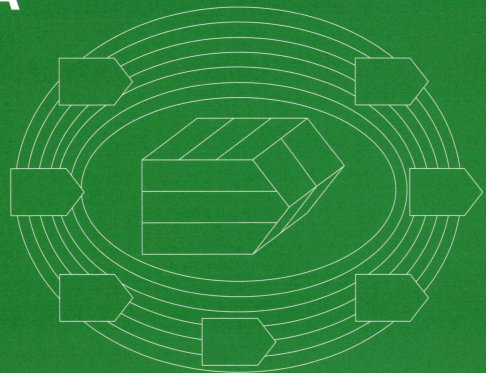

# Modellüberblick

Das St. Galler Management-Modell

**Leitfragen**

a) Was ist ein Modell und wozu dient es?
b) Wo werden Modelle eingesetzt?
c) Wozu dient das St. Galler Management-Modell?
d) Aus welchen sechs Grundkategorien besteht das St. Galler Management-Modell?
e) Welche Elemente beinhalten die einzelnen Grundkategorien?
f) Worin unterscheidet sich das St. Galler Management-Modell (dritte Generation) von der früheren Version?
g) Welches Grundverständnis von Unternehmen liegt dem St. Galler Management-Modell zugrunde?
h) Worauf sollten Sie beim Lesen der weiteren Kapitel achten?

**Schlüsselbegriffe**

St. Galler Management-Modell, Wechselwirkungen, Modell, Umweltsphären, Gesellschaft, Natur, Technologie, Wirtschaft, Anspruchsgruppen, Kapitalgeber, Kunden, Mitarbeitende, Öffentlichkeit/NGOs, Staat, Lieferanten, Konkurrenz, Interaktionsthemen, Anliegen und Interessen, Normen und Werte, Ressourcen, Ordnungsmomente, Strategie, Struktur, Kultur, Prozesse, Managementprozesse, Geschäftsprozesse, Unterstützungsprozesse, Entwicklungsmodi, Optimierung, Erneuerung, System, Komplexität

**Verankerung im Modell**

Dieses Kapitel gibt einen Überblick über das ganze St. Galler Management-Modell, nach welchem das vorliegende Lehrmittel strukturiert wurde. Dabei werden die einzelnen Modellelemente in Kurzform dargestellt.

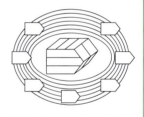

**Beispiel** Döner-Lounge

Abb. 19

Ahmeds Vater steht kurz vor der Pensionierung und betreibt mit seinen zwei Mitarbeitern Eva und Giorgio eine Döner-Lounge in Bern. Ahmed hat kürzlich seine Ausbildung abgeschlossen und möchte das Geschäft übernehmen. Hierzu fehlt ihm aber zurzeit noch der notwendige Überblick über die Unternehmensführung, das Grundverständnis über die Funktionsweise von Unternehmen und die Zusammenhänge zwischen den einzelnen Elementen. Mithilfe des St. Galler Management-Modells versucht Ahmed sich auf die künftigen Herausforderungen seriös vorzubereiten.

## 1.1 Annäherung an den Modellbegriff

Modelle sind allgegenwärtig und werden dazu verwendet, kompliziertere Sachverhalte einfacher darzustellen und besser zu verstehen. Will ein Architekt ein Schulhaus bauen, so wird er mit einem Modell das geplante Bauvorhaben präsentieren, damit die Bewohner der Gemeinde eine bessere Vorstellung über das Projekt erhalten können. Im Chemieunterricht wird ein Atommodell eingesetzt, welches den Aufbau der Atome abbildet. Im Volkswirtschaftsunterricht werden mithilfe des Wirtschaftskreislaufs volkswirtschaftliche Vorgänge vereinfacht dargestellt. In der Geografie wird die Landschaft im Kleinformat auf einer Landkarte abgebildet.

**Beispiel** Modell – Die Landkarte

Abb. 20

Ahmed will mit seiner Freundin am Wochenende im Toggenburg eine Wanderung unternehmen. Da sich Ahmed ausserhalb der Stadt Bern nicht auskennt, beschafft er sich eine Schweizer Strassenkarte im Massstab 1:300 000, welche das Gebiet vom Genfer- bis zum Bodensee abbildet.
Landkarten werden auf der Basis eines Satellitenbildes erstellt. Das Satellitenbild erfasst die Umgebung detailgetreu. Zu viele Details könnten Ahmed bei der Suche nach der richtigen Strasse behindern. Aus diesem Grund wird eine Vereinfachung vorgenommen. Für eine Fahrt mit dem Auto von Bern ins Toggenburg sind für Ahmed vor allem die Autobahnen und Hauptstrassen wichtig, nicht aber die Wanderwege.
Im Toggenburg angekommen, legt Ahmed die Strassenkarte zur Seite und nimmt die Toggenburger Wanderkarte im Massstab 1:25 000 zur Hand. Diese Karte umfasst einen viel kleineren Ausschnitt, nämlich nur das Toggenburg. Allerdings enthält diese Karte viel mehr Detailinformationen. Nebst den Hauptstrassen sind ebenfalls die Wanderwege und die Höhenkurven abgebildet, welche für den Wanderer wichtig sein könnten.
Ahmed dient die Karte zur Orientierung in einem unbekannten Gebiet. Je nach Aktivität (Autofahren oder Wandern) verwendet er eine Karte mit einem anderen Detaillierungsgrad.

Es gibt Modelle, die den Gesamtüberblick über ein grosses Themengebiet (Schweizer Strassenkarte) darstellen und solche, die sich eher mit Details (Toggenburger Wanderkarte) beschäftigen.
Den Gesamtüberblick über dieses Buch liefert das **St. Galler Management-Modell.** Es dient als übergeordnetes Rahmenmodell und Strukturhilfe und greift alle relevanten Bereiche der Betriebswirtschaftslehre auf. Zudem stellt es die komplexen unternehmerischen Vorgänge verständlich und anschaulich dar und gibt eine Übersicht über deren **Wechselwirkungen**[1]. Das St. Galler Manage-

[1] Wechselwirkung: „Dinge" beeinflussen sich gegenseitig, z. B. eine Person lächelt eine andere Person an, worauf diese andere Person zurücklächelt.

ment-Modell alleine reicht aber noch nicht aus, um gewisse Sachverhalte und Zusammenhänge ausreichend zu verstehen. Das Thema Strategie ist zwar Bestandteil des Modells, wird durch dieses aber zu wenig präzise erfasst. Aus diesem Grund wird in der Betriebswirtschaftslehre für Strategiefragen das Fünf-Kräfte-Modell von M. Porter→ verwendet, welches einen präziseren Blick auf das Thema Strategie wirft. Dieses Modell ist somit vergleichbar mit der zuvor genannten Toggenburger Wanderkarte: Es stellt einen Ausschnitt aus dem St. Galler Management-Modell dar und erklärt diesen detailgetreuer.

→ S. 95 Fünf-Kräfte-Modell

Tab. 10

| Was ist ein Modell? | Wozu dient ein Modell? | Beispiel |
| --- | --- | --- |
| Vereinfachtes Bild der Wirklichkeit | Die Vereinfachung hilft, komplizierte Zusammenhänge besser zu verstehen. Zudem werden nicht mehr sämtliche Aspekte miteinbezogen, sondern nur noch jene, welche wichtig sind. Somit wird Wichtiges von Unwichtigem unterschieden. | Ahmed benötigt für die Fahrt von Bern ins Toggenburg nur die grossen Strassen. Die Schweizer Strassenkarte, welche eben nur die grossen Strassen abbildet, ist somit ausreichend. |
| Gesamtüberblick über ein bestimmtes Themengebiet | Der Gesamtüberblick hilft, eine ganzheitliche Sicht einzunehmen und verhindert demnach blinde Flecken. Zudem dient das Modell der Orientierung (Navigation) in einer fremden Umgebung. | Ahmed kennt den Weg von Bern ins Toggenburg nicht. Die Landkarte hilft ihm den Weg ans Ziel in einer ihm unbekannten Umgebung zu finden. |
| Bestimmte Sichtweise auf ein Themengebiet | Wenn alle dieselbe Sichtweise auf ein Themengebiet haben und dieselben Begriffe verwenden, erleichtert dies die Kommunikation innerhalb des Unternehmens. | Ahmed verliert seine Freundin auf der Wanderung. Glücklicherweise besitzen beide dieselbe Karte sowie Mobiltelefone, womit sie auf ihren Karten die Routen festlegen können, um sich an einem bestimmten Ort wieder zu treffen. |
| Strukturierung eines Themengebiets | Ein Problem bzw. eine Fragestellung kann mithilfe eines Modells strukturierter angegangen werden. | Ahmed kennt das Ziel seiner Wanderung. Die Landkarte gibt ihm in strukturierter Weise ein Abbild der Landschaft. Der nächste Weg ist nicht immer der schnellste. Durch einen Umweg kann Ahmed eine Schlucht ohne Brücke über den Fluss umgehen. |

In den Wirtschaftswissenschaften wurden im Verlauf des letzten Jahrhunderts verschiedenste Modelle entwickelt, eingesetzt und den neuen Verhältnissen und Entwicklungen angepasst. Eines der wichtigsten Unternehmensmodelle des deutschsprachigen Raums stellt das St. Galler Management-Modell dar.

→ Aufgaben 1 und 2

# 1.2 Übersicht über das St. Galler Management-Modell

Ein grundsätzliches Verständnis der sechs Grundkategorien ist Voraussetzung für die Erarbeitung des Gesamtmodells. Jede Grundkategorie wird in einem oder mehreren Kapiteln des Buches vertieft.

Die Abbildung auf der letzten Seite des Buches zeigt das St. Galler Management-Modell mit seinen sechs Grundkategorien:
– Umweltsphären    – Interaktionsthemen    – Prozesse
– Anspruchsgruppen    – Ordnungsmomente    – Entwicklungsmodi

[1] Sphären: Bereiche

[2] Non-Governmental-Organisations: Nichtregierungs-Organisationen wie z. B. WWF oder Amnesty International

[3] Dumpingpreis: Preis, welcher unter den Herstellkosten liegt.

**Umweltsphären: Die Einbettung des Unternehmens in seinem Umfeld**

Ein Unternehmen steht nicht für sich alleine da, sondern ist in ein bestimmtes Umfeld eingebettet. Dieses Umfeld beeinflusst die Geschäftstätigkeit eines Unternehmens. Das St. Galler Management-Modell bildet dieses Umfeld durch vier **Umweltsphären** Gesellschaft, Natur, Technologie sowie Wirtschaft ab. Ein Unternehmen ist Teil aller vier Sphären[1]. Eine eindeutige Zuordnung zu den Umweltsphären ist daher nicht immer möglich. Nachfolgend werden die vier Sphären am Beispiel der Döner-Lounge beschrieben:

Tab. 11

| Umweltsphäre | Beschreibung | Beispiele für die Döner-Lounge |
|---|---|---|
| **Gesellschaft** | Die Menschen bilden die Gesellschaft. Diese beschliesst Regeln (meist in Form von Gesetzen), welche das Zusammenleben regeln und auch die Unternehmen betreffen. | – Altersstruktur der Bevölkerung von Bern<br>– Gute Akzeptanz von Döner bei der Bevölkerung<br>– Hygienebestimmungen für Gastrobetriebe des Staates |
| **Natur** (Ökologie) | Die Natur bietet dem Unternehmen – meist beschränkte – Ressourcen zur Produktion. Die Natur wird durch das Unternehmen aber auch belastet. | – Freisetzung von möglichst wenig Schadstoffen bei der Zubereitung der Speisen<br>– Bei schlechtem Wetter und im Winter kommen weniger Kunden |
| **Technologie** | Technologische Entwicklungen beeinflussen die wirtschaftliche Tätigkeit. Sie verändern und vereinfachen viele Prozesse im Unternehmen. | – Durch Mobilfunk- und Internettechnologie kann die Stammkundschaft schnell und einfach über den Döner des Monats informiert werden (z. B. via SMS, MMS oder Newsletter über das Internet). |
| **Wirtschaft** | Ein Unternehmen ist Teil der Volkswirtschaft. Es ist von deren Beschaffungs-, Absatz-, Arbeits- und Finanzmärkten abhängig. | – Möglichkeit, bei einer Bank einen Kredit zu tiefen Zinsen zu erhalten, um eine zweite Döner-Lounge zu eröffnen. |

## Anspruchsgruppen: Die Erwartungen an ein Unternehmen

Jedes Unternehmen hat verschiedene **Anspruchsgruppen**, welche unterschiedliche Erwartungen und Ansprüche haben. Die Anspruchsgruppen eines Unternehmens können durch dessen Tätigkeit in unterschiedlichster Weise betroffen sein: Vom Nutzen und der Förderung bis hin zu den Risiken und der Beeinträchtigung der Lebensqualität. Im St. Galler Management-Modell sind sieben Anspruchsgruppen aufgeführt, deren mögliche Erwartungen am Beispiel der Döner-Lounge veranschaulicht werden:

Tab. 12

| Anspruchs-gruppe | Beschreibung | Beispiel für die Döner-Lounge |
|---|---|---|
| Kapitalgeber | Diese leihen dem Unternehmen Geld, damit dieses notwendige Investitionen tätigen kann. Im Gegenzug erwarten sie eine Entschädigung für das zur Verfügung gestellte Geld. | Die Sparkasse Bern erwartet von der Döner-Lounge, dass diese die Zinsen für den erhaltenen Kredit monatlich bezahlt und am Ende der Laufzeit den Kredit vollständig zurückbezahlt. |
| Kunden | Diese kaufen die vom Unternehmen erstellten und auf dem Markt angebotenen Produkte oder Dienstleistungen. | Man erwartet von der Döner-Lounge qualitativ hochstehende Döner zu einem guten Preis. |
| Mitarbeitende | Diese arbeiten im Unternehmen und leisten mit ihrer Arbeitskraft einen wichtigen Beitrag bei der Erstellung von Produkten und Dienstleistungen. | Eva und Giorgio erwarten von der Döner-Lounge einen sicheren Arbeitsplatz, einen angemessenen Lohn. |
| Öffentlichkeit/ NGOs[2] | Diese beobachten die Aktivitäten des Unternehmens und hinterfragen diese kritisch. | Der Tierschutzverein erwartet von der Döner-Lounge die Verwendung von Fleisch aus artgerechter Haltung. |
| Staat | Dieser setzt den wirtschaftlichen Aktivitäten des Unternehmens durch Gesetze Grenzen, treibt vom Unternehmen Steuern ein und stellt diesem die notwendige Infrastruktur zur Verfügung. | Die Stadt Bern erwartet von der Döner-Lounge die fristgerechte Bezahlung der Steuern und die Einhaltung der Hygienebestimmungen. |
| Lieferanten | Diese liefern die notwendigen Rohstoffe, Halbfabrikate, Produkte oder Dienstleistungen, welche das Unternehmen für die Erstellung seiner Güter benötigt. | Der Getränkehändler Moser erwartet von der Döner-Lounge regelmässige Bestellungen und die fristgerechte Bezahlung der Rechnungen. |
| Konkurrenz | Diese bietet dieselben oder ähnliche Produkte oder Dienstleistungen auf dem Markt an und buhlt um dieselben oder ähnlichen Kundengruppen. | Die 300 m entfernte Döner-Lounge erwartet faires Verhalten, indem beispielsweise die Döner nicht zu Dumpingpreisen[3] angeboten werden. |

Jedes Unternehmen muss für sich selbst entscheiden, welche Gruppe von Menschen oder Organisationen in besonderer Weise von ihrer unternehmerischen Tätigkeit abhängig oder in diese einbezogen sind.

### Interaktionsthemen: Die Austauschbeziehungen zwischen Anspruchsgruppen und Unternehmen

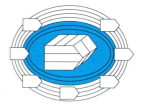

Zwischen den Anspruchsgruppen und einem Unternehmen finden vielfältige Austauschbeziehungen statt. Diese Austauschbeziehungen (Interaktionen) haben meist auch einen Gegenstand bzw. ein Thema, um das mehr oder weniger kontrovers gerungen wird. **Interaktionsthemen** stellen daher alles dar, was über die Anspruchsgruppen an das Unternehmen herangetragen wird. Die Anliegen und Interessen der Anspruchsgruppen basieren auf bestimmten Normen und Werten. Aufgrund einer vertieften Auseinandersetzung mit den Anspruchsgruppen legt ein Unternehmen fest, welche Geschäftsaktivitäten grundsätzlich erstrebenswert und welche zu vermeiden sind und welche Ressourcen ein Unternehmen für die unternehmerische Wertschöpfung erschließen will. Bei personenbezogenen Themen kann es um Anliegen, Interessen, Werte und Normen gehen. Objektgebundene Themen beziehen sich auf Ressourcen (z. B. Kapital). Es geht um die Frage, worum sich Unternehmen aktiv bemühen müssen.

Tab. 13

| Interaktions-themen | Beschreibung | Beispiel für die Döner-Lounge |
|---|---|---|
| **Anliegen und Interessen** | – Anliegen drücken eher verallgemeinerungsfähige Ziele,<br>– Interessen eher unmittelbarer Eigennutz aus. | Der Tierschutzverein erwartet von der Döner-Lounge, dass diese nur Fleisch aus tiergerechter Haltung verwendet. Der Tierschutzverein begründet dies damit, dass auch Tiere ein Anrecht auf ein würdiges Leben haben. Die Döner-Lounge wägt die Mehrkosten für das teurere Fleisch mit dem Argument des Tierschutzvereins ab und kommt zum Schluss, nur noch Fleisch aus artgerechter Tierhaltung einzukaufen. |
| **Normen und Werte** | – Normen sind grundlegende, allgemein anerkannte, wertbasierte Verhaltensregeln.<br>– Werte verkörpern Vorstellungen dessen, was ein gutes Leben ausmacht. | Ein Teil der Berner Bevölkerung vertritt die Werthaltung, dass auch Tiere Anrecht auf ein würdiges Leben haben. Zudem schreibt der Staat gewisse Minimalbedingungen für die Tierhaltung vor. |
| **Ressourcen** | Ressourcen werden im unternehmerischen Wertschöpfungsprozess benötigt und können beispielsweise Rohstoffe, Energie, Finanzen oder die menschliche Arbeitskraft sein. | Die Döner-Lounge benötigt für die Herstellung des Döners unter anderem Fleisch. |

## Ordnungsmomente: Strategie, Struktur und Kultur

Die Ordnungsmomente bestehen aus der Strategie, der Struktur und der Kultur. Sie geben dem Unternehmen eine innere Ordnung. Strategie und Struktur können von der Unternehmensleitung besser beeinflusst werden als die Unternehmenskultur, welche über Jahre hinweg entsteht und dadurch nur schwer gelenkt werden kann.

Tab. 14

| Ordnungs-momente | Beschreibung | Beispiel für die Döner-Lounge |
|---|---|---|
| Strategie | Zum Erreichen von langfristigen und konkreten Zielen werden Strategien entwickelt. Diese Strategien sollen den Erfolg bzw. die Lebensfähigkeit eines Unternehmens sichern. | – Wir bieten allen Dönerliebhabern die besten Döner in der Stadt Bern. Von unserer Konkurrenz heben wir uns durch einen wöchentlichen Spezial-Döner ab.<br>– Die Saucen stellen wir selbst her (make). Die restlichen Zutaten kaufen wir ein (buy).<br>– Wir haben einen zentralen Verkaufsort beim Bahnhof, wo wir für unseren Partner (türkischer Laden) auch noch türkische Spezialitäten verkaufen. |
| Struktur | Die Ordnung in einem Unternehmen wird durch die Aufbau- und die Ablauforganisation geschaffen. Die Aufbauorganisation legt fest, welche Hierarchien und Zuständigkeiten im Unternehmen herrschen. Die Ablauforganisation legt fest, wann und in welcher Reihenfolge Teilaufgaben erledigt werden. | – Der Vater von Ahmed ist Chef und Eva und Giorgio sind seine Mitarbeiter und müssen seine Anordnungen befolgen. Der Vater ist für den Einkauf und die Buchhaltung zuständig, Giorgio für die Dönerherstellung und Eva für den Verkauf.<br>– Im Ablaufplan hat Ahmeds Vater die Reihenfolge der einzelnen Arbeitsschritte schriftlich festgehalten. |
| Kultur | Die Kultur beschreibt die Art und Weise, wie die Menschen im Unternehmen miteinander umgehen, welche Werte und Normen gemeinsam im Unternehmen getragen werden. | – Ahmeds Vater, Giorgio und Eva sprechen bestehende Konflikte an und diskutieren diese aus.<br>– Es gehört zur Tradition, dass alle drei am Freitag nach der Arbeit gemeinsam noch etwas trinken gehen. |

**Prozesse: Die Abläufe in den unterschiedlichen Aufgabenbereichen**

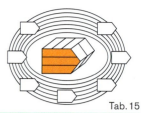

Im Unternehmen laufen unterschiedliche Prozesse gleichzeitig ab. Im St. Galler Management-Modell werden drei übergeordnete Prozessarten mit je einem anderen Schwerpunkt unterschieden.

Tab. 15

| Prozessart | Beschreibung | Beispiel für die Döner-Lounge |
|---|---|---|
| Management-prozesse | Die Managementprozesse beinhalten alles, was mit der Gestaltung, Lenkung und Entwickung eines Unternehmens zu tun hat. Dabei geht es konkret um die unternehmerische Führungsarbeit, wobei drei Ebenen unterschieden werden:<br>– Normative Orientierungsprozesse (z. B. grundlegende Verhaltensprinzipien gegenüber Anspruchsgruppen, wobei die Gerechtigkeit gegenüber den Anspruchsgruppen im Vordergrund steht)<br>– Strategische Entwicklungsprozesse (z. B. Entwicklung einer Strategie, bei der der langfristige Erfolg des Unternehmens im Vordergrund steht)<br>– Operative Führungsprozesse (z. B. Mitarbeiterführung, wobei die Effizienz im Alltagsgeschäft im Vordergrund steht) | – Ahmeds Vater macht seine Mitarbeitenden immer wieder darauf aufmerksam, dass sie den Kunden als König behandeln sollen.<br><br>– Zudem hat er festgelegt, dass er das Unternehmen mit der Eröffnung einer zweiten Döner-Lounge vergrössern will.<br><br>– Tagtäglich ist er auf einen effizienten Einsatz der Ressourcen bedacht und versucht, den Einkauf möglichst kostengünstig zu tätigen. |
| Geschäfts-prozesse | Bei den Geschäftsprozessen geht es um den praktischen Vollzug derjenigen Aktivitäten, die unmittelbar für die Stiftung eines Kundennutzens zu erledigen sind, also um die eigentlichen Herstellungs- und Leistungsprozesse. Dabei werden zwei Prozesse unterschieden:<br>– Kundenprozesse<br><br><br><br><br>– Leistungserstellungsprozesse | – Die Döner-Lounge versucht mit Kinowerbung Kunden zu gewinnen (Kundengewinnung) und mit einer Kundenkarte (jeder zehnte Döner ist gratis) ihre Kunden zu einem möglichst häufigen Besuch zu bewegen (Kundenbindung).<br>– Ahmeds Vater kauft die Zutaten ein (Beschaffung) und lagert (Lagerung) diese in den Kühlschränken der Döner-Lounge. Giorgio macht die Döner und Eva bedient die Kunden und kassiert ein (Herstellung). |

| Unter-stützungs-prozesse | Die Geschäftsprozesse sollen möglichst reibungslos ablaufen. Diesem Zweck dienen die Unterstützungsprozesse. Sie stellen die notwendige Infrastruktur sowie unternehmensinterne Dienstleistungen zur Verfügung. | – Ahmeds Vater führt mit Giorgio und Eva jedes Jahr ein Mitarbeitergespräch, an welchem die persönlichen Ziele für das kommende Jahr festgelegt werden (Personalmanagement).<br>– Ahmeds Vater schickt Giorgio jährlich zu einer Fast-Food-Weiterbildung (Bildungsmanagement).<br>– Giorgio zeichnet sich dafür zuständig, dass die Döner-Lounge wöchentlich gereinigt, die Geräte auf deren Funktionalität überprüft werden und das Verbrauchsmaterial ersetzt wird (Infrastrukturbewirtschaftung).<br>– Ahmeds Vater tätigt monatlich alle Zahlungen und führt die Buchhaltung (Finanzielle Führung). |

Management-, Geschäfts- und Unterstützungsprozesse stehen miteinander in engem Zusammenhang und beeinflussen sich gegenseitig. Weiter werden sie durch die Ordnungsmomente (Strategie, Struktur und Kultur) geprägt.

### Entwicklungsmodi: Wandel der Organisation

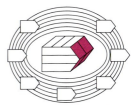

Um den langfristigen Erfolg eines Unternehmens sicherzustellen, sind grössere und kleinere Veränderungen notwendig. Die Veränderungen können sich auf die Produkte, Prozesse oder Organisation eines Unternehmens beziehen. Es gibt zwei Möglichkeiten, wie stark sich ein Unternehmen verändern kann.

Tab. 16

| Entwicklungs-modus | Beschreibung | Beispiel für die Döner-Lounge |
|---|---|---|
| Optimierung | Geringe, kontinuierliche Veränderung von Prozessen und Produkten (fine-tuning). | Die Rezeptur zur Sauce, die in den Döner kommt, wird von Giorgio ständig verbessert. |
| Erneuerung | Wegweisende Veränderung von Prozessen und Produkten. | Ahmeds Vaters bietet nebst dem Dönerverkauf in der Döner-Lounge neu zusätzlich einen Heimlieferservice an. |

Ahmed konnte sich mithilfe des St. Galler Management-Modells einen ersten Eindruck über das Unternehmen seines Vaters verschaffen. Dieser Eindruck ist aber erst oberflächlich. Er hat festgestellt, dass er sich noch intensiver mit dem St. Galler Management-Modell auseinandersetzen sollte, um ein fundierteres Verständnis zu gewinnen.

→ Aufgaben 3 und 4

Dieses Lehrmittel basiert auf dem St. Galler Management-Modell. Jedes Kapitel wird im Gesamtmodell eingeordnet und beschreibt vertieft ein Modellelement. Das Modell auf der letzten Seite des Buches sowie eine benutzerfreundliche Führung durch Farben hilft Ihnen bei der Orientierung innerhalb des Buches.

## 1.3   Entstehung des St. Galler Management-Modells

Prof. Hans Ulrich war überzeugt, dass eine theoretische Auseinandersetzung mit einem Unternehmen und seiner komplexen Einbettung in eine vielschichtige Umwelt notwendig sind, um Management lehren zu können. Seine Bemühungen mündeten 1972 ins erste St. Galler Management-Modell. Ulrichs Modell wurde seither mehrmals weiterentwickelt, um die neusten Trends und Forschungsergebnisse aufzunehmen und neuen Gegebenheiten anzupassen.

Das St. Galler Management-Modell→, welches diesem Buch zugrunde liegt (dritte Modellgeneration), wurde 2002 veröffentlicht. Es dient als grundlegende Orientierungshilfe für die betriebswirtschaftliche Aus- und Weiterbildung und findet in der Unternehmenspraxis grosse Beachtung. Es unterscheidet sich im Vergleich zum vorherigen Modell hauptsächlich in drei Punkten:

→ Hintere Innenklappe
Die Entwicklung des
St. Galler Management-
Modells

- Erstens tritt vermehrt eine Prozesssicht in den Vordergrund, anhand welcher auch dynamische Aspekte abgebildet werden können. Diese werden im Modell mit den drei Prozessarten „Managementprozess", „Geschäftsprozess" und „Unterstützungsprozess" dargestellt.
- Zweitens nimmt die ethisch-normative Dimension, also die Frage: „Was ist richtig?", einen höheren Stellenwert ein. Die ethisch-normative Dimension wird durch die Interaktionsthemen zum Ausdruck gebracht.
- Drittens werden die Anspruchsgruppen explizit genannt.

Zurzeit wird an der vierten Modellgeneration gearbeitet. Dieses Modell ist eine Erweiterung und Vertiefung des bisherigen Modells und richtet sich vor allem an Managerinnen und Manager sowie Verwaltungsräte. Insbesondere die Entscheidungspraxis im Unternehmen wird differenzierter beleuchtet. Ein weiterer Akzent ist die sogenannte „reflexive Gestaltungspraxis". Es ist wichtig, dass sich das Management immer wieder selbstkritisch in den Blick nimmt, hinterfragt und reflektiert und das Unternehmen den sich wandelnden Anforderungen entsprechend neu gestaltet. Ein Unternehmen ist somit in einer permanenten Entwicklungsdynamik.

## 1.4   Grundverständnis von Unternehmen

Das St. Galler Management-Modell versteht Unternehmen als produktive, soziale, sich wandelnde und komplexe Systeme.

Ein **System**→ ist die geordnete Ganzheit von Elementen, welche dieses von deren Umwelt abgrenzbar und unterscheidbar machen. Diese Elemente sind nicht nur materieller Natur, sondern können auch immaterieller Natur sein. Ein Unternehmen grenzt sich beispielsweise durch seinen Namen (immaterielles Element) und die Fabriktore (materielles Element) von anderen Unternehmen ab.

→ S. 144 sozio-technisches
System

Ein Unternehmen ist …

… *produktiv,* da es entweder Produkte herstellt oder Dienstleistungen erbringt. Die Produktivität wird vor allem durch das Modellelement Geschäftsprozesse abgebildet.

… *sozial,* weil einerseits bei der Erstellung von Produkten und Dienstleistungen Menschen mitwirken und andererseits die Herstellung Menschen direkt oder indirekt betrifft (z. B. Kunde freut sich über das Produkt, Anwohner stört sich über die Lärmbelastung bei der Produktion). Der soziale Aspekt wird im Modell durch die Anspruchsgruppen und die Interaktionsthemen aufgenommen.

… *wandelbar,* weil es sich ständig neuen Gegebenheiten auf dem Markt anpassen muss, um langfristig zu überleben. Stillstand bedeutet oftmals Rückschritt (Ein Unternehmen kann heute nicht mehr die exakt gleichen Produkte verkaufen wie vor 10 Jahren). Die Dynamik wird im Modell durch die Entwicklungsmodi gezeigt.

… *komplex,* weil die einzelnen Elemente in einer vielfältigen Weise zueinander stehen und deren Wechselwirkungen nicht immer vorausgesagt werden können (z. B. kann nicht exakt vorausgesagt werden, welche Auswirkungen eine veränderte Strategie auf die Kultur im Unternehmen hat).

## 1.5 Zusammenhang zwischen den Modellelementen

Die Komplexität[1] eines Unternehmens führt zu einem wichtigen Hinweis, welcher bei der Arbeit mit diesem Lehrbuch stets im Auge behalten werden sollte. Die einzelnen Themen sind zwar jeweils schwerpunktmässig einem Element des Modells zugeordnet. Es gilt jedoch zu bedenken, dass ein Thema auch andere Modellelemente betrifft. Die Modellelemente sind miteinander verknüpft. Es ist daher Voraussetzung, sich den Zusammenhängen im System bewusst zu sein und das Denken in isolierten Elementen möglichst zu vermeiden. Folgende Ausführungen veranschaulichen diesen Zusammenhang exemplarisch.

**Beispiel** Döner-Lounge – Zusammenhang der Modellelemente

Der Tierschutzverein[2] gelangt mit dem Anliegen von Fleisch aus tiergerechter Haltung[3] an die Döner-Lounge. Diese kommt dem Anliegen nach Abwägung der eigenen Haltung[4] entgegen.

Das unbeständige Wetter[5] in Bern führt zu unterschiedlich hohen Dönerverkäufen[6] und zwingt Ahmeds Vater, den Arbeitseinsatz seiner Mitarbeitenden flexibel zu organisieren[7].

Trotz der Preissenkung der 300 m entfernten Döner-Lounge[8] setzt Ahmeds Vater auf teurere Qualität[9] und kauft nur die besten Zutaten ein[10].

Durch die wöchentlichen Reinigungsarbeiten[11] ist sichergestellt, dass die Döner in einer guten Qualität hergestellt werden können[12] und die staatlichen Hygienebestimmungen[13] eingehalten werden.

Dank der jährlichen Fast-Food-Weiterbildung[14] ist Giorgio im Stande, die Rezeptur der Saucen zu verbessern[15].

[1] Komplexität: auch Gegenteil von „Einfachheit"

[2] Anspruchsgruppe NGO

[3] Interaktionsthema Anliegen und Interessen

[4] Interaktionsthema Werte und Normen

[5] Umweltsphäre Natur

[6] Geschäftsprozesse

[7] Managementprozesse

[8] Anspruchsgruppe Konkurrenz

[9] Ordnungsmoment Strategie

[10] Geschäftsprozesse

[11] Unterstützungsprozesse

[12] Geschäftsprozesse

[13] Anspruchsgruppe Staat

[14] Unterstützungsprozesse

[15] Entwicklungsmodus Optimierung

# Aufgaben – Modellüberblick

**1**

Nennen Sie Gründe, warum Modelle in unterschiedlichsten Wissenschaften
verwendet werden.

**2**

Beurteilen Sie, welche Zwecke das St. Galler Management-Modell
erfüllen kann.

**3**

Erstellen Sie ein Mindmap$^\rightarrow$ des St. Galler Management-Modells.

→ S.548 Mindmapping

**4**

Bilden Sie vier Gruppen und ordnen Sie die entsprechenden Beispiele den
passenden Modellelementen zu (z. B. 1 → d, 2 → f). Bitte beachten Sie, dass
sich in jeder Gruppe ein Beispiel nicht zuordnen lässt. Ordnen Sie im Klassen-
gespräch diese Beispiele korrekt den passendem Modellelement zu.

**Gruppe 1**

Tab. 17

| # | Element | Grund-kategorie | # | Beispiel |
|---|---------|-----------------|---|----------|
| 1 | Gesell-schaft | Umwelt-sphären | a | Die Aktionäre erwarten, dass die „Pharma AG" einen Gewinn erwirtschaftet und ihnen regelmässig Dividenden auszahlt. |
| 2 | Kapital-geber | Anspruchs-gruppen | b | Die „Pharma AG" schreibt in ihrem Leitbild: „Der Mensch und seine Gesundheit stehen für uns im Vordergrund. Die Erzielung eines ökonomischen Gewinns wird nur im Rahmen dieser Zielsetzung angestrebt." Es wird grossen Wert darauf gelegt, diesen Grundsatz im Rahmen von Mitarbeiterschulungen immer wieder zu betonen. Die „Pharma AG" hat kürzlich zudem entschieden, einen Teil der Produktion nach Asien zu verlegen, um daraus resultierende Kostenvorteile zu nutzen. Der CEO der „Pharma AG", Dr. Raimund Möbler, bespricht sich täglich mit seinen Divisionsleitern und erteilt diesen Anweisungen. |
| 3 | Staat | Anspruchs-gruppen | c | Regelmässig werden durch den Einsatz der neusten gendiagnostischen Verfahren neue Wirkstoffe gefunden, mit welchen neue, meist wirksamere Medikamente hergestellt werden können. |

| # | Element | Grund-kategorie | # | Beispiel |
|---|---|---|---|---|
| 4 | Normen und Werte | Interaktions-themen | d | – Das Übergewicht in der Bevölkerung nimmt zu, was zu mehr Herz-Kreislauferkrankungen führt.<br>– Aufgeschlossenheit der Bevölkerung gegenüber einem neu entwickelten Medikament.<br>– Zulassungsbedingungen der staatlichen Heilmittel-anstalt Swissmedic.<br>– Der Patentschutz von Medikamenten ist in der Schweiz sehr hoch. |
| 5 | Manage-mentpro-zesse | Prozesse | e | Die „Medikamenten AG" verlangt von der „Pharma AG", dass diese in ihrer Werbung keine rufschädigenden Falschinformationen über deren Medikamente verbreitet. |
| 6 | Erneuerung | Entwick-lungsmodi | f | Eine Menschenrechtsorganisation setzt sich für die unentgeltliche Medikamentenabgabe in Drittweltländern ein. Dieser Meinung liegt dabei die Werthaltung zu-grunde, dass jeder Mensch unabhängig von seiner Kauf-kraft ein Recht auf Leben und Gesundheit hat. Die „Pharma AG" macht jedoch geltend, dass sie für das Überleben auch Einnahmen benötigt. Nach Abwägen der verschiedenen Werthaltungen kommt die „Pharma AG" zum Schluss, Medikamente zu einem stark vergünstigten Preis abzugeben, welche die Produktionskosten decken. |

Gruppe 2

Tab. 18

| # | Element | Grund-kategorie | # | Beispiel |
|---|---|---|---|---|
| 7 | Natur | Umwelt-sphären | g | Die „Diagnostik AG", welche ein gendiagnostisches Verfahren zur Krebsforschung entwickelt hat, verlangt von der „Pharma AG" die regelmässige Bezahlung der Lizenzgebühren. |
| 8 | Kunden | Anspruchs-gruppen | h | Sobald sich durch Langzeitstudien im Hinblick auf ein Medikament neue Erkenntnisse ergeben, werden dessen Inhaltsstoffe derart verändert, dass sich das Medikament bezüglich seiner Wirksamkeit sowie der Eingrenzung der Nebenwirkungen verbessert. |

| 9 | Lieferanten | Anspruchs-gruppen | i | Die „Pharma AG" wirbt bei verschiedenen Spitälern mit einem neu entwickelten Krebsmedikament, welches sich gemäss ihrer Darstellung durch eine sehr hohe Wirksamkeit auszeichnet.<br>Die „Pharma AG" hat eine Hotline eingerichtet, bei welcher die Käuferinnen und Käufer ihrer Medikamente bei Fragen und Unsicherheiten anrufen können.<br>Die Division „Diagnostics" entwickelt neue Medikamente, worauf die Beschaffungsabteilung die zu deren Herstellung notwendigen Inhaltsstoffe besorgt. Die Produktionsabteilung verwendet diese Inhaltsstoffe in der Folge zur Herstellung der Medikamente und übergibt diese letztlich der Vertriebsabteilung zur Auslieferung an die Kunden. |
| 10 | Ressourcen | Interaktions-themen | j | – Die Produktion einer Vielzahl von Medikamenten erfordert riesige Energiemengen, welche zum Teil von Kohlekraftwerken stammen.<br>– Erkrankungen aus der Tierwelt, welche auf den Menschen übertragbar sind, breiten sich zunehmend aus. |
| 11 | Strategie | Ordnungs-momente | k | Kranke Menschen erwarten von der „Pharma AG", dass diese ihnen wirksame Medikamente mit geringen Nebenwirkungen zur Verfügung stellt. |
| 12 | Geschäfts-prozesse | Prozesse | l | Die „Pharma AG" setzt sich zum Ziel, ihre Kunden mit hochwertigen, wirksamen und unschädlichen Medikamenten zu versorgen. Durch eine effiziente Gliederung der Produktionsprozesse soll eine Kostenstruktur geschaffen werden, welche der „Pharma AG" gegenüber ihren Konkurrenten einen Wettbewerbsvorteil verschafft. Durch den Einsatz der neusten Diagnostik-Verfahren bietet die „Pharma AG" zudem eine Qualität, welche sich von derjenigen anderer Unternehmen in der Pharmaindustrie abhebt. |

Tab. 19

| # | Element | Grund-kategorie | # | Beispiel |
|---|---------|-----------------|---|----------|
| 13 | Technologie | Umwelt-sphären | m | Dr. Raimund Möbler ist der CEO (Chief Executive Officer) der „Pharma AG" und hat damit die Leitung des operativen Geschäfts inne. Ihm unterstellt sind die Leiter der Divisionen „Diagnostics" und „Pharmaceuticals" sowie einzelner zentraler Funktionen wie „Finanz & Controlling", „Beschaffung" sowie „Marketing". |
| 14 | Mitarbei-tende | Anspruchs-gruppen | n | – Die Stadt Basel erwartet von der „Pharma AG" die Sicherung bestehender Arbeitsplätze.<br>– Der Bund erwartet von der Pharma AG die Einhaltung des Arbeitsgesetzes sowie der Arzneimittelver-ordnung. |
| 15 | Konkurrenz | Anspruchs-gruppen | o | Gendiagnostische Verfahren ermöglichen die weitere Erforschung von Krankheitsursachen und helfen so, noch wirksamere Medikamente zu schaffen. |
| 16 | Struktur | Ordnungs-momente | p | Die Mitarbeiter der Verkaufsabteilung haben sich jährlich einer 3-tägigen Weiterbildung zu Verkaufsstrategien zu unterziehen.<br>Die Abteilung „Finanzen und Controlling" erstellt regel-mässig Zwischenbilanzen und behält die finanzielle Lage des Unternehmens im Auge. |
| 17 | Unterstüt-zungs-prozesse | Prozesse | q | Sie erwarten von der „Pharma AG" vergünstigte Freizeit-angebote, flexible Arbeitszeiten und Kinderbetreuungs-plätze. |

Tab. 20

| # | Element | Grund-kategorie | # | Beispiel |
|---|---------|-----------------|---|----------|
| 18 | Wirtschaft | Umwelt-sphären | r | Kranke Menschen wollen eine medikamentöse Behandlung, welche wirksam ist und möglichst wenige Nebenwirkungen aufweist. Daher führt die „Pharma AG" vor jeder Veröffentlichung eines neuen Medikaments klinische Studien durch, welche die Wirksamkeit und Gefahren des Präparats untersuchen. |
| 19 | Öffentlich-keit/ NGOs | Anspruchs-gruppen | s | In der „Pharma AG" wird vom CEO bis zum normalen Verwaltungsangestellten konsequent die Du-Form benutzt. Ausserdem hat sich bei der „Pharma AG" eingebürgert, dass jede Abteilung jährlich einen Geschäftsausflug durchführt und dabei Klettern geht, um den Teamgeist zu stärken. |
| 20 | Anliegen und Interesse | Interaktions-themen | t | Die „Pharma AG" benötigt für die Herstellung von Medikamenten diverse Inhaltsstoffe (Wirkstoffe). |
| 21 | Kultur | Ordnungs-momente | u | – Verkehrsinfrastruktur für die Verteilung der Medikamente im Schweizer sowie im internationalen Markt<br>– Effizienz und Zustand von Arbeitsmärkten, um bei Bedarf schnell gutes Personal zu finden<br>– Die Entwicklung neuer Medikamente ist sehr kostspielig: Daher nimmt die „Pharma AG" regelmässig Kredite bei verschiedenen Finanzinstituten (Banken, Post) auf. |
| 22 | Optimie-rung | Entwick-lungsmodi | v | – Der Umweltschutzverein verlangt von der „Pharma AG", dass diese den Energieverbrauch sowie den Schadstoffausstoss reduziert.<br>– Die Entwicklungsorganisation „Health Support" verlangt von der Pharmaindustrie, dass diese ihre Medikamente in Drittweltländern günstiger anbietet.<br>– Die Konsumentenschutzorganisation erwartet von der „Pharma AG", dass diese ihre Medikamente in der Schweiz zum selben Preis verkauft wie im Ausland. |

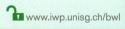 www.iwp.unisg.ch/bwl

# B

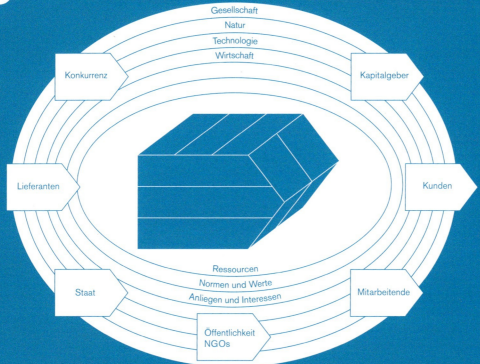

Konkurrenz · Kapitalgeber · Lieferanten · Kunden · Staat · Mitarbeitende · Öffentlichkeit NGOs

Gesellschaft · Natur · Technologie · Wirtschaft · Ressourcen · Normen und Werte · Anliegen und Interessen

# Umweltsphären
# Anspruchsgruppen
# Interaktionsthemen

## B1 Umweltsphären
→ S.56 Inhaltsübersicht

UE7, UE8, UE9

www.iwp.unisg.ch/weblinks

**Leitfragen**

a) Wie steht ein Unternehmen mit seiner Umwelt im Kontakt?
b) Was sind Umweltsphären und welche Umweltsphären werden unterschieden?
c) Welche Einflüsse haben die einzelnen Umweltsphären auf ein Unternehmen?

**Schlüsselbegriffe**

Umweltsphäre, Geschäftsmodell, Wertewandel, gesellschaftliche Trends, Demografie, Technologie, Automation, Rationalisierung, Digitalisierung, Internet der Dinge, Wirtschaft, Konkurrenz, Monopol, Konjunktur, Rezession, Bruttoinlandprodukt (BIP), Wechselkurs

**Verankerung im Modell**

Unternehmen sind in verschiedene Kontexte eingebettet. Diese Kontexte werden auch Umweltsphären genannt. Die Umweltsphären beeinflussen die betriebswirtschaftliche Leistungserstellung und verändern sich laufend. Jedes Unternehmen muss deshalb diese Umweltsphären auf wichtige Veränderungstrends hin untersuchen und seine Strategie darauf ausrichten.

**Beispiel** SWISS

Abb. 21

Die Schweizer Fluggesellschaft SWISS ist Teil des Lufthansakonzerns und seit dem Jahre 2006 ein Mitglied der Star Alliance. Das Unternehmen hat seinen Sitz in Basel und bedient von Zürich und Genf weltweit über 100 Destinationen in 48 Ländern. Im Jahre 2014 beschäftigte die SWISS über 8000 Mitarbeiter. Die Fluggesellschaft ist wie jedes Unternehmen von einer Umwelt umgeben und wird von dieser beeinflusst. Darüber hinaus befindet sich diese Umwelt in einem ständigen Wandel.

Worauf muss die SWISS ihr Auge richten, um relevante Entwicklungen in ihrer Umwelt frühzeitig zu erkennen?

## 1.1 Umwelt eines Unternehmens

Einzelne Unternehmen und ganze Branchen müssen die vielfältigen Entwicklungen in ihrer Umwelt aufmerksam beobachten. Sie müssen sich dabei stets überlegen, welche Chancen und Gefahren sich aus den neuen Entwicklungen für das eigene **Geschäftsmodell** ergeben. Das Geschäftsmodell beschreibt, welchen Nutzen das Unternehmen ihren Kunden stiftet, in welcher Art und Weise die Wertschöpfung→ zustande kommt und wodurch das Unternehmen Erträge generiert.

→ S.21 Wertschöpfung

**57**

**Beispiel**  SWISS – Geschäftsmodell

Als nationale Fluggesellschaft der Schweiz bedient SWISS ab Zürich und Genf weltweit über 100 Destinationen in 48 Ländern. Mit einer Flotte von 95 Flugzeugen befördert SWISS jährlich rund 16 Millionen Passagiere.
Die Fracht-Division SWISS WorldCargo bietet umfassende Airport-to-Airport-Dienstleistungen für hochwertige Güter und betreuungsintensive Fracht zu rund 120 Destinationen in über 80 Ländern an.

Wenn ein Unternehmen relevante Entwicklungen entdeckt, muss es sein Geschäftsmodell in kleinerem oder sogar grösserem Umfang anpassen, um langfristig zu überleben. Wenn es die Chancen aus den Entwicklungen nicht packt oder den Gefahren nicht rechtzeitig in adäquater[1] Weise begegnet, wird das Unternehmen in Schwierigkeiten geraten oder gar vom Markt verschwinden.

[1] Adäquat: angemessen, entsprechend

Es ist auch möglich, dass aus Entwicklungen komplett neue Geschäftsmodelle und damit auch neue Unternehmen entstehen.

**Beispiel**  Uber – Neues Geschäftsmodell

Das Unternehmen Uber bietet selber keine Personentransportdienstleistungen an, sondern vermittelt über eine App zwischen Anbietern (z. B. Privatperson Y, die ein Auto besitzt) und Nachfragern (z. B. Privatperson Z, die vom Bahnhof nach Hause will).

Die gesamte Umwelt, in die ein Unternehmen eingebettet ist, kann in Umweltsphären[2] gegliedert werden

[2] Im Folgenden wird der Begriff Umwelt synonym zum Begriff Umweltsphäre verwendet.

**Umweltsphären stellen den Kontext dar, in den ein Unternehmen eingebettet ist. Jede Umweltsphäre beeinflusst das Unternehmen in irgendeiner Weise. Die Umweltsphären beeinflussen sich auch wechselseitig.**

Die folgende Grafik veranschaulicht das in die vier Umweltsphären eingebettete Unternehmen, welche anschliessend von aussen nach innen vorgestellt werden.

Abb. 22

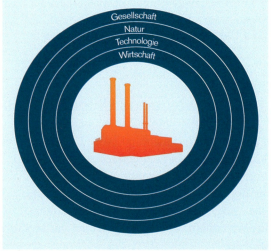

# 1.2 Umweltsphäre Gesellschaft

Die Umweltsphäre Gesellschaft ist sehr umfassend und erfordert eine besondere Berücksichtigung durch das Unternehmen. So müssen sowohl die daraus entstehenden Bedürfnisse der Kunden als auch die Vorgaben von staatlicher Seite frühzeitig erkannt werden. Nachfolgend werden die einzelnen Bestandteile dieser Umweltsphäre genannt und einige ausgewählte Entwicklungen aufgezeigt.

## Bestandteile

In der gesellschaftlichen Umweltsphäre steht der Mensch, als Teil der Gesellschaft, im Mittelpunkt. Alle Werte und Normen, die in einer Gesellschaft vorherrschen, sind einem ständigen Wandel unterworfen, dem jedes Unternehmen Rechnung tragen muss. In dieser Sphäre geht es sowohl um die Gesellschaft bzw. um soziologische Aspekte als auch um politische und rechtliche Fragestellungen.

**Beispiel** SWISS – Umweltsphäre Gesellschaft

*Soziologische Aspekte:* Wenn die Menschen in der Schweiz einen grösseren Teil ihres Einkommens in Ferien- und Freizeitaktivitäten ausgeben, folgen daraus Einnahmemöglichkeiten für die SWISS.
*Politische Aspekte:* Wenn in einem von der SWISS angeflogenen Land plötzlich politische Unruhen oder sogar Krieg herrschen, muss die SWISS ihren Flugbetrieb an diese Destination (vorübergehend) einstellen.
*Rechtliche Aspekte:* Wenn die Anflüge auf den Flughafen Zürich-Kloten vom Bund beschränkt werden, hat dies Auswirkungen auf die SWISS. Zudem hat der Bund durch das Nachtflugverbot die Flugmöglichkeiten der SWISS zugunsten der umliegenden Bevölkerung eingeschränkt.

## Wertewandel und Trends

Ein Unternehmen möchte der Gesellschaft Produkte verkaufen und gleichzeitig aus ihr Personen als Mitarbeitende rekrutieren. Es besteht also ein ständiger, wechselseitiger Kontakt mit der Umweltsphäre Gesellschaft. Die Beziehung zur Gesellschaft ist von vielen Einflüssen und Trends abhängig. Ein Trend der letzten Jahre ist der Wertewandel.

Der Begriff **Wertewandel** kennzeichnet einen Wandel von individuellen und gesellschaftlichen Wertvorstellungen und Normen→. Früher, in der so genannten Arbeitsgesellschaft, spielten Werte wie Fleiss, Disziplin, Gehorsam und Pflicht eine bedeutendere Rolle als heute. Werte wie Selbstentfaltung, Selbstverwirklichung und Flexibilität haben an Bedeutung gewonnen. Einige weitere wichtige Veränderungen sind der folgenden Tabelle zu entnehmen.

→ S. 184 Werte und Normen

Tab. 21

| Gesellschaftliche Trends→ | Erklärung | Bedeutung für die SWISS |
|---|---|---|
| Veränderung der Altersstruktur (Demografie) | Auf die Anzahl Menschen in einem Land und deren altersmässige Durchmischung haben Geburten-, Sterbe- und Migrationsrate Einfluss. Aufgrund der höheren Lebenserwartung steigt der Anteil älterer Menschen an der Gesamtbevölkerung laufend an. Die dadurch veränderte Altersstruktur führt zu neuen und attraktiven Kundengruppen, welche ein Unternehmen mit den richtigen Produkten und Dienstleistungen umwerben kann. | Die SWISS könnte vermehrt Destinationen anfliegen, die von älteren Personen bevorzugt werden. |
| Trend zur Feminisierung | Immer mehr Frauen absolvieren eine höhere Berufsbildung. Sie bestimmen immer mehr, was gekauft oder in Auftrag gegeben wird. Für Unternehmen werden Frauen somit zu einer erfolgsversprechenden Zielgruppe. | Heutige Fluggäste sind vermehrt auch weibliche Kunden. Diese stellen andere Ansprüche, wie Essenswünsche, Möglichkeiten der Körperpflege |
| Trend zu mehr Lebensqualität | Der Mensch sehnt sich generell nach einer Verbesserung seiner Lebensqualität. Er wünscht, dass er sich überall und zu jeder Zeit wohlfühlen kann. Daher muss auch das Verhältnis zwischen Berufsleben und Freizeit (so genannte „work-life-balance") stimmen. | Die Reisenden möchten sich beispielsweise in einer Business Lounge entspannen können und erwarten einen freundlichen und zuvorkommenden Service. |
| Trend zum Zeitsparen | Bei vielen Menschen wird die Freizeit ein immer knapperes Gut, weil sie beruflich stark eingebunden sind, eine Familie haben, mit der sie gerne Zeit verbringen wollen oder zeitintensive Hobbies haben. Damit wächst beim Kunden der Wunsch nach Angeboten oder Lösungen, die ihn zeitlich entlasten. | Das Online-Check-In bringt Flexibilität und spart Zeit. |
| Trend zu immer Neuerem | Heutige Konsumenten sind immer mehr übersättigt und verlangen nach immer Neuerem. | Die Destinationen der SWISS müssen ausgeweitet werden. |
| Trend zur Individualisierung→ | Unter dem Trend zur Individualisierung versteht man die Wendung des Einzelnen weg von der Gemeinschaft hin zu sich selbst. Damit einher geht auch der Dominanzverlust von grossen Institutionen wie Kirchen, Gewerkschaften oder Parteien. | Die SWISS entspricht dem Bedürfnis nach Individualität mit einer reichen Auswahl an Film- und Musikprogrammen während eines Flugs. |
| Trend zur Multi-Optionalität | Die Kunden verlangen zunehmend mehrere Wahlmöglichkeiten. | Die SWISS bietet für die Economy-Klasse mit Light, Classic und Flex drei verschiedene Möglichkeiten an. |

→ S. 559 Szenariotechnik

→ Aufgabe 1

→ S. 280 Marktsegmentierung

## 1.3 Umweltsphäre Natur

Das grosse und rasche Wirtschafts- und Bevölkerungswachstum der letzten Jahrzehnte führt zu einer immer stärkeren Belastung der ökologischen Umwelt. Erstens führt die zunehmende industrielle Produktion zu einem stetig steigenden Rohstoffverbrauch. Für zahlreiche Rohstoffe stellt sich zudem die Frage, wie lange sie noch reichen. Zweitens führen die Verstädterung und die Industrialisierung[1] zu einer Überbeanspruchung der Natur. Drittens bringt der zunehmende Wohlstand pro Kopf eine Anhäufung von Abfall, Abgasen und Abwasser mit sich.

Die Anliegen, welche aus der Umweltsphäre Natur→ an die Unternehmen gelangen, werden je nach Land und Kultur unterschiedlich gehandhabt. Nicht in jedem Land herrscht das gleiche ökologische Bewusstsein in der Bevölkerung und nicht überall wird mit den natürlichen Ressourcen gleich sparsam umgegangen.

Unerwünschte ökologische Auswirkungen wirtschaftlicher Tätigkeiten führen zu Reaktionen, die wiederum auf die Unternehmen und deren Tätigkeiten zurückwirken. Der Staat und seine Behörden (Umweltpolitik), die Öffentlichkeit (öffentlicher Druck) und die Konsumenten (Nachfrage nach umweltverträglichen Produkten) erwarten von den Unternehmen einen rücksichtsvollen Umgang mit der Natur. Aus diesen Ansprüchen und veränderten ökologischen Rahmenbedingungen (z.B. Klimaerwärmung, Rohstoffknappheit) resultieren für Unternehmen Gefahren, aber auch Chancen. Auf jeden Fall entstehen für die Unternehmen Entscheidungsnotwendigkeiten. Unter Umständen müssen die Geschäftsmodelle radikal angepasst werden. In tiefgelegenen Skigebieten müssen z.B. die Tourismusdestinationen ihre Infrastruktur und das touristische Angebot auf andere Zielgruppen ausrichten.

**Beispiel** SWISS – Umweltsphäre Natur

Im April 2010 brach der Vulkan Eyjafjallajökull auf Island aus. Die dabei entstandene Aschewolke trieb direkt auf das Europäische Festland zu und sorgte dort für ein Flugchaos, welches man so noch nie erlebt hat. Die Aschenpartikel, welche in den Europäischen Luftraum getrieben wurden, sind für Flugzeugtriebwerke besonders gefährlich. Deshalb wurde für viele Europäischen Flughäfen ein allgemeines Flugverbot erteilt. Nicht nur für über 1 Million Reisende, sondern auch die Fluggesellschaften hatte dies fatale Folgen.
Finanzielle Einbussen wie auch Tausende verärgerte Kunden mussten von den einzelnen Fluggesellschaften getragen werden.

Energie ist eine Schlüsselgrösse für Wirtschaft und Gesellschaft.

[1] Industrialisierung: Verbreitung industrieller Produktion; Maschinen verdrängen mehr und mehr den Menschen am Arbeitsplatz

→ S. 259 Umweltmanagement

Abb. 23

Heute werden, dank neuer technologischer Verfahren, zunehmend erneuerbare Energiequellen wie Sonnenenergie, Windenergie, Biomasse, Wasserkraft usw. gefördert und erschlossen. Unternehmen können durch einen effizienten Energieverbrauch enorm Kosten sparen und gleichzeitig die Belastung der Umwelt reduzieren.

Abb. 24

**Beispiel** SWISS – Reaktion auf ökologische Anliegen

Fliegen verursacht einen enormen Kerosinverbrauch und eine grosse Luftverschmutzung und führt zu hoher Lärmbelastung. Die SWISS investiert laufend in neue Flugzeuge, die möglichst wenig Kerosin verbrauchen und möglichst wenig Lärm verursachen. Weiter bietet SWISS ihren Passagieren ein Klima-Ticket an, das mit einer freiwilligen $CO_2$-Kompensation ihre Bestrebungen zum Klimaschutz zusätzlich unterstützen soll. Das dabei eingenommene Geld wird zugunsten von Klimaschutzprojekten eingesetzt.

→ Aufgabe 2

## 1.4 Umweltsphäre Technologie

Im Laufe der Zeit entstehen immer neue **Technologien**→. Technologien→ bieten die Möglichkeit, die Eigenschaften von Waren und Dienstleistungen zu prägen. Sie tun dies in unterschiedlichem Mass und mit unterschiedlicher Wirkung. Ein Unternehmen muss also versuchen, die technologischen Chancen zu nutzen und dabei stets auch die Bedürfnisse der Kunden im Auge behalten→. Im Unternehmen drin können technologische Entwicklungen helfen, Abläufe zu vereinfachen und damit Zeit und Kosten zu sparen. Gegenüber Kunden können durch die Umsetzung technologischer Entwicklungen ein Mehrwert bei bestehenden Waren und Dienstleistungen geschaffen (Optimierung) oder auch ganz neue Produkte und Dienstleistungen kreiert werden (Erneuerung)→.

→ S. 541 f. Überblick Technologien

→ S. 538 Wissenschaft

→ S. 537 Markt

→ S. 524 Abgrenzung zwischen Optimierung und Erneuerung

**Beispiel** SWISS – Umsetzung technologischer Entwicklungen

Dank Computern und den entsprechenden Programmen können die SWISS-Piloten mit speziellen virtuellen Lernmodulen und Flugsimulatoren geschult werden. Dank Grossraumflugzeugen wie dem Airbus 380 können mehr Passagiere gleichzeitig befördert werden.
Dank dem Internet können die Kunden bequem von zu Hause aus 23 Stunden vor dem Abflug online einchecken. Dank elektronischen Lesegeräten am Flughafen und Smartphones können Kunden mit der mobilen Board-Karte papierlos reisen.

Nachfolgend werden zwei Aspekte aus der langen Geschichte der technologischen Entwicklungen und deren Auswirkungen etwas näher beleuchtet. Es sind dies einerseits die Automation und Rationalisierung sowie andererseits die Digitalisierung und das Internet der Dinge.

## Automation und Rationalisierung

Bei der **Automation** wird der Produktionsfaktor Arbeit durch den Produktionsfaktor Kapital→ (z. B. Maschinen, Roboter, Computer) ersetzt. Die Automation erfordert von den Unternehmen hohe Investitionskosten und von den Mitarbeitenden eine höhere Qualifikation, um andere anspruchsvollere Arbeiten verrichten zu können. Eintönige und einfachere Arbeiten verschwinden zunehmend. Die Automation trägt zur **Rationalisierung** bei.

→ S. 24 Volkswirtschaftliche Produktionsfaktoren

**Alle Massnahmen, welche Kosten und Zeit einsparen helfen und auf die Erzielung des Höchstmasses an Leistung abzielen, werden als Rationalisierung bezeichnet.**

**Beispiel** SWISS – Rationalisierung

Sobald ein Koffer am Check-in mit einem Codestreifen versehen und abgegeben wurde, passiert er verschiedene vollautomatische Sicherheitssysteme und wird zur richtigen Zeit am Verladeort eintreffen.

Abb. 25

## Digitalisierung und Internet der Dinge

Die **Digitalisierung** beinhaltet die Erfassung, Aufbereitung und Speicherung analoger Informationen (z. B. Temperatur) auf einem digitalen Speichermedium (z. B. Speicherkarte). Als weitere Steigerung der Digitalisierung kann das Internet der Dinge bezeichnet werden, wofür das Internet und der Mobilfunk die technologische Voraussetzung bilden. Das **Internet der Dinge** macht physische Objekte (z. B. Kühlschränke, LED-Lampen, Behälter) zu smarten[1] Dingen („Smart Things"). Durch Sensoren erhalten die Dinge „Augen und Ohren". Sie können Informationen (z. B. Innentemperatur und Füllstand des Kühlschranks) automatisch an übergeordnete IT-Systeme übertragen. Das physische Produkt (z. B. Kühlschrank) und die neu möglichen Dienstleistungen (z. B. automatische Nachbestellung, Alarm bei einem Temperaturabfall) verschmelzen zu hybriden[2] Lösungen. Technische Voraussetzungen hierfür sind Sensor (Erfassung der Informationen aus der Umgebung), Konnektivität (Übermittlung der Informationen an ein IT-System) und Analytik (Analyse der übermittelten Informationen durch ein IT-System).

[1] smart: geschickt, klug

[2] hybrid: gebündelt, gekreuzt, vermischt

Die genannten Dienstleistungen, welche zusätzlich zum normalen Produkt oder der normalen Dienstleistung geboten werden, können vom Hersteller des Produktes selbst (z. B. rechtzeitige Wartung des Kühlschranks bei Problemen) oder von Dritten (z. B. Le Shop bearbeitet die Nachbestellung des Kühlschranks) erbracht werden. Weitere Beispiele zu smarten Dingen sind im Kapitel E2 Erneuerung von Unternehmen (Innovation) enthalten→.

→ S. 543 Internet der Dinge – Beispiele

→ Aufgaben 3 und 4

# 1.5 Umweltsphäre Wirtschaft

Die **Wirtschaft** umfasst alle Akteure (Unternehmen, private Haushalte)→, die mit der Herstellung und Verteilung von Waren und Dienstleistungen zu tun haben und somit versuchen, den menschlichen Bedarf zu decken. Auf dem Beschaffungs-, Arbeits- und Kapitalmarkt findet ein Unternehmen die zur Herstellung benötigten Inputfaktoren→ vor (z. B. Rohstoffe, Arbeitskräfte, notwendiges Kapital zum Kauf einer Maschine) und auf dem Absatzmarkt gelangen die erstellten Güter zu den Endkonsumenten.

→ S. 26 Der einfache Wirtschaftskreislauf

→ S. 23 Produktionsfaktoren

**Ein Unternehmen ist Teil einer Volkswirtschaft. Es wird von dieser beeinflusst und kann diese umgekehrt kaum beeinflussen.**

Das wirtschaftliche Geschehen wird wissenschaftlich untersucht, und zwar von den sogenannten Wirtschaftswissenschaften. Hierbei werden die Volkswirtschaftslehre (VWL) und Betriebswirtschaftslehre (BWL) unterschieden.→ Das vorliegende Buch widmet sich der Betriebswirtschaftslehre. Dagegen möchte dieser Abschnitt die grösseren wirtschaftlichen Zusammenhänge aufzeigen, sich also mit Themen der Volkswirtschaftslehre beschäftigen. Diese Zusammenhänge können aber nur gestreift und nicht vertieft aufgezeigt werden.

→ S. 28 Volkswirtschaftslehre – Betriebswirtschaftslehre

Die volkswirtschaftlichen Entwicklungen eines Landes hängen von vielen gesellschaftlichen, politischen, psychologischen und wirtschaftlichen Einflüssen ab. Das Management eines Unternehmens muss diese Entwicklungen voraussehen und die unternehmerischen Entscheidungen darauf ausrichten. Nachfolgend werden einige wenige ausgewählte Bereiche, welche die Unternehmenstätigkeit stark beeinflussen, kurz erläutert.

## Konkurrenzsituation

Die Zahl der Anbieter und Nachfrager auf dem Markt ist unterschiedlich, weshalb man in marktwirtschaftlichen Systemen unterschiedliche Marktformen mit verschiedenartigen Formen der Preisbildung unterschieden werden:
– **Konkurrenz:** viele Anbieter, viele Nachfrager (z. B. Esswaren, Möbel).
– **Angebotsmonopol:** ein Anbieter, viele Nachfrager (z. B. Windows, iPhone).

Bei einem Angebotsmonopol legt das Unternehmen den Preis fest. Dieser ist höher als in einer Konkurrenzsituation, weil die Nachfrager nicht einfach zu einem Konkurrenten wechseln können.

**Beispiel** Swissair – Monopol

Früher hatte die damalige Swissair eine Monopolstellung auf gewissen Strecken, beispielsweise zwischen Genf und Barcelona. Heute gibt es viele Fluggesellschaften, welche diese Destination anbieten. In der Schweiz herrscht seit längerer Zeit ein grosser Konkurrenzkampf, der durch günstige Flugticketpreise der Billigfluggesellschaften angekurbelt wurde.

## Konjunkturlage

**Konjunktur** ist der schwankende, wellenförmige Verlauf (Konjunkturzyklus) der Wirtschaftsentwicklung, ein Auf und Ab aller wichtigen wirtschaftlichen Grössen wie Produktion, Beschäftigung, Zinssatz und Preis. In Zeiten des wirtschaftlichen Aufschwungs (Erholung) steigt die Nachfrage nach Konsumgütern[1] und Dienstleistungen und in der Folge auch nach Investitionsgütern[2].→ Die Produktionskapazitäten werden zunehmend ausgelastet, was zu einer Zunahme der Beschäftigung führt (Boom, Hochkonjunktur). Bei Überlastung der Produktionskapazitäten steigt das Preisniveau an und die Nachfrage nach Konsumgütern und Dienstleistungen und später nach Investitionsgütern nimmt ab (Abschwung), sodass daraus eine **Rezession**[3] und sogar zu einer Depression (Krise) führen kann. Unternehmen müssen in solchen Phasen aufgrund geringer Bestellungen oftmals Mitarbeitende entlassen und mit Investitionen warten.

[1] Konsumgüter: Güter, die im Haushalt verwendet werden

[2] Investitionsgüter: Güter, die im Unternehmen verwendet werden

[3] Rezession: Eine Rezession liegt vor, wenn die Wachstumsrate in zwei aufeinanderfolgenden Quartalen – je im Vergleich zum Vorquartal – negativ ist.

→ S. 16 Investitionsgüter

→ Aufgabe 5

Abb. 26

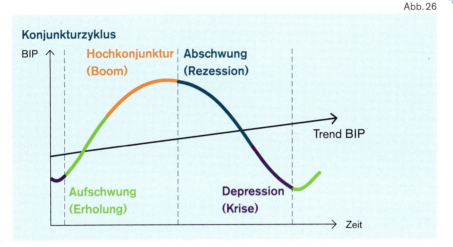

Die Nationalbank kann durch ihre Geldpolitik (Ausweitung oder Verknappung der Geldmenge) und der Staat durch konjunkturelle Massnahmen (Konjunkturprogramme, Steuersenkungen) diese Schwankungen teilweise glätten.

**Beispiel** SWISS – Hochkonjunktur

Bei guter Konjunkturlage geben die Leute mehr Geld aus. So auch für Flugreisen. Davon profitiert die SWISS.

## Bruttoinlandprodukt

Das **Bruttoinlandprodukt (BIP)** umfasst die Gesamtheit aller Wertschöpfungen→, welche in einer Volkswirtschaft innerhalb eines Jahres erbracht werden.

Es dient der Entschädigung der Produktionsfaktoren→ (z. B. Lohn für Arbeit oder Zinsen für Kapital). In einer konjunkturellen Boomphase wächst das Bruttoinlandprodukt.

→ S. 21 Wertschöpfung

→ S. 23 Produktionsfaktoren

## Wechselkurse

Der **Wechselkurs** gibt an, welche Menge an inländischem Geld für eine bestimmte Menge ausländischer Währung bezahlt werden muss.

**Beispiel**  Wechselkurs Schweizer Franken (CHF) – Euro (EUR)

Für einen Euro musste am 2. Dezember 2009 1,538 Schweizer Franken und am 12. Juni 2015 1,045 Schweizer Franken bezahlt werden.

Wechselkurse ändern sich täglich. Diese Veränderung wird als Abwertung oder Aufwertung bezeichnet. Ein steigender Wechselkurs bedeutet eine Abwertung der inländischen Währung, d. h. für eine fremde Währung muss ein höherer Betrag mit der inländischen Währung bezahlt werden. Ein sinkender Wechselkurs bedeutet dementsprechend eine Aufwertung der inländischen Währung, d. h. eine fremde Währung kann zu einem günstigeren Preis mit der inländischen Währung gekauft werden.

**Beispiel**  Wechselkursentwicklung des Schweizer Frankens gegenüber dem Euro

Bei der Einführung des Euros als physisches Zahlungsmittel am 1. Januar 2002 lag der Wechselkurs bei 1,47 Schweizer Franken pro Euro. Der Schweizer Franken hat sich demnach gegenüber dem Euro vom 1. Januar 2002 bis zum 2. Dezember 2009 leicht abgewertet. Für einen Euro mussten am 2. Dezember 2009 also mehr Schweizer Franken als am 1. Januar 2002 bezahlt werden. Danach hat sich der Schweizer Franken massiv aufgewertet. Die Schweizerische Nationalbank (SNB) führte deshalb einen Mindestkurs von 1,20 Schweizer Franken pro Euro ein. Am 15. Januar 2015 musste die SNB den Mindestkurs aufgeben. Am 12. Juni musste nur noch 1,045 Schweizer Franken für einen Euro bezahlt werden.

Eine Änderung des Wechselkurses hat vielfältige Auswirkungen auf Unternehmen und somit auf die gesamtwirtschaftliche Entwicklung eines Landes. Bei einer Aufwertung der inländischen Währung werden beispielsweise Importe günstiger. Das hat zur Folge, dass die Konsumenten mehr Geld für ausländische Güter zur Verfügung haben, die Wettbewerbsfähigkeit der inländischen Unternehmen jedoch sinkt, da die exportierten Güter im Ausland teurer werden und somit die Exporte zurückgehen. Eine Abwertung der inländischen Währung hingegen belebt die Exportwirtschaft und die Wettbewerbsfähigkeit steigt.

Abb. 27

**Beispiel**  SWISS – Auswirkungen von Wechselkursschwankungen

Die SWISS muss ständig Kerosin einkaufen, welches in US-Dollar (USD) gehandelt wird. Die Veränderung des Wechselkurses CHF–USD hat einen grossen Einfluss auf die Kerosinausgaben der SWISS. So kostete am 14. März 2009 1 US-Dollar 1,19 Schweizer Franken und am 14. Juni 2015 0,928 Schweizer Franken, was einer Abwertung des Schweizer Frankens gegenüber dem US-Dollar von rund 20 % entspricht.

## 1.6  Zusammenhang zwischen Umweltsphären

Nachdem die einzelnen Umweltsphären zur Vereinfachung isoliert vorgestellt wurden, gilt es in einem weiteren Schritt anzumerken, dass zwischen ihnen Wechselwirkungen bestehen.

**Beispiel** Waschmaschine – Wechselwirkungen zwischen den Umweltsphären

→ Aufgaben 6 und 7

Abb. 28

Eine neue Technologie kann wie einstmals die Waschmaschine eine ganze Gesellschaft grundlegend verändern. Durch die Erfindung der Waschmaschine (technologische Umweltsphäre) wurden die Frauen ungemein entlastet und konnten dadurch ihren Tagesablauf ganz neu strukturieren (gesellschaftliche Umweltsphäre). Solche Veränderungen im gesellschaftlichen Bereich haben meist ökonomische Auswirkungen und allenfalls auch ökologische. Da den Frauen theoretisch mehr Zeit blieb, konnten einige von ihnen einer bezahlten Arbeit nachgehen, was Veränderungen auf dem Arbeitsmarkt (ökonomische Umweltsphäre) zur Folge hatte. Durch die Verbreitung der Waschmaschine wurde auch die ökologische Umwelt tangiert. Die Automatisierung hatte ein verändertes Waschverhalten mit zunehmender Belastung von Wasser (ökologische Umweltsphäre) zur Folge. Dank der technologischen Entwicklung war es möglich immer schadstoffärmere Waschmittel und immer energiesparendere Waschmaschinen zu produzieren.

Zum Schluss gilt es folgende zwei Punkte festzuhalten:
- Ein Unternehmen wird von den Entwicklungen in den Umweltsphären beeinflusst. Das Unternehmen hat aber selbst keinen oder nur sehr geringen Einfluss auf die Umweltsphären.
- Ein Unternehmen muss deshalb die Entwicklung der Umweltsphären ständig beobachten und aus dieser Beobachtung die richtigen Schlüsse für sich ziehen. Die Szenariotechnik→ ist ein Hilfsinstrument, um dies zu tun.

→ S. 559 Szenariotechnik

**Beispiel** Svenska Cellulose AB (SCA) – Betroffenheit von den Umweltsphären

SCA beschäftigt rund 44 000 Mitarbeitende weltweit, erzielte im Jahr 2014 einen Umsatz von 11,4 Milliarden Euro und hat seinen Hauptsitz in Stockholm. SCA verarbeitet den Rohstoff Holz zu Hygieneprodukten (z. B. Inkontinenzpflegeprodukte[1], Babywindeln, Damenhygiene, Papiertücher) und Forstprodukten (z. B. Druckpapier, Packpapier, Massivholzprodukte). Die Digitalisierung (technologische Umweltsphäre) hat zu einer verminderten Nachfrage nach Druckpapier geführt, weil ein Teil der Zeitungsleser die Zeitung auf dem Tablet liest. Demgegenüber führt die Alterung der Bevölkerung in Westeuropa (gesellschaftliche Umweltsphäre) zu einer höheren Nachfrage nach Inkontinenzpflegeprodukten. Aus diesem Sachverhalt lässt sich sehr gut erkennen, dass ein Unternehmen von den Umweltsphären sowohl in negativer als auch positiver Weise betroffen sein kann.

[1] Inkontinenz: Unvermögen, Harn oder Stuhl zurückzuhalten

**67**

# Aufgaben – B1 Umweltsphären

**1**

Stellen Sie sich vor, Sie seien Inhaber des Reisebüros „FlightExpress". Wie könnten Sie, um mit Ihrem Geschäft weiterhin erfolgreich zu sein, auf die verschiedenen sozialen Trends reagieren? Nennen Sie konkrete Angebotsideen.

**2**

Vergleichen Sie die Leitbilder→ und/oder Informationen aus dem Internet verschiedener Unternehmen. Wie gehen die jeweiligen Unternehmen mit ihrer ökologischen Verantwortung um, bzw. wie kommen sie den ökologischen Anliegen aus der Gesellschaft entgegen?

→ S. 93 Unternehmensleitbild

**3**

Das Internet ist ein Beispiel für technologischen Fortschritt. Aus dieser Technologie entstehen ganz neue wirtschaftliche Möglichkeiten, wie z. B. das Online-Shopping. Dieses hat in vielen Branchen eine wachsende Rolle. Erklären Sie anhand folgender Beispiele, welche Chancen und Gefahren das Online-Shopping für ein Unternehmen auslösen kann.
a Scorpio ist ein kleines, lokales Reisebüro in Winterthur.
b Zara ist ein international tätiges Modelabel aus Spanien.

**4**

Welche Auswirkungen hat die Digitalisierung auf Leistungsempfänger (Kunden) und Leistungserbringer (Unternehmen)
a im Bankensektor und
b im Journalismus (z. B. Tageszeitung)?
Recherchieren Sie hierzu im Internet und erstellen Sie zur Beantwortung dieser Frage eine Tabelle.

**5**

Welche Konsequenzen hat eine globale Rezession für folgende Schweizer Unternehmen?
a Rieter (global tätiger Industriekonzern)
b Diamanten-Bijouterie an der Zürcher Bahnhofstrasse
c Altersheim Köniztal

**6**

Zalando ist ein Online-Store für Schuhe und Markenbekleidung, der sich bis anhin in mehreren europäischen Ländern wie Deutschland, Österreich, Frankreich und der Schweiz erfolgreich etabliert hat. Welche Aspekte der Umweltsphären müsste Zalando beachten, wenn das Unternehmen auch auf dem nordamerikanischen Markt tätig werden will?

**7**

Erstellen Sie in Gruppen für jede Umweltsphäre eine Collage. Vergleichen Sie anschliessend die verschiedenen Poster miteinander.

www.iwp.unisg.ch/bwl

**Leitfragen**

a) Was sind Anspruchsgruppen?
b) Welche Anspruchsgruppen gibt es und welche Forderungen stellen sie?
c) Nach welcher Systematik sind die Anspruchsgruppen im Modell angeordnet?
d) Was ist ein Zielkonflikt?
e) Welche Zielkonflikte treten auf?
f) Wie stehen die verschiedenen Anspruchsgruppen zueinander?

**Schlüsselbegriffe**

Anspruchsgruppen (Stakeholder), Kapitalgeber, Fremdkapitalgeber, Eigen-
kapitalgeber (Shareholder), Öffentlichkeit, Non-Governmental-Organisation
(NGO), Staat, Lieferanten, Konkurrenz, Kunden, Mitarbeitende, Arbeitsfrieden,
Jahresarbeitszeit, Zielharmonie, Zielkonflikt, Zielneutralität

**Verankerung im Modell**

Zwischen dem Unternehmen und dessen Anspruchsgruppen besteht ein viel-
fältiges Beziehungsnetz. Das Unternehmen und die Anspruchsgruppen beeinflussen sich durch ihre Tätigkeiten gegenseitig. Sowohl das Unternehmen als
auch die Anspruchsgruppen haben bestimmte Ziele und stellen Ansprüche an-
einander. Gewisse Ziele der Anspruchsgruppen sind harmonisch zueinander,
andere bergen aber Konflikte in sich.

**Beispiel** Fahrradhersteller „Cycle-Tour AG"

Abb. 29

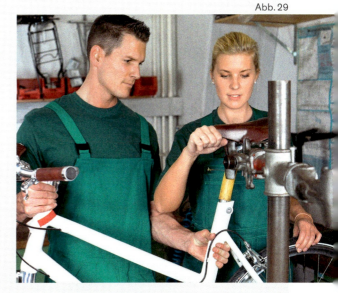

„Cycle-Tour" ist eine Aktiengesellschaft im Eigentum der Familie Eberli. Die „Cycle-Tour AG" stellt
im Luzerner Hinterland Fahrräder her. Heinz Eberli und seine Schwester Christine sind die Geschäftsführer, Bruder Max kümmert sich um die Produktion. Derzeit werden ca. 11 000 Fahrräder pro Jahr
nach individuellen Kundenwünschen und höchsten
Qualitätsanforderungen produziert. Natürlich versucht das Unternehmen, den Ansprüchen seiner
Kundschaft nach einem günstigen Preis gerecht zu
werden, muss aber wegen der teureren Produktionskosten der qualitativ hochwertigen Fahrräder
einen angemessenen Preis verlangen. Die Familie
Eberli vermutet jedoch, dass die Kundenwünsche
nicht die einzigen Ansprüche sind, denen das Unternehmen „Cycle-Tour AG" nachkommen sollte.
Welche Ansprüche werden an „Cycle-Tour AG" gestellt und in welchem Verhältnis stehen diese zueinander?

# 2.1 Anspruchsgruppen und deren Erwartungen

UE2, FS2

**Die Anspruchsgruppen (Stakeholder) beeinflussen durch ihre Interessen das Unternehmensgeschehen, werden aber ihrerseits auch durch die Handlungen des Unternehmens beeinflusst.**

Das Unternehmen und seine jeweiligen Anspruchsgruppen können als Beziehungsnetz gesehen werden. Diese Beziehungen gilt es in der Unternehmensführung zu beachten. Sie müssen, je nach Wichtigkeit und Bedeutung für das Geschehen, im und rund um das Unternehmen in die Entscheidung einbezogen werden. Jedes Unternehmen muss für sich entscheiden, mit welchen Stakeholdern auf welche Weise umgegangen werden soll.→ Es ist Aufgabe des Unternehmens, sich fortlaufend mit seinen Stakeholdern auseinanderzusetzen, deren Ziele und Ansprüche aufzunehmen und mit den eigenen Zielen und Interessen zu vergleichen. Ein Unternehmen, welches die Interessen seiner Anspruchsgruppen ignoriert, wird Mühe bekunden, sein langfristiges Überleben zu sichern.

→ S. 83 Anspruchsgruppenkonzepte

Zu den Stakeholdern werden alle Personen, Gruppen und Organisationen gezählt, die mit dem Unternehmen direkt oder indirekt, momentan oder zukünftig in irgendeiner Beziehung stehen. Das St. Galler Management-Modell kennt folgende Anspruchsgruppen:
Kapitalgeber, Kunden, Mitarbeitende, Öffentlichkeit/NGOs, Staat, Lieferanten, Konkurrenten

**Anspruchsgruppen (Stakeholder) sind Personen, Gruppen oder Organisationen, welche die unterschiedlichsten Erwartungen und Ansprüche an ein Unternehmen haben. Das Unternehmen seinerseits stellt auch Ansprüche an die Anspruchsgruppen.**

Nachfolgend werden die Anspruchsgruppen einzeln geschildert. Dabei wird zuerst die Anspruchsgruppe beschrieben und anschliessend werden ihre Ansprüche ans Unternehmen und jene des Unternehmens an die Anspruchsgruppe dargelegt.

[1] Fremdkapitalgeber: auch Gläubiger genannt

[2] Eigenkapitalgeber:
– auch Shareholder genannt
– bei einer Aktiengesellschaft auch Aktionäre genannt

[3] Dividende: Anteil am Unternehmensgewinn, der ausgezahlt wird für das Risiko, das Aktionäre auf sich nehmen

### Anspruchsgruppe „Kapitalgeber"

Die **Kapitalgeber** stellen dem Unternehmen finanzielle Mittel zur Verfügung, damit dieses notwendige Investitionen→ tätigen kann. Zur Finanzierung→ dieser Investitionen benötigt das Unternehmen Fremd- oder Eigenkapital. Wenn ein Kapitalgeber dem Unternehmen ein Darlehen gewährt, wird dieser als **Fremdkapitalgeber**[1] bezeichnet. Erwirbt ein Kapitalgeber hingegen einen Anteil am Unternehmen, wird dieser **Eigenkapitalgeber**[2] genannt.
Die Eigenkapitalgeber fordern vor allem hohe Gewinne, insbesondere eine hohe Dividende[3] und umfassende Informationen über die Geschäftstätigkeit des Unternehmens.→ Das Unternehmen versucht das Informationsbedürfnis durch den Geschäftsbericht zu stillen. Im Geschäftsbericht werden unter anderem Zahlen wie Umsatz oder Gewinn des vergangenen Jahres präsentiert.

→ S. 405 Investitionen

→ S. 388 Finanzierung

→ S. 443 Berichterstattung des Unternehmens

**Beispiel** „Cycle-Tour AG" – Eigenkapitalgeber

Christine, Heinz und Max Eberli haben bei der Unternehmensgründung Kapital aus ihrem Privatvermögen in Form von Eigenkapital ins Unternehmen gesteckt. Damit gehört das Unternehmen ihnen und sie bestimmen alleine, was mit dem Unternehmen geschieht.

Die Fremdkapitalgeber erwarten in erster Linie, dass sie für das zur Verfügung gestellte Kapital regelmässig Zins erhalten und die spätere Rückzahlung gewährleistet ist.

**Beispiel** „Cycle-Tour AG" – Fremdkapitalgeber

Wie die meisten anderen Unternehmen brauchte die „Cycle-Tour AG" bei ihrer Gründung Kapital von aussen. Um die Geschäfte aufnehmen zu können, musste zuerst eine geeignete Produktionshalle erbaut werden. Dazu reichte das Eigenkapital der Unternehmensgründer Christine, Heinz und Max Eberli nicht aus. Deshalb wurde bei der Bank ein Hypothekarkredit[1] aufgenommen. Da eine Bank jederzeit ihr Verlustrisiko minimieren möchte, verlangte die Bank von den drei Unternehmern entsprechende Garantien. Die Produktionshalle dient als Sicherheit. Diese könnte die Bank rechtmässig über eine Betreibung auf Pfandverwertung durch das Betreibungsamt verkaufen lassen, wenn die „Cycle-Tour AG" eines Tages nicht mehr in der Lage wäre, die Zinsen zu bezahlen oder den Kredit zurückzubezahlen.

[1] Hypothekarkredit: Eine Hypothek dient dazu, Kredite abzusichern. Dem Gläubiger wird das Recht eingeräumt, bei Fälligkeit der gesicherten Forderung sich durch das Eigentum (Grundstück, Wohneigentum usw.) seines Schuldners zu befriedigen.

Abb. 30

Das Unternehmen erwartet von ihren Kapitalgebern Geld, das möglichst unkompliziert und zu günstigen Bedingungen angeboten wird. Unkompliziert bedeutet in diesem Zusammenhang, dass das Unternehmen nicht zu viele Informationen[→] liefern muss, um Kapital zu erhalten. Mit günstigen Bedingungen ist gemeint, dass wenig Zinsen bezahlt oder Dividenden ausgeschüttet werden müssen.

→ S. 110 Businessplan

### Anspruchsgruppe „Kunden"

Als **Kunden** wird jener Personenkreis bezeichnet, welcher die Produkte bzw. die Dienstleistungen des Unternehmens kauft.
Die Kunden haben bestimmte Vorstellungen über die von ihnen nachgefragten Produkte und Preise. Sie erwarten ein gutes Preis-/Leistungsverhältnis, eine gute Beratung und eine ausreichende Auswahl beim Kauf und gute Serviceleistungen nach dem Kauf. Zunehmend verlangen die Kunden auch Produkte, welche die ökologischen[→] und sozialen Mindestnormen[→] erfüllen.
Das Unternehmen erwartet von seinen Kunden möglichst häufige und teure Einkäufe und die rasche Bezahlung der Rechnung.

→ S. 267 Umweltlabels

→ S. 86 Code of Conduct

**Beispiel** „Cycle-Tour AG" – Kunden

„Cycle-Tour AG" möchte dem Anspruch gerecht werden, Fahrräder mit höchster Qualität und Ästhetik zusammenzustellen. Der individuelle Kundenwunsch soll dabei stets im Mittelpunkt stehen. Mithilfe einer Topverarbeitung der Schweissnähte, einer elegant-sportlichen Optik und einer optimierten Rahmenkonstruktion versucht die „Cycle-Tour AG", den Wünschen ihrer Kunden gerecht zu werden. Zudem gewährleistet „Cycle-Tour AG" die anstandslose Ersetzung von Rahmen, welche innerhalb der dreijährigen Garantiezeit Schaden nehmen.

### Anspruchsgruppe „Mitarbeitende"

Die **Mitarbeitenden** leisten mit ihrer Arbeitskraft einen wichtigen Beitrag bei der Erstellung von Produkten und Dienstleistungen.
Konkrete Interessen und Ansprüche werden von Mitarbeiterseite her z.B. über Gewerkschaften an das Unternehmen herangetragen. Dabei sind gerechte Löhne, sichere Arbeitsplätze oder Arbeitszeitmodelle zentrale Themen. Die Mitarbeitenden sind zudem an Mitwirkungsmöglichkeiten im Unternehmen und zunehmend an Weiterbildungsmöglichkeiten interessiert.

Abb. 31

**Beispiel** „Cycle-Tour AG" – Mitarbeitende

Die meisten Mitarbeiter der „Cycle-Tour AG" sind junge Familienväter. Häufig geht auch der andere Elternteil einer ausserhäuslichen Arbeit nach. Diese grosse Gruppe der Mitarbeiter wünscht sich nicht nur eine gerechte Entlohnung, einen sicheren Arbeitsplatz und ein angenehmes Arbeitsklima, sondern fordert zusätzlich flexible Arbeitszeiten.
Um dieser Anforderung gerecht zu werden, macht die „Cycle-Tour AG" eine Arbeitszeitform möglich, die vielerorts schon erfolgreich eingesetzt wird: die gleitende Arbeitszeit. Dabei kann jeder der 65 Mitarbeiter selbst bestimmen, wann er innerhalb einer gegebenen Gleitzeitspanne am Morgen (zwischen 7.00 und 9.00 Uhr) die Arbeit aufnimmt und wann er sie innerhalb der Gleitzeitspanne (zwischen 16.00 und 18.00 Uhr) wieder beendet. Dabei soll die tägliche Arbeitszeit von 8,4 Stunden eingehalten werden.
Für Peter Jung ist dieses Modell ideal, denn so kann der Familienvater noch die Kinder zur Schule bringen, bevor er dann selbst gegen 9.00 Uhr im Unternehmen eintrifft. Seine Frau fährt schon früh morgens ins Büro und holt die Kinder um 17.00 Uhr in der Schule ab. Bisher musste die Grossmutter diese Aufgabe übernehmen.

In der Schweiz wird der **Arbeitsfrieden**[2] zwischen Arbeitgebern und Arbeitnehmern hochgehalten. Ein Streik der Arbeitnehmer ist somit als letzte Massnahme zu sehen. In den letzten Jahren hat jedoch eine Aufweichung stattgefunden.

[2] Arbeitsfrieden: Verzicht auf Streiks durch Arbeitnehmer und Verzicht auf Aussperrung durch Arbeitgeber (Art. 28 BV)

**Beispiel**  SBB Cargo – Mitarbeiterstreik

Die SBB kündigte im März 2008 einen massiven Stellenabbau bei ihrer Tochtergesellschaft SBB Cargo an, worauf die Beschäftigten im Werk in Bellinzona unter Anleitung der Gewerkschaften in einen Streik eintraten.

Das Unternehmen erwartet von seinen Mitarbeitenden präzises und schnelles Arbeiten und Pflichtbewusstsein. Weiter wird ein flexibler Arbeitseinsatz, je nach Arbeitsanfall, übers Jahr hinweg erwartet (**Jahresarbeitszeit**).

## Anspruchsgruppe „Öffentlichkeit, Non Governmental Organisations (NGOs)"

Zur **Öffentlichkeit** gehören die Bewohnerinnen und Bewohner eines Landes, Organisationen und die Medien, welche die Tätigkeiten des Unternehmens beobachten und kritisch hinterfragen. Grundsätzlich ist jeder Verein ohne Gewinnabsicht im weiteren Sinne eine „nichtstaatliche Organisation". Im Englischen wird von **Non Governmental Organisations (NGOs)** gesprochen. Nichtregierungs-Organisationen haben unterschiedliche Aktivitätsschwerpunkte, wie z. B. Konsumentenschutz (Stiftung für Konsumentenschutz), Umweltschutz (Greenpeace), Arbeitnehmerschutz (Gewerkschaft Unia), Arbeitgeberschutz (Schweizerischer Arbeitgeberverband), Menschenrechte (Amnesty International) oder Artenschutz (WWF). Jedes Unternehmen stellt sich der Kritik der Öffentlichkeit bzw. der öffentlichen Meinung, gewollt oder ungewollt.

**Beispiel**  Kik – Öffentlichkeit

Das Verbraucher-Magazin Öko-Test untersuchte 2014 insgesamt 23 Plüschtiere. Dabei ergaben sich alarmierende Testergebnisse wie leicht reissende Nähte sowie schnell entflammbare oder krebserregende Stoffe. Auch das untersuchte Plüschtier der Textilkette Kik wies Mängel auf. Die Naht riss zu schnell, wodurch die Gefahr bestand, dass Kleinkinder das hinausquellende Füllmaterial verschlucken könnten. Der Plüsch-Tiger wurde als „nicht verkehrsfähig" eingestuft. Kik reagierte auf das Testergebnis, indem es das besagte Stofftier sowie drei weitere Stofftiere zurückrief.*

★ www.t-online.de
24. Oktober 2014

Die Öffentlichkeit erwartet, dass sie durch die unternehmerische Tätigkeit möglichst wenig negativ betroffen wird und zumindest teilweise angehört wird oder gar Mitsprache erhält. Die Öffentlichkeit erwartet ein soziales (z. B. keine zu tiefen Löhne) und ökologisches (z. B. geringer $CO_2$-Ausstoss) Verhalten. Die Öffentlichkeit erwartet auch, dass das Unternehmen regelmässig Rechenschaft in Form von Nachhaltigkeitsberichten→ über das eigene Verhalten ablegt. Die offene Kommunikation kann durch Spenden oder Sponsoring ergänzt werden, und zwar nicht nur um das Image in der Öffentlichkeit zu verbessern, sondern um auch die Identifikation der Mitarbeiter mit dem Unternehmen zu erhöhen.

→ S. 447 Nachhaltigkeitsbericht

Das Unternehmen erwartet von der Öffentlichkeit einen guten Austausch und konstruktive und realistische Lösungsvorschläge bei Problemen.

### Anspruchsgruppe „Staat"

Unter dem Begriff **Staat** werden der Bund, Kantone und Gemeinden verstanden. Der Staat verlangt von den Unternehmen die Bezahlung eines Teils des Gewinns in Form von Steuern. Mit diesen Steuereinnahmen finanziert der Staat unter anderem die Verkehrsinfrastruktur und das Rechtssystem. Von einer Verkehrsinfrastruktur profitieren die Unternehmen, weil ihre Mitarbeitenden weniger im Stau stehen und ihre Produkte schnell transportiert werden können. Von einem guten Rechtssystem mit klaren Gesetzen und unbestechlichen Richtern profitieren die Unternehmen, weil sie dadurch die Möglichkeit haben, ihre Rechte (z. B. Eigentumsrecht, Vertragsrecht) durchzusetzen.

→ S. 116 Standort eines Unternehmens

Der Staat bietet den Unternehmen aber nicht nur Rechtssicherheit, sondern verlangt von ihnen die Einhaltung der geltenden Gesetze, wie beispielsweise das Umweltschutz- oder Arbeitsgesetz.

Nicht zuletzt ist der Staat auch daran interessiert, dass die Unternehmen attraktive Arbeitsplätze anbieten und diese auch erhalten, um die staatliche Arbeitslosenversicherung nicht zu belasten.

Das Unternehmen erwartet vom Staat die Durchsetzung der Gesetze, auch bei der Konkurrenz, und die Erfüllung öffentlicher Aufgaben (z. B. Verkehrsinfrastruktur) in guter Qualität und zu tiefen Preisen.

Abb. 32

### Beispiel „Cycle-Tour AG" – Staat

Vor dem Bau der Produktionshalle der „Cycle-Tour AG" musste diese mit einem Baugesuch an die Gemeinde gelangen. Die Gemeinde hat die Baubewilligung erst erteilt, als die Planung sämtliche Umweltschutzbestimmungen, im Besonderen die Gewässerschutzbestimmungen, eingehalten hat.

Die „Cycle-Tour AG" muss als Kapitalgesellschaft ihren Gewinn versteuern und dem Staat einmal im Jahr die Gewinnsteuer abliefern. Je nach Standort des Unternehmens variiert die maximale Steuerbelastung des Gewinns aufgrund unterschiedlich hohen Steueransätzen in den Kantonen und Gemeinden. Die „Cycle-Tour AG" muss in der Schweiz auf der Bundesebene einen Gewinnsteuersatz von 8,5 % entrichten. Dazu kommt auf der Kantons- und Gemeindeebene, eine zusätzliche Steuerbelastung von 4,3 % bis 6,5 %.

### Anspruchsgruppe „Lieferanten"

Die **Lieferanten** liefern dem Unternehmen die notwendigen Rohstoffe, Halbfabrikate, Produkte oder Dienstleistungen, welche für die Erstellung seiner Güter benötigt werden. Lieferanten und Unternehmen sind gegenseitig aufeinander angewiesen. Oftmals werden Preise vom Mächtigeren auferlegt, je nach Gegebenheit kann das der Lieferant oder das Unternehmen sein.

Die Lieferanten erwarten vom Unternehmen als Kunde neben einem fairen Preis auch regelmässige, frühzeitige und grosse Bestellungen sowie termingerechte Zahlungen der Rechnungen. Das Unternehmen verlangt als Gegenleistung einwandfreie Produkte und pünktliche Zustellung→.

→ S. 232 Beschaffungslogistik

**Beispiel** „Cycle-Tour AG" – Lieferanten

Die „Cycle-Tour AG" gibt am Ende jedes Monats bei ihrem Zulieferer eine umfangreiche Bestellung auf. Da die „Cycle-Tour AG" qualitativ hochwertige Fahrräder herstellt, sind sie von ihrem Zulieferer abhängig. Denn nur er kann der „Cycle-Tour AG" die einzelnen Bestandteile in der gewünschten Qualität liefern. Umso mehr ist die „Cycle-Tour AG" auf einwandfreie Produkte und fristgerechte Lieferung angewiesen.

### Anspruchsgruppe „Konkurrenz"

→ S. 540 Patent/Marke

Die **Konkurrenz** bietet dieselben oder ähnliche Produkte oder Dienstleistungen auf dem Markt an und buhlt um dieselben oder ähnlichen Kundengruppen. Jedes Unternehmen beobachtet die Aktivitäten der Konkurrenz genau, um das eigene Leistungsangebot kontinuierlich verbessern zu können.
Konkurrenten erwarten die Einhaltung von Patent- und Markenschutz→ und keinen unlauteren[1] Wettbewerb. So sind falsche Werbeaussagen, um neue Kunden zu gewinnen, kein faires Mittel um die Konkurrenz auszuschalten. Die Konkurrenz erwartet vom Unternehmen bei gleichlaufenden Interessen gegenüber Staat oder NGOs die Zusammenarbeit in so genannten Branchenverbänden (z. B. Schweizer Fleisch-Fachverband).

[1] unlauter: „unlauter handelt, wer andere, ihre Waren, Werke, Leistungen, deren Preise oder ihre Geschäftsverhältnisse durch unrichtige, irreführende oder unnötig verletzende Äusserungen herabsetzt" (Art. 3, Bst. a UWG)

**Beispiel** „Cycle-Tour AG" – Konkurrenz

→ Aufgaben 1, 2, 3, 4a, 5

Abb. 33

Die Geschäftsführer der „Cycle-Tour AG", Heinz und Christine Eberli haben sich über ihre Konkurrenz genauestens informiert. In der gesamten Schweiz existiert kein anderes Unternehmen, das Fahrräder in dieser hohen Qualität, so individuell und speziell auf den Kundenwunsch zusammenstellt.
Vor Kurzem haben sie von einem Kollegen vernommen, dass sich ein neues Unternehmen mit einer ähnlichen Geschäftsidee im Kanton Zug niederlassen möchte. Da die „Cycle-Tour AG" in den letzten Jahren viele Patente angemeldet hat, werden sich die beiden Geschäftsführer genauer über dieses Konkurrenzunternehmen informieren.

→ Hintere Innenklappe
Modell

Auf der rechten Seite des Modells stehen Anspruchsgruppen (Kapitalgeber, Kunden, Mitarbeitende), welche unmittelbar von der unternehmerischen Wertschöpfung betroffen sind. Die Kapitalgeber erhalten für das bereitgestellte Kapital vom Unternehmen Zinsen oder Dividenden. Die Kunden profitieren von der Wertschöpfung in Form von einem Produkt oder einer Dienstleistung in möglichst optimaler Qualität. Die Mitarbeitenden erhalten für die geleistete Arbeit einen Lohn.

Auf der linken Seite des Modells stehen Anspruchsgruppen (Öffentlichkeit/NGOs, Staat, Lieferanten, Konkurrenz), welche dem Unternehmen Rahmenbedingungen setzen. Die NGOs überwachen die Handlungen des Unternehmens und erzeugen bei einem Missverhalten öffentlichen Druck. Der Staat beeinflusst den Handlungsspielraum durch Gesetze und Verordnungen. Die Lieferanten beeinflussen mit der Liefermenge, -zeit und -qualität den Produktionsgang des Unternehmens. Die Konkurrenz beeinflusst durch ihre Produkt- und Preispolitik die Strategie des Unternehmens.

## 2.2 Zielharmonie, Zielneutralität und Zielkonflikte

 DL3G

→ S. 21 Unternehmensziele

Die verschiedenen Anspruchsgruppen tragen unterschiedliche Ansprüche und Ziele an das Unternehmen heran. Bei der Gegenüberstellung der einzelnen Ziele der Anspruchsgruppen können sich drei Situationen→ ergeben:

Tab. 22

| Situation | Erklärung | Beispiel |
|---|---|---|
| **Zielharmonie** | Zwei Ziele verstärken sich gegenseitig. | Der Staat und die Eigenkapitalgeber erhoffen sich möglichst grosse Gewinne. Der Staat, weil er sich höhere Steuereinnahmen und der Eigenkapitalgeber, weil er sich eine höhere Dividende verspricht. |
| **Zielneutralität** | Zwei Ziele haben keinen Einfluss aufeinander. Sie stehen neutral zueinander. | Die Konkurrenz fordert ein faires Verhalten und der Staat fordert Steuereinnahmen. |
| **Zielkonflikt** | Es kann nur entweder das eine oder das andere Ziel erreicht werden bzw. nicht beide Ziele gleichzeitig im vollen Umfang. Die beiden Ziele stehen im Konflikt zueinander. | Mitarbeitende fordern hohe Löhne und Eigenkapitalgeber eine hohe Dividende. |

Zielkonflikte kommen häufig vor und stellen die Unternehmensleitung vor teilweise schwierige Entscheidungen. Aus diesem Grund lohnt es sich, einige klassische Zielkonflikte zu kennen.

Abb. 34

Kunden möchten beim Kauf eine kompetente Beratung und guten Kundenservice erhalten. Die Bereitstellung dieser Dienstleistungen (besser geschulte Arbeitskräfte, Einrichtung einer Hotline usw.) verursacht für das Unternehmen Kosten.

Kunden wünschen preisgünstige Waren und Dienstleistungen.

Mitarbeitende eines Unternehmens erwarten ein angemessenes Einkommen, was Lohnkosten und damit auch den Produktpreis erhöht.

Kunden wünschen preisgünstige Waren und Dienstleistungen.

Lieferanten fordern hohe Preise, wodurch sich Rohstoffkosten und damit auch der Produktpreis erhöht.

Kunden wünschen preisgünstige Waren und Dienstleistungen.

NGOs verlangen eine ökologisch einwandfreie Produktion. Solche Produktionsweisen bedeuten zumeist höhere Kosten.

Kapitalgeber erwarten eine hohe Rendite. Je höher der Unternehmensgewinn, desto höher die Rendite. Hohe Produktionskosten vermindern aber den Unternehmensgewinn.

Der Staat fordert gewisse Abgaben und Steuern und verlangt die Einhaltung von Gesetzen. Dies kann zusätzliche Kosten für die Unternehmen bedeuten. Diese höheren Kosten muss die Unternehmung allenfalls mit höheren Preisen decken.

Kunden wünschen preisgünstige Waren und Dienstleistungen.

Die Konkurrenz kann allenfalls an einer Kooperation interessiert sein. Absprachen zwischen Unternehmen gleicher Branchen können aber zu überhöhten Preisen für die Kunden führen.

Der Staat versucht mit dem Kartellgesetz zu verhindern, dass der Wettbewerb durch Absprachen eingeschränkt wird.

Kapitalgeber erwarten eine hohe Rendite. Je höher der Unternehmensgewinn, desto höher die Rendite. Hohe Lohnkosten vermindern aber den Unternehmensgewinn.

Mitarbeitende eines Unternehmens erwarten ein angemessenes Einkommen.

→ Aufgabe 2d, 4b

Es ist Aufgabe der Unternehmensleitung, einen möglichst optimalen Ausgleich zwischen den verschiedenen Anliegen zu finden und diese mit den eigenen Unternehmenszielen in Einklang zu bringen. Dennoch können nicht alle Anliegen gleichzeitig und vollständig berücksichtigt werden. Die dadurch erforderliche Prioritätensetzung erfolgt unter Berücksichtigung der Normen[1] und Werte[2] im Unternehmen,→ der wirtschaftlichen Lage und der Zukunftserwartungen.

[1] Normen: allgemein anerkannte wertbasierte Verhaltensregeln

[2] Werte: Vorstellungen darüber, was ein gutes Leben ausmacht

→ S. 80 Unternehmensethik

# Aufgaben – B2 Anspruchsgruppen

**1**

Erstellen Sie anhand der folgenden Stichworte eine Tabelle.
- Name der Anspruchsgruppe
- Beschreibung der Anspruchsgruppe
- Erwartungen an das Unternehmen
- Erwartungen des Unternehmens an die Anspruchsgruppe

Fassen Sie das Kapitel nun mithilfe der Tabelle zusammen.

**2**

Das Unternehmen „Schmiedhauser Electronics AG" ist in der Schweiz ansässig und produziert Batterien für Fahrzeuge. Diese Batterien verkauft das Unternehmen an verschiedene Hersteller von Elektrofahrzeugen im Euroraum, namentlich in Deutschland und Frankreich. Die Batterien werden für 1 000 Euro pro Stück verkauft.

Bis am 14. Januar 2015 konnte zu einem Wechselkurs von CHF 1.20 pro Euro exportiert werden, weil die Schweizerische Nationalbank den Kurs so festgelegt und verteidigt hat (sog. „Euro-Mindestkurs"). Am 15. Januar 2015 musste die Schweizerische Nationalbank diesen Euro-Mindestkurs aufgeben. Der Kurs veränderte sich auf CHF 1.00 pro Euro. Dadurch entstanden für das Unternehmen neue Entscheidungsnotwendigkeiten.

a  Welche Umweltsphären→ haben die Wechselkursveränderung ausgelöst?  → S. 59 ff. Umweltsphären

b  Welche Auswirkung hatte die Wechselkursveränderung auf die „Schmiedhauser Electronics AG"? Nennen Sie eine Auswirkung in einem Satz und verwenden Sie hierfür nach Möglichkeit konkrete Zahlen.

c  Wie hat die „Schmiedhauser Electronics AG" wohl auf diese veränderte Situation reagiert? Nennen Sie zwei realistische Forderungen, welche die „Schmiedhauser Electronics AG" an zwei ihrer Anspruchsgruppen möglicherweise gestellt hat.

d  Identifizieren Sie Zielkonflikte, die aufgrund dieser Forderungen entstehen.

**3**

a  Identifizieren Sie für Ihre Schule mindestens vier Anspruchsgruppen.

b  Formulieren Sie zu jeder Anspruchsgruppe zwei mögliche Forderungen.

**4**

Inmitten einer grossen, europäischen Stadt steht das gigantische Kino „Movie-City". Natürlich stellen die verschiedensten Anspruchsgruppen Forderungen an das Kino.

a  Nennen Sie möglichst konkret sechs Gruppen/Personen/Institutionen und deren Ansprüche an das Kino.

b  Beschreiben Sie am Beispiel des Kinos drei Zielkonflikte zwischen den Anspruchsgruppen. Möglicherweise bestehen auch widersprüchliche Anliegen und Interessen innerhalb einer Anspruchsgruppe.

**5**

Sie erhalten eine der folgenden Rollenbeschreibungen zum Thema Südanflug am Flughafen Zürich.

a Studieren Sie Ihre Rollenbeschreibung genau und vertiefen Sie sich anhand zusätzlicher Informationsquellen (z. B. Internet) in Ihre Rolle.

b Antizipieren Sie je ein Kernargument der anderen drei Rollen und bereiten Sie stichhaltige Gegenargumente darauf vor.

Führen Sie eine Podiumsdiskussion durch.

### Rolle 1

Sie sind ein erfahrenes Mitglied der Grünen Partei und setzen sich vehement gegen den Südanflug auf Zürich Kloten ein. Sie sind der Ansicht, dass viele Flugreisen unnötig sind, da Alternativen dazu bestehen (z. B. Ferien in der Schweiz, Benutzung der Bahn, Informationstechnologien wie Skype, Videokonferenz oder E-Mailing).

### Rolle 2

Sie sind Mutter von drei kleinen Kindern im Alter von 3 Monaten, 2 und 4 Jahren. Sie gehören keiner politischen Partei an, engagieren sich aber sehr stark für soziale Themen in ihrem Umfeld. Mit der Einführung der Südanflüge sind Sie und Ihre Gemeinde dem neuen Fluglärm ausgesetzt. Sie nutzen die Gelegenheit, dieser Plage gleich wieder ein Ende zu setzen und engagieren sich als Vertreterin des an den Flughafen grenzenden Gebietes an vorderster Front. Dazu haben Sie sich intensiv informiert und haben sich gute und treffende Argumente zurechtgelegt.

### Rolle 3

Sie sind Vorsitzender des Vereins „Globally Connected Zurich". Zweck dieses Vereins ist die Wahrnehmung der Interessen der global tätigen Wirtschaftsbetriebe im Grossraum Zürich. Als Vorsitzender dieses Vereins stehen die Anliegen des Vereins für Sie an erster Stelle und so setzen Sie sich auch dafür ein, dass die Südanflüge auf Zürich Kloten weitergeführt werden können.

### Rolle 4:

Sie sind CEO der Air Zurigo. Ihre Gesellschaft hat sich für den Südanflug ausgesprochen. Ihrer Meinung nach wäre ein Verbot des Südanfluges für die gesamte Region fatal. Fracht- und Passagierströme würden sich von Zürich auf ausländische Drehkreuze verlagern. So wären Tausende von Arbeitsplätzen gefährdet. Aus diesem Grund plädieren Sie für eine „praktikable Südanflugregelung".

## Leitfragen

a) Mit welchen Fragen beschäftigt sich die Unternehmensethik?
b) Welche verschiedenen Verständnisse von Unternehmensethik gibt es und welche Merkmale weisen diese auf?
c) Worin unterscheiden sich die drei Anspruchsgruppenkonzepte?
d) Was ist ein Code of Conduct?
e) Was könnte ein Code of Conduct enthalten?

## Schlüsselbegriffe

Corporate Social Responsability, Instrumentalistische Unternehmensethik, karitative Unternehmensethik, integrative Unternehmensethik, Shareholder-Value-Ansatz, Good-Corporate-Citizen, strategisches Anspruchsgruppen-konzept/Stakeholder-Value-Ansatz, normativ-kritisches Anspruchsgruppen-konzept, Code of Conduct (Verhaltenskodex), UN Global Compact

## Verankerung im Modell

Das unternehmerische Handeln steht mitten im Brennpunkt gesellschaftlicher Wert- und Interessenkonflikte (Interaktionsthemen[1]) zwischen einer Vielzahl von beteiligten und betroffenen Anspruchsgruppen. Durch die Interaktion mit den Anspruchsgruppen werden unterschiedliche Anliegen und Interessen in Erfahrung gebracht und gegeneinander abgewogen. Die Bewältigung dieser Herausforderung setzt für die Unternehmensleitung und das Personal ein klares Verständnis der ethischen Grundlagen legitimen Unternehmertums voraus.

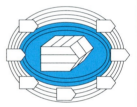

[1] Interaktion: Wechselbeziehung zwischen den Handlungen zweier oder mehrerer Partner.

**Beispiel** Tabakunternehmen „Smoke Forever"

Das fiktive Tabakunternehmen „Smoke Forever" ist in zwei Ländern tätig und plant eine Werbekampagne für ihre Produkte. Die Werbekampagne ist auf ein Zielpublikum im Alter von 12 bis 16 Jahren ausgerichtet und hat zum Ziel, junge Personen an ihre Produkte zu binden, mit der Absicht, dass diese Kundenbindung für Jahrzehnte hält. Im Land „Protection of Minors" gibt es jedoch eine Bürgerbewegung, welche die Reputation[2] des Unternehmens schädigen könnte und auch Politiker sind auf die Kampagne aufmerksam geworden. Es gibt erste parlamentarische Vorstösse[3] zum kompletten Verbot von Tabakwerbung. Im Land „Tobacco Country" stösst die geplante Werbekampagne in Gesellschaft und Politik auf wenig Widerstand.
Wie soll sich das Tabakunternehmen in den beiden Ländern verhalten?

[2] Reputation: Bei einer fragwürdigen Tätigkeit kann der Ruf eines Unternehmens Schaden nehmen. In diesem Fall spricht man von einem „Reputationsrisiko".

[3] Parlamentarischer Vorstoss: Ein Mittel der Parlamentarier neue Verhandlungsgegenstände in die parlamentarische Diskussion einzubringen.

Abb. 35

## 3.1 Ansätze von Unternehmensethik

Die Unternehmensethik befasst sich mit den moralischen Wertvorstellungen von Unternehmen. Einerseits steht ein Unternehmen im wirtschaftlichen Konkurrenzkampf und muss sich tagtäglich behaupten, um im Wettbewerb bestehen zu können. Andererseits ist ein Unternehmen auch eine gesellschaftliche Institution, deren Handeln viele Menschen – nicht nur die Mitarbeiter, Kunden, Kapitalgeber und Lieferanten – in vielfältiger Form betrifft. Ziel jeder unternehmerischen Tätigkeit ist eine hohe Wertschöpfung[1]. Doch welche Werte sollen geschaffen werden und für wen? Soll sich die unternehmerische Tätigkeit auf die reine Gewinnmaximierung beschränken oder sollen Werte wie eine intakte Umwelt, sozialer Frieden und die Herstellung sinnvoller Produkte auch in die Überlegungen miteinbezogen werden?

Jedes Unternehmen unterliegt gesetzlichen Schranken. Beispielsweise ist Kinderarbeit hierzulande verboten. Solche rechtlichen Regeln bilden eine klare Orientierungslinie. Darüber hinaus gibt es aber Ansprüche verschiedener gesellschaftlicher Gruppen, welche nicht im Gesetz verankert sind. In diesem Zusammenhang wird auch von **Corporate Social Responsibility**[2] gesprochen.

Ulrich (2001) unterscheidet drei verschiedene unternehmensethische Ansätze. Jeder Ansatz gibt eine andere Antwort auf die Frage, ob und wie auf die an das Unternehmen getragenen Ansprüche reagiert werden soll.

### Instrumentalistische Unternehmensethik

Ausgangspunkt der **instrumentalistischen Unternehmensethik** ist die Ansicht, dass ethisches Verhalten Umsatzeinbrüche, staatliche Eingriffe und Schädigungen des Rufes verhindern soll. Sie sieht ethisches Verhalten als Instrument für die Gewinnerzielung. Der Verzicht auf heute möglichen, aber ethisch zweifelhaften Gewinn soll sich längerfristig in Form von späterem Gewinn auszahlen. Das langfristige Ziel bleibt die Gewinnmaximierung und das Mittel hierzu ist ein (kurzfristiges) ethisches Verhalten.

**Beispiel** Tabakunternehmen – Instrumentalistische Unternehmensethik

Das Tabakunternehmen „Smoke Forever" entscheidet sich im Land „Protection of Minors" aus Angst vor künftigen Umsatzeinbrüchen und vor einem Tabakwerbeverbot, die Kampagne sofort zu stoppen. In einer grossen PR-Aktion[3] bekennt sich das Unternehmen dazu, dass man selbstverständlich den Jugendschutz voll und ganz mittrage. Im Land „Tobacco Country" hingegen treibt das Tabakunternehmen die Tabakwerbekampagne mit voller Kraft voran.

[1] Wertschöpfung: Differenz zwischen dem Wert der eingesetzten Waren oder Dienstleistungen und dem Ertrag der erstellten und verkauften Leistung.

[2] Corporate Social Responsibility: verantwortungsvolles unternehmerisches Handeln, welches über die Einhaltung der gesetzlichen Vorschriften hinaus geht

[3] PR-Aktion: Aktion eines Unternehmens zur Pflege der Beziehung zur Öffentlichkeit mit dem Ziel, bei dieser einen besseren Ruf zu erlangen.

→ S.335 Public Relations (PR)

## Karitative Unternehmensethik

Bei der **karitativen**[1] **Unternehmensethik** ist die unmittelbare Gewinnmaximierung oberstes Ziel. Sie verfolgt ein unternehmerisches Handeln ohne spezielle Berücksichtigung ethischer Grundsätze. Ein Teil des erzielten Gewinns soll jedoch im Nachhinein jenseits der eigenen Geschäftstätigkeit verwendet werden, beispielsweise durch Spenden für einen wohltätigen Zweck. Bildlich ausgedrückt soll also ein möglichst grosser Kuchen gebacken werden. Je grösser der Kuchen wird, desto grösser wird das Stück, welches einem wohltätigen Zweck zugeführt werden kann. Wie der Kuchen jedoch gebacken wurde, spielt keine Rolle.

[1] karitativ: wohltätig

**Beispiel** Tabakunternehmen – Karitative Unternehmensethik

Dasselbe Tabakunternehmen „Smoke Forever" führt in beiden Ländern – also trotz des Widerstands auch im Land „Protection of Minors" – die Werbekampagne durch. Zur Aufpolierung ihres Rufs verspricht das Tabakunternehmen, ein Prozent der Einnahmen jedes verkauften Zigarettenpäckchens dem Aufbau einer Schule für mittellose Kinder in Afrika zufliessen zu lassen.

## Integrative Unternehmensethik

Die **integrative**[2] **Unternehmensethik** bezieht ethische Überlegungen von Anfang an bedingungslos und durchgängig in das unternehmerische Handeln mit ein. Dies beginnt bei einer Sinn gebenden Wertschöpfungsidee (Meidung von fragwürdigen Geschäftsfeldern, z. B. die Produktion von Landminen), geht weiter über die Bedingungen der Produktion (z. B. Arbeitsbedingungen, Umweltbelastung) bis hin zu den gesamten sozialen und ökologischen Folgen der Produktverwendung (z. B. Produktion von sparsamen Motoren). Zudem übernimmt das Unternehmen in Form eines **Good-Corporate-Citizen**[3] branchen- und ordnungspolitische[4] Mitverantwortung, beispielsweise durch die Schaffung und Durchsetzung von überstaatlichen bzw. internationalen Sozial- und Umweltstandards[5].

[2] integrativ: ganzheitlich

[3] Good-Corporate-Citizen: Das Unternehmen versteht und verhält sich wie ein guter Bürger in der Gesellschaft.

[4] ordnungspolitisch: Dies betrifft staatliche Massnahmen, welche auf die Rahmenbedingungen des Wirtschaftens gerichtet sind.

[5] Sozialstandard: Darunter fallen beispielsweise würdige Arbeitsbedingungen und der Verzicht auf Kinderarbeit.

**Beispiel** Tabakunternehmen – Integrative Unternehmensethik

Das Tabakunternehmen „Smoke Forever" hat sich dafür entschieden, mit ihren Produkten und der Werbung möglichst nur Genussraucher anzusprechen. In keinem Fall soll das Produkt oder die Werbung ein Suchtverhalten begünstigen. Das Unternehmen weiss jedoch um die spezielle Suchtgefährdung junger Menschen. Aus diesem Grund hat sich das Unternehmen aus Überzeugung und im Bewusstsein ihrer gesellschaftlichen Mitverantwortung entschieden, in beiden Ländern – also auch in „Tobacco Country" – auf eine Werbekampagne, die auf Jugendliche abzielt, zu verzichten. Darüber hinaus macht sich das Unternehmen für eine Branchenvereinbarung[6] stark, welche Tabakwerbung, die speziell Jugendliche anspricht, verbieten soll.

→ Aufgabe 1

[6] Branchenvereinbarung: Vereinbarung, die innerhalb einer bestimmten Branche (z. B. Finanzbranche) getroffen wird und für die ganze Branche gelten soll (z. B. keine Annahme von dubiosen Geldern).

## 3.2 Anspruchsgruppenkonzepte

→ S. 76 Zielkonflikte

Die an das Unternehmen gestellten Ansprüche der verschiedenen Anspruchsgruppen können konfliktbehaftet[→] sein. Die Ansprüche bestimmter Stakeholder[1] müssen kurzfristig zurückgestellt oder ganz ausser Acht gelassen werden. Dazu muss das Unternehmen die Entscheidung treffen, welche Anspruchsgruppen als relevant und welche als irrelevant einzustufen sind.

[1] Stakeholder: Anspruchsgruppe

Im Folgenden werden drei verschiedene Konzepte vorgestellt. Sie unterscheiden sich darin, dass die Anspruchsgruppen auf unterschiedliche Weise vom Unternehmen berücksichtigt werden.

Ein Unternehmen, welches nach dem **Shareholder-Value-Ansatz** handelt, berücksichtigt nur die Interessen seiner Kapitalgeber und legt die Maximierung des Gewinns als einziges Ziel fest. Diesem theoretischen Ansatz liegt die Annahme zugrunde, dass in einem freien, effizienten und transparenten Markt die „unsichtbare Hand" (Adam Smith) automatisch die gesellschaftliche Wohlfahrt maximiert. Die Bedürfnisse aller Anspruchsgruppen werden damit optimal befriedigt.

Das **strategische Anspruchsgruppenkonzept** bzw. der **Stakeholder-Value-Ansatz** versucht den Gewinn ebenfalls zu maximieren, beachtet dabei im Unterschied zum Shareholder-Value-Ansatz jedoch nicht nur die Interessen der Kapitalgeber. Es werden diejenigen Stakeholder berücksichtigt, welche das Unternehmen heute oder in Zukunft negativ beeinflussen können. Ein Instrument zur Einteilung der Anspruchsgruppen nach deren Bedeutung ist die Stakeholder-Relevanz-Matrix[*]. Die Einordnung wird mithilfe folgender zwei Fragen vorgenommen:

1) Welchen Einfluss übt ein Stakeholder aus oder könnte er ausüben?
2) Wie stark ist oder könnte der Stakeholder selbst durch das Unternehmen beeinflusst werden?

Im folgenden Abschnitt soll kurz auf die einzelnen Bereiche der Matrix (A–D) eingegangen werden.

[*] Müller-Stewens, G. & Lechner, C. (2011). *Strategisches Management. Wie strategische Initiativen zu Wandel führen* (4. Aufl.), S. 162. Stuttgart: Schäffer-Poeschel.

Abb. 36

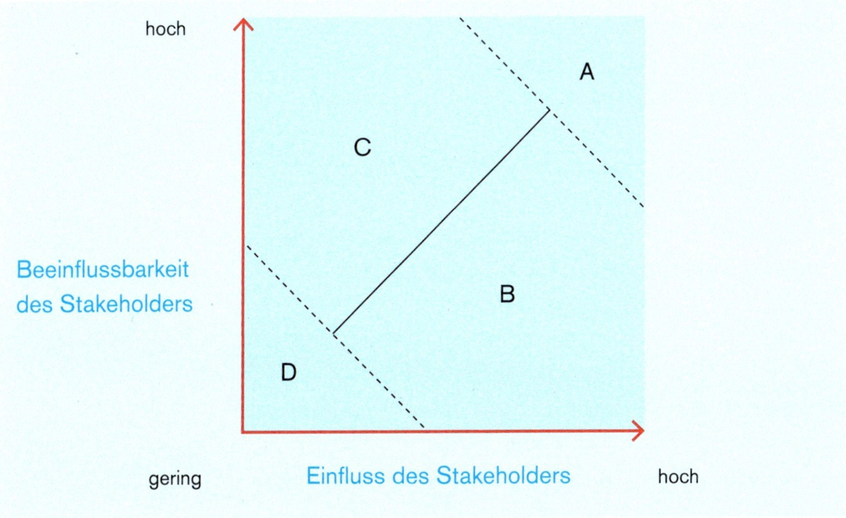

**Bereich A:** Dieser Stakeholder übt einen grossen Einfluss auf das Unternehmen aus. Er ist aber auch durch das Unternehmen stark beeinflussbar, was eine gewisse gegenseitige Abhängigkeit zur Folge hat.

**Beispiel** Mitarbeiter und Gewerkschaften

Die Arbeitnehmer des Tabakunternehmens „Smoke Forever", die so genannte A-Stakeholder, haben sich in einem Interessenverband zusammengeschlossen und fordern einen höheren Lohn. Da das Unternehmen auf die Arbeiter und die Arbeiter auf ihren Job angewiesen sind, beeinflussen sie sich in den Lohnverhandlungen gegenseitig.

**Bereich B:** Dieser Stakeholder kann einen hohen Einfluss auf das Unternehmen ausüben, ist aber selbst nur schwer beeinflussbar, was ihm besondere Macht verleiht.

**Beispiel** Bürgerbewegung

Abb. 37

Die Bürgerbewegung im Land „Protection of Minors" ist ein solcher B-Stakeholder. Sie übt zum einen direkten Einfluss auf die öffentliche Meinung und das Unternehmen aus. Zum anderen lässt sie sich in ihrer Überzeugung nicht durch das Tabakunternehmen beeinflussen.

**Bereich C:** Im Gegensatz zum Stakeholdertyp B liegt hier die Macht beim Unternehmen, da der Stakeholder davon abhängig ist.

**Beispiel** Ersetzbarer Lieferant mit Schlüsselkunden[1]

Der Lieferant „Tobacco" verkauft „Smoke Forever" jeden Monat seinen gesamten Vorrat an Tabak. Da er leicht durch andere Lieferanten zu ersetzen ist und auf „Smoke Forever" als einzigen Abnehmer angewiesen ist, stellt dieser Lieferant ein C-Stakeholder dar.

[1] Schlüsselkunden: Grosskunden, die eine grosse Bedeutung für die momentane und künftige Existenz eines Lieferanten haben.

**Bereich D:** Zurzeit ist dieser Stakeholder nicht entscheidend für ein Unternehmen, da keine Seite von der anderen beeinflussbar und somit abhängig ist.

**Beispiel** Umweltschutzorganisationen

Verschiedene Umweltschutzorganisationen beobachten das Wirtschaften von „Smoke Forever". Doch da zurzeit umweltschonend und in den gegebenen rechtlichen Schranken produziert wird, schweigen diese Stakeholder.

Ein Unternehmen, welches sich das **normativ-kritische Anspruchsgruppen-konzept** zugrunde gelegt hat, versteht die einzelnen Stakeholder als Bürger mit gleicher Würde und moralischen Rechten. Ob die Ansprüche der Stakeholder anerkannt werden, hängt nicht von deren Macht ab, sondern vom Ausmass und der Art der Betroffenheit des Stakeholders durch das unternehmerische Handeln. Das Unternehmen prüft alle berechtigten Ansprüche und ist um eine faire Verteilung von Lasten und Nutzen bemüht sowie bereit auf einen möglichen, aber ethisch zweifelhaften Gewinn zu verzichten.

**Beispiel** Tabakunternehmen – Normativ-kritisches Anspruchs-gruppenkonzept

→ Aufgaben 2, 3, 4 und 5

Abb. 38

In „Tobacco Country" stösst das Tabakunternehmen mit seiner Werbekampagne auf wenig Widerstand. Einzig eine Therapievereinigung für jugendliche Tabaksüchtige, welche über keinerlei Medienpräsenz und Unterstützung von Politikern verfügt, ist gegen die Werbekampagne. Aus diesem Grund bittet die Therapievereinigung das Tabakunternehmen auf Plakatwerbung im Umkreis von 5 km um die Therapie-Standorte zu verzichten. Das Tabakunternehmen prüft diesen Anspruch, auch wenn die Vereinigung über keinerlei Macht verfügt oder in Zukunft verfügen wird. Es kommt – nach Abwägung von Kosten in Form von entgangenem Gewinn für das Unternehmen und den Lasten in Form von rückfälligen tabaksüchtigen Jugendlichen – zum Schluss, dieser Bitte nachzukommen.

Jedes der drei Anspruchsgruppenkonzepte verfolgt unterschiedliche Ziele und berücksichtigt andere Anspruchsgruppen.

Tab. 23

| | Was ist das oberste Ziel? | Welches sind die zu berück-sichtigenden Anspruchsgruppen? |
|---|---|---|
| Shareholder-Value-Ansatz | Gewinnmaximierung, wobei diese automatisch auch zur gesellschaftlichen Wohlstands-maximierung führt. | Direkt werden die Interessen der Kapitalgeber berücksichtigt, wobei damit indirekt auch die Bedürfnisse aller Anspruchsgruppen optimal befriedigt werden. |
| Strategisches Anspruchs-gruppenkonzept / Stakeholder-Value-Ansatz | Gewinnmaximierung | Jene Anspruchsgruppen, welche das Unternehmen gegenwärtig oder zu-künftig negativ beeinflussen können. |
| Normativ-kritisches Anspruchsgruppen-konzept | Verzicht auf ethisch zweifelhaften Gewinn. | Jene Anspruchsgruppen, welche durch das unternehmerische Handeln betroffen sind und berechtigte Ansprüche haben. |

## 3.3 Code of Conduct

Ein Unternehmen kann im Bereich Ethik mehr tun als vom Staat verlangt wird. Es kann z. B. einen **Code of Conduct**→ erarbeiten. Dieser setzt verbindliche Regeln für ein Unternehmen und deren Mitarbeiter im Umgang mit Kunden, Lieferanten, Gesellschaft und Umwelt. Der Verhaltenskodex hilft den Mitarbeitern ethische Herausforderungen bei der täglichen Arbeit zu bewältigen. Dieser kann auf unterschiedlicher Ebene ausgearbeitet werden. Auf internationaler Ebene wurde beispielsweise der **UN Global Compact*** geschaffen, ein weltumspannender Pakt mit zehn Prinzipien zur verantwortungsvollen Unternehmensführung. Weltweit gibt es mehr als 8 000 Unternehmen, die sich daran beteiligen. Die meisten namhaften Schweizer Unternehmen sind beteiligt.

→ S. 184 Code of Conduct

★ www.unglobalcompact.org

→ Aufgaben 6 und 7

Tab. 24

**Beispiel** UN Global Compact

| Bereiche | Prinzipien |
| --- | --- |
| **Menschen-rechte** | 1: Unternehmen sollen den Schutz der internationalen Menschenrechte innerhalb ihres Einflussbereichs unterstützen und achten sowie<br>2: sicherstellen, dass sie sich nicht an Menschenrechtsverletzungen mitschuldig machen. |
| **Arbeits-normen** | 3: Unternehmen sollen die Vereinigungsfreiheit und die wirksame Anerkennung des Rechts auf Kollektivverhandlungen wahren sowie ferner für<br>4: die Beseitigung aller Formen der Zwangsarbeit,<br>5: die Abschaffung der Kinderarbeit und<br>6: die Beseitigung von Diskriminierung bei Anstellung und Beschäftigung eintreten. |
| **Umwelt-schutz** | 7: Unternehmen sollen im Umgang mit Umweltproblemen einen vorsorgenden Ansatz unterstützen,<br>8: Initiativen ergreifen, um ein grösseres Verantwortungsbewusstsein für die Umwelt zu erzeugen, und<br>9: die Entwicklung und Verbreitung umweltfreundlicher Technologien fördern. |
| **Korruptions-bekämpfung** | 10: Unternehmen sollen gegen alle Arten der Korruption eintreten, einschliesslich Erpressung und Bestechung. |

**Beispiel** Tabakunternehmen „Smoke Forever" – Code of Conduct

- Wir beschaffen unseren Tabak nur aus Ländern, in denen die Menschenrechte beachtet werden.
- Wir wollen mit unseren Produkten kein Suchtverhalten fördern.
- Unsere Arbeit verrichten wir in Verantwortung gegenüber der Gesellschaft und im Rahmen der geltenden Gesetze, Sitten und Traditionen des Landes, in dem wir tätig sind. Wir tragen aktiv zur Entwicklung des Gemeinwesens bei.
- Wir haben stets vor Augen, die Umwelt mit unserer Arbeit und ihren Auswirkungen so wenig wie möglich zu belasten.

**1**

Ordnen Sie folgende Zitate einem der drei Ansätze von Unternehmensethik (instrumentalistisch, karitativ, integrativ) zu und begründen Sie Ihre Zuordnung:

a „Wirtschaftliches Handeln ist kein Selbstzweck, d. h. es darf nicht willkürlich sein, sondern soll der Gesellschaft dienen." [Andreas Scherer]

b „Nur wer Überschüsse erzielt hat, kann sie guten Zwecken zuführen." [Dieter Schneider]

c „Tue Gutes und rede darüber!" [Walter Fisch]

d „Firmen müssen in Moral investieren, wenn sie ihr Verbleiben in der Gesellschaft und damit im Markt sicherstellen wollen." [Joseph Wieland]

e „Moral bringt Kapital." [Klaus M. Leisinger]

**2**

Per Hinrichs hat im UniSpiegel 3/2005 Folgendes gesagt: „Wer Firmen Ethik verordnen will, käme wahrscheinlich auch auf die Idee, Heuschrecken-schwärmen das Fressen zu verbieten. Ethik ist in der Wirtschaft so nützlich wie ein Skilift in Ostfriesland."

a Was meint Per Hinrichs wohl mit dieser Aussage?

b Welche Argumente halten Sie ihm entgegen?

**3**

Das in der Chemiebranche tätige Unternehmen „Waste Company" ist in einem kleinen Dorf in einem Entwicklungsland tätig. Viele Dorfbewohner arbeiten in diesem Unternehmen, welches mehr als 50 % der gesamten Steuern bezahlt. Das Unternehmen produziert Lacke und Farben. Als Nebenprodukt entstehen gifti-ge Lösungen. Die Entsorgung dieser Lösungen lässt sich entweder durch den kostenpflichtigen Abtransport in eine Sondermüll-Deponie oder durch die kos-tenfreie Abführung in den nahe gelegenen See bewerkstelligen, was die Fischer und den Umweltschutzverein auf den Plan rufen würde. Beide Parteien haben jedoch keinen Einfluss, weder auf die Bevölkerung und Dorfgemeinde noch auf das Unternehmen.

Für welche Entsorgung entscheidet sich das Unternehmen, wenn es nach dem

a Shareholder-Value-Ansatz,

b strategischen Anspruchsgruppenkonzept,

c normativ-kritischen Anspruchsgruppenkonzept,

handelt und wie begründet es seine Entscheidung?

**4**

Analysieren Sie die Anspruchsgruppen an einer öffentlichen Schule.

a  Identifizieren Sie die relevanten Anspruchsgruppen (mind. fünf) und deren Forderungen.

b  Teilen Sie die unter a) genannten Anspruchsgruppen in die „Relevanz-Matrix der Stakeholder" ein. Begründen Sie Ihre Einteilung.

c  Wählen Sie zwei in der Matrix eingeteilte Stakeholder aus. Welche konkreten Massnahmen für den Umgang mit diesen Anspruchsgruppen schlagen Sie Ihrer Schule vor?

**5**

Stellen Sie sich vor, dass Sie Leiter einer Abteilung mit 200 Mitarbeiterinnen und Mitarbeitern sind. Vom Management erhalten Sie den Auftrag, die Lohnkosten um 10 Prozent zu senken. Sie müssen dies wohl oder übel durch Entlassungen bewerkstelligen. Sie haben keine andere Wahl.

Nach welchen Kriterien wählen Sie die zu entlassenden Mitarbeiter aus, wenn

a  Sie dem strategischen Anspruchsgruppenkonzept folgen?

b  Sie dem normativ-kritischen Anspruchsgruppenkonzept folgen?

Begründen Sie die einzelnen Kriterien anhand des jeweiligen Anspruchs-gruppenkonzepts.

**6**

Stellen Sie sich vor, dass Sie zusammen mit einigen Klassenkollegen und -kolleginnen von der Schülerorganisation eine dreijährige Lizenz zum Betrieb des Pausenkiosks erhalten haben.

a  Wie sieht Ihr Code of Conduct aus bzw. welche Verhaltensregeln legen Sie sich für diese unternehmerische Tätigkeit zurecht? Konsultieren Sie hierfür im Internet Code of Conducts von Unternehmen.

b  Mit welchen Massnahmen können Sie sicherstellen, dass Ihre Mitarbeiter und Lieferanten den Code of Conduct kennen und leben?

**7**

Überlegen Sie sich in einer Kleingruppe, was der einzelne Verbraucher bzw. Kunde tun kann, um dazu beizutragen, dass Unternehmen verantwortlich handeln?

Zur Beantwortung dieser Frage sollten Sie Ihr eigenes Kaufverhalten ein-schätzen. Folgende Aussagen helfen Ihnen dabei:

– Wenn ich mir etwas kaufe, ist mir die Herstellung und Herkunft der Ware egal, Hauptsache die Ware ist billig.

– Wenn ich mir etwas kaufe, bin ich bereit, einen angemessenen Preis für fair produzierte und gehandelte Waren zu bezahlen.

www.iwp.unisg.ch/bwl

# C

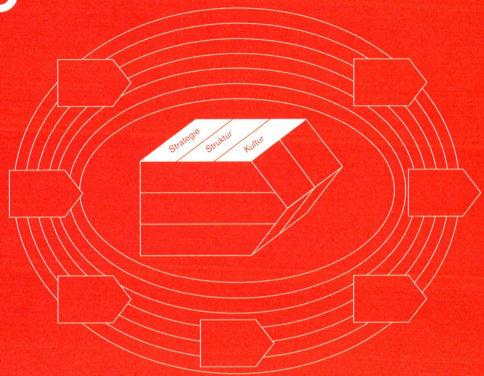

# Ordnungsmomente

### Leitfragen

a) Welche Merkmale weist eine Strategie auf?

b) Wozu dient eine Strategie?

c) Welche Punkte beinhaltet ein Unternehmensleitbild?

d) Was wird bei einer Unternehmensanalyse untersucht?

e) Was wird bei einer Umweltanalyse untersucht?

f) Welche Eigenschaften muss eine Kompetenz aufweisen, damit sie zu einem dauerhaften Wettbewerbsvorteil führt?

g) Welches sind die Treiber des Wettbewerbs in einer Branche?

h) Welche fünf Elemente umfasst eine Strategie?

i) Welche Elemente enthält eine Balanced Scorecard?

j) Wozu dient die Balanced Scorecard?

### Schlüsselbegriffe

Strategie, Wettbewerbsvorteil, Unternehmensleitbild, Kernkompetenz, Unternehmensanalyse, Umweltanalyse, Szenario, Branchenanalyse, Branche Fünf-Kräfte-Modell, Marktanalyse, Positionierung, Balanced Scorecard

### Verankerung im Modell

Eine Strategie ist ein Plan des eigenen Vorgehens, der dazu dient, das langfristige Überleben des Unternehmens sicherzustellen. Sie legt die Marschrichtung des Unternehmens fest und dient dem Management und den Mitarbeitenden als Orientierung. Zur Entwicklung einer Strategie müssen nebst dem Unternehmen auch die Umweltsphären und die Anspruchsgruppen berücksichtigt werden. Basierend auf der Strategie werden die Modellelemente Struktur und Geschäftsprozesse festgelegt.

Zusammen mit der Struktur und der Kultur bildet die Strategie die Ordnungsmomente. Diese geben dem Unternehmen eine innere Ordnung.

### Beispiel easyJet

Abb. 39

easyJet ist eine Fluggesellschaft, welche 1995 in Grossbritannien mit dem Geschäftszweck gegründet wurde, kostengünstige Flüge innerhalb Europas anzubieten. Im Vergleich zu den anderen damals bestehenden europäischen Fluggesellschaften setzte easyJet neben Ryanair als einzige Fluggesellschaft konsequent auf tiefe Kosten und Preise. In der Zwischenzeit haben einige weitere Fluggesellschaften Teile dieser Strategie übernommen.

Es stellt sich hier die Frage, welche Strategie easyJet zu so viel Erfolg verholfen hat und ob diese Strategie auch langfristig Bestand hat.

# 1.1 Annäherung an den Begriff Strategie

Ein guter Schachspieler legt sich eine Strategie zurecht. Das heisst, er legt fest, wie er vorgehen will, um den Gegner schachmatt zu setzen. Bevor der Spieler die Strategie festlegen kann, muss er die Position seiner eigenen Figuren überdenken und die Stärken und Schwächen in den eigenen Reihen kennen. Zudem versucht er mögliche weitere Züge des Gegners und den Spielverlauf zu erahnen. Daraus leitet er schliesslich ab, wie er seine Figuren einsetzen wird.

Aus dem Schachspiel lassen sich allgemeine Merkmale einer Strategie ableiten:

Tab. 25

| Merkmal | Erläuterung (Eine Strategie ...) | Analogie Schach |
|---|---|---|
| Langfristigkeit | ... ist langfristig ausgerichtet. | Ein Spiel kann mehrere Stunden dauern. |
| Zielausrichtung | ... ist auf ein konkretes Ziel ausgerichtet. | Besiegen des Gegners |
| Situationsanalyse | ... basiert auf der Analyse der eigenen Situation und des Umfeldes. | Position der eigenen und gegnerischen Figuren, eigene und gegnerische Stärken und Schwächen. |
| Entscheidung | ... ist eine Entscheidung aus verschiedenen Möglichkeiten. | Pro Zug kann nur eine Figur verschoben werden, wobei der Spieler meistens die Wahl zwischen mehreren Figuren hat. |
| Marschrichtung | ... legt die allgemeine Marschrichtung fest und bildet damit die Grundlage für alle späteren Entscheidungen. | Entscheidet sich der Spieler für eine aggressivere Spielweise, muss er jeden Spielzug aggressiv gestalten. |
| Vertraulichkeit | ... ist streng vertraulich. | Der Spieler verrät seine Strategie höchstens Vertrauenspersonen. |
| Ressourcenallokation | ... erlaubt den zielgerichteten Einsatz der knappen Ressourcen. | Der Spieler konzentriert sein Kräfte auf die Umsetzung der Strategie. |
| Beständigkeit | ... weist eine gewisse zeitliche Beständigkeit auf, wird jedoch verändert bei geänderten Rahmenbedingungen oder nicht erfüllten Annahmen. | Solange alles nach Plan läuft, behält der Spieler seine Strategie bei, ansonsten nimmt er eine Veränderung vor. |

Strategien spielen auch für das Überleben von Unternehmen eine wichtige Rolle. Ein Unternehmen steht im Wettbewerb mit verschiedenen anderen Unternehmen. Damit das Unternehmen längerfristig überlebt, muss es sich einen **Wettbewerbsvorteil**[1] erarbeiten. Dies geschieht durch die Festlegung einer klaren Strategie. Eine Strategie basiert auf dem Unternehmensleitbild und erfordert zu deren Entwicklung eine Analyse des Unternehmens (Unternehmensanalyse) selbst sowie eine Analyse des Unternehmensumfeldes (Umweltanalyse).

→ Aufgabe 1

[1] Wettbewerbsvorteil: Vorsprung eines Unternehmens gegenüber von Konkurrenzunternehmen im Wettbewerb

Abb. 40

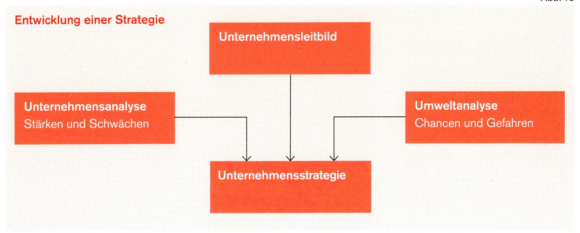

**Entwicklung einer Strategie**

## 1.2 Unternehmensleitbild

Ein Leitbild[1] ist die langfristige Zielvorstellung eines Unternehmens. Es dient sowohl dem Unternehmen als auch den Mitarbeitenden als Wegweiser und macht das unternehmerische Handeln für die Öffentlichkeit überprüfbar. Ein **Unternehmensleitbild** enthält folgende Elemente:

→ Aufgabe 2

[1] Leitbild: Bild, welches das Handeln (z.B. Produktion, Vermarktung) im Unternehmen leitet (metaphorisch)

Tab. 26

| Elemente | Fragen |
|---|---|
| Identität | Wer sind wir? |
| Ziele | Welchen wirtschaftlichen Zweck verfolgen wir? Welche Produkte und welche Dienstleistungen stellen wir her? |
| Verhaltensgrundsätze→ | Wie verhalten wir uns gegenüber den verschiedenen Anspruchsgruppen und welche Grundsätze gelten für unser tägliches Handeln? → S. 86 Code of Conduct |

**Beispiel** easyJet – Leitbild*

★ www.easyjet.com

Unser wichtigstes Ziel ist, unsere Kunden sicher von ihrem Abflugs- zu ihrem Bestimmungsort zu bringen und unsere Flugdienste mit einem ausgezeichneten Preis-Leistungs-Verhältnis anzubieten. Wir konzentrieren uns auf konsequente und zuverlässige Produkte und Preise für zahlreiche Routen in Europa und sprechen dabei sowohl die Märkte für Ferien- als auch für Geschäftsreisende an. easyJet versucht nach den folgenden Verhaltensgrundsätzen zu leben:
– Sicherheit – Niemals Kompromisse auf Kosten der Sicherheit eingehen
– Einfachheit – Unwichtiges weglassen, um es einfach zu machen
– Teamarbeit – Als Team zusammenzuarbeiten, um immer einen Weg zu finden
– Integrität – Zu unserem Wort stehen und das tun, was wir sagen
– Pionierarbeit – Neue Methoden finden, um das Reisen zu gestalten
– Leidenschaft – Leidenschaft für unsere Kunden, unsere Kollegen und unsere Arbeitsweise zu empfinden

## 1.3   Unternehmensanalyse

Ein Unternehmen weist Stärken und Schwächen auf und ist mit bestimmten Ressourcen und Fähigkeiten ausgestattet. Zu den Ressourcen und Fähigkeiten gehören unter anderem die verfügbare Infrastruktur, die Mitarbeitenden und deren Wissen oder Patente auf eigenen Produkten. Handelbare Ressourcen (z. B. eine Maschine) können auf dem Markt einfach erworben werden. Nicht handelbare Ressourcen (z. B. Know-how) sind wertvoll, weil diese nicht einfach eingekauft, sondern über einen längeren Zeitraum mit viel Sorgfalt intern aufgebaut werden müssen.

→ Aufgabe 3

Die geschickte Kombination von Ressourcen führt zu einer Fähigkeit bzw. Kompetenz. Ein Unternehmen kann nur über einige wenige Kompetenzen verfügen. Die wichtigsten Kompetenzen eines Unternehmens werden auch **Kernkompetenzen**→ genannt. Ein Unternehmen kann mit seinen Kompetenzen jedoch nicht jedes beliebige Produkt herstellen oder jede beliebige Dienstleistung zum selben Preis in derselben Qualität wie die Konkurrenz erbringen. Aus diesem Grund werden bei einer **Unternehmensanalyse** die Stärken und Schwächen des Unternehmens analysiert. Es gilt, jene Kompetenzen zu identifizieren, welche das Unternehmen von der Konkurrenz unterscheiden. Damit eine Kompetenz zu einem dauerhaften Wettbewerbsvorteil führt, muss diese die folgenden Eigenschaften aufweisen:

→ S. 124 Kernkompetenz

Tab. 27

| Elemente | Erklärung |
|---|---|
| wertvoll | Sie leistet einen wichtigen Beitrag zu einem nachgefragten Produkt/Dienstleistung. |
| selten | Es gibt nur wenige andere Unternehmen, welche über dieselbe Kompetenz verfügen. |
| nicht oder nur schwer imitierbar | Der Aufbau dieser Kompetenz ist für ein anderes Unternehmen schwierig bzw. dauert lange. |
| nicht substituierbar | Diese Kompetenz kann nicht durch eine andere Kompetenz ersetzt werden. |

**Beispiel** easyJet – Unternehmensanalyse

*Stärken:*
- moderne Flugzeuge mit tiefen Betriebskosten
- Eine der ersten Fluggesellschaften, die eine Internetplattform zum Buchen von ticketlosen Flügen anbot.

*Schwächen:*
- keine Interkontinentalflüge
- gewisse (teure) Flughäfen gehören nicht zum Streckennetz

Abb. 41

## 1.4 Umweltanalyse

Es reicht nicht, wenn ein Unternehmen mit seinen Kompetenzen irgendein Produkt für irgendeinen Markt herstellt. Eine erfolgreiche Strategie kann nicht isoliert von den Chancen und Gefahren, welche ausserhalb des Unternehmens entstehen und von diesem nicht beeinflusst werden können, getroffen werden. Eine **Umweltanalyse** beinhaltet die Branchenanalyse, die Marktanalyse und die Analyse der allgemeinen Umwelt, wobei hierzu die Umweltsphären und die Anspruchsgruppen genauer unter die Lupe genommen werden. Das Unternehmen beobachtet aber nicht nur den gegenwärtigen Stand in seiner Umwelt, sondern muss auch mit einem Blick in die Zukunft Entwicklungen frühzeitig erkennen, um die sich daraus ergebenden Chancen zu nutzen und auf Gefahren rechtzeitig reagieren zu können. Um unsicheren Entwicklungen entgegenzutreten, bietet sich die **Szenariotechnik**[1] an.

[1] Szenario: mögliche Zukunftsbilder von der Entwicklung von Dingen, welche das Unternehmen nicht direkt beeinflussen kann.

→ S. 559 Szenariotechnik

### Branchenanalyse

Das **Fünf-Kräfte-Modell** von Michael Porter hilft attraktive **Branchen**[2] zu identifizieren. Das Modell besagt, dass die Profitabilität einer Branche von fünf Faktoren abhängt.

[2] Branche: Bündel von Unternehmen, welche ein ähnliches Produkt herstellen/ähnliche Dienstleistung anbieten.

→ S. 32 Branchen

Abb. 42

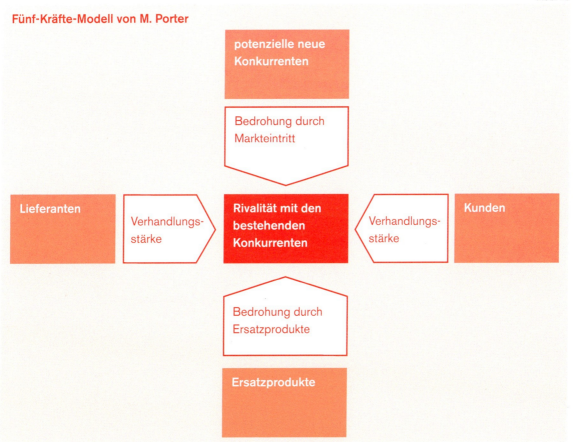

**Fünf-Kräfte-Modell von M. Porter**

potenzielle neue Konkurrenten

Bedrohung durch Markteintritt

Lieferanten — Verhandlungsstärke — Rivalität mit den bestehenden Konkurrenten — Verhandlungsstärke — Kunden

Bedrohung durch Ersatzprodukte

Ersatzprodukte

Tab. 28

| Faktoren des Fünf-Kräfte-Modells | Frage | Beispiel easyJet |
|---|---|---|
| Rivalität mit den bestehenden Konkurrenten | – Wer sind unsere Konkurrenten?<br>– Welche Strategien verfolgen sie?<br>– Welche Produkte und Dienstleistungen bieten sie an (ähnliche, gleiche, andere)?<br>– Wie hoch sind deren Produktionskosten, um diese Güter herzustellen (Kostenvorteil)?<br>– Wie heben sie sich von uns ab (Differenzierungsvorteil)?<br>– Welche speziellen Beziehungen haben sie zu bestimmten Kundengruppen?<br>– Welches sind ihre Ressourcen? | Ryanair, Aer Lingus und Air Berlin sind ebenfalls Fluggesellschaften, die in Europa tätig sind und günstige Flüge anbieten. |
| Bedrohung durch neue Konkurrenten | – Gibt es neue Unternehmen, die in die Branche eindringen wollen und auch können? | Etihad Airways aus den Vereinigten Arabischen Emiraten ist im Jahr 2014 unter dem Namen Etihad Regional in den europäischen Markt eingedrungen. |
| Bedrohung durch Ersatzprodukte (Substitute) | – Besteht eine Gefahr durch Ersatzprodukte (Substitute) oder Innovationen? | Hochgeschwindigkeitszüge und Fernbusse, welche die Zentren der europäischen Grossstädte direkt miteinander verbinden, befriedigen das Mobilitätsbedürfnis der Kunden auch. |
| Verhandlungsmacht der Kunden | – Wie stark können Kunden unsere Verkaufspreise> beeinflussen?<br>– Wie stark können Kunden die Zahlungs- und Lieferbedingungen> beeinflussen? | Die Kunden verfügen über eine eher kleine Macht, da sie kaum zwischen Anbietern wählen können, wenn sie von einem bestimmten Flughafen zu einer bestimmten Zeit eine bestimmte Destination anfliegen möchten. |
| Verhandlungsmacht der Lieferanten | – Wie stark können Lieferanten unsere Einkaufspreise bestimmen?<br>– Wie stark können Lieferanten die Lieferbedingungen bestimmen? | Boeing und Airbus, die beiden weltgrössten Flugzeughersteller, bestimmen die Preise der Flugzeuge.<br>Grössere und gut gelegene Flughäfen bestimmen die verschiedenen Gebühren, die easyJet zu bezahlen hat. |

→ S. 278 Preisbestimmung

→ S. 313 Liefer- und Zahlungsbedingungen

## Marktanalyse

Mit einer **Marktanalyse**→ versucht ein Unternehmen einen attraktiven Markt, zu finden. Hierfür stellen sich folgende Fragen:

→ S. 274 Marktanalyse

- Welche Bedürfnisse haben unsere potenziellen Kunden und mit welchem Produkt können wir diese befriedigen?
- Auf welchen Märkten (Inland, Europa, Welt) befinden sich unsere potenziellen Kunden?
- Wie ist das künftige Marktwachstum?

## Analyse der allgemeinen Umwelt

Das St. Galler Management Modell mit seinen Umweltsphären→ bietet eine sinnvolle Strukturierung der Unternehmensumwelt.

→ S. 57 Umweltsphären

- Welche neuen Technologien stehen zur Verfügung und inwiefern können diese genutzt werden?
- Plant der Staat neue Gesetze, welche ein eigenes Produkt bevorteilen/benachteiligen würden?
- Welcher Standort→ bietet die besten Produktionsbedingungen?

→ S. 116 Standort eines Unternehmens

- Wie entwickelt sich die Gesellschaft und deren Werthaltungen?
- Sind die benötigten Rohstoffe langfristig vorhanden und lieferbar?
- Wie wird sich die volkswirtschaftliche Lage entwickeln?

**Beispiel** easyJet – Analyse der allgemeinen Umwelt

| *Chancen* | *Gefahren* |
|---|---|
| - Schlechtes Wetter in der Schweiz und in Deutschland begünstigt Reisen in Länder mit besserem Wetter | - Verteuerung der Treibstoffkosten |
| | - Höhere Flughafengebühren |
| | - Verlängerung der Nachtflugsperre auf den europäischen Flughäfen |
| - Trend zu Wochenend-Städtereisen | |
| - Grössere Flugzeuge | |
| - Steigender Wohlstand in europäischen Ländern | |

Zur Kombination der eigenen Stärken und Schwächen (Unternehmensanalyse) und der Chancen und Gefahren (Umweltanalyse) ist die SWOT-Analyse→ geeignet. Erst diese eingehende Analyse ermöglicht es einem Unternehmen zu erkennen, in welchen Bereichen es über Wettbewerbsvorteile verfügt.

→ S. 555 SWOT-Analyse

## 1.5 Unternehmensstrategie

Auf der Grundlage des Unternehmensleitbilds, der Unternehmensanalyse (Stärken und Schwächen) und der Umweltanalyse (Chancen und Gefahren) hat das Unternehmen seine Wettbewerbsvorteile in Erfahrung gebracht. Diese helfen dem Unternehmen seine knappen Mittel (Finanzen, Personal, Infrastruktur, usw.) gezielt einzusetzen und somit eine Leistung herzustellen, das dem Konkurrenzangebot preislich und/oder qualitativ überlegen ist und einem Bedürfnis der Kundschaft entspricht. Diese Festlegung von Schwerpunkten in der Unternehmenstätigkeit wird auch **Positionierung** genannt. Weitere Elemente, welche auch zur Unternehmensstrategie gehören, zeigt folgende Tabelle:*

→ Aufgabe 4

★ In Anlehnung an: Hambrick, D.C. & Frederickson, J.W. (2001). The Five Major Elements of Strategy. *Academy of Management Executive, 15* (4), 48–59.

Tab. 29

| Elemente | Frage | Erläuterung | Beispiel easyJet | Buchseiten |
|---|---|---|---|---|
| Positionierung | Wo wollen wir aktiv sein? | – Produkt(e)/ Dienstleistung(en) <br> – Kundengruppe <br><br> – Markt <br> – Technologie <br> – Wertschöpfungsstufen | – Flugdienstleistungen <br><br> – Geschäfts- und Ferienreisende <br> – Europa <br> – Internet | → S. 102–111 Strategietypen <br><br> → S. 281 Positionierung |
| Massnahmen | Wie gelangen wir dorthin? | – Entscheidung für einen Standort <br><br> – Entscheidung, welche Bestandteile der Dienstleistung selbst erstellt und welche zugekauft werden <br> – Entscheidung für Alleingang oder Kooperation | – Grossbritannien als Hauptsitz <br><br> – Flugzeuge werden durch eigene Piloten geflogen, Flugzeugunterhalt wird zugekauft <br><br> – Kooperation mit Autovermietungen an Flughäfen, Reiseversicherung und Hotels | → S. 116–119 Standort eines Unternehmens <br><br> → S. 122–128 Make or Buy <br><br><br> → S. 130–140 Kooperationsformen |
| Differenzierung | Wie können wir gewinnen? | – Wie bzw. wodurch können wir den Kunden für uns gewinnen? <br> – Wodurch können wir uns von der Konkurrenz abheben? | – Reisen ohne Ticket <br><br><br> – günstige Preise | → S. 102–111 Strategietypen |
| Wirtschaftlichkeit | Wie gelangen wir zu unseren Einnahmen? | – Erzielung von Gewinnen über tiefe Produktionskosten <br> – Erzielung von Gewinnen über hohe Verkaufspreise | – tiefe Kosten dank Anflug von Flughäfen mit günstigen Landegebühren | → S. 102–111 Strategietypen |

## 1.6 Balanced Scorecard

Die **Balanced Scorecard** (BSC) ist ein hilfreiches Instrument zur Umsetzung und zur Überprüfung der Einhaltung der Unternehmensstrategie. Ausgangspunkt der Balanced Scorecard bildet demnach die Unternehmensstrategie. Die Balanced Scorecard wurde 1992 von den Professoren Robert S. Kaplan und David P. Norton von der Harvard Business School entwickelt. Sie zeichnet sich dadurch aus, dass sie das Unternehmen nicht nur aus Finanzperspektive, sondern auch aus unterschiedlichen nichtfinanziellen Perspektiven betrachtet. Dies hat zur Folge, dass die Erfolge des Unternehmens neben monetären[1] auch an nicht-monetären Grössen gemessen werden.

[1] monetär: geldlich, die Finanzen betreffend

**Perspektiven**

Tab. 30

| Perspektive | Fragen |
| --- | --- |
| Finanzen | Welche Ziele verfolgen wir in Bezug auf die Entwicklung unserer Finanzen zur Sicherung des Unternehmenserfolgs? |
| Kunden | Welche Ziele verfolgen wir in Bezug auf die Entwicklung der Beziehung zu unseren Kunden zur Sicherung des Unternehmenserfolgs? |
| Prozess | Welche Ziele verfolgen wir in Bezug auf die Optimierung und die Ausrichtung unserer Geschäftsprozesse zur Sicherung des Unternehmenserfolgs? |
| Lernen und Wachstum | Welche Ziele verfolgen wir in Bezug auf den Ausbau und die Weiterentwicklung unserer Kompetenzen zur Sicherung des Unternehmenserfolgs? |

Die vorgegebenen Perspektiven sind keineswegs zwingend, selbstverständlich können auch weitere Perspektiven hinzugefügt werden.

**Aufbau**

Mithilfe der Balanced Scorecard leitet ein Unternehmen aus der Unternehmensstrategie für alle Perspektiven konkrete Ziele ab. Für jedes Ziel werden anschliessend Kennzahlen definiert, die als Indikatoren zur Zielerreichung verwendet werden. Dadurch ergibt sich ein Kennzahlensystem (scorecard). Danach werden für die einzelnen Kennzahlen Zielwerte festgesetzt und zum Schluss Massnahmen bestimmt, welche zur Zielerreichung ergriffen werden müssen.

Tab. 31

| Perspektive | Ziele | Kennzahlen/Messgrössen | Zielwerte | Massnahmen |
|---|---|---|---|---|
| Finanzen<br><br>→ S.431 Finanz-analyse | Steigerung der Rentabilität | Eigenkapitalrendite<br><br>$\dfrac{\text{Reingewinn}}{\text{Eigenkapital}} \cdot 100$ | 8 % | Erhöhung der Verkaufszahlen. |
| Kunden<br><br>→ S.348 Customer Relationship Management | Steigerung der Kunden-zufriedenheit | Reklamationsquote<br><br>$\dfrac{\text{Anzahl Reklamationen}}{\text{Anzahl Kunden}} \cdot 100$ | < 3 % | Jedes Produkt wird vor dem Verkauf nochmals auf die Qualität überprüft. |
| Prozess<br><br>→ S.242 Leistungs-erstellungsprozess<br><br>→ S.529 Lean-Production<br><br>→ S.536 Prozessinnovation | Verkürzung der Produktionszeit | Anzahl Stunden von Produktionsbeginn bis zu Fertigstellung des Produkts | 3 Tage | Bessere Abstimmung der einzelnen Produktionsschritte aufeinander. |
| Lernen und Wachstum<br><br>→ S.465 Personal-entwicklung | Steigerung der Kompetenz der Mitarbeiter | Weiterbildungsstunden pro Mitarbeiter und Jahr | Mindestens 90 % der Mitarbeiter besuchen zwei Weiterbildungskurse | Weiterbildungskurse werden ausgeschrieben und können während der Arbeitszeit besucht werden. |

**Nutzen**

Die Balanced Scorecard gibt dem Management ein umfassendes Bild über die Geschäftstätigkeit. Sie ist vergleichbar mit dem Cockpit eines Flugzeugpiloten. Die Balanced Scorecard vereinfacht die Kommunikation und das Verständnis von Unternehmensstrategie und Zielen auf allen Ebenen des Unternehmens.

## Aufgaben – C1  Einführung Strategie

**1**

Nennen Sie Gründe, weshalb eine Strategie für den Unternehmenserfolg entscheidend ist.

**2**

Beschaffen Sie sich das Leitbild Ihrer Schule. Analysieren und diskutieren Sie dessen Inhalt. Vergleichen Sie das Leitbild mit dem einer anderen Schule.

**3**

Ordnen Sie die untenstehenden Ressourcen und Fähigkeiten der Kategorie handelbar oder nicht-handelbar zu.
- Bekanntheitsgrad
- Finanzen
- Führungsqualitäten
- Vernetzung mit Partnern
- Gebäude

- Organisation/Struktur
- Anlagen
- Patenten
- Ruf/Image
- Wissen und Erfahrung

**4**

Arbeiten Sie aus den unten stehenden Textauszügen aus dem Geschäftsbericht 2015 der Deutschen Post DHL Group die wichtigsten Punkte zum Unternehmensleitbild, zur Umweltanalyse und zur Strategie heraus.

„Mit der „Strategie 2020: Focus.Connect.Grow." untermauert die Deutsche Post DHL Group ihren globalen Führungsanspruch in der Logistikbranche. […]. Wir bestätigen, dass die zunehmende Digitalisierung, das beschleunigte Wachstum des E⊠Commerce⊠Bereiches und die Dynamik in den Entwicklungs⊠ und Schwellenländern uns erhebliche Chancen bieten. […]. Wir bekennen uns zu unserem Kerngeschäft Post und Logistik und verfolgen das Ziel, Anbieter, Arbeitgeber und Investment erster Wahl zu werden. […]. Wir stärken unsere konzernweiten Wachstumsinitiativen – vor allem im E⊠Commerce⊠Bereich und in den strukturell stärker wachsenden Entwicklungs⊠ und Schwellenländern. […]
Mit unserer Strategie streben wir im Jahr 2020 eine einzigartige Marktpräsenz an – sowohl geografisch als auch was die Leistungsfähigkeit unseres Portfolios betrifft. Wir wollen uns überall auf der Welt durch Qualit.tsführerschaft und höchste Kundenorientierung auszeichnen.
Wenn Menschen an Logistik denken, dann sollen sie Deutsche Post DHL Group denken."*

★ Geschäftsbericht 2015 der Deutschen Post DHL Group, S. 33

 www.iwp.unisg.ch/bwl

**101**

**Leitfragen**

a) Welche Wachstumsstrategien können von Unternehmen verfolgt werden und was beinhalten diese?
b) Welche Wettbewerbsstrategien können unterschieden werden und was beinhalten diese?
c) In welche Kategorien teilt die Portfolioanalyse einzelne Produkte ein?
d) Aufgrund welcher Kriterien erfolgt die Kategorisierung bei der Portfolio-analyse?
e) Welche Strategien können aus einer Portfolioanalyse abgeleitet werden?
f) Was besagt der Produktlebenszyklus?
g) Weshalb wird ein Businessplan erstellt und welche Informationen enthält dieser?

**Schlüsselbegriffe**

Wachstumsstrategien, Marktdurchdringung, Marktentwicklung, Produktent-wicklung, Diversifikation, Wettbewerbsstrategien, Differenzierungsstrategie, Kostenführerschaftsstrategie, Nischenstrategie, Erfahrungskurve, Portfolio-Analyse, Investitionsstrategie, Abschöpfungsstrategie, Desinvestitionsstrategie, Produktlebenszyklus, Businessplan

**Verankerung im Modell**

Die Strategie legt die Marschrichtung des Unternehmens fest und gibt dem Unternehmen eine innere Ordnung.

Eine Unternehmensstrategie zu entwickeln, ist sehr anspruchsvoll. Zur Verein-fachung wurden in der Vergangenheit verschiedene Strategietypen entwickelt und in der Praxis mehrfach angewendet. Es sind dies die Wachstumsstrategien nach Ansoff, die Wettbewerbsstrategien nach Porter und die Strategiearten nach der Portfolio-Analyse. Alle drei Strategietypen helfen bei der Beantwor-tung der Frage, welche/-s Produkt(e) oder Dienstleistung(en) für welche/-n Markt/Märkte produziert werden soll/-en.

Zur Umsetzung der eingeschlagenen Strategie sind finanzielle Mittel notwendig, welche über einen Businessplan begründet und gewonnen werden müssen.

**Beispiel** Mineralwasserunternehmen „Satisfy Your Thirst!"

Das Familienunternehmen „Satisfy Your Thirst!" aus Bad Quellwasser ist Ge-tränkehersteller und vertreibt seine Produkte in der Region. Der Mineralwas-sermarkt in der Region ist allerdings gesättigt und die Verkaufspreise für die Produzenten in den vergangenen Jahren rückläufig. Das Unternehmen muss reagieren und seine Strategie anpassen. Doch wie soll diese Strategie konkret aussehen und wie kann das Unternehmen die Bank davon überzeugen, um die dafür notwendigen Kredite zu erhalten?

Abb. 43

## 2.1 Wachstumsstrategien nach Ansoff

KS2, KS3

Ein Unternehmen hat vier Möglichkeiten, um organisch zu wachsen[1]. Ausgehend von gegenwärtigen oder neuen Produkten und Märkten unterscheidet Ansoff vier **Wachstumsstrategien:**

[1] organisch wachsen: erfolgt aus eigener Kraft

Abb. 44

| Produkt | neu | Produktentwicklung | | Diversifikation | |
|---|---|---|---|---|---|
| | gegenwärtig | Marktdurchdringung | | Marktentwicklung | |
| | | gegenwärtig | | | neu |

**Markt**

Tab. 32

| Strategie | Erklärung | Massnahmen | Beispiel „Satisfy Your Thirst!" |
|---|---|---|---|
| **Marktdurch-dringung** | Steigerung der Verkaufszahlen gegenwärtiger Produkte im angestammten Markt | – Bestehenden Kunden mehr verkaufen<br><br>– Abwerbung von Kunden von der Konkurrenz (Verdrängungswettbewerb) | – Aufbau der Heimlieferung (neuer Vertriebsweg)<br>– Preissenkungen<br>– Verstärkte Werbung in Sportstätten |
| **Marktent-wicklung** | Verkauf gegenwärtiger Produkte in neuen Märkten (Gebiet und/oder Kundengruppe) | – Erschliessung eines Auslandmarktes<br><br>– Leichte Anpassung des eigenen Produkts auf die neu zu gewinnende Zielgruppe | – Aufbau eines Vertriebsnetzes im nahen Ausland<br>– Abfüllung des Mineralwassers auch in Glasflaschen, um Gourmetrestaurants als Kunden zu gewinnen |
| **Produktent-wicklung**<br><br>→ S. 536 Produktinnovation | Entwicklung neuer Produkte für gegenwärtige Märkte | – Entwicklung echter Marktneuheiten (Produktinnovation)<br><br>– Verbesserung bestehender Produkte (Produktoptimierung) | – Produktion eines kalten kohlensäurehaltigen Kaffee-Getränks<br>– Veränderung des Kohlensäuregehalts |
| **Diversifika-tion**<br><br>→ Aufgaben 1, 2, 3 und 4 | Entwicklung neuer Produkte für neue Märkte | – Aufnahme sehr ähnlicher Produkte in das Produktprogramm (siehe horizontale Diversifikation)<br>– Aufnahme neuer Produkte aus vor- oder nachgelagerten Stufen (siehe vertikale Diversifikation)<br>– Aufnahme eines Produkt-Markt-Bereichs, der zum bisherigen Produktangebot keine Beziehung hat (siehe laterale Diversifikation) | – Aufnahme von Milchgetränken ins Angebot<br><br>– Produktion der Getränkeverpackung<br><br>– Produktion von Autoreifen |

## 2.2 Wettbewerbsstrategien nach Porter

KS2, KS3

Überdurchschnittliche unternehmerische Leistungen beruhen langfristig auf Wettbewerbsvorteilen, mit welchen sich ein Unternehmen behaupten kann. Zur Erreichung von Wettbewerbsvorteilen lassen sich verschiedene Wettbewerbsstrategien unterscheiden. Michael E. Porter hat diese systematisiert. Die nachstehende Abbildung gibt einen Überblick über alternative **Wettbewerbsstrategien.**

Abb. 45

|  | | **Strategischer Vorteil**<br>**(Leistung oder Kosten)** | |
|---|---|---|---|
| **Strategisches Zielobjekt** | Branchenweit<br>(Gesamtmarktabdeckung) | **Differenzierung**<br>**(Qualitätsführerschaft)** | **Kostenführerschaft** |
|  | Beschränkung auf Segment<br>(Teilmarktabdeckung) | **Konzentration auf Nischen** | |

Bei den Wettbewerbsstrategien stellt sich die Frage, ob der Gesamtmarkt oder nur eine Nische mit den eigenen Produkten/Dienstleistungen bedient werden soll und ob die eigenen Produkte für den Kunden durch einen besonders tiefen Preis (Kostenführerschaft) oder durch besondere Qualität (Differenzierung) attraktiv sein sollen.

Das Konzept der Strategietypen besagt, dass sich ein Unternehmen für einen Strategietyp entscheiden muss, um einen Wettbewerbsvorteil zu haben.

Tab. 33

| Strategie | Erklärung | Massnahmen | Beispiel „Satisfy Your Thirst!" |
|---|---|---|---|
| **Differenzierung/ Qualitätsführerschaft** | Mit dieser Strategie versucht sich ein Unternehmen gegenüber der Konkurrenz konsequent abzugrenzen und sich damit vor Preisdruck zu schützen. Das Produkt muss dem Kunden gegenüber alternativen Produkten einen Mehrwert bieten, wodurch seine Zahlungsbereitschaft steigt.<br>→ Besser sein als die Konkurrenz | Eine Differenzierung wird erreicht, indem das Produkt oder die Dienstleistung für den Kunden eine gewisse Einzigartigkeit aufweist. | – Das Mineralwasser wird in einer speziell geformten Flasche verkauft.<br>– Das Mineralwasser wird mit Fruchtsaft angereichert.<br>– Rücknahmegarantie für an einem Fest nicht verkaufte Mineralwasserflaschen. |

| | | | |
|---|---|---|---|
| **Kosten-führerschaft** | Mit dieser Strategie versucht sich ein Unternehmen gegenüber der Konkurrenz einen Kostenvorsprung zu erarbeiten und damit entweder zu einem tieferen Preis auf dem Markt aufzutreten und die Verkaufszahlen zu erhöhen oder bei gleichem Preis eine höhere Marge einzustreichen. → Günstiger sein als die Konkurrenz | Identifikation und Elimination von Kostentreibern in Einkauf, Produktion, Vertrieb und Service. | – Für das Mineralwasser wird die günstigste Verpackung gewählt.<br>– Es wird nur eine Sorte Mineralwasser und nur in einer Grösse hergestellt. |
| **Konzentration auf Nischen** | Mit dieser Strategie versucht sich ein Unternehmen in einer bestimmten Marktnische zu differenzieren oder die Kostenführerschaft zu erlangen, um damit das Ziel wirkungsvoller und effizienter zu erreichen. → Fokussierter sein als die Konkurrenz | Als Marktnische kommt eine bestimmte Kundengruppe, ein Teil einer Produktgruppe oder ein geografisch abgegrenzter Markt in Frage. | – Das Mineralwasser wird als Premium-Marke mit dem richtigen Prickeln exklusiv für die Gastronomie und Hotellerie in der Umgebung hergestellt.<br>– Für den Ironman-Triathlon auf Hawaii wird ein spezielles, an die dortigen Bedingungen angepasstes isotonisches Getränk hergestellt. |

## Differenzierungsstrategie

Ein Unternehmen kann sich vor Preisdruck schützen, indem es ein Produkt anbietet, welches sich von den Produkten seiner Konkurrenz unterscheidet und einen zusätzlichen Nutzen für den Kunden bringt. Ob ein Regenschirm grau oder schwarz ist, spielt für den Kunden eine untergeordnete Rolle. Kann ein Schirm jedoch klein verpackt werden, könnte das für den Kunden ein nützlicher Vorteil und somit ein Grund zum Kaufentscheid sein.

Wenn sowohl der Produktunterschied als auch der damit verbundene Kundennutzen gegeben sind, spricht man von einem Leistungsvorteil gegenüber der Konkurrenz. Ist der Leistungsvorteil sehr gross, ist der Kunde auch bereit, einen höheren Preis (Premium-Preis) als für das Konkurrenzprodukt zu bezahlen. Die Möglichkeiten der Differenzierung können vielfältig sein: die Marke, die Produktgestaltung, der Service, die Produktsicherheit usw. Es ist nicht zwingend eine extreme Differenzierung notwendig. Auch eine geschickte Kombination verschiedener kleinerer Differenzierungen kann den Kunden überzeugen. Eine Differenzierung kann länger aufrechterhalten werden, wenn dieser für die Konkurrenz schwierig nachahmbar ist.

→ Aufgaben 5 und 6

**105**

## Kostenführerschaftsstrategie

Wenn zwei Unternehmen exakt dasselbe Produkt anbieten, trifft der Kunde seine Kaufentscheidung über den Preis. Die Selbstkosten[1] spielen bei der Kostenführerschaftsstrategie eine entscheidende Rolle. Je billiger ein Unternehmen produzieren kann, desto tiefer kann es den Verkaufspreis ansetzen. Daraus resultiert eine höhere Konkurrenzfähigkeit. Doch wie kann sich ein Unternehmen einen solchen Kostenvorteil erarbeiten? Eine mögliche Antwort liefert die Erfahrungskurve und die Skalenerträge.

Die **Erfahrungskurve** besagt, dass die Kosten pro Stück eines Produkts bei der Verdoppelung der kumulierten Produktionsmenge um 20–30 % abnehmen. Die Ursachen liegen in der Produktivitätssteigerung aufgrund der Lernerfahrungen (weniger Fehler, schnelleres Arbeiten). Zudem sinken die Kosten pro Stück durch Skalenerträge→, welche in Einkaufsvorteilen gegenüber den Lieferanten (Mengenrabatte) und der Aufteilung der Fixkosten (Maschinen, Gebäude usw.) auf eine grössere Stückzahl begründet liegen.

Ein Unternehmen, welches eine Kostenführerschaftsstrategie verfolgt, muss also einen möglichst hohen Marktanteil erringen, weil daraus eine hohe Produktionsmenge und somit tiefere Produktionskosten pro Stück folgen.

 KS4

→ Aufgaben 8 und 9

[1] Selbstkosten: sämtliche Kosten, welche bei der Herstellung eines Produkts oder einer Dienstleistung anfallen

→ S. 134 Skalenerträge

**Beispiel** Mineralwasserunternehmen „Satisfy Your Thirst!" – Erfahrungskurve

Wenn das Mineralwasserunternehmen 15 000 Flaschen abfüllt, entstehen Herstellungskosten pro abgefüllte Flasche in der Höhe von 0.26 Franken. Bei einer Produktionsmenge von 30 000 Flaschen sinken die Herstellungskosten pro abgefüllte Flasche auf 0.208 Franken und bei einer Menge von 60 000 Flaschen gar auf 0.1664 Franken.

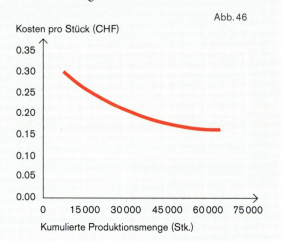

Abb. 46

## Nischenstrategie

Ein häufiger Strategiefehler ist, das perfekte Produkt oder die perfekte Dienstleistung für alle anbieten zu wollen. Ein Beispiel ist ein Musiker, der alle Musikstile abdecken möchte. Das Problem dieser „Alleskönner" ist, dass sie immer hinter den besten Spezialisten zurückbleiben – auch wenn sie gut sind. Niemand kann auf mehreren Gebieten so gut sein wie einer, der sich voll auf ein Gebiet konzentriert. Der Kunde hat meist nur einen Auftrag zu vergeben. Diesen vergibt er meistens an den besten Anbieter. Ob ein Anbieter Nummer zwei oder Nummer neun ist, spielt demnach keine Rolle.

→ Aufgabe 7

## 2.3 Strategiearten nach der Portfolio-Analyse

Die Portfolio-Analyse[1] teilt die eigenen Produkte/Dienstleistungen in vier Kategorien auf und leitet daraus die passende Strategie ab, um die bestehenden (knappen) Ressourcen→ sinnvoll einzusetzen.

[1] Portfolio-Analyse: wurde von der Boston Consulting Group (BCG) entwickelt

→ S. 23 Produktionsfaktoren

Abb. 47

| Marktwachstum/ Marktattraktivität | hoch | Question Marks | Stars |
| | niedrig | Poor Dogs | Cash Cows |
| | | niedrig | hoch |

**Marktanteil**

Tab. 34

| Kategorie | Erklärung | Empfohlene Strategie | Beispiel „Satisfy Your Thirst!" |
|---|---|---|---|
| Stars | Das Unternehmen verfügt in einem wachsenden Markt mit diesen Produkten über einen hohen Marktanteil, den sie jedoch gegenüber der Konkurrenz verteidigen muss. | **Investitionsstrategie** Es sollte weiterhin in die Vermarktung und in die Weiterentwicklung dieser Produkte investiert werden. | Aromatisierte Wasser |
| Cash Cows | Das Unternehmen verfügt in einem stagnierenden Markt mit diesen Produkten über einen hohen Marktanteil und realisiert noch Gewinne. | **Abschöpfungsstrategie** Es sollte nicht mehr in diese Produkte investiert werden, sondern die erzielten Gewinne zur Finanzierung anderer Produkte verwendet werden. | Mineralwasser |
| Poor Dogs | Das Unternehmen verfügt in einem stagnierenden Markt mit diesem Produkt über einen tiefen Marktanteil, womit die daraus resultierenden Gewinne gering sind. | **Desinvestitionsstrategie** Diese Produkte verfügen über eine schlechte Zukunftsaussicht, weshalb sie vom Markt genommen werden sollten, um nicht wertvolle Ressourcen zu binden. | Süssgetränke |
| Question Marks | Das Unternehmen verfügt in einem wachsenden Markt mit diesem Produkt über einen (noch) tiefen Marktanteil. Diese Produkte sind die möglichen Stars von morgen und sollten deshalb genau auf ihre Erfolgschancen geprüft werden. | **Investitionsstrategie** Diese Produkte sollten mit einem erheblichen Ressourceneinsatz gefördert werden, damit sie einen genügend grossen Marktanteil erreichen können. **Desinvestitionsstrategie** Stehen die Chancen zur Gewinnung von Marktanteilen für diese Produkte schlecht, sollten diese zurückgezogen werden. | Kaltes kohlensäurehaltiges Kaffee-Getränk |

→ Aufgaben 4d und 10

Der Produktlebenszyklus zeigt eine Zuordnung der Produkte zu verschiedenen Lebensphasen und bildet somit eine Ergänzung zur Portfolio-Analyse. Durch die Verknüpfung der beiden Instrumente lassen sich zusätzliche Erkenntnisse gewinnen. Der **Produktlebenszyklus** besagt, dass ein Produkt von seinem Aufstieg bis zu seinem Niedergang verschiedene Phasen durchläuft. Der mit einem Produkt erzielbare Umsatz und Erfolg hängt davon ab, in welcher Phase des Lebenszyklus sich das Produkt aktuell befindet. Wie lange eine einzelne Phase dauert, kann nicht generell gesagt werden. Dies hängt vom Produkt ab. Mit der Dynamik der Märkte und dem technischen Fortschritt werden die Produktlebenszyklen immer kürzer, was eine ständige Produktoptimierung und -innovation→ erforderlich macht.

Ein Produkt in der Einführungs-, Wachstums- und Reifephase weist noch ein wachsendes Marktvolumen auf. Bei einem hohen Marktanteil gehört das Produkt zu den Stars und bei einem tiefen Marktanteil zu den Question Marks. In der Sättigungs- und Rückgangsphase sinkt das Markvolumen. Das eigene Produkt gehört bei einem hohen Marktanteil zu den Cash Cows und bei einem tiefen Marktanteil zu den Poor Dogs.

Die BCG-Matrix und der Produktlebenszyklus verlangen einerseits, dass die Unternehmen ein ausgewogenes Produktportfolio halten, sodass sich die Cash Cows, welche Gewinne generieren, und die Star-Produkte, welche Investitionen erfordern, die Waage halten. Dadurch kann die Liquidität und die Zukunft eines Unternehmens sichergestellt werden. Andererseits geben sie Hinweise darauf, in welche Geschäftsbereiche ein Unternehmen überhaupt investieren sollte. Primär sind dies die Stars (als aufstrebende Geschäftsbereiche) und allenfalls die Question Marks (als zukünftig erfolgreiche Geschäftseinheiten). Bei alternden Cash Cows und Poor Dogs sollten hingegen eher Mittel abgezogen werden.

→ S. 536 Produktinnovation

→ Aufgaben 11 und 12

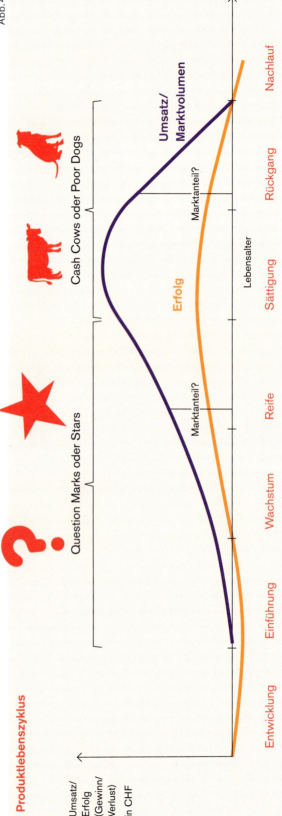

Abb. 48

Tab. 35

| Kriterium | | Phase | | | | | | |
|---|---|---|---|---|---|---|---|---|
| | Entwicklung | Einführung | Wachstum | Reife | Sättigung | Rückgang | Nachlauf |
| Umsatz/Marktvolumen | noch nicht vorhanden | niedrig | schnell wachsend | langsam wachsend | stagnierend | schrumpfend | nicht mehr vorhanden |
| Kosten | hoch (F & E) | hoch (Werbe- und Verkaufsfördermassnahmen) | schrumpfend | tief | tief | tief | auslaufend |
| Erfolg | negativ | negativ | Gewinnschwelle erreicht (Break-even) → S. 380 Break-Even-Analyse | wachsend | hoch | schrumpfend | negativ |
| Wettbewerber | | wenige (Pionier-Unternehmen) | wachsende Zahl (Follower-Unternehmen) | viele | viele | sinkende Zahl (Marktaustritte) | – |
| Strategie | | – Investition oder Desinvestition | – Investition oder Desinvestition<br>– Wachstumsstrategien | – Investition oder Desinvestition<br>– Wachstumsstrategien<br>– Wettbewerbsstrategien | – Abschöpfung oder Desinvestition<br>– Wettbewerbsstrategien | – Abschöpfung oder Desinvestition<br>– Wettbewerbsstrategien | – |
| Bemerkungen | – Produktidee<br>– Produktentwicklung und -testung<br>– Realisierung | – Markteinführung<br>– Bewährung und Etablierung<br>– kleine Stückzahlen<br>– geringe Bekanntheit | – Grossteil der neu eingeführten Produkte erreicht diese Phase nie<br>– Wiederholungskäufe und neue Käufer<br>– Nachahmerprodukte (Me-too-Produkte)<br>– Abgrenzung durch einen geschickten Marketing-Mix | – Verdrängungswettbewerb<br>– Kampf um Marktanteile durch Differenzierung oder Kostenführerschaft | – Kundenbedürfnisse weitgehend befriedigt<br>– Verdrängungswettbewerb<br>– Kampf um Marktanteile durch Differenzierung oder Kostenführerschaft | – Markteintritt von besseren Produkten, billige Produkte/Substitute | – Garantieleistungen<br>– Ersatzteilversorgung<br>– Rücknahme und Entsorgung von Alt-Produkten<br>– Desinvestition von Betriebsmitteln |

## 2.4 Businessplan

UE7

Ein **Businessplan** stellt in knapper und genauer Form das geschäftliche Vorhaben dar und hilft Klarheit über die Erfolgschancen und über das konkrete Vorgehen bei der Umsetzung einer Unternehmensstrategie zu schaffen. Ein Businessplan wird vor allem bei Unternehmensgründungen, der Einführung eines neuen Produkts mit Investitionsbedarf und der Planung von Expansionsschritten erstellt. Für die Kreditanfrage eines Unternehmens bei einer Bank ist das Vorhandensein eines Businessplans eine Grundvoraussetzung, damit sich die Bank überhaupt mit dem Projekt auseinandersetzt.

Tab. 36

| Bereiche | Erklärung | Beispiel „Satisfy Your Thirst!" |
|---|---|---|
| Zusammen-fassung | – Enthält die Schlüsselaussagen des Businessplans | Der Geschäftsbereich „Kaltes kohlensäurehaltiges Kaffee-Getränk" ist ein neuer Geschäftsbereich der Firma „Satisfy Your Thirst!" und will in einem wachsenden Markt ihren Marktanteil weiter vergrössern, wozu einige Investitionen notwendig sind. |
| Unternehmen | – Gründung<br>– Unternehmensentwicklung<br>– Schlüsselzahlen<br>– Rechtsform | Das Unternehmen wurde 1995 in Form einer GmbH gegründet und weist seither jährlich eine durchschnittliche Umsatzsteigerung von 10% aus. |
| Produkt/ Dienstleistungen | – Kundennutzen aus eigenen Produkten im Vergleich zu Konkurrenzprodukten<br>– Patente<br>– Folgeprodukte | Die kalten kohlensäurehaltigen Kaffee-Getränke sind prickelnde, aufweckende und kalorienarme Getränke. Eine Patentierung der Rezepte ist nicht möglich. Der Kreation von neuen Rezepturen sind keine Grenzen gesetzt. |
| Kunden & Märkte→<br><br>→ S. 277 Marktgrössen | – Zielkunden<br>– Zielmarkt<br>– Marktvolumen<br>– Marktanteil<br>– Marktpotenzial | Mit den kalten kohlensäurehaltigen Kaffee-Getränken werden vor allem geniessende und linienbewusste Personen angesprochen. Im Bereich der kalten kohlensäurehaltigen Kaffee-Getränke ist der Markt noch nicht gesättigt. Das Unternehmen verfügt regional über einen Marktanteil von 10%. Es wird erwartet, dass der Markt in den nächsten fünf Jahren noch um 100% wächst und der eigene Marktanteil auf 20% erhöht werden kann. |
| Konkurrenz | – Konkurrenzunternehmen (Marktanteil, Umsatz, Stärken/Schwächen, Produkte) | Unternehmen 1: Marktanteil 25%<br>Unternehmen 2: Marktanteil 15%<br>Diverse kleine Anbieter mit Marktanteil 50% |

| Bereiche | Erklärung | Beispiel „Satisfy Your Thirst!" |
|---|---|---|
| Marketing | – Marktsegmentierung→<br>– Marktbearbeitung<br>– Produktgestaltung→<br>– Umsatzziel<br><br>→ S. 280 Marktsegmentierung<br>→ S. 293 Produktgestaltung | Zielgruppe für die kalten kohlensäurehaltigen Kaffee-Getränke sind geniessende und linienbewusste Personen in der Region. Der Markt soll durch die Verteilung von Getränkeproben an Bahnhöfen bearbeitet werden und das Produkt in seiner Erscheinung erfrischend daher kommen.<br>Der Umsatz soll in den nächsten fünf Jahren um 300 % gesteigert werden. |
| Standort/<br>Herstellung | – Geschäftsdomizil<br><br>– Wertschöpfungskette | Der Geschäftssitz und die Produktionsstätte ist in Bad Quellwasser domiziliert.<br>Der Transport und der Vertrieb der kalten kohlensäurehaltigen Kaffee-Getränke sollen über die bestehenden Transport- und Vertriebspartner der anderen Geschäftseinheiten erfolgen. |
| Organisation/<br>Management | – Unternehmerteam<br>– Lebensläufe | Die Führung der Geschäftseinheit besteht aus einem Marketingverantwortlichen und einem Produkteentwickler, welche beide zu je 10 % am Unternehmen beteiligt sind. |
| Risiko-<br>analyse→<br><br>→ S. 471 Risiko-<br>management | – Interne Risiken<br>– Externe Risiken | – Ausfall der Getränkemischanlage.<br>– Bearbeitung desselben Marktsegmentes durch grosse Getränkehersteller. |
| Finanzen→<br><br>→ S. 388 Finan-<br>zierung | – Finanzplanung<br>– Finanzierungsbedarf<br>– Planerfolgsrechnung<br>– Planbilanz<br>– Cashflow-Entwicklung | Für den Ausbau der Produktionsanlagen, für Forschung & Entwicklung und für die Vermarktung sind Investitionen in den nächsten fünf Jahren in der Höhe von 100 000 Franken notwendig. |

→ Aufgabe 13

**111**

# Aufgaben – C2 Strategietypen und Businessplan

**1**

Ein Erdölunternehmen hat sich eine Diversifikationsstrategie zurechtgelegt.

a Welche Beweggründe könnten der Diversifikationsstrategie des Erdölunternehmens zugrunde liegen?

b Welche Produkte könnte das Unternehmen in seine Produktpalette aufnehmen bei einer vertikalen, horizontalen und lateralen Diversifikation? Nennen Sie je ein Beispiel.

**2**

Um zu wachsen, kann sich ein Unternehmen u.a. für eine Diversifikationsstrategie entscheiden.

a Suchen Sie je zwei Beispiele für alle drei Varianten der Diversifikation.

b Nennen Sie mögliche Gründe, weshalb sich ein Unternehmen für eine Diversifikationsstrategie entscheidet.

**3**

Der Autohersteller „Drive" produziert ein einziges Fahrzeugmodell für den deutschen Markt. Der Chef des Unternehmens hat sich das Ziel gesetzt, zu wachsen. Er ist sich nicht sicher, wie er vorgehen soll, um dieses Ziel zu erreichen. Er bittet Sie um Hilfe. Welche verschiedenen Strategien schlagen Sie ihm vor und wie müssten diese umgesetzt werden?

**4**

Das Unternehmen Falkenhaus wurde vor über 200 Jahren als Weingut gegründet. Heute ist es ein hochspezialisierter Anbieter weithin geschätzter Säfte. Die Kernkompetenzen des Unternehmens sind die Produktion von hochqualitativem Saft und der Vertrieb gesunder Lebensmittel. Das Unternehmen Falkenhaus unterscheidet folgende Geschäftsbereiche:
- Saft       – Tee
- Wein     – Wasser

Die Vertriebsgebiete für die Produkte sind Deutschland, Schweiz und Österreich.*

★ In Anlehnung an: Schnettler, J. & Wendt, G. (2004). *Fallbeispiel 3. Portfolio-Analyse.*

Tab. 37

| Geschäfts-bereich | Marktvolumen in Mio. CHF | Marktwachstum | Marktanteil Falkenhaus | Marktanteil grösster Konkurrent |
|---|---|---|---|---|
| Saft | 125 | 1 % | 45 % | 15 % |
| Wein | 23 | 16 % | 20 % | 25 % |
| Tee | 50 | 18 % | 42 % | 35 % |
| Wasser | 150 | 3 % | 5 % | 25 % |

Beantworten Sie zu obiger Tabelle folgende Fragen:

a Das Unternehmen Falkenhaus möchte im Bereich Wein eine stärkere Marktdurchdringung erreichen. Beschreiben Sie eine Möglichkeit, wie dieses Ziel
erreicht werden könnte.

b Geben Sie eine mögliche Produktentwicklung für den Bereich Tee an.

c Erläutern Sie, was unter einer vertikalen Diversifikation verstanden wird
und geben Sie für das Falkenhaus ein Beispiel für eine mögliche vertikale
Diversifikation an.

d Erstellen Sie für das Unternehmen Falkenhaus eine Portfolio-Analyse und
leiten Sie daraus eine Strategieempfehlung für die einzelnen Geschäftsbereiche von Falkenhaus ab. Begründen Sie Ihre Empfehlungen.


**5**

Lesen Sie folgenden Artikel* und beantworten Sie anschliessend die Frage:
Wodurch differenziert sich die Molkerei Milko von ihrer Konkurrenz?

★ http://www.swisspack.
ch/index.php?option=
com_content&view=article
&id=91:getraenke-karton-
verpackungen-artikel-bis-
januar-2010&catid=477:
getraenke-kartonver-
packungen&Itemid=69

Diverse Fruchtjoghurt-Drinks mit niedrigem Zucker- und Fettgehalt sind im
neuen Diamond-Pure-Pak® Curve-Karton erhältlich. Die nordschwedische
Molkerei Milko hat damit als weltweit erste dieses Elopak-Verpackungsdesign
eingeführt. Die Einliter-Kartonverpackungen, produziert auf einer Pure-Pak®
P-S50-Abfüllmaschine in Milkos Hauptmolkerei in Grådö, heben sich durch ihre völlig neue Erscheinung im Regal ab. Sie vereinen die technischen und ergo-
nomischen Designeigenschaften des preisgekrönten Mini Diamond und des
Pure-Pak® Curve-Kartons in sich. Dieser kommt nun auch bei den namentlich
in Skandinavien sehr beliebten hochviskosen Joghurt-Produkten zur Anwendung. Vorteil ist auch, dass die Ausgiess-Eigenschaften durch Vergrösserung des
Öffnungsdurchmessers (um 38 %) beträchtlich verbessert werden konnten.
Der zusätzliche Raum auf der Packung bietet neue Möglichkeiten für Marken-
identifikation und Werbung. Milko entschied sich für das neuartige Karton-
Konzept, um sich von der Konkurrenz abzuheben und seinen qualitativ hochwertigen Joghurt-Produkten ein geschärftes Premium-Profil zu verleihen. Es ist
eine Tatsache, dass der Markt für Milchprodukte immer härter umkämpft
wird.


**6**

Nennen Sie drei Möglichkeiten, wie sich ein Restaurant von einem McDonald's-
Restaurant differenzieren kann.


**7**

In der Schweizer Tourismusbranche wird eine Nischenstrategie verfolgt.

a Nennen Sie Beispiele für die Umsetzung einer solchen Strategie in der
Schweizer Tourismusbranche.

b Begründen Sie die Wahl dieser Strategie.

**8**

Sie sind Eigentümer eines Unternehmens, welches Computermäuse produziert. Schildern Sie, wie Sie die Strategie in den einzelnen Bereichen (Einkauf/ Produktion/Vertrieb/Service) umsetzen (ein Beispiel pro Bereich), wenn Sie sich für eine

a  Kostenführerschaftsstrategie entschieden haben.
b  Differenzierungsstrategie entschieden haben.

**9**

Erstellen Sie anhand der folgenden Elemente ein Netzwerk→ zur Kostenführerschaft: Verkaufspreis, Kapazitäten, Produktionsmenge, Stückkosten, Marktanteil, Lerneffekt, Umsatz.

→ S.549 Netzwerktechnik

**10**

Ordnen Sie die im nachfolgenden Artikel genannten Produkte von Fuji den einzelnen Kategorien der Portfolioanalyse zu.

### Fuji frühzeitig digitalisiert*

* Frey, H. P. (2004, 25. August). Fuji frühzeitig „digitalisiert". *Finanz und Wirtschaft*, S. 29.

Der japanische Film- und Fotogerätehersteller Fuji Photo Film ist schon früh ins Geschäft der digitalen Fotografie eingestiegen. Im Bereich der Digicams gehörte er in den Achtzigerjahren zu den Pionieren und ist heute weltweit die Nummer vier unter den Kameraproduzenten.

Diese Strategie zahlt sich aus: Das Unternehmen erwirtschaftete im vergangenen Geschäftsjahr per Ende März 2004 mit einem Umsatz von 2560 Mrd. Yen (30 Mrd. Franken, +2,2 % im Vorjahresvergleich) einen operativen Gewinn von 180,4 Mrd. Yen (2 Mrd. Franken) oder 13 % mehr als im Jahr davor. Der Absatz von Digitalkameras erhöhte sich von 36 % auf 6,25 Mio. Einheiten. Der Konzern hat sich überdies als Hersteller von Chips für Digicams und Kamera-Handys etabliert.

Allerdings spürt er auch den harten Preiskampf in der Branche. Analysten kritisieren, er sei in der Entwicklung neuer Modelle zu langsam. Für das laufende Geschäftsjahr hat das Unternehmen Umstrukturierungskosten von 20 Mrd. Yen budgetiert. Unter anderem soll das Vertriebssystem gestrafft werden. Es wird mit einem Rückgang des operativen Gewinns von 9 % gerechnet, und Wachstumschancen verspricht man sich von Druckern mit hoher Auflösung sowie Sensoren für Handys und Digicams.

Der klassische Fotomarkt ist stark rückläufig. Allerdings machte Fuji 2003 immer noch 42 % des Umsatzes mit analogen Produkten: Filme, Fotopapier, Chemikalien für die Fotoentwicklung und Drucker. In den kommenden drei Jahren soll dieser Anteil auf 31 % sinken. Bedeutend bleibt die analoge Fotografie in Entwicklungsländern wie Indien und China. Im Falle des US-Rivalen Kodak beträgt der Anteil des Analog-Filmgeschäfts noch 64 % und wird laut Citigroup erst 2007 auf 43 % sinken. Auf dem Heimmarkt hält Fuji im Analog-Fotogeschäft einen überragenden Marktanteil von knapp 70 %. Für Kodak bleiben 12 % und für Agfa bescheidene 0,4 %.

**11**

Ihr Unternehmen ist im Spielwarenbereich tätig und stellt Puppen her. Der Puppenverkauf weist ein Marktvolumen von insgesamt 300 Millionen Franken auf, wovon Sie einen Marktanteil von 30 % besitzen. Das Marktvolumen stagniert seit letztem Jahr und wird in den folgenden Jahren rückläufig sein.

a  In welcher Phase des Produktlebenszyklus befindet sich das Produkt?

b  Ordnen Sie das Produkt mithilfe der Portfolio-Analyse einer Kategorie zu.

c  Legen Sie sich aufgrund der Erkenntnisse aus den Teilaufgaben a und b eine Strategie zurecht und begründen Sie diese.

**12**

Pharmaunternehmen stellen Medikamente her. Diese Produkte weisen gegenüber dem Produkt Bleistift verschiedene Besonderheiten auf.

a  Nennen Sie zu jeder Phase im Produktlebenszyklus eines Medikaments die wichtigsten Ereignisse. Orientieren Sie sich dabei an der Tabelle zum Produktlebenszyklus. Beziehen Sie Ihre Antwort konkret auf ein Pharmaunternehmen und dessen Medikament/e.

b  Vergleichen Sie das Produkt Medikamente mit dem einfachen Produkt Bleistift. Welches sind die Besonderheiten von Medikamenten? Besprechen Sie sich mit einem Kollegen / einer Kollegin oder finden Sie die Antwort über eine Internetrecherche.

**13**

Das junge Unternehmen „GetInTouch" wurde vor einem halben Jahr von Andreas Bligger in Form einer Einzelunternehmung in Bern gegründet. Das Unternehmen hat den Zweck, regionale Marktnischen in der Unterhaltungsbranche auszufüllen. Eine solche Nische besteht nach Ansicht von Andreas Bligger in einer rauch- und alkoholfreien Diskothek für Jugendliche. Andreas Bligger benötigt zur Umsetzung seiner Idee von seinem engsten Bekanntenkreis finanzielle Mittel.
Erstellen Sie für ihn einen überzeugenden Businessplan.

www.iwp.unisg.ch/bwl

### Leitfragen

a) Warum siedelt sich ein Unternehmen an einem bestimmten Standort an?

b) Was versteht man unter einem Standortfaktor?

c) Welches sind die wichtigsten Standortfaktoren?

d) Wie geht ein Unternehmen bei der Standortwahl vor?

### Schlüsselbegriffe

Standortfaktor, geistiges Eigentum, Cluster, Standortwahl, Standortspaltung, Nutzwertanalyse

### Verankerung im Modell

Eine der wesentlichen strategischen Fragen der Unternehmung ist die Wahl des Standortes bzw. der Standorte. Sie hat Auswirkungen auf die Betriebsorganisation (Struktur), was wiederum die Kultur, also das Zusammenarbeiten der Personen an den einzelnen Standorten prägt.

**Beispiel** Zürich als Europasitz von Kraft Foods

Kraft Foods, einer der weltweit führenden Lebensmittel- und Getränkehersteller, hat im Jahr 2007 die Schweizer Wirtschaftsmetropole Zürich als Standort für seine neue Hauptgeschäftsstelle für Europa gewählt, um damit seine europäischen Geschäftsaktivitäten zu konzentrieren. In der Zwischenzeit wurde Kraft in zwei eigenständige Gesellschaften aufgespaltet. Für den nordamerikanischen Markt ist die Kraft Foods Group zuständig. Für den Markt ausserhalb Nordamerikas ist die Mondelēz International verantwortlich.

\* www.pressetext.de
4. Januar 2007

Abb. 49

Joachim Krawczyk, der Präsident EU-Region bei Kraft, erklärte zum Umzug: „Die Konsolidierung unserer Hauptgeschäftsstellen an einem einzigen Standort ist von entscheidender Bedeutung, um die Effektivität zu verbessern und schnellere Entscheidungen zu ermöglichen. Nach intensiver Suche hat sich Zürich als idealer Ort herausgestellt. Hinsichtlich der Lebensqualität gilt Zürich als eine der führenden Städte der Welt und wird ein sehr attraktives Arbeitsumfeld und einen ausgezeichneten zentralen Standort für die Leitung unserer Geschäfte in der gesamten Region bieten." (…)\*

Welche weiteren Faktoren könnten Kraft Foods auch noch dazu bewegt haben ihren Europasitz nach Zürich zu verlegen? Wodurch konnte Kraft Foods die Wahl zwischen verschiedenen möglichen Standorten auf eine systematische Art und Weise treffen?

## 3.1 Standortfaktoren

KS2, KS4

In der Regel wählt das Unternehmen den Standort aus, an dem die wichtigsten Standortfaktoren am besten erfüllt werden. **Standortfaktoren** sind Gegebenheiten, die ein Unternehmen berücksichtigt, wenn es um die Wahl eines geeigneten Standortes geht. Die für die Standortwahl wichtigsten Faktoren:

Tab. 38

| Standortfaktor | Ausprägungen |
| --- | --- |
| **Arbeit**<br>→ Aufgabe 1<br>→ S. 463 Unterscheidung Brutto- und Nettolohn<br>→ S. 72 Anspruchsgruppe Mitarbeitende | – Lohnkosten (inkl. Lohnnebenkosten→)<br>– Genügend grosse Anzahl an Arbeitskräften<br>– Verfügbarkeit von qualifiziertem Personal (durch gutes Bildungssystem und Personenfreizügigkeit CH-EU)<br>– Arbeitsmoral (z. B. Fleiss, Disziplin, Flexibilität)<br>– Arbeitsfrieden→ (wenige Streiks) |
| **Boden**<br>→ S. 61 Umweltsphäre Natur | – Verfügbarkeit von Bauland (wenig Beschränkung durch Bau- und Zonenordnung und günstige Landpreise)<br>– Material und Rohstoffe (Verfügbarkeit, Transportierbarkeit)<br>– Klima |
| **Kapital**<br>→ S. 23 Produktionsfaktoren | – Bankkredite (funktionierendes Bankensystem)<br>– Immobilien (Verfügbarkeit in der richtigen Grösse, Ausstattung und Preis) |
| **Staat**<br>→ Aufgabe 2<br>→ S. 74 Anspruchsgruppe Staat<br>→ S. 66 Wechselkurse | – Höhe von staatlichen Abgaben und Gebühren (Steuerwettbewerb)<br>– Regulierungsdichte (z. B. Umweltschutzauflagen)<br>– politische Stabilität<br>– Rechtssicherheit (Eigentumsgarantie, Schutz **geistigen Eigentums**[1], Schutz der körperlichen Integrität)<br>– Verwaltungsfreundlichkeit (keine Korruption, schnelle und unbürokratische Bewilligungsverfahren)<br>– wirtschaftliche Stabilität (z. B. stabiler Wechselkurs→, stabile Zinsen)<br>– Infrastruktur (Telekommunikation, Verkehr, Energie)<br>– Lebensqualität (z. B. Kulturangebote, intakte Umwelt)<br>– Bildungssystem (z. B. Qualität der Schulen, Angebot an internationalen Schulen)<br>– Flexibilität des Arbeitsrechts (z. B. Kündigungsfristen) |
| **Absatzmarkt** | – Nähe zum Kunden/Absatzmarkt (Transportkosten, Verderblichkeit der Produkte)<br>– Zugang zu ausländischen Absatzmärkten (Freihandelsabkommen CH-EU) |
| **Nähe/Distanz anderer Unternehmen**<br>→ S. 135 Einzelne Kooperationsformen | – **Cluster**[2] (z. B. Technologieparks)<br>– Konkurrenz |

[1] Geistiges Eigentum: immaterielle Güter (z. B. eine Erfindung, der Firmenname)
[2] Cluster: räumliche Konzentration von Unternehmen, die zusammen ein Ganzes bilden, auch „fruchtbares Milieu" genannt

**117**

**Beispiel** Kraft Foods – Standort Opfikon

Der Chef der Standortförderung des Kantons Zürich, Stephan Kux, bestätigte, dass der Zuzug von Kraft Foods nicht mit Steuergeschenken verbunden sei. Ausschlaggebend für den Standortentscheid der US-Firma seien nicht in erster Linie Steuerfragen, sondern andere Faktoren gewesen, wie der privilegierte Standort Zürichs und der hervorragende Arbeitsmarkt.[*]

★ Badertscher, M. (2007, 4. Januar). Kraft Foods: Neue Jobs in Zürich. *Tages-Anzeiger*, S. 1.

**Beispiel** Cluster – Silicon Valley

Im Radius einer Autostunde hat sich im Silicon Valley eine Vielzahl hochkarätiger Unternehmen mit ähnlichen Schwerpunkten zusammengefunden. Die räumliche Nähe fördert den Austausch von Ideen und Erfahrungen, die Anbahnung von Geschäftskontakten, die Bildung effizienter und flexibler Wertschöpfungsnetze sowie die wirksame Verknüpfung von Wissen, Talenten, Kapital und Wettbewerb.

→ Aufgaben 3 und 4

## 3.2 Standortwahl

FS2

Bei der Entscheidung für einen bestimmten Standort (**Standortwahl**) müssen vom jeweiligen Unternehmen gleichzeitig verschiedene Standortfaktoren berücksichtigt werden. Die Praxis zeigt, dass oft an keinem bestehenden Standort alle betrachteten Standortfaktoren erfüllt sind. Aus diesem Grund kommt es häufig vor, dass von Unternehmen eine **Standortspaltung** vorgenommen wird. Eine solche Spaltung kann so aussehen, dass die betrieblichen Funktionen auf verschiedene Standorte verteilt werden.

**Beispiel** Standortspaltung – Mondelēz International

Mondelēz International koordiniert den Vertrieb und das Marketing seiner Produkte sowie die Finanzen von Zürich aus. In Bern befindet sich eine Produktionsstätte, in welcher die berühmte Toblerone für die ganze Welt hergestellt wird. Mondelēz International hat somit eine Standortspaltung vorgenommen: Die Produktion findet an einem anderen Ort statt als der Vertrieb.

Abb. 50

Meistens ist die Anzahl potenzieller Standorte für ein Unternehmen gross. Unternehmen vergleichen dann die potenziellen Standorte systematisch anhand der für sie relevanten Kriterien (Standortfaktoren). Es wird jener Standort gewählt, der den grössten Nutzen bringt. Um den Nutzen der einzelnen Standorte zu eruieren und sich somit für einen Standort zu entscheiden, kann die **Nutzwertanalyse**→ beigezogen werden.

→ S. 556 Nutzwertanalyse

Tab. 39

**Beispiel** Standortwahl mithilfe der Nutzwertanalyse

→ Aufgaben 6 und 7

| Bewertungs-kriterien | Gewichtung G | Standort A | | Standort B | |
|---|---|---|---|---|---|
| | | Punkte P | Produkt = G·P | Punkte P | Produkt = G·P |
| Verfügbarkeit von qualifizierten Arbeitskräften | 40 | 2 | 80 | 3 | 120 |
| Nähe zum Kunden | 30 | 1 | 30 | 2 | 60 |
| Steuerliche Belastung | 20 | 3 | 60 | 1 | 20 |
| Verkehrstechnische Erschliessung | 10 | 2 | 20 | 2 | 20 |
| Total | 100 | | 190 | | **220** |
| Rangfolge | | | 2 | | 1 |

# Aufgaben – C3 Standort eines Unternehmens

**1**

Für welche Unternehmensarten ist der Standortfaktor Lohnkosten von grosser Bedeutung? Suchen Sie einige Beispiele hierzu.

**2**

Welche Möglichkeiten hat der Staat, den Standortentscheidungsprozess von Unternehmen zu beeinflussen?

**3**

a Welche Standortfaktoren werden bei der Standortwahl Opfikon als Europasitz für Kraft Foods ausschlaggebend gewesen sein?

b Wählen Sie ein Ihnen bekanntes Unternehmen und versuchen Sie, die wichtigsten Standortfaktoren für dieses Unternehmen herauszufinden.

**4**

a Wie beurteilen Sie die Standortwahlfreiheit von Dienstleistungsunternehmen im Vergleich zu Produktionsunternehmen?→

→ S.32 Einteilung nach Wirtschaftssektoren

b Welche möglichen Unterschiede sehen Sie in der Standortwahl des KMUs „Müllers Dorfbäckerei" und des international tätigen Grossunternehmens Sulzer AG?→

→ S.33 Einteilung nach Unternehmensgrösse

**5**

Ordnen Sie folgende Begriffe mit Hilfe eines Mindmaps:→

→ S.548 Mindmapping

- Produktionskosten
- Personal
- Zulieferer
- Produktionsmöglichkeit
- Absatzmöglichkeit
- Rechtliche Bedingungen
- Steuern
- Transport
- qualifizierte Arbeitskräfte
- Infrastruktur
- Lebensqualität
- Löhne
- stabile Währung
- Rechtssicherheit
- Verkehrsanbindung
- Lohnnebenkosten
- Arbeitsmoral
- Verkehrserschliessung

**6**

Die 1995 gegründete Schweizer Marke Zimtstern steht für individuelle, funktionelle und innovative Snowboardbekleidung und Fashion und zielt auf eine junge, sportliche und anspruchsvolle Generation, die das Unkonventionelle schätzt. Als eines der ersten Schweizer Labels für Snowboardbekleidung besetzte Zimtstern eine Nischenposition und baute sich schnell seinen eigenen Kundenkreis mit grosser Markentreue auf.

Führen Sie im Auftrag von Zimtstern eine Nutzwertanalyse→ für die in Frage kommenden Produktionsstandorte Schweiz, Rumänien und China durch. Dabei sollen Sie in einem ersten Schritt alle relevanten Standortfaktoren aufzählen, dann nach Ihrer Bedeutung für das Unternehmen gewichten und schliesslich die Standorte mit Punkten bewerten.

→ S. 556 Nutzwertanalyse

Welchen Standort sollte Zimtstern schliesslich wählen?

Tab. 40

| Bewertungs-kriterien | Gewichtung G | Standort Schweiz | | Standort Rumänien | | Standort China | |
| | | Punkte P | Produkt = G·P | Punkte P | Produkt = G·P | Punkte P | Produkt = G·P |
| --- | --- | --- | --- | --- | --- | --- | --- |
| | | | | | | | |
| Total | 100 | | | | | | |
| Rangfolge | | | | | | | |

**7**

Sie stehen vor folgender Entscheidung: Entweder Sie fahren in den Ferien nach Mallorca oder in die Schweizer Alpen zum Wandern. Suchen Sie vier Bewertungskriterien Ihrer Wahl, gewichten Sie diese und erstellen Sie eine Nutzwertanalyse→. Für welche Ferienvariante entscheiden Sie sich?

→ S. 556 Nutzwertanalyse

## C4  Make or Buy
→ S. 90 Inhaltsübersicht

**Leitfragen**

a) Weshalb produziert ein Unternehmen nicht alle Teile der eigenen Wertschöpfungskette selbst?
b) Welche Faktoren spielen bei der Entscheidungsfindung zwischen
   Make or Buy eine wichtige Rolle?
c) Welches Instrument kann die Entscheidung zwischen Make or Buy
   erleichtern?

**Schlüsselbegriffe**

Wertschöpfungskette, Eigenfertigung (Make), Fremdbezug (Buy), Outsourcing,
Kernkompetenzen, Transaktionskosten, Break-Even-Analyse, Nutzwertanalyse

**Verankerung im Modell**

Ein Unternehmen muss sich bei jedem Teil seiner Wertschöpfungskette
entscheiden, ob es diesen selbst erstellen (Make) oder von einem anderen
Unternehmen einkaufen (Buy) soll. Diese Make-or-Buy-Entscheidung ist eine
strategische Frage. Eine Strategie beabsichtigt Anstrengungen und Aktivitäten
auf Aspekte auszurichten, welche den Unternehmenserfolg massgeblich beeinflussen und sichern.

**Beispiel**  Das Produktionsunternehmen „Safe Vehicle"

Der Autohersteller „Safe Vehicle" hat sich auf die Herstellung von sicheren
Personenwagen für Familien mit Kindern spezialisiert. Die Geschäftsleitung hat
erkannt, dass viele Familien das Bedürfnis nach einem sicheren Fahrzeug haben.
„Safe Vehicle" Fahrzeuge sind jedoch für einen grossen Teil des Zielpublikums
nicht erschwinglich. Die Geschäftsleitung prüft nun, ob durch eine Auslagerung bestimmter Produktionsschritte die Produktionskosten gesenkt werden
können. Um zu einer fundierten Entscheidung zu gelangen, sollen die wichtigsten Faktoren benannt werden.

Abb. 51

**Beispiel**  Das Dienstleistungsunternehmen „Bon Appétit"

Das Gourmet-Restaurant Bon Appétit ist im Hochpreissegment tätig. Im Zuge
des aufkommenden Angebots an Convenience-Food[1] überlegen sich die
Restaurantbetreiber, ob sie die Zutaten weiterhin selbst zubereiten oder Convenience-Food einkaufen sollen. Diese Entscheidung soll nicht aus dem „hohlen
Bauch" heraus, sondern systematisch gefällt werden.

[1] Teilweise oder ganz vor-
gekochte Mahlzeit (z. B.
Saucen, bereits gerüstetes
Gemüse, Tortellini usw.)

Abb. 52

## 4.1 Wertschöpfungskette

Wie früher innerhalb einer Gemeinschaft – die einen gingen auf die Jagd, die anderen bestellten die Felder und die Dritten hüteten das Vieh – arbeiten auch die heutigen Unternehmen arbeitsteilig. Im Zuge der Globalisierung[1] mit dem Fall von Handelshemmnissen[2] und den verbesserten Transportmöglichkeiten mussten sich die Unternehmen auf wenige Produkte oder Teilprodukte spezialisieren, die sie aber weltweit anbieten. Für den Konsumenten hat dies zu einer grösseren Auswahl an besseren und günstigeren Produkten geführt.

Eine **Wertschöpfungskette** umfasst verschiedene Teile von der Rohstoffbeschaffung bis zum Verkauf an den Endkunden. Es ist heutzutage selten, dass ein einzelnes Unternehmen alle Teile der Wertschöpfungskette selbst herstellt. Der gewachsene globale Wettbewerbsdruck zwingt das Unternehmen im Sinne des folgenden Sprichwortes zu handeln: „Do what you do best – outsource the rest!" Ein Unternehmen überlegt sich demnach, welche Komponenten eines Produkts oder einer Dienstleistung selbst erstellt (**Eigenfertigung, Make**) und welche beschafft (**Fremdbezug, Buy**) werden sollen. Der Fremdbezug einzelner Komponenten eines Produkts oder einer Dienstleistung wird auch als Auslagerung von Tätigkeiten bzw. **„outsourcing"** bezeichnet.

**Beispiel** „Safe Vehicle" – Wertschöpfungskette

Die Herstellung eines Personenwagens besteht für „Safe Vehicle" aus verschiedenen Tätigkeiten. Im Zuge einer Kostensenkung prüft die Geschäftsleitung, ob die Motoren und die Karosserie weiterhin selbst hergestellt (Make) oder von einem externen Produzenten zugekauft (Buy) werden sollen.

[1] Globalisierung: Veränderung der Weltwirtschaft, die zu länderübergreifenden Transaktionen führt.

[2] Handelshemmnisse: Einfuhrbeschränkungen in ein Land, beispielsweise durch Zölle, Kontingente oder Produktvorschriften

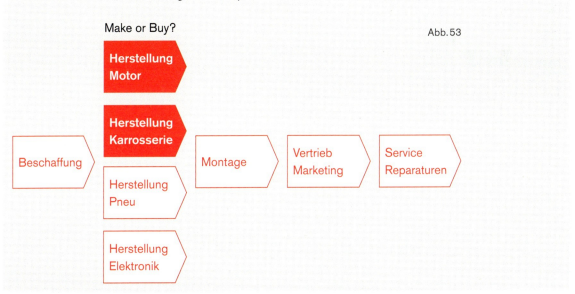

Make or Buy? — Abb. 53

Herstellung Motor · Herstellung Karosserie · Beschaffung · Herstellung Pneu · Herstellung Elektronik · Montage · Vertrieb Marketing · Service Reparaturen

**Beispiel** „Bon Appétit" – Wertschöpfungskette

Das Dienstleistungsunternehmen „Bon Appétit" bietet ihren Kunden hervorragende Gerichte an. Diese bedingen verschiedene Arbeitsschritte. Die Restaurantbetreiber überlegen sich, ob sie den Arbeitsschritt „Rüsten" von Salat und Gemüse weiterhin selbst bewerkstelligen (Make) oder durch den Zukauf von Convenience-Produkten fremdbeziehen (Buy) sollen.

Abb. 54

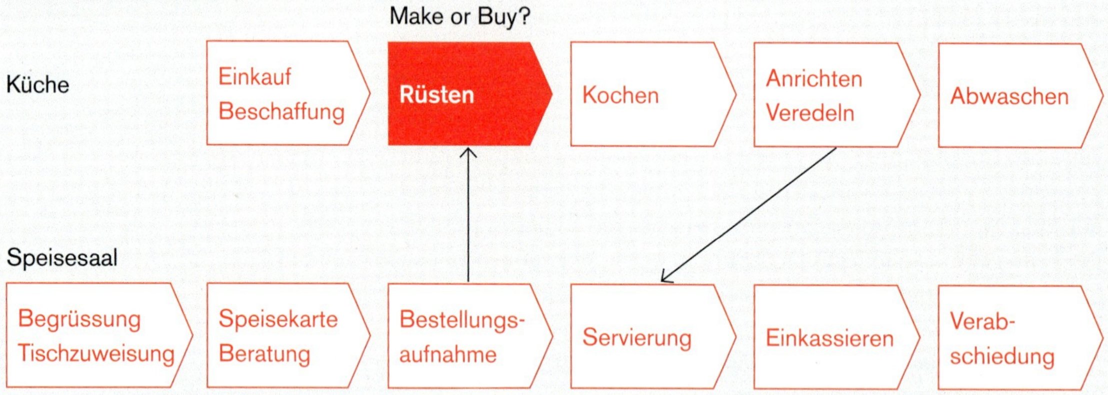

Make or Buy?

| Küche | Einkauf Beschaffung | Rüsten | Kochen | Anrichten Veredeln | Abwaschen |

| Speisesaal | Begrüssung Tischzuweisung | Speisekarte Beratung | Bestellungs-aufnahme | Servierung | Einkassieren | Verab-schiedung |

## 4.2  Make-or-Buy-Entscheidungsfaktoren

Ob sich ein Unternehmen für einen bestimmten Teil ihrer Wertschöpfungskette für die Eigenfertigung (Make) oder den Fremdbezug (Buy) entscheidet, hängt von den Kompetenz-, Kosten-, Qualitäts-, Abhängigkeits- und Kapazitätsfaktoren ab.

### Kompetenzfaktor

Ein Unternehmen muss sich für sämtliche Teile der Wertschöpfungskette überlegen, ob diese zu den Kernkompetenzen→ des Unternehmens zählen oder nicht.

→ S. 94 Kernkompetenz

**Als Kernkompetenz wird eine Kompetenz bezeichnet, welche einen hohen Kundennutzen stiftet und von der Konkurrenz nur schwer zu imitieren ist.**

Besteht in einem bestimmten Bereich eine Kernkompetenz, wird diese Aktivität selbst erstellt, da ein Fremdbezug einen eigenen Know-how-Verlust[1] zur Folge hätte. Falls gar keine Kompetenz in einem bestimmten Bereich besteht, sollte diese Leistung von aussen eingekauft werden. Es lohnt sich in diesem Fall nicht, eigene Kompetenzen aufzubauen, sondern die eigenen Ressourcen vielmehr dort einzusetzen, wo für das Unternehmen ein Wettbewerbsvorteil besteht. Wenn in einem bestimmten Bereich eine Kompetenz vorhanden ist, jedoch keine Kernkompetenz, dann ist die Entscheidung zwischen Eigenfertigung oder Fremdbezug schwieriger zu treffen.

[1] Know-how: Handlungswissen, d. h. Wissen und Fähigkeiten über Handlungsvorgänge

Abb. 55

**Beispiel** „Safe Vehicle" – Kompetenzfaktor

„Safe Vehicle" produziert zwar funktionstüchtige Motoren, weist jedoch ein geringeres Know-how in diesem Bereich auf als spezialisierte Motorenhersteller. Hingegen gehört die Herstellung von qualitativ hochstehenden Karosserien mit Seitenaufprallschutz zu den Kernkompetenzen von „Safe Vehicle", weshalb diese vom Unternehmen selbst gefertigt werden.

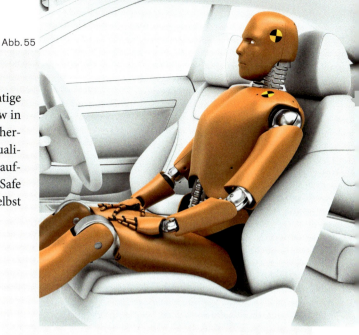

## Kostenfaktor

Ein Unternehmen steht unter ständigem Kostendruck. Aus diesem Grund vergleicht ein Unternehmen die Kosten der Eigenfertigung mit den Kosten des Fremdbezuges. Bei einem derartigen Kostenvergleich ist jedoch Vorsicht geboten. Beim Fremdbezug entstehen nebst den Einkaufskosten zusätzlich **Transaktionskosten**[1]. Im Unterschied zur Erfassung der Produktionskostenunterschiede ist die Abschätzung der Transaktionskosten schwieriger.

[1] Transaktionskosten: Kosten, die bei der Suche nach einem geeigneten Lieferanten (Suchkosten), beim Aushandeln eines Preises, bei der Kommunikation der eigenen Bedürfnisse (Verhandlungskosten), bei der Lieferung (Transportkosten) und bei Qualitätsprüfung (Kontrollkosten) entstehen.

Tab. 41

**Beispiel** „Safe Vehicle" – Break-Even-Analyse

„Safe Vehicle" produziert 900 Personenwagen pro Jahr und benötigt demzufolge auch dieselbe Anzahl Motoren. Als Entscheidungsgrundlage, ob Eigenfertigung oder Fremdbezug günstiger ist, macht das Unternehmen folgende **Break-Even-Analyse:**→

→ S. 305 und 380 Break-Even-Analyse

| | |
|---|---|
| **Kosten Eigenfertigung (Make)** | CHF 3 100 000 (Fixkosten) + CHF 3 000 pro Stück<br>CHF 3 100 000 + 900 Stück · CHF 3 000 pro Stück = CHF 57 100 000 |
| **Kosten Fremdbezug (Buy)** | CHF 100 000 (Transaktionskosten) + CHF 5 000 pro Stück<br>CHF 100 000 + 900 Stück · CHF 5 000 pro Stück = CHF 45 100 000 |
| **Berechnung (x entspricht der Stückzahl)** | CHF 100 000 + CHF 5 000 pro Stück · x < CHF 3 100 000 + CHF 3 000 pro Stück · x < CHF 3 000 000<br>x < 1 500 |
| **Resultat** | **Bei weniger als 1 500 Stück ist der Fremdbezug günstiger.** |

Abb. 56

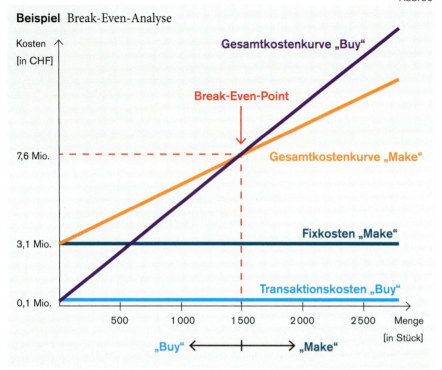

**Beispiel** Break-Even-Analyse

Kosten [in CHF]

Gesamtkostenkurve „Buy"

Break-Even-Point

7,6 Mio.

Gesamtkostenkurve „Make"

Fixkosten „Make"

3,1 Mio.

Transaktionskosten „Buy"

0,1 Mio.

500　1 000　1 500　2 000　2 500　Menge [in Stück]

„Buy" ←————|————→ „Make"

Das Beispiel zeigt, dass für die Kosten die Menge entscheidend sein kann. Wird lediglich eine kleine Stückzahl benötigt, lohnt sich der Aufbau, die Erneuerung oder der Unterhalt einer eigenen Infrastruktur nicht. In diesem Fall ist es besser die Herstellung dieses Teils der Wertschöpfungskette einem spezialisierten Unternehmen zu überlassen.

→ Aufgabe 1

## Qualitätsfaktor

Ob eine Leistung selbst erstellt oder eingekauft werden soll, hängt auch von der Qualität bzw. deren Beurteilbarkeit ab. Die Qualität eines einfachen und standardisierten Produkts (z. B. eines Bleistifts) kann einfacher beurteilt werden als eine individualisierte und komplizierte Dienstleistung (z. B. eine Geldanlageberatung). Das Image des Unternehmens darf auf keinen Fall durch ein qualitativ schlechtes Produkt oder durch fragwürdige soziale oder ökologische Produktionsbedingungen des Lieferanten geschädigt werden.

**Beispiel** „Bon Appétit" – Fremdbezug

Das Restaurant „Bon Appétit" legt grossen Wert auf gutes Essen, welches vor allem durch die Veredelung der Speisen mit köstlichen Saucen durch die Meisterköche erreicht wird. Nebst den Saucen ist für die Güte der Speisen aber auch die Qualität des Salats und des Gemüses wichtig. Aus diesem Grund soll im Falle eines Fremdbezugs nur Convenience Food von einem durch den eigenen Branchenverband zertifizierten Hersteller eingekauft werden.

Abb. 57

### Abhängigkeitsfaktor

Wenn sich ein Unternehmen für den Fremdbezug eines bestimmten Teils seiner Wertschöpfungskette entscheidet, begibt es sich automatisch in eine gewisse Abhängigkeit zum Lieferanten. Das Unternehmen muss sich auf die pünktliche Lieferung verlassen können, um den eigenen Produktionsprozess sicherstellen zu können. Die Abhängigkeit von einem Lieferanten kann gemildert werden, indem nur jene Teile der eigenen Wertschöpfungskette ausgelagert werden, welche von einer Vielzahl von Anbietern hergestellt werden. Damit bestehen beim Ausfall eines Lieferanten noch diverse Alternativen.

**Beispiel** „Safe Vehicle" – Abhängigkeitsfaktor

Abb. 58

Der Standardmotor, den „Safe Vehicle" in ihren Fahrzeugen verwendet, wird von verschiedenen Herstellern produziert. Dadurch könnte bei einem Ausfall oder massiven Preiserhöhungen eines Lieferanten innert Wochenfrist auf Standartmotoren anderer Lieferanten zurückgegriffen werden.

### Kapazitätsfaktor

Falls die eigenen Produktionskapazitäten (Maschinen und Mitarbeiter) ausgelastet sind, entscheidet sich das Unternehmen eher für einen Fremdbezug. Ist dies nicht der Fall, so empfiehlt sich eher eine Eigenfertigung. Damit können die eigenen Maschinen, welche Fixkosten verursachen, ausgelastet werden. Zudem können Entlassungen eigener Mitarbeiter vermieden werden.

**Beispiel** „Bon Appétit" – Kapazitätsfaktor

Das Restaurant „Bon Appétit" beschäftigt für die Zubereitung der Zutaten (Rüsten) schon seit längerer Zeit Menschen mit einer geistigen Behinderung. Im Falle des Einkaufs von Convenience-Food müssten diese Mitarbeiter entlassen werden.

→ Aufgabe 2

## 4.3  Make-or-Buy-Entscheidung

Ob ein bestimmter Teil der Wertschöpfungskette selbst gefertigt oder fremdbezogen wird, kann mithilfe einer **Nutzwertanalyse**→ entschieden werden. Dazu können die genannten Entscheidungsfaktoren beigezogen und entsprechend ihrer Relevanz für das Unternehmen unterschiedlich gewichtet werden.

→ S. 556 Nutzwertanalyse

Tab. 42

**Beispiel** „Safe Vehicle" – Nutzwertanalysen

Die Nutzwertanalyse von „Safe Vehicle" für die Make-or-Buy-Entscheidung von
Motoren könnte wie folgt aussehen:

| | | Make | | Buy | |
|---|---|---|---|---|---|
| Bewertungs-<br>kriterien | Gewichtung<br>G | Punkte<br>P | Produkt<br>= G·P | Punkte<br>P | Produkt<br>= G·P |
| Kompetenz | 10 | 2 | 20 | 3 | 30 |
| Kosten | 50 | 1 | 50 | 3 | 150 |
| Qualität | 10 | 2 | 20 | 2 | 20 |
| Abhängigkeit | 20 | 3 | 60 | 2 | 40 |
| Kapazität | 10 | 1 | 10 | 3 | 30 |
| Total | 100 | | 160 | | 270 |
| Rangfolge | | | 2 | | 1 |

„Safe Vehicle" entscheidet sich, die Herstellung der Motoren auszulagern.

Tab. 43

**Beispiel** „Bon Appétit" – Nutzwertanalysen

Die Nutzwertanalyse von „Bon Appétit" für die Eigenfertigung oder den Fremdbezug von Salat und Gemüse könnte wie folgt aussehen:

| | | Make | | Buy | |
|---|---|---|---|---|---|
| Bewertungs-<br>kriterien | Gewichtung<br>G | Punkte<br>P | Produkt<br>= G·P | Punkte<br>P | Produkt<br>= G·P |
| Kompetenz | 10 | 2 | 20 | 3 | 30 |
| Kosten | 10 | 1 | 10 | 3 | 30 |
| Qualität | 40 | 3 | 120 | 2 | 80 |
| Abhängigkeit | 20 | 3 | 60 | 2 | 40 |
| Kapazität | 20 | 3 | 60 | 1 | 20 |
| Total | 100 | | 270 | | 200 |
| Rangfolge | | | 1 | | 2 |

„Bon Appétit" entscheidet sich, Salat und Gemüse weiterhin selbst herzustellen.

→ Aufgabe 3

# Aufgaben – C4  Make or Buy

## 1

Der Geschäftsleiter einer Wandleuchtenfabrik, welche Wandleuchten und Energiesparlampen produziert, kehrt mit neuen Ideen zur Kostensenkung aus einem Managementseminar zurück. Zur Kernkompetenz der Wandleuchtenfabrik gehört die Produktion von Wandleuchten. Die Produktion von standardisierten Energiesparlampen betreibt die Fabrik noch nebenbei, ohne sich jedoch von anderen Anbietern hinsichtlich Preis oder Qualität abzuheben. Der Geschäftsleiter überlegt sich nun eine Fremdvergabe der Energiesparlampenherstellung. Ausschlaggebend für die Entscheidung soll einzig und allein der Kostenfaktor sein. Die Kostensituation präsentiert sich wie folgt:
– Jährliche Fixkosten bei Eigenfertigung CHF 10 000
– Produktionskosten pro Energiesparlampe CHF 1
– Einkaufspreis pro Energiesparlampe CHF 2

a Die Wandleuchtenfabrik benötigt 9 000 Stück Energiesparlampen pro Jahr. Empfehlen Sie Fremdbezug oder Eigenfertigung?

b Haben die Transaktionskosten für diesen Fall eine Bedeutung? Begründen Sie.

## 2

Das mittelständische Maschinenbauunternehmen „Machine Engeneering" produziert Spezialmaschinen nach Mass. Zu ihrem Kundenkreis gehören auch grössere Unternehmen, welche regelmässig Maschinen kaufen. Das Maschinenbauunternehmen unterhält eine Kunden-Hotline für eventuell auftretende Probleme bei den verkauften Maschinen. Neben ihrer normalen Tätigkeit zeichnen sich zwei Ingenieure des Maschinenbauunternehmens für den Unterhalt der Hotline verantwortlich. Es ist durchgesickert, dass die Geschäftsleitung eine Auslagerung dieser Hotline an ein Call-Center prüft, damit die beiden Ingenieure sich wieder auf die Konstruktion von Spezialmaschinen konzentrieren können.

Können Sie die Überlegungen der Geschäftsleitung nachvollziehen? Begründen Sie Ihre Entscheidung.

## 3

Der Lebensmittelhändler „Food 4 You" vertreibt in seinen Einkaufsläden an verschiedenen Standorten Lebensmittel des täglichen Bedarfs. Die Geschäftsleitung hat erkannt, dass ein Teil ihrer Kundschaft aufgrund der beruflichen Belastung fast keine Zeit mehr hat, um persönlich im Laden einzukaufen. Aus diesem Grund beschliesst die Geschäftsleitung, einen E-Shop übers Internet mit Hauslieferung der bestellten Produkte aufzuziehen. Die Geschäftsleitung steht vor der Entscheidung, ob ein eigener Hauslieferdienst aufgebaut (Make) oder diese Aufgabe an ein Logistikunternehmen vergeben (Buy) werden soll. Die Geschäftsleitung gelangt mit der Bitte an Sie, eine fundierte Entscheidungsgrundlage in Form einer Nutzwertanalyse$^{\rightarrow}$ mit Begründung der einzelnen Punktevergaben zu erstellen.

→ S. 556 Nutzwertanalyse

www.iwp.unisg.ch/bwl

**Leitfragen**

a) Welches sind die Ursachen für Unternehmenskooperationen?
b) Welche Arten von Unternehmenskooperationen existieren und wodurch sind diese charakterisiert?
c) Welche Vor- und Nachteile bieten Unternehmenskooperationen?

**Schlüsselbegriffe**

Organisches Wachstum, Wertschöpfungsstufe, Synergien, Verbundeffekte, Skalenerträge (Economies of Scale), Strategische Partnerschaft, Franchising, Joint Venture, Beteiligung, Venture-Capital, Übernahme, friendly takeover und unfriendly takeover, Hostile Bidder, weisser Ritter, Due-Diligence-Prüfung, Fusion, Kartell, Spin-Off

[1] tangieren: berühren, betreffen

**Verankerung im Modell**

Mit wem und in welcher Form ein Unternehmen kooperieren soll, ist eine strategische Überlegung. Eine Kooperation tangiert[1] zudem auch die weiteren Ordnungsmomente wie Struktur und Kultur. Bei Kooperationen prallen oft auch unterschiedliche Strukturen, Kulturen und Prozesse aufeinander, die in Einklang gebracht werden müssen.

**Beispiel** „Arztpraxis Dr. Muster"

Dr. Hans Muster ist Sportmediziner mit einer eigenen Praxis in einer grösseren Stadt. Derzeit sieht er sich mit verschiedenen Herausforderungen konfrontiert:

– Anschaffung neuer und teurer Apparaturen in den nächsten Monaten
– Gestiegenes Kundenbedürfnis nach vollumfänglicher sportmedizinischer Betreuung an einem Ort
– Verbesserung der Wirtschaftlichkeit[2] seiner Praxis zur Minderung des Kostenwachstums im Gesundheitswesen

[2] Wirtschaftlichkeit: sinnvoller und sparsamer Einsatz vorhandener Mittel

Diese Herausforderungen zwingen Dr. Hans Muster strategische Überlegungen zu möglichen Kooperationsformen anzustellen.

Abb. 59

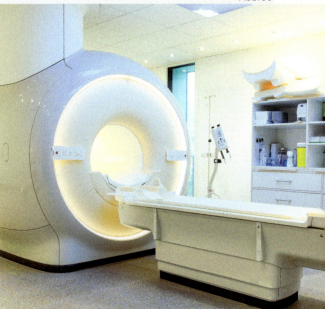

## 5.1 Ursachen von Kooperationen

Unternehmen, welche klein und nicht erfolgreich sind, laufen Gefahr von Konkurrenten „gefressen" zu werden. Aus diesem Grund streben vor allem kleine Unternehmen nach Wachstum. Wachsen kann ein Unternehmen mithilfe folgender Strategien: Marktdurchdringung, Marktentwicklung, Produktentwicklung oder Diversifikation→. Dieses Wachstum wird auch **organisches Wachstum** genannt. Eine andere Möglichkeit zu wachsen, besteht über Kooperationen.

→ S. 103 Wachstums-
strategien nach Ansoff

In der heutigen schnelllebigen Zeit haben Kooperationen stark zugenommen. Diese Tatsache ist auf eine Vielzahl veränderter Rahmenbedingungen (z. B. neue Technologien, Liberalisierung von Märkten, Zusammenwachsen des europäischen Binnenmarkts[1]) zurückzuführen, verbunden mit dem gestiegenen Wettbewerbsdruck. Viele Unternehmen laufen Gefahr, unter diesem Wettbewerbsdruck zermalmt zu werden, wenn sie nicht in irgendeiner Form mit anderen Unternehmen kooperieren.

[1] Binnenmarkt: Abgegrenztes Wirtschaftsgebiet, gekennzeichnet durch den freien Verkehr von Waren, Dienstleistungen, Personen und Kapital sowie einer harmonisierter Rechtsordnung

## 5.2 Arten von Kooperationen

Die verschiedenen Kooperationsmöglichkeiten weisen unterschiedliche Merkmale hinsichtlich Wertschöpfungsstufe, Dauer und Intensität auf.

### Wertschöpfungsstufe

Bei der Betrachtung einer Kooperation nach **Wertschöpfungsstufe** wird darauf geschaut, wie nahe sich die beiden Kooperationspartner hinsichtlich ihrer Produkte oder Dienstleistungen stehen. Die folgende Tabelle zeigt dieses Verhältnis auf.

[2] Sich ergänzende Kundenbedürfnisse: die Befriedigung des einen Bedürfnisses weckt neue Bedürfnisse

Tab. 44

| Richtung der Kooperation | Beschreibung, Grund | Beispiel Dr. Muster |
|---|---|---|
| horizontal | Kooperation zwischen Partnern derselben Branche zur Bündelung der Wettbewerbskraft und Teilung der Wettbewerbsrisiken | Kooperation mit einem anderen Sportmediziner, beispielsweise durch Teilung der Praxisräumlichkeiten |
| vertikal | Kooperation zwischen Partnern aufeinanderfolgender Leistungsstufen zur Optimierung der Schnittstellen | Kooperation mit einem Pharmaunternehmen, beispielsweise für den exklusiven Verkauf bestimmter Medikamente |
| lateral | Kooperation zwischen Partnern unterschiedlicher Bereiche zur Ausnutzung/Befriedigung komplementärer Kundenbedürfnisse[2] | Kooperation mit einem Sportnahrungshersteller, beispielsweise für den Verkauf von Sportnahrung in der Praxis |

## Dauer

Kooperationen können aufgrund ihrer Dauer unterschieden werden.

Tab. 45

| Dauer der Kooperation | Beschreibung, Grund | Beispiel Dr. Muster |
|---|---|---|
| vorübergehend | Sie kann für ein bestimmtes gemeinsames Projekt vorübergehend geschlossen werden und nach Abschluss wieder aufgelöst werden. | So kann Dr. Muster einen Sportler bei der Vorbereitung auf die Olympiade unterstützen. |
| auf unbestimmte Zeit | Auf unbestimmte Zeit geschlossene Kooperationen bleiben so lange aufrechterhalten, als dass sie für alle Partner einen Vorteil bringen. | So kann Dr. Muster mit dem anderen Sportmediziner so lange gemeinsam Praxisräumlichkeiten mieten, als ihm diese Variante Vorteile gegenüber eigenen Praxisräumlichkeiten bringt. |
| sehr langfristig | Bei einer sehr langfristig geschlossenen Kooperation ist die Auflösung schwierig bis unmöglich. | Wenn Dr. Muster beschliesst, sämtliche Infrastruktur in einer Gemeinschaftspraxis mit einem anderen Sportmediziner zu vereinigen und unter gemeinsamem Namen aufzutreten, ist eine spätere Aufsplittung schwierig und mit viel Aufwand verbunden. |

## Intensität

Eine Bindung zwischen zwei Kooperationspartnern kann aufgrund einer vertraglichen Vereinbarung und/oder aufgrund einer Kapitalbeteiligung erfolgen.

Abb. 60

**Intensität von Kooperationen**

| Kooperations-vertrag | Gesellschafts-vertrag (einfache Gesellschaft) | Gründung einer gemeinsamen Tochtergesellschaft | Minderheitsbeteiligung (ein- oder gegenseitig) | Mehrheitsbeteiligung (ein- oder gegenseitig) |

klein → gross

Intensität der Kooperation

Bei einem Kooperationsvertrag regeln die Partner nur die wichtigsten Eckpunkte. Im Unterschied hierzu entsteht durch einen Gesellschaftsvertrag→ eine gemeinsame Haftung für die Aktivitäten aus der gemeinsamen Kooperation. Bei der Gründung einer gemeinsamen Tochtergesellschaft binden sich die Partner durch einen finanziellen Beitrag an die Tochtergesellschaft. Im Falle einer Minderheitsbeteiligung erfolgt die finanzielle Beteiligung nicht an einer Tochtergesellschaft, sondern direkt beim Kooperationspartner. Bei Erlangung einer Mehrheitsbeteiligung verschmelzen die beiden Kooperationspartner zu einer Einheit.

→ S. 487 Einfache Gesellschaft

## 5.3 Vor- und Nachteile von Kooperationen

### Vorteile von Kooperationen

Mit einer Kooperation wollen Unternehmen **Synergien**[1] erzielen. Herr Muster entscheidet sich für gemeinsame Praxisräumlichkeiten mit einem Physiotherapeuten. Dadurch erhofft sich Herr Muster, dass die Kunden des Physiotherapeuten bei einem ärztlichen Bedürfnis zu ihm kommen und dass er mit dem Physiotherapeuten ein gemeinsames Sekretariat haben kann (**Verbundeffekte**[2]). Das Beispiel zeigt nur einen möglichen Vorteil einer Kooperation. Weitere Vorteile werden im Folgenden genannt und kurz erläutert.

[1] Synergien: Wirkung von einzelnen Teilen (hier Unternehmen) ist noch verstärkter, wenn diese gemeinsam auftreten. „Das Ganze ist mehr als die Summe seiner Teile."

[2] Verbundeffekt: effizientere Produktion durch gemeinsame Produktion verschiedener Produkte/Dienstleistungen und die Mehrfachnutzung von Ressourcen (auch Economies of Scope genannt)

Abb. 61

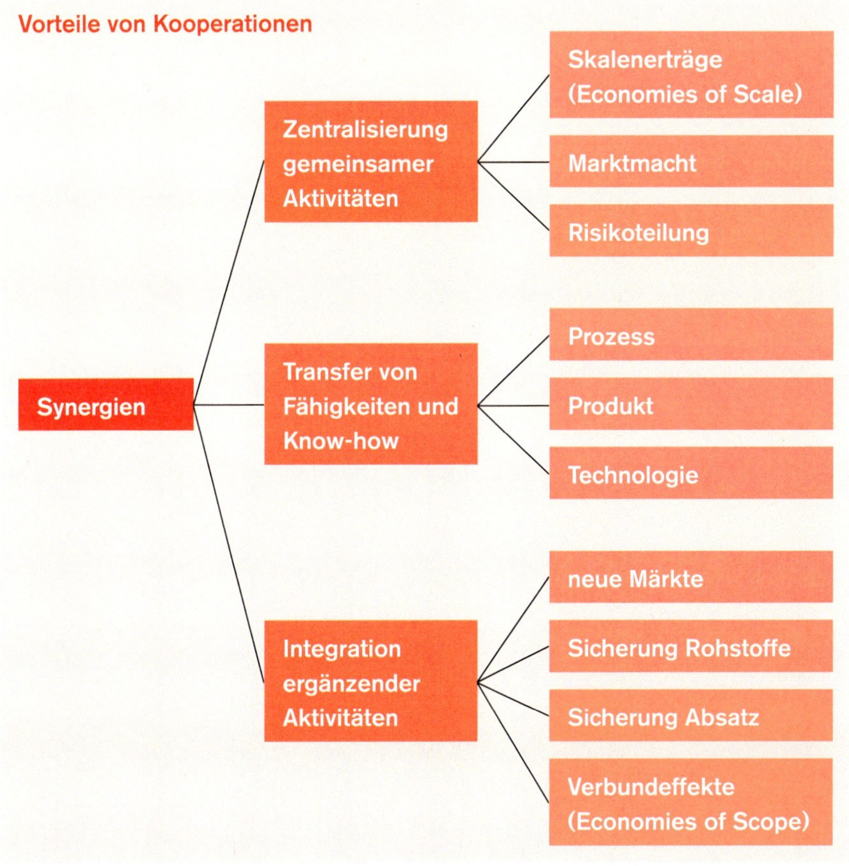

**Vorteile von Kooperationen**

133

**Skalenerträge**[1] **(Economies of Scale)** Diese entstehen beispielsweise, wenn zwei Unternehmen ihre Rohmaterialien gemeinsam einkaufen und aus diesem Grund einen Mengenrabatt erhalten. Ebenso, wenn zwei Unternehmen ihre Produktion zusammenlegen und anstatt drei Fabrikgebäuden nur noch deren zwei benötigen. Skalenerträge sind vor allem in reifen Märkten bzw. für Produkte in der Sättigungsphase→ wertvoll, wo eine Kostenführerschaftsstrategie angestrebt wird.

[1] Skalenerträge: kostengünstigere Produktion durch grössere Menge desselben Produkts bzw. derselben Dienstleistung

→ S.108
Produktlebenszyklus

**Marktmacht** Durch eine horizontale Kooperation→ kann die Marktmacht gesteigert und damit Preise und Lieferbedingungen beeinflusst werden. Wenn sich auf einem Markt lediglich zwei Unternehmen befinden, welche sich zu einem Grossunternehmen zusammenschliessen (Fusion), führt dies zu einer Monopolstellung[2]. Alternativ könnten die beiden Unternehmen ihre Preise absprechen (Kartell) anstatt sich zusammenzuschliessen.

→ S.131 Wertschöpfungsstufe

[2] Monopolstellung: marktbeherrschende Stellung eines Unternehmens

**Risikoteilung** Durch eine Kooperation müssen potenzielle Risiken nicht von einem Unternehmen alleine, sondern können von zwei Partnern getragen werden.

**Prozess, Produkt, Technologie** Durch eine Zusammenarbeit können Unternehmen gegenseitig Lernen und auf deren Technologie zugreifen. Ein Unternehmen verfügt beispielsweise über eine Forschungsabteilung mit den besten Forschern und das andere Unternehmen hat sehr gute Vertriebskanäle. Müssten die Unternehmen diese Kompetenz selbst aufbauen, würde dies lange dauern und viel kosten.

**Neue Märkte, Sicherung Rohstoffe, Sicherung Absatz** Auch wenn zwei Unternehmen in unterschiedlichen Bereichen (vertikale oder laterale Wertschöpfungsstufen→) tätig sind, kann eine Zusammenarbeit sinnvoll sein, falls sich die beiden Bereiche gut ergänzen. Ein Unternehmen hat beispielsweise ein hervorragendes Kundennetz in Osteuropa und das andere in Westeuropa, womit die Unternehmen durch eine Kooperation einfach neue Märkte erschliessen können. Eine Tankstellenkette kann durch eine Kooperation mit einem Rohölunternehmen ihre Rohstofflieferung sichern und das Rohölunternehmen seinerseits den Absatz.

→ S.131 Wertschöpfungsstufe

### Nachteile von Kooperationen

Kooperationen bringen jedoch auch Schwierigkeiten mit sich und können einen Teil oder im schlechten Fall die ganzen Vorteile auffressen. Zu den Nachteilen einer Kooperation gehören:

*Koordinationskosten*
- Es muss ein geeigneter Partner gesucht, gefunden, geprüft und die Partnerschaft laufend gepflegt und optimiert werden (Zeitkosten).
- Es müssen alle Formalitäten ausgehandelt werden (Verhandlungskosten).
- Es müssen alle Abmachungen umgesetzt werden (Veränderungskosten).

*Know-how-Abgabe an Partner/potenzieller Konkurrent*
– Bei einer Zusammenarbeit werden dem Partner immer Geschäftsgeheimnisse preisgegeben und Know-how weitergegeben. Dieser Wissenstransfer kann bei einem Abbruch der Kooperation nicht mehr rückgängig gemacht werden.

*Eigenständigkeits- und Flexibilitätsverluste*
– Durch eine Kooperation gibt jeder Partner seine Eigenständigkeit auf und muss im Folgenden seine Entscheide und Aktivitäten mit dem Partner abstimmen. Dies senkt die Flexibilität.

## 5.4   Einzelne Kooperationsformen

### Strategische Partnerschaft

Eine **strategische Partnerschaft**[1] wird zwischen zwei oder mehreren Unternehmen für einen unternehmensstrategisch relevanten Bereich (z. B. Einkauf, Vertrieb, Produktion) geschlossen. Die Kooperation ist meistens längerfristig ausgerichtet. Die Partnerunternehmen binden sich über einen Kooperationsvertrag und bleiben eigenständig. Mit einer strategischen Partnerschaft können Wettbewerbsvorteile gegenüber Konkurrenten, die ausserhalb des Netzwerks tätig sind, geschaffen werden. Fluggesellschaften kooperieren oftmals in strategischen Allianzen, wie z. B. die Star Alliance.

[1] strategische Partnerschaft: auch strategische Allianz genannt

Abb. 62

**Beispiel**  Star Alliance – Strategische Partnerschaft

Die Star Alliance ist ein Verbund aus mittlerweile 27 Luftfahrtgesellschaften, zu denen auch die Lufthansa sowie die SWISS und die Austrian Airlines gehören. Die Mitgliedsgesellschaften sind im Sinne einer festen Allianz für eine lange Zeit miteinander verbunden. In der Star Alliance schliessen die Fluggesellschaften ihre Netze zusammen und nutzen beispielsweise Flughafenlounges und Check-In-Services gemeinsam. Auf diese Weise ist es möglich, dass ein Kunde bei der Lufthansa ein Flugticket bucht, für seine Flugreise aber die Infrastruktur der Austrian Airlines beansprucht. Gegenüber dem Kunden tritt in diesem Fall als Vertragspartner jedoch weiterhin die Lufthansa in Erscheinung, wodurch ein einheitliches Erscheinungsbild gewahrt wird.

**Beispiel**  „Arztpraxis Dr. Muster" – Strategische Partnerschaft

→ Aufgabe 4

Dr. Muster kennt einen Arztkollegen, welcher in einer ähnlichen Situation wie er steckt. Die beiden beschliessen eine Praxisgemeinschaft zu eröffnen. Dadurch bleiben die beiden Ärzte rechtlich und wirtschaftlich selbstständig. In einem Kooperationsvertrag legen sie den Umfang ihrer Praxispartnerschaft fest. Die beiden Ärzte beschliessen, die Praxisräumlichkeiten und die Geräte zu teilen und gemeinsam zu finanzieren, zusammen Medikamente und anderes Material einzukaufen und gemeinsam eine medizinische Praxisassistentin einzustellen.

**135**

## Franchising

↻ DL3G
→ S. 322 Franchising

**Franchising→** ist ein auf Partnerschaft basierendes Vertriebssystem mit dem Ziel der Verkaufsförderung. Beim Franchising stellt ein Franchisegeber meist mehreren Franchisenehmern das Nutzungsrecht auf Name, Warenzeichen, Technologie, Infrastruktur, Produkt oder Dienstleistung gegen Entgelt zur Verfügung. Dieses Entgelt setzt sich zusammen aus der zu Beginn zu entrichtenden Investitionssumme (Einstiegsgebühr) und/oder einer laufenden umsatzabhängigen Franchisegebühr.

Der Franchisenehmer ist ein rechtlich selbstständiger und eigenverantwortlicher Unternehmer, welcher das unternehmerische Gesamtkonzept des Franchisegebers gemäss dem Franchisevertrag an seinem Standort umsetzt. Damit die Qualität den Vorstellungen des Franchisegebers entspricht, bildet dieser den Franchisenehmer aus und kontrolliert diesen auch von Zeit zu Zeit. Zusätzlich unterstützt der Franchisegeber seine Vertragspartner durch Werbe- und Verkaufsfördermassnahmen.

Beispiele von Franchise-Unternehmen sind: McDonald's, BodyShop.

**Beispiel** „Arztpraxis Dr. Muster" – Franchising

Dr. Muster liest in einer Fachzeitschrift folgendes Inserat:

Sind Sie ausgebildeter Arzt, verfügen über mehrere Jahre Praxiserfahrung und würden gerne eine eigene Praxis eröffnen?

Wir sind ein auf den Gesundheitssektor spezialisiertes Franchise-Unternehmen und bieten Ihnen …
… eine nach den neusten Standards ausgestattete Praxis.
… ein einfaches Rechnungsführungssystem.
… günstige Medikamenteneinkaufsbedingungen.
… einen bekannten Namen/Brand→.

→ S. 340 Markenführung

… laufende Schulungen zu den neusten Erkenntnissen der Medizin für Sie und Ihr Praxisteam.
… Vertragsabschlüsse mit Krankenkassen.
… überregionales Marketingkonzept und PR[1]→-Arbeit zur Erhöhung der Marktbekanntheit.
… Hotline zur unterstützenden Beratung im Rahmen der Praxisführung.

[1] Public Relations, Öffentlichkeitsarbeit, weit gefasster Begriff für die Gestaltung der öffentlichen Kommunikation von Organisationen.

→ S. 335 Public Relations (PR)

Im Gegenzug …
… verpflichten Sie sich für eine mindestens dreijährige Bindung.
… entrichten Sie eine einmalige Einstiegsgebühr in der Höhe von 30 000 Franken.
… entrichten Sie eine jährliche Franchisegebühr in der Höhe von 5 % Ihres Umsatzes.
… verpflichten Sie sich für die Umsetzung unserer Standards.
… nehmen an der jährlichen Weiterbildung teil.
… bemühen Sie sich durch eine hochstehende Patientenbetreuung unserem Namen Achtung zu verschaffen.

→ Aufgabe 5

## Joint Venture

Ein **Joint Venture** (zu deutsch: gemeinsames Wagnis) ist eine Unternehmenskooperation, welche nicht nur auf einer vertraglichen Basis, sondern auf der Gründung eines gemeinsamen Tochterunternehmens begründet ist, an dem die beiden Unternehmen mit ihrem Kapital und wesentlichen Ressourcen wie Technologie, Schutzrechte, Know-how und Betriebsanlagen beteiligt sind.

Diese Kooperationsform bietet sich an, wenn zwei Unternehmen durch Zusammenlegung ihrer jeweiligen Kompetenzen ein neues gemeinsames Produkt erstellen können. Zudem ist diese Kooperationsform in Ländern mit beispielsweise schwierigen politischen, wirtschaftlichen oder rechtlichen Gegebenheiten geeignet. Durch eine Kooperation mit einem inländischen Partner kann die Anpassung an die kulturellen Gegebenheiten eines Landes einfacher erfolgen.

Ein virtuelles Unternehmen→ ist eine spezielle Form eines Joint Ventures. Dabei schliessen sich zwei oder mehrere Unternehmen aufgrund eines Kundenauftrages bzw. einer grossen Aufgabe zusammen und erledigen diesen auf der Basis von Informations- und Kommunikationstechniken gemeinsam.

→ S.166 virtuelle Organisation

**Beispiel** „Arztpraxis Dr. Muster" – Joint Venture

Dr. Muster wurde vom Nationalen Olympischen Verband für die nächsten acht Jahre beauftragt, das sportmedizinische Konzept für alle 1 000 Verbandsathleten umzusetzen. Das Konzept umfasst Leistungstests, sportmedizinische Untersuchungen, Ernährungsberatung und sportpsychologische Betreuung für Athleten. Da die Athleten an unterschiedlichen Orten im Land zuhause sind, er selbst nicht über alle notwendigen Fähigkeiten verfügt und die Anzahl Athleten für ihn kaum bewältigbar wäre, entscheidet sich Dr. Muster mit Partnerunternehmen aus Sportmedizin, Sportpsychologie und Sporternährung aus dem ganzen Land ein Joint Venture zu schliessen.

Abb. 63

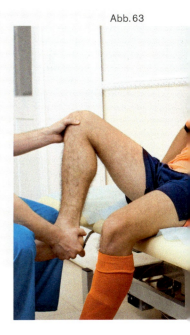

## Beteiligung

Durch eine **Beteiligung** an einem anderen Unternehmen wird nicht nur ein Anteil am Gewinn erlangt, sondern es kann auch Einfluss auf die Unternehmensführung genommen werden. Die Beteiligung kommt durch den Kauf von Aktien des anderen Unternehmens zustande. Solange der Aktienanteil unter 50 % liegt, wird von einer Minderheitsbeteiligung gesprochen.

Eine spezielle Form der Beteiligung ist das **Venture Capital.** Dabei investieren meist grössere Unternehmen Kapital in kleine Start-up-Unternehmen, deren Produkt sich erst in der Entwicklung oder Einführungsphase→ befindet. Der Investition liegen zwei Erwartungen zugrunde. Entweder besteht ein Interesse an technologischen Entwicklungen (strategische Investition) oder am Gewinn (Finanzinvestition) des unterstützten Unternehmens.

→ S.108 Produktlebenszyklus

**Beispiel** „Arztpraxis Dr. Muster" – Beteiligung

Die Tochter von Dr. Muster hat eine gute Geschäftsidee. Sie will mit zwei Kollegen ein Start-Up-Unternehmen aufbauen und sich im Bereich „Bewegung
im Alltag" spezialisieren. Hierzu wollen sie u. a.
Kurse in Nordic Walking anbieten. Vater Muster ist
von der Geschäftsidee überzeugt und beteiligt sich
als Minderheitsaktionär mit 33,3 %.

Abb. 64

### Übernahme

Wenn ein Unternehmen mehr als 50 % an einem anderen Unternehmen kauft,
wird auch von einer **Übernahme** (engl. Acquisition) gesprochen. Dadurch
erhält das Unternehmen die volle Mitbestimmung über das gekaufte Unternehmen. Eine Akquisition ist angezeigt, wenn ein Ausbau des eigenen Unternehmens nicht kostengünstiger und kurzfristiger realisiert werden kann. Durch
eine Übernahme kann ein Unternehmen sofort auf die Ressourcen und Fähigkeiten des übernommenen Unternehmens zugreifen.

*Arten von Übernahmen*
- Bei einer freundlichen Übernahme (engl. **friendly takeover**) befürwortet das
  übernommene Unternehmen die Übernahme. Dies kann beispielsweise der
  Fall sein, wenn sich das Unternehmen in finanziellen Schwierigkeiten befindet und sonst Konkurs gehen würde.
- Eine unfreundliche Übernahme (engl. **unfriendly takeover**) ist nicht im Sinn
  des übernommenen Unternehmens und wird von dessen Management und
  Verwaltungsrat abgelehnt; etwa, weil sie die Selbständigkeit nicht verlieren
  wollen oder weil sie den gebotenen Preis als zu tief erachten. Bei einer
  unfreundlichen Übernahme tritt ein **Hostile Bidder** auf, um den Aktionären
  des anvisierten Unternehmens eine Kaufofferte abzugeben. Gelegentlich tritt
  in einer solchen Situation ein so genannter **weisser Ritter** auf, indem er dem
  Übernahmekandidaten zuhilfe eilt. Die Hilfe kann in Form einer Übernahme
  oder einer Fusion geschehen. Übernahmeschlachten werden oft über Monate
  geschlagen, enthalten aufgebesserte Kaufangebote auf allen Seiten und ein
  kostspieliges Buhlen um die Gunst der Aktionäre.

*Nachteile von Übernahmen*

- Der Kaufpreis liegt manchmal über dem aktuellen Marktwert des Kaufobjekts durch die sich gegenseitig aufschaukelnden Übernahmeangebote.
- Nach dem Kauf können unentdeckte Schwachstellen am Kaufobjekt auftreten, welche vor Vertragsabschluss nicht ersichtlich waren. Um dies vor dem Kauf zu verhindern, wird üblicherweise eine so genannte **Due-Diligence-Prüfung**→ vorgenommen. Diese beinhalten insbesondere eine systematische Stärken-/ Schwächen-Analyse des Objekts, eine Analyse der mit dem Kauf verbundenen Risiken sowie eine fundierte Bewertung des Objekts. Gegenstand der Prüfungen sind etwa Bilanzen, personelle und sachliche Ressourcen, strategische Positionierung, rechtliche und finanzielle Risiken und Umweltlasten.

  → S. 438 Due-Diligence-Prüfung

- Mit einer Übernahme wird auch „Ballast" erworben, der nicht ins Portfolio passt. Das Kaufobjekt ist oftmals nicht so zugeschnitten, wie es der Käufer genau braucht. Um die unerwünschten Unternehmensteile abzustossen, kann ein Spin-Off[1] vorgenommen werden.

  [1] Spin-Off: Abspaltung

- Es können Integrationsprobleme auftreten, indem beispielsweise die beiden Unternehmenskulturen→ nicht zusammengeführt werden können.

  → S. 188 Unternehmens- und Abteilungskultur

## Fusion

Bei einer **Fusion** (engl. Merger) verschmelzen zwei oder mehrere Unternehmen vollständig zu einem gemeinsamen Unternehmen. Der Zusammenschluss erfolgt im Gegensatz zur Übernahme auf gleicher Augenhöhe, d. h. freiwillig und gleichberechtigt. Fusionen sind jedoch Grenzen gesetzt. Die staatlichen Wettbewerbsbehörden haben einer Fusion zuzustimmen. Damit soll verhindert werden, dass durch eine Fusion ein Unternehmen entsteht, welches über eine grosse Marktmacht verfügt und die Preise diktieren kann.

Nicht alle Fusionen sind erfolgreich. Ein Unternehmensgebilde kann auch zu gross und damit zu unübersichtlich und träge werden, um schnell auf Marktveränderungen reagieren zu können. Zudem können die verschiedenen Unternehmenskulturen zu Verständnis- und Akzeptanzproblemen führen.

### Beispiel „Muster & Co. Regio-Ärzte" – Fusion

Dr. Muster schliesst sich mit anderen Ärzten aus der Region in Form einer Gemeinschaftspraxis unter dem Namen „Muster & Co. Regio-Ärzte" zusammen. Die beteiligten Ärzte sind damit – im Gegensatz zur Praxisgemeinschaft – rechtlich und wirtschaftlich nicht mehr selbstständig. Sie teilen sich die Infrastruktur, die Geräte und das Einkommen.

→ Aufgaben 6 und 7

## Kartell

Bei einem **Kartell** sprechen Unternehmen ihr Verhalten auf dem Markt ab, um den Wettbewerb auszuschalten. Die Absprachen können sich auf Preis, Menge und Gebiet beziehen. Beispielsweise können sich Barbetreiber an einem Stadtfest absprechen und Getränke zu einheitlichen und überhöhten Preisen anbieten

→ Aufgabe 8

(Preiskartell). Oder zwei Getränkehersteller teilen sich ihr Liefergebiet auf. Der eine Getränkehersteller beliefert nur die nördlichen Gebiete und der andere nur die südlichen Gebiete (Gebietskartell). Oder zwei Anbieter sprechen die Produktionsmenge ab und verknappen so künstlich das Angebot, was zu Preissteigerungen führt (Mengenkartell).

Diese Kooperationsform reduziert den Konkurrenzdruck auf dem Markt, wodurch die Unternehmen zulasten der Kunden höhere Preise fordern und damit mehr Gewinn erzielen können. Aus diesem Grund gibt es ein Kartellgesetz, welches Kartelle verbietet. Die Anwendung dieses Gesetzes obliegt der Wettbewerbskommission. Die Aufgaben der Wettbewerbskommission* sind die Bekämpfung von schädlichen Kartellen, die Missbrauchsaufsicht über marktbeherrschende Unternehmen, die Durchführung der Fusionskontrolle sowie die Verhinderung staatlicher Wettbewerbsbeschränkungen.

★ www.weko.admin.ch

## Spin-Offs

Bei einem **Spin-Off** (Abspaltungen) gliedert ein bestehendes Unternehmen einen Teil als eigenständiges Unternehmen aus und verkauft dieses eventuell an ein anderes Unternehmen. Spin-Offs bieten Unternehmen die Möglichkeit, sich einerseits auf die eigenen Kernkompetenzen zu konzentrieren und andererseits Kapital zu erlangen.

Durch Übernahmen und Fusionen entstehen nicht zwingend immer grössere Unternehmen, da durch Spin-Offs immer wieder einzelne Unternehmensteile abgespalten werden. Beispielsweise sind aus den ursprünglichen drei Basler Pharmakonzernen (Ciba-Geigy, Sandoz, Roche) sechs Grossunternehmen geworden. Bei der Fusion von Ciba-Geigy und Sandoz zu Novartis wurden die Spezialitätenchemie-Bereiche verselbstständigt und als Clariant und Ciba SC an die Börse gebracht. Ausserdem trennte sich Novartis auch noch vom Agrogeschäft und legte es mit jenem von AstraZeneca zur Syngenta zusammen. Das Aromen- und Riechstoffgeschäft von Roche schliesslich wird unter dem Namen Givaudan an der Schweizer Börse gehandelt.

**Beispiel** „Muster & Co. Regio-Ärzte" – Spin-Offs

Abb. 65

Dr. Muster lagert das Inkasso (Einzug von Forderungen) aus, da das Schreiben von Rechnungen und das Einfordern ausstehender Beträge nicht zur Kernkompetenz seiner Arztpraxis gehören. Zusammen mit anderen Ärzten ist er am ausgelagerten Inkasso-Unternehmen finanziell beteiligt. Dr. Muster sieht vor, die Beteiligung zu einem späteren Zeitpunkt zu veräussern, um Geldmittel für den Kauf eines neuen Röntgengerätes zu haben.

# Aufgaben – C5  Kooperationsformen

**1**

Erstellen Sie eine Kapitelzusammenfassung in Form eines Mindmaps→.

→ S.548 Mindmapping

**2**

„If you think you can go alone in today's economy, you are highly mistaken."
Was ist mit dieser Aussage wohl gemeint? Nehmen Sie Stellung.

**3**

Sie finden im Zug einen Zeitungsfetzen aus dem Wirtschaftsteil, auf welchem
nur noch die Überschrift „Fressen oder gefressen werden" lesbar ist.
Welche Inhalte könnten sich hinter dieser Überschrift verbergen?
Notieren Sie stichwortartig Ihre Gedanken hierzu.

**4**

Nehmen Sie das Beispiel „Arztpraxis – Strategische Partnerschaft" im Kapitel
als Ausgangslage. Zwei Mitglieder Ihrer Klasse diskutieren in Form eines
Rollenspiels die Vor- und Nachteile einer strategischen Partnerschaft. Die restlichen Klassenmitglieder verfolgen als Beobachter die Diskussion und entwerfen nachher einen Kooperationsvertrag, den Sie Dr. Muster und seinem
Kollegen vorlegen.

**5**

Suchen Sie die Vor- und Nachteile von Franchising aus der Sicht von
Franchisenehmer und -geber.

**6**

In Ihrer Gemeinde beschliessen der Bäcker und der Café-Betreiber zu fusio-
nieren und in gemeinsame Räumlichkeiten umzuziehen.
a  Um welche Kooperationsart/Wertschöpfungsstufe handelt es sich.
b  Nennen Sie drei konkrete Vorteile, welche aus dieser Fusion entstehen.

**7**

Übernahmen und Fusionen werden oft kritisiert. Suchen und begründen Sie
aus gewerkschaftlicher Sicht die Nachteile einer Fusion.

**8**

Die OPEC (Organization of the Petroleum Exporting Countries) ist ein international sehr bekanntes und bedeutsames Kartell.
a  Um welche Art von Kartell (siehe Buch S. 139 – S. 140) handelt es sich bei der
   OPEC?
b  Handelt es sich um ein legales (rechtlich erlaubtes) Kartell? Begründen Sie.
c  Welche Besonderheit weisen die beteiligten Parteien auf?
d  Welche Überlegungen stellt eine Organisation an, wenn sie vor der Frage
   steht: Beteiligung an einem Kartell oder nicht?

www.iwp.unisg.ch/bwl

www.iwp.unisg.ch/weblinks

## Leitfragen

a) Was bedeutet der Begriff „Organisation"?

b) Aus welchen Perspektiven lässt sich eine Organisation betrachten?

c) Was ist eine Organisationstheorie und welchen Zweck erfüllt sie?

d) Welche Organisationstheorien gibt es, wer sind ihre Begründer und was sind deren Hauptaussagen?

e) Was sind die Unterschiede zwischen technokratischen und menschen-orientierten Organisationskonzepten?

## Schlüsselbegriffe

Organisation, sozio-technisches System, technokratischer Ansatz, menschen-orientierter Ansatz, Arbeitsteilung, Spezialisierung, Koordination, Bürokratie, Scientific Management, Human-Relations-Ansatz, Motivationstheoretischer Ansatz, Job Enrichment, Job Enlargement, Job Rotation

## Verankerung im Modell

Unternehmen sind sozio-technische Systeme, in welchen Menschen (sozio) und Maschinen (technisch) in Form der arbeitsteiligen Zusammenarbeit ver-schiedenste Leistungen erbringen. Ein solches System, in dem entweder nur Menschen oder Menschen mit Maschinen zusammenarbeiten, wird auch „Organisation" genannt. Die Arbeitsteilung zwischen den Menschen bzw. zwischen den Menschen und den Maschinen muss klar geregelt und aufein-ander abgestimmt werden. Die Form der Zusammenarbeit in einem Unter-nehmen schlägt sich in dessen Struktur nieder. Nachfolgend werden diese verschiedenen Aspekte von Organisationen erklärt, deren Grundlagen auf unterschiedlichen Menschenbildern basieren.

**Beispiel** Organisation zu Zeiten Charlie Chaplins

Im seinem Film „Modern Times" spielt der britische Schauspieler Charles Chaplin[1] – gemeinhin bekannt als Charlie Chaplin – einen Fliessbandarbeiter in einer Fabrik. Als der Film im Jahre 1936 erstmals in die Kinos kam, stand die Arbeit in einem Unternehmen ganz im Zeichen der technischen Revolution. Mithilfe von Maschinen wurde versucht, die Arbeit in der Fabrik effizienter und kostengünstiger zu gestalten: Motoren und Zahnräder dominierten das Bild der damaligen Unternehmenswelt. Der Versuch, die Produktivität durch technische Verbesserungen immer weiter zu erhöhen, hatte einen prägenden Einfluss auf die Wahrnehmung der menschlichen Arbeitskraft: Ein Unternehmen wurde als riesiges Räderwerk verstanden, in dem der Mensch nur eines von vielen weite-ren „Zahnrädern" darstellte.

[1] Sir Charles Spencer Chaplin (1889–1977) war ein britischer Filmschau-spieler, Komiker, Regisseur und Autor. Sein Film „Modern Times" (engl. „Moderne Zeiten") erschien im Jahre 1936. Dieses und zahlreiche andere Werke machten ihn weltbekannt. Im Jahre 1975, zwei Jahre vor seinem Tod, wurde er von Königin Elisabeth II von England zum Ritter geschla-gen – eine Ehre, welche nur wenigen Menschen zuteil wird.

Charlie Chaplin verkörpert in seinem Film einen Arbeiter, der in der Fliess-bandfertigung beschäftigt ist. Eines Tages kommt ein Ingenieur in die Fabrik und präsentiert eine Maschine, welche die Fliessbandarbeiter während der Arbeit ernähren soll. Dadurch müssten die Arbeiter keine Essenspausen mehr einlegen, wodurch die Produktivität weiter erhöht würde. Durch einen techni-schen Defekt gerät Charlie jedoch in die Gefangenschaft der Maschine, aus der er sich ohne fremde Hilfe nicht mehr befreien kann. Die Verantwortlichen inte-ressieren sich jedoch nicht für Chaplins missliche Lage, sondern versuchen den technischen Defekt zu beheben und die Maschine weiter zu verbessern.

Der Film stellt auf humorvolle und zugleich auch tragische Weise die Umstände in einem damaligen Unternehmen dar und prangert die überwiegend technisch geprägte Denkweise an. Zur Zeit dieses Films kamen aber auch anderweitig Stimmen auf, welche darauf pochten, den Menschen wieder in den Mittelpunkt der Unternehmenswelt zu stellen.

Abb. 66

Moderne Zeiten (Modern Times, USA 1936, Regie: Charlie Chaplin)

## 6.1 Annäherung an den Begriff Organisation

Um den komplexen Begriff **Organisation** als Ganzes verstehen zu können, wird er in der Literatur aus drei Perspektiven betrachtet:

Tab. 46

| | Institutional | Instrumental | Funktional |
|---|---|---|---|
| Perspektive | Das Unternehmen ist eine Organisation. | Das Unternehmen hat eine Organisation. | Das Unternehmen wird organisiert. |
| Fokus | Unternehmen = Organisation | Organisation als Führungsinstrument für das Management. | Organisation als Manage-mentfunktion zur Verein-fachung, Erfassung und Gestaltung von Unter-nehmen |
| Kapitel | → C6 Organisationstheorien | → C7 Organisationsformen | → C7 Organisationsformen |
| Beschreibung | Organisationen als Institu-tionen, in denen Menschen und Maschinen zusammen Leistungen erbringen. Eine Bank, ein Pfadfinder-Club oder das Internationale Olympische Komitee sind gemäss dieser Perspektive Organisationen. | Die Organisation erfüllt den Zweck, ein Unterneh-men zu strukturieren und dient der Unternehmens-leitung dabei als Füh-rungsinstrument. | Eine Organisation erfüllt aus dieser Sicht die Auf-gabe, eine gewisse Ord-nung in die vielen Zusam-menhänge innerhalb eines Unternehmens zu bringen (Organisation im Sinne von „Organisieren"). |

In der heutigen Zeit stehen Menschen während der meisten Zeit ihres Lebens in engem Kontakt mit zahlreichen Organisationen. So werden viele Kinder in Spitälern geboren, gehen ab einem bestimmten Alter in den Kindergarten und besuchen später eine Schule. Berufstätige arbeiten für Unternehmen, Beamte erledigen Aufgaben für eine Behörde und viele engagieren sich nebenbei noch für einen Verein oder für einen Verband. Da in all diesen Organisationen jeweils eine Vielzahl von Menschen zusammengeschlossen ist, werden sie auch als „soziale Systeme"[1] bezeichnet.

Die Betriebswirtschaftslehre befasst sich vorwiegend mit einer bestimmten Art sozialer Systeme: Unternehmen. Diese sind jedoch nicht nur soziale Systeme. Denn in Unternehmen erbringen nicht nur Menschen bestimmte Leistungen, sondern auch Maschinen und andere technische Geräte (z. B. Computer). Daher wird für ein Unternehmen im weiteren Verlauf des Kapitels auch der Begriff **sozio-technisches System**[2] verwendet.

[1] soziales System: „sozial" bezeichnet den menschlichen Faktor im „System" Unternehmen (von lat. socius: gemeinsam, verbunden, verbündet)

[2] sozio-technisches System: Zusammenwirken zwischen Menschen und technischen Geräten (Maschinen)

→ Aufgaben 1 und 2

## 6.2 Überblick über die Organisationstheorien

Menschen und Maschinen bilden in Organisationen die sogenannten Systemelemente des sozio-technischen Systems Unternehmen. Diese Systemelemente stehen in gegenseitigen Wechselbeziehungen, d.h. sie üben aufeinander einen Einfluss aus. Leider kann aber das Ergebnis dieser Wechselbeziehungen nicht mit Sicherheit vorausgesehen werden. Daher wissen wir auch nicht genau, wie sich die gegenseitige Beeinflussung der Systemelemente im Endeffekt auf das Gesamtsystem Unternehmen auswirkt. Ein System, welches durch die unvorhersehbaren Wechselwirkungen seiner Systemelemente nicht zu 100 % durchschaubar und kontrollierbar ist, wird „komplex"[3] genannt. Bei einem Unternehmen handelt es sich folglich immer um ein „komplexes sozio-technisches System"→.

[3] komplex: Auch Gegenteil von einfach. Eigenschaft eines Systems, dessen Gesamtverhalten nicht vorhergesagt werden kann, obwohl das Verhalten der Einzelkomponenten und deren Interaktion bekannt sind.

→ S. 48 Grundverständnis von Unternehmen

**Beispiel** Das Unternehmen als komplexes sozio-technisches System

In einem beliebigen Unternehmen mit 2 000 Mitarbeitern und 1 200 Maschinen (Computer, Gabelstapler usw.) herrscht ein ständiger Informationsaustausch zwischen den Menschen sowie zwischen Menschen und Maschinen. Da die Mitarbeitenden unterschiedliche Bildungsniveaus aufweisen und aus verschiedenen Kulturen stammen, lässt sich das genaue Ergebnis ihrer Zusammenarbeit nicht immer genau vorhersagen – schliesslich ist es unmöglich, alle Facetten einer Persönlichkeit zu erfassen und deren Einfluss auf die Zusammenarbeit mit anderen Menschen und mit Maschinen vorherzusehen. Wird verschiedenen Mitarbeitergruppen derselbe Auftrag erteilt, so werden sich die Resultate der Zusammenarbeit in den Gruppen merklich voneinander unterscheiden. Es wird grundsätzlich davon ausgegangen, dass alle Systeme, in denen Menschen mitwirken, komplexe Systeme darstellen.

Abb. 67

Es existieren zahlreiche Theorien, welche Organisationen und deren Ausgestaltung beschreiben. Gemeinsam ist allen von ihnen, dass sie versuchen, die Komplexität von Organisationen zu reduzieren, indem sie meist nur einen bestimmten Aspekt einer Organisation beleuchten. Aufgrund der Komplexität ist selbst die beste Theorie nicht in der Lage, eine Organisation in ihrer Gesamtheit zu erklären. Trotzdem können Organisationstheorien dabei helfen, wichtige Aspekte einer Organisation zu erfassen und Zusammenhänge zwischen ihnen zu erklären. Die wichtigsten Ansätze sind in der folgenden Übersicht im Zeitverlauf ihrer Entwicklung dargestellt:

Abb. 68

**Überblick über die Organisationstheorien**

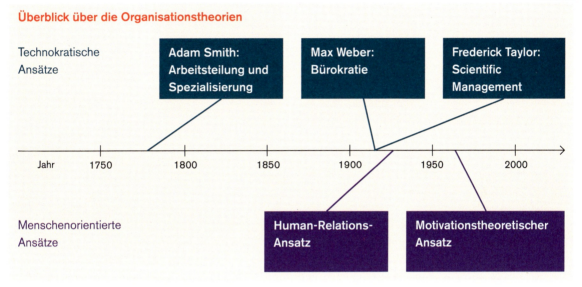

**Beispiel** Gespräch zweier Unternehmer – Technokratischer vs. menschenorientierter Ansatz

Die zwei Unternehmer T und M aus der Industriebranche treffen sich an einem Ehemaligen-Anlass ihrer Universität und geniessen gemeinsam das Mittagessen:

*M:* Na, wie läuft's bei dir im Unternehmen?

*T:* Na ja, momentan nicht so gut: Die Arbeiter drohen mal wieder mit Streik.

*M:* Hm, kennst du denn die Gründe dafür?

*T:* Ach, sie kritisieren mal wieder ganz allgemein die Arbeitsbedingungen im Unternehmen. Aber eigentlich sehe ich dafür keinen Grund – schliesslich wird ihre Arbeit ja entlöhnt!

*M:* Hast du mal versucht, mit ihnen ins Gespräch zu kommen?

*T:* Ins Gespräch kommen? Ich wüsste nicht, worüber wir reden sollten! Die Leute gehen mir langsam wirklich auf die Nerven mit ihrem Drang, ständig im Mittelpunkt zu stehen. Wieso verstehen sie denn nicht, dass sie im Prinzip nur ein kleines Rädchen in einer riesigen, hochtechnisierten Maschinerie darstellen?! Die Arbeiter sollten sich mal nicht so wichtig nehmen und lieber ihre Arbeit erledigen!

*M:* Na hör mal! Die Arbeiter sind das wichtigste Kapital eines Unternehmens. Versuch doch mal, sie anzuhören und auf ihre Bedürfnisse einzugehen!

Abb. 69

T: Warum sollte ich das tun? Ich befinde mich mit meinem Unternehmen zurzeit in einem ernsthaften Kampf mit meinen Konkurrenten und habe nun wirklich weder die Zeit noch das Geld, irgendwelche Geschenke zu verteilen. Wenn ich ihnen jetzt entgegenkomme, wollen sie bereits in einer Woche wieder mehr. Du weisst ja: Gibt man ihnen den kleinen Finger, wollen sie gleich die ganze Hand!

M: Na, jetzt übertreibst du aber gewaltig! Du weisst ja …

T: … ich weiss lediglich, dass viele meiner Arbeiter einfach zu wenig Disziplin aufweisen! Die meisten von ihnen sind doch tendenziell eher egoistisch und faul und denken nicht im Geringsten an das Wohl meines Unternehmens. Falls sie sich weiterhin so aufführen sollten, muss ich ihnen wohl mit der Entlassung drohen!

M: Na, jetzt hör mich doch mal an! Unzufriedene Arbeiter bringen dir gar nichts. Hör dir die Streikenden mal an und verhandle mit ihnen! Schau zu, dass sich ihre Arbeitssituation verbessert und versuche, sie über Anreize wie Leistungsboni oder Weiterbildungsmöglichkeiten zu motivieren. Du wirst sehen: Im Endeffekt bringen dir zufriedene und motivierte Arbeiter mehr.

Der Dialog zwischen den beiden Unternehmern M und T zeigt die grundlegenden Unterschiede zwischen technokratischen und menschenorientierten Organisationstheorien. Unter **dem technokratischen Ansatz** wird eine ursprünglich von den USA ausgehende Wirtschaftslehre verstanden, welche der Technik eine dominante Rolle beimisst. Wirtschaftliches Handeln in einer technokratischen Gesellschaft bezweckt technische Effizienz (z. B. Produktivitätssteigerung[1]). Die menschliche Arbeitskraft wird dabei als eine von vielen Produktionsfaktoren→ angesehen – für soziale Überlegungen bzw. die Berücksichtigung menschlicher Wünsche und Bedürfnisse bleibt kein Platz.

Im Gegensatz dazu stehen Menschen und deren Bedürfnisse im Mittelpunkt der **menschenorientierten Ansätze.** Der Mensch wird als bedeutender Produktionsfaktor anerkannt, ohne dessen Mitwirkung die Erbringung wirtschaftlicher Leistungen gar nicht möglich wäre. Produktivitätssteigerungen werden gemäss diesen Ansätzen nicht nur durch technische Verbesserungen erzielt, sondern auch durch die Berücksichtigung menschlicher Bedürfnisse. Diesen Theorien liegt die Annahme zugrunde, dass zufriedene Arbeiter produktiver sind, als unzufriedene.

[1] Produktivitätssteigerung: Verhältnis zwischen produzierten Gütern (engl.: Output) und dafür benötigten Produktionsfaktoren (engl.: Input)

→ S. 23 Produktionsfaktoren

## 6.3 Technokratische Ansätze

Die folgenden Abschnitte widmen sich den technokratischen Ansätzen von Smith, Weber und Taylor.

### Arbeitsteilung und Spezialisierung

Die Ursprünge der Organisationslehre gehen auf den schottischen Ökonomen Adam Smith[1] (1723–1790) zurück. In seinem im Jahre 1776 erschienenen Buch „The Wealth of Nations" (engl.: „Der Wohlstand der Nationen") beschreibt und erklärt er als Erster die Funktionsweise einer arbeitsteiligen Organisation. Anhand des bekannten Stecknadelbeispiels schildert Smith die Vorteile der **Arbeitsteilung**[2] bzw. der **Spezialisierung**[3]: Ein einzelner ungelernter Arbeiter kann pro Tag nur wenige Stecknadeln herstellen. Wird jedoch die Stecknadel-Herstellung in einzelne Teilschritte zerlegt und auf mehrere Arbeiter verteilt, können pro Tag viel mehr Stecknadeln produziert werden. Hätte ein Stecknadeln produzierendes Unternehmen beispielsweise fünf Arbeiter, könnte einer den Draht ziehen, der zweite könnte ihn abzwicken, der dritte würde ihn zuspitzen, der vierte den Nadelkopf herstellen und der fünfte den Nadelkopf befestigen. Jeder Arbeiter konzentriert sich dabei auf eine bestimmte Tätigkeit. Dadurch wird er in diesem bestimmten Bereich immer besser und arbeitet immer produktiver.

Das anschauliche Stecknadelbeispiel von Smith zeigt auf, inwiefern die Spezialisierung die Effizienz steigert und den Zeitaufwand verringert.

Die zunehmende Arbeitsteilung bzw. Spezialisierung führt aber dazu, dass die Einzelaktivitäten besser koordiniert werden müssen. Diese **Koordination**[4] wird durch eine entsprechende Organisation oder Struktur→ hergestellt.

### Beispiel Die Organisation eines Elternabends

Die Organisation eines Elternabends durch eine Klasse erfordert die Einzelaktivitäten „Verfassen der Einladungen", „Verschicken der Einladungen", „Beschaffung der Getränke", „Erstellung des Abendprogramms" usw. Da diese Aufgaben an einzelne Schüler oder Schülergruppen verteilt werden, müssen die Einzelaktivitäten am Schluss miteinander koordiniert werden. Ansonsten fehlen vielleicht die Getränke oder die Eltern tauchen gar nicht oder am falschen Tag auf.

**Adam Smith beschrieb und erklärte als Erster das Prinzip der Spezialisierung. Spezialisierung führt dazu, dass Aufgabenerfüllungsprozesse arbeitsteilig wahrgenommen werden. Arbeitsteilung erfordert jedoch das koordinierte Zusammenwirken mehrerer Menschen. Die Funktion der Koordination wird dabei von der Organisation übernommen.**

[1] Adam Smith (1723–1790): Schottischer Philosoph und Ökonom. Gilt als Begründer der klassischen Volkswirtschaftslehre. Sein Werk „The Wealth of Nations" (engl: „Wohlstand der Nationen") erschien im Jahre 1776 und wurde zum weltweiten Erfolg.

[2] Arbeitsteilung: Aufgliederung einer Gesamtaufgabe in verschiedene Teilaufgaben, welche von jeweils anderen Personen ausgeführt werden.

[3] Spezialisierung: Konzentration auf diejenige Tätigkeit, welche ein bestimmter Mensch aufgrund seiner Eigenschaften am besten ausführen kann.

[4] Koordination: Einzelaktivitäten werden aufeinander abgestimmt.

→ S. 154 Struktur – Organisationsformen

## Webers Bürokratietheorie

Die Theorie der **Bürokratie**[1] wurde vom deutschen Soziologen Max Weber[2] zwischen 1910 und 1920 entwickelt. Er versteht unter Bürokratie nicht etwa die negativen Auswüchse einer schwerfälligen Organisation, wie dies umgangssprachlich häufig der Fall ist. Ganz im Gegenteil: Die Bürokratie, sinngemäss übersetzt die „Herrschaft der Verwaltung", stellt für Weber den Idealtypus einer Organisation dar. Diese Herrschaftsform ist gemäss Weber an feste Regeln bzw. Gesetze gebunden. Laut Weber weisen bürokratische Organisationen folgende Merkmale auf:

– Durch Regeln festgelegte Aufgabenbereiche und Weisungsbefugnisse (Stellenbeschreibungen)→
– Eine hierarchische Struktur (festes System von Über- und Unterordnungen)
– Die Aufgabenerfüllung erfolgt nach festgesetzten Regeln und Normen
– Aktenmässigkeit: Regeln, Vorgänge, Protokolle usw. werden schriftlich fixiert

Wird diese Theorie auf ein Unternehmen angewendet, bedeutet dies: In einem bürokratisch organisierten Unternehmen sind alle Mitglieder festgeschriebenen Regeln unterworfen. Auch die Aufgabenerfüllung erfolgt bis ins Detail reglementarisch geordnet. Es herrscht eine strenge Hierarchie, welche sich ebenfalls auf organisatorische Richtlinien stützt.

## Scientific Management

Der **Scientific-Management-Ansatz**, auch Taylorismus genannt, geht auf den US-amerikanischen Ingenieur und Arbeitswissenschaftler Frederick Taylor (1856–1915) zurück. Um den Scientific-Management-Ansatz zu verstehen, sind Kenntnisse des im 20. Jahrhundert vorherrschenden Menschenbilds eine wichtige Voraussetzung. Ganz im Sinne der Industrialisierung[3] wurde der Mensch als billiger Produktionsfaktor ohne weitere Bedürfnisse betrachtet. Er galt grundsätzlich als faul und nur durch finanzielle Anreize zur Arbeit zu bewegen. Als Vorbilder für Zuverlässigkeit und Effizienz dienten die Maschinen. Die Arbeiter sollten möglichst genauso arbeiten. Dieses Menschenbild→ wurde in Charlie Chaplins Film „Modern Times" aufgegriffen und an den Pranger gestellt. Sein Werk darf als eine Kritik an der technisch geprägten Lehre Taylors verstanden werden. Dieser schlug nämlich vor, die Produktivität in den Unternehmen mithilfe von wissenschaftlichen Methoden zu steigern. Aus diesem Grund nannte er seinen Ansatz Scientific Management, übersetzt also „wissenschaftliche Betriebsführung". Anhand zahlreicher Experimente kam Taylor zu folgenden Schlüssen:

– *Strikte Trennung von Hand- und Kopfarbeit:* Das Management erarbeitet für jeden Aufgabenbereich Normen und Regeln, welche sich auf Erfahrungen und wissenschaftliche Experimente stützen. Die Arbeiter hingegen sollten sich ausschliesslich auf die Durchführung ihrer Tätigkeiten konzentrieren und keine Möglichkeit zur Mitgestaltung der Arbeitsabläufe haben.

[1] Bürokratie: Wahrnehmung von (Verwaltungs-) Tätigkeiten im Rahmen festgelegter Regeln und Kompetenzen.

[2] Max Weber (1864–1920): Deutscher Soziologe, Philosoph und Politiker. Einer der Begründer der „Soziologie" als eigenständige Wissenschaft.

→ S. 157 Stellenbeschreibung

[3] Industrialisierung: Bezeichnung für die Einführung und Verbreitung industrieller Formen der Produktion und Distribution von Waren und Dienstleistungen seit Mitte des 18. Jahrhunderts.

→ S. 209 Theorie X

- *Einführung eines Anreizsystems*[1]: Jeder Arbeiter erhält individuelle Vorgaben (Pensum). Die Entlöhnung→ wird von der Einhaltung dieser Vorgaben abhängig gemacht. Wer sein Pensum nicht erfüllt, wird durch Lohnkürzungen bzw. Geldbussen bestraft.
- *Selektion*[2] *der besten Arbeiter*: Aufgrund des Anreizsystems bleiben langfristig nur diejenigen Arbeiter bei einem Unternehmen, welche ihr Pensum erfüllen. Dadurch erhoffte sich Taylor eine automatische Auswahl der produktivsten Arbeiter.
- *Spezialisierung*: Durch starke Arbeitsteilung werden die Anforderungen an einzelne Arbeitsplätze so weit reduziert, dass kurze Anlern- und Erfahrungszeiten genügen, um bald die maximale Leistungsfähigkeit zu erbringen.

Als Scientific Management wird derjenige Ansatz bezeichnet, welcher mithilfe von wissenschaftlichen Experimenten nach Produktivität steigernden Faktoren sucht. Dessen Begründer Frederick Taylor erwähnt als solche u. a. die „strikte Trennung von Hand- und Kopfarbeit", „die Einführung eines Anreizsystems", „die Selektion der produktivsten Arbeiter" sowie eine „starke Spezialisierung auf Teilaufgaben". Taylors Ansatz fand zu Beginn des 20. Jahrhunderts breite Zustimmung. Durch die strikte Trennung von Hand- und Kopfarbeit definierte er als Erster die Rolle des Managements, welches im Unternehmen eine Art Kontrollfunktion ausüben sollte.

## 6.4 Menschenorientierte Ansätze

Sowohl Webers Bürokratie-Theorie als auch Taylors Scientific-Management-Ansatz betrachten den Menschen als Produktionsfaktor und lassen menschliche Bedürfnisse gänzlich ausser Acht. Als Reaktion auf diese Theorien begannen Gewerkschaften, kirchliche Gruppen und einige Unternehmer damit, bessere Arbeitsbedingungen für Arbeiter zu fordern. Der Mensch sollte fortan im Mittelpunkt der organisationstheoretischen Forschung stehen.

### Human-Relations-Ansatz

In den 30er-Jahren des 20. Jahrhunderts entwickelte sich der **Human-Relations-Ansatz**. Die Berücksichtigung menschlicher Bedürfnisse bei der Arbeitsgestaltung hatte jedoch nicht nur soziale bzw. moralische Gründe: Auch durch Experimente konnte nachgewiesen werden, dass die Produktivität der Arbeiter stark von psychischen Faktoren, vom Führungsstil→ der Vorgesetzten sowie von der Atmosphäre am Arbeitsplatz abhängt. Somit war erwiesen, dass nicht nur objektive Arbeitsgegebenheiten, sondern auch soziale Faktoren wie das Betriebsklima und der Führungsstil der Vorgesetzten einen grossen Einfluss auf die Arbeitsleistung haben. Als Folge dieser Erkenntnisse galt die Arbeitszufriedenheit bald als wichtigste Voraussetzung für eine hohe Arbeitsproduktivität. Nun galt es, herauszufinden, wie man die Arbeitsverhältnisse genau verbessern könnte bzw. welche Art der Personalführung die Produktivität besonders steigern würde.

[1] Anreizsystem: Gesamtheit der materiellen und immateriellen Anreize, welche für einen bestimmten Empfänger einen subjektiven (persönlichen) Wert besitzen (Geld, Lob usw.).

→ S. 462 Personalhonorierung

[2] Selektion: Auswahl (von lat. selectio: Auslese)

→ S. 207 Führungstheorien

**Der Human-Relations-Ansatz stellt die sozialen Bedürfnisse des Menschen in den Mittelpunkt. Die Förderung der Arbeitszufriedenheit führt laut den Vertretern dieser Theorie auch zu einer Steigerung der Arbeitsproduktivität.**

## Motivationstheoretischer Ansatz

Durch die schnell fortschreitende Entwicklung der Industriegesellschaft nach dem zweiten Weltkrieg haben sich auch die Rahmenbedingungen für die Unternehmen verändert. Das Ausbildungsniveau der Arbeitnehmerinnen und Arbeitnehmer nahm in dieser Zeit stark zu. Der Krieg in Europa hatte jedoch noch weitere Konsequenzen: Die Nachfrage nach Arbeitskräften war grösser als das Angebot. Diese Entwicklung brachte rasche Lohnsteigerungen und damit grösseren Wohlstand für die Arbeitnehmer und ihre Familien. Ausserdem hat der Human-Relations-Ansatz in den meisten Betrieben zu einer erhöhten Berücksichtigung der zwischenmenschlichen Bedürfnisse der Arbeitskräfte geführt. Dadurch veränderte sich auch die Motivation vieler Arbeitnehmer: Standen vor dem 2. Weltkrieg meist noch finanzielle und soziale Bedürfnisse im Vordergrund, rückten nach dem Krieg Bedürfnisse nach Anerkennung und Persönlichkeitsentfaltung in den Mittelpunkt. Damit eng verbunden war der Wille vieler Arbeitskräfte, innerhalb eines Unternehmens Verantwortung zu übernehmen und bei Entscheidungen mitzubestimmen. Arbeit sollte dem motivationstheoretischen Ansatz zufolge befriedigend und erfüllend wirken. Der motivationstheoretische Ansatz kann als Weiterentwicklung des Human-Relations-Ansatzes bezeichnet werden. Letzterer führte zwar zur Erkenntnis, dass die Berücksichtigung zwischenmenschlicher Bedürfnisse→ die Zufriedenheit der Arbeitskräfte erhöht. Es stellte sich jedoch bald heraus, dass blosse Zufriedenheit noch nicht zwingend zu einer höheren Produktivität führt. Der motivationstheoretische Ansatz betont daher die Wichtigkeit einer weiteren Voraussetzung hoher Leistungsbereitschaft: Die Motivation. Die Vertreter dieser Theorie, welche sich nach dem zweiten Weltkrieg immer weiter verbreitete, vertraten die folgenden Auffassungen:

→ S. 14 Maslow'sche Bedürfnispyramide

- Die Arbeitszufriedenheit, welche beim Human-Relations-Ansatz im Mittelpunkt steht, ist zwar eine notwendige, jedoch keine hinreichende Voraussetzung für hohe Leistung.
- Die Motivation→ der Arbeitskräfte ist hingegen ein zentraler Faktor für eine hohe Produktivität.
- Grosse Bedeutung kommt insbesondere der Möglichkeit zur Persönlichkeitsentwicklung zu. Arbeitsstellen in Unternehmen sollten also dementsprechend ausgestaltet sein. Die Arbeit sollte herausfordernd sein, Abwechslung bieten, sinnstiftend wirken und Raum für eigene Entscheidungen sowie Selbstverantwortung lassen.

→ S. 210 Zwei-Faktoren-Theorie nach Herzberg

**Der motivationstheoretische Ansatz nennt neben der Arbeitszufriedenheit die Motivation der Arbeitskräfte als wichtige Voraussetzung für eine hohe Produktivität. Im Vordergrund steht dabei das Streben der Arbeitnehmer nach Anerkennung und Selbstverwirklichung (sog. Motivationsfaktoren).**

→ Aufgaben 3, 4 und 5

## Job Enrichment, Job Enlargement und Job Rotation

Mit der zunehmenden Spezialisierung sind in einigen Bereichen monotone Tätigkeiten entstanden. Zur Überwindung der Monotonie und zur Förderung der Motivation wurden mehrere Ansätze entwickelt. Dazu gehören Job Enrichment, Job Enlargement und Job Rotation.

Beim **Job Enrichment** wird das Tätigkeitsfeld eines Mitarbeiters um Aufgabenfelder auf einem höheren Anspruchsniveau ergänzt, was insbesondere über Weiterbildungsmassnahmen geschieht.

**Beispiel** Job Enrichment

Abb. 70

Ein Mitarbeiter, welcher bisher nur Bestellungen verfasst hat, übernimmt neu auch die Bedarfsplanung beim Einkauf sowie die Qualitätskontrolle der gelieferten Waren.

Beim **Job Enlargement** hingegen wird das Tätigkeitsfeld eines Mitarbeiters um Aufgabenfelder auf der gleichen Anforderungsstufe erweitert.

**Beispiel** Job Enlargement

Einem Mitarbeiter, welcher bisher nur Bestellungen verfasste, wird zusätzlich der Auftrag zur Einholung der Lieferanten-Offerten übertragen.

Unter **Job Rotation** wird gemeinhin ein regelmässiger Wechsel der Arbeitstätigkeit im selben Unternehmen verstanden.

**Beispiel** Job Rotation

Ein Mitarbeiter, welcher bisher im Funktionalbereich „Einkauf" tätig war, wechselt für ein paar Wochen/Monate in die Abteilungen „Distribution/Absatz" sowie „Administration". So lernt der Mitarbeiter das ganze Unternehmen kennen, was seine Identifikation meist zu erhöhen vermag und ihn befähigt, die Gesamtzusammenhänge im Unternehmen zu erkennen. Aus diesem Grunde wird Job Rotation insbesondere auch im Rahmen von Trainee-Programmen[1] durchgeführt.

[1] Trainee-Programm: Von Unternehmen durchgeführtes Programm, um u. a. Hochschulabsolventen („Trainees") unternehmensintern zu Spezialisten und/oder Führungskräften auszubilden.

# Aufgaben – C6 Struktur – Organisationstheorien

**1**

Inwiefern scheint es gerechtfertigt, bei einem Unternehmen von einem sozio-technischen System zu sprechen?

**2**

Sie begegnen auf dem Weg zur Schule einem guten Freund und erzählen ihm, dass Sie eine Arbeit zum Thema „Organisationen in der Zukunft" verfassen müssen. Daraufhin entgegnet ihnen ihr Freund, dass er mit seiner Mitgliedschaft im Unihockey-Verein und im Schwimmclub ebenfalls einigen Organisationen angehöre und sich mit der Materie deswegen bestens auskenne.

a Aus welcher Perspektive betrachtet Ihr Freund die Organisation?

b Nennen Sie Ihm die anderen Perspektiven und erläutern Sie diese.

**3**

a Beschreiben Sie die beiden Ansätze (technokratischer, menschenorientierter) anhand des folgenden Schemas:

Tab. 47

|  | **Ansätze** | |
|---|---|---|
|  | technokratischer | menschenorientierter |
| Fokus |  |  |
| Menschenbild |  |  |
| Bestimmungsfaktoren der Produktivität |  |  |

b Ordnen Sie die folgenden Ansätze/Theorien entweder dem technokratischen oder dem menschenorientierten Ansatz zu und begründen Sie Ihre Entscheidung in zwei bis drei Sätzen:
  – Scientific Management bzw. Taylorismus
  – Human-Relations-Ansatz
  – Motivationstheoretischer Ansatz
  – Bürokratietheorie
  – Arbeitsteilung und Spezialisierung nach Adam Smith

**4**

Ordnen Sie die folgenden Aussagen jeweils einer oder mehreren im Theorieteil erwähnten Organisationstheorien zu:

a „Wissenschaftliche Untersuchungen haben gezeigt, dass psychische Faktoren wie die Arbeitsplatzatmosphäre nur einen geringen bzw. gar keinen Einfluss auf die Arbeitsleistung haben."

b „Um die Produktivität bei der Leistungserstellung zu erhöhen, sollten Menschen sich spezialisieren."

c „Neben der Arbeitszufriedenheit ist die Motivation ausschlaggebend für gute Leistungen."

d „Die Berücksichtigung menschlicher Bedürfnisse der Arbeitnehmer ist die Hauptvoraussetzung für eine hohe Produktivität."

e „Vertrauen ist gut, Kontrolle ist besser."

f „Hand- und Kopfarbeit müssen als Ausfluss der Spezialisierungs-Maxime strikt voneinander getrennt werden".

g „Der Mensch ist einer von vielen Produktionsfaktoren, dessen Wünsche und Bedürfnisse im Produktionsprozess vernachlässigt werden können."

h „Die Legitimation der Entscheidungs- und Weisungsbefugnisse von Führungskräften erfolgt durch im Unternehmen festgesetzte Regeln, denen alle Organisationsmitglieder unterworfen sind."

**5**

Das Leitbild der europäisch tätigen Versicherungsgesellschaft „Swisseuropeinsurance" lautet wie folgt:

Die „Swisseuropeinsurance" will zu den führenden Versicherungsgesellschaften in Europa gehören. Unsere Mitarbeiterinnen und Mitarbeiter sind der massgebliche Erfolgsfaktor für die Erreichung dieser Vision. Deren Kompetenzen, Persönlichkeit und Teamgeist sowie deren unternehmerische Eigeninitiative sind dabei von grosser Relevanz.

In der „Swisseuropeinsurance" sind Mitarbeiterinnen und Mitarbeiter aus über 30 Nationen engagiert. Deshalb legen wir grössten Wert auf ein diskriminierungsfreies Arbeitsumfeld und Chancengerechtigkeit.

Der „Swisseuropeinsurance" ist eine optimale Balance zwischen Beruf und Privatleben wichtig. Deshalb bietet wir flexible Arbeitszeitmodelle an. Dadurch können die Mitarbeiterinnen und Mitarbeiter im privaten, familiären und gesellschaftlichen Umfeld Verantwortung übernehmen und gleichzeitig ihre Karriere fördern.

a Welchem Ansatz (technokratisch, menschenorientiert) fühlt sich der Versicherungskonzern offensichtlich verpflichtet? Begründen Sie Ihre Meinung mit einschlägigen Stellen aus dem Leitbild.

b Welche Organisationstheorie(n) würden Sie diesem Leitbild am ehesten zugrunde legen und warum?

www.iwp.unisg.ch/bwl

## Leitfragen

a) Welches sind die Unterschiede zwischen der Aufbau- und der Ablauf-organisation?

b) Wie lässt sich die Form der Unterstellung bzw. der Dienstwege ausgestalten und wo liegt der Unterschied zwischen Ein- und Mehrliniensystemen? Was sind die Vor- und Nachteile dieser Systeme?

c) Welche Funktion hat ein Organigramm eines Unternehmens?

d) Welche Arten von Stellen können unterschieden werden und wie hängen diese mit Abteilungen und Hauptabteilungen zusammen?

e) Was unterscheidet eine Stellenbeschreibung von der Stellenausschreibung?

f) Welche Formen werden bei der Aufbauorganisation unterschieden?

g) Was ist ein Projekt?

h) Wie ist eine Projektorganisation in der Regel ausgestaltet, welche Mitarbeiter nehmen daran teil und wie wird der Projektauftrag formuliert?

## Schlüsselbegriffe

Organisation, Aufbauorganisation, Ablauforganisation, Stelle, Kompetenz, Organigramm, Dienstweg, Stellenbeschreibung, Kongruenzprinzip, Stellenausschreibung, Abteilung, Hauptabteilung, Leitungsspanne, Leitungstiefe, Einlinienorganisation, Stab-Linien-Organisation, Stab, Mehrlinienorganisation, funktionale Organisation, divisionale Organisation (Spartenorganisation), Cost Center, Profit Center, Investment Center, Management-Holding, Allianzorganisation, virtuelle Organisation, Produktorganisation, Matrixorganisation, Prozessorganisation, Projektorganisation, Projekt, Magisches Dreieck des Projektauftrags, Lernende Organisation, Wissensmanagement

## Verankerung im Modell

In jedem Unternehmen erfordert die Bearbeitung der Aufgaben die Zusammenarbeit mehrerer Menschen. Damit sie zielgerichtet und effizient verlaufen kann, erfordert jede Zusammenarbeit eine Koordination der Einzelaktivitäten. Eine Koordination kann sich mit der Zeit selbstständig entwickeln oder von Menschen bewusst herbeigeführt werden. Die so entstehenden Strukturen werden als Organisation eines Unternehmens bezeichnet. Zusammen mit der Strategie und der Kultur bilden die Strukturen die Ordnungsmomente eines Unternehmens. Ein wichtiger Grundsatz lautet: „Structure follows strategy". Es soll zuerst die Strategie→ und erst anschliessend die Struktur festgelegt werden. Die Organisation ist so auszugestalten, dass die Mitarbeitenden ihr Verhalten bestmöglich auf die strategischen Anforderungen ausrichten können.

→ S. 91–141 Kapitel zum Thema Strategie

## Beispiel ABB

ABB ist ein schweizerisch-schwedischer Technologiekonzern und weltweit führend in der Energie- und Automationstechnik. Das Unternehmen ermöglicht seinen Kunden in der Energieversorgung, im Transport, in der Infrastruktur und in der Industrie, ihre Leistung zu verbessern und gleichzeitig die Umweltbelastung zu reduzieren.

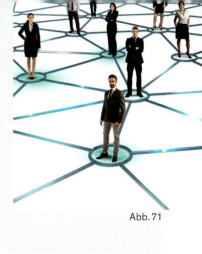

Abb. 71

Das Unternehmen beschäftigt weltweit ca. 140 000 Mitarbeitende in rund 100 Ländern. In der Schweiz beschäftigt ABB rund 6 640 Mitarbeitende.

Die Koordination der Tätigkeiten im Unternehmen wirft einige Fragen auf: Wie ist es möglich, dass jeder Mitarbeitende und jede Abteilung genau weiss, was er bzw. sie tun muss und vor allem tun darf? In welcher Form sollen die zahlreichen Aufgaben organisiert werden?

## 7.1 Annäherung an den Begriff Organisation

Im vorhergehenden Kapitel zu den „Organisationstheorien" wurde die **Organisation** aus einem institutionalen Blickwinkel betrachtet.

Tab. 48

|  | Institutional | Instrumental | Funktional |
|---|---|---|---|
| Perspektive | Das Unternehmen ist eine Organisation. | Das Unternehmen hat eine Organisation. | Das Unternehmen wird organisiert. |
| Fokus | Organisation = Unternehmen | Organisation als Führungsinstrument für das Management. | Organisation als Managementfunktion zur Vereinfachung, Erfassung und Gestaltung von Unternehmen |
| Kapitel | → C6 Organisationstheorien | → C7 Organisationsformen | → C7 Organisationsformen |

In diesem Kapitel steht hingegen die instrumentale sowie die funktionale Perspektive im Zentrum. Aus dieser Sicht hat ein Unternehmen eine Organisation bzw. es wird organisiert. Im Sinne eines Führungsinstruments erfüllt die Organisation den Zweck, das Zusammenwirken von Menschen und Maschinen in einem Unternehmen in sachlogischer und zeitlicher Hinsicht zu koordinieren. Dazu müssen Regeln festgelegt werden, nach denen bestimmte Aufgaben zu erfüllen sind. Bestandteile solcher Regeln sind beispielsweise die Festlegung bestimmter Abläufe und die hierarchischen Verhältnisse sowie Dienstwege zwischen den Mitarbeitenden.

Alle diese Regeln innerhalb eines Unternehmens ergeben bestimmte Muster bzw. Strukturen. Diese Organisationsstrukturen ordnen die Aufgabenerfüllung eines Unternehmens zielgerichtet und dauerhaft. Im Prinzip gleicht ein Unternehmen in diesem Sinne einem Molekül, wobei die einzelnen Atome die Menschen und Maschinen in einem Unternehmen darstellen. Je nachdem, wie sich die einzelnen Atome miteinander verbinden, entsteht ein anderes Molekül bzw. eine andere Struktur, welche gegen aussen in Erscheinung tritt.

## 7.2 Prinzipien der Organisationsstrukturierung

 FS2

Im Folgenden wird näher auf die zahlreichen Möglichkeiten zur Strukturierung eines Unternehmens eingegangen: Als erstes die klassische Unterscheidung von **Aufbau- und Ablauforganisation.**

Abb. 72

### Abgrenzung Aufbau- und Ablauforganisation

**Organisation**

| **Aufbauorganisation** | **Ablauforganisation** |
|---|---|
| – Definition von Aufgabenbereichen und Bildung von Stellen<br>– Zusammenfassung der Stellen zu grösseren Einheiten (z.B. Sparten)<br>– Darstellung der Organisationsstruktur in einem Organigramm | – Festlegung von Abläufen<br>– Festlegung des zeitlichen Aspekts einer Tätigkeit (wann)<br>– Festlegung der Reihenfolge verschiedener Tätigkeiten<br>– Abstimmung und Koordination von Teilaufgaben |

→ Aufgabe 1

### Stelle

Damit eine Organisation einzelne Aufgaben auf ihre Mitglieder verteilen kann, muss sie die Gesamtaufgabe in Teilaufgaben zerlegen. Diese Vorgehensweise wird auch als Arbeitsteilung bezeichnet.

Der Hersteller von blauen Büroklammern zerlegt die Gesamtaufgabe „Herstellung und Verkauf von Büroklammern" in die folgenden Teilaufgaben und fasst diese anschliessend zu sogenannten Stellen (oder Positionen) zusammen:

Tab. 49

| Teilaufgaben | Stellen |
|---|---|
| – Einkauf von Draht<br>– Einkauf von Hilfsmaterialien (blauer Farbstoff) | 1 Einkauf Roh- und Hilfsmaterialien |
| – Zuschneiden des Drahtes<br>– Formen des Drahtes<br>– Färben der Büroklammer | 2 Produktion Büroklammer |
| – Vertrieb<br>– Verkauf | 3 Vertrieb und Verkauf |

**Eine Stelle ist eine Zusammenfassung von Aufgaben, welche von einer qualifizierten Person unter normalen Umständen bewältigt werden können.**

Eine Stelle wird in der Regel unabhängig von einem potenziellen Stelleninhaber gebildet. Dabei ist jede Stelle mit Rechten und Pflichten verbunden. Die Rechte, welche ein Stelleninhaber besitzt, nennt man auch **Kompetenzen.** Mit dem Begriff „Verantwortung" werden in der Regel die Pflichten eines Stelleninhabers umschrieben. Aufgaben, Kompetenzen und Verantwortung einer Stelle werden in der **Stellenbeschreibung**[1] festgehalten. Sie verschafft den Organisationsmitgliedern Klarheit über die mit einer Stelle verbundenen Rechte und Pflichten. Aufgaben (A), Kompetenzen (K) und Verantwortung (V) einer Stelle müssen übereinstimmen (A = K = V). Dies nennt man **Kongruenzprinzip.** Falls zum Beispiel für eine Stelle A > K gilt, kann der Stelleninhaber die Aufgaben nicht umfassend erfüllen, weil ihm die Kompetenzen hierfür fehlen.

[1] Stellenbeschreibung: Internes Dokument, welches Aufgaben, Kompetenzen und Verantwortung einer Stelle detailliert umschreibt.

**Beispiel** Stellenbeschreibung

| | |
|---|---|
| *Stellenbezeichnung:* | Mitarbeiter im Aussendienst |
| *Aufgaben:* | – Kundenpflege: Beratung von Kunden |
| | – Kundenakquisition[2]: Gewinnung neuer Kunden |
| | – Beratung der vorgesetzten Stelle bei der Festlegung von Preisen und Konditionen |
| | – Stichprobenartige Kontrolle der mit dem Kunden vereinbarten Leistungen hinsichtlich Qualität, Liefertermine usw. |
| | – Reporting: Systematische Erfassung der Kundenzufriedenheit und Rapport an vorgesetzte Stelle |
| *Hierarchische Stellung:* | – Unterstellung: Leiter Bereich Aussendienst |
| | – Überstellung: keine |
| *Kompetenzen:* | – Trifft selbstständig Entscheidungen hinsichtlich der Gewährung von Preisnachlässen |
| | – Verfasst Empfehlungen zuhanden der vorgesetzten Stelle |
| *Verantwortung:* | – Einhaltung der Verkaufsziele im zugeteilten Verkaufsgebiet |
| | – Benachrichtigung des Leiters Bereich Aussendienst über Umsätze, Kundenstamm sowie aussergewöhnliche Vorfälle |
| | – Stärkung des Ansehens und des Bekanntheitsgrades des Unternehmens bei den Kunden |
| *Stellvertretung:* | – Gegenseitige Vertretung der Aussendienstmitarbeiter verschiedener Absatzgebiete |

[2] Kundenakquisition: Gewinnung neuer Kunden (von lat. ad quaerere: erwerben)

Die Stellenbeschreibung ist von der Stellenausschreibung[3] oder Stellenanzeige zu unterscheiden. Eine Stellenbeschreibung dient unternehmensinternen Zwecken, indem sie eine bestimmte Stelle detailliert umschreibt und von anderen Stellen abgrenzt. Eine **Stellenausschreibung** wird mit dem Ziel verfasst, die für eine Stelle geeignete Person auf dem Arbeitsmarkt zu finden→. Eine Stellenausschreibung basiert auf der Stellenbeschreibung, ist in der Regel aber knapper gehalten und führt zudem auch die Anforderungen an den Stelleninhaber auf.

[3] Stellenausschreibung: Dokument, welches zur Kommunikation auf dem Arbeitsmarkt gedacht ist; weniger detailliert als Stellenbeschreibung.

→ S. 457 Personalgewinnung

**Beispiel** Stellenausschreibung

Mitarbeiterin/Mitarbeiter im Aussendienst (Vollzeit)

| | |
|---|---|
| *Tätigkeit:* | – Verkauf unserer Produkte im Aussendienst |
| | – Beratung der Kunden bezüglich unserer Produkte |
| | – Gewinnung neuer Kunden |
| | – Beratung des Leiters Bereich Aussendienst in Bezug auf Preise und Konditionen |
| | – Stichprobenartige Kontrolle der mit dem Kunden vereinbarten Leistungen hinsichtlich Qualität, Liefertermine usw. |
| | – Reporting: Regelmässige Berichterstattung an den Leiter Bereich Aussendienst in Bezug auf die Kundenzufriedenheit, Umsätze im zugeteilten Absatzgebiet, Qualität der Leistungen usw. |
| *Anforderungen:* | – Abgeschlossene Ausbildung im kaufmännischen Bereich |
| | – Mehrjährige Erfahrung im Bereich Verkauf |
| | – Gute Französischkenntnisse von Vorteil |
| | – Selbstständige und eigenverantwortliche Arbeitsweise |
| | – Hohe Flexibilität und Belastbarkeit |
| *Pensum:* | – 100 % |
| *Stellenantritt:* | – Per sofort oder nach Vereinbarung |

→ Aufgabe 2

Stellen in einem Unternehmen werden häufig mithilfe von **Organigrammen**[1] dargestellt. Diese sollen Zusammenhänge, Hierarchien und **Dienstwege**[2] sichtbar machen und den Mitarbeitern dabei helfen, sich im Unternehmen einzuordnen. Organigramme bilden die vor allem in Grossunternehmen sehr komplexen Beziehungsstrukturen auf eine stark vereinfachte Weise ab.

[1] Organigramm: Grafische Darstellung der Aufbaustruktur einer Organisation.

[2] Dienstweg: Reihenfolge bei der Klärung von dienstlichen Angelegenheiten (z. B. bei einer Reklamation)

### Ein- und Mehrliniensysteme

Die Form der Unterstellung bzw. der Leitung ist ein geeignetes Kriterium, um eine erste Unterscheidung zwischen verschiedenen Unternehmensstrukturen vorzunehmen. In diesem Zusammenhang wichtig sind die Leitungsspanne und die Leitungstiefe:

– Die **Leitungsspanne** misst die Anzahl der Stellen, welche einer Leitungsstelle[3] (Instanz) unterstellt sind. Sind einer Instanz viele Stellen untergeordnet, wird von einer grossen Leitungsspanne oder von einer flachen Hierarchie gesprochen. Ist eine Instanz nur wenigen Stellen übergeordnet, wird dies als kleine Leitungsspanne bzw. als steile Hierarchie bezeichnet.

– Die **Leitungstiefe** ist ein Mass für die Anzahl Hierarchieebenen, die in einem Unternehmen existieren.

[3] Leitungsstelle: „Leitungsstelle" und „Instanz" sind Synonyme. Im Folgenden wird jedoch nur noch der Begriff „Instanz" verwendet.

Ein weiteres Kriterium zur Unterscheidung von Unternehmensstrukturen zeigt sich darin, ob eine Stelle nur einer oder mehreren Instanzen unterstellt ist.

→ Aufgaben 3 und 4

Abb. 73

**Einlinienorganisation**

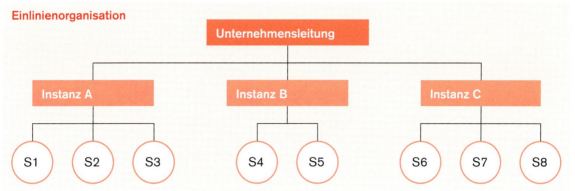

In der obigen Abbildung ist eine **Einlinienorganisation** zu sehen. Eine solche zeichnet sich dadurch aus, dass einer Stelle nur eine einzige Instanz übergeordnet ist. Die Stelle 5 (S5) beispielsweise darf entsprechend nur von der Instanz B Weisungen empfangen. Diese wiederum hat sich lediglich an die Anordnungen der Unternehmensleitung zu halten.

– *Vorteile:* In der Einlinienorganisation sind Kompetenzen, Verantwortlichkeitsbereiche und Unterstellungsverhältnisse klar geregelt, die Beziehungsstruktur ist überschaubar und einfach.

– *Nachteile:* Da immer nur eine Instanz für eine Stelle verantwortlich ist, können die Dienstwege, vor allem bei einer grossen Leitungstiefe, sehr lang werden. Insbesondere bei grösseren Unternehmen besteht die Gefahr, dass einzelne Instanzen überfordert werden.

Werden den Instanzen noch beratende Stellen, so genannte Stäbe[1], zur Seite gestellt, sprechen wir von einer **Stab-Linien-Organisation.**

[1] Unterstützt/berät Leitungsstelle bzw. Linie

Abb. 74

**Stab-Linien-Organisation**

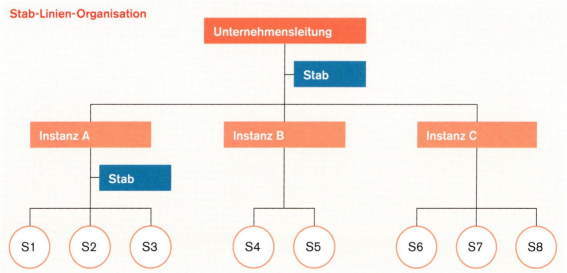

Die **Stäbe** dienen wie bereits angesprochen nur dazu, die Instanzen bei der Wahrnehmung ihrer Planungs-, Entscheidungs- und Kontrollfunktionen zu unterstützen, verfügen im Gegensatz zu den Instanzen jedoch über keinerlei Entscheidungs- bzw. Weisungsbefugnisse.

- *Vorteile:* Der Dienstweg bleibt klar, die Instanzen werden durch die Stäbe aber unterstützt und entlastet. Vor allem bei grösseren Unternehmen trägt dies wesentlich zur Erhöhung der Effizienz bei.
- *Nachteile:* Obwohl Stäbe über keine formelle Macht (Entscheidungs- bzw. Weisungskompetenzen) verfügen, können sie trotzdem einen Einfluss auf Entscheidungen ausüben, da sie die Entscheidungsträger mit ihrem spezifischen Fachwissen beraten (z. B. bei der Wahl eines bestimmten Anbieters von IT-Dienstleistungen). Die „informelle Macht"[1] der Stabstellen ist insofern problematisch, als sie für das Mitverschulden allfälliger Fehlentscheidungen keine Verantwortung zu tragen haben und daher ihre Aufgaben unter Umständen nicht mit der nötigen Umsicht wahrnehmen. Ausserdem besteht immer die Gefahr, dass Stabstellen ihre Kompetenzen überschreiten und daher Kompetenzkonflikte zwischen ihnen und der Linie (Instanzen und Ausführungsstellen) entstehen.

[1] Informelle Macht: Macht, welche nicht durch offizielle Regeln legitimiert ist, sondern auf eine bestimmte Faktenlage stützt.

Bei einer **Mehrlinienorganisation** sind einer Stelle mehrere Instanzen übergeordnet. Eine beliebige Stelle empfängt also von mehreren vorgesetzten Stellen Weisungen.

Abb. 75

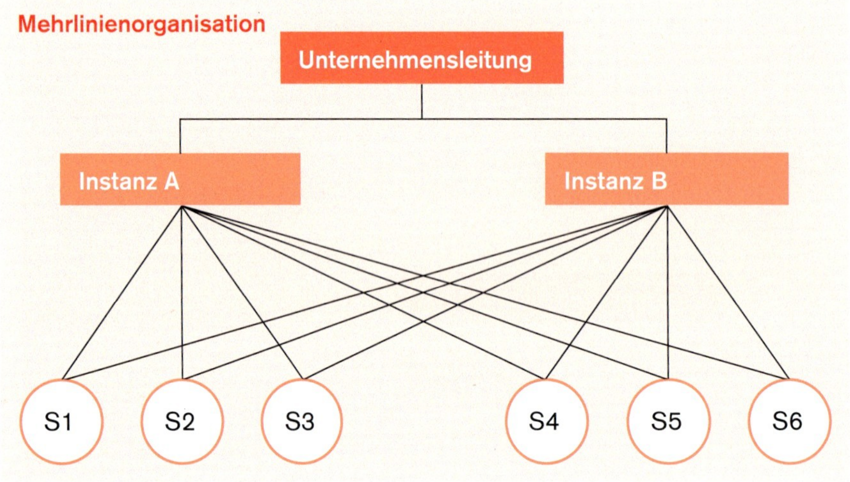

**Mehrlinienorganisation**

- *Vorteile:* Bei der Mehrlinienorganisation sind die Dienstwege direkter und somit schneller. Auch wird eine höhere Spezialisierung möglich: Die Stelle S2 wendet sich mit einem spezifischen Problem an Instanz A, mit einem anderen an Instanz B – je nachdem, welche Instanz in einem Bereich zuständig ist und die Hauptverantwortung trägt.
- *Nachteile:* Da einer bestimmten Stelle zwei Instanzen übergeordnet sind, ist eine Abgrenzung der Kompetenzen und Verantwortungen nicht immer einfach. Dies kann Konflikte zwischen einzelnen Instanzen hervorrufen, welche unter Umständen zwar zu kreativen Lösungen führen können, meist jedoch ausufern und zur Belastung für ein Unternehmen werden.

→ Aufgabe 5

## Von der Stelle zur Abteilung

Stellen werden insbesondere bei grösseren Unternehmen zu **Abteilungen** zusammengefasst. Aus diesen können bei Bedarf Hauptabteilungen gebildet werden:

Abb. 76

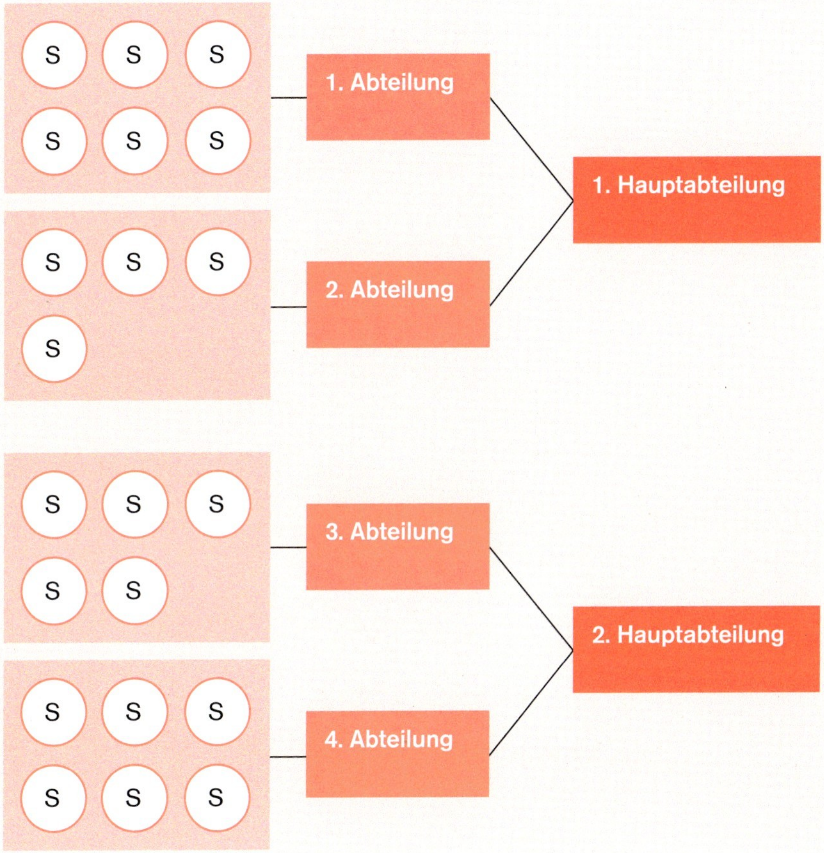

**Stellen – Abteilungen – Hauptabteilungen**

Nach der Art und Weise, wie Stellen in einem Unternehmen zusammengefasst werden, kann zwischen einer aufgabenorientierten, einer personenorientierten und sachmittelorientierten Abteilungs- bzw. Hauptabteilungsbildung gesprochen werden.

Die Bildung von Abteilungen und Hauptabteilung bringt einige Vorteile, aber auch Nachteile mit sich:

– Verbesserung der Koordination zwischen den einzelnen Stellen durch Bildung von (Haupt-)Abteilungen.

– Entstehung einer Hierarchie durch (Haupt-)Abteilungen, was zur Entlastung der Instanzen (Leitungsstellen) führt (Verringerung der Leitungsspanne).

– Motivationsfunktion: Identifikation mit einer überschaubaren Organisationsumwelt und klar abgegrenzten Aufgabenfeldern.

– Konflikte zwischen Abteilungen aufgrund der Identifikation mit einer spezi-

## 7.3 Dauerhafte Organisationsformen

fischen Abteilungskultur erhöht den Organisationsaufwand.

Die Form der Unterstellung ist ein Kriterium zur Unterscheidung verschiedener Organisationsformen (Einlinien-, Mehrlinienorganisation usw.). Die Art und Weise, wie Stellen eines Unternehmens zu Abteilungen zusammengefasst werden, stellt ein weiteres Unterscheidungsmerkmal dar. In den letzten hundert Jahren haben sich einige Organisationsformen herausgebildet, welche sich im Laufe der Zeit auch weiterentwickelt haben. Die Abbildung stellt diese Entwick-

Abb. 77

**Organisationsformen\***

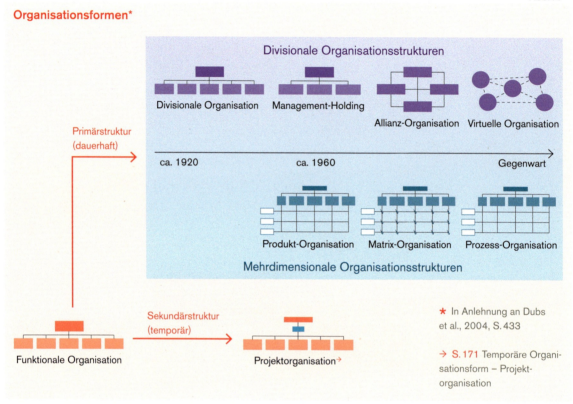

lung näherungsweise im zeitlichen Verlauf dar.

Ausgehend von der funktionalen Organisation bezeichnen die divisionalen[1] und mehrdimensionalen[2] Organisationsstrukturen die Art und Weise, wie ein Unternehmen in erster Linie organisiert ist. Weil es sich bei ihnen um fest im Unternehmen verankerte Muster der Zusammenarbeit handelt, werden sie als Primärstrukturen[3] bezeichnet. Die Projektorganisation hingegen stellt eine Sekundärstruktur dar, welche bei Bedarf neben der Primärstruktur sozusagen in „zweiter Linie" im Unternehmen geschaffen werden kann. Projektorganisationen sind zeitlich befristet und können im Rahmen jeder Primärstruktur ausgestaltet werden.

[1] divisionale Organisationsstrukturen: Gliederung einer Organisation in (eigenständige) Abteilungen (von lat. divisio: [Ab-] Teilung)

[2] mehrdimensionale Organisationsstrukturen: Gliederung einer Organisation in mehrere Dimensionen (z. B. Funktionen und Länder)

[3] Primärstruktur: in einer Organisation fest verankerte Struktur; das wesentliche Aufbauprinzip einer Organisation.

## Funktionale Organisation

Bei der **funktionalen Organisation** erfolgt die Bildung der Abteilungen nach Funktionen. In einem grossen Produktionsbetrieb gibt es die Stellen „Einkauf Rohmaterial", „Einkauf Hilfsmaterial" sowie „Leiter Einkauf". Diese können in einer Abteilung „Beschaffung" zusammengefasst werden.

In einem Unternehmen gibt es jedoch zahlreiche weitere wahrzunehmende Funktionen wie Forschung & Entwicklung (F&E), Produktion, Absatz und Marketing, Personalwesen, Finanz- und Rechnungswesen, Verwaltung usw. In einer funktionalen Organisation werden sämtliche in einem Unternehmen existierende Stellen jeweils einer von mehreren Funktionen zugeordnet.

Abb. 78

**Die funktionale Organisation**

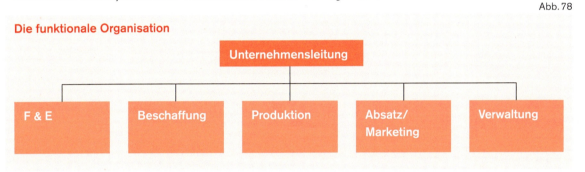

## Divisionale Organisationsstrukturen

Bei den **divisionalen Organisationsstrukturen** ist ein Unternehmen nicht nach Funktionen, sondern nach Divisionen (Sparten) gegliedert. Im Gegensatz zu den mehrdimensionalen Organisationsstrukturen steht hier jedoch nur eine einzelne Gliederungsdimension im Zentrum.

**Die divisionale Organisation** Während die Abteilungen bei der funktionalen Organisation stark voneinander abhängig sind, führt eine **divisionale Organisationsstruktur** bzw. eine **Spartenorganisation** zur Ausbildung von weitgehend unabhängigen „Unternehmen im Unternehmen".

Es existieren verschiedene Kriterien, anhand derer Divisionen bzw. Sparten[1] gebildet werden können. Zum einen kann dies über verschiedene Produkte oder Produktgruppen geschehen:

[1] Sparten: weitgehend verselbstständigte Unternehmenseinheiten

Abb. 79

**Die divisionale Organisation nach Produktgruppen**

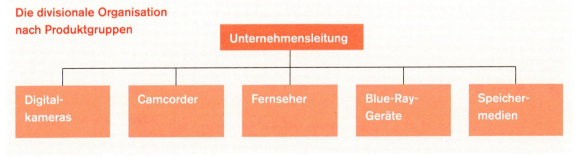

**163**

In der obigen Abbildung ist die Spartenbildung eines im Elektronikmarkt tätigen Unternehmens zu sehen. In der Praxis existieren zahlreiche weitere Beispiele von Unternehmen, die nach Produktgruppen strukturiert sind.

Eine weitere Möglichkeit, ein Unternehmen in Sparten aufzuteilen, ist nach Länder bzw. Regionen. So könnte beispielsweise die Spartenbildung nach Regionen bei einem global tätigen Unternehmen wie folgt aussehen.

Abb. 80

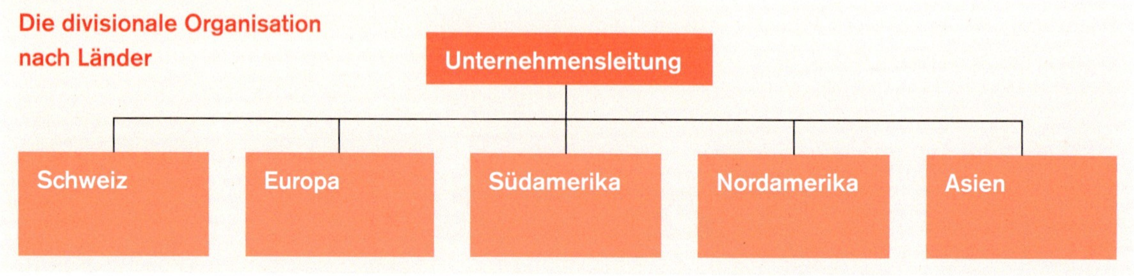

**Die divisionale Organisation nach Länder**

Unternehmensleitung

Schweiz | Europa | Südamerika | Nordamerika | Asien

Natürlich kann diese Aufteilung auch im kleineren Rahmen auf nationaler Ebene geschehen. In der Schweiz wäre eine Bildung der Sparten Tessin, Romandie, Zentralschweiz, Nordwestschweiz und Ostschweiz möglich.

Schliesslich existiert noch die Möglichkeit, Sparten nach Kundengruppen zu bilden. Vor allem im Banken- und Versicherungsbereich ist eine solche Spartenbildung oft anzutreffen.

Abb. 81

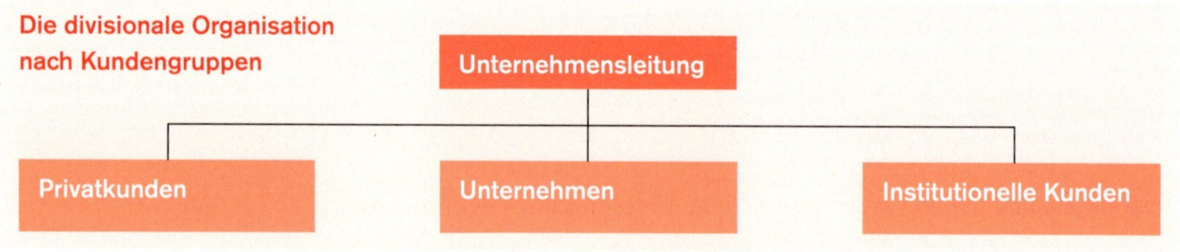

**Die divisionale Organisation nach Kundengruppen**

Unternehmensleitung

Privatkunden | Unternehmen | Institutionelle Kunden

Nach Divisionen bzw. Sparten gegliederte Abteilungen besitzen eine höhere Unabhängigkeit voneinander, als dies bei der funktionalen Organisation der Fall ist. In vielen Unternehmen weisen die einzelnen Sparten gar die gesamte Infrastruktur auf, sodass sie eigenständig existieren könnten. So kann die Sparte „Ostschweiz" im Falle der „Spartenbildung nach Regionen" über eine eigene Beschaffungs-, Produktions-, Marketing- und Verwaltungsabteilung verfügen.

Je nach Autonomie bzw. Abhängigkeit von der Unternehmensleitung werden die einzelnen Divisionen bzw. Sparten häufig als Cost Centers, Profit Centers oder Investment Centers bezeichnet. Diese unterscheiden sich durch ihre jeweiligen Kompetenzen: Während **Cost Center** lediglich das Ziel der Kostenoptimierung verfolgen, tragen **Profit Center** zusätzlich eine Erlösverantwortung. **Investment Center** zeichnen sich ausserdem für Investitionen→ oder Desinvestitionen in Produktionsfaktoren verantwortlich.

→ S. 405 Investitionen

Tab. 50

| Kompetenzen | Center | | |
| --- | --- | --- | --- |
| | Cost | Profit | Investment |
| Kosten | x | x | x |
| Erlös | | x | x |
| Investitionen | | | x |
| Autonomie | tief | mittel | hoch |

**Beispiel** ABB – Profit Center

Abb. 82

Die ABB hat verschiedene Divisionen (Sparten) und Ländergesellschaften (eigenständige Zweigstellen der ABB in verschiedenen Ländern). Insgesamt existieren im Unternehmen, welches in über 100 Ländern vertreten ist, ca. 5000 Profit Center. Durch die hohe Selbstständigkeit der kleinsten Unternehmenseinheiten wird das Grossunternehmen ABB in die Lage versetzt, schnell auf regionale Marktänderungen zu reagieren und eine grosse Kundennähe zu pflegen. Ausserdem erhofft sich ABB durch die grosse Eigenverantwortung bezüglich Kosten und Erlöse auch Einsparungen sowie höhere Umsätze.

**Die Management-Holding (Holdinggesellschaft)** Die **Management-Holding** stellt eine Weiterentwicklung der divisionalen Organisation dar. Die einzelnen Organisationseinheiten (Divisionen, Sparten) werden zu eigenständigen Tochtergesellschaften, meist Aktiengesellschaften[→], ausgebaut. Das Prinzip des Unternehmens im Unternehmen wird dadurch in einer Management-Holding nicht nur organisatorisch, sondern auch rechtlich verankert. Da die einzelnen Tochtergesellschaften rechtlich voneinander unabhängig sind, können sie problemlos abgespalten und verkauft werden. Die Management-Holding stellt eine Form eines Konzerns[→] dar.

→ S. 501ff. Aktiengesellschaft

→ S. 445 Konzernabschluss

Abb. 83

**Die Management-Holding (Holdinggesellschaft)**

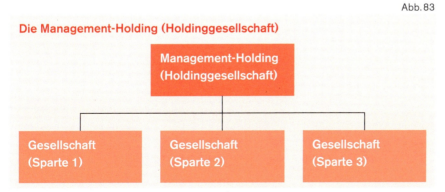

**165**

**Die Allianzorganisation** Durch die zahlreichen Möglichkeiten, welche die Informationstechnologie[1] – allen voran das Internet – bietet, sind die Kosten für Marktgeschäfte (sog. Transaktionskosten[2]) rapide gesunken. Leistungen, die nicht zum Kerngeschäft eines Unternehmens gehören, können ausgelagert werden. Der Trend zum Outsourcen von Aufgaben hat deshalb in den letzten Jahren stark zugenommen. Viele Unternehmen konzentrieren sich vermehrt auf ihre Kernkompetenzen und schmieden Allianzen mit anderen spezialisierten Unternehmen. Die Zusammenarbeit von Unternehmen in einer Allianz kann sich auf einzelne Gebiete wie Forschung & Entwicklung oder die Produktion beschränken, im Extremfall aber auch sämtliche Gebiete umfassen.

[1] Informationstechnologie: Methoden der Informationsverarbeitung; basiert auf Bereichen der Informatik, der Nachrichten- und Übertragungstechnik sowie der Elektrotechnik.

[2] Transaktionskosten: Kosten, die bei der Suche nach einem geeigneten Lieferanten (Suchkosten), beim Aushandeln eines Preises, bei der Kommunikation der eigenen Bedürfnisse (Verhandlungskosten), bei der Lieferung (Transportkosten) und bei Qualitätsprüfung (Kontrollkosten) entstehen.

Abb. 84

**Die Allianzorganisation**

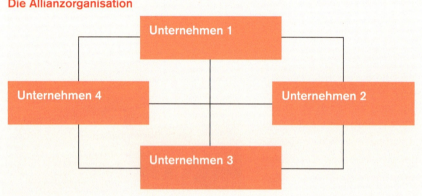

**Beispiel** Fahrzeughersteller – Transaktionskosten

Abb. 85

Bei jedem einzelnen Teil fragt sich ein Fahrzeughersteller, ob er dieses besser selber produzieren oder auf dem Markt von einem anderen Unternehmen beziehen will. Ausschlaggebend für diese Entscheidung sind die Transaktionskosten, welche bei einem externen Bezug anfallen würden. Bei den Reifen beispielsweise sind die Transaktionskosten relativ gering. Diese können von diversen Anbietern bezogen werden (tiefe Suchkosten). Aus diesem Grund besteht ein Marktpreis für die Reifen (keine Verhandlungskosten). Da diese Anbieter in der Nähe der Produktionsstätte der Fahrzeughersteller produzieren, sind die Transportkosten relativ gering. Weil es sich bei Reifen um ein standardisiertes Produkt handelt und die Reifenhersteller aufgrund der Wettbewerbssituation gute Qualität liefern müssen, ist die Qualitätsprüfung nicht derart wichtig (tiefe Kontrollkosten).

**Die virtuelle Organisation** Die **virtuelle**[3] **Organisation** kann als weiterreichende Form der Allianzorganisation betrachtet werden. Im Gegensatz zur Allianzorganisation ist die Zusammenarbeit nicht auf eine längere Zeit, sondern nur auf einen kurzen Zeitraum oder gar nur auf ein einzelnes Projekt ausgelegt. Ein virtuelles Unternehmen basiert auf einem Netzwerk von Unternehmen, die sich je nach den Bedürfnissen des Marktes rasch zusammenschliessen, um ein

[3] virtuell: Eigenschaft einer Sache, die nicht in der Form existiert, sondern nur „dem Anschein nach" vorhanden ist.

Produkt oder eine Dienstleistung anzubieten. Um bestimmte Marktbedürfnisse zu befriedigen, werden zum Teil spezielle Kenntnisse und Fähigkeiten benötigt. Können diese innerhalb eines einzelnen Unternehmens nicht oder nur mit unverhältnismässig hohen Kosten entwickelt werden, bietet sich das Beiziehen weiterer Unternehmen an. Eine wichtige Grundvoraussetzung für diese Art der Leistungserstellung ist jedoch eine hoch entwickelte Informationsinfrastruktur: Dieser kommt die Aufgabe zu, die Leistungserstellungsprozesse der einzelnen Unternehmen miteinander zu koordinieren und die Transaktionskosten möglichst tief zu halten. Die vor allem in den letzten zwanzig Jahren erfolgten Fortschritte in der Informations- und Kommunikationstechnologie (z. B. das Internet) haben stark zur Entstehung virtueller Unternehmen beigetragen. Das einheitliche Auftreten gegenüber Kunden ist ein weiteres Charakteristikum der virtuellen Organisation. Da virtuelle Unternehmen für jeden Auftrag bzw. jedes Projekt neu zusammengestellt werden, umfasst der feste organisatorische Kern eines solchen Unternehmens meist nur noch wenige Leute.

Abb. 86

**Die virtuelle Organisation**

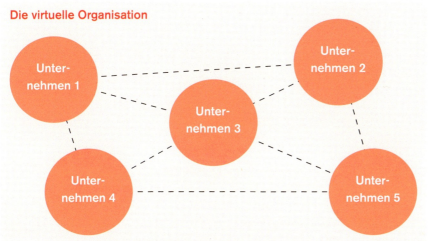

**Beispiel** „Virtual World" – virtuelle Organisation

Abb. 87

„Virtual World" ist ein aus drei Software-Entwicklern bestehendes Kleinunternehmen, welches integrierte Software-Lösungen anbietet. „Virtual World" wurde kürzlich von einem grossen Speditionsunternehmen beauftragt, eine Software-Lösung für seine Lagerlogistik zu entwickeln. Im Wesentlichen sollen die Lagerprozesse automatisiert, effizienter gestaltet und damit auch günstiger werden. Obwohl gegenüber dem Speditionsunternehmen lediglich „Virtual World" auftritt, ist das kleine, spezialisierte Unternehmen bei der Auftragsabwicklung auf externe Partner angewiesen: So arbeitet „Virtual World" mit einem Logistiker zusammen, um die Lagerorganisation zu verbessern. Bald wird ersichtlich, dass eine effiziente Lagergestaltung die Integration der RFID-Technologie umfasst. Deshalb wird ein auf diese Technologie spezialisiertes Unternehmen beigezogen. So wird das Unternehmen für den Auftrag der Speditionsfirma gezielt zusammengestellt, wobei die Zusammenarbeit vorerst auf die Erfüllung dieses einen Kundenprojekts beschränkt bleibt.

**Die Produktorganisation** Bei der **Produktorganisation** kann die bestehende (funktionale) Gliederung eines Unternehmens mit der Dimension „Produkt" ergänzt werden. Als Organigramm dargestellt sieht dies wie folgt aus:

Abb. 88

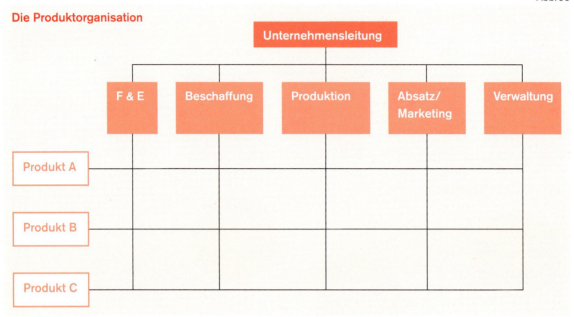

**Die Produktorganisation**

Durch die Ernennung von Produktverantwortlichen können funktionale Brüche im Prozess der Leistungserstellung überwunden werden. Durch die Ausrichtung der Geschäftsaktivitäten auf den Kunden trägt die neue Dimension ausserdem massgeblich zur Förderung des unternehmerischen Denkens bei. In ihrer schwächsten Form haben die jeweiligen Produktverantwortlichen lediglich eine Koordinationsfunktion inne, verfügen aber über keinerlei Weisungsbefugnisse und sind an die Anordnungen der Funktionsverantwortlichen gebunden. In der stärksten Ausprägung verfügen die Produktmanager über die volle Verantwortung für ein Produkt – darin eingeschlossen sind auch entsprechende Weisungsbefugnisse. Meist haben diese Produktverantwortlichen weitreichende Kompetenzen, welche sich auch mal mit denjenigen der Funktionsmanagern überschneiden können. Daraus können sich an den Schnittstellen zwischen Funktions- und Produktverantwortlichkeit Kompetenzprobleme ergeben. Auf diese Problematik wird im nächsten Kapitel zur „Matrixorganisation" näher eingegangen.

**Die Matrixorganisation** Die **Matrixorganisation** ist eine konsequent weiterentwickelte Form der Produktorganisation, in welcher der Gedanke des zweidimensionalen Aufbaus noch viel stärker zum Ausdruck kommt. Während in der Produktorganisation die zweite Dimension eingeführt wurde, um die Koordination der Funktionen sicherzustellen, existieren in einer Matrixorganisation beide Dimensionen gleichberechtigt. In der Produktorganisation sind die Produktverantwortlichen trotz unterschiedlicher Ausprägung der ihnen zustehenden Befugnisse letztendlich den Funktionen unterstellt. In der Matrixorganisation hingegen wird nicht mehr von einer ersten und einer zweiten Organisationsdimension gesprochen – beide Dimensionen verfügen bezüglich Kompetenzen und Befugnisse über die gleichen Rechte und Pflichten. Neben der Organisation nach Funktionen können Matrixorganisationen nach Produkt(grupp)en, Ländern oder Kundensegmenten strukturiert sein:

Abb. 89

**Die Matrixorganisation**

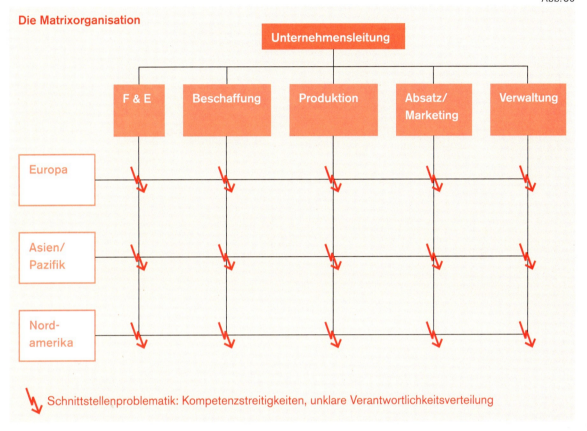

Schnittstellenproblematik: Kompetenzstreitigkeiten, unklare Verantwortlichkeitsverteilung

Die Matrixorganisation wurde lange Zeit als ideale Organisation eines grösseren Unternehmens betrachtet. Durch die Gliederung nach Funktionen ist einerseits eine Spezialisierung der Tätigkeiten innerhalb eines Unternehmens möglich. Andererseits garantiert die zweite Dimension aber auch die Koordination aus Sicht von Ländern, Produkt(grupp)en oder Kundensegmenten. Durch die Gliederung nach Funktionen sollen Spezialisierungsvorteile→ erzielt werden, während das Unternehmen durch die zweite Dimension gleichzeitig über Kundennähe, Innovationskraft und Flexibilität verfügt. Durch zwei Dimensionen soll zudem der Informationsfluss zwischen den Organisationseinheiten verbessert werden.

→ S. 147 Arbeitsteilung und Spezialisierung

→ Aufgabe 7

Die zweidimensionale Strukturgliederung, insbesondere die Matrixorganisation, weist jedoch auch gewichtige Nachteile auf. An den Schnittstellen zwischen den zwei Dimensionen kann es aufgrund von Interessenkonflikten zu Kompetenzstreitigkeiten und Machtkämpfen kommen. Daher ist es insbesondere bei einer Matrixorganisation extrem wichtig, Verantwortlichkeiten und Kompetenzen[1]

[1] Kompetenz: Zuständigkeit; betrifft im Zusammenhang mit einer bestimmten Stelle das „Dürfen" (Fragestellung: Wozu habe ich die Kompetenz, was darf ich tun?)

**169**

der Verantwortlichen klar zu definieren. Empfehlenswert ist auch, die Vorgehensweise bei Kompetenzkonflikten von vornherein festzulegen.

**Die Prozessorganisation** Die **Prozessorganisation** verfolgt einen ähnlichen Zweck wie die Produktorganisation – nur stehen bei der Prozessorganisation unternehmerische Prozesse „vom Kunden zum Kunden"[1] im Vordergrund:

[1] Prozesse „vom Kunden zum Kunden": Betriebswirtschaftliche Bezeichnung für Prozesse, welche von Kunden ausgelöst werden und letztendlich wieder bei diesem enden.

Abb. 90

**Die Prozessorganisation**

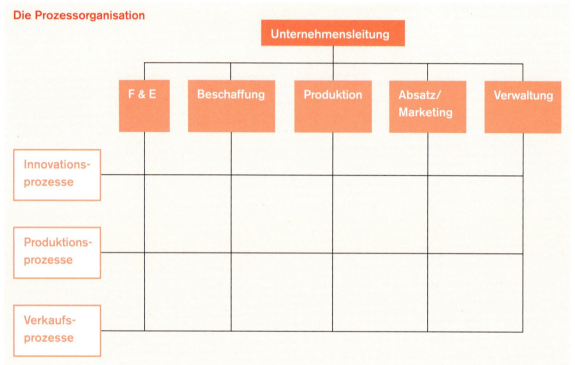

Statt Produktverantwortliche werden bei dieser Organisationsform Prozessverantwortliche bezeichnet. Diese haben die Aufgabe, die Prozessschritte funktionsübergreifend zu koordinieren sowie den Informationsfluss über den gesamten Prozess hinweg sicherzustellen. Die Prozessorganisation weist verschieden starke Ausprägungen auf: Sie kann, als Ergänzung zur funktionalen Organisation eingeführt werden. In diesem Fall hat der Prozessverantwortliche nur eine Koordinationsfunktion. Wenn sich das Gewicht jedoch nach und nach auf die Gestaltung von Prozessen verlagert, können diese als primäre Strukturebene auch an die Stelle der funktionalen Organisation treten. Daraus folgt, dass sowohl die Funktionsverantwortlichen als auch die Prozessverantwortlichen über Weisungsbefugnis verfügen.

Die Gestaltung der Organisation nach Prozessen war insbesondere in den 90er-Jahren unter der Bezeichnung „Business Process Reengineering"[2]→ sehr populär. Viele Unternehmen haben damals erkannt, dass mit den Prozessen neben Produkten und Funktionen eine weitere Dimension massgeblich für den Erfolg verantwortlich ist. Heute wird davon ausgegangen, dass das Denken in Prozessen in den meisten Organisationen, wenn auch in sehr unterschiedlicher Ausprägung, breit Fuss gefasst hat.

[2] Business Process Reengineering: Reorganisation der geschäftlichen Abläufe in einem Betrieb, Fokussierung auf Geschäftsprozesse (engl. für „Geschäftsprozessneugestaltung")

→ S. 536 Prozessinnovationen

**Beispiel** Credit Suisse – Optimierung der Prozessorganisation

Abb. 91

Unter der Bezeichnung „Operational Excellence" haben viele Unternehmen Programme zur Optimierung von Prozessabläufen eingeführt. Um ihre Prozesse laufend zu verbessern, ergriff in den 2010er-Jahren auch die Schweizer Grossbank Credit Suisse diverse Projekte zur Operational Excellence. Dadurch erhoffte sie sich „kontinuierliche Verbesserungen sowohl der Qualität als auch der Produktivität der Produkte und Services im Unternehmen". Um ihre Ziele zu erreichen, ernannte die Credit Suisse Prozessverantwortliche, die „Process Owner". Diesen unterstellt waren die „Black Belts" (engl.: schwarzer Gürtel), „Green Belts" (engl. grüner Gürtel) und „Yellow Belts" (engl. gelber Gürtel), deren Bezeichnung in Anlehnung an asiatische Kampfsportarten gewählt wurden.

Black Belts erlernen in einer externen Schulung verschiedene Instrumente. Nach der Schulung sind sie in ihrem Unternehmen für die Durchführung verschiedener Projekte zur Prozessverbesserung (z. B. Kundenbetreuung) verantwortlich. Ihnen stehen dabei Green Belts zur Seite, welche über eine weniger umfassende Ausbildung im Prozessmanagement verfügen, jedoch viele ausführende Aufgaben übernehmen. Während Black Belts Projekte zur effizienteren Gestaltung von Prozessen planen und die Hauptverantwortung für deren Durchführung tragen, übernehmen Green Belts eher operative bzw. unterstützende Tätigkeiten.

## 7.4 Temporäre Organisationsform – Projektorganisation ↻ UE10

Die bisher angesprochenen Organisationsformen werden als so genannte Haupt- oder Primärstrukturen bezeichnet. Dabei handelt es sich um eine von vornherein festgelegte und über eine längere Zeit gewachsene Aufbauorganisation eines Unternehmens. Davon streng zu unterscheiden ist die **Projektorganisation**: Als Neben- bzw. Sekundärstruktur ist sie nicht von dauerhaftem Bestand, sondern wird je nach Bedarf nur zur Erfüllung eines bestimmten Zwecks ins Leben gerufen. Die primäre Aufbauorganisation bleibt dabei bestehen und wird als gegeben hingenommen.

**Die funktionale Organisation**

Abb. 92

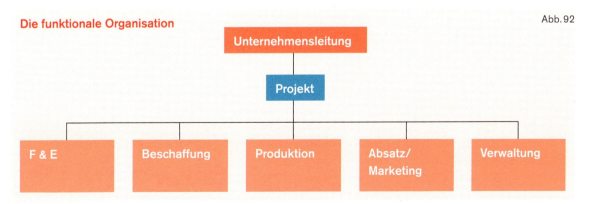

171

Die Projektorganisation nimmt in vielen Unternehmen einen hohen Stellenwert ein. Tatsächlich werden in der heutigen Zeit in einem Betrieb durchschnittlich über 30 % der Arbeit in Projekten durchgeführt – und diese Tendenz ist klar steigend. Dies lässt sich darauf zurückführen, dass sich der Management-Begriff unter dem Einfluss des technischen Fortschritts und der Globalisierung weitgehend gewandelt hat: Unter Management wird heute nicht mehr nur die Abwicklung des Tagesgeschäfts verstanden, sondern vielmehr die bewusste Herbeiführung und Steuerung von Wandel. Viele Unternehmen stehen nicht mehr nur in einem regionalen, sondern in einem weltweiten und daher intensiveren Wettbewerb um Kunden. Um wettbewerbsfähig zu bleiben, müssen sie ihre Produkte und Prozesse ständig überarbeiten und verbessern. Um auf diese Herausforderungen gezielt reagieren zu können, rufen Unternehmen oft Projekte ins Leben. Die zweckmässige Planung, Durchführung und Steuerung von Projekten wird „Projektmanagement" genannt.

### Eigenschaften eines Projekts

Obwohl in vielen Unternehmen immer wieder von **Projekten**[1] die Rede ist, verstehen nicht alle Mitarbeiter darunter das Gleiche. Projekte weisen die folgenden Eigenschaften auf:

[1] Projekt: neuartige, einmalige, komplexe sowie zeitlich begrenzte Aufgabe

Tab. 51

| Eigenschaften | Beschreibung |
|---|---|
| Neuartigkeit | Ein Projekt ist immer ein neuartiges Vorhaben, das dadurch auch mit einer hohen Ungewissheit verbunden ist. |
| Zeitliche Begrenztheit | Projekte sind zeitlich begrenzte Aufgaben, welche mit der Erreichung des vorab definierten Zieles enden. |
| Einmaligkeit | Projekte haben einen Anfang und ein Ende und sind einmalig. In diesem Punkt liegt auch der Hauptunterschied zu Prozessen: Diese stellen Aufgaben dar, welche sich über eine nicht vorab begrenzte Zeit ständig wiederholen. |
| Beteiligung mehrerer Stellen | Zur Planung und Durchführung von Projekten arbeiten häufig mehrere Unternehmensbereiche zusammen: Dadurch verursachen Projekte einen gewissen Aufwand für Koordination und Abstimmung. |
| Komplexität | Durch die Neuartigkeit und die Tatsache, dass in Projekte vielfach das Wissen und die Erfahrung aus verschiedenen Unternehmensbereichen einfliesst, sind solche auch komplex. |
| Ressourcenintensität | Für die Planung und Realisierung von Projekten werden menschliche, finanzielle und materielle Ressourcen benötigt. Da Ressourcen in einem Unternehmen jedoch immer begrenzt sind, muss die Linie (die Primärstruktur: Funktionen, Divisionen u. a.) auf Ressourcen verzichten. Dadurch können auch Ressourcenkonflikte entstehen. |

**Ein Projekt ist eine neuartige, einmalige, komplexe sowie zeitlich begrenzte Aufgabe in einem Unternehmen, an deren Planung und Durchführung meist mehrere Unternehmensbereiche beteiligt sind und welche bezüglich Ressourcen in Konkurrenz zu anderen Aufgaben im Unternehmen steht.**

### Aufgaben, Rollen und Verantwortlichkeiten

Die Projektorganisation weist eine eigene Aufbaustruktur auf, welche neben der primären Organisationsstruktur (funktional, divisional oder mehrdimensional) existiert.

Abb. 93

**Aufbaustruktur bei Projektorganisation**

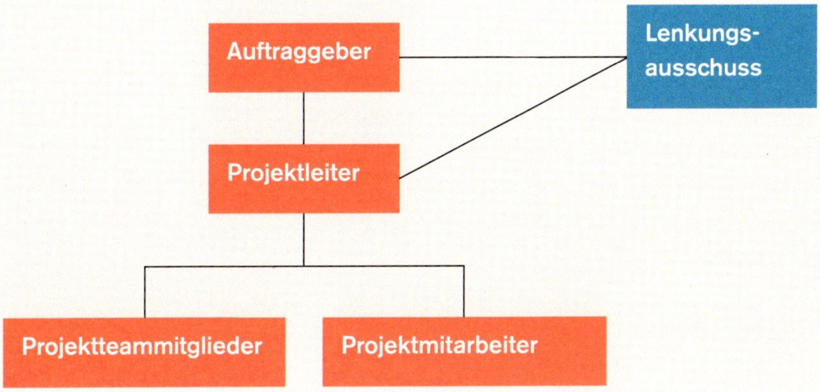

Beim Start eines Projekts werden Mitarbeiter aus der Primärstruktur herausgelöst und zu einem Projektteam formiert. Gleichzeitig wird auch ein Projektleiter ernannt, welcher die Hauptverantwortung für die Gestaltung und Durchführung des Projekts trägt. Der Auftraggeber, vielfach ein Mitglied der Geschäftsleitung, erteilt dem Projektleiter den Projektauftrag. Auch formuliert der Auftraggeber zusammen mit dem Projektleiter die ersten Ziele und definiert das zur Verfügung stehende Budget. Die Weisungsbefugnisse des Projektleiters können dabei je nach Bedarf sehr unterschiedlich ausgestaltet werden:

– Der Projektleiter hat lediglich eine Koordinationsfunktion inne: Die dem Projektteam zugehörigen Mitarbeiter bleiben dann weiterhin fest in ihrem ursprünglichen Aufgabengebiet behaftet – sie betreuen das Projekt nebenbei, wobei ihre projektbezogenen Tätigkeiten durch den Projektleiter koordiniert werden.

– Dem Projektleiter werden volle Weisungsbefugnisse verliehen: Die Projektteammitglieder werden manchmal für lange Zeit aus ihrem angestammten Umfeld „herausgerissen" und widmen sich fortan ausschliesslich der Projektarbeit. Eine derart ausgestaltete Projektorganisation ist insbesondere im Falle von Grossprojekten üblich. Ist das Projekt nach einigen Monaten oder vielleicht gar mehreren Jahren einmal abgeschlossen, müssen die Projektteammitglieder wieder in die Primärorganisation integriert werden.

Das Projektteam bezeichnet oftmals gewisse Projektaufgaben, die durch Linienmitarbeiter erfüllt werden. Diese stellen für die Dauer des Projekts Projektmitarbeiter dar, sind im Gegensatz zu den Projektteammitgliedern allerdings nicht in das Gesamtprojekt eingebunden.

Neben dem Projektleiter und seinem Projektteam umfasst eine Projektorganisation meist noch eine weitere Instanz[1]: Den Lenkungs- oder Steuerungsausschuss – im Englischen auch bekannt unter der Bezeichnung „Steering committee" oder „controlboard". Dieses Gremium setzt sich im Idealfall aus leitenden Vertretern aller in ein Projekt integrierten Abteilungen sowie aus dem Auftraggeber zusammen. Zu den Hauptaufgaben des Lenkungsausschusses gehören unter anderem die Bestimmung des Projektleiters, die Definition von Projektzielen sowie die Überwachung des Projektverlaufs. Des Weiteren trifft das Gremium auch wegweisende Entscheidungen, welche die Kompetenzen des Projektleiters übersteigen.

[1] Instanz: Gremium bzw. Stelle mit Leitungsverantwortung und Entscheidungsbefugnis (von lat. instantia: das „Daraufbestehen")

**Eine Projektorganisation, welche in der Regel einen Auftraggeber, einen Projektleiter, die Projektteammitglieder, die Projektmitarbeiter sowie einen Lenkungs- und Steuerungsausschuss umfasst, kann unterschiedlich ausgestaltet werden. Die einzelnen Ausprägungen unterscheiden sich darin, wie stark die Projektmitarbeiter aus ihrer ursprünglichen Struktur herausgerissen werden bzw. in ihr verbleiben.**

**Beispiel** „Dermatos AG" – Projektorganisation

Die „Dermatos AG" ist ein Unternehmen mit Hauptsitz in Deutschland, welches sich auf die Entwicklung, die Produktion und den Vertrieb von Hautpflegeprodukten spezialisiert hat. Das Unternehmen weist im Grunde eine multidimensionale Aufbaustruktur auf: Die Matrixorganisation umfasst neben den Funktionen „Forschung und Entwicklung", „Beschaffung" „Produktion", „Marketing & Vertrieb" und „Administration" die Produktgruppen „Feuchtigkeitspflege", „Sonnenschutzmittel", „Duschmittel und Badezusätze" sowie „Anti-Aging-Produkte".

Abb. 94

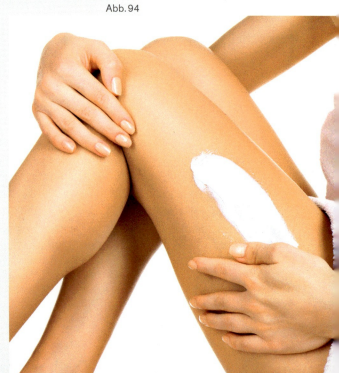

Das Unternehmen vertreibt seine Produkte bis anhin vor allem im deutschsprachigen Raum sowie in Frankreich und Spanien. Eine erst kürzlich in ganz Europa durchgeführte Marktstudie hat nun ergeben, dass sich der Markt in Grossbritannien für einen Eintritt der „Dermatos AG" sehr gut eignen würde. Nach eingehender Prüfung der dortigen Marktsituation beschliesst die Geschäftsleitung, im ca. 50 Kilometer von London entfernten Hertford eine Niederlassung zu errichten. Diese soll neben einer neuen Produktions- auch eine Vertriebsstätte umfassen und somit weitgehend selbstständig ausgestaltet sein. Um die neue Niederlassung in Grossbritannien zu errichten, wird ein Projektteam mit Vertretern der einzelnen Unternehmensfunktionen und -divisionen zusammengestellt. Der Präsident der Geschäftsleitung, Dr. Epidermos, vereinbart mit dem Projektleiter den Projektauftrag. Projektleiter ist Dr. Haut. Er ist ebenfalls ein Geschäftsleitungsmitglied und verfügt bereits über mehrjährige Erfahrung im Unternehmen. Mitglieder des Teams sind also unter anderem Mitarbeiter der Abteilungen „Beschaffung", „Produktion", „Marketing und Vertrieb" sowie ein leitender Mitarbeiter der zur „Administration" gehörenden Unterabteilung „Legal and Compliance"[1]. Letzterer ist für die Abklärung und Beurteilung der rechtlichen Situation verantwortlich (Einholen von Genehmigungen für den Bau einer Betriebsstätte bzw. für den Vertrieb von Produkten usw.). Ebenfalls vertreten sind Mitarbeiter der einzelnen Produktgruppen-Divisionen. Dadurch soll gewährleistet werden, dass bei der Gestaltung der neuen Betriebsstätte alle Meinungen und Ansichten der verschiedenen Unternehmensbereiche vorhanden sind. Dr. Haut als Projektleiter trägt die Hauptverantwortung für das Projekt. Überwacht wird dessen Abwicklung durch den eigens dafür ins Leben gerufenen Lenkungsausschuss, welcher sich aus den übrigen Geschäftsleitungsmitgliedern zusammensetzt. Der Lenkungsausschuss hat einen groben Ablaufplan entworfen, welcher zeitlich und inhaltlich verbindliche Richtziele – auch Meilensteine genannt – festlegt. In monatlich stattfindenden Sitzungen informiert der Projektleiter Dr. Haut den Lenkungsausschuss über den bisherigen Verlauf des Projekts.

[1] Legal and Compliance: Abteilung, welche rechtliche Fragen klärt und für die Einhaltung von Gesetzen und Richtlinien verantwortlich ist.

### Projektplanung

Ein präziser Projektauftrag, der auf alle wesentlichen Fragen eingeht, ist für den Erfolg des Projekts entscheidend. Der Projektauftrag wird vom Projektleiter meist in Zusammenarbeit mit dem Auftraggeber erstellt. Er sollte in der Regel schriftlich fixiert werden und neben der Zielsetzung, der Aufgabenstellung sowie den Rahmenbedingungen auch noch weitere Vorgaben enthalten. Zu diesen gehören insbesondere Ergebnis/Qualität, Zeit/Termine sowie Kosten/Aufwand. Diese drei Komponenten können in Form eines **Magischen Dreiecks des Projektauftrags** dargestellt werden. Dieses Dreieck wird „magisch" genannt, weil nicht alle drei Komponenten im selben Ausmass erreicht werden können. Die einzelnen Komponenten stehen in Konkurrenz zueinander. Je höher die Qualitätsanforderungen sind, desto höher müssen auch die Kosten und die dafür notwendige Zeit budgetiert werden. Soll das Projekt in kürzerer Zeit fertig gestellt werden, ist mit höheren Kosten zu rechnen, weil höhere Personalkosten anfallen.

Abb. 95

**Magisches Dreieck des Projektauftrags**

Kosten/Aufwand          Qualität/Ergebnis

Zeit/Termine

**Beispiel** „Dermatos AG" – Projektauftrag

**Projektauftrag:**                                        **Projektleiter:**
Eröffnung einer neuen Niederlassung in Hertford, England    Dr. Hans Haut

**Zielsetzung:**
Eröffnung einer neuen Produktions- sowie Vertriebsniederlassung mit rund 200 Mitarbeitern und einem Produktions- und Absatzvolumen von 80 Tonnen Hautpflegemitteln in Hertford bis Februar 2019

**Aufgabenstellungen:**
– Abklärung der rechtlichen Rahmenbedingungen (Baubewilligung, Genehmigungen, Grundstückkäufe, Arbeitsverträge usw.)
– Planung der bautechnischen Aspekte (Architektur, Baumaterialien, technische Infrastruktur usw.)
– Durchführung und Überwachung der Bauarbeiten
– Aufbau möglichst zweckmässiger Vertriebskanäle
– Planung und Durchführung von Marketingaktivitäten
– Planung und Durchführung von Rekrutierungsmassnahmen: Abschluss von Arbeitsverträgen
– Planung und Durchführung geeigneter Schulungsmassnahmen für neue Mitarbeiter.

**Gewünschte Ergebnisse:**
– Neuer, voll funktionsfähiger und eigenständiger Produktionsstandort in Hertford
– Etablierte Vertriebsorganisation über verschiedene Kanäle (Detailhandel, Direktvertrieb übers Internet)
– Rund 200 neue, mit dem Unternehmen vertraute und gut geschulte Mitarbeiter in der Produktion sowie im Vertrieb.

**Budget:**
Produktionsstätte:          90 Mio. EUR
Vertriebsstätte:            30 Mio. EUR

**Rahmenbedingungen:**
– Entspannte Marktsituation für Unternehmen in der Branche für Hautpflegeprodukte in Grossbritannien.
– Attraktive steuerrechtliche Situation in Grossbritannien
– Zentraler Standort in Hertford nur 50 Kilometer von London entfernt:
  Gute Erreichbarkeit

**Termine und Meilensteine:**
Projektstart:                 01.03.2016
Abschluss Planungsphase:      30.01.2017
Abschluss Bauarbeiten:        30.09.2018
Mitarbeiterrekrutierung,
-schulung:                    01.10.–31.12.2018

**Auftraggeber**                                **Projektleiter**
Dr. Epidermos                                   Dr. Haut


Datum, Unterschrift                             Datum, Unterschrift

Die Unterschriften des Auftraggebers sowie des Projektleiters verleihet dem Projektauftrag Züge eines schriftlichen Vertrages und erhöht so die Verbindlichkeit. Bei der Formulierung des Projektauftrages muss ein besonderes Augenmerk auf die Projektziele gelegt werden. Diese sollten stets die folgenden Aspekte enthalten:

- *Inhaltlicher Aspekt (Ergebnis/Qualität):* Was soll erreicht werden? Beispiel: Eröffnung eines neuen Produktions- und Vertriebsstandorts in Grossbritannien
- *Quantitativer Aspekt (Kosten/Aufwand):* Wie genau, in welchem Ausmass und mit welchem Aufwand soll das Ziel erreicht werden? Beispiel: Eröffnung eines Produktions- und Vertriebsstandortes mit rund 200 Mitarbeitern sowie einem Produktions- und Absatzvolumen von 80 Tonnen Hautpflegemitteln.
- *Zeitlicher Aspekt (Zeit/Termine):* Bis wann sollten die Ziele erreicht werden? Beispiel: Mitarbeiterrekrutierung, -schulung bis Dezember 2018

Diese drei Aspekte sind wichtig, um ein Ziel konkret und verbindlich zu machen. Ausserdem können (Zwischen-)Ergebnisse nur auf ihre Zielerreichung hin überprüft werden, wenn die Ziele genügend konkret formuliert wurden. Die Ziele müssen allen am Projekt beteiligten Personen klar und verständlich kommuniziert werden. Des Weiteren sollte sichergestellt werden, dass Ziele zwar anspruchsvoll, jedoch nicht unerreichbar sind. Zu hoch gesteckte Ziele können die Projektteammitglieder verunsichern und demotivieren.

Der Projektauftrag gibt in der Regel nur die Grobziele vor. Die Detailplanung wird bereits im Projektteam unter der Führung des Projektleiters erstellt. Durch die gemeinsame Erarbeitung der Feinziele und Massnahmen werden diese für die einzelnen Projektteammitarbeiter klar und verbindlich.

### Projektdurchführung/-steuerung/-kontrolle

Bei der Durchführung eines Projekts stehen die Koordination und die Steuerung durch den Projektleiter im Vordergrund. Bei der Steuerung eines Projekts sind die in der Planungsphase definierten Projektziele und Meilensteine von grosser Bedeutung, da sie die Soll-Werte[1] darstellen. Es sollten daher regelmässig Ist-Daten[2] gesammelt und mit den in der Zieldefinition festgehaltenen inhaltlichen, quantitativen und zeitlichen Zielen verglichen werden.

[1] Soll-Wert: Zielvorgabe, Meilenstein

[2] Ist-Wert: tatsächlich gemessener Wert

Abb. 96

**Beispiel** „Dermatos AG" – Soll-Ist-Vergleich

Die Planungsphase soll gemäss Projektauftrag bis zum 30.01.2017 abgeschlossen werden (Soll-Wert). Durch die gute und effiziente Mitarbeit aller am Projekt beteiligten Personen kann jedoch bereits am 25.11.2016 in die Durchführungsphase übergetreten werden (Ist-Wert). Ein Soll-Ist-Vergleich zeigt hier, dass in Bezug auf den zeitlichen Aspekt bereits ein Zwischenziel erreicht bzw. sogar übertroffen wurde.

Derartige Soll-Ist-Vergleiche werden auch in Bezug auf inhaltliche sowie quantitative Aspekte durchgeführt und an den regelmässig stattfindenden Tagungen des Lenkungsausschusses besprochen.

Werden Abweichungen zwischen Soll- und Ist-Werten sowie deren Ursachen festgestellt, können folgende korrigierenden Massnahmen ergriffen werden:

- Effizienzsteigerungen, z. B. durch Schulungs- und Trainingsmassnahmen, Verwendung technischer Hilfsmittel usw.
- Erhöhung der Kapazität, z. B. durch eine Vergrösserung des Projektteams oder Anordnung von Überstunden usw.
- Korrektur der Projektziele und Meilensteine nach Absprache mit Auftraggeber und Lenkungsausschuss.

Bevor konkrete Massnahmen ergriffen werden, sollte deren möglichen Konsequenzen eingehend geprüft werden. Zum Beispiel kann sich die Anordnung von Überstunden sehr negativ auf die Motivation gewisser Projektteammitglieder auswirken.

## Projektabschluss

Ein Projekt kann durch die Erreichung der Projektziele (Erfolg) oder durch einen vorzeitigen Abbruch (Misserfolg) seinen Abschluss finden. Zum Zeitpunkt des Projektabschlusses stehen drei Aktivitäten im Vordergrund:

- Ergebnisablieferung: Der Auftraggeber ist über den Abschluss des Projekts zu informieren. Das Projektergebnis (z. B. Schlüssel zur neuen Fabrik, neue Software mit Zugangscodes) ist dem Auftraggeber zu überreichen.
- Organisationsauflösung: Eine Projektorganisation hat nur für die Dauer eines Projekts Bestand und wird beim Abschluss des Projekts wieder aufgelöst. Die ehemaligen Projektteammitglieder integrieren sich wieder in die Primärorganisation oder arbeiten für ein anderes Projekt.
- Auswertung: Eine gründliche Nachbetrachtung des Projektverlaufs ist von hohem Wert, insbesondere dann, wenn sich das Unternehmen als lernende Organisation versteht. Eine **lernende Organisation**→ ist eine Organisation, welche Ereignisse als Anregungen auffasst und für Entwicklungsprozesse nutzt. Innerhalb des Projekts gab es verschiedene Ereignisse, welche dazu beigetragen haben, das Projektziel (nicht) zu erreichen. Um künftige Projekte (noch) besser zu gestalten und damit eine kontinuierliche Verbesserung→ bei Projektplanung, -durchführung oder -steuerung zu erzielen, ist eine Projektauswertung notwendig. Damit ein Unternehmen eine lernende Organisation wird, ist ein gutes **Wissensmanagement** notwendig. Das Wissensmanagement zielt auf die Sicherung und Vergrösserung des *intellektuellen* Kapitals der Organisation. Dieses bezeichnet die Wissensbestände einer Organisation und unterscheidet sich vom *finanziellen* Kapital. In Bezug auf die Projektauswertung geht es beim Wissensmanagement in einem ersten Schritt darum, die Projekterfahrungen bei allen Projektbeteiligten abzuholen und damit individuelles Wissen zu organisationalem Wissen zu machen. Hierfür sollten sich alle Projektbeteiligten bezüglich ihrer positiven und negativen Erfahrungen während des Projekts frei äussern können. Es ist sinnvoll, in diese Rückschau auch den Auftraggeber sowie den Steuerungsausschuss einzubeziehen. In einem zweiten Schritt muss dieses organisationale Wissen in irgendeiner Form gespeichert (Schrift-, Ton- oder Bilddokument) und so abgelegt werden, dass es für ein nächstes Projekt wieder auffindbar ist.

→ S. 190 Lernende Organisation

→ S. 528 PDCA-Zyklus

→ Aufgaben 6, 8

# Aufgaben – C7  Struktur – Organisationsformen

**1**

Wir unterscheiden bezüglich Unternehmensstrukturen zwischen Aufbau-
und Ablauforganisation.

a  Was unterscheidet die beiden voneinander?

b  Von welchem Organisationsverständnis (institutional, instrumental,
   funktional) gehen wir aus, wenn von einer „Aufbauorganisation" bzw.
   von „Aufbaustrukturen" die Rede ist?

**2**

a  Nennen Sie die Unterschiede zwischen einer Stellenbeschreibung und einer
   Stellenausschreibung?

b  Die „Hinder AG" ist ein mittelgrosses Unternehmen aus der Werkzeugbran-
   che. Da der Leiter der Abteilung „Verkauf" schon bald pensioniert wird,
   sucht Herr Hinder dringend einen Nachfolger. Aus diesem Grunde schaltet
   er in allen wichtigen Tageszeitungen der Region die folgende Anzeige:

*Leiter Verkauf bei der Hinder AG*

Die Hinder AG, ein mittelgrosses Unternehmen mit rund 250 Mitarbeitern,
sucht dringend einen Leiter/eine Leiterin für die Verkaufsabteilung.
Sollten Sie eine abgeschlossene Ausbildung im kaufmännischen Bereich
und eine mehrjährige Erfahrung im Verkauf aufweisen sowie über sehr gute
Englischkenntnisse verfügen, würden wir uns über eine Kontaktaufnahme
sehr freuen.

Ihr Peter Hinder und Team

   Beurteilen Sie die obige Stellenausschreibung: Welche Änderungen bzw.
   Ergänzungen würden Sie vornehmen?

c  Stellen Sie sich vor, Sie wären Rektor/-in Ihrer Schule und suchten per
   1. Oktober 2016 dringend einen Geschichtslehrer, der ein 60 %-Pensum
   an Ihrer Schule erfüllen könnte. Formulieren Sie nun eine Stellenausschreibung, in der alle notwendigen Angaben schriftlich festgehalten sind.

**3**

a  Welchem Zweck dient ein Organigramm? Nennen Sie drei Funktionen,
   welche ein Organigramm innerhalb eines Unternehmens erfüllt.

b  Schauen Sie sich im Internet Organigramme von verschiedenen Unternehmen an und achten Sie dabei insbesondere auf Gemeinsamkeiten und
   Unterschiede. Was fällt Ihnen auf? Welche Eigenheiten weisen insbesondere
   die Organigramme grösserer Unternehmen auf?

**4**

a Was verstehen wir unter der Leitungsspanne bzw. der Leitungstiefe?

b Leitungsspanne und Leitungstiefe weisen einen engen Zusammenhang auf:
So ist eine grosse Leitungsspanne oft mit einer geringen Leitungstiefe
verbunden und umgekehrt. Überlegen Sie sich die Vor- und Nachteile einer
grossen Leitungsspanne/geringen Leitungstiefe sowie einer kleinen Lei-
tungsspanne/grossen Leitungstiefe. Strukturieren Sie Ihre Lösung wie folgt:

Tab. 52

|  | Grosse Leitungsspanne/ geringe Leitungstiefe | Kleine Leitungsspanne/ grosse Leitungstiefe |
|---|---|---|
| **Vorteile** |  |  |
| **Nachteile** |  |  |

c Bei einem Blick auf die Organigramme verschiedener Unternehmen stellen
wir fest, dass diese sich hinsichtlich Leitungsspanne und Leitungstiefe je
nach Branche teilweise stark unterscheiden. Welche Kriterien mögen bei der
Ausgestaltung der hierarchischen Struktur in einem Unternehmen wohl ausschlaggebend sein?

**5**

Erstellen Sie ein Organigramm für die „Huber Marina Bootswerft" unter
Berücksichtigung folgender Informationen:
Die Geschäftsleitung besteht aus D. Huber, der sich um den Betrieb kümmert
(Einkauf von Material, Produktion, Kundenbetreuung) und U. Huber, welche
für den kaufmännischen Bereich (Buchhaltung, Personal, Finanzen) verant-
wortlich ist. In sämtlichen Abteilungen arbeiten je zwei Personen ausser in der
Produktion, da reparieren und bauen sechs Mitarbeiter Boote. Je ein Ler-
nender ist in der Produktion und dem kaufmännischen Bereich angestellt.

**6**

Bilden Sie in Ihrer Klasse 9 Gruppen, wobei jeder Gruppe eine der 9 dargestell-
ten Organisationsformen zugeteilt wird und lösen Sie folgende Aufgaben:

a Sie haben nun 20 Minuten Zeit, den Text zur jeweiligen Organisationsform
noch einmal zu lesen, ihre Vor- und Nachteile auszuarbeiten sowie eine kleine Präsentation vorzubereiten.

b Präsentieren und erläutern Sie Ihre Ergebnisse nun in der Klasse. Achten Sie
darauf, dass Ihre Präsentation nicht länger als 3 Minuten dauert.

**7**

Analysieren Sie die folgende ABB-Matrix mit den über 5 000 Profit Centern.

Abb. 97

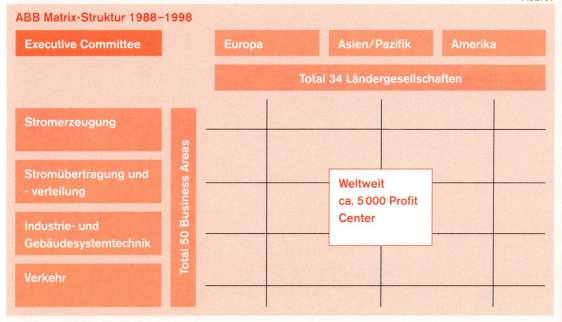

**ABB Matrix-Struktur 1988–1998**

Executive Committee — Europa — Asien/Pazifik — Amerika

Total 34 Ländergesellschaften

Total 50 Business Areas:
- Stromerzeugung
- Stromübertragung und -verteilung
- Industrie- und Gebäudesystemtechnik
- Verkehr

Weltweit ca. 5 000 Profit Center

a  Was sind die Vorteile einer solch dezentralen Gliederung mittels Profit Center?

b  Wo und warum könnten bei einer derart ausgestalteten Organisation allenfalls Probleme auftreten? Denken Sie dabei einerseits an die Interessen der über 5 000 weitgehend selbstständigen Einheiten (Profit Center) und andererseits an diejenigen des gesamten Unternehmens.

**8**

Projekte nehmen in der heutigen Unternehmenswelt einen hohen Stellenwert ein: In vielen Unternehmen werden immer mehr Aufgaben in Projekten bearbeitet. Beantworten Sie vor diesem Hintergrund die folgenden Fragen zur Projektorganisation:

a  Warum gehen wir bei der Projektorganisation von einer „sekundären Organisationsstruktur" aus? Nennen Sie die Unterschiede zu den primären Organisationsstrukturen.

b  Durch welche Merkmale zeichnet sich ein Projekt aus? Inwiefern unterscheidet es sich insbesondere von einem Prozess?

c  Als Projektleiter sind Sie für die Planung und Umsetzung eines neuen Vertriebssystems verantwortlich. Nach sechs Monaten Arbeit zusammen mit ihrem Projektteam wollen Sie wissen, ob Sie die im Projektauftrag definierten Zwischenziele erreicht haben. Wie gehen Sie dabei vor?

d  Sie haben in Aufgabe c) feststellen müssen, dass Sie den Zeitplan nicht werden einhalten können. Nennen und beschreiben Sie mögliche Massnahmen, um den bisherigen Zeitverlust wieder auszugleichen.

www.iwp.unisg.ch/bwl

**Leitfragen**

a) Was ist unter dem Begriff „Kultur" zu verstehen?

b) Welche Kulturmerkmale können voneinander unterschieden werden?

c) Durch welche Elemente zeichnet sich eine Landes- bzw. Mitarbeiterkultur aus?

d) Welche Kulturtypen lassen sich im Bereich der Unternehmens- und Abteilungskultur unterscheiden?

e) Inwiefern können kulturelle Aspekte („soft facts") bei Fusionen und Akquisitionen eine entscheidende Rolle spielen?

**Schlüsselbegriffe**

Unternehmenskultur, Kultur, Eisbergmodell, Code of Conduct, Kulturmerkmale, Landes- und Mitarbeiterkultur, Unternehmens- und Abteilungskultur, Kulturtypen, soft facts, hard facts, Lernende Organisation

**Verankerung im Modell**

Die Kultur gehört im St. Galler Management-Modell zu den Ordnungsmomenten. Die Kultur ist von allen drei Ordnungsmomenten (Strategie, Struktur, Kultur) am wenigsten konkret fassbar, weswegen eine zielgerichtete Einflussnahme nur begrenzt möglich ist. Sie durchdringt und prägt aber die ganze Organisation. Ausprägungen von Kultur (Kulturmerkmale), wie beispielsweise Werte, haben sich über Jahre hinweg entwickelt und können nicht von einem Tag auf den anderen verändert werden. Die Relevanz der Unternehmenskultur kommt besonders zum Ausdruck, wenn kulturelle Differenzen im Unternehmen zu Konflikten, hoher Mitarbeiterfluktuation[1] und ungenügender Kooperation zwischen Mitarbeitenden sowie zwischen Mitarbeitenden und Vorgesetzten führen.

[1] Fluktuation: Zu- und Abgänge von Mitarbeitenden

**Beispiel** Novo Nordisk – Unternehmenskultur

Das dänische Unternehmen Novo Nordisk ist Weltmarktführer in der Herstellung von Insulin, dessen Käufer in erster Linie Diabetiker, Ärzte und Spitäler sind. Das Unternehmen setzt sich intensiv für die Prävention und Heilung von Diabetes ein. Auch in anderen Geschäftsfeldern, wie beispielsweise in der Hormonbehandlung, gehört Novo Nordisk zu den weltweit führenden Unternehmen. Der Umsatz hat sich in den vergangenen Jahren kontinuierlich um 10–15 % pro Jahr gesteigert. Dazu beigetragen hat unter anderem die aussergewöhnliche Unternehmenskultur von Novo Nordisk, welche ökonomische Ziele mit Umweltengagement und der Wahrnehmung von sozialer Verantwortung verbindet. Die Mitarbeitenden von Novo Nordisk sollen sich mit der im Unternehmen etablierten Kultur identifizieren und diese auch mittragen.

Welche Merkmale prägen die Unternehmenskultur von Novo Nordisk?

Abb. 98

## 8.1 Annäherung an den Begriff Kultur

Zu einer Kultur, sei dies eine Landes- oder **Unternehmenskultur,** gehören unter anderem der gegenseitige Umgang innerhalb und zwischen Hierarchiestufen, die Kommunikation und die Art und Weise, wie Konflikte gelöst werden. Eine Kultur entsteht immer dann, wenn Menschen in einem System (Land, Unternehmen usw.) mit bestimmten Verhaltensweisen in wiederholender Weise Erfolg bzw. Misserfolg erleben und so ein gemeinsames Verständnis in Bezug auf Verhaltensnormen und Werthaltungen entwickeln.

Ein gutes Beispiel dafür sind die zentralen Werte der schweizerischen Kultur: Qualität und Sparsamkeit. In den Bergregionen der Schweiz waren die Winter hart und lang. Die Bewohner konnten die Wintermonate nur überleben, wenn sie die Ernte in den Sommermonaten gut lagerten (Qualität) und nicht gleich alles konsumierten (Sparsamkeit). Auf einer Insel in der Südsee hingegen ist die Situation anders: Aufgrund des dortigen Klimas kann praktisch das ganze Jahr über gesät und geerntet werden – ausserdem wimmelt es im Meer nur so von Fischen. Die Bewohner der Südsee-Inseln haben im Gegensatz zu den Bauern in den Schweizer Berggebieten deshalb keinen Grund zu sparen – in ihrer Sprache existiert häufig noch nicht einmal ein Wort dafür.[*]

Kultur spielt aber nicht nur im Ländervergleich, sondern auch im Unternehmenskontext eine wichtige Rolle: So ist erwiesen, dass Mitarbeitende, welche sich mit den kulturellen Aspekten (Normen, Werte, Haltungen) eines Unternehmens identifizieren können, zufriedener sind und entsprechend länger für das Unternehmen arbeiten, was zu einer geringeren Fluktuation[→] führt. Auch fällt es Unternehmen mit einer klar definierten, menschenorientierten[→] und tatsächlich gelebten Unternehmenskultur oft auch leichter, neue Mitarbeiter zu rekrutieren.[→] Eine gute Unternehmenskultur fördert in der Regel auch den ökonomischen Erfolg und die Fähigkeit des Unternehmens, sich Veränderungen anzupassen (Lernende Organisation[→]).

★ Höfliger, R. (2009). Unternehmenskultur – ein bedeutender Erfolgsfaktor. *Blickpunkt: KMU*, 2, S. 60–62

→ S. 456 Personalplanung
→ S. 149 Menschenorientierte Ansätze
→ S. 457 Personalgewinnung
→ S. 190 Lernende Organisation

**Der allgemeine Begriff Kultur umfasst alle symbolischen Bezugspunkte (ungeschriebene Abmachungen und informelle Regeln, Rituale, Symbole usw.), an welchen wir uns jeden Tag orientieren und die wir als selbstverständlich erachten. Einfach ausgedrückt bedeutet Kultur: „The way we do things around here".**

Im Folgenden werden zwei Ansätze erläutert, um den schwer fassbaren Kulturbegriff greifbarer zu machen.

## 8.2 Eisbergmodell

Beim Eisbergmodell wird die Unternehmenskultur mit einem Eisberg verglichen, bei dem nur ein kleiner Teil sichtbar aus dem Wasser ragt, der grösste Teil aber unterhalb der Wasseroberfläche verborgen bleibt.

Abb. 99

Der sichtbare Teil der Unternehmenskultur macht nur die Spitze des Eisbergs aus: Es sind dies die strukturellen Ausprägungen der Kultur, welche in Reglementen und Handbüchern schriftlich festgehalten werden. Der weitaus grössere Teil, die kulturellen Eigenheiten eines Unternehmens sind auf den ersten Blick nicht erkennbar.

Die Unternehmenskultur kann auch als Gemeinschaftssinn bezeichnet werden: Kulturelle Aspekte schaffen ein gemeinsames Verständnis zwischen den Mitarbeitenden in einem Unternehmen. Die Kultur, ob nun allgemein in der Gesellschaft oder in einem Unternehmen, kann durch folgende Merkmale charakterisiert werden.

[1] Code of Conduct: Schriftlich festgehaltener „Verhaltenskodex" als Katalog von verbindlichen Verhaltensregeln.

→ S. 86 Code of Conduct

Tab. 53

| Kulturmerkmale | Beschreibung | Beispiele |
|---|---|---|
| Werte | Massstäbe, an denen sich Menschen beim Handeln orientieren | Sparsamkeit, Umweltbewusstsein, Fleiss, Disziplin |
| Normen | Verhaltensregeln (**Code of Conduct**[1])→, mit welchen das Zusammenleben koordiniert wird | Ehrlichkeit, Offenheit, Respekt und Toleranz |
| Rituale | Regelmässige Ereignisse oder Vorgehensweisen | Gemeinsame Kaffeepause, Grussformeln, Weihnachtsessen |
| Geschichten und Mythen | Diese bilden den Hintergrund der Kultur. Sie helfen, allen Mitarbeitenden ein Gefühl der Zusammengehörigkeit zu vermitteln. | Mythen über die Arbeitsmoral der Gründerin/des Gründers des Unternehmens, Unternehmensgeschichte |
| Sprachregeln und Sprachgebrauch | Gemeinsame Ebene der Kommunikation und somit der Kulturbildung. | Fachsprache (z. B. Diversifikation) oder Abkürzungen (z. B. ROI) |
| Symbole | Diese kennzeichnen ein Unternehmen und dessen Mitarbeitende nach aussen. | Uniforme Kleidung (z. B. dunkle Anzüge als Zeichen für Geschäftsleute), Firmenlogo, Firmenfarbe |

**Beispiel** Novo Nordisk – Gemeinsames Kulturverständnis

Auf der Website von Novo Nordisk (www.novonordisk.com) sind im „Novo Nordisk Way" diverse kulturelle Aspekte explizit festgehalten. Als zentraler Wert erscheint zum Beispiel die „soziale und ökologische Verantwortung": „Wir nehmen unsere Verantwortung gegenüber der Gesellschaft und der Umwelt wahr und tragen zur Bereicherung der Gemeinschaften bei, in welchen wir tätig sind." Die Zusammenarbeit im Unternehmen soll gemäss „Code of Conduct" (in der Novo Nordisk Way) durch die Normen „Ehrlichkeit, Offenheit, Anpassungsfähigkeit und Integrität"[1] geprägt sein. Novo Nordisks Gründungsgeschichte ist in den Köpfen der Mitarbeiter ebenfalls präsent: Die Frau des Gründers August Krogh, Marie Krogh, war nämlich an Typ-2-Diabetes erkrankt. Er setzte in der Folge alles daran, diese damals noch nicht behandelbare Krankheit zu bekämpfen und seiner Frau sowie anderen Erkrankten zu helfen. Der Gedanke, einen Teil zum Kampf gegen Diabetes beitragen zu können, motiviert die Mitarbeitenden von Novo Nordisk auch heute, über 90 Jahre nach der Gründung, noch immer. Dazu passt auch das Firmenlogo, welches einer ägyptischen Statue nachempfunden wurde: Der „Apis-Stier" war in Form dieser Statue mit Symbolen des Lebens und der Gesundheit ausgestattet.

→ Aufgaben 1, 2, 3 und 4

[1] Integrität: Übereinstimmung des eigenen Wertesystems, welches gesellschaftliche Wertvorstellungen widerspiegelt, mit dem eigenen Handeln. Auch verstanden als „Aufrichtigkeit" und „Vertrauenswürdigkeit".

Abb. 100

Wie bei Novo Nordisk wird in der Praxis häufig versucht, die verschiedenen Kulturmerkmale durch einen sogenannten „Code of Conduct" zu beeinflussen. Er gilt für alle Mitarbeitenden, unabhängig von ihrem persönlichen kulturellen Hintergrund. Ein „Code of Conduct" ist jedoch noch keine Garantie dafür, dass sich die Unternehmenskultur in die gewünschte Richtung verändern wird. Ebenso wenig lässt sich die Entstehung von funktionierenden Mythen oder die Verherrlichung der Gründungsperson erzwingen.

## 8.3   Kulturelemente und -typen

Ein Unternehmen ist stets in die kulturellen Gegebenheiten derjenigen Länder eingebettet, in denen es tätig ist. Diese Landeskulturen beeinflussen damit auch die jeweilige Unternehmenskultur. Innerhalb eines Unternehmens, namentlich in dessen Abteilungen, kann es ebenfalls zu unterschiedlichen Kulturausprägungen kommen. Diese sind nicht zuletzt das Ergebnis der manchmal sehr unterschiedlichen kulturellen Hintergründe der Mitarbeitenden.

## Landes- und Mitarbeiterkultur

Die Landes- und Mitarbeiterkultur kann in fünf Kulturelemente unterteilt werden:

Tab. 54

| Kulturelemente | Beschreibung |
| --- | --- |
| Machtdistanz | Dieser Wert bezieht sich auf die Gleichheit bzw. Ungleichheit zwischen Personen in einer Gesellschaft und darauf, ob die machtlosesten Mitglieder einer Organisation die ungleiche Machtverteilung akzeptieren und Autoritäten anerkennen. Je grösser die Distanz (d. h. je höher der Wert) ist, desto einseitiger ist die Macht in der Gesellschaft verteilt. |
| Individualismus | Dieser Wert bestimmt, ob individuelle oder kollektive Werte höher gewertet werden. Ein hoher Wert zeigt, dass Individualismus in der Gesellschaft gross geschrieben wird, jeder für sich selbst Verantwortung übernimmt und weniger um das Kollektiv besorgt ist. |
| Maskulinität | Eine Gesellschaft bezeichnet man dann als maskulin, wenn die Rollen der Geschlechter emotional klar gegeneinander abgegrenzt sind: Männer haben bestimmt, hart und materiell orientiert zu sein, Frauen dagegen müssen bescheidener, sensibler sein und Wert auf Lebensqualität legen. |
| Risikovermeidung | Dieser Wert gibt an, wie tolerant die Gesellschaft gegenüber Unsicherheit und Risiken ist. Je höher der Wert, desto niedriger die Toleranz gegenüber Unsicherheit. Es werden möglichst viele Regeln, Gesetze und Normen eingeführt, um das Risiko zu senken. |
| Langfristige Orientierung | Dieser Wert gibt an, ob eine Gesellschaft eher auf kurzfristigen oder langfristigen Traditionen und Werte basiert. Kurzfristig orientierte Gesellschaften gehen mehr Risiko ein, sparen weniger und legen mehr Wert auf kurzfristige Resultate. Kreativität und Individualismus sind wichtig.<br>Langfristig orientierte Gesellschaften passen Traditionen einem dynamischen Kontext an, leben und investieren sparsam und fokussieren auf langfristige Ziele. Die Familie ist in langfristig orientierten Gesellschaften die Basis. Gegenseitiger Respekt und Traditionen sind wichtig. |

Der niederländische Professor Geert Hofstede hat 2010 anhand dieser Aufteilung über 75 Länder untersucht. Alle Länder erreichten bei den unterschiedlichen Elementen einen Wert zwischen 1 und 100. *

→ Aufgabe 5

★ Lokales Denken, globales Handeln: Interkulturelle Zusammenarbeit und globales Management, München: Beck/DTV, 2011. ISBN 4. Auflage: 978-3-423-50807-0.

Abb. 101

**Landes- und Mitarbeiterkultur in der Schweiz, Deutschland und weltweit**

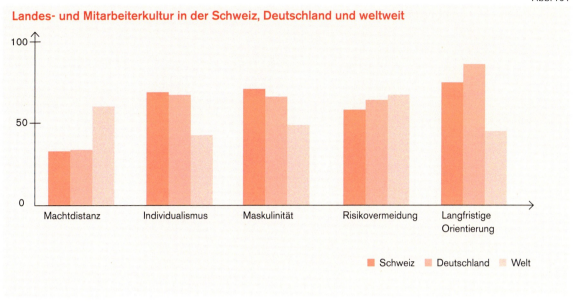

Je unterschiedlicher die Länder bezüglich der oben genannten Kriterien sind, desto grösser ist die Gefahr von kulturellen Konflikten – gerade in Unternehmen, in welchen Mitarbeitende aus verschiedenen Nationen mit unterschiedlichen Länderkulturen zusammentreffen. Natürlich verfügen nicht alle Menschen im gleichen Kulturkreis über denselben kulturellen Hintergrund: Aus diesem Grunde sprechen wir neben der Landeskultur auch noch von einer individuellen „Mitarbeiterkultur", welche neben der Landeskultur auch noch die Erziehung und bisher gemachte Erfahrungen umfasst. Für international tätige Unternehmen ist es daher ausserordentlich wichtig, den Landes- und Mitarbeiterkulturen genügend Beachtung zu schenken.

**Beispiel** Novo Nordisk – Die Übersetzung der Unternehmensvision[1] in andere Kulturen

Novo Nordisk nimmt Rücksicht auf die jeweilige Kultur der Länder, in welchen das Unternehmen geschäftstätig ist. So gelten die in der Unternehmenskultur verankerten Werte zwar weltweit, allerdings wird für die jeweiligen Länder eine „value-translation" (Übersetzung der Werte) vorgenommen. Daher wurden die Werte Japans an die dort üblichen Gebräuche angepasst, indem in Zusammenarbeit mit dem Hauptsitz in Dänemark erörtert und festgelegt wurde, was Japaner unter den zentralen Unternehmenswerten Gleichheit, Offenheit und Ehrlichkeit verstehen. Dadurch konnten kulturell bedingte Konflikte von vornherein vermindert werden. Erfahrungen haben gezeigt, dass sich dieses Vorgehen bewährt.

[1] Vision: Im Unternehmenskontext ist eine Vision ein Zukunftsentwurf, welcher sich an einer Idealvorstellung orientiert.

Abb. 102

## Unternehmens- und Abteilungskultur

Die Unternehmens- und Abteilungskultur wird nicht nur durch die gesellschaftlichen Gepflogenheiten eines Landes beeinflusst, sondern auch durch unterschiedliche Kulturmerkmale innerhalb einer Branche, eines Unternehmens oder gar innerhalb einer bestimmten Abteilung. Die folgenden vier Kulturtypen in Anlehnung an Deal und Kennedy (1982) sind weitum bekannt:*

★ Deal, T. E. & Kennedy, A. A. (1982). *Corporate Cultures: The Rites and Rituals of Corporate Life.* Harmondsworth: Basic Books.

Abb. 103

Diese vier Kulturtypen werden nachfolgend beschrieben:

Tab. 55

| Kulturtypen | Beschreibung | Beispiele |
|---|---|---|
| Risikokultur | Weitreichende und kapitalintensive Entscheidungen, deren Erfolg bzw. Misserfolg erst nach einer langen Zeit beurteilt werden können, prägen diese Kultur. Aufgrund der langen Dauer bis zum Abschluss eines Projekts kommt selten Hektik auf. Probleme im Projektverlauf werden gewissenhaft analysiert und auf deren Auswirkungen auf das angestrebte Ergebnis hin untersucht. | Unternehmen der Grossmaschinen-industrie (z. B. Flugzeughersteller), der Forschungs- und Entwicklungsabteilungen, Pharmaunternehmen wie Novo Nordisk, Novartis und Roche |
| Machokultur | Eine Kultur von Individualisten, welche hohe Risiken eingehen. Die Rückmeldung zum Erfolg bzw. Misserfolg der von ihnen gewählten Strategien erfolgt sehr schnell. Machokulturen sind eher jung und vom Geschwindigkeitsdenken geprägt – Ausdauer spielt keine primäre Rolle. Erfolg haben kreative Köpfe, welche ihre Ideen auch gegen Widerstand durchzusetzen versuchen. Erfolgreiche Mitarbeiter erhalten Geld, Macht und ein hohes Ansehen, während erfolglose Menschen geächtet werden. | Werbeagenturen, Unterhaltungsindustrie (Film, Fernsehen, Radio), Mode-Designer |

| | | |
|---|---|---|
| Verfahrens-kultur | In dieser Kultur stehen Prozesse im Vordergrund: Das Risiko wird möglichst tief gehalten und das Feedback erfolgt langsam. Entscheidend ist nicht, was für den Kunden getan wird, sondern wie es zu tun ist.<br>Es herrscht eine strenge Hierarchie, welche in jedem Aspekt der unternehmerischen Tätigkeit zum Ausdruck kommt. Die Arbeit in solchen Kulturen wird durch die Optimierung technischer Abläufe bestimmt, wodurch Kreativität und Emotionen nur eine geringe Bedeutung zukommt. | Versicherungen, öffentliche Verwaltungen, z. T. Banken |
| Arbeits- und Spass-Kultur | In dieser Kultur werden die Risiken ebenfalls möglichst tief gehalten. Im Unterschied zur Verfahrenskultur erhalten die Mitarbeitenden in der Arbeits-und-Spass-Kultur bezüglich ihres Erfolgs jedoch schnell eine Rückmeldung. Da das Verhältnis unter den Mitarbeitenden im Gegensatz etwa zur Machokultur nicht kompetitiv ist, herrscht zwischen ihnen meist eine entspannte Zusammenarbeit. Zudem finden oft spontane Festivitäten statt. | Computerunternehmen, Autohandel, Fast-Food-Ketten wie McDonald's und Burger King, Detailhändler wie Migros und Coop, Verkaufsabteilung von grossen Unternehmen |

Diese Erklärungen zum Kulturmodell zeigen auf, dass die Kultur eines Unternehmens durch verschiedenste Elemente beeinflusst wird und damit nicht leicht zu erfassen ist. Durch das Aufeinanderprallen der einzelnen Kulturtypen können Probleme, wie beispielsweise Konflikte unter den Mitarbeitenden, entstehen. Oft ist es nämlich so, dass insbesondere in grossen Unternehmen mehrere Kulturen nebeneinander existieren. Die Arbeits-und-Spass-Kultur der Verkaufsabteilung verträgt sich unter Umständen nur schlecht mit der Risikokultur der Entwicklungsabteilung usw. Deshalb ist gerade in solchen Grossbetrieben darauf zu achten, das gegenseitige Verständnis der unterschiedlichen Kulturen in einem Unternehmen zu fördern und damit zwischen diesen eine reibungslose Zusammenarbeit sicherzustellen.

Dasselbe Problem stellt sich im Übrigen bei Fusionen oder Übernahmen→, in deren Rahmen ebenfalls verschiedene Unternehmenskulturen aufeinanderprallen. Fusionen kommen in der heutigen Unternehmenslandschaft immer häufiger vor und sind formell relativ einfach abzuwickeln. Im Gegensatz dazu ergeben sich kulturell jedoch häufig grosse Probleme bei der Integration zweier verschiedener Unternehmenskulturen: Vertragen sich die Unternehmenskulturen der Fusionspartner nicht oder nur in ungenügender Weise, so kann dadurch die Zusammenarbeit im neuen, fusionierten Unternehmenskomplex beeinträchtigt werden. Kulturelle Aspekte, so genannte „soft facts"[1], sind für eine erfolgreiche Fusion bzw. Übernahme genauso entscheidend wie formelle Kriterien („hard facts"[2]).

Zum anderen ergeben sich durch die Kultur Chancen, wie der Erfolg von Novo Nordisk eindrücklich gezeigt hat. Das Beispiel des Pharmaunternehmens hat deutlich gemacht, dass die Unternehmenskultur für den Erfolg eines Unternehmens von grosser Bedeutung ist: Eine gute, konsequent vermittelte und vorgelebte Unternehmenskultur ist eine der wichtigsten Voraussetzungen dafür, dass sich die Mitarbeitenden wohlfühlen und motiviert arbeiten.

→ S. 138 Übernahme, Fusion

[1] Soft facts (engl.: weiche Fakten): unsichtbare Aspekte wie die Kultur (Werte, Normen usw.), welche das Leben in einer Organisation mitbestimmen

[2] Hard facts (engl.: harte Fakten): sicht- und messbare Aspekte einer Organisation (z. B. Liquidität, Anzahl Mitarbeitende)

→ Aufgabe 6

## Unternehmen als lernende Organisationen

Unternehmen sind einer zunehmenden Veränderungsdynamik→ ausgesetzt. Um wettbewerbsfähig zu bleiben, müssen sich Organisationen kontinuierlich den neuen Rahmenbedingungen anpassen, sich optimieren→ und weiterentwickeln→. Eine Organisation benötigt deshalb eine hohe Anpassungs- und Lernfähigkeit.

In der Theorie und Praxis spricht man von der lernenden Organisation→*. Folgende fünf Merkmale (auch Disziplinen genannt) sollten nach Senge (1990) dabei erfüllt sein. Diese Merkmale haben eine strategische, strukturelle, aber viel mehr noch eine stark kulturelle Komponente.

→ S. 57 Umweltsphären

→ S. 527 Kontinuierliche Verbesserungsprozesse

→ S. 178 Lernende Organisation

→ S. 534 Innovation

Tab. 56

| Merkmal | Erläuterung |
|---|---|
| Persönliche Ziele | Die Mitarbeiter identifizieren sich mit dem Unternehmen und wollen sich ständig weiterentwickeln. Sie sind die aktive Kraft im Unternehmen. |
| Mentale Modelle | Die persönlichen Bilder, Auffassungen, Werthaltungen und Grundannahmen der Mitglieder in der Organisation werden offen ausdiskutiert. |
| Gemeinsame Vision | Die Unternehmung verfügt über eine gemeinsame Vision. Diese durchdringt die ganze Organisation, wird von allen getragen, schafft Orientierung und erzeugt Leistungsbereitschaft. |
| Teamlernen | Die Mitarbeitenden sind in Teamstrukturen eingebettet. Innerhalb dieser Teams findet ein gemeinsamer Gedanken- und Erfahrungsaustausch statt. |
| Systemdenken | Das Systemdenken ist nach Senge die sogenannte „fünfte Disziplin". Sie integriert die anderen vier Disziplinen. Die Geschäftsleitung muss das Unternehmen als Gesamtsystem mit all seinen Vernetzungen und dynamischen Wechselwirkungen beobachten und steuern. |

Eine lernende Organisation kann nicht strukturell verordnet werden, sondern muss v. a. durch die Unternehmenskultur getragen werden. Sie kann nur entstehen, wenn es eine Kultur→ gibt, in der das Lernen möglich ist und vom Management gewünscht und unterstützt wird. Hierfür benötigen die Mitarbeitenden eine angstfreie und vertrauensvolle Arbeitsumgebung (psychologische Sicherheit)→. Dadurch werden die unterschiedlichen Voraussetzungen der Mitarbeitenden wie Erfahrungen, Ausbildung, kultureller Hintergrund, Talente, Geschlecht und Alter geschätzt und gefördert. Dies ermöglicht Kreativität→.

Eine lernende Organisation steht offen für neue Ideen und bietet Zeiträume, um über Arbeitsabläufe nachzudenken und zu diskutieren (Reflexionsräume). Dies soll sowohl auf der Ebene der einzelnen Mitarbeiter und Teams als auch auf der Ebene der gesamten Organisation erfolgen. So sind in einer lernenden Organisation alle Angestellten für den Unternehmenserfolg mitverantwortlich, was einerseits die Arbeitsbereitschaft, andererseits aber auch die Anforderungen und Erwartungen an die Mitarbeitenden erhöht.

* Senge, P. (1990). The Fifth Discipline. The Art and Practice of the Learning Organisation. *New York: Doubleday.*

→ S. 539 Voraussetzungen für Innovationen

→ S. 86 Code of Conduct

→ S. 552 Kreativitätstechniken

# Aufgaben – C8  Kultur

## 1

Sammeln und vergleichen Sie die Kulturmerkmale der Schweiz und eines
Landes Ihrer Wahl. Verwenden Sie hierzu eine tabellarische Darstellung.

Tab. 57

| Kulturmerkmal | Land | |
|---|---|---|
| | Schweiz | … |
| … | | |

## 2

Beschreiben Sie anhand der Kulturmerkmale (Werte, Normen usw.)
a  Ihre Schulkultur unter Zuhilfenahme Ihres Schulleitbildes und
b  Ihre Klassenkultur.
Vergleichen Sie Ihre Ergebnisse anschliessend mit denjenigen Ihrer
Mitschüler/-innen und besprechen Sie diese im Klassenverband.

## 3

Notieren Sie drei informelle Regeln (z.B. Pünktlichkeit), welche die Zusam-
menarbeit in einem Schweizer Unternehmen beeinflussen können.
Welche Auswirkungen können diese informellen Regeln konkret auf die
Unternehmenskultur haben?

## 4

Wählen Sie ein Unternehmen aus und informieren Sie sich im Internet anhand
des Leitbildes und des gesamten Internetauftritts über dessen Unternehmenskultur (nicht bei Novo Nordisk).
a  Ordnen Sie die Aussagen den unterschiedlichen Kulturmerkmalen zu.
b  Weshalb kann es in Unternehmen zu kulturellen Konflikten zwischen Mitarbeitern kommen?

## 5

Welches Kulturelement erkennen Sie in den folgenden Situationen?
a  Markus Vetterli ist Kundenberater bei einer Bank. Das Team besteht aus
   vier Beratern. Sein Vorgesetzter hat für das nächste Jahr ein Bonussystem
   geschaffen, das den Wettbewerb um Neugelder unter den Kundenberatern
   erhöhen soll. Damit sollen herausragende Leistungen belohnt werden.
b  Cornelia Zbinden hat vor sieben Jahren ihr Studium in Chemie abgeschlossen. Seit drei Jahren arbeitet Sie bei der „Pharma AG". Im nächsten Jahr
   möchten die Zbindens Nachwuchs bekommen. Neben gleitenden Arbeitszeiten stellt der Arbeitgeber Cornelia einen Krippenplatz zur Verfügung. So
   kann sie Beruf und Familie bestens unter einen Hut bringen. Ihr Ehemann
   ist ausserdem bereit, sein Arbeitspensum auf 80 Prozent zu reduzieren.

c Die „Advise GmbH" ist ein mittelgrosses Strategieberatungsunternehmen mit Hauptsitz in Zürich. Der Geschäftsführer Martin Locher hat sein Büro in der obersten Etage des 15-stöckigen Gebäudes. Nach seiner Ernennung zum Geschäftsführer durfte er seinen Arbeitsplatz komplett neu möblieren. Ausserdem steht ihm ein persönlicher Chauffeur jederzeit zur Verfügung.

d Alle Mitarbeitenden der Versicherungsgesellschaft „Secure" müssen einmal jährlich einen Onlinetest zum Thema Risikomanagement ablegen. Das Unternehmen möchte sicherstellen, dass die Mitarbeitenden mit den Reglementen (Policies) vertraut sind.

e „Adventure For You" ist ein national tätiges Dienstleistungsunternehmen und ist auf die Organisation von Riverrafting- und Canyoning-Touren spezialisiert. Die Mitarbeitenden pflegen eine entspannte Zusammenarbeit und duzen sich untereinander. Selbst Firmengründer Alex Furrer, der gleichzeitig Geschäftsführer ist, nennt alle seine Mitarbeitenden beim Vornamen. Einmal pro Woche geht das ganze Team gemeinsam Mittagessen.

f Silvia Brunner ist Direktionsassistentin bei der „CBT AG". Das etablierte Unternehmen ist in der IT-Branche tätig. Vor einigen Tagen wurde die Nachfolge der Geschäftsleitung bekanntgegeben. Heute hat Frau Brunner im Aufzug mitbekommen, wie ein Mitarbeiter zu seinem Kollegen gesagt hat, eine IT-Firma könne wohl kaum von einer Frau geführt werden. Er habe ohnehin kein Verständnis für die heutigen Familienstrukturen. Seine Frau sei immer zuhause für die Kinder da gewesen und habe sich nie über ihre Situation beklagt.

**6**

Stellen Sie sich vor, Sie sind oberstes Geschäftsleitungsmitglied einer Bank. Sie merken, dass sich Ihre Bank viel zu sehr auf die Organisationsabläufe konzentriert und zu wenig Rücksicht auf die Kundenwünsche nimmt. Zudem haben Sie das Gefühl, dass die Kommunikation zwischen den Mitarbeitenden nur stockend verläuft. Sie möchten im Unternehmen daher etwas verändern.

a Welcher Kulturtyp herrscht im Moment wohl vor?

b Zu welchem anderen Kulturtyp möchten Sie die Bank weiterentwickeln? Begründen Sie Ihre Antwort.

c Welche drei Massnahmen können Sie als oberstes Geschäftsleitungsmitglied einleiten, um einen Kulturwandel zu ermöglichen? Welche Chancen und welche Gefahren können dadurch entstehen? Halten Sie Ihre Antworten in einer Chancen-Gefahren-Matrix fest:

Tab. 58

| Massnahmen | Chancen | Gefahren |
|---|---|---|
| | …. | …. |
| | …. | …. |
| | …. | …. |

 www.iwp.unisg.ch/bwl

# D

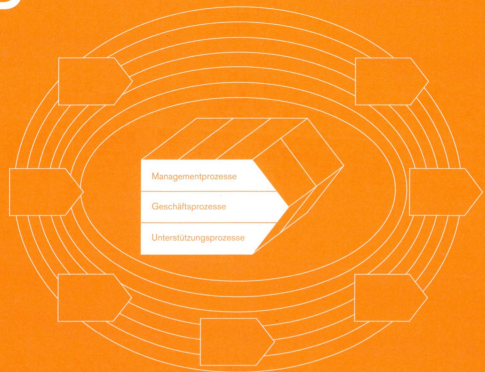

Managementprozesse

Geschäftsprozesse

Unterstützungsprozesse

# Prozesse

## Managementprozesse

## Geschäftsprozesse

**Unterstützungsprozesse**

## Leitfragen

a) Welche Organisationen müssen gemanagt werden?

b) Welche Handlungsebenen des Managements existieren und welche Aufgaben werden auf den einzelnen Ebenen erfüllt?

c) Inwieweit können sich bei der Führungsarbeit Zielkonflikte ergeben?

d) Welche strategischen Entscheidungen müssen im Rahmen des Managements getroffen werden?

e) Welchem Ablauf folgen operative Managementprozesse?

f) Was wird unter dem Begriff „Management" verstanden?

g) Welche Kompetenzen muss eine Führungskraft mitbringen?

## Schlüsselbegriffe

Sozio-technische Systeme, Management, normatives Management, strategisches Management, operatives Management, Zielkonflikt, Managementkreislauf, Effizienz, Effektivität, Führungskraft, Kompetenzen

## Verankerung im Modell

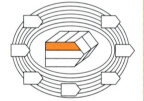

Managementprozesse weisen im St. Galler Management-Modell eine zentrale Bedeutung auf. In Organisationen (z. B. Unternehmen) verfolgen Menschen mithilfe von technischen Hilfsmitteln (z. B. Maschinen) ein gemeinsames Ziel, wie die Herstellung eines Produkts oder einer Dienstleistung. Das Zusammenwirken zwischen Menschen und zwischen Menschen und Maschinen kann jedoch nur dann zielgerichtet erfolgen, wenn deren jeweilige Einzelaktivitäten geplant, gesteuert und aufeinander abgestimmt werden. Diese Koordination erfolgt durch die Gestaltung fester Strukturen (Hierarchien, Regeln, Verantwortungsbereiche) und Strategien sowie durch die zielgerichtete Einflussnahme der Organisationsführung (Lenkung). Da ständig neue Umwelteinflüsse von aussen auf eine Organisation einwirken, muss sich diese laufend weiterentwickeln. Managementprozesse umfassen damit alle Aufgaben, welche mit der Gestaltung, Lenkung sowie Weiterentwicklung von Organisationen verbunden sind. Im Rahmen des Managements von Organisationen stellen sich normative, strategische sowie operative Fragen.

## Beispiel Hilti

→ S. 83 Stakeholder-Value-Ansatz

Abb. 104

Die Hilti-Gruppe ist ein weltweit führendes Unternehmen in der Entwicklung, der Herstellung und dem Vertrieb von qualitativ hochwertigen Produkten und Systemen für den Bauprofi (Akku-Bohrschrauber, Kreissägen, Kunststoffdübel) und beschäftigt rund 21 000 Mitarbeiter in mehr als 120 Ländern. Das Management der Hilti-Gruppe orientiert sich am Stakeholder-Value-Ansatz→. Der dauerhafte Erfolg des Unternehmens entsteht nur durch den Einbezug der Interessen aller mit dem Unternehmen verbundenen Partnern im In- und Ausland. Hilti vertritt daher die Überzeugung, dass sowohl die Anliegen der Mitarbeiterinnen und Mitarbeiter, als auch diejenigen der Kunden, Lieferanten, Behörden, des Gemeinwesens und der Kapitalgeber in die Unternehmenspolitik Eingang finden müssen. Hiltis Führungskräfte müssen daher diese normativen Vorgaben bei der Umsetzung weiterer Aufgaben berücksichtigen. Doch welche weiteren Aufgaben haben die Führungskräfte zu erfüllen und welche Kompetenzen sind hierfür erforderlich?

★ www.hilti.ch

## 1.1 Annäherung an den Begriff Management

Die Begriffe „Management" und „Manager" sind heutzutage in aller Munde: Täglich kann der Zeitung entnommen werden, das Management eines Unternehmens habe zu lange mit Investitionen zugewartet, eine falsche Personalpolitik betrieben oder zu spät mit rationalisieren begonnen. In solchen Zusammenhängen werden oft Begriffe verwendet, deren genaue Bedeutung dem Leser nicht oder nur teilweise bekannt ist.

Gemanagt werden müssen also **sozio-technische Systeme**→. Der Begriff System meint in diesem Zusammenhang eine Organisation. Der Organisationsbegriff bringt zum Ausdruck, dass nicht nur Unternehmen – so genannte „gewinnbringende Organisationen" – darunter fallen. Ebenfalls zu managen sind beispielsweise gesellschaftliche Dienstleistungsorganisationen (Pfadfinder-Vereinigungen, Kirchen usw.), Zweckverbände (politische Parteien, NGOs wie Greenpeace usw.) sowie öffentlich-rechtliche Organisationen (Öffentliche Verwaltungen, Gymnasien, Universitäten usw.)→. Die Attribute „sozio" und „technisch" weisen darauf hin, dass in solchen Organisationen Menschen und Maschinen zusammenwirken.

Sozio-technische Systeme müssen gestaltet, gelenkt und weiterentwickelt werden. Unter Gestaltung ist dabei in erster Linie der Aufbau einer Organisation→ zu verstehen: Dazu zählen die Festlegung der Aufgaben, Kompetenzen und Verantwortung der einzelnen Organisationsmitglieder. Ebenfalls zu definieren sind Abläufe→ (Prozesse) wie die Prozessabfolge bei der Produktion von Computern oder anderen Waren bzw. Dienstleistungen. Anhand der Begriffe Lenkung und Weiterentwicklung soll überdies verdeutlicht werden, dass es sich beim **Management** von Organisationen um eine dynamische Aufgabe handelt: Mit der Festlegung des Aufbaus und der Abläufe in einer Organisation ist es also noch nicht getan. Organisationen bewegen sich immer in einer sich verändernden Umwelt, von der sie abhängen und der sie sich anpassen müssen.

**Beispiel** Management – Navigation eines Schiffs

Management hat insofern viel mit der Navigierung eines Schiffs bei rauer See zu tun: Der Kapitän muss das Schiff trotz manchmal hoher Wellen (Einwirkungen der Umwelt) und ungewisser Vorhersagen bezüglich der Wetterentwicklung sicher zum nächsten Hafen (Ziel) steuern.

→ S. 144 Sozio-technische Systeme

→ S. 35 Einteilung nach Gewinnorientierung

→ S. 156 Aufbauorganisation

→ S. 228 Materialwirtschaft und S. 242 Leistungserstellungsprozess

Das Management hat die zielgerichtete Gestaltung, Lenkung sowie Weiterentwicklung der Organisation zur Aufgabe. Diese ist stets im Kontext hoher Ungewissheit zu erfüllen. Ein Unternehmen steht im permanenten Austausch mit seiner gesellschaftlichen, natürlichen, technologischen und wirtschaftlichen Umwelt[→], deren Entwicklungen und Einflüsse auf das Unternehmen nicht immer vorhersehbar sind.

→ S.57 Umweltsphären

→ Aufgabe 1

## 1.2  Handlungsebenen des Managements

Die Gestaltung, Lenkung und Weiterentwicklung eines Unternehmens geschieht dabei auf einer normativen, einer strategischen sowie einer operativen Ebene[*].

★ Ulrich, P. & Fluri E., 1995, S.19

Tab. 59

| Dimension/ Handlungsebene | Hauptproblem | Kernaufgaben | |
|---|---|---|---|
| **Normativ** Warum? | Konsensproblem und Legitimationsdruck | – konfligierende[1] Anliegen und Interessen ausgleichen<br>– den Unternehmenszweck ethisch begründen | [1] Konfligierend: Miteinander in Konflikt stehend, sich gegenseitig ausschliessend |
| **Strategisch** Was? | Steuerungsproblem und Innovationsdruck | – Komplexität und Ungewissheit der Marktbedingungen bewältigen<br>– rechtzeitig Innovationen bereitstellen und dadurch dauerhafte Wettbewerbsvorteile sicherstellen | |
| **Operativ** Wie? | Effizienzproblem und Kostendruck | – die knappen Produktionsfaktoren[→] optimal einsetzen (Ressourcenallokation)[2]<br>– Abläufe und Problemlösungsroutinen effizient gestalten<br>– das Tagesgeschäft vollziehen | → S.23 Produktionsfaktoren<br><br>[2] Ressourcenallokation: Zuteilung der Ressourcen zu einzelnen Aktivitäten im Sinne einer möglichst effizienten Ressourcennutzung. |

**Beispiel** Hilti – Handlungsebenen des Managements

Auf dem Markt für Werkzeuge herrscht ein enormer Innovations- und Kostendruck: Aus strategischer Sicht muss sich Hilti vermutlich stets überlegen, welche Werkzeug-Bestandteile das Unternehmen selbst herstellen will und welche Tätigkeiten es allenfalls an andere Unternehmen auslagern (outsourcen) möchte. Eine solche Auslagerung müsste auf der normativen Ebene jedoch gegenüber den Anspruchsgruppen, insbesondere gegenüber den Mitarbeitenden, gerechtfertigt werden – schliesslich ist eine Auslagerung von Unternehmensaktivitäten meist mit einem Stellenabbau verbunden. Die operative Sicht erklärt unter anderem, wie die ausgelagerte Leistungserbringung und die nach wie vor intern erbrachten Leistungen am effizientesten miteinander koordiniert und zu einem Endprodukt integriert werden.

Da die Unterscheidung zwischen normativem, strategischem und operativem Management von hoher Bedeutung ist und immer wieder aufgegriffen wird, sollen diese drei Handlungsebenen eingehender behandelt werden.

### Normative Ebene

Das **normative Management**→ beschäftigt sich mit der Begründung der unternehmerischen Tätigkeit: Im Zentrum steht dabei die Frage, warum ein Unternehmen betrieben wird. Eng damit verknüpft sind die Fragen, welchem Zweck es dient, welche Anliegen und Interessen dabei berücksichtigt werden und was ganz generell die Leitprinzipien und zentralen Werte→ des Unternehmens sind.

→ S. 81 Ansätze von Unternehmensethik

→ S. 184 Kulturmerkmale

Die Beantwortung der oben aufgeworfenen normativen Fragestellungen bestimmt den Umgang mit den unterschiedlichen Anliegen und Interessen, welche seitens der Anspruchsgruppen→ an das Unternehmen herangetragen werden. So besteht beispielsweise häufig ein Spannungsfeld zwischen den Interessen der Mitarbeitenden und denjenigen des Unternehmens. Während die Mitarbeitenden an hohen Löhnen und regelmässigen, aber dennoch flexiblen Arbeitszeiten interessiert sind, orientiert sich das Unternehmen hauptsächlich an der Wertschöpfung.

→ S. 70 Anspruchsgruppen und deren Erwartungen

Abb. 105

**Beispielhafter Konflikt bei der Entscheidungsfindung**

Zielkonflikt

Interressen der Mitarbeitenden ↔ Unternehmensinterressen

Das normative Management beschäftigt sich mit solchen **Zielkonflikten**→, wobei es zu deren Lösung auf die zentralen Werte und Prinzipien des Unternehmens zurückgreift.

→ S. 76 Zielharmonie, Zielneutralität, Zielkonflikte

**Beispiel** Hilti – Konfligierende Anliegen und Interessen

Einerseits wünschen sich viele Mitarbeitende möglichst regelmässige Arbeitszeiten, andererseits muss sich die Unternehmensleitung voll auf die Kundenbedürfnisse („Wertschöpfung für den Kunden") ausrichten. Da die Kundenbestellungen im Jahresablauf stark schwanken können, müssen die Mitarbeitenden ihren Arbeitseinsatz den Marktbedürfnissen entsprechend anpassen. Dies kommt auch in einem zentralen Leitprinzip des Unternehmens zum Ausdruck, welches die Anliegen und Interessen der Kunden in den Mittelpunkt der Unternehmenstätigkeit rückt. Martin Hilti beschrieb die Bedeutung der Kunden und Hiltis Grundhaltung gegenüber diesen einmal treffend: „Es ist wichtiger, Märkte zu besitzen, als Fabriken." Oder anders ausgedrückt: Produkte herzustellen nützt nichts, solange die Kunden diese nicht nachfragen. Die Wertschätzung, welche Hilti seinen Kunden entgegenbringt, verlangt von den Mitarbeitenden eine hohe Flexibilität und damit auch zeitweise ein Zurückstellen ihrer eigenen Interessen.

## Strategische Ebene

Im Zentrum des **strategischen**→ **Managements** steht das „Was" der Unternehmenstätigkeit. Ausgehend von der Ungewissheit des Unternehmensumfelds stellt sich die Frage, was (welche Ziele) angestrebt werden soll und welche Voraussetzungen geschaffen werden müssen, um gegenüber der Konkurrenz einen nachhaltigen Wettbewerbsvorteil→ aufzubauen. Das strategische Management beschäftigt sich entsprechend mit der Entwicklung einer möglichst guten und konsistenten Unternehmensstrategie→.

→ Kapitel C1–C5

→ S. 92 Wettbewerbsvorteil

→ S. 98 Unternehmensstrategie

**Beispiel** Hilti – Strategische Fragestellungen

Hiltis Management stellt sich regelmässig Fragen strategischer Art: Welche Leistungen (Werkzeuge und Dienstleistungen) sollen entwickelt und auf dem Markt angeboten werden? Welche Wertschöpfung soll dabei unternehmensintern erbracht werden und welche Aufgaben bzw. Prozesse können unter Umständen ausgelagert werden (Outsourcing)→. Bietet sich in einem bestimmten Bereich allenfalls eine Kooperation mit einem anderen Unternehmen an→?

→ S. 123 Outsourcing

→ S. 130 Kooperationsformen

## Operative Ebene

Die Aufgaben des **operativen Managements** bestehen aus den drei Hauptaktivitäten Planung, Durchführung/Steuerung und Kontrolle. Diese Tätigkeiten beziehen sich auf die personellen, finanziellen und materiellen/immateriellen Unternehmensressourcen[1] und werden im Rahmen des operativen Managements im Sinne eines Kreislaufs→ (**Managementkreislauf**) regelmässig ausgeführt.

[1] Unternehmensressourcen: Mittel zur Zielerreichung/ Produktionsfaktoren

→ S. 528 PDCA-Zyklus

Abb. 106

**Managementkreislauf**

Ressourcen:
– personelle
– finanzielle
– (im)materielle

Dabei wird auf der operativen Handlungsebene die Frage des „Wie" entschieden: Wie werden die im Bereich des strategischen Managements festgelegten Strategien am effektivsten und effizientesten umgesetzt. Die für alle operativen Prozesse entscheidenden Fragen der Effektivität und der Effizienz lassen sich wie folgt umschreiben:

1. **Effektivität:** Welche Mittel (Ressourcen) werden eingesetzt, um die Zielerreichung zu gewährleisten? (Effektivität = „Die richtigen Dinge tun").

2. **Effizienz:** Wie (in welcher Reihenfolge, welche Mengen usw.) werden diese Mittel (Ressourcen) am sparsamsten eingesetzt? (Effizienz = „Die Dinge richtig tun").

→ Aufgabe 2

**Beispiel** Hilti – Kreislauf des operativen Managements

Abb. 107

Bei der Entwicklung eines neuen Geräts, z. B. eines neuartigen Bohrhammers, werden die drei beschriebenen Phasen „Planung", „Durchführung/Steuerung" sowie „Kontrolle" durchlaufen: Zuerst werden die nötigen Entwicklungsschritte unter Einbezug der dafür notwendigen personellen, finanziellen und (im)materiellen Ressourcen geplant (Ressourcenallokation). Erst danach wird mit den eigentlichen Arbeiten begonnen, wobei das Management die Arbeiten steuert und überwacht. Am Schluss wird kontrolliert, ob die in der Planung festgelegten Ziele erreicht wurden: Falls dies zutrifft, kann das nächste Projekt in Angriff genommen werden und der Kreislauf beginnt von vorne. Werden die Ziele hingegen nicht erreicht, muss in vielen Fällen erneut bei der Planung angesetzt werden: So sind Ziele unter Umständen neu zu definieren und Produktionsressourcen einer anderen, effizienteren Verwendung zuzuführen. Der Kreislauf wird so lange durchlaufen, bis das Ergebnis letztendlich der Zielsetzung entspricht.

Somit lässt sich eine präzise Formulierung für den Begriff Management definieren:

→ Aufgaben 3 und 4

**Management bezeichnet die normative, strategische und operative Gestaltung, Lenkung sowie Weiterentwicklung von sozio-technischen Systemen bei hoher Ungewissheit.**

## 1.3 Anforderungen an eine Führungskraft

In Anbetracht der beschriebenen Funktionen und Aufgaben von **Führungs-kräften** müssen diese über einige wichtige **Kompetenzen**[1] verfügen:

[1] Kompetenzen: Fähigkeiten

Tab. 60

| Kompetenz-bereich | Beschreibung | Beispiele |
|---|---|---|
| Sachkompetenz | Das weiss und kann ich. | – Fachwissen<br>– Problemlöse- und Entscheidungs-techniken→<br>– Fremdsprachen<br>– Planungs- und Koordinationsfä-higkeit |
| Sozialkompetenz | So gehe ich mit anderen um. | – Einfühlungsvermögen<br>– Anpassungsfähigkeit<br>– Konfliktfähigkeit<br>– Interkulturelle Kompetenz |
| Selbstkompetenz | So bin ich. | – Reflexionsvermögen<br>– Überzeugungskraft<br>– Selbstdisziplin<br>– Belastbarkeit |

→ Toolbox S. 546 – S. 562

Es sei an dieser Stelle jedoch davon abgeraten, eine idealtypische Führungskraft anhand ganz bestimmter Kompetenzen zu umschreiben. Die benötigten Kompetenzen hängen stark von der jeweiligen Führungssituation→ (konkrete Aufgabe, geführte Mitarbeitende usw.) ab.

→ S. 207 Führungstheorien

**Beispiel** Hilti – Ein mögliches Stelleninserat

Sie sind eine unternehmerisch denkende und handelnde Persönlichkeit mit einem FH-Abschluss im Bereich Bauwesen und einer Weiterbildung in Betriebswirtschaft und/oder Projektmanagement. Weiter verfügen Sie über langjährige Erfahrung im Management von grossen und technisch komplexen Projekten. Ausgeprägte Kommunikationsfähigkeiten im Führungskontext, grosses Verhandlungsgeschick, vernetztes Denken, hohe Eigeninitiative und Ausdauer zeichnen Ihre Persönlichkeit aus. Sie verständigen sich fliessend in Deutsch, Französisch und Englisch.

→ Aufgabe 5

# Aufgaben – D1  Aufgaben des Managements

**1**

Erläutern Sie den Begriff „Management". Gehen Sie dabei insbesondere auf die Aspekte „Gestaltung, Lenkung und Weiterentwicklung", „sozio-technische Systeme" sowie auf das Merkmal „zielgerichtet" ein.

**2**

Zu den sozio-technischen Systemen zählen neben Unternehmen auch politische Parteien, Dienstleistungsorganisationen, Zweckverbände und öffentlich-rechtliche Organisationen.

a  Erläutern Sie am Beispiel einer politischen Partei eine Aufgabe des operativen Managements dieser Organisation anhand des Managementkreislaufs und nehmen Sie Bezug zu den einzelnen Begriffen.

b  Die Umsetzung der operativen Prozesse kann jeweils anhand ihrer Effektivität und ihrer Effizienz beurteilt werden. Erläutern Sie mit Hilfe des Beispiels aus Aufgabe a, welche Effektivitäts- und Effizienzfragen die jeweilige Organisation in Bezug auf den ausgewählten operativen Prozess zu beantworten hat.

**3**

In welchem Verhältnis stehen die Aktivitäten „Gestalten, Lenken und Weiterentwickeln" zu den drei Handlungsebenen „normativ", „strategisch" und „operativ"?

**4**

Nehmen Sie zu folgender Aussage von Henry Ford Stellung: „Es ist nicht der Unternehmer, der die Löhne zahlt – er übergibt nur das Geld. Es ist das Produkt, das die Löhne zahlt." Welche Anforderungen an das Management leiten Sie daraus ab?

**5**

Suchen Sie ein Stelleninserat, das Führungskräfte ansprechen soll. Ordnen Sie die im Stelleninserat beschriebenen Kompetenzanforderungen nach folgenden Kompetenzbereichen:

Tab. 61

| Kompetenzbereich | Ausprägungen |
| --- | --- |
| Sachkompetenz | |
| Sozialkompetenz | |
| Selbstkompetenz | |

www.iwp.unisg.ch/bwl

205

### Leitfragen

a) Was ist unter einem Führungsstil zu verstehen?
b) Welche Führungsstile gibt es und was besagen diese?
c) Welche Faktoren sind bei der Wahl eines bestimmten Führungsstils zu beachten?

### Schlüsselbegriffe

Führungsstil, autoritärer Führungsstil, patriarchalischer Führungsstil, beratender Führungsstil, konsultativer Führungsstil, partizipativer Führungsstil, delegativer Führungsstil, demokratischer Führungsstil, X-Y-Theorie, Theorie Z, kooperativer Führungsstil, situativer Führungsstil

### Verankerung im Modell

Managementprozesse umfassen alle Aufgaben, welche mit der Gestaltung, Lenkung sowie Weiterentwicklung von Organisationen verbunden sind. Das Zusammenwirken von Menschen und Maschinen in einer Organisation kann nur dann zielgerichtet erfolgen, wenn deren jeweilige Einzelaktivitäten geplant, gesteuert und aufeinander abgestimmt werden. Diese Aufgaben sind Bestandteil der „Führung" und werden von den übergeordneten Stellen einer Organisation wahrgenommen. Der jeweilige Führungsstil übt einen Einfluss auf die Unternehmenskultur aus.

**Beispiel** „Gruber AG" – Führungsstile

Abb. 108

Beim Mittagessen in der Kantine unterhalten sich zwei Mitarbeiter der „Gruber AG":

*M1:* Na, auch mal wieder da?

*M2:* Ja. Und, schmeckt das Essen so wie es aussieht?

*M1:* Wenigstens das Kantinenessen könnte vernünftig sein, wenn die Arbeit schon keinen Spass macht.

*M2:* Wieso, was ist denn los?

*M1:* Ach, der Abteilungsleiter. Mit dem kann man kein vernünftiges Wort reden. Seit zehn Jahren arbeite ich jetzt im Beschwerdemanagement und kenne unsere Kunden und ihre Probleme mehr als genug. Aber unser Chef vergräbt sich in seinem Büro. Der hat seit Jahren keinen Kunden mehr zu Gesicht bekommen. Und trotzdem tut er so, als hätten wir keine Ahnung vom Umgang mit den Leuten. Er gibt nur Befehle.

*M2:* Ach, das kenne ich …

*M1*: Ich, zum Beispiel, hätte ein paar gute Vorschläge, wie man die Durchlaufzeit einer Beschwerde im Sinne der Kunden wesentlich verkürzen könnte.

*M2*: Und, was hat er dazu gesagt?

*M1*: Das Übliche: das machen wir seit 20 Jahren so, alles bleibt, wie es ist, keine Experimente … das darf ja wohl nicht wahr sein!

*M2*: Bei uns in der Produktion geht's genau gleich. Wir werden nur herumkommandiert.

## 2.1 Führungstheorien

**Unter Führungsstil ist die Art und Weise, wie sich Führungspersonen und Vorgesetzte gegenüber geführten Personen verhalten, zu verstehen.**

Ein bestimmter Führungsstil hat zur Folge, dass sich jede Führungssituation durch ein einheitliches Verhalten des Vorgesetzten auszeichnet. Demnach ist ein Führungsstil ein zeitlich überdauerndes, weitgehend generalisiertes und konsistentes Verhaltensmuster.

In der Literatur wird eine ganze Reihe von Führungstheorien aufgeführt, deren Kenntnis für ein ganzheitliches Führungsverständnis sinnvoll erscheint. Allerdings lässt sich das Verhalten von Führungspersonen in der Praxis nur selten eindeutig einem Führungsstil zuordnen: Vielmehr pflegt eine Führungsperson verschiedene Führungsstile, deren Anwendung jeweils auch von der jeweiligen Situation (Mitarbeitende, Aufgabe usw.) abhängt.

**Führungsstil-Kontinuum nach Tannenbaum/Schmidt**

In der heutigen Führungslehre ist eine auf Tannenbaum und Schmidt (1958) zurückgehende Klassifikation weit verbreitet. Sie stellt die verschiedenen Führungsstile auf einem Kontinuum[1] (vgl. Horizontale in der folgenden Abbildung) dar, wobei nach einem einzigen Kriterium, nämlich dem Beteiligungsgrad des unterstellten Mitarbeiters am Entscheidungsprozess, unterschieden wird. Das Kontinuum reicht von eher autoritären Führungsstilen (autoritärer, patriarchalischer Führungsstil) bis hin zu eher kooperativen Führungsstilen (partizipativer, delegativer, demokratischer Führungsstil). Dazwischen existieren noch der beratende sowie der konsultative Führungsstil, bei welchen der Vorgesetzte seine Mitarbeiter zumindest konsultiert, bevor er seine Entscheidungen trifft.

[1] Kontinuum: Lückenlose und nicht scharf abgrenzbare Übergänge. Bezüglich Führungsstile fliessende Übergänge zwischen den Führungsstilen

Abb. 109

**Führungsstil-Kontinuum nach Tannenbaum/Schmidt**

| Autoritärer Führungsstil | | | ←――――――――→ | | Kooperativer Führungsstil | |
| --- | --- | --- | --- | --- | --- | --- |
| Entscheidungsspielraum des Vorgesetzten | | | | | Entscheidungsspielraum des Mitarbeiters | |
| autoritär | patriarchalisch | beratend | konsultativ | partizipativ | delegativ | demokratisch |

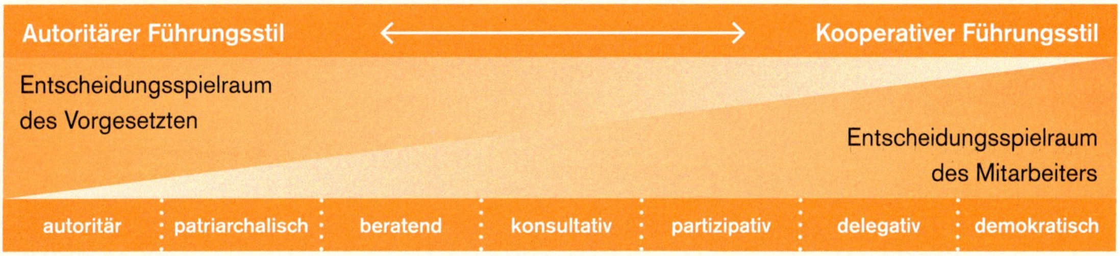

Der **autoritäre Führungsstil** ist durch einen enormen Entscheidungsspielraum des Vorgesetzten geprägt. Der Vorgesetzte trifft alle Entscheidungen ohne jegliche Beteiligung seiner Unterstellten selbst. Die Kompetenzverteilung ist infolgedessen klar geregelt: der Vorgesetzte entscheidet und kontrolliert, die Unterstellten führen die Aufträge aus. Weitere Merkmale dieses Führungsstils sind strenge Hierarchien und Unternehmenswerte wie Gehorsam und Disziplin.

Auch beim **patriarchalischen Führungsstil** dominiert die Entscheidungsmacht des Vorgesetzten. Immerhin ist der Vorgesetzte bestrebt, seine Unterstellten von seiner Entscheidung zu überzeugen, bevor er sie anordnet. Durch die Offenlegung der Entscheidungsgrundlagen schafft er Transparenz und Vertrauen.

Beim **beratenden Führungsstil** informiert der Vorgesetzte über seine beabsichtigte Entscheidung und gewährt den Mitarbeitern die Möglichkeit, ihre Meinungen zu äussern. Erst danach trifft er die endgültige Entscheidung.

Mehr Mitsprachemöglichkeiten werden den Unterstellten beim **konsultativen Führungsstil** eingeräumt: Der Vorgesetzte zeigt Entscheidungsvarianten auf, ohne (wie beim beratenden Führungsstil) bereits eine vorläufige Entscheidung zu fällen. Damit gibt er seinen Unterstellten die Möglichkeit, sich zu den Optionen zu äussern; die Entscheidungsmacht liegt letztlich nach wie vor beim Vorgesetzten.

Beim **partizipativen Führungsstil** schildert der Vorgesetzte lediglich das Problem, ohne auf Lösungsmöglichkeiten hinzuweisen. Nachdem ihm seine Unterstellten Lösungsvorschläge unterbreitet haben, entscheidet sich der Vorgesetzte für die von ihm favorisierte Variante.

Noch grösser ist der Entscheidungsspielraum für die Mitarbeitenden beim **delegativen Führungsstil:** Auch hier zeigt der Vorgesetzte das Problem auf und überlässt die Erarbeitung von Lösungsvorschlägen seinen Mitarbeitern. Im Gegensatz zum partizipativen Führungsstil räumt er diesen aber auch die Entscheidungsmacht ein: Die Unterstellten treffen die endgültige Entscheidung in dem vom Vorgesetzten vorgegebenen Rahmen.

Beim **demokratischen Führungsstil** agieren und entscheiden die Unterstellten autonom – der Vorgesetzte fungiert nur noch als Koordinator, welcher diese bei der Entscheidungsfindung unterstützt.

### X-Y-Theorie von McGregor

Im Jahre 1960 präsentierte der amerikanische Professor Douglas McGregor die X-Y-Theorie. Als Grundlage für die von ihm gewählte Führungstheorie dienten zwei sich gänzlich voneinander unterscheidende Menschenbilder: Diese sowie die dazugehörigen Führungsstile können der folgenden Tabelle entnommen werden.

Da sich die **X-** und die **Y-Theorie** gegenseitig ausschliessen, entwarf McGregor im Jahre 1964 mit der **Theorie Z** eine Synthese[1] beider Theorien. William Ouchi entwickelte diese im Jahre 1981 weiter. Die Theorie Z ist gekennzeichnet durch eine kollektive und einvernehmliche Entscheidungsfindung (kooperative Entscheidungsfindungsprozesse) und eine hohe Eigenverantwortlichkeit der Mitarbeitenden. Gelegentliche Kontrollen und Anleitungen durch den Vorgesetzten sollen den Mitarbeitenden dabei als Leitplanken dienen.

[1] Synthese: Vereinigung von zwei oder mehreren Elementen zu einer neuen Einheit. Hier: Vereinigung einzelner Elemente zweier Theorien zu einer neuen Theorie

→ Aufgabe 1

Tab. 62

| Theorie | X | Y |
|---|---|---|
| Menschenbild | Der Mensch ist faul, verantwortungsscheu und extrinsisch motiviert[1]. Sanktionsdrohungen und Zwang sind notwendig. ~ Taylorismus→ | Der Mensch ist fleissig, eigeninitiativ und intrinsisch motiviert[2]. Autonomie der Mitarbeiter wird angestrebt. ~ Human-Relations-Ansatz→ |
| Kernaussage | Der Vorgesetzte muss den Unterstellten anleiten, straff führen, stets überwachen und streng kontrollieren. | Den Unterstellten sollten Freiräume zur persönlichen Entfaltung gewährt und Verantwortung übertragen werden. Externe Kontrollen sind nicht nötig, da der Mensch von sich aus im Sinne des Unternehmens tätig wird, falls er sich mit dessen Zielen identifiziert. |
| Führungsstil | Stark autoritärer Führungsstil | Mitarbeiterorientierter, eher kooperativer Führungsstil |

[1] Extrinsische Motivation: Motivation „von aussen". Äussere Faktoren wie Löhne, Anerkennung, Aussicht auf Beförderung usw. veranlassen einen Menschen zu Handlungen.

[2] Intrinsische Motivation: Motivation „von innen". Innere Faktoren wie die Eigenmotivation oder der Drang nach Selbstverwirklichung veranlassen einen Menschen zu Handlungen.

→ S. 147 Technokratische Ansätze

→ S. 149 Menschenorientierte Ansätze

**Klassifikation nach Blake und Mouton**

Blake und Mouton haben 1964 ein Verhaltensgitter entwickelt, mit dessen Hilfe die Verhaltensmuster verschiedener Menschen analysiert werden können.
Die erste Dimension stellt die Sach- bzw. Aufgabenorientierung dar („sachliche Dimension"): Sie konzentriert sich auf quantitative und qualitative Ziele wie Produktivität oder die Qualität der Produkte. Dabei steht das Bemühen um Ergebnisse im Vordergrund. Bei der zweiten Dimension handelt es sich um die Menschen- bzw. Mitarbeiterorientierung („soziale Dimension"): Bemühen sich die Führungskräfte um das Vertrauen und die volle Leistungsbereitschaft ihrer Mitarbeiter? Diese Dimension bezieht sich auf die Pflege der zwischenmenschlichen Beziehungen. Die Ergebnisse sollen hierbei auf der Grundlage von Vertrauen, Respekt, Gehorsam, Verständnis und Unterstützung erbracht werden.

Abb. 110

Klassifikation nach Blake und Mouton

209

Aus der Kombination der beiden Dimensionen ergeben sich fünf Extremverhaltensweisen:

- Beim *Überlebensmanagement* ist das Führungsverhalten passiv. Die Vorgesetzten engagieren sich weder für die Leistungsziele (sachliche Dimension) noch für die Motivation der Mitarbeiter (soziale Dimension). Die geforderte Arbeit wird mit minimalem Einsatz geleistet – ein erhebliches Leistungspotenzial wäre vorhanden.
- Das *Befehl-Gehorsam-Management* lässt alle menschlichen Belange ausser Betracht. Das Streben der Führungspersonen nach maximaler Leistungserbringung (sachliche Dimension) steht im Vordergrund. Dabei dominiert die Vorstellung, dass die Mitarbeiterbedürfnisse nicht mit den Interessen des Unternehmens in Einklang zu bringen sind und soziale Fragen deshalb ausgeblendet werden müssen. Das Führungsklima ist autoritär.
- Beim *Organisationsmanagement* herrscht eine starke Kompromissbereitschaft vor, nicht nur im sozialen, sondern auch im leistungsorientierten Bereich. So geführte Unternehmen sind meist frei von Konflikten, laufen aber Gefahr, mittelmässig zu sein.
- Im Gegensatz zum Befehl-Gehorsam-Management stehen beim *Samthandschuhmanagement* die soziale Dimension, insbesondere die zwischenmenschlichen Beziehungen, die Bedürfnisse der Mitarbeiter und deren Zufriedenheit im Vordergrund. Sachliche Belange wie Leistungs- und Produktivitätsziele werden in derart geführten Unternehmen ausgeblendet. Ein angenehmes Arbeitsklima kann in übertriebener Form aufgrund der fehlenden Leistungsorientierung jedoch auch produktivitätsmindernd wirken.
- Das *Teammanagement* wird als erstrebenswert angesehen, weil die Bedürfnisse und Ziele der Mitarbeiter mit den Unternehmenszielen im Einklang stehen. Alle Seiten erbringen mit Blick auf die Ziele einen hohen Arbeitseinsatz, was die Menschen im Unternehmen verbindet. Daraus resultiert gegenseitiges Vertrauen→ und eine gute Arbeitsleistung.

→ S.182 Kultur

## Zwei-Faktoren-Theorie nach Herzberg

Der amerikanische Professor Frederick Herzberg veröffentlichte im Jahre 1959 das Buch „The Motivation to Work", in welchem er die Zwei-Faktoren-Theorie zur Arbeitsmotivation ausformulierte. Herzberg analysierte dabei die Bestimmungsfaktoren der Arbeitszufriedenheit, wobei er davon ausging, dass eine hohe Arbeitszufriedenheit auch zu einer hohen Arbeitsproduktivität führt. Der Zusammenhang zwischen Arbeitszufriedenheit und Produktivität entspricht dabei den Grundannahmen der so genannten Human-Relations-Theorie bzw. des motivationstheoretischen Ansatzes→. Herzberg unterschied dabei zwischen den so genannten Hygienefaktoren und den Motivationsfaktoren:

→ S.149 Menschenorientierte Ansätze

Abb. 111

## Zwei-Faktoren-Theorie nach Herzberg

| | Hygienefaktoren | Motivationsfaktoren |
|---|---|---|
| Beschreibung | Faktoren, welche Unzufriedenheit verhindern, jedoch für sich alleine noch nicht zur Zufriedenheit führen. In Bezug auf Zufriedenheit also notwendig, aber nicht hinreichend. | Faktoren, welche zur Zufriedenheit führen. Fehlen sie, resultiert daraus jedoch nicht zwingend Unzufriedenheit, sondern in erster Linie Nicht-Zufriedenheit. |
| Beispiele | – Entlohnung/Gehalt<br>– zwischenmenschliche Beziehungen<br>– Führungsstil<br>– Arbeitsbedingungen<br>– Sicherheit der Arbeitsstelle | – Arbeitserfolg<br>– Anerkennung durch Vorgesetzte<br>– Arbeitsinhalte<br>– Verantwortung<br>– Aufstieg und Beförderung |
| Grad der Zufriedenheit | Unzufriedenheit | Nicht-Unzufriedenheit / Nicht-Zufriedenheit — Zufriedenheit |

Zur Vermeidung von Unzufriedenheit sind in erster Linie den Hygienefaktoren möglichst optimal auszugestalten. Um die Arbeitszufriedenheit bzw. -motivation weiter zu steigern, sind die Motivationsfaktoren von Bedeutung. Unter der Grundannahme, dass sich eine Erhöhung der Arbeitszufriedenheit/-motivation positiv auf die Arbeitsproduktivität auswirkt, ist die Beachtung der Herzberg'schen Zufriedenheitsfaktoren in Führungssituationen von grosser Bedeutung.

## Führungsstiltypologie nach Wunderer

Wunderer beschreibt die Führungsstile in einem zweidimensionalen Ansatz. Die eine Dimension erfasst den Entscheidungsspielraum (Autonomie) der Mitarbeiter, die andere Dimension die Kooperation/Interaktion zwischen Vorgesetzten und Mitarbeitern. Das Resultat dieses Ansatzes sind sechs idealtypische Führungsstile, deren Grenzen als fliessend zu betrachten sind:

→ Aufgabe 2

Abb. 112

### Klassifikation nach Wunderer

In Bezug auf den autoritären, den patriarchalischen, den konsultativen sowie den delegativen Führungsstil sei auf die Ausführungen zum Führungsstil-Kontinuum nach Tannenbaum/Schmidt verwiesen.<sup></sup> Auch der autonome Führungsstil deckt sich weitgehend mit dem demokratischen Führungsstil nach Tannenbaum/Schmidt. Einer weiteren Erklärung bedarf deswegen nur noch der so genannte kooperative Führungsstil:

→ S. 207 Führungstheorien

Beim **kooperativen Führungsstil** werden die Mitarbeiter in hohem Masse in den Entscheidungsfindungsprozess einbezogen. Es besteht ein Zusammenwirken von Führungskräften und Unterstellten, eine Entscheidung wird meist auf einvernehmliche Weise gemeinsam getroffen.

**Beispiel** „Gruber AG" – Führungsstile nach Tannenbaum/ Schmidt & Wunderer

Sowohl nach Massgabe der Klassifikation nach Tannenbaum/Schmidt, als auch nach der Führungsstiltypologie von Wunderer, ist der Führungsstil der Abteilungsleiter der „Gruber AG" autoritär. Die Kompetenzen scheinen klar geregelt zu sein, wobei die Abteilungsleiter die Entscheidungen fällen und alles kontrollieren, während die Unterstellten bloss Aufträge ausführen. Die Folge dieses extremen Führungsstils sind unmotivierte Mitarbeiter und ein schlechtes Arbeitsklima. Gemäss Blake und Mouton herrscht in der „Gruber AG" ein Befehl-Gehorsam-Managementstil, wobei die Sachorientierung (sachliche Dimension) eindeutig im Vordergrund steht. Die Mitarbeiter und deren Anliegen und Interessen (soziale Dimension) finden bei der Entscheidungsfindung keinen Platz.

Diese Formen des Führungsverhaltens scheinen für die Mitarbeiter wenig motivierend und vertrauensbildend zu sein. Es stellt sich die Frage, was man am Führungsstil verbessern könnte, um ein angenehmeres Betriebsklima zu schaffen und die Identifikation der Mitarbeiter mit der „Gruber AG" zu erreichen. Ein Anliegen an die Führung, welches im Gespräch besonders zum Ausdruck kommt, ist die vorgängige Anhörung der Mitarbeiter im Entscheidungsfindungsprozess. Im Zentrum steht dabei in erster Linie die Möglichkeit, eigene Ideen und Anliegen vorbringen zu können und von der Führungskraft ernst genommen zu werden.

**Beispiel** „Gruber AG" – Führungsstil und Führungssituationen

→ Aufgaben 3, 4 und 5

Abb. 113

Eines Tages übernimmt ein neuer Leiter die Produktionsabteilung der „Gruber AG". Sein Führungsverhalten ist kooperativ, d. h. die Mitarbeitermeinung erhält einen höheren Stellenwert und fliesst in den Entscheidungsfindungsprozess mit ein. Die Folgen davon sind eine höhere Arbeitszufriedenheit und damit einhergehend ein angenehmeres Arbeitsklima. Eines Morgens ereignet sich aber Folgendes: eine Produktionsmaschine fällt aus. Die „Gruber AG" läuft Gefahr, einen wichtigen Kundenauftrag nicht rechtzeitig erfüllen zu können.

Wie soll der neue Chef in dieser heiklen Situation reagieren? Soll er seinen Führungsstil der neuen Situation anpassen oder unverändert beibehalten?

## 2.2 Führungsstil und Führungssituation

Bisher konnte anhand wissenschaftlicher Untersuchungen kein Hinweis darauf gefunden werden, dass ein bestimmter Führungsstil zu mehr Erfolg führt als andere. Vielmehr hat sich gezeigt, dass je nach Art der Führungssituation ein anderes Führungsverhalten notwendig und erfolgversprechend ist. Deshalb empfiehlt die aktuelle Theorie einen **situativen Führungsstil:** Die Führungskraft muss die allgemeine Unternehmenssituation und die Person des Mitarbeiters in Betracht ziehen und das eigene Verhalten danach ausrichten.

Bestimmungsfaktoren für das jeweils zu wählende Führungsverhalten in einer spezifischen Situation sind:

– *Führungsperson:* Welche persönlichen Eigenschaften (Ausbildung, fachliche Qualifikation usw.), welche Führungsqualitäten und wie viel Führungserfahrung besitzt der Vorgesetzte?

– *Geführte Person:* Welche persönlichen Eigenschaften (fachliche Qualifikation, Verantwortungsbewusstsein, Eigenständigkeit usw.) und Motivation weisen die Mitarbeitenden auf?

– *Situation/Aufgabe:* Welche Probleme müssen in der zu bewältigenden Situation gelöst werden? Wie komplex ist die zu lösende Aufgabe? Ist die Aufgabe einmalig oder andauernd zu lösen? Wie entscheidend ist die Lösung der Aufgabe für den Unternehmenserfolg? Wie viel Zeit steht für die Lösung der Aufgabe zur Verfügung?

Je nach Notwendigkeit in einer bestimmten Situation wird der Führungsstil angepasst. Das Verhalten der Führungsperson kann also zwischen einem autoritären und einem kooperativen Führungsstilen hin- und herpendeln.

**Beispiel** „Gruber AG", Polizei und Feuerwehr – Situative Führung

Um Lieferverzögerungen aufgrund des Ausfalls einer wichtigen Produktionsmaschine zu verhindern, müssen Entscheidungen schnell getroffen und umgesetzt werden. Auf die Anhörung der Mitarbeitenden muss aus Zeitgründen verzichtet werden.

Auch die verantwortlichen Führungskräfte der Feuerwehr oder der Polizei sind im Ernstfall darauf angewiesen, dass alle Beteiligten ihren Anweisungen gehorchen und somit entsprechend schnell gehandelt werden kann. In solchen Extremfällen ist von den Unterstellten dringend Gehorsam und Disziplin zu erwarten, wobei sich klare Hierarchien abzeichnen: In solchen Institutionen sind autoritäre Führungsstile oftmals angebracht und auch an der Tagesordnung. Im Routinebetrieb aber, z. B. bei einem wöchentlichen Teamgespräch auf dem Polizeiposten, bei einer Lagebesprechung der Feuerwehrtruppe oder im Alltagsgeschäft bei der „Gruber AG", ist genügend Zeit vorhanden, um auch die Meinung der Mitarbeiter anzuhören, deren Interessen in die Entscheidung mit einfliessen zu lassen und einen kooperativen Führungsstil zu pflegen. Demzufolge ist im Normalbetrieb ein Führungsstil zu empfehlen, welcher den Mitarbeitern einen gewissen Entscheidungsspielraum einräumt und sie dadurch zum aktiven Mitdenken im Unternehmen auffordert.

Abb. 114

## Aufgaben – D2 Führungsstile

**1**

Ein Freund von Ihnen macht folgende Aussage: „Ich führe meine Mitarbeiter mit eiserner Hand, sonst würden die ja gar nichts tun."

a Welches Menschenbild gemäss X-Y-Theorie liegt dieser Aussage zugrunde und wodurch zeichnet sich der beschriebene Führungsstil aus?

b Sie entgegnen Ihrem Freund, dass eine solche Führung leistungshemmend ist. Begründen Sie Ihre Haltung.

**2**

Stellen Sie sich vor, dass Sie Trainer/-in einer U13-Handballmannschaft sind.

a Beschreiben Sie Ihren Führungsstil anhand des Führungsstil-Kontinuums nach Tannenbaum/Schmidt oder anhand der Führungsstiltypologie nach Wunderer.

b Begründen Sie die Wahl Ihres Führungsstils.

**3**

Auch eine Lehrperson ist eine Führungskraft.

a Wie führen Ihre Lehrerinnen und Lehrer mehrheitlich? Begründen Sie Ihre Antwort anhand einiger konkreter Situationen.

b Welche Führungsstile sind dabei Ihrer Meinung nach bei Lehrpersonen erfolgreich? Zeigen Sie Vor- und Nachteile der jeweiligen Führungsstile auf und beschreiben Sie diese.

c Welchen Führungsstil würden Sie einer jungen Lehrperson empfehlen, um Ihre Klasse erfolgreich führen zu können? Begründen Sie.

**4**

Suchen Sie im Internet Informationen über Führungsgrundsätze dreier Unternehmen. Achten Sie darauf, dass sich die Unternehmen hinsichtlich Grösse, Ausrichtung (national/international) und Branche unterscheiden→.

→ S. 31 Unternehmensarten

a Prüfen Sie, ob Führungsgrundsätze Aufschluss über den unternehmensinternen Führungsstil geben.

b Wenn Sie sich bei einem dieser Unternehmen bewerben sollten, für welches würden Sie sich aufgrund des Führungsstils entscheiden? Begründen Sie.

**5**

„Ein Einbezug der Mitarbeiter in die Entscheidungsprozesse steigert deren Leistung." Nehmen Sie zu dieser Aussage Stellung und begründen Sie.

www.iwp.unisg.ch/bwl

**Leitfragen**

a) Was verbirgt sich hinter dem Begriff Corporate Governance?

b) Welches sind die Hauptaussagen der Principal-Agent-Theorie?

c) In welchem Spannungsfeld befindet sich die Corporate Governance?

d) Welche Formen der Unternehmensführung werden unterschieden?

e) Welche Funktionen üben die verschiedenen Organe in einem Unternehmen aus?

f) Welche Corporate-Governance-Richtlinien haben börsenkotierte Unternehmen zu befolgen?

**Schlüsselbegriffe**

Corporate Governance, Compliance, Chief Executive Officer (CEO), Chief Financial Officer (CFO), Chief Operations Officer (COO), Verwaltungsrat, Principal-Agent-Theorie, Checks and Balances, dualistisches System, monistisches System, Ad-hoc-Publizität, Insider-Trading

**Verankerung im Modell**

Um ein zielgerichtetes Zusammenwirken von Menschen und Maschinen sicherzustellen, müssen Organisationen gemanagt werden. Unter Management wird dabei die Gestaltung, Lenkung und Weiterentwicklung einer Organisation verstanden. Neben der gezielten Einflussnahme der Organisationsführung (Lenkung) geschieht die Koordination von Menschen und Maschinen in einem Unternehmen durch die Festlegung fester Strukturen (Gestaltung). Zu diesen Strukturen gehören die für alle Organisationsmitglieder verbindlichen Regeln und Prinzipien. Diese haben im Rahmen der Corporate Governance zum Zweck, die Organisationsinteressen vor den Eigeninteressen der Organisationsmitglieder durchzusetzen. Zur Vermeidung von Schäden müssen solche Regeln und Prinzipien deshalb bei der Organisationstätigkeit beachtet und deren Einhaltung kontrolliert werden.

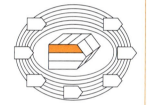

**Beispiel** Swissair – Das Grounding

Abb. 115

Die skandalöse Pleite der Schweizer Fluggesellschaft Swissair im Jahr 2001 erregte über die Landesgrenzen hinaus enormes Aufsehen. Trotz der Bemühungen des Geschäftsführers (CEO), welcher erst zu Anfang des Jahres in sein Amt berufen wurde, waren sämtliche Rettungsstrategien erfolglos. Die Swissair musste ihren Flugbetrieb am 2. Oktober 2001 einstellen, da sie nicht mehr über genügend finanzielle Mittel verfügte, um den Betrieb weiterführen zu können. In den Jahren zuvor hatte die Geschäftsleitung der Swissair laufend neue Beteiligungen an anderen Fluggesellschaften erworben. Dadurch geriet die Organisation schliesslich in eine finanzielle Notlage. Verständlicherweise stellte sich die Frage, weshalb dieser Ausgang nicht vermieden werden konnte.

Abgestellte Swissair-Flugzeuge nach Einstellung des Flugbetriebs, Flughafen Zürich-Kloten (02.10.2001)

Nicht selten wird das Fehlen einer funktionierenden Corporate Governance als wesentliche Ursache für das Grounding der Swissair aufgeführt. Doch wie hätte die konsequente Umsetzung moderner Corporate-Governance-Richtlinien ein Grounding der Swissair allenfalls verhindern können? Um diese Frage zu beantworten, sollen die folgenden Abschnitte darlegen, was unter Corporate Governance zu verstehen ist und wie diese idealerweise ausgestaltet werden soll.

## 3.1 Annäherung an den Begriff Corporate Governance

Der Begriff taucht im betriebswirtschaftlichen Kontext häufig auf und ist schon fast ein Modewort geworden. Getrennt betrachtet, steht „corporate" für die „Körperschaft", also das Unternehmen, während „governance" mit „Führung", „Steuerung" oder „Kontrolle" übersetzt wird.

**Corporate Governance bezeichnet sämtliche Verhaltensregeln, welche bei der Führung und Kontrolle eines Unternehmens zu berücksichtigen sind.**

Solche Verhaltensregeln können durch unterschiedliche Gruppen geschaffen worden sein: So zum Beispiel durch den Gesetzgeber, die Eigentümer, die Mitarbeiter, den Aufsichts- oder Verwaltungsrat, das Management oder andere Anspruchsgruppen. Bleiben sie unbeachtet, kann dies für ein Unternehmen schwerwiegende Folgen nach sich ziehen. Die Verantwortung für die Einhaltung der Verhaltensregeln wird von Art. 716a, Ziffer 5 des Schweizerischen Obligationenrechts dem Verwaltungsrat zugewiesen: „[Der Verwaltungsrat übt] die Oberaufsicht über die mit der Geschäftsführung betrauten Personen, namentlich im Hinblick auf die Befolgung der Gesetze, Statuten, Reglemente und Weisungen [aus]."

**Die Übereinstimmung des Verhaltens und der Handlungen eines Unternehmens mit den geltenden Normen des Rechts und der Ethik bzw. die Verhinderung von Gesetzesverletzungen und Regelverstössen wird „Compliance" genannt.**

Bei der Compliance geht es um die Einhaltung von Regeln, deren Nichtbefolgung einem Unternehmen Schaden zufügen könnte. Werden rechtliche Regeln verletzt, drohen einem Unternehmen ein Prozess, ein administrativer Aufwand und im Falle einer Verurteilung auch ein Geldverlust. Werden ethische Regeln verletzt, drohen dem Unternehmen ein Reputationsschaden, Umsatzeinbrüche und damit ebenfalls ein Verlust.

An zusätzlicher Bedeutung gewinnt die Corporate Governance durch die in der heutigen Wirtschaftswelt häufig auftretende Zweiteilung (Dualität[1]) zwischen Eigentümern und Management: Ein/-e Manager/-in ist eine Führungskraft, welche über bestimmte Kompetenzen, Macht- und Entscheidungsbefugnisse verfügt. Der hierarchisch höchste Manager wird häufig **CEO (Chief Executive Officer)**[2] genannt. Dem CEO sind andere Manager auf der höchsten Manage-

[1] Dualität: „Zweiheit", „Doppelheit"

[2] CEO (engl.: Chief Executive Officer): Höchste „ausführende (exekutive) Kraft" des Unternehmens, oberster Manager

mentebene (z. B. **CFO**[1] oder **COO**[2]) sowie solche auf der mittleren und der unteren Managementebene (Abteilungsleiter, Teamleiter usw.) unterstellt. Ernannt, überwacht und kontrolliert wird das Management (Geschäftsleitung) im Falle der Aktiengesellschaft vom **Verwaltungsrat (VR)**[3].

Meist sind die Unternehmenseigentümer nur noch in KMU[4] selbst im Verwaltungsrat oder in der Geschäftsleitung tätig. Engagieren sich die Eigentümer eines Unternehmens nicht selbst im Unternehmen, können zwischen ihnen und der Geschäftsleitung Interessenskonflikte entstehen. Das prominenteste Beispiel für eine solche Dualität zwischen Eigentümerschaft und Führung einer Körperschaft stellt die Aktiengesellschaft (AG) dar: Während die AG im Eigentum der Aktionäre steht, sorgen Verwaltungsrat und Geschäftsleitung gemeinsam für die Geschäftsführung und -vertretung. Die Problematik der Zweiteilung von Unternehmenseigentümern und Unternehmensführung wird durch die Principal-Agent-Theorie beschrieben. Diese hebt die Notwendigkeit einer guten Corporate Governance hervor.

→ Aufgabe 1

## 3.2 Principal-Agent-Theorie

**Die Principal-Agent-Theorie beschreibt das Verhältnis zwischen dem Auftraggeber (Prinzipal) und der beauftragten Partei (Agent).**

Gemeint ist damit beispielsweise die Beziehung zwischen einem Arbeitgeber und einem Arbeitnehmer oder zwischen dem Eigentümer eines Unternehmens und der Geschäftsleitung.

Abb. 116

Principal-Agent-Theorie

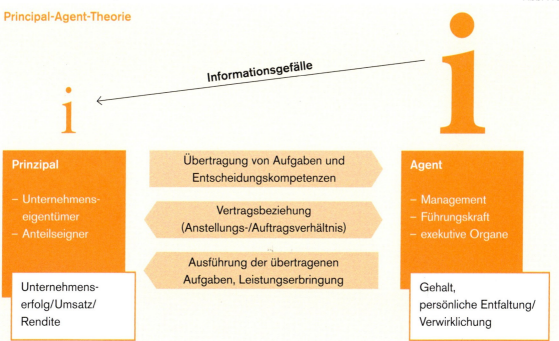

Informationsgefälle

**Prinzipal**
– Unternehmenseigentümer
– Anteilseigner

Unternehmenserfolg/Umsatz/Rendite

Übertragung von Aufgaben und Entscheidungskompetenzen

Vertragsbeziehung (Anstellungs-/Auftragsverhältnis)

Ausführung der übertragenen Aufgaben, Leistungserbringung

**Agent**
– Management
– Führungskraft
– exekutive Organe

Gehalt, persönliche Entfaltung/Verwirklichung

Die Principal-Agent-Theorie geht von bestimmten Grundannahmen aus: Jede Seite (Prinzipal und Agent) ist über die jeweils andere nur unvollkommen informiert. In einem Unternehmen verfügt der Agent (das Management) aufgrund seiner Nähe zum Tagesgeschäft über Informationen, welche dem Prinzipal (Unternehmenseigentümer) nicht direkt zugänglich sind. Da Agent und Prinzipal in der Regel ihren eigenen Nutzen maximieren wollen und deshalb ihre eigenen Ziele verfolgen, führt das Informationsgefälle in Principal-Agent-Beziehungen häufig zu Agency-Verlusten.

Aus diesem Grunde entstehen bei einer vertraglichen Beziehung zwischen einem Prinzipal und einem Agenten immer diverse Kosten. Diese entstehen durch Massnahmen, mit denen das Informationsgefälle zwischen Prinzipal und Agent beseitigt bzw. vermindert werden soll. Agency-Verlusten gilt es anhand der in der Tabelle aufgeführten Vorschläge vorzubeugen.

Tab. 63

| Grundannahmen | |
|---|---|
| Individuelle Nutzenmaximierung | Sowohl der Prinzipal als auch der Agent trachten danach, ihren individuellen Nutzen zu maximieren. |
| Unvollständige Informationen | Beide Akteure sind nur unvollständig informiert – insbesondere wissen weder Prinzipal noch Agent genau, welche Absichten die jeweilige Gegenpartei verfolgt. |
| Informationsgefälle | Es herrscht eine Ungleichverteilung der Informationen zwischen Prinzipal und Agent: Der Prinzipal kennt die Absichten und Aktivitäten des Agenten nie genau. |
| **Kosten** | |
| Garantiekosten | Diese entstehen, wenn der Agent dem Prinzipal Rechenschaft über seine Absichten oder Tätigkeiten ablegt. |
| Steuerungs- und Kontrollkosten | Sie betreffen Massnahmen des Prinzipals zu seinem Schutz und sind ebenfalls mit Kosten verbunden. |
| **Agency-Verluste** | |
| Verborgene Eigenschaften (hidden characteristics): | Da der Prinzipal nicht alle Eigenschaften des Agenten kennt, entscheidet er sich unter Umständen schon beim Vertragsabschluss für den falschen Partner. |
| Verborgenes Handeln bzw. verborgene Informationen | Diese Verluste treten während der Vertragserfüllung auf und bezeichnen die Tatsache, dass der Prinzipal den Agenten einerseits nicht lückenlos kontrollieren und andererseits die Qualität des Handelns eines Agenten – zum Beispiel aufgrund mangelnder Fachkenntnisse – nicht richtig einschätzen kann. |

| **Gegenmassnahmen** | |
| --- | --- |
| Ausgleich der Interessen | Wenn der Agent die gleichen Interessen hat wie der Prinzipal, verliert er den Anreiz für eigennütziges Verhalten. |
| Einführung von Informationssystemen | Dazu gehören die elektronische Erfassung der Arbeitszeit oder die Vereinbarung von Zielen (Meilensteine)[1]. |
| Bürokratische Kontrolle | Der Prinzipal kontrolliert sowohl die Handlungen als auch die Ergebnisse des Agenten. |
| Informationsverbesserung | Der Prinzipal sollte versuchen, das Informationsgefälle zwischen ihm und dem Agenten zu reduzieren. |

[1] Meilensteine: Definierte (Zwischen-)Ziele, anhand derer eine Erfolgsmessung möglich ist.

**Beispiel** Arbeitgeber (Prinzipal) vs. Arbeitnehmer (Agent) – Unterschiedliche Interessen

Pit hat gerade sein Studium in Ingenieurwesen an der Technischen Universität München abgeschlossen und bewirbt sich mit seinem Diplom in der Tasche bei der „Maschinenbau AG". Der Prinzipal geht von der Annahme aus, dass jeder Bewerber seinen eigenen Nutzen maximieren will (individuelle Nutzenmaximierung) und nicht alle Karten offen auf den Tisch legt (Unvollständige Informationen und Informationsgefälle). Um Agency-Verlusten vorzubeugen, hat die „Maschinenbau AG" vor kurzer Zeit ein aufwändiges Bewerbungsverfahren eingeführt. Die Bewerber haben ein mehrteiliges Bewerbungsverfahren zu durchlaufen (Reduktion des Informationsgefälles). Zu diesem gehören die Durchführung mehrerer persönlicher Gespräche, die Absolvierung zahlreicher Tests sowie die Teilnahme an einem Workshop. Ausserdem hat das Unternehmen seine Lohn- und Anreizpolitik angepasst und eine leistungsabhängige Komponente in die Lohngestaltung eingebaut (Ausgleich der Interessen). Zusammen mit den Mitarbeitern werden Leistungsziele (Einführung von Informationssystemen) für die Bestimmung des Lohnes definiert. Zwischenergebnisse werden vom Unternehmen laufend hinsichtlich ihrer Qualität kontrolliert und in die Leistungsbewertung aufgenommen (Bürokratische Kontrolle). Dadurch verspricht sich die „Maschinenbau AG" (Prinzipal) eine bessere Übereinstimmung ihrer Interessen mit denjenigen ihrer Arbeitnehmer (Agenten). Die beschriebenen Massnahmen verursachen jedoch Garantie-, Steuerungs- und Kontrollkosten.

→ Aufgabe 2

Abb. 117

## 3.3 Corporate Governance im Spannungsfeld der Interessen

Bei der Ausgestaltung einer wirkungsvollen Corporate Governance, also eines Systems zur konsequenten Überwachung der Befolgung von Regeln, besteht ein Zielkonflikt: Einerseits sollte sich die Unternehmensführung mit den Aktionären über die ausreichende Berücksichtigung ihrer Anliegen verständigen. Andererseits soll die Arbeit der Unternehmensführung nicht durch unnötige Rücksprachen eingeschränkt werden, worunter letztlich die Arbeitseffizienz leiden würde. Die nachfolgende Darstellung zeigt, dass beide Ausrichtungen im Spannungsfeld zwischen Interessenausgleich und Arbeitseffizienz ausbalanciert werden müssen. Die unteren zwei Felder repräsentieren jeweils die negativen Übertreibungen der zwei Orientierungsvarianten, welche unbedingt vermieden werden sollten.

Abb. 118

Verständigungsorientierung vs. Ergebnisorientierung

In diesem Zusammenhang ist der Begriff **„Checks and Balances"** einzuführen. Dieser hebt hervor, dass Macht aufgeteilt werden soll und einer Kontrolle unterliegen muss (Checks), damit ein Interessengleichgewicht hergestellt werden kann (Balances). Keine Stelle bzw. Person soll zu viel Macht auf sich vereinigen können.

→ Aufgabe 3

Die Richtlinien der Corporate Governance beziehen sich in erster Linie auf die Zusammenarbeit zwischen den Führungs- und Kontrolleinheiten sowie den Eigentümern und Anspruchsgruppen eines Unternehmens. Die folgende Abbildung zeigt die Zusammensetzung einer Aktiengesellschaft in Deutschland (D), Österreich (A) und der Schweiz (CH).

Abb. 119

**Funktionen und Organe einer Aktiengesellschaft**

**Corporate Governance**
Richtlinien

**Eigentümer/höchstes Beschlussorgan**

D/A: Hauptversammlung
CH: Generalversammlung

**Führung/Leitung**

D/A: Vorstand
CH: Verwaltungsrat und
      Geschäftsleitung

**Kontrolle/Überwachung**

D/A: Aufsichtsrat, Ausschüsse
CH: Verwaltungsrat, Revisions-
      stelle und Ausschüsse

## 3.4 Organisation der Unternehmensführung

Bei der Organisation der Unternehmensführung einer AG werden zwei Formen unterschieden. Das **dualistische System** ist in Deutschland und Österreich vorgeschrieben. Dieses System sieht eine klare personelle Trennung bei der Besetzung der verschiedenen Funktionen vor. Eine Person darf nicht gleichzeitig Kontrollorgan sein und als Geschäftsleitungsmitglied operative Aufgaben[1] erledigen.

[1] Operative Aufgaben: Vollzug des Alltagsgeschäfts

Im Gegensatz zum dualistischen System können die Geschäftsleitung und die Kontrolle/Überwachung im **monistischen System** von den gleichen Personen ausgeübt werden.

**Beispiel** Novartis – VR und CEO in Personalunion

Im schweizerischen Pharmaunternehmen Novartis übte Daniel Vasella elf Jahre lang eine Doppelfunktion als Vorsitzender der Geschäftsleitung (= CEO) und Verwaltungsratspräsident aus. Er gab das umstrittene Doppelmandat im Februar 2010 durch die Abgabe der Geschäftsleitung auf.

Kritiker des monistischen Systems bringen ein Hauptproblem mit folgender Aussage auf den Punkt: „Die Aufsicht funktioniert etwa genauso gut, wie wenn ein Hund ein Wurstdepot beaufsichtigen müsste, nämlich gar nicht." Befürworter des monistischen Systems hingegen sehen die schnelleren Abläufe und tieferen Kontrollkosten als Vorteil.

Sowohl in Deutschland als auch in der Schweiz ist die Bildung von Ausschüssen zur Unterstützung der Geschäftsführungs- und Aufsichtsorgane möglich. Die Delegation von Aufgaben trägt zu einer Machtverteilung bei.

In der folgenden Tabelle sind die länderspezifischen Unterschiede im Hinblick → Aufgabe 4 auf die Unternehmensorganisation einer Aktiengesellschaft nochmals hervorgehoben.

Abb. 120

## Unterschiede in der Unternehmensorganisation

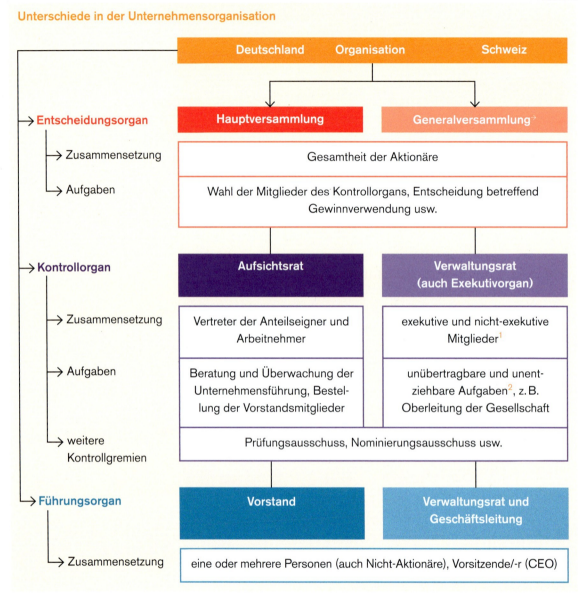

→ S. 504 Generalversammlung

[1] Exekutive Mitglieder des Verwaltungsrats: Mitglied des Verwaltungsrats, welches gleichzeitig eine Funktion in der Geschäftsführung (so genannte Exekutivfunktion) inne hat.

[2] Die unübertragbaren und unentziehbaren Aufgaben des Verwaltungsrats werden im Schweizerischen Obligationenrecht (OR) in Art. 716a aufgelistet.

**Beispiel** Swissair – Geschäftsführung und Aufsicht

Das Zusammenspiel zwischen der Geschäftsleitung und dem Verwaltungsrat funktionierte bei der Swissair nur schlecht. Die Mitglieder des Verwaltungsrates waren in ihren geschäftlichen Beziehungen voneinander abhängig. Dies war einer der Gründe, weshalb das Aufsichtsorgan seine Funktion nicht ordnungs-gemäss wahrnehmen konnte und die Geschäftsleitung mehrheitlich gewähren liess. So duldete der Verwaltungsrat wiederholte Überschreitungen des finan-ziellen Budgets stillschweigend, anstatt die Verantwortlichen zur Rechenschaft zu ziehen. Die gescheiterte Umsetzung der Unternehmensstrategie wird auch der Geschäftsleitung zugeschrieben, welche die Gefahren und Schwierigkeiten unterschätzte. Die Manager verfügten allem Anschein nach nicht über die nöti-gen Kompetenzen, um die ihnen übertragenen Aufgaben zu meistern.

Die unübersichtliche Organisationsstruktur wird als eine der Hauptursachen für die Swissair-Katastrophe erachtet. Der Vorfall hat die Bedeutung einer funktionierenden Corporate Governance für andere Marktakteure verdeutlicht: So bekennt sich die deutsche Luftfahrtgesellschaft Lufthansa in ihren Unter-nehmensleitsätzen zu den Richtlinien der Corporate Governance.

**Beispiel** Lufthansa – Corporate Governance*

★ Lufthansa, Geschäfts-bericht 2007

„Verantwortungsvolle Unternehmensführung nach den Regeln wirkungsvoller Corporate Governance ist wesentlicher Teil unseres Selbstverständnisses. Dazu gehören im Lufthansa-Konzern effiziente und transparente Strukturen und Prozesse genauso wie eine offene und klare Unternehmenskommunikation, auf die wir besonderen Wert legen. Sie ist eine wichtige Voraussetzung, um bei unseren Aktionären, unseren Mitarbeitern, unseren Kunden und in der Öffent-lichkeit das Vertrauen zu bewahren und zu stärken.“

## 3.5 Richtlinien der Corporate Governance

Welche Regeln im Rahmen der Corporate Governance befolgt werden, bestimmt zu einem grossen Teil das Unternehmen selbst (Prinzip der Selbstregulierung). Es existieren aber auch gesetzliche Vorgaben. Börsenkotierte Gesellschaften[1] müssen in jedem Fall bestimmte Informationen zur Corporate Governance im Anhang ihres Geschäftsberichtes→ veröffentlichen.

[1] börsenkotierte Gesellschaf-ten: deren Aktien werden an der Börse gehandelt

→ S. 445 Geschäftsbericht

Im Gegensatz zu den rechtlich verpflichtenden Vorschriften, welche zum Bei-spiel im Teil Gesellschaftsrecht des Schweizerischen Obligationenrechts (OR) zu finden sind, enthalten viele Regelwerke oftmals lediglich Empfehlungen. Beispielhaft sind an dieser Stelle der Swiss Code of Best Practice sowie der Deut-sche und Österreichische Corporate Governance Kodex zu nennen. Trotz deren unverbindlichen Charakters haben diese Richtlinien in der Wirtschaftswelt enorme Beachtung gefunden. Insbesondere börsenkotierte Unternehmen kön-

nen es sich aus Reputationsgründen[→] nicht leisten, diese Regeln zu missachten. → S.80 Reputation
Im Mittelpunkt der Corporate Governance steht die Kommunikation und Kooperation zwischen allen Anspruchsgruppen. Es sollen möglichst wenige Informationslücken auftreten. Aus diesem Grund verfügen die Anteilseigner (Aktionäre) sowie die Kontrollorgane über Auskunfts- und Einsichtsrechte gegenüber der Unternehmensleitung. Von diesen Rechten wird meistens an den periodischen Versammlungen (CH: Generalversammlung, D/A: Hauptversammlung) Gebrauch gemacht.

Im Bereich der Information gilt das Prinzip der Transparenz (Informationstransparenz). Damit ist die Offenlegung von relevanten Informationen für Investoren und die Öffentlichkeit gemeint. Darunter fallen Angaben zu den Vergütungen der Geschäftsleitungsorgane genauso wie Interessenskonflikte des Managements. Solche entstehen insbesondere dann, wenn ein Mitglied der Geschäftsleitung oder des Verwaltungsrats auch leitende Funktionen in anderen Unternehmen ausübt und wenn diese Unternehmen miteinander Geschäftsbeziehungen unterhalten. Eine derartige Interessenskollision muss offengelegt werden, wobei der Gesamtverwaltungsrat über angemessene Massnahmen befindet: Als solche wäre der Ausstand[1] des betroffenen Mitglieds bei bestimmten Abstimmungen bzw. Beratungen vorstellbar.

[1] Ausstand: Sich seiner Stimme enthalten, an Abstimmungen/Beratungen nicht teilnehmen

Einen weiteren Bestandteil der Informationspflicht börsenkotierter Unternehmen bildet die so genannte **Ad-hoc-Publizität.** Diese sieht vor, dass potenziell kursrelevante Tatsachen umgehend publiziert werden. Der Aspekt der Gleichbehandlung aller Investoren spielt hierbei eine wichtige Rolle. Wichtig ist eine möglichst schnelle Veröffentlichung börsenkursrelevanter Tatsachen auch vor dem Hintergrund des so genannten **Insider-Tradings:** Unter einem Insider wird eine Person verstanden, welche über kursrelevante, vertrauliche Tatsachen verfügt und dieses Wissen ausnützt: Ein Mitglied des Verwaltungsrats hat Kenntnis von einer bevorstehenden Fusion seines Unternehmens. Die Veröffentlichung dieser Information lässt den Aktienkurs der Unternehmen ansteigen. Der betreffende Verwaltungsrat hätte ein Insiderdelikt begangen und sich strafbar gemacht, wenn er vor der Veröffentlichung der Fusion Aktien des Unternehmens gekauft und diese später zu einem höheren Preis wieder verkauft hätte.

**Beispiel** Swissair – Verzerrtes Bild der Finanzlage

Bereits seit 1999 wurden in den Geschäftsberichten der Swissair bestimmte Positionen (vorwiegend Beteiligungen an anderen Unternehmen) nicht ordnungsgemäss ausgewiesen. Auf diese Weise fiel das Jahresergebnis besser aus. Die Fehler in der Rechnungslegung führten dazu, dass die problematische Finanzlage der Swissair lange nicht erkannt wurde. Weder die interne Revisionsstelle, noch die externe Konzernprüfung machte die Investoren auf die täuschenden Angaben aufmerksam. Die Überprüfung der veröffentlichten Informationen war deswegen unzureichend.

## 3.6 Bedeutung und Zweck von Corporate Governance

Die Regelung der Corporate Governance in einem Unternehmen verfolgt mehrere Ziele.

Aus interner Sicht begünstigen die aufgestellten Verhaltensregeln die Entwicklung effizienter Prozesse. Verschiedene Studien belegen diesen positiven Zusammenhang. Das Unternehmen profitiert auch von der klaren Festlegung der Verantwortlichkeiten und Kompetenzen. Die Machtaufteilung ist eine entscheidende Voraussetzung für die Vorbeugung oder Früherkennung von Gefahren, also für den wirksamen Umgang mit Risiken (Risikomanagement)→. Corporate-Governance-Richtlinien bieten dem Management in ihrem komplexen Arbeitsalltag eine wichtige Sicherheit und Unterstützung beim Treffen von Entscheidungen.

→ S. 471 Risikomanagement

Nach aussen dient Corporate Governance vorwiegend dem Schutz der Aktionäre. Durch eine offene Informationspolitik erhalten diese einen genaueren Einblick in die Angelegenheiten des Unternehmens und können sich so vergewissern, dass ihre Interessen gewahrt werden. Eine gute Corporate Governance fördert das Vertrauen der Anspruchsgruppen in die Organisation und beeinflusst nicht zuletzt das Image des Unternehmens auf dem Kapitalmarkt[1]. Im Endeffekt trägt eine gute Corporate Governance wesentlich zum Erfolg eines Unternehmens bei.

[1] Kapitalmarkt: Auf dem Kapitalmarkt treffen Angebot und Nachfrage von Wertpapieren aufeinander.

Um diese Ziele zu erreichen, ist eine kompetente und möglichst unabhängige Revisionsstelle[2] erforderlich.

[2] Revisionsstelle: überprüft u. a. die Richtigkeit, Vollständigkeit und Ordnungsmässigkeit der Buchführung.

**Beispiel** Swissair – Bedeutung der Revisionsstelle

Bei der Swissair war die Unabhängigkeit der Revisionsstelle nicht vollständig gewährleistet. Die Entschädigung der externen Revision erfolgte gewinnabhängig. Somit hatte auch die Revisionsstelle keinen Anreiz, einen den Tatsachen entsprechenden Gewinn auszuweisen.

Abb. 121

Die nachstehende Abbildung veranschaulicht die strikte Trennung der Unternehmensleitung und der Kontrollorgane (Revisionsstelle, Verwaltungsrat). Um einen langfristigen Unternehmenserfolg zu garantieren, müssen Unternehmensprozesse effizient ausgestaltet werden, ohne die nötige Transparenz vermissen zu lassen – denn Kontrollmassnahmen können nur dort greifen, wo relevante Informationen jederzeit verfügbar sind. Damit sei noch einmal die hohe Bedeutung einer transparenten Informationspolitik in Bezug auf die Corporate Governance hervorgehoben.

Abb. 122

Corporate Governance zwischen Effizienz und Transparenz

**Beispiel** Swissair – Auswirkungen schlechter Corporate Governance

Die Einstellung des Flugbetriebs der Swissair zog gravierende Konsequenzen für die schweizerische Wirtschaft und die gesamte Gesellschaft nach sich. Allein in der Schweiz verloren 9 000 Menschen ihre Arbeitsstelle. Weltweit waren es fast viermal so viele. Zudem verursachte die Überbrückung des Flugbetriebes Kosten in Milliardenhöhe, welche dem Staat angelastet wurden. Schliesslich mussten auch die Anteilseigner und Gläubiger hohe Verluste in Kauf nehmen, als die Gesellschaft aufgelöst wurde. Das Fehlverhalten der Unternehmensführung und der Aufsichtsorgane hatte demnach weitreichende Auswirkungen.

→ Aufgaben 5 und 6

Abb. 123

Swissair-Mitarbeiter demonstrieren vor der Unternehmenszentrale in Kloten, Schweiz (03. 10. 2001)

# Aufgaben – D3 Corporate Governance

**1**

a Wer ist für die Berichterstattung über die Corporate Governance in einem Unternehmen zuständig?

b Wo liegen mögliche Schwierigkeiten bei der Einführung und Umsetzung neu aufgestellter Richtlinien?

**2**

Sie haben die Principal-Agent-Theorie am Beispiel der Management-Eigentümer-Beziehungen kennengelernt.

a Zeichnen Sie ähnliche Interessenskonflikte zwischen zwei Parteien im Unternehmenskontext und in anderen Kontexten (z. B. Spital, Schule, Versicherung) auf. Welches sind die beiden Parteien und welche konfligierenden Interessen verfolgen sie?

b Übertragen Sie die theoretischen Erkenntnisse im Sinne eines Wissenstransfers auf eine Aktiengesellschaft (AG): Wer stellt in einer AG den Agenten, wer den Prinzipal dar? Welche Massnahmen werden vom Schweizerischen Aktienrecht vorgesehen, um Agency-Verluste zu minimieren? Konsultieren Sie zur Beantwortung dieser Frage die einschlägigen Artikel zur AG im Obligationenrecht OR, insbesondere Art. 689–697 OR.

**3**

Vergleichen Sie das Unternehmen hinsichtlich (Corporate) Governance-Grundsätzen mit der Gewaltenteilung in einem demokratischen Staat und den Organen eines Vereins→. Welche Ähnlichkeiten erkennen Sie?

→ S. 514 Verein

**4**

Worin bestehen die Hauptunterschiede zwischen schweizerischen und deutschen Aktiengesellschaften?

**5**

Frau Reichmuth hält die Mehrheit der Aktien an einem kleinen Familienunternehmen. Sie ist Geschäftsführerin und zugleich Verwaltungsratspräsidentin des Unternehmens. Welche Argumente rechtfertigen eine solche Organisationsform? Welche Gefahren birgt die vorliegende Personalunion in Bezug auf die Sicherstellung einer funktionierenden Corporate Governance?

**6**

Suchen Sie im Internet nach dem Geschäftsbericht eines von Ihnen ausgewählten Unternehmens und bringen Sie anschliessend Information über dessen Corporate Governance in Erfahrung.

www.iwp.unisg.ch/bwl

### Leitfragen

a) Welches sind die Ziele und Aufgaben der Materialwirtschaft?

b) Welche Beschaffungsobjekte werden unterschieden?

c) Welche Beschaffungskonzepte werden unterschieden?

d) Wozu werden die ABC- sowie die XYZ-Analysen verwendet?

e) Welche Funktionen übernimmt die Lagerlogistik?

f) Welche Lagerstufen werden unterschieden?

g) Nach welchen Prinzipien sollte ein Lager organisiert sein?

h) Welche Lagerkennzahlen gibt es?

i) Welche Tendenzen lassen sich im Bereich der Materialwirtschaft erkennen?

### Schlüsselbegriffe

Materialwirtschaft, Logistik, Magisches Dreieck der Materialwirtschaft, Beschaffungslogistik, Lagerlogistik, Produktionslogistik, Absatzlogistik, Entsorgungslogistik, Beschaffungsobjekt, Beschaffungsprozess, Beschaffungskonzept, Just-in-Time-Konzept, Just-in-Sequence-Beschaffungskonzept, Beschaffungskosten, ABC-Analyse, XYZ-Analyse, Materialfluss, Lagerorganisation, Lagerkennzahlen, E-Procurement, RFID

### Verankerung im Modell

Die Geschäftsprozesse verkörpern die Kernaktivitäten eines Unternehmens. Diese sind auf die Kunden ausgerichtet und haben die Stiftung von Kundennutzen durch effiziente Erstellung und Verkauf von Produkten und Dienstleistungen zum Ziel.

Die Geschäftsprozesse unterteilen sich in Kunden- und Leistungserstellungsprozesse. Kundenprozesse konzentrieren sich auf den Abnehmer und versuchen diesen durch geeignete Massnahmen zu umwerben, zu gewinnen und an das Unternehmen zu binden. Leistungserstellungsprozesse hingegen gehen von Vorleistungen aus und führen über die Transformation[1] (bei Sachleistungen) oder Verrichtung am Kunden oder deren Objekten (bei Dienstleistungen) zu Leistungen. Dieser Prozess verläuft nur dann reibungslos, wenn das für die Herstellung der Güter benötigte Material zur richtigen Zeit, am richtigen Ort und in der richtigen Qualität zur Verfügung steht. Diese Aufgabe wird in einem Unternehmen „Materialwirtschaft" genannt. Diese umfasst alle logistischen[2] Prozesse innerhalb eines Unternehmens.

[1] Transformation: Umformung oder Umwandlung

[2] logistisch: Die Logistik betreffend

### Beispiel  BMW-Werk München

Das BMW-Werk München ist das Stammwerk im weltweiten Produktionsnetz der BMW Group. 9 000 Mitarbeitende aus mehr als 90 Nationen fertigen heute täglich rund 950 Fahrzeuge und 3 000 Motoren. BMW hat sich das Anbieten von Premium-Produkten[3] → zum Ziel gesetzt. Dieser Premium-Anspruch bezieht sich auf die Produkt- und die Zeitqualität.

[3] Premium-Produkt: Produkt von hoher Qualität im Hochpreissegment

→ S. 309 Premiumstrategie

Abb. 124

Über 110 000 Mitarbeiter sorgen an 30 Standorten dafür, dass weltweit jeder Kunde sein massgeschneidertes Fahrzeug pünktlich erhält. Möglich wird dies durch den „kundenorientierten Vertriebs- und Produktionsprozess". Der Grundgedanke dahinter: Das vom Kunden gewünschte und bestellte Automobil bestimmt den Produktionsprozess, nicht ein vom Unternehmen geplantes Fahrzeug. Auf diese Weise kann der Kunde noch wenige Tage vor Montagebeginn die gewünschte Ausstattung seines Automobils ändern; der Liefertermin verschiebt sich nicht.

Dieser Premium-Anspruch stellt hohe Anforderungen an die Materialwirtschaft der BMW-Produktionsstätten.

## 4.1 Annäherung an den Begriff Materialwirtschaft

Die **Materialwirtschaft** ist für die Verwaltung sowie die Planung und Steuerung der Materialbewegungen innerhalb eines Unternehmens und zwischen dem Unternehmen und seiner Umwelt zuständig. Sie erfüllt zwei Aufgaben:

Tab. 64

| Technische Aufgabe | Wirtschaftliche Aufgabe |
|---|---|
| Die erforderliche Menge und Qualität des Materials ist zur richtigen Zeit am richtigen Ort bereitzustellen. | Die Kosten der Materialbeschaffung sind zu optimieren. |

Die Begriffe **Logistik** und Materialwirtschaft werden synonym verwendet. Während „Materialwirtschaft" als Überbegriff zu verstehen ist, kann „Logistik" an die Teilbereiche „Beschaffung", „Produktion", „Lager", „Absatz" und „Entsorgung" gegliedert werden.

Abb. 125

**Bestandteile der Materialwirtschaft**

Die Materialwirtschaft ist für ein Unternehmen von hoher Wichtigkeit: Fehlt im Leistungserstellungsprozess auch nur ein einziges Teilchen, kann dies die Produktion lahmlegen und sehr kostspielig werden.

## 4.2 Ziele und Aufgaben der Materialwirtschaft

Die Materialwirtschaft hat zum Ziel, ständige Lieferbereitschaft bei tiefen Kosten zu garantieren. Diese beiden Zielsetzungen sind teilweise gegenläufig. Eine hohe Lieferbereitschaft erfordert einen genügend hohen Lagerbestand. Ein hoher Lagerbestand führt zu grösseren Bestellmengen, welche zwar dank Mengenrabatten die Einkaufskosten und die Transportkosten pro Stück senken, aber höhere Lagerkosten verursachen. Die höheren Lagerkosten entstehen durch die Kapitalbindung und den Lagerunterhalt. Die eingelagerten Waren binden Geld (Kapitalbindung), welches nicht für anderes (z. B. für eine gewinnbringende Geldanlage) genutzt werden kann. In diesem Zusammenhang wird auch von Opportunitätskosten→ gesprochen. Die Lagerunterhaltskosten setzen sich aus den Kosten für den Lagerplatz, die Bewachung, die Temperierung, Lagerschäden, Diebstahl, Wertverlust, Verderben und Versicherung zusammen.

→ S. 406 Opportunitätskosten

Abb. 126

## Magisches Dreieck der Materialwirtschaft

Kapitalbindung und              Beschaffungskosten
Lagerunterhalt

Lieferbereitschaft

Das obige Dreieck wird magisch genannt, weil sich Zielkonflikte→ ergeben. Die Verantwortlichen der Materialwirtschaft müssen diese sorgfältig bedenken. Wenn Zielkonflikte absehbar sind, müssen Prioritäten gesetzt werden. Diese fallen je nach Branche, Unternehmens- und Marktsituation unterschiedlich aus. Die Materialwirtschaft hat folgende Aufgaben:

→ S. 22 Zielkonflikt

→ Aufgaben 1, 2 und 3

Tab. 65

| Materialwirtschaft | Aufgaben |
|---|---|
| Beschaffungslogistik→ | – Bedarfsermittlung: Wie viel Material wird benötigt?<br>– Beschaffungsmarktforschung: Welche Preise gelten auf dem Markt? Welche Lieferanten drängen sich auf? |
| Lagerlogistik | – Lagerung: Wo sollen die Materialien gelagert werden?<br>– Innerbetrieblicher Transport: Wie gelangen die Materialien zu den Verarbeitungsstellen?<br>– Bestandsermittlung: Wie wird der aktuelle Lagerbestand ermittelt? |
| Produktionslogistik | – Verbrauchsermittlung: Wie viel Material verbraucht die Fertigung?<br>– Produktionsplanung: Wie kann der Produktionsprozess optimiert werden? |
| Absatzlogistik (extern)→ | – Distribution: Wie wird der Vertrieb der Endprodukte organisiert? |
| Entsorgungslogistik→ | – Entsorgung: Welche Materialien können wieder verwendet werden? |

→ S. 246 Primärbedarfsplanung

→ S. 316 Distributionspolitik

→ S. 262 Ökobilanz

Im Rahmen des Kapitels „Materialwirtschaft" werden nur die Funktionen „Beschaffungslogistik" und „Lagerlogistik" vertieft behandelt. Die Produktionslogistik und -planung wird im Kapitel D5 „Leistungserstellungsprozess" dargelegt, während die Absatzlogistik im Kapitel D10 „Distributionspolitik" erläutert wird.

Abb. 127

**Beispiel** BMW-Werk München – Verschiedene Logistiken

Der Kunde Markus Wunder bestellt beim BMW Werk in München einen BMW 320i, eine viertürige, imperialblaue Limousine mit spezieller Innenausstattung (Sportsitze, GPS usw.), Aussenspiegel mit Chrom-Spiegelrahmen und Allradantrieb. Die folgende Abbildung illustriert, welche Prozesse durch diese Bestellung in Gang gesetzt werden:

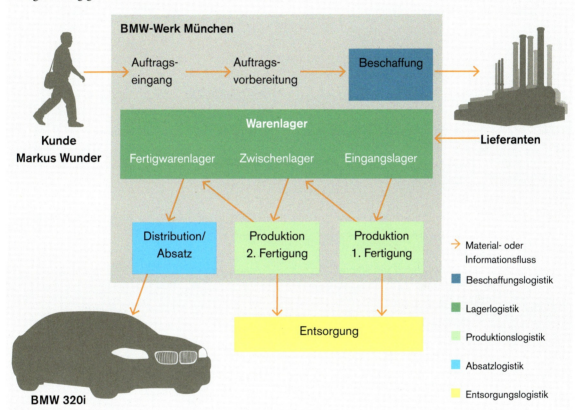

Nach dem Kundenauftrag folgt die Arbeitsvorbereitung. In diesem Schritt wird festgelegt, wer (welche Mitarbeiter), was (welches [Teil-]Produkt), wie (welches Verfahren), womit (mit welchen Produktionsmitteln) und wann (in welcher Zeitvorgabe und auf welchen Termin hin) produziert und wie der Produktionsprozess gesteuert wird. Die Verantwortlichen der Beschaffung klären anschliessend ab, welche Materialien in welchen Mengen für die Produktion beschafft werden müssen (Bedarfsplanung). Danach durchläuft das Produkt diverse Produktionsschritte, bis es ausgeliefert (Distribution/Absatz) werden kann. Vor, zwischen und nach den einzelnen Produktionsschritten müssen immer wieder Materialien bzw. Zwischen- und Endfabrikate gelagert werden.

## 4.3 Beschaffungslogistik

Die folgenden Abschnitte sollen klären, was beschafft werden kann (Beschaffungsobjekte), wie der Beschaffungsprozess abläuft und welche Beschaffungskonzepte existieren. Zum Abschluss des Unterkapitels folgen mit der ABC- sowie der XYZ-Analyse zwei Methoden, anhand derer die Beschaffungskosten reduziert werden können.

### Beschaffungsobjekte

Um die Produktionsaufträge ausführen zu können, müssen in einem ersten Schritt die Materialien bestimmt werden. Dabei wird zwischen verschiedenen **Beschaffungsobjekten** unterschieden:

Tab. 66

| Beschaffungs-objekte | Erläuterung | Beispiel BMW | Beispiel Kleidungs-stück |
|---|---|---|---|
| Rohstoffe | Hauptbestandteile des Produkts | Metalle, Bleche | Wolle |
| Hilfsstoffe | Nebenbestandteile des Produkts | Autolack | Faden |
| Betriebsstoffe | werden bei der Herstellung verbraucht | Maschinenöl | Strom |
| Montageteile | vorproduzierte Komponenten, für das neue Produkt | vorproduzierte Auto-türen | vorproduzierte Knöpfe |
| Handelswaren | nicht für den Produktionsprozess bestimmt, werden unverändert weiterverkauft | Autoteppiche | Modeaccessoires |

Die Entscheidung, welche Objekte beschafft und welche vom Unternehmen selbst hergestellt werden, wird als Make-or-Buy-Entscheidung bezeichnet.→ → S. 122 Make or Buy

### Beschaffungsprozess

Nachdem die Beschaffungsobjekte festgelegt worden sind, stellt sich die Frage nach der Menge. Hierfür wird zuerst der Materialbedarf für die Produktion bestimmt, bevor die vorhandenen Lagerbestände ermittelt werden. Danach erfolgt die Beurteilung, ob die für den Produktionsprozess notwendigen Materialien mit den Lagerbeständen gedeckt werden können oder ob Materialien bestellt werden müssen. Sollte letzteres zutreffen, sind die Lieferanten zu wählen und die Bestellungen aufzugeben. Treffen die Waren im Unternehmen ein, müssen sie bezüglich der Menge und der Qualität kontrolliert und dem Eingangslager zugeführt werden.

Abb. 128

**Beschaffungsprozess**

**Beschaffungskonzepte**

[1] IT: Abkürzung für „Informationstechnologie". Zusammenfassende Branchen-Bezeichnung für alle Unternehmen, welche sich mit Computern, Internet und Software befassen.

→ Aufgaben 4 und 5

Tab. 67

| Konzept | Erklärung | Beispiel |
|---|---|---|
| Vorrats-beschaffung (order to stock) | Die Beschaffungsmenge ist grösser als der aktuelle Beschaffungsbedarf. Dieses Konzept bietet sich bei erwarteten Preissteigerungen, bei vermutenden Lieferengpässen und bei unverderblichen Materialien an. | Der Besitzer einer Autogarage kauft Ersatzreifen auf Vorrat, da er weiss, dass er diese immer wieder benötigt und lange Zeit lagern kann. |
| Fallweise Beschaffung (order to make) | Der Beschaffungsvorgang wird ausgelöst, wenn ein Materialbedarf festgestellt wird. Die Lagerhaltung wird damit an den Lieferanten übertragen. Dieses Konzept bietet sich nur dann an, wenn das Material jederzeit beschaffbar ist, der Materialbedarf nicht für längere Zeit im Voraus geplant werden kann und eine Vorratsbeschaffung aufgrund der hohen Kapitalbindung kostspielig wäre. | Die fallweise Beschaffung existiert vor allem in der auftragsbasierten Einzelfertigung: Ein IT[1]-Unternehmen, welches für seine Kunden ganze Computersysteme einrichtet, wird spezielle, vom Kunden gewünschte Plasma-Bildschirme erst nach dessen Auftragserteilung beschaffen. |
| Just-in-Time (JIT) | Dieses Konzept passt die Beschaffung in zeitlicher und mengenmässiger Hinsicht genau dem Bedarf an. Dabei beginnt im Unterschied zur „Fallweisen Beschaffung" auch der Lieferant erst dann mit der Fertigung, wenn ein Kundenauftrag vorliegt. Eine Lagerhaltung erübrigt sich entsprechend sowohl beim Besteller als auch beim Lieferanten. Dieses Konzept bietet sich dann an, wenn auf eine pünktliche Lieferung des Lieferanten vertraut werden kann. Kleinste Verspätungen würden zu einem Produktionsstopp führen. | Eisenbahnwaggon- oder Flugzeughersteller bestellen grössere Module (z. B. Motoren) nur dann, wenn ein entsprechender Kundenauftrag vorliegt. Auch deren Lieferanten fertigen solche Module nur im Falle einer entsprechenden Anweisung des Bestellers. |

**Beispiel** BMW – Beschaffungskonzept

BMW hat das **Just-in-Sequence-Beschaffungskonzept** gewählt. Dieses Konzept (JIS) ist eine Weiterentwicklung des Just-in-Time-Beschaffungsverfahrens. Der Lieferant sorgt nicht nur dafür, dass die benötigten Materialien bzw. Module rechtzeitig in der notwendigen Menge angeliefert werden, sondern auch für deren Anlieferung in der richtigen Reihenfolge (Sequence). In Bezug auf die Endmontage der BMW-Fahrzeuge bedeutet dies: Durch das Aufsetzen der lackierten Karosserien auf das Endmontageband ist die Reihenfolge der Fahrzeuge festgelegt. Werden nun beispielsweise die Aussenspiegel per JIS-Verfahren bereitgestellt, sind diese farblich bereits den Fahrzeugen auf dem Montageband entsprechend sortiert. Das bedeutet für den Monteur, dass er jeweils nur auf den ersten Spiegel aus dem Transportbehälter zurückzugreifen hat und damit gleich einen farblich dem Fahrzeug angepassten Spiegel in den Händen hält. Diese Beschaffungsform senkt die Kosten für die Lagerung, setzt aber auch einen direkten Kontakt zwischen BMW und seinen Zulieferern voraus. Der Kommunikationsaufwand (Transaktionskosten) steigt hingegen an.

Abb. 129

Die Entscheidung für ein bestimmtes Beschaffungskonzept ist letztlich auch eine strategische Frage. Es geht darum, ob die Aufgabe der Lagerhaltung selber ausgeführt (make) oder an den Lieferanten ausgelagert (buy) werden soll.→

→ S. 124 ff. Make-or-Buy-Entscheidungsfaktoren

## ABC-Analyse

Neben der technischen Aufgabe, die erforderliche Menge und Qualität zur richtigen Zeit am richtigen Ort bereitzustellen, verfolgt die Materialwirtschaft auch eine wirtschaftliche Aufgabe. Die Lagerhaltung soll möglichst kostengünstig erbracht werden, um die **Beschaffungskosten** möglichst tief zu halten.

Im Bereich der Beschaffungslogistik besteht die wirtschaftliche Aufgabe darin, diejenigen Beschaffungsobjekte zu identifizieren, welche wertvoll sind und damit viel Kapital binden. Ein einfaches Vorgehen diese Beschaffungsobjekte zu identifizieren, ist die **ABC-Analyse**→. Dazu wird die Menge gelagerter Teile samt Einstandspreis[1]→ aufgelistet. Der Lagerwert der einzelnen Lagerartikel ergibt sich aus der Menge und dem Einstandspreis pro Stück. Gemessen am Gesamtlagerwert kann der relative Wertanteil der einzelnen Lagerartikel berechnet werden. Die Lagerartikel lassen sich so in die drei Kategorien A-Güter, B-Güter und C-Güter einteilen.

Die A-Güter haben einen Wertanteil von 70 bis 80 Prozent am Gesamtwert des Lagers. Der Mengenanteil der A-Güter an der Gesamtmenge des Lagers beträgt jedoch weniger als 30 Prozent. Genau umgekehrt verhält es sich mit den B- und den C-Gütern. Der Wertanteil ist im Vergleich zum Mengenanteil relativ gering. Die folgende Tabelle zeigt eine klassische Einteilung der Beschaffungsobjekte in die drei Kategorien A, B und C:

→ S. 291 ABC-Analyse

[1] Einstandspreis: Bruttokreditankaufspreis – Rabatte – Skonto + Bezugskosten

→ S. 383 Einstandswert

Tab. 68

| Kategorie | Wertanteil am Gesamtwert | Mengenanteil an der Gesamtmenge |
|-----------|--------------------------|----------------------------------|
| A-Güter | 70%–80% | < 30% |
| B-Güter | 15%–20% | 30%–50% |
| C-Güter | 5%–10% | 40%–50% |

Durch eine Konzentration der Planungs- und Organisationsarbeiten auf die A-Güter, lassen sich bereits grosse Erfolge in der Lagerwertreduzierung erzielen, was eine Senkung der Lagerkosten zur Folge hat. Bei den B-Gütern hingegen muss im Einzelfall entschieden werden, ob ein hoher Planungs- und Organisationsaufwand zur Lagerkostensenkung gerechtfertigt ist. Bei den C-Gütern sind einfache und kostengünstige Kontrollen ausreichend.

Zur Kostensenkung kann alternativ oder zusätzlich zur Reduktion der Kapitalbindung auch der Platzbedarf und damit die Lagerunterhaltskosten durch die Minimierung voluminöser Güter gesenkt werden.

→ Aufgabe 6

**XYZ-Analyse**

Die XYZ-Analyse kann als Ergänzung zur ABC-Analyse herangezogen werden. Die Einteilung in Güterkategorien erfolgt nach dem Kriterium der Vorhersagegenauigkeit des Bedarfs.

Tab. 69

| Kategorie | Bedarf / Vorhersagegenauigkeit | Beispiel |
|-----------|-------------------------------|----------|
| X-Güter | Regelmässiger Bedarf/Vorhersagegenauigkeit ist hoch | Grundnahrungsmittel |
| Y-Güter | Schwankender Bedarf/Vorhersagegenauigkeit ist begrenzt | Glace |
| Z-Güter | Unregelmässiger Bedarf/Vorhersagegenauigkeit ist gering | Medikamente |

Bei den X-Gütern ist ein kontinuierlicher **Materialfluss** möglich – eine Lagerhaltung ist oft nur in geringem Umfang nötig. Die Y- und Z-Güter unterliegen grösseren Bedarfsschwankungen. Sie müssen durch Lagerbestände aufgefangen werden. Glace zum Beispiel wird bei schönem Wetter in grösseren Mengen konsumiert, wobei sich das Wetter zum Leidwesen der Glaceverkäufer nur schlecht vorhersagen lässt. Ähnliches gilt für gewisse Medikamente. Das Ausmass einer Grippewelle beispielsweise lässt sich nur schwer prognostizieren. Deshalb werden Grippemedikamente stets in grossen Mengen an Lager gehalten. Die XYZ-Analyse liefert den Unternehmen auch wichtige Anhaltspunkte für die Make-or-Buy-Entscheidungen. So können X-Güter aufgrund der guten Prognostizierbarkeit ohne Probleme „just in time" beschafft werden, während Z-Güter vor allem im Falle von unflexiblen Lieferanten allenfalls intern hergestellt werden sollten.

→ Aufgabe 7

## 4.4 Lagerlogistik

Nach der Beschaffung und auch während des ganzen Produktionsprozesses müssen regelmässig Lager für Waren, Zwischen- und Endprodukte angelegt werden. Die Lagerlogistik stellt aus diesem Grunde einen zentralen Bestandteil der Materialwirtschaft dar. In den nächsten Abschnitten werden deren Funktionen sowie einzelne Aspekte der Lagerorganisation thematisiert.

**Lagerfunktionen**

Die Lagerbewirtschaftung und die Lagerhaltung müssen mehrere Funktionen erfüllen:

→ Aufgabe 8

Tab. 70

| Funktion | Erklärung |
|---|---|
| Zeitüberbrückung | Das Lager soll den Bedarf der Produktion an Materialien so schnell wie möglich bereitstellen und damit die Zeit bis zur Auslieferung überbrücken. Damit wird eine reibungslose Produktion sichergestellt. |
| Sicherung | Unternehmen unterliegen unvorhergesehenen Liefer- oder Bedarfsschwankungen. Arbeitet ein Lieferant nicht fristgerecht, muss ein Unternehmen auf seine Sicherheitsbestände zurückgreifen können, um Produktionsausfälle zu vermeiden. |
| Spekulation | Auch Materialpreise unterliegen Preisschwankungen. Erwartet ein Unternehmen einen Preisanstieg (z. B. durch Verteuerung von Rohstoffen, Wechselkursschwankungen), kann ein Einkauf auf Vorrat trotz zusätzlicher Lagerkosten sinnvoll sein. |
| Veredelung bzw. Umformung | Durch die Lagerung entsteht eine gewollte Qualitätsverbesserung der Bestände. Gewisse halbfertige Produkte müssen beispielsweise zuerst auskühlen, bevor sie weiterverarbeitet werden können; andere durchlaufen vor der Auslieferung zuerst einen Reifeprozess, wie z. B. Käse. In diesem Fall ist die Lagerung Teil des Produktionsprozesses. Sie steigert den Wert des Produkts. |
| Assortierung | Bei Handelswaren dient die Lagerhaltung der Sortierung von Sammellieferungen oder teilweise auch der Warenpräsentation. |

## Lagerorganisation

Ein Produktionsbetrieb geht in der Regel von drei Lagerstufen aus, welche er aufgrund des Materialflusses klassifiziert:

– *Eingangslager:* Lager, welche sich logistisch vor der Produktion befinden. Sie versorgen die Produktion laufend mit den nötigen Materialien. Sie haben primär eine Zeitüberbrückungs- und Sicherungsfunktion, unter Umständen auch eine Spekulationsfunktion.
– *Zwischenlager:* Diese sind parallel zum Produktionsprozess angeordnet und nehmen nach den einzelnen Fertigungsstufen insbesondere Halbfabrikate auf. Auch sie üben primär eine Zeitüberbrückungs- und Sicherungsfunktion, in manchen Fällen aber auch eine Veredelungs-/Umformungsfunktion aus.
– *Fertigwarenlager:* Sie nehmen Fertigprodukte und Handelswaren auf. Prioritär sind hier die Zeitüberbrückungs-, Sicherungs- und die Assortierungs-funktionen, je nach Branche auch die Veredelungs-/Umformungs- sowie die Spekulationsfunktion.

Abb. 130

**Lagerlogistik**

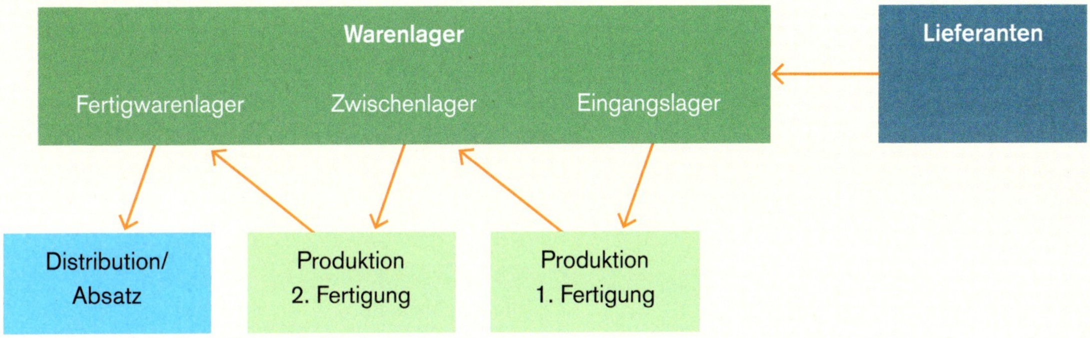

Die **Lagerorganisation** wendet verschiedene Prinzipien an:
– Zur schnellen Auffindbarkeit werden die Materialien systematisch gelagert und sauber beschriftet.
– Wertvolle Materialien lagern an sicheren Orten.
– Schnell und oft benötigte Materialien befinden sich in Griffnähe.
– Schwerere Materialien lagern in Regalen eher unterhalb von leichteren Materialien.

## Lagerkennzahlen

Bei der Lagerung fallen verschiedene Kosten an. Natürlich versucht ein Unternehmen, die Lagerhaltung so kostengünstig wie möglich zu gestalten. Die **Lagerkennzahlen** helfen den Verantwortlichen, die Lagerkosten zu analysieren und die richtigen Entscheide zu treffen. Die angestrebten Kennzahlen unterscheiden sich dabei je nach Branche. Verderbliche Produkte werden in der Lebensmittelbranche möglichst kurz gelagert, wohingegen eine kurze Lagerdauer in der Maschinenindustrie weniger wichtig ist.

Tab. 71

| Lagerkenn-zahlen | Formel | Erklärung | Beispiel |
|---|---|---|---|
| Durch-schnittlicher Lager-bestand | $$\frac{\text{Anfangsbestand + Endbestand}}{2}$$ | Zählt zu den zentralen Kennzahlen der Lager-haltung. Sie geben Aus-kunft darüber, wie hoch der Lagerbestand im Durchschnitt ist. | Anfangsbestand: 40 Stk. Jahresendbestand: 60 Stk. Durchschnittlicher Lagerbestand: $$\frac{40\,\text{Stk.} + 60\,\text{Stk.}}{2} = 50\,\text{Stk.}$$ |
| Lager-umschlags-häufigkeit | $$\frac{\text{Jahresverbrauch}}{\text{durchschnittlicher Lagerbestand}}$$ | Diese Zahl gibt an, wie oft der durchschnittliche Lagerbestand in einem Jahr umgesetzt wird. Je niedriger diese Zahl, desto tiefer ist die Um-schlagshäufigkeit. Je hö-her der Lagerumschlag, desto niedriger ist das im Lager gebundene Kapital. | Wenn in der Produktion pro Jahr 1 000 Stk. eines Materials verbraucht werden und wenn sich davon im Schnitt 50 an Lager befinden, dann be-trägt die Lagerumschlags-häufigkeit 20. |
| Durch-schnittliche Lagerdauer | $$\frac{360\ (\text{Tage})}{\text{Umschlagshäufigkeit}}$$ | Diese Kennzahl gibt an, wie lange das Gut im Durchschnitt im Lager ver-bleibt. Je kürzer die Lage-rung, desto geringer ist die Kapitalbindungsdauer. Die durchschnittliche Lagerdauer sinkt mit steigender Umschlags-häufigkeit. | Bei einer Lagerumschlags-häufigkeit von 20 verbleibt das Lagergut im Schnitt während $$\frac{360\ \text{Tage}}{20} = 18\ \text{Tage}$$ im Lager. |

→ Aufgabe 9

## 4.5   E-Procurement und E-Logistik

### E-Procurement

Die technologische Entwicklung→→ hat auch vor der Materialwirtschaft nicht Halt gemacht. So nutzen heute viele Unternehmen Informationstechnologien auf Internet-Basis, z. B. elektronische Marktplätze und Einkaufsplattformen, um den Beschaffungsprozess effizienter zu gestalten und zu automatisieren. Diese elektronische Art der Beschaffung nennt man **E-Procurement**[1]. Durch das so-genannte Tracking von Bestellungen kann der Besteller im Internet seine be-stellten Waren verfolgen und ist stets darüber informiert, wo seine Bestellung zurzeit ist und wann diese voraussichtlich bei ihm eintrifft. Dadurch kann der Besteller die eigene Produktion besser planen.

→ S. 62 Umweltsphäre Technologie
→ S. 541 Überblick Technologien

[1] Procurement (engl.): Beschaffung

## E-Logistik

Auch in Bezug auf die Lagerlogistik hat sich mit der **RFID**-Technologie in den letzten Jahren einiges getan. RFID ist die Abkürzung für Radio Frequency Identification und bedeutet so viel wie „Datenerfassung via Funkerkennung". Die RFID-Technologie ersetzt nach und nach den herkömmlichen Strichcode, bei dem die Erfassung von Daten (z. B. Preis) durch ein Scanning erfolgt. Die RFID-Technologie ermöglicht die Identifikation von Waren per Funk. Informationen können so ohne Berührung und ohne Sichtkontakt sowohl gelesen als auch gespeichert und bis zu einer Distanz von hundert Metern übermittelt werden. Dazu muss ein so genannter RFID-Tag[1] oder das RFID-Etikett an die Ware angebracht werden. Der Tag speichert mehr Informationen zu Standort, Qualität und Spezifikation eines Produkts als der herkömmliche Strichcode.

[1] Tag (engl.): Etikett, Plakette, Aufkleber, Schild

## Verknüpfung von Beschaffungs- und Lagerlogistik

Durch den Einsatz smarter Dinge→ ist die Verschmelzung von Beschaffungs- und Lagerlogistik ohne menschliche Intervention möglich. Die smarten Dinge (z. B. Boxen, Tanks) können automatisch identifiziert werden (z. B. Lagerort), selbstständig Informationen aus ihrer Umgebung aufnehmen (z. B. Temperatur, Lagerbestand), diese Informationen verarbeiten (z. B. Temperatur zu hoch, Lagerort richtig, Lagerbestand bald aufgebraucht) und versenden (z. B. Temperatur wird zu hoch, Gegenstand ist am falschen Ort, es muss nachbestellt werden). Es besteht auch die Möglichkeit, dass der Lieferant durch diese Informationen Einblick ins Lager erhält und die Nachbestellung automatisiert erfolgt. Vorteile solch smarter Dinge sind Effizienzgewinne durch die Vermeidung von Fehlern (z. B. verdirbt Ware nicht, weil jemand vergisst, die Temperatur zu messen), die Einsparung manueller Tätigkeiten (z. B. können Mitarbeitende andere Tätigkeiten ausführen) sowie die Beschleunigung von Abläufen (z. B. erfolgt Nachbestellung ohne zeitliche Verzögerung).

→ S.63 Smarte Dinge

**Beispiel** Feldschlösschen – Intelligente Biertanks*

★ www.feldschloesschen. com

Das Unternehmen Feldschlösschen mit Hauptsitz in Rheinfelden steht für über 135 Jahre Braukultur und beschäftigt rund 1 300 Mitarbeitende in der ganzen Schweiz. Feldschlösschen setzt bei über 300 ihrer grössten Kunden intelligente Biertanks ein. Sensoren messen den jeweiligen Füllstand, die Temperatur sowie den Druck der Tanks beim Kunden vor Ort. Ein Blick aufs Tablet oder Smartphone genügt – und der Restaurateur weiss Bescheid, in welchem Zustand sich seine Anlage befindet. Vorbei sind die Zeiten, in denen er die Biertanks täglich kontrollieren musste. Ausserdem war es schwierig, den Füllstand exakt zu bestimmen, was zu ungenauen Nachbestellungen führte. Der intelligente Biertank erkennt selbstständig, ob das Bier knapp wird, und löst eine neue Bestellung aus. Zudem meldet er automatisch bei Temperaturanstieg oder Druckabfall.

Abb. 131

# Aufgaben – D4  Materialwirtschaft

**1**

Die Materialwirtschaft verfolgt verschiedene Ziele.

a  Nennen und erläutern Sie die Ziele mithilfe des Magischen Dreiecks.

b  Weshalb können nicht alle Ziele gleichzeitig erreicht werden?

c  Welche Konsequenz ergibt sich daraus für das Unternehmen?

**2**

In einer Pause vertritt Max die Meinung, dass Migros möglichst grosse Lagerbestände halten soll. Sicher ist sicher. Sie zeigen sich gegenüber dieser Meinung
skeptisch. Begründen Sie Ihre Haltung mit Bezug auf das magische Dreieck der
Materialwirtschaft.

**3**

Welche Kosten fallen im Lager an? Erstellen Sie eine Liste.

**4**

Die Freitag AG mit Sitz in Zürich stellt sowohl Taschen als auch Hüllen, Notiz-
bücher und andere Produkte für den Alltagsgebrauch her. Das Besondere, was
dieses Unternehmen bietet, ist das Material, welches zur Herstellung dieser
Produkte verarbeitet wird. Dieses besteht nämlich zu grossen Teilen aus Abfall-
produkten, die von der Freitag AG recycelt werden. Die Lastwagenplanen und
Autosicherheitsgurte, welche in die Taschen eingearbeitet werden, machten
Freitag weltberühmt und brachten ihnen den riesigen Erfolg, der bis heute an-
hält.

a  Recherchieren Sie im Internet über das Unternehmen und dessen Materialien.

b  Erstellen Sie für die Freitag AG eine Beschaffungsliste.

c  Welche Besonderheiten ergeben sich, durch die aussergewöhnliche Material-
wahl, für den Beschaffungsprozess?

**5**

Beurteilen Sie die Vor- und Nachteile des Beschaffungskonzepts Just-in-Time.

**6**

Das Materiallagerinventar der Firma „Steiner & Söhne" sieht wie folgt aus:

Tab. 72

| Lagerartikel | Menge (Stk.) | Einstandspreis pro Stk. (CHF) |
|---|---|---|
| 1 | 55 000 | 12.00 |
| 2 | 30 000 | 9.80 |
| 3 | 20 000 | 40.00 |

| | | |
|---|---|---|
| 4 | 4 360 | 77.00 |
| 5 | 150 000 | 0.50 |
| 6 | 200 000 | 0.30 |
| 7 | 9 300 | 19.00 |

Führen Sie für die Firma „Steiner & Söhne" eine ABC-Analyse durch.

a Berechnen Sie dazu den absoluten und den relativen Lagerwert der einzelnen Lagerartikel.

b Teilen Sie die Artikel in die Güterkategorien A, B und C ein.

c Bei welchen Gütern lohnt es sich, eine Kostenoptimierung vorzunehmen? Begründen Sie Ihre Antwort!

## 7

Führen Sie bei den folgenden Gütern eine XYZ-Analyse durch. Was lässt sich über die Vorhersagegenauigkeit und über die Konstanz des Verbrauchs der einzelnen Güter sagen und welche Auswirkungen hat dies in Bezug auf die Lagerhaltung? Begründen Sie Ihre Entscheidungen.

- Energiesparlampen
- Skitickets
- Waschmittel
- Ersatzteil für Kaffeemaschine
- Druckerpatrone
- Heizöl
- Sonnencreme

## 8

Die Lagerhaltung übernimmt verschiedene Funktionen im Produktionsprozess.

a Nennen Sie zu jeder Funktion ein passendes Produktbeispiel.

b Erklären Sie anhand des gesuchten Produktebeispiels die Wichtigkeit der Lagerhaltung.

## 9

Folgende Informationen zum Artikel „Xyplon" der Firma „SmartX" sind bekannt:

- Jahresverbrauch des Artikels    2 000 Stück
- Jahresanfangsbestand    540 Stück
- Jahresendbestand    580 Stück

Berechnen Sie nun folgende Kennzahlen:

a Durchschnittlicher Lagerbestand

b Lagerumschlagshäufigkeit

c Durchschnittliche Lagerdauer

d Wie verändern sich die Kennzahlen wenn das Unternehmen nach dem Just-in-Time-Konzept beschaffen würde?

www.iwp.unisg.ch/bwl

**241**

### Leitfragen

a) Was wird unter dem Begriff Produktion/Fertigung verstanden?
b) Welche Aufgaben hat die Produktionslogistik?
c) Wie wird das Produktionsprogramm eines Unternehmens geplant?
d) Welche Schritte umfasst die Produktionsplanung und -steuerung (PPS)?
e) Welche Fertigungstypen und -verfahren werden unterschieden?
f) Welches sind Kennzahlen zur Bewertung der Produktion?
g) Welche Besonderheiten ergeben sich bei der Erstellung von Dienstleistungen?

### Schlüsselbegriffe

Produktion, Produktionslogistik, Produktionsprogramm, Produktionsprogrammtiefe, Produktionsprogrammbreite, Produktionsplanung, Produktionssteuerung, Primärbedarfsplanung, Sekundärbedarfsplanung, Terminplanung, Durchlaufzeit, Vorwärtsterminierung, Rückwärtsterminierung, Kapazitätsplanung, Auftragsfreigabe, Maschinenbelegung, Fertigungstypen, Fertigungsverfahren, Industrie 4.0, Smart Factory

### Verankerung im Modell

Die Geschäftsprozesse verkörpern die Kernaktivitäten eines Unternehmens. Sie unterteilen sich in Kunden- und Leistungserstellungsprozesse. Kundenprozesse konzentrieren sich auf den Kunden und versuchen diesen durch geeignete Massnahmen zu umwerben, zu gewinnen und an das Unternehmen zu binden. Leistungserstellungsprozesse hingegen gehen von Vorleistungen aus und führen über die Transformation[1] (bei Produkten) oder Verrichtung am Kunden oder deren Objekte (bei Dienstleistungen) zu Leistungen. Der Prozess der Leistungserstellung umfasst die Produktion von Sachgütern und die Erbringung von Dienstleistungen.

[1] Transformation: Umformung oder Umwandlung

### Beispiel BMW – Produktionsprozess

Abb. 132

Der Auftrag des Kunden Wunder ist bereits bei den BMW-Werken eingetroffen. Der Auftrag lautet wie folgt: BMW 320i, viertürige, imperialblaue Limousine mit spezieller Innenausstattung (Sportsitze, GPS usw.), Aussenspiegel mit Chrom-Spiegelrahmen und Allradantrieb. Doch wie schafft es BMW nun, das Fahrzeug termingerecht in der richtigen Qualität und zu tiefen Kosten herzustellen? Bevor diese Frage beantwortet wird, soll der Produktionsprozess geschildert werden:

**Presswerk** Die Produktion jedes BMW beginnt mit einer Blechrolle, dem so genannten Coil. Dieses wird sorgfältig für das jeweilige Karosserieteil ausgesucht, um den hohen BMW-Qualitätsanforderungen zu entsprechen.
Zunächst wird das Coil abgerollt und in Stahlplatinen geschnitten. Diese werden in ihre neue Form gezogen, gebogen, gestanzt und weiter bearbeitet. Je nach Teil sind vier bis sechs Arbeitsschritte dazu notwendig.

**Karosseriebau** Im Karosseriebau werden die einzelnen Teile aus dem Presswerk zu immer grösseren Komponenten gefügt – bis zur fertigen Karosserie. Roboter erledigen das Punktschweissen zehntelmillimetergenau und setzen die Schweisspunkte mit stets gleich bleibender Präzision. Neben verschiedenen Schweisstechniken wie Punkt- und Laserschweissen werden im Karosseriebau auch andere Verbindungstechniken eingesetzt: Viele Teile werden zusätzlich mit speziellen Klebstoffen verbunden.

Abb. 133

**Lackiererei** Bevor der schützende Lack aufgetragen werden kann, ist eine Vorbehandlung der Karosserie erforderlich. Nach der Reinigung taucht sie in eine Phosphatlösung, die eine einheitliche Grundlage für die weiteren Lackschichten bildet. Nun werden vier Lackschichten in verschiedenen Arbeitsgängen aufgetragen: In der kathodischen Rotations-Tauch-Anlage wird die Grundierung aufgetragen, die – bedingt durch das vollständige Eintauchen der Karosserie – den entscheidenden Korrosionsschutz garantiert. Danach tragen Roboter und Lackiermaschinen Füller, Basis- und Klarlack auf.

**Motorenbau** Die Mitarbeiter montieren mehrere hundert Einzelteile zu einem Motor zusammen. Dabei werden sämtliche Montageschritte und Verschraubungen unmittelbar getestet. Jeder Motor wird gemäss Länderausführung, Fahrzeug und Ausstattung einzeln gefertigt.
Vor dem Hintergrund der „Entwicklungsstrategie Efficient Dynamics" hat die BMW Group eine komplett neue Motorenfamilie entwickelt. Dabei wird zum einen die bestehende TwinPower Turbo Technologie noch wirkungsvoller genutzt, zum anderen ermöglicht die neue Motorenfamilie eine bisher unerreichte Kommunalität. Ein Beispiel ist der 1,5-Liter TwinPower Turbo Motor.

Abb. 134

**Montage** Zu Beginn der Montage wird die Fahrgestellnummer eingeritzt und das Auto damit direkt seinem künftigen Besitzer zugeordnet. Mehrere tausend Teile werden in der Montage den Kundenwünschen entsprechend zusammengesetzt. Qualifizierte und motivierte Mitarbeiter sorgen im Zusammenspiel von Handarbeit und hochmodernen Anlagen für erstklassige Qualität. Darauf basiert der Erfolg des Produkts – und des Unternehmens.

**Endmontage** Die Endmontage beginnt, wenn der Motor mit dem Fahrwerk auf die Karosserie trifft. „Hochzeit" nennen viele dieses Ereignis.
Nach dem Betanken und Befüllen des Fahrzeugs mit Brems- und Kühlflüssigkeit kommt der grosse Moment: Zum ersten Mal fährt das Auto aus eigener Kraft. Doch noch ist die Produktion nicht zu Ende. Das Auto wird umfassenden Prüfungen unterzogen. Im Rollenprüfstand werden alle Systeme bei voller Fahrt auf Herz und Nieren geprüft.

Abb. 135

## 5.1 Produktionslogistik

**Unter Produktion wird die Umwandlung von Sachgütern und Dienstleistungen in andere Sachgüter und Dienstleistungen verstanden (beispielsweise von Blech und anderen Materialien zu einem Auto).**

Die Aufgabe der Produktion[1] besteht in der Planung, Durchführung und Kontrolle der Güterherstellung. Die Ziele der Produktion können mit den so genannten „sechs R der Produktion" umschrieben werden:
Die Richtige Menge der Richtigen Objekte ist am Richtigen Ort zum Richtigen Zeitpunkt in der Richtigen Qualität zu den Richtigen Kosten zu erstellen.
Das Qualitätsziel wird durch das Qualitätsmanagement→ zu erreichen versucht. Die Sicherstellung einer hohen Qualität ist eine der Hauptaufgaben der Produktionsabteilung: Eine schlechte Qualität führt zu einem Reputationsschaden, dessen Folgen geringere Absatzzahlen und damit kleinere Gewinne wären.
Das Qualitätsziel und die übrigen Erfordernisse der Produktion können nur dann erreicht werden, wenn alle Produktionsfaktoren→ koordiniert zum Einsatz kommen. Aus diesem Grund muss der Einsatz der Produktionsfaktoren klar geplant und überwacht werden. Diese Aufgabe übernimmt die Produktionslogistik.

**Die Produktionslogistik hat die Aufgabe, den Produktionsprozess art- und mengenmässig, räumlich und zeitlich abgestimmt mit den benötigten Produktionsfaktoren zu versorgen.**

Die Entsorgung der bei der Produktion anfallenden Abfallprodukte übernimmt die Entsorgungslogistik. Die im Kapitel Materialwirtschaft eingebrachte Übersicht→ zeigt die Zusammenhänge der Produktionslogisitik mit anderen logistischen Teilbereichen.
Insbesondere ist der Zusammenhang zwischen der Produktionslogistik und der Lagerlogistik→ an dieser Stelle von Bedeutung.

**Beispiel** BMW – Autospiegelmontage

Bei der Montage der Autospiegel für eine Serie[2] von Autos muss die richtige Anzahl Mitarbeiter bereitstehen, um eine grosse Bestellmenge termingerecht fertigstellen zu können. Zu wenig Mitarbeitende haben eine Lieferverzögerung zur Folge; zu viele bedeuten, dass einige untätig herumstehen (hohe Kosten).

## 5.2  Produktionsprogrammplanung

Bei BMW gehen täglich tausende von Kundenbestellungen ein. Im Idealfall wären die gegebenen Ressourcen (Arbeitskräfte, Maschinen und Material) in jedem Werk optimal ausgelastet: Dies bedeutet, dass im Unternehmen tätige Menschen und Maschinen weder unterbeschäftigt sind noch überbeansprucht werden. Im Falle einer Unterbeschäftigung entstehen unnötig hohe Kosten

[1] Die Begriffe Produktion und Fertigung werden im Folgenden analog verwendet.

→ Aufgabe 1

→ S. 526 Qualitätsmanagement

→ S. 24 Betriebswirtschaftliche Produktionsfaktoren

→ S. 231 Abbildung verschiedene Logistiken

→ S. 236 Lagerlogistik

[2] Serie: Serie oder Serienfertigung meint die gleichzeitige oder aufeinanderfolgende Erzeugung gleicher Produkte.

(z. B. Lohn- und Zinskosten), während eine Überbeschäftigung bei Menschen zu Burnouts[1] führen kann. Auch Maschinen sollten nicht überbeansprucht werden, da die fehlende Wartung deren Verschleiss zur Folge hat. In diesem Zusammenhang ist das Produktionsprogramm eines Unternehmens von entscheidender Bedeutung.

[1] Burnout (engl.): ausgebrannt: Erschöpfungserscheinung beim Menschen, welche infolge einer langfristigen Überbelastung auftritt.

**Das Produktionsprogramm bestimmt die Art, die Menge und auch den Zeitpunkt der zu produzierenden Produkte in einem Unternehmen.**

Mit der **Produktionsprogrammbreite**→ ist die Anzahl der von einem Unternehmen hergestellten Produktarten gemeint. Die **Produktionsprogrammtiefe** bestimmt die Anzahl der Artikel und Typen, die innerhalb einer Produktart vom Unternehmen angeboten werden.

→ S. 290 Programmbreite und -tiefe bzw. Sortimentsbreite und -tiefe

Zum Produktionsprogamm gehören nicht nur die Produkte selbst, sondern auch Dienstleistungen, welche vom Unternehmen angeboten werden (z. B. Beratungshotline, Reparaturservice).

Abb. 136

**Beispiel** BMW – Produktionsprogramm

Über 9 000 Mitarbeitende aus über 90 Nationen fertigen in München u. a. die 3er-Reihe als Limousine sowie Vier-, Acht- und Zwölfzylindermotoren und schliesslich die Hochleistungsmotoren für BMW-M-Fahrzeuge.

Ein Produktionsprogramm ist dann optimal, wenn damit das Gewinnmaximum erzielt werden kann. Welches aber das optimale Produktionsprogramm ist, hängt von verschiedenen Faktoren ab:
- *Beschaffung:* Möglicherweise stehen die zur Herstellung benötigten Materialien nur begrenzt zur Verfügung.
- *Kapazität:* Es können nicht mehr Produkte hergestellt werden, als mit den gegebenen Ressourcen (Anzahl Maschinen und Arbeitskräfte) möglich ist.
- *Absatz:* Es sollten nicht mehr Produkte hergestellt werden, als tatsächlich abgesetzt werden können. Eine Überproduktion macht wegen der entstehenden Lagerkosten→ keinen Sinn.

→ Aufgaben 2 und 3

→ S. 230 Lagerkosten

## 5.3 Produktionsplanung und -steuerung

Produktionsprozesse sind komplex und schwer zu steuern, weil …
– viele Produkte zeitgleich produziert werden,
– die Produkte zur richtigen Zeit absatzbereit sein müssen und
– die Ressourcen optimal ausgeschöpft werden müssen.

Diese grossen Herausforderungen können nur gemeistert werden, wenn ein Unternehmen systematisch plant und den Produktionsprozess nahtlos steuert. Gelingt das, wird von einer effizienten Produktionsplanung und -steuerung (PPS) gesprochen. Die PPS teilt sich in zwei Bereiche auf:

– Die **Produktionsplanung**: Sie plant Vorgänge 1–12 Monate im Voraus.
– Die **Produktionssteuerung**: Sie gibt basierend auf der Planung Aufträge 1–2 Wochen vorher frei und steuert diese.

Beide Bereiche greifen ineinander über und sind insbesondere in vielen Betrieben meist in einem Verantwortungsbereich zusammengefasst.

Themen, welche im Zusammenhang mit der PPS eine zentrale Rolle spielen, zeigt die folgende Abbildung im Überblick:

Abb. 137

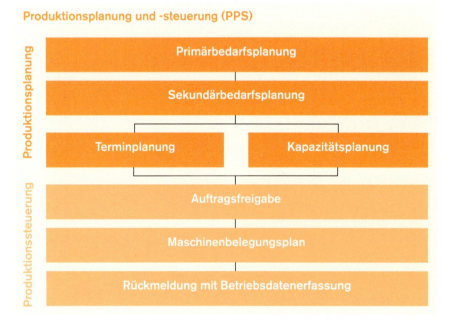

### Primärbedarfsplanung

Jede Produktionsplanung beginnt mit der Planung des Primärbedarfs[1] (**Primärbedarfsplanung**). Ziel dieser Planung ist die grobe Festlegung der Anzahl fertiggestellter Produkte, welche über einen längeren Zeitraum (3–12 Monate) von den Kunden nachgefragt werden. Die Ermittlung erfolgt auf Grundlage einer Absatzprognose[2] und/oder den bereits von Kunden erteilten Aufträgen für den Planungshorizont. Basis für die Prognose bilden die Absatzzahlen aus zurückliegenden Perioden. Diese Prognose ist mit grossen Unsicherheiten verbunden, welche mit der Länge des Planungszeitraumes anwachsen.

[1] Primärbedarf: Bedarf an verkaufsfähigen Erzeugnissen

[2] Absatzprognose: in Zukunft erwartete Menge der verkauften Produkte eines Unternehmens innerhalb eines bestimmten Zeitraums.

## Sekundärbedarfsplanung

Damit das Produktionsprogramm realisiert werden kann, wird der Material-bedarf mithilfe der **Sekundärbedarfsplanung**[1] bestimmt.

Die verbrauchsgesteuerte Planung basiert auf den Verbrauchswerten der Vergangenheit und eignet sich für konstante oder saisonal ändernde Bedarfsverläufe. Der Vorteil dieser Methode liegt im geringen Planungsaufwand. Durch Sicherheitsbestände→ können Unsicherheiten bei den Verbrauchswerten kompensiert werden. Eine aktuelle und korrekte Lagerbestandsfortschreibung ist Voraussetzung für den erfolgreichen Einsatz der Sekundärbedarfsplanung.

Die programmorientierte Planung ist aufwändiger, weil bei dieser Planungsart der Materialbedarf nicht anhand der Verbrauchswerte der Vorjahre ermittelt, sondern anhand der Schätzungen der Produktions- bzw. der Vertriebsabteilung vorgegeben wird. Das Ziel liegt dabei in der genauen Bestimmung des künftigen Materialbedarfs nach Massgabe des Produktions- und Vertriebsprogramms in Bezug auf Menge und Zeitpunkt. Der Sekundärbedarf wird demnach aus dem vorgängig ermittelten Primärbedarf berechnet.

[1] Sekundärbedarf: Die Materialmenge, die zur Herstellung des Primärbedarfs benötigt wird.

→ S. 236
Lagerfunktionen; Sicherheitsfunktion

## Termin- und Kapazitätsplanung

Ein produzierendes Unternehmen, das täglich eine Vielzahl von Bestellungen entgegennimmt, muss die Produktion genauestens planen. Zu diesem Zweck wird eine betriebsinterne **Terminplanung** erstellt. Dabei stellen sich zwei zentrale Fragen:

– Wann müssen die Komponenten beim Lieferanten bestellt werden, damit sie zum richtigen Zeitpunkt zur Produktion bereitstehen?

– Wann muss spätestens mit der Produktion begonnen werden, damit die fertigen Erzeugnisse termingerecht an den Kunden ausgeliefert werden können?

Bei der Terminplanung ist die Durchlaufzeit von enormer Bedeutung.

**Der Begriff Durchlaufzeit bezeichnet die Zeitspanne, die bei der Herstellung eines Produkts zwischen dem Beginn des ersten und dem Ende des letzten Arbeitsvorgangs vergeht.**

Das Unternehmen ist darauf bedacht, die Durchlaufzeit zu minimieren, um die Lagerunterhaltungskosten und die Kapitalbindung so tief wie möglich zu halten und den Kunden schnell zu bedienen. Die Durchlaufzeit setzt sich aus vier Bestandteilen zusammen:

Abb. 138

**Durchlaufzeit**

Die Rüstzeit und die Ausführungszeit werden unter dem Begriff Durchführungszeit zusammengefasst. Die Übergangszeit entspricht der Summe der Liegezeit und der Transportzeit.

Tab. 73

| Begriff | Erklärung | Beispiel BMW |
|---------|-----------|--------------|
| Rüstzeit | Die Zeit, die benötigt wird, um die Produktionsinfrastruktur (Maschine, Werkzeuge und andere Ressourcen) für den nächsten Auftrag auszuwechseln oder vorzubereiten. | – Ausstattung der Lackiermaschine mit der vom Kunden gewünschten Farbe. |
| Ausführungszeit | Die Zeit, die beansprucht wird, um an dem zu produzierenden Gut eine geplante Veränderung vorzunehmen. | – Lackierung der Autokarosserie |
| Liegezeit | Während dieser Zeit kann aufgrund des Arbeitsablaufs oder einer Störung nicht an einem Arbeitsgegenstand gearbeitet werden. | – Die Autokarosserie muss vor der Weiterverarbeitung trocknen. <br> – Ein Stromausfall unterbricht die Arbeit an den Maschinen für eine Stunde. |
| Transportzeit | Die Zeit, die zum Transport des zu produzierenden Gutes vom aktuellen Arbeitsort zum Ort des folgenden Arbeitsschrittes gebraucht wird. | – Die Karosserie wird für die Endmontage in die Montagehalle transportiert. |

Ziel eines produzierenden Unternehmens ist, den Kunden eine kurze Lieferfrist und eine hohe Liefertreue zu garantieren. Um dies zu erreichen werden die Produktionsaufträge mit Terminen versehen (terminiert). Dabei können zwei Terminierungsregeln unterschieden werden: Die Vorwärtsterminierung und die Rückwärtsterminierung.
Für die Terminierung werden einzelne Arbeitsvorgänge (AVO) definiert. Diese setzen sich aus einem oder mehreren Bestandteilen der Durchlaufzeit zusammen (vgl. Tabelle oben: Beispiel BMW).

→ Aufgabe 4

Ausgangspunkt der **Vorwärtsterminierung** ist der Termin, an dem der Produktionsauftrag erteilt wird. Das Unternehmen beginnt also in der Gegenwart zu planen und terminiert die Arbeitsvorgänge (AVO) in die Zukunft hinein. Auf diese Weise wird der frühstmögliche Endtermin eines Auftrages bestimmt.

*Vorteile der Vorwärtsterminierung:*
– geringerer Zeitdruck bei der Produktion
– hohe Terminsicherheit der Aufträge
*Nachteile der Vorwärtsterminierung:*
– längere Liegezeiten, da Fertigprodukte bis zur Auslieferung (Kundentermin) im Fertigwarenlager eingelagert werden müssen
– höhere Kapitalbindung→ durch Einlagerung der Fertigprodukte

→ S. 230 Kapitalbindung

Abb. 139

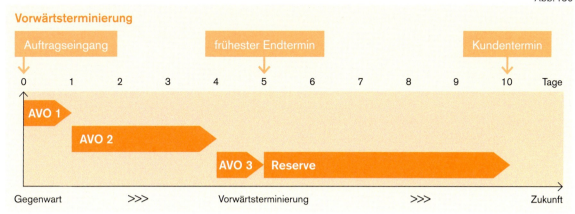

Ausgangspunkt der **Rückwärtsterminierung** ist der Kundentermin (Termin, an dem der Kunde das Produkt erhalten möchte). Das Unternehmen beginnt also in der Zukunft zu planen und terminiert die Arbeitsvorgänge (AVO) in die Gegenwart zurück. So wird der spätmöglichste Starttermin eines Auftrages bestimmt.

*Vorteile der Rückwärtsterminierung:*
– Vermeidung von langen Liegezeiten
– geringere Kapitalbindung (durch geringe Lagerzeiten)

*Nachteile der Rückwärtsterminierung:*
– hoher Termindruck
– Störanfälligkeit
– keine Zeitreserven

Abb. 140

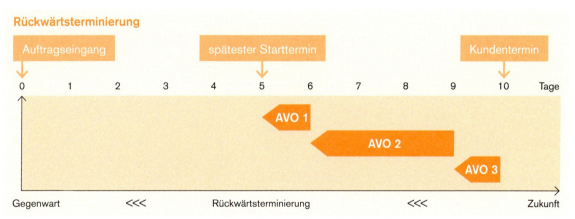

In der Praxis wird vorwiegend anhand der Rückwärtsterminierung geplant. Ziel ist es, möglichst wenige Fertigerzeugnisse zu lagern, um Kapitalbindungs- und Lagerunterhaltskosten zu reduzieren.

Ein guter Zeitplan nützt allerdings nichts, wenn zu wenig Kapazitäten[1] vorhanden sind. Deshalb bedarf es neben der Termin- auch einer Kapazitätsplanung. Stehen ausreichend Maschinen und Mitarbeitende zur Verfügung, um die geplanten Aufträge auch realisieren zu können?

→ Aufgabe 5

[1] Kapazität: Leistungsvermögen von Maschinen und Mitarbeitern

Die Durchlaufzeit eines Fertigungsauftrages hängt stark mit der Kapazitätsauslastung im Unternehmen zusammen. Die geringste Durchlaufzeit lässt sich bei einer niedrigen Kapazitätsauslastung realisieren. Hier liegt sie nahe der reinen Durchführungszeit. Keine Materialien oder Zwischenprodukte bleiben unbearbeitet liegen. Allerdings sind unausgelastete Produktionsfaktoren Fixkosten (z. B. Löhne), denen keine Einnahmen gegenüberstehen.

Bei Kapazitätsüberlastungen hingegen entstehen Engpässe. Diese führen zu langen Liegezeiten und damit zu einer hohen Kapitalbindung und hohen Lagerunterhaltskosten. Kapazitätsüberlastungen sind durch eine vorausschauende und genaue Planung zu vermeiden.

Zur Ermittlung des Kapazitätsbedarfs muss für jeden Auftrag die erforderliche Kapazität an jedem Arbeitsplatz ermittelt werden. Die Ergebnisse sind zu addieren. Bei einer Differenz zwischen der erforderlichen und der im Unternehmen verfügbaren Kapazität können folgende Massnahmen ergriffen werden:

- Durch die Rückweisung von Aufträgen, kann ein Kapazitätsengpass temporär beseitigt werden. Dabei besteht allerdings die Gefahr interessierte Kunden zu verärgern und für immer zu verlieren.
- Mit einer Verschiebung des Auslieferungstermins von Kundenaufträgen kann zwar kurzfristig Zeit gewonnen werden. Da die Termintreue gegenüber dem Kunden ein wesentliches Qualitätsmerkmal ist, sollte das Unternehmen nach Möglichkeiten innerhalb des Unternehmens suchen, um Kapazitätsengpässe zu beheben.
- Durch die Erhöhung der Zahl der Produktionsfaktoren→ (z. B. mit Temporärmitarbeitenden, Überstunden) können die notwendigen Kapazitäten geschaffen werden.
- Mittel- bis langfristig können durch die Steigerung der Produktivität die Kapazitäten ausgeweitet werden: Die Produktivität der Mitarbeitenden kann durch Weiterbildungsmassnahmen→ und gezielte Motivation→ gesteigert werden. Die Produktivität von Maschinen wird durch den Einsatz moderner Technologien erhöht: durch die zunehmende Automation[2] von repetitiven Arbeitsabläufen lassen sich Arbeitsprozesse beschleunigen. Die organisationalen Strukturen eines Unternehmens (Aufbau- und Ablauforganisation→) haben ebenfalls einen Einfluss auf die Produktivität[3] der eingesetzten Produktionsfaktoren.

→ S. 23 Betriebswirtschaftliche Produktionsfaktoren

→ S. 465 Personalaus- und weiterbildung

→ S. 210 Zwei-Faktoren-Theorie nach Herzberg

[2] Automation: Übernahme von einfachen, sich wiederholenden Tätigkeiten durch Maschinen

→ S. 154 Struktur – Organisationsformen

[3] Produktivität: Verhältnis von Output und Input

**Beispiel** BMW – Kapazitätsplanung

Auch Automobilhersteller müssen möglichst flexibel auf individuelle Kundenwünsche reagieren können. BMW startete deshalb 2001 das IT-Projekt „Kapazitäts- und Belegungsplanung" (KAPA). Daraus entstand eine moderne Planungssoftware. Dank des Einsatzes dieser Planungssoftware kann BMW heute kurzfristig auf Veränderungen im Fahrzeugprogramm und im Teilespektrum der einzelnen Karosserievarianten reagieren. Früher waren hierfür bis zu 20 Personentage Vorlauf nötig. Die Auswirkungen dieser Veränderungen können mit allen Planungsbeteiligten auf einer transparenten und anschaulichen Basis diskutiert werden.

## Auftragsfreigabe

Die **Auftragsfreigabe** löst den eigentlichen Produktionsvorgang aus. Sie bildet den Übergang von der Planungs- zur Produktionsphase.

Zuerst werden alle geplanten Aufträge nach Priorität sortiert. Anschliessend wird der geplante Starttermin überprüft. Nach der Freigabe des Auftrags wird überprüft, ob die benötigten Ressourcen (Mitarbeiter, Material, Maschinen) zur Verfügung stehen (Verfügbarkeitsprüfung). Ist dies der Fall, wird der Auftrag auf den Status „freigegeben" gesetzt und die Ressourcen dafür reserviert. Der Planungshorizont beträgt hier ein bis zwei Wochen.

## Maschinenbelegung

Die **Maschinenbelegung** soll möglichst optimiert werden, indem z. B. Rüstzeiten minimiert und Liegezeiten an den Maschinen vermieden werden. Oft werden Maschinenbelegungstafeln verwendet. Das sind Balkendiagramme, die mit Zeitleisten ausgestattet und in Wochentage eingeteilt sind.

Die Reihenfolge der Maschinenbelegung von vier Aufträgen:

Tab. 74

**Maschinenbelegung**

|  | Arbeitsvorgang 1 | | Arbeitsvorgang 2 | | Arbeitsvorgang 3 | | Arbeitsvorgang 4 | |
|---|---|---|---|---|---|---|---|---|
|  | Maschine | Std. | Maschine | Std. | Maschine | Std. | Maschine | Std. |
| Auftrag 1 | M4 | 12 | M1 | 12 | M3 | 6 | – | – |
| Auftrag 2 | M2 | 12 | M1 | 4 | M4 | 8 | – | – |
| Auftrag 3 | M1 | 14 | M4 | 4 | M3 | 14 | – | – |
| Auftrag 4 | M3 | 20 | M1 | 2 | M2 | 6 | M4 | 12 |

Daraus ergibt sich der Maschinenbelegungsplan:

Tab. 75

**Maschinenbelegungsplan**

251

**Rückmeldung mit Betriebsdatenerfassung**

Voraussetzung einer Überwachung und allenfalls einer Verbesserung der Produktionsabläufe sind Rückmeldungen der Betriebsdaten. Diese werden entweder automatisch oder manuell über Betriebsdatenerfassungssysteme (so genannte BDE-Systeme) erfasst. Folgende Betriebsdaten können erfasst werden:

Tab. 76

| Kategorien von Betriebsdaten | Erläuterung |
|---|---|
| Auftragsdaten | Sie geben Auskunft wie viele Stücke bereits produziert wurden, wie viele noch in Produktion sind, bis wann diese fertiggestellt sein müssen und wie viel Zeit dies in Anspruch nimmt. |
| Personaldaten | Sie geben Auskunft über die Anwesenheits- und Arbeitszeit der Mitarbeitenden und deren Arbeitsleistung zu einem bestimmten Produkt. Diese bilden die Basis für die Lohnberechnung, sowie zur Berechnung der Herstellkosten. |
| Maschinendaten | Sie geben Auskunft über Unterbrechungen und melden Störungen und Wartungstermine. |
| Lager- und Material-daten | Sie geben Auskunft über den Bestand sowie den Verbrauch von Materialien aus dem Lager. |

## 5.4 Fertigungstypen und -verfahren

Der Produktions- bzw. Fertigungsprozess kann je nach Fertigungstyp und Fertigungsverfahren unterschiedlich organisiert und ausgestaltet sein.

**Fertigungstypen**

Bei den **Fertigungstypen** geht es um die Frage, wie viele Male ein Fertigungsvorgang wiederholt wird. Es gibt unterschiedliche Fertigungstypen:

Abb. 141

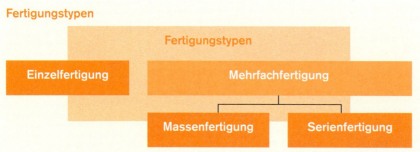

Tab. 77

| Fertigungstyp | Erklärung | Beispiel |
|---|---|---|
| Einzelfertigung | Bei der Einzelfertigung wird meist ein Produkt, welches ganz auf die Kundenbedürfnisse abgestimmt ist, produziert. | Die Carbonblenden für den 3er-BMW werden einzeln gefertigt. |
| Mehrfachfertigung | Hierbei werden mehrere Einheiten hergestellt: | |
| – Massenfertigung | Von einem Produkt wird über eine längere Zeit eine grosse Anzahl hergestellt. Die benötigten Maschinen müssen nicht ausgewechselt oder umgestellt werden. | Zigaretten und Zündhölzer werden in Massen gefertigt – jedes Produkt besitzt die gleichen Eigenschaften. |
| – Serienfertigung | Verschiedene Produkte werden auf den gleichen Anlagen hintereinander in einer bestimmten Stückzahl produziert. | BMW produziert z.B. zuerst die BMW-3er-Serie, danach die BMW-5er-Serie. |

Bei der Serienfertigung muss der Produktionsgang bei einem Serienwechsel gestoppt und umgestellt werden. Während der Umstellung stehen die Produktionsanlagen still, weshalb trotz anfallender Fixkosten (z. B. Zinskosten fürs Kapital zum Kauf der Maschine) keine Wertschöpfung erfolgt. Zudem ist der Wechsel mit Aufwand (z. B. Reinigungsarbeiten, Neuprogrammierung) verbunden. Diese Gründen mögen eine hohe Serie (hohe Stückzahl)<sup>→</sup> vorteilhaft erscheinen lassen. Allerdings entstehen in diesem Fall Kosten in Form von Kapitalbindung und Lagerunterhalt. Es gilt deshalb bei der Seriengrösse ein Optimum zu finden.

→ S.134 Skalenerträge

**Fertigungsverfahren**

Bei den **Fertigungsverfahren** geht es um die Frage, wie die Abfolge der einzelnen Produktionsprozesse gestaltet ist. Die Bearbeitungsreihenfolge der Endprodukte und die Zuordnung der Aufgaben zu den entsprechenden Arbeitsplätzen stehen im Blickpunkt.

Drei Fertigungsverfahren werden unterschieden:

Abb. 142

Fertigungsverfahren

In der Praxis findet man selten eine reine Form dieser Verfahren, sondern meistens Mischformen.

Tab. 78

| Fertigungs-verfahren | Erklärung | Vor- bzw. Nachteile und Beispiel |
|---|---|---|
| Werkstatt-fertigung | Bei der Werkstattfertigung stellt eine Person das Endprodukt entweder an einem Arbeits-platz her, wo alle nötigen Werkzeuge und Ma-schinen vorhanden sind. Oder die Maschinen und Arbeitsplätze mit gleichartigen Arbeits-verrichtungen sind zu einer Werkstatt zusam-mengefasst. In diesem zweiten Fall wird das Produkt während des Produktionsprozesses von Werkstatt zu Werkstatt transportiert. Dieses Verfahren eignet sich für Einzel-, kleine Serienfertigungen oder Reparaturen. | *Vorteile:* Hohe Flexibilität (Änderungs-wünsche von Kunden können noch umge-setzt werden), hoher Qualitätsstandard<br>*Nachteile:* Hohe Kosten (Zeiteinbussen, Transportkosten, Zwischenlager usw.)<br>*Beispiele:* Autowerkstatt, Apotheker mischt individuell Medikamente |
| Fliess-fertigung | Bei der Fliessfertigung entspricht die An-ordnung der Arbeitsplätze und Produktions-anlagen der Reihenfolge der am Produkt durchzuführenden Tätigkeiten. Vorausset-zung dafür ist die Massenfertigung. Die End-produkte müssen über eine längere Zeit ohne grössere Veränderungen produziert werden können. | *Vorteile:* Durchlaufzeiten werden im Ver-gleich zur Werkstattfertigung kürzer; tiefe Zwischenlagerkosten, der Fertigungs-prozess ist übersichtlicher<br>*Nachteile:* Hoher Fixkosten- und Kapitalbe-darf; System ist anfällig für Störungen (Aus-fall: Folgen auf den gesamten Produktions-prozess, Verzögerung, hohe Kosten und Unzufriedenheit der Kunden); die Gefahr von sozialen und psychischen Störungen bei den Mitarbeitern besteht, weil sie immer die gleiche, monotone Arbeit erbringen müssen.<br>*Beispiele:* Pizza-Produktion bei Nestlé |
| Gruppen-fertigung | Dieses Verfahren kombiniert Werkstatt- und Fliessfertigung. Oft können komplexe Pro-dukte nicht in reiner Fliessfertigung herge-stellt werden. Bei der Gruppenfertigung werden so genannte Gruppen von Mitarbei-tern und Maschinen gebildet, welche jeweils die Verantwortung für die Produktion einer Teilefamilie übernehmen. Innerhalb dieser Gruppe herrscht das Fliessprinzip. Andere (komplexere) Teile, welche sich weniger gut für die Fliessfertigung eignen, können in der Werkstatt produziert werden. Am Schluss werden die Teilprodukte der einzelnen Grup-pen zu Endprodukten zusammengeführt. | *Vorteile:* Die Nachteile der Werkstatt- und Fliessfertigung werden begrenzt. Ausserdem ist die Abkehr von der reinen Fliessfertigung hin zu vermehrter Gruppen- bzw. Werkstattfertigung auch ein Ausfluss der „Humanisierung der Arbeit".<br>*Beispiele:* Volvo galt im Bereich der Auto-produktion als Vorreiter der Gruppen-fertigung: Fliessbänder wurden in vielen Be-reichen der Leistungserstellung durch Fertigungsgruppen ersetzt, an welchen je-weils 2–3 Arbeitnehmende eine komplette Baugruppe oder Teilefamilie fertigten. Inner-halb dieser Fertigungsgruppen verfügen die Arbeiter über eine gewisse Selbstorgani-sation und damit über mehr Verantwortung: Dies sollte deren Motivation erhöhen und sie zu höheren Leistungen anregen. |

Das Fertigungsverfahren hängt eng mit dem Fertigungstyp zusammen. Die Einzelfertigung beispielsweise ist nur mittels Werkstattfertigung möglich und lässt keine Fliessfertigung zu. In den letzten Jahren kommen zur Fertigung von Kleinserien und Prototypen zunehmend 3D-Drucker zum Einsatz. Der 3D-Druck erlaubt zudem eine geringere Lagerhaltung von Ersatzteilen, weil diese bei Bedarf gedruckt werden können. Das Wasserpumpenrad für Rennwagen fertigt BMW übrigens mit einem 3D-Drucker.

→ Aufgabe 6

Bei den Leistungserstellungsprozessen zeichnen sich unter der Bezeichnung **Industrie 4.0**, welcher für die 4. industrielle Revolution steht, fundamentale Entwicklungen ab. Die Merkmale der 1. industriellen Revolution waren Wasser- und Dampfkraft zur Unterstützung der mechanischen Produktion. Die 2. industrielle Revolution wurde durch die Band- und Massenproduktion unter Nutzung von elektrischer Energie gekennzeichnet. Die 3. industrielle Revolution wurde von der Automatisierung der Produktion durch die Nutzung von IT und Elektronik geprägt. Zentrales Merkmal der Industrie 4.0 ist u. a. die **Smart Factory**. In einer solchen Fabrik sind die einzelnen Fertigungseinheiten untereinander vernetzt, wodurch die Selbstorganisation innerhalb der Produktionsstätte gesteigert wird (z. B. sucht sich das Werkstück selbstständig den schnellsten Weg durch die Werkhalle zur Maschine, die Maschine rüstet sich automatisch durch Informationen des Werkstücks um).

## 5.5 Kennzahlen der Produktion

Ein Unternehmen will effizient und bedürfnisgerecht produzieren. Dafür benötigt die Unternehmensleitung Informationen für die Steuerung. Auch im Bereich der Produktion stehen hierfür Kennzahlen zur Verfügung.

→ Aufgabe 7

Tab. 79

| Kennzahl | Formel | Erklärung |
|---|---|---|
| Rentabilität | $\dfrac{\text{Ertrag} - \text{Aufwand}}{\text{eingesetztes Kapital}}$ | Die „Rentabilität" setzt den Gewinn (Ertrag – Aufwand) in Beziehung zum eingesetzten Kapital. Je grösser das Verhältnis zwischen Gewinn und Kapitaleinsatz, desto besser ist die Rentabilität. |
| Produktivität | $\dfrac{\text{Ausbringungsmenge}}{\text{Faktoreinsatzmenge}}$ | Das Verhältnis zwischen Ausbringungsmenge (Output) und Faktoreinsatzmenge (z. B. Arbeitsstunden, Materialmenge) zeigt die Produktivität. Je grösser das Verhältnis, desto besser ist die Produktivität. |
| Wirtschaftlichkeit | $\dfrac{\text{Ertrag}}{\text{Aufwand}}$ | Bei dieser Kennzahl werden die Preise der benötigten Produktionsfaktoren miteinbezogen. Je grösser das Verhältnis zwischen Ertrag und Aufwand, desto besser ist die Wirtschaftlichkeit. |
| Fehlerquote | $\dfrac{\text{Fehlerhafte Produkte}}{\text{total hergestellte Produkte}}$ | Die Fehlerquote setzt fehlerhafte Produkte (Ausschussprodukte) ins Verhältnis zur gesamten Produktionsmenge. Sie ist ein Mass für die Qualität des Produktionsprozesses. |

# 5.6 Erstellung von Dienstleistungen

KS5

Der Dienstleistungssektor⟶ erwirtschaftet einen immer grösseren Anteil am gesamten Wertschöpfungsprozess einer Volkswirtschaft. In der Schweiz lag der Anteil des Dienstleistungssektors am Bruttoinlandprodukt bei 72,5 %[*]. Deswegen soll auf die Unterschiede zwischen der Sach- und der Dienstleistungserstellung⟶ eingegangen werden.

→ S. 32 Tertiärer Wirtschaftssektor

★ The World Factbook, 2014

→ S. 16 Wirtschaftliche Güter

→ S. 32 Sekundärer Wirtschaftssektor

Auch Unternehmen, deren Kerngeschäft eigentlich im zweiten Sektor⟶ liegt, bieten Dienstleistungen an. Dazu gehören Maschinen- und Automobilhersteller mit z. B. Produktschulungen und Kundenservice. Bei Problemen beim Betrieb einer Maschine zur Herstellung von Schokolade musste bisher ein Mitarbeiter des Maschinenherstellers in die Schokoladenfabrik reisen, um das Problem zu beheben. Das verursacht hohe Kosten in Form von Reisespesen, Reisezeit und Produktionsausfällen. Dank neueren Entwicklungen im Bereich der Augmented Reality[1] können diese Kosten gesenkt werden. Der Mitarbeiter der Schokoladenfabrik trägt eine Datenbrille und erlaubt dem Mitarbeiter des Maschinenherstellers auf diese Weise direkten Einblick, ohne dass er selber vor Ort sein muss. So kann er eine Ferndiagnose stellen und dem Mitarbeiter der Schokoladenfabrik genaue Anweisungen zur Problembehebung erteilen.

[1] Augmented Reality: Computergestützte Erweiterung der Realitätswahrnehmung, v. a. durch visuelle Darstellung von Informationen.

Aufgrund der spezifischen Eigenschaften von Dienstleistungen fallen bei der Dienstleistungserstellung wichtige Bereiche weg: Lager-, Absatz- oder Entsorgungslogistik. Die meisten Dienstleistungen weisen jedoch eine materielle Komponente auf, wodurch viele der für Industrieunternehmen geltenden Aspekte wieder relevant werden. Beispielsweise sollten in einem Taxiunternehmen die Taxis möglichst optimal ausgelastet sein und keine langen Standzeiten haben.

Zur Beschaffungslogistik bei den Dienstleistungen zählt insbesondere die Information: Ein Anbieter von Canyoning-Ausflügen informiert sich beim örtlichen Wetterdienst über bevorstehende Niederschläge. Unter „Produktionslogistik" wäre im selben Zusammenhang entsprechend die Bereitstellung aller für die Erbringung der Dienstleistung notwendigen Produktionsfaktoren zu denken: So müsste der Canyoning-Trip-Anbieter einen Canyoning-Führer sowie Kanus zur Verfügung stellen.

Abb. 143

## Beispiel  BMW – Dienstleistungen

Am Beispiel von BMW lässt sich die wachsende Bedeutung von Dienstleistungen selbst in Produktionsbetrieben gut illustrieren. BMW-TeleServices beispielsweise ist eine Innovation, die sich durch die drahtlose Datenverbindung zwischen dem BMW und dem BMW-Service-Partner auszeichnet.

Bei einem automatischen BMW-Teleservice-Call sendet das Fahrzeug bei einem Wartungsbedarf alle relevanten Daten über den Condition Based Service (CBS) automatisch an den BMW-Service-Partner. Der Kunde erhält einen Rückruf, um Termin und ggf. den weiteren Umfang des Wartungsservices am Fahrzeug zu vereinbaren. So lassen sich im Vorfeld benötigte Original-BMW-Teile bestellen. Der Arbeitsumfang kann im Vorfeld geplant werden und die Aufenthaltsdauer in der Werkstatt reduziert sich auf ein Minimum.

# Aufgaben – D5  Leistungserstellungsprozess

**1**

Nennen Sie die Aufgaben und Ziele der Produktion.

**2**

Das Produktionsprogramm eines Blumengeschäfts sieht wie folgt aus:

Tab. 80

| Blumensorte | Blumenstrauss | Blumendekorationen | Blumengestecke |
|---|---|---|---|
| **Rosen** | Rosenstrauss | Tischdekorationen für Hochzeiten und sonstige Anlässe | Trauerkränze und sonstige Kränze |
| **Tulpen** | Tulpenstrauss | Tischdekorationen für Hochzeiten und sonstige Anlässe | Trauerkränze und sonstige Kränze |
| **Gemischt: Rosen und Tulpen** | Blumenstrauss mit Rosen und Tulpen | Tischdekorationen für Hochzeiten und sonstige Anlässe | Trauerkränze und sonstige Kränze |

Erläutern Sie anhand dieses Beispiels die Begriffe Produktionsprogrammbreite und -tiefe.

**3**

Ein Unternehmen überlegt sich, seine Produktionsprogrammbreite zu erhöhen. Arbeiten Sie in einer Kleingruppe möglichst viele Vor- und Nachteile einer solchen Erhöhung heraus.

**4**

Zu Ihrem Geburtstag laden Sie Ihre besten Freunde nachhause zum Pizzaessen ein. Zuerst bereiten Sie Ihren Arbeitsplatz vor. Danach wird der Pizzateig zubereitet, der anschliessend während ca. einer Stunde ruhen und dabei um das Doppelte aufgehen muss. In dieser Zeit richten Sie den Arbeitsplatz ein, um die Pizza zubereiten zu können. Die Zutaten müssen gewaschen und geschnitten werden. Nachdem der Teig genügend aufgegangen ist, wallen Sie diesen aus und legen ihn auf ein Pizzablech. Dann wird der Teig mit den Zutaten belegt. Zum Schluss backen Sie die Pizza während 20 bis 25 Minuten im Ofen.

a Ordnen Sie die beschriebenen Arbeitsschritte sinnvoll zu Arbeitsvorgängen (AVO).

b Die in einem Arbeitsvorgang zusammengefassten Schritte lassen sich einem spezifischen Bestandteil der Durchlaufzeit zuordnen (z. B. Rüstzeit, Liegezeit). Wie sieht diese Zuordnung im vorliegenden Beispiel aus?

**5**

a Welches sind die Hauptunterschiede zwischen der Vorwärts- und der Rückwärtsterminierung?

b Wo liegen die Vor- und Nachteile der beiden Terminierungsregeln?

c Frau Giacomelli hat bei der „Forni GmbH" einen Brennofen für ihre Töpferarbeiten bestellt. Dieser Brennofen wird erst bei Bestelleingang produziert. Die „Forni GmbH" terminiert rückwärts. Der Produktionsprozess des Brennofens besteht aus den folgenden Arbeitsvorgängen:

– AVO 1: Rüsten + Giessen: 1 Arbeitstag

– AVO 2: Trocknen + Rüsten + Schleifen: 2 Arbeitstage

– AVO 3: Rüsten + Lackieren + Trocknen: 1 Arbeitstag

Zeigen Sie grafisch auf, wann die „Forni GmbH" spätestens mit der Produktion beginnen muss, wenn es den Ofen 8 Tage nach Auftragseingang an Frau Giacomelli ausliefern möchte.

**6**

a Suchen Sie nach Produkten, die sich für die Fliessfertigung und solche, die sich für die Werkstattfertigung eignen.

b Erkennen Sie bei den von Ihnen gewählten Produkten einen Zusammenhang zwischen dem Fertigungsverfahren und dem Fertigungstyp?

**7**

Das Unternehmen „BikeVenture" verkauft neben Fahrrädern auch Fahrradanhänger für Kinder. Folgende Werte sind für das Geschäftsjahr 1 bekannt:

Tab. 81

| Produktionszahlen | Bike Venture |
|---|---|
| Produktions- und Absatzmenge | 6 000 Stück |
| Nettoverkaufserlöse je Stück | CHF 500 |
| Materialkosten | CHF 1 500 000 |
| Personalkosten | CHF 1 200 000 |
| Weitere Kosten | CHF 100 000 |
| Arbeitsstunden in der Produktion | 24 000 Stunden |
| Kapitaleinsatz | CHF 1 650 000 |
| Gewinn | CHF 200 000 |

Ermitteln Sie für das Unternehmen „BikeVenture" die Kennzahlen Rentabilität, Arbeitsproduktivität und die Wirtschaftlichkeit.

 www.iwp.unisg.ch/bwl

### Leitfragen

a) Was bedeutet Nachhaltigkeit?

b) Worin unterscheidet sich das ökologische vom ökonomischen System?

c) Was ist eine Ökobilanz?

d) Welche Schritte beinhaltet eine Ökobilanz?

e) Wodurch kann die Ökoeffizienz gesteigert werden?

f) Weshalb ist trotz einer Verbesserung der Ökoeffizienz Vorsicht geboten?

g) Worin besteht der Nutzen ökologischen Verhaltens für ein Unternehmen?

### Schlüsselbegriffe

Nachhaltigkeit, Corporate Sustainability, Schadschöpfung, Umweltverbrauch, Umweltbelastung, Ökobilanz (Life Cycle Assessment), Rebound-Effekt, Win-Win-Situation, Umweltlabel

### Verankerung im Modell

Das Thema Umweltmanagement ist im Bereich der Geschäftsprozesse angesiedelt. Diese erbringen durch die Erstellung von Leistungen (Leistungserstellungsprozess) eine Wertschöpfung→. Diese Leistungen werden auf die Kundenbedürfnisse abgestimmt und an den Kunden gebracht (Kundenprozesse). Von der Wertschöpfung[1] profitieren einerseits die Kunden, aber auch die Kapitalgeber und Lieferanten (Anspruchsgruppen). Zur Leistungserstellung werden allerdings (knappe) Ressourcen (Interaktionsthema) benötigt. Zudem wird während dem Leistungserstellungsprozess die Umwelt belastet. Der Wertschöpfungsprozess geht also meistens mit einer Schadschöpfung[2] einher, welche die Öffentlichkeit (Anspruchsgruppe) betrifft.

→ S.23 Wertschöpfungskette

[1] Wertschöpfung: Schaffung von Wert für den Kunden in Form eines Produkts oder einer Dienstleistung

[2] Schadschöpfung: Umweltverbrauch und -belastung

**Beispiel** Durst & Günther Genuss-Factory GmbH – Wärmerückgewinnung macht den Kühlschrank zum Geldschrank

Die Durst & Günther Genuss-Factory GmbH ist auf eine gute Kühlung zur Lagerung→ ihrer Fleisch- und Wurstwaren angewiesen. Wo Kälte erzeugt wird, entsteht Abwärme. Meistens geht diese jedoch zusammen mit kostbarem Trinkwasser zur Wärmeabführung verloren.

Bei der Modernisierung seiner Kälteanlagen hat das Unternehmen in eine Wärmerückgewinnungsanlage investiert, aus der warmes Wasser für den Betrieb entnommen werden kann.

Der Geschäftsführer Michael Durst nennt zwei Gründe für diesen Schritt: „Als Betreiber eines Fleischer-Fachgeschäfts habe ich eine Verantwortung gegenüber meinen Kunden, genauso wie für die Umwelt. Das Ganze spart natürlich auch eine ganze Menge Betriebskosten."

Doch in welchen weiteren Bereichen nebst der Kühlung könnte die Durst & Günther Genuss-Factory GmbH noch ökologisch wirksame Verbesserungen erzielen? Welche Chancen und Gefahren sind damit verbunden?

→ S.236 Lagerlogistik

Abb. 144

## 6.1 Nachhaltigkeit

Vor rund 300 Jahren prägte der adelige Forstmann Hans Carl von Carlowitz aus der sächsischen Silberstadt Freiberg den Begriff des nachhaltigen Wirtschaftens. Er prangerte die Profitgier seiner Zeitgenossen an und verlangte – angesichts der kahl geschlagenen europäischen Wälder – eine „kontinuierliche, beständige und nachhaltende Nutzung". Es sollte nur so viel Holz geschlagen werden dürfen, wie wieder nachwachsen könne. Oder anders ausgedrückt: Es solle nur von den Zinsen und nicht vom Kapital gelebt werden.[*]

★ Grober, U. (1999). Der Erfinder der Nachhaltigkeit. *Die Zeit*, 48.

**Nachhaltig ist demnach eine Entwicklung, welche die Bedürfnisse der Gegenwart befriedigt, ohne zu riskieren, dass künftige Generationen ihre eigenen Bedürfnisse nicht befriedigen können.[*]**

★ Brundtland-Report, 1987

Ein Vergleich: Der heutige Verbrauch von Erdöl pro Jahr benötigt zur Erneuerung eine Million Jahre. Nebst dem grossen Verbrauch von Ressourcen (z. B. Erdöl) ist auch die Belastung der Umwelt gross (z. B. $CO_2$-Ausstoss). Der UNO-Klimabericht, welcher im Jahr 2014 publiziert wurde, versucht aufzuzeigen, dass unser heutiges Verhalten langfristig zu ökologischen Veränderungen, wie beispielsweise einem Anstieg des Meeresspiegels, führen wird. Da das unternehmerische Handeln ebenfalls Auswirkungen auf die Umwelt und die Gesellschaft hat, ist die ökologische Herausforderung des 21. Jahrhunderts genauso Teil der Managementaufgabe[→] wie beispielsweise die finanzielle Führung oder die Strategieentwicklung. Es gilt für eine Unternehmensführung im Rahmen der **Corporate Sustainability**[1], ihre Mitverantwortung wahrzunehmen und die sich daraus ergebenden Chancen zu erkennen und zu nutzen.

→ S. 200 Handlungsebenen des Managements

[1] Corporate Sustainability: verantwortungsvolles unternehmerisches Handeln, welches über die Einhaltung der gesetzlichen Vorschriften hinausgeht

## 6.2 Ökonomisches und ökologisches System

Zur Herstellung eines Produkts oder zur Erbringung einer Dienstleistung benötigt ein Unternehmen die folgenden drei Produktionsfaktoren[→]:
– Arbeit
– Boden
– Kapital

→ S. 23 Produktionsfaktoren

Mit dem zweiten Produktionsfaktor, dem Boden, sind einerseits das Grundstück für den Fabrikbau, andererseits aber auch die Ressourcen gemeint. Die Ressourcen beinhalten sowohl die (Roh-)Materialien, aus denen das Produkt hergestellt, als auch die Energie, welche für den Herstellungsprozess benötigt wird. Der Verbrauch von Ressourcen kann auch als Umweltverbrauch bezeichnet werden. Wie hoch – und damit wie problematisch im Sinne der Nachhaltigkeit – der Umweltverbrauch ist, hängt von der benötigten Menge und der Erneuerbarkeit der jeweiligen Ressource ab. Demnach ist ein hoher Verbrauch (grosse Menge) an Erdöl (geringe Reserven, langandauernde Erneuerbarkeit) problematisch, wohingegen der Verbrauch von Sonnenenergie (unbeschränkte Reserven, sofortige Erneuerbarkeit) unproblematisch ist.

Ein Produkt oder eine Dienstleistung stellt eine Wertschöpfung für die Volkswirtschaft dar. Ähnlich wie im Kapitel „Unternehmensethik“→ stellen sich aber auch hier die Fragen, welche Werte, für wen und zu welchem Preis geschaffen werden.

→ S. 80 Unternehmensethik

Spricht man von Wertschöpfung, sind vorwiegend monetäre Werte[1] gemeint. Neben dem eigentlichen Produkt oder der eigentlichen Dienstleistung entstehen bei dessen Herstellung und Verwendung bzw. deren Erbringung Nebenprodukte, welche **„Schadschöpfung“** genannt werden. Diese Schadschöpfung kann auch als **Umweltverbrauch** und **Umweltbelastung** – in Form von Luft-, Boden- oder Wasserverschmutzung – bezeichnet werden. Eine weitergehende Betrachtungsweise integriert ebenfalls die Schadenswirkung der Umweltbelastung auf Mensch, Tier und Natur.

[1] Monetäre Werte: Geld

Den Fokus jedoch nur auf die Ökologie im Unternehmen (Betriebsökologie) zu

Abb. 145

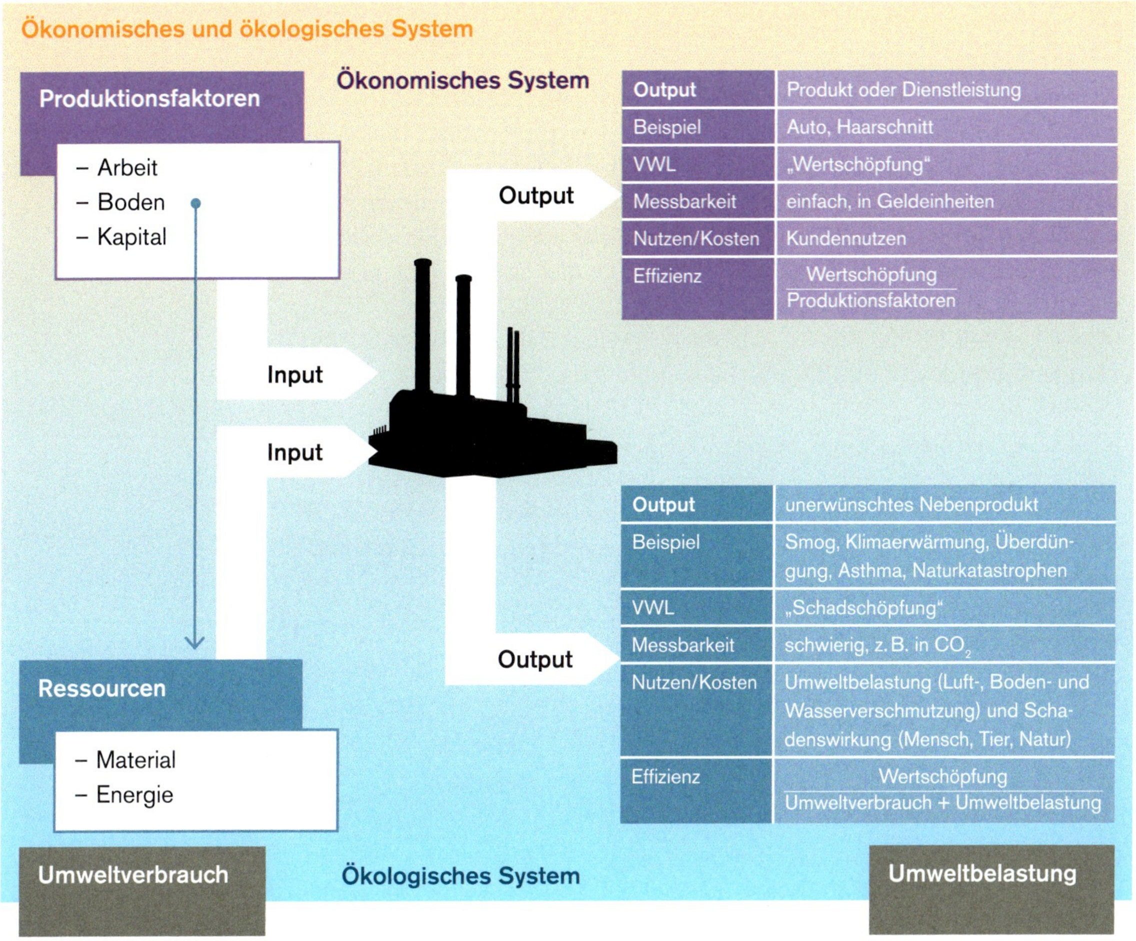
Ökonomisches und ökologisches System
Produktionsfaktoren
– Arbeit
– Boden
– Kapital
Ökonomisches System
Output
Input
Input
Output
Output | Produkt oder Dienstleistung
Beispiel | Auto, Haarschnitt
VWL | „Wertschöpfung“
Messbarkeit | einfach, in Geldeinheiten
Nutzen/Kosten | Kundennutzen
Effizienz | Wertschöpfung / Produktionsfaktoren
Output | unerwünschtes Nebenprodukt
Beispiel | Smog, Klimaerwärmung, Überdüngung, Asthma, Naturkatastrophen
VWL | „Schadschöpfung“
Messbarkeit | schwierig, z. B. in CO2
Nutzen/Kosten | Umweltbelastung (Luft-, Boden- und Wasserverschmutzung) und Schadenswirkung (Mensch, Tier, Natur)
Effizienz | Wertschöpfung / Umweltverbrauch + Umweltbelastung
Ressourcen
– Material
– Energie
Umweltverbrauch
Ökologisches System
Umweltbelastung

legen, greift zu kurz. Die ökologische Unternehmensverantwortung beginnt und endet nicht vor den Toren der Fabrik. So gilt es nicht nur, den eigenen Produktionsprozess im Auge zu behalten, sondern das gesamte Produkt von der „Wiege bis zur Bahre“ zu betrachten. Die Ökobilanz schliesst die vor- und nachgelagerten Stufen in die Betrachtung mit ein.

# 6.3 Ökobilanz

Mithilfe einer **Ökobilanz**[1] werden der relevante Umweltverbrauch und die Umweltbelastungen für ein Produkt oder eine Dienstleistung über den gesamten Lebenszyklus systematisch erfasst und bewertet. Eine Ökobilanz gewinnt an Aussagekraft, wenn diese nicht nur für ein Produkt oder eine Dienstleistung gemacht wird, sondern wenn verschiedene Optionen (z. B. Elektro- vs. Benzinauto, Fernbus vs. Zug) miteinander verglichen werden. Sie bietet dadurch den Ausgangspunkt für einen haushälterischen Umgang mit knappen natürlichen Ressourcen, wodurch auf der einen Seite der Umweltverbrauch und die Umweltbelastung und auf der anderen Seite die Herstellungs- und Unterhaltskosten des Produkts gesenkt werden können.

Bei der Erstellung einer Ökobilanz werden vier Phasen (Zieldefinition, Ökoinventar, Bewertung, Massnahmen) unterschieden:*

[1] Ökobilanz: wird auch Life Cycle Assessment genannt.

\* In Anlehnung an ISO 14044

*Phase 1: Zieldefinition*

In der ersten Phase wird bestimmt, was überhaupt untersucht werden soll: Ein ganzes Unternehmen, ein spezifisches Produkt oder ein einzelner Unternehmensprozess. Zudem muss definiert werden, welche Umweltaspekte (z. B. Wasserverbrauch, Stromverbrauch, $CO_2$-Ausstoss usw.) in die Untersuchung mit einbezogen werden sollen. Die Festlegung erfolgt also auf eigenen Einschätzungen und hat grossen Einfluss auf die Resultate. Aus diesem Grund gilt es diese Phase besonders genau anzuschauen.

Nachfolgend wird ein Produkt auf die Umweltaspekte Materialverbrauch, Energieverbrauch und Umweltbelastung geprüft (siehe Tabelle unten).

*Phase 2: Ökoinventar*

In der zweiten Phase werden verschiedene Umweltaspekte über den gesamten Lebenszyklus eines Produkts aufgelistet. Hierfür eignet sich das Instrument der Umweltmatrix. In der folgenden Tabelle wird das Ökoinventar eines Kühlschranks erstellt.

Tab. 82

| Verbrauch/ Belastung | Lebensphase | | | | |
|---|---|---|---|---|---|
| | Ressourcengewinnung | Herstellung | Transport/ Lagerung | Nutzung | Entsorgung |
| Materialverbrauch | Aluminium, Kunststoff | Werkzeuge | Verpackung | – | Werkzeug |
| Energieverbrauch | Stahlherstellung, Kunststoffherstellung | Härten, Umformen | Diesel (LKW) oder Strom (Bahn) | Strom | Energie für Metallrecycling |
| Umweltbelastung | Schwermetallemissionen | Lösungsmittel | Abgase (Luft) | – | Kunststoff, Kältemittel |

*Phase 3: Bewertung*

In der dritten Phase wird jene Lebensphase identifiziert, in der das Produkt den höchsten Verbrauch bzw. den schädlichsten Einfluss auf die Umwelt hat. Diese Einschätzung wird wiederum anhand der Umweltmatrix vorgenommen. Auf diese Weise wird sichergestellt, dass mit den anschliessenden Massnahmen (Phase 4) eine hohe Umweltwirkung erzielt wird.

→ Aufgabe 2

Tab. 83

| Verbrauch/ Belastung | Lebensphase | | | | |
| --- | --- | --- | --- | --- | --- |
| | Ressourcen-gewinnung | Herstellung | Transport/ Lagerung | Nutzung | Entsorgung |
| Materialverbrauch | stark | mittel | mittel | mittel | mittel |
| Energieverbrauch | mittel | schwach | mittel | stark | mittel |
| Umweltbelastung | schwach | mittel | mittel | mittel | stark |

■ stark
■ mittel
■ schwach

Produkte weisen in den verschiedenen Lebensphasen einen unterschiedlichen Grad von Materialverbrauch, Energieverbrauch oder Umweltbelastung auf. Diese werden in die folgenden Kategorien eingeteilt:

– ressourcen-,
– herstellungs-,
– transport-,
– nutzungs- und
– entsorgungsintensiv.

Aufgrund des Anteils starker und mittlerer Intensität in der vorhergehenden Einschätzung kann ein Kühlschrank als ressourcen-, nutzungs- und entsorgungsintensiv kategorisiert werden. Auch Fahrzeuge, Elektrogeräte und Aufzüge sind tendenziell nutzungsintensive Produkte. Speziell in der Nutzungsphase fällt bei diesen Produkten ein hoher Verbrauch von Materialien, Energie oder problematischen Stoffen (Umweltbelastung) an.

**Beispiel** Schindler-Aufzüge – Reduktion der Nutzungsintensität durch die Steuerung der Kabinenbeleuchtung

Die Schindler Aufzüge AG hat festgestellt, dass die Kabinenbeleuchtung während der Nutzungsphase einen grossen Teil des gesamten Strombedarfs verbraucht. Das Licht brannte Tag und Nacht – auch wenn niemand im Lift war. Durch eine elektronische Steuerung konnte erreicht werden, dass das Licht nur noch im Benützungsfall brennt und damit – ohne Komforteinbusse für die Fahrgäste – beträchtliche Mengen an Strom eingespart werden können.

Abb. 146

**Beispiel** Fuji-Kameras – Umweltbelastung in den verschiedenen Produktlebensphasen

→ Aufgabe 4

Eine Fuji-Kamera verursacht vor allem bei der Rohstoffgewinnung und -aufbereitung (ressourcenintensiv) viel $CO_2$ (Umweltbelastung) (siehe Grafik unten). Dank dieser sauberen und transparenten Analyse kann Fuji am richtigen Ort ansetzen und dadurch eine hohe Umweltwirkung erzielen.

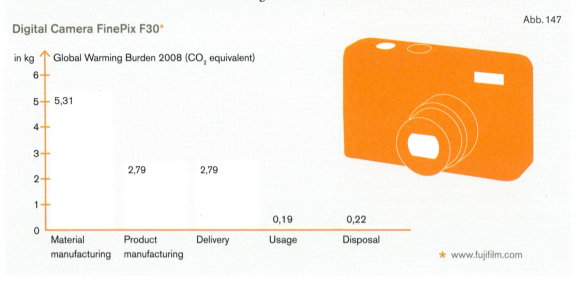

Abb. 147

**Digital Camera FinePix F30***

in kg — Global Warming Burden 2008 ($CO_2$ equivalent)

Material manufacturing: 5,31
Product manufacturing: 2,79
Delivery: 2,79
Usage: 0,19
Disposal: 0,22

★ www.fujifilm.com

*Phase 4: Massnahmen*

Nach der Identifikation der kritischsten Lebensphase eines Produkts müssen geeignete Massnahmen zur Steigerung der Ökoeffizienz für den jeweiligen Produktgrundtyp gefunden werden.

Ökoeffizienz wird definiert als das Verhältnis zwischen der Wertschöpfung und der dabei entstehenden Schadschöpfung. Oder etwas konkreter ausgedrückt: Ökoeffizienz ist das Verhältnis zwischen dem Kundennutzen und der Summe von Umweltverbrauch und Umweltbelastung.

$$\text{Ökoeffizienz} = \frac{\text{Wertschöpfung}}{\text{Schadschöpfung}} = \frac{\text{Kundennutzen}}{\text{Umweltverbrauch} + \text{Umweltbelastung}} \rightarrow$$

→ S. 260 Ökonomisches und ökologisches System

Es bestehen also drei Ansatzpunkte zur Steigerung der Ökoeffizienz

– Steigerung des Kundennutzens bei gleich bleibendem Umweltverbrauch und gleich bleibender -belastung, indem die mit einem Produkt abdeckbaren Bedürfnisse beispielsweise durch eine längere oder multifunktionalere Nutzung eines Produktes maximiert werden.

$$\text{Ökoeffizienz} \uparrow = \frac{\text{Kundennutzen} \uparrow}{\text{Umweltverbrauch} + \text{Umweltbelastung}}$$

– Verminderung des Umweltverbrauchs bei gleich bleibendem Kundennutzen, indem die erforderlichen Materialien und Energieflüsse beispielsweise durch erneuerbare Materialien oder sparsamere Produktionsanlagen minimiert werden.

$$\text{Ökoeffizienz} \uparrow = \frac{\text{Kundennutzen}}{\text{Umweltverbrauch} \downarrow + \text{Umweltbelastung}}$$

– Verminderung der Umweltbelastung bei gleich bleibendem Kundennutzen beispielsweise durch die Benutzung eines Filters oder die fachgerechte Entsorgung problematischer Materialien.

$$\text{Ökoeffizienz} \uparrow = \frac{\text{Kundennutzen}}{\text{Umweltverbrauch} + \text{Umweltbelastung} \downarrow}$$

Am Beispiel eines Kühlschranks wurde unter Phase 3 festgestellt, dass vor allem in der Nutzungsphase Massnahmen zu ergreifen sind. Zur Senkung des Stromverbrauchs in der Nutzungsphase könnte die Kühlschranktüre beispielsweise durchsichtig sein, damit das gewünschte Lebensmittel nicht bei offener Tür gesucht werden muss. Zudem könnte der Kühlschrank mit Schubladen ausgestattet sein, damit die Kaltluft beim Öffnen des Kühlschranks nicht „herausströmt".

Die Tabelle zeigt weitere mögliche Massnahmen, gegliedert nach kritischer Lebensphase der Produkte:

Tab. 84

| Kritische Lebensphase | Produktbeispiel | Massnahmen zur Steigerung der Ökoeffizienz |
|---|---|---|
| ressourcenintensiv | Computer | – Steigerung der Produktlebensdauer, indem defekte Teile dank einer modularen Bauweise ersetzt werden können<br>– Materialrückgewinnung durch Recycling |
| herstellungsintensiv | Tisch | – Abfallminimierung, indem die Menge Ausschussmaterial vermindert und solches weiterverwertet wird<br>– Steigerung der Nutzungsmöglichkeiten, indem der Tisch dank einer Einschiebeplatte sowohl für sechs als auch für acht Personen verwendet werden kann |
| transportintensiv | Beton | – Kürzere Transportdistanzen, indem die verschiedenen Orte (Abbau, Produktion, Verwendung) möglichst nahe beieinander liegen<br>– Wahl geeigneter Transportmittel,→ z. B. Eisenbahn |
| nutzungsintensiv | Kehrichtverbrennungsanlage | – Minimierung von Problemstoffen, die in die Umwelt gelangen, durch den Einbau eines Filters<br>– Energieweiterverwertung, indem eine benachbarte Wohnsiedlung mit der Abwärme beheizt wird |
| entsorgungsintensiv | Batterien | – Verwendung von weniger problematischen Materialien<br>– Steigerung der Produktlebensdauer, indem wieder aufladbare Batterien verwendet werden<br>– Fachgerechte Entsorgung, indem problematische Stoffe getrennt und dann gesondert entsorgt werden können |

→ S. 324 Transportmittel

In der Regel weisen umweltfreundliche Produkte folgende Eigenschaften auf:
- wenig Materialverbrauch
- hohe Energieeffizienz
- kurze Transportdistanz
- Recycling oder problemlose Entsorgung
- lange Lebensdauer, Reparierbarkeit

→ Aufgaben 3 und 8

Durch die Verbesserung der Ökoeffizienz kann ein ökologischer Gewinn erzielt werden. Es ist jedoch Vorsicht geboten. Die Ökoeffizienz ist ein relativer Wert. Die relative Umweltbelastung kann zwar abnehmen, die absolute Belastung jedoch zunehmen. In diesem Fall wird von einem **Rebound-Effekt**[1] gesprochen. Bei einem Auto kann durch einen geringeren Treibstoffverbrauch die Ökoeffizienz gesteigert werden (relative Verbesserung). Steigt allerdings aufgrund dieser Tatsache Herr Brunner als bisheriger Radfahrer aufs Auto um, fährt Frau Zumstein als Autofahrerin mehr Kilometer als bisher, und leistet sich Herr Forster dank der Treibstoffersparnisse einen Urlaub in Australien, wird die Umwelt mehr als zuvor belastet (absolute Verschlechterung). Der ökologische Gewinn wird dabei überkompensiert. Der Rebound-Effekt ist kein Naturgesetz, sondern durch das Verhalten des Menschen bedingt.

[1] Rebound-Effekt: Der Rebound-Effekt besagt, dass Einsparungen, die z. B. durch effizientere Technologien entstehen, durch vermehrte/-n Nutzung und Konsum stets überkompensiert werden.

→ Aufgabe 5

**Beispiel** Durst & Günther Genuss-Factory GmbH – Rebound-Effekt

Dank der Wärmerückgewinnungsanlage kann die Durst & Günther Genuss-Factory GmbH Energiekosten für die Wassererhitzung sparen. Würde nun aufgrund dieser Einsparung einfach eine grössere Menge warmes Wasser verwendet, würde die Einsparung bei der Wassererhitzung kompensiert oder überkompensiert. In diesem Fall würde von einem Rebound-Effekt gesprochen.

Abb. 148

## 6.4 Nutzen von ökologischem Verhalten

Umweltschutz lohnt sich für das Unternehmen und die Umwelt wie das Eingangsbeispiel der Durst & Günther Genuss-Factory GmbH zeigt. Kann nämlich der Umweltverbrauch durch die Einsparung oder Wiederverwertung von Materialien und Energie gesenkt werden, so liegt eine klassische **Win-Win-Situation**[1] vor. Das Unternehmen spart dabei Kosten und die Umwelt wird weniger verbraucht bzw. belastet.

In der heutigen Gesellschaft ist das Umweltbewusstsein gestiegen, was neue Marktchancen eröffnet. Unternehmen, welche sich umweltbewusst verhalten und umweltbewusste Produkte vertreiben, geniessen bei der Bevölkerung und den Mitarbeitern ein besseres Image. Dieses positive Image wird durch die Erlangung von **Umweltlabels** noch verstärkt.

[1] Win-Win-Situation: Lösung, bei der beide Beteiligten (hier: Unternehmen und Umwelt) einen Nutzen erzielen.

→ Aufgaben 1, 6 und 7

Abb. 149

**Beispiel** Umweltlabels

„Der Blaue Engel" kennzeichnet technische Produkte und Dienstleistungen, welche besonders klima-, umwelt- und gesundheitsfreundlich sind, wobei Eigenschaften wie z. B. gute Qualität und lange Lebensdauer zu den Grundsätzen gehören. Zeicheninhaber ist das deutsche Bundesumweltministerium.

„Oecoplan" ist eine Eigenmarke der Schweizer Detailhändlerin Coop, mit der umweltfreundliche Non-Food-Produkte und Dienstleistungen ausgezeichnet werden. Es gelten klare Anforderungen, die auf strengen externen Gütesiegel basieren oder in Zusammenarbeit mit Experten erarbeitet wurden. Deshalb empfiehlt der WWF Oecoplan zur Förderung von umweltfreundlichen Produkten.

„Naturemade ist das Qualitätszeichen für ökologisch produzierte Energie (naturemade star) und Energie aus erneuerbaren Quellen (naturemade basic). Es wird nach eingehender Kontrolle vom Verein für umweltgerechte Energie VUE verliehen."

Bei „Minergie" handelt es sich um einen Schweizer Baustandard, der für einen rationellen Energieeinsatz, die Nutzung erneuerbarer Energien und die Reduktion von Umweltbelastungen beim Neubau von Gebäuden steht.

# Aufgaben – D6 Umweltmanagement

**1**

Nehmen Sie zu den beiden folgenden Aussagen Stellung:
– „Umweltschutz kostet Geld und verschlechtert die Rendite!"
– „Umweltschutz ist gut für das Geschäft."

**2**

a  Erstellen Sie zu einem Produkt Ihrer Wahl das Ökoinventar (Phase 2) mithilfe der untenstehenden Umweltmatrix.

b  Identifizieren Sie zwei Felder in der Umweltmatrix, wo Sie den Umweltverbrauch bzw. die Umweltbelastung als besonders problematisch erachten. (Phase 3: Bewertung)

c  Schlagen Sie zu jedem der beiden identifizierten Felder mindestens eine Massnahme zur Steigerung der Ökoeffizienz vor. (Phase 4: Massnahmen)

Tab. 85

| Verbrauch/ Belastung | Lebensphase | | | | |
| --- | --- | --- | --- | --- | --- |
| | Ressourcen-gewinnung | Herstellung | Transport/ Lagerung | Nutzung | Entsorgung |
| Material-verbrauch | | | | | |
| Energie-verbrauch | | | | | |
| Umwelt-belastung | | | | | |

**3**

Sie arbeiten für ein Umweltberatungsunternehmen. Sie haben diverse Auftraggeber, welche die Ökoeffizienz steigern wollen.
– Fahrradverleiher:   Fahrrad
– Wirt:   Mineralwasser
– Gemüseverkäufer:  Spargeln aus Kalifornien
– Bademeister:   Chlor
– Hausmeister:   Aufzug
– Hausmeister:   Gebäudeheizung

a Schätzen Sie jeweils ab, welche Lebensphase (Ressourcengewinnung, Herstellung, Transport/Lagerung, Nutzung, Entsorgung) den dominanten Anteil des Umweltverbrauchs und der Umweltbelastung ausmacht.

b Schlagen Sie jeweils eine geeignete Massnahme zur Verbesserung der Ökoeffizienz vor.

**4**

a In der Grafik, in welcher eine Ökobilanz nach der Durchführung der ersten drei Phasen abgebildet ist, erkennen Sie die kritische Lebensphase eines Aluminium-Stuhls auf die Umwelt. Welche möglichen Verbesserungen schlagen Sie als Produktmanager vor (Phase 4: Massnahmen)?

Abb. 150

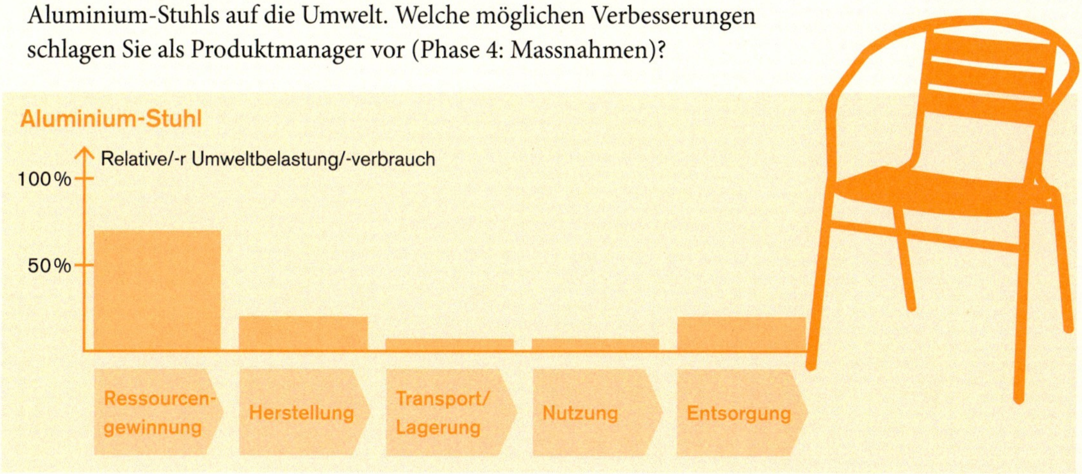

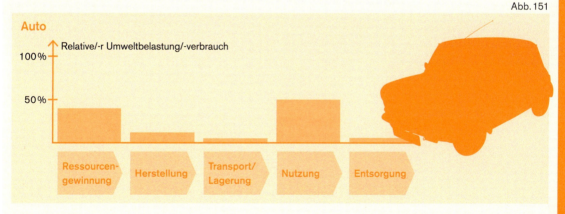

b In der Grafik, in welcher eine Ökobilanz nach der Durchführung der ersten drei Phasen abgebildet ist, erkennen Sie die kritische Lebensphase eines Autos auf die Umwelt. Welche möglichen Verbesserungen schlagen Sie als Produktmanager vor (Phase 4: Massnahmen)?

Abb. 151

**5**

Ihre Schule hat soeben eine Gebäudesanierung zur Senkung des Heizölverbrauchs durch verbesserte Gebäudeisolierung abgeschlossen und das Gebäude mit Energiesparlampen ausgestattet. Alle freuen sich über den ökonomischen und ökologischen Gewinn: Einsparung von 20 % des Heizölverbrauchs, einen um 20 % verminderten $CO_2$-Ausstoss und eine Stromreduktion von 10 %.
Als kritische/-r Schüler/-in teilen Sie die Freude nur bedingt, weil Sie einen Rebound-Effekt befürchten.
Welche menschlichen Verhaltensänderungen könnten sich aufgrund der ökologischen Verbesserungen ergeben?

**6**

Ein bekannter deutscher Autohersteller lässt per Pressemitteilung verkünden, dass der Treibstoffverbrauch seiner Fahrzeuge „durch den Einsatz modernster Antriebstechnologien um rund 20 % gesenkt werden konnte". Dadurch habe er einen grossen Beitrag zur Senkung der Umweltbelastung geleistet.
Ausserdem verfüge nun jeder seiner Autokäufer über ein „sauberes" Gewissen beim Autofahren.
Wie beurteilen Sie die Aussagen des Autofabrikanten aus ökologischer Sicht?

**7**

Analysieren Sie Ihr eigenes Konsumverhalten. Welche Rolle spielen Umweltlabels bei Ihren Kaufentscheidungen (z. B. bei Nahrungsmitteln und Kleidern)? Diskutieren Sie die Erkenntnisse in der Klasse.

**8**

Analysieren Sie Ihre eigene Situation bzw. diejenige Ihrer Schule:
Wodurch könnten …

a  … Sie …

b  … Ihre Schule …

… den Umweltverbrauch und damit die Umweltbelastung senken? Gehen Sie dabei in zwei Schritten vor:

1. Bestimmen Sie diejenigen Aktivitäten, bei denen der Umweltverbrauch/die Umweltbelastung am grössten sind. Beachten Sie dabei, dass der Umweltverbrauch von der benötigten Menge, der noch vorhandenen Menge und der Erneuerbarkeit der jeweiligen Ressource abhängt.
2. Überlegen Sie sich Massnahmen, durch welche der Umweltverbrauch/die Umweltbelastung einer jeden Aktivität reduziert werden könnte.

 www.iwp.unisg.ch/bwl

### Leitfragen

a) Was bedeutet „Markt" aus Marketingsicht und was sind seine Merkmale?
b) Was ist unter dem Begriff „Marketing" zu verstehen?
c) Was ist ein Marketingkonzept?
d) Was beinhaltet eine Marktanalyse?
e) Wie kann eine SWOT-Analyse im Marketing angewendet werden?
f) Was wird unter Kaufverhalten verstanden?
g) Welche Marktgrössen können unterschieden werden?
h) Was ist unter Marktforschung und Markterkundung zu verstehen?
i) Welche Entscheide sind in einer Marketingstrategie enthalten?
j) Was ist unter dem Marketing-Mix zu verstehen?

### Schlüsselbegriffe

Markt, Absatzmarkt, Nachfrage, Marketingkonzept, Marktanalyse, SWOT-Analyse, Kaufverhalten, Kaufentscheidungsprozess, Kaufentscheidungstyp, Kaufmotiv, Marktkapazität, Marktpotenzial, Marktvolumen, Marktanteil, Marktforschung, Markterkundung, Marketingstrategie, Marktsegmentierung, Positionierung, Marketing-Mix, 4-P-Modell, Käufermarkt

### Verankerung im Modell

Die Geschäftsprozesse umfassen die Kunden- und Leistungserstellungsprozesse. Kunden und deren Bedürfnisse stehen bei der „marktorientierten Gestaltung und Führung der Geschäftsprozesse" im Vordergrund. Diese Denkweise und deren konkrete Ausgestaltung nennt sich Marketing. Es wird zwischen einer normativen, strategischen und operativen Ebene des Marketings unterschieden. Die normative Ebene bildet die Grundlage zur Erarbeitung des Marketingkonzepts, welches strategische Entscheidungen beinhaltet. Die operative Umsetzung der Marketingstrategie umfasst die Gestaltung von Produkt-, Preis-, Distributions- und Kommunikationspolitik.

**Beispiel** Zweifel Pomy-Chips AG*

★ www.zweifel.ch

Abb. 152

Praktisch jeder Schweizer Kartoffelchips-Liebhaber kennt die Marke Zweifel Pomy-Chips. Das Familienunternehmen Zweifel wurde vor über 50 Jahren gegründet. Seither steht das Streben nach Qualität im Vordergrund: „Die besten und frischesten Pommes Chips anbieten". Dies wird durch das bestens gehütete Rezept für die Gewürzmischung, die sorgfältig ausgewählten Zutaten und den Frische-Service erreicht. Jährlich werden ca. 6 500 Tonnen Pommes Chips und ca. 1 700 Tonnen weitere Snacks hergestellt. Im Jahr 2014 beschäftigte das Unternehmen rund 380 Mitarbeitende, erzielte einen Umsatz von 208 Millionen Franken und erreichte in der Schweiz einen Marktanteil von leicht über 60 %. Dieser Erfolg ist kein Zufall! Doch welche Marketinginstrumente haben Zweifel Pomy-Chips so erfolgreich gemacht?

## 7.1 Markt

Der Absatz von Produkten und Dienstleistungen findet auf dem Markt statt. Da der Erfolg eines Unternehmens davon abhängt, wie es sich im Markt profiliert, werden sämtliche Geschäftsprozesse auf den Markt bzw. die Kundenbedürfnisse ausgerichtet. Um diese Ausrichtung in der Praxis zu realisieren, benötigt das Unternehmen Informationen über den Markt. Diese Arbeit wird in einem Unternehmen vom Marketing geleistet.

### Merkmale des Marktes

Der Begriff Markt bezeichnet den realen oder virtuellen Ort des Zusammentreffens von Angebot und Nachfrage nach einem Gut bzw. den Ort, an dem der Leistungsaustausch zwischen Anbietern und Nachfragern stattfindet.

Dies ist eine volkswirtschaftliche Betrachtungsweise des Marktes. Die Nachfrage und das Angebot sind beides Teile des Marktes. Der Markt lässt sich aus der Sicht eines Unternehmens ausserdem in Beschaffungs- und Absatzmarkt[1] unterteilen. Der Marktbegriff, wie er im Marketing verwendet wird, ist dadurch gekennzeichnet, dass nur der Absatzmarkt im Zentrum des Interesses steht. Der **Absatzmarkt** gilt als Gesamtheit aller Personen und Organisationen, die als potenzielle[2] Käufer in Frage kommen.

Die Existenz eines Absatzmarktes mit potenziellen Kunden nützt einem Unternehmen noch nichts: Vielmehr muss es, um Waren und Dienstleistungen absetzen zu können, auf die Bedürfnisse der Abnehmer eingehen. Bedürfnisse entstehen, wenn Menschen einen Mangel empfinden und den Wunsch hegen, diesen Mangel zu beseitigen. Das Bedürfnis nach einem Gut reicht jedoch nicht aus, um auf dem Markt eine Nachfrage nach einem bestimmten Produkt oder einer bestimmten Dienstleistung auszulösen: Zusätzlich muss der Bedürfnisträger noch über genügend finanzielle Ressourcen (Kaufkraft) verfügen, um das Bedürfnis auch tatsächlich befriedigen zu können. Zusammenfassend lässt sich festhalten.

Eine Nachfrage→ nach einem bestimmten Gut entsteht, wenn
- Menschen einen Mangel wahrnehmen,
- den Wunsch hegen, diesen Mangel durch den Kauf des Produkts oder der Dienstleistung zu beseitigen
- und finanziell in der Lage sind, dies zu tun.

Die Eigenschaften des Absatzmarktes zu erforschen (Marktanalyse), um daraus Strategien (Marketingstrategie) zu definieren und gezielte Massnahmen zu ergreifen (Marketing-Mix), sind Aufgaben des Marketings.

### Begriff des Marketings

Der Marketingbegriff ist vielschichtig und wird in unterschiedlicher Weise verwendet. Grundsätzlich können zwei Sichtweisen unterschieden werden.

[1] Beschaffungsmarkt: ist ein den Produktions- oder Handelsstufen eines Unternehmens vorgelagerter Markt, auf dem Güter oder Dienstleistungen für den Produktions- oder Handelsprozess von Lieferanten gekauft werden können (S. 232 Beschaffungslogistik).
Absatzmarkt: der Produktion oder dem Handel nachgelagerter Markt

[2] potenziell: möglich

→ S. 13 Bedürfnis, Bedarf, Nachfrage

→ Aufgabe 1

Marketing wird zum einen als Führungsphilosophie verstanden. Insofern ist Marketing die bewusst marktorientierte Führung des gesamten Unternehmens. Die Gestaltung und Führung der Geschäftsprozesse orientiert sich am Markt bzw. am Kunden.

Marketing kann jedoch auch als Unternehmensfunktion begriffen werden. Damit ist die Durchführung von Unternehmensaktivitäten gemeint, die den Strom von Produkten und Dienstleistungen vom Hersteller zum Konsumenten leiten. Das Marketing eines Unternehmens beschäftigt sich demnach mit vielfältigen Aufgaben. Die folgende Abbildung gibt einen Überblick über die Tätigkeiten und das Entscheidungsfeld.

Abb. 153

→ Aufgabe 2

**Marketingüberblick**

Auf einer normativen Ebene geben Vision, Mission und Leitbild→→ eines Unternehmens Werte und Ziele vor, die für das Marketing von Relevanz sind. Die Unternehmenswerte und -ziele dienen bei der Erarbeitung eines Marketingkonzepts als Grundlage. Wird im Leitbild eines Pharmaunternehmens beispielsweise festgehalten, dass jeder Mensch ein Anrecht auf möglichst preisgünstige Medikamente hat, müssen die Marketinginstrumente auf diesen Grundsatz ausgerichtet werden.

→ S. 86 Code of Conduct
→ S. 93 Unternehmens-leitbild

Unter einem Marketingkonzept wird ein ganzheitlicher Handlungsplan verstanden. Dieser enthält Ziele und eine geeignete Strategie, um die Ziele zu erreichen. Auf dieser Informationsgrundlage werden die entsprechenden Marketinginstrumente festgelegt und festgehalten.

Das **Marketingkonzept** ist auf der strategischen und der operativen Ebene des Unternehmens anzusiedeln.

Die Marktanalyse dient dem Unternehmen als Informationsgrundlage zur Erarbeitung einer klaren Marketingstrategie→. Diese besteht zum einen aus dem Zielmarktentscheid und zum anderen aus dem Positionierungsentscheid. Der Marketingstrategie liegen die folgenden Fragen zugrunde:

→ S. 98 Unternehmens-strategie

– *Zielmarkt:* Wer ist Zielgruppe des eigenen Angebots?
– *Positionierung:* Wie soll sich das eigene Angebot von der Konkurrenz unterscheiden?

Basierend auf den normativen und strategischen Vorgaben erfolgt mit dem Marketing-Mix die operative Umsetzung. Der Marketing-Mix stellt eine Kombination der verschiedenen Marketinginstrumente dar.

→ Aufgabe 3

## 7.2 Marktanalyse

Marketing bedeutet, die Geschäftsprozesse auf den Markt auszurichten. Dazu müssen die Bedürfnisse der Kunden in den Mittelpunkt der Entscheidungen gestellt werden. Das Unternehmen bedient sich dabei der **Marktanalyse**→. Diese Tätigkeit ist auf der strategischen Ebene des Marketings anzusiedeln. Die Gegenstände der Marktanalyse sind vielfältig und können sich einerseits auf das Absatzprogramm des Unternehmens oder auf das Kaufverhalten der Konsumenten beziehen. Mithilfe einer SWOT-Analyse kann das Unternehmen feststellen, ob ein Produkt oder die Dienstleistung auch in Zukunft noch gefragt ist. Wissen über das Kaufverhalten der Kunden nutzt das Unternehmen zur optimalen Bearbeitung des Marktes. Die Marktgrössen geben dem Unternehmen wichtige Hinweise auf das Absatzpotential eines Marktes.

→ S.97 Marktanalyse

Diese wichtigen Daten und Informationen werden mithilfe der Marktforschung in Erfahrung gebracht. Die Marktanalyse ist die Informationsgrundlage zur Erarbeitung einer Marketingstrategie.

### SWOT-Analyse

Die SWOT-Analyse→ ist ein Instrument zur Situationsanalyse. Der Name ist ein Akronym[1] und ergibt sich aus den folgenden Begriffen:
– Strengths (Stärken)
– Weaknesses (Schwächen)
– Opportunities (Chancen)
– Threats (Gefahren)

Im Bereich des Marketings bezieht sich die SWOT-Analyse auf das Absatzprogramm→. Mit dieser Methode werden produktrelevante Stärken und Schwächen→ der eigenen Produkte und Dienstleistungen hinsichtlich unternehmensexterner Chancen und Gefahren→ evaluiert. Die folgende Abbildung zeigt die Referenzpunkte der SWOT-Analyse.

→ S.555 SWOT-Analyse

[1] Akronym: Kurzwort, das aus den Anfangsbuchstaben mehrerer Wörter zusammengesetzt ist.

→ S.290 Absatzprogramm

→ S.94 Stärken und Schwächen

→ S.97 Chancen und Gefahren

Tab. 86

**SWOT-Analyse**

| Perspektive ins Unternehmen (nach innen) | | Perspektive ins Umfeld (nach aussen) | |
|---|---|---|---|
| | | Gefahren | Chancen |
| | Stärken | | Unique Selling Proposition (USP) |
| | Schwächen | | |

Der Ausgangspunkt der Stärken-Schwächen-Analyse bildet die Nachfrage. Produkte und Dienstleistungen werden dahingehend untersucht, ob und zu welchem Grad sie das spezifische Kundenbedürfnis zu befriedigen vermögen. Da Stärken und Schwächen relative Grössen sind, ergeben sich diese erst im Vergleich zur Konkurrenz. Deshalb werden Produkte und Dienstleistungen der Konkurrenz als Beurteilungsmassstab hinzugezogen.

Chancen und Gefahren ergeben sich aus den Veränderungen in den Umweltsphären und beziehen sich demnach auf unternehmensexterne Einflussfaktoren. Es gilt bei deren Beobachtung gesellschaftliche Trends→ zu erkennen.

→ S.59 Wertewandel und Trends

Die Kombination von Stärken und Chancen ergibt die Unique Selling Proposition (USP). Das Produkt bzw. die Dienstleistung stellt, gemessen an der Konkurrenz, eine Stärke dar. Gleichzeitig lässt die Trendanalyse→ darauf schliessen, dass das Produkt oder die Dienstleistung als Chance zu werten ist und auch in Zukunft auf dem Markt gefragt sein wird. Um eine USP zu erlangen bzw. zu erhalten, braucht das Unternehmen eine geeignete Marketingstrategie und den Einsatz von Marketinginstrumenten.

→ S.559 Szenariotechnik

**Beispiel** Zweifel Pomy-Chips AG – Unique Selling Proposition (USP)

Abb.154

Die Rezeptur für die Gewürzmischung der Pommes Chips und der Frische-Service der Zweifel Pomy-Chips AG sind auf dem Markt sehr gefragt. Gemessen an den Konkurrenz stellt das Angebot der Zweifel Pomy-Chips AG deshalb eine Stärke dar.

Der gesellschaftliche Trend zu kalorienarmem und gesundheitsbewusstem Konsum führt dazu, dass Kunden vermehrt fettärmere Pommes Chips nachfragen. Die Zweifel Pomy-Chips AG produziert neben den herkömmlichen Pommes Chips deshalb die Sorte Zweifel „Cractiv". Dieses Produkt wird als Chance eingestuft.

Die Zweifel Pomy-Chips AG verfügt demnach über eine Unique Selling Proposition (USP): Das Angebot von fettärmeren Pommes Chips bei vollem Geschmack ist sowohl eine Stärke (gemessen an der Nachfrage/Konkurrenz), als auch eine Chance (gemäss Trendanalyse).

## Kaufverhalten

Die Erforschung vom Kaufverhalten der Kunden stellt einen wichtigen Bestandteil der Marktanalyse dar. Insbesondere Kaufentscheidungsprozesse und deren Einflussfaktoren sind für das Unternehmen von grosser Bedeutung und liefern wichtige Hinweise für den Einsatz der Marketinginstrumente.

Unter dem **Kaufverhalten** wird das Verhalten des Käufers beim Kauf von Waren und Dienstleistungen verstanden. Die Marktforschung zum Thema Kaufverhalten befasst sich mit folgenden Fragen: Wo, Wann, Wie und Warum entscheidet sich ein Kunde zu einem Kauf? Dazu werden auch Methoden und Einsichten aus der Psychologie eingesetzt. Informationen über die Eigenschaften von Kaufentscheidungsprozessen kann für die Gestaltung der Kundenprozesse Kundengewinnung→ und Kundenbindung→ eingesetzt werden.

→ S.350 Kundengewinnung

→ S.351 Kundenbindung

Der **Kaufentscheidungsprozess** unterteilt sich in sechs Phasen:

→ Aufgabe 4

Tab. 87

| Phase | Beschreibung | Beispiel Erstkauf eines Autos |
|---|---|---|
| 1 | Entstehen eines Bedarfs | Bedürfnis nach Mobilität, das mit einem Auto befriedigt werden will |
| 2 | Unterschiedliche Entscheidungsprozesse, Informationsaufnahme und -verarbeitung | Preisvergleich, Leistungsvergleich unterschiedlicher Automarken und Modelle |
| 3 | Auswahl eines Produkts/Kaufabsicht | Entscheid für ein Auto, und zwar für eine bestimmte Marke und ein bestimmtes Modell |
| 4 | Einkaufsverhalten | Kauf des Autos |
| 5 | Nutzung und Informationszuwachs | Nutzung des Autos |
| 6 | Entsorgung | Entsorgung des Autos |

Grundsätzlich lassen sich drei verschiedene **Kaufentscheidungstypen** unterscheiden.

Tab. 88

| Kaufentscheidungstyp | Beschreibung | Beispiele |
|---|---|---|
| Echte Entscheidungen | Werden nur gelegentlich getroffen. Der Informationsbedarf des Konsumenten ist besonders gross. Der Vergleich verschiedener Alternativen verursacht eine lange Entscheidungsdauer. | – Wohnung<br>– Auto<br>– Digitalkamera<br>– Smartphone |
| Habituelle Entscheidungen | Betreffen Güter des täglichen Bedarfs und werden deshalb verhältnismässig oft getroffen. Der Konsument zeigt bei der Produkt- und Markenwahl Gewohnheitsverhalten. | – Zahnpasta<br>– Butter<br>– Waschmittel |
| Limitierte Entscheidungen | Erfahrungen liegen aus früheren Käufen innerhalb derselben Produktgruppe vor. Für den Kauf dieser Produkte wird nur eine begrenzte Anzahl von Informationsquellen genutzt und nur wenige Alternativen in Betracht gezogen. Die bestehenden Entscheidungskriterien werden allenfalls angepasst. | Zweitkauf von:<br>– Auto<br>– Digitalkamera<br>– Smartphone |

Ein Unternehmen versucht, die Kaufentscheidung mithilfe geeigneter Marketinginstrumente zu seinen Gunsten zu beeinflussen. Die Verkaufsförderung[1] als eine mögliche Massnahme im Rahmen des Marketing-Mix versucht, beim Kunden durch die Schaffung von Anreizen ein latentes[2] Bedürfnis nach einem bestimmten Gut zu wecken (Phase 1). Mit Werbekampagnen bemüht sich das

[1] Verkaufsförderung: Kurzfristige Anreize, die den Verkauf zusätzlich unterstützen und stimulieren sollen. Bsp.: Wettbewerb, Degustation (S. 329 Aufgaben der Kommunikation)

Unternehmen um eine ständige Präsenz seines Produkts oder seiner Marke beim Kunden. Dadurch kann die Produktauswahl (Phase 3) massgeblich gesteuert werden.

Die Phase 2 des Kaufentscheidungsprozesses ist bei den verschiedenen Kaufentscheidungstypen bezüglich Intensität und Dauer andersartig ausgestaltet. Sämtliche Phasen des Kaufentscheidungsprozesses werden nur bei einer echten Kaufentscheidung durchlaufen.

2 latent: im Hintergrund vorhanden, aber noch nicht sichtbar

Das **Kaufmotiv** gibt Hinweis darauf, warum sich ein Kunde für ein bestimmtes Angebot entscheidet. Dabei wird zwischen rationalen und emotionalen Kaufmotiven→ unterschieden: Rationale Motive betreffen vorwiegend die Qualität des Produktes oder der Dienstleistung. Die Marktforschung hat jedoch gezeigt, dass emotionale Motive eine zunehmend wichtigere Rolle im Kaufverhalten spielen. Zu den emotionalen Motiven gehören Sicherheit, Status oder Freiheit. Die Kaufmotive der Kunden stellen für das Marketing eines Unternehmens wichtige Informationen dar und können in Bereichen wie der Marketingstrategie, der Produktgestaltung→ oder der Werbung→ verwendet werden.

Nebst dem Kaufverhalten, welches den Fokus auf das Individuum legt, sind die Marktgrössen für ein Unternehmen von Interesse. Bei den Marktgrössen geht es um die Gesamtheit aller bestehenden oder potenzielle Kunden.

→ S. 330 informative und suggestive Werbung

→ S. 293 Produktgestaltung

→ S. 330 Werbung

→ Aufgabe 5

## Marktgrössen

Die Marktgrössen liefern dem Unternehmen Hinweise auf die zukünftigen Absatzchancen. Vier solcher Grössen werden unterschieden:
- **Marktkapazität:** Maximale Aufnahmefähigkeit des Marktes ohne Berücksichtigung der Kaufkraft.
- **Marktpotenzial:** Theoretisch höchstmögliche Absatzmenge eines bestimmten Produkts, unter Berücksichtigung der Kaufkraft.
- **Marktvolumen:** Gegenwärtig realisierte Absatzmenge aller Unternehmen bezüglich eines bestimmten Produkts. Der Anteil des Marktvolumens am Marktpotenzial zeigt den Sättigungsgrad eines Marktes an.
- **Marktanteil:** Anteil eines Unternehmens am gesamten Marktvolumen. Der Marktanteil zeigt die relative Stärke dieses Unternehmens im Vergleich zur Konkurrenz.

Abb. 155

**Marktgrössen**

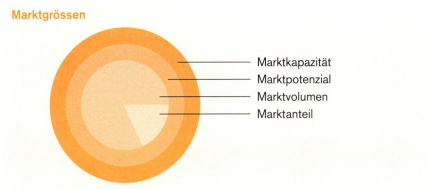

Marktkapazität
Marktpotenzial
Marktvolumen
Marktanteil

Aus den Marktgrössen lassen sich verschiedene Schlüsse ziehen. Ist z.B. das Marktvolumen kleiner als das Marktpotenzial, kann das Unternehmen mit steigenden Umsätzen rechnen, sofern es seinen Marktanteil beibehalten kann. Sind jedoch Marktpotenzial und Marktvolumen etwa gleich gross, so ist der Markt beinahe gesättigt und das Unternehmen kann seinen Umsatz nur über eine Marktanteilsvergrösserung steigern. In einer solchen Situation wird auch von einem Verdrängungswettbewerb gesprochen.

Die Kenntnis dieser Marktgrössen ist für die Formulierung der Marketingstrategie und den gezielten und erfolgreichen Einsatz der Marketinginstrumente von entscheidender Bedeutung. Produkte in nahezu gesättigten Märkten sollten mit preispolitischen Massnahmen attraktiv gestaltet werden. Sofern das Marktpotenzial noch nicht ausgeschöpft ist und das Marktvolumen noch erhöht werden kann, sollten Unternehmen jedoch versuchen, mithilfe informativer Werbung[1] neue Käuferschichten zu gewinnen.→

[1] informative Werbung: Werbung, die den Kunden über Produkteigenschaften informieren soll (→ S.330 Werbung)

→ S.107 Stars oder Question Marks

→ Aufgabe 6

## Marktforschung

Die Marktanalyse bedingt die Ermittlung von Informationen über das eigene Unternehmen (Stärken und Schwächen der eigenen Produkte und Dienstleistungen im Vergleich zur Konkurrenz), die Umweltsphären (Chancen und Gefahren), das Kaufverhalten der Kunden und die einzelnen Marktgrössen. Die Marktforschung dient dazu, diese Daten und Informationen in Erfahrung zu bringen.

**Unter Marktforschung wird die regelmässige und systematische Beschaffung, Verarbeitung und Analyse von marktrelevanten Informationen verstanden, welche die Grundlage für Marketingentscheidungen bilden.**

**Bei der Markterkundung hingegen handelt es sich um die gelegentliche und unsystematische Erhebung von Informationen, die teilweise auch betriebsintern gewonnen werden.**

[2] quantitativ: die Menge betreffend

[3] qualitativ: die Beschaffenheit/Qualität betreffend

Je nach Untersuchungsziel wird zwischen quantitativer[2] und qualitativer[3] Marktforschung unterschieden.

Tab. 89

| Marktforschung | Ziel | Typische Fragen |
|---|---|---|
| Quantitativ | Zahlenwerte über den Markt ermitteln | – Wie gross ist das Marktvolumen?<br>– Wie gross ist der Marktanteil eines Unternehmens? |
| Qualitativ | Motive für Verhaltensweisen der Konsumenten herausfinden | – Welche Erwartungen haben Kunden von bestimmten Produkten?<br>– Warum kauft ein Kunde ein bestimmtes Produkt? |

Für die Beschaffung der Informationen und Daten stehen die primäre und sekundäre Erhebungsmethode zur Verfügung.

Tab. 90

| Erhebungs-methode | Erklärung | Beispiel |
|---|---|---|
| Primärmarkt-forschung (Feld-forschung oder field research) | Ermittlung neuer, bisher noch nicht erfasster Daten | – Befragungen (mündlich oder schriftlich mittels Fragebogen) <br> – Beobachtungen (können verdeckt oder offen durchgeführt werden) <br> – Experimente, z. B. Wirkungs-weisen von Produkten <br> – Kundenkarten[1] |
| Sekundärmarkt-forschung (Schreibtisch-forschung oder desk research) | Die Auswertungen basieren auf bereits vorhandenen Daten, die ursprünglich für andere Zwecke erfasst wurden. | – innerbetriebliche Quellen wie Absatzstatistiken, Reparatur-listen oder Kundenreklamationen <br> – externe Quellen, z. B. For-schungsergebnisse, veröffent-lichte Statistiken |

[1] Kundenkarten: Erlauben dem Unternehmen die Kauf-gewohnheiten der Kunden genau zu beleuchten. Man spricht in diesem Fall auch von einem „gläsernen Kunden".

→ Aufgaben 7 und 8

**Beispiel** Marktforschung bei „Iocaba"

„Iocaba" stellt hochwertige Mund- und Zahnpflegeprodukte her. Die Produktlinien umfassen Zahnpasten, Zahnspülungen, Gelées und Zahnbürsten.
In den letzten Jahren haben sich die Verkaufszahlen der Zahnpasta Teethclean unvorteilhaft entwickelt. Das Unternehmen will dieser Tendenz entgegenwirken und gezielte Massnahmen einleiten. „Iocaba" stellt sich deshalb die Frage, weshalb der Umsatz rückläufig ist. Zur Beantwortung dieser Frage muss das Unternehmen Marktforschung betreiben. Mithilfe einer Kundenumfrage erkennt „Iocaba", dass das Kaufmotiv vieler seiner Kunden rationaler Art ist, d. h. dass beim Kauf der Zahnpasta die Qualität im Vordergrund steht. Um den Umsatz zu steigern, sollte das Unternehmen die Qualität der Zahnpasta Teethclean noch gezielter verbessern und dies auch entsprechend kommunizieren.

Abb. 156

## 7.3  Marketingstrategie

Nachdem ein Unternehmen alle wichtigen Informationen über seine Kunden und den Markt in Erfahrung gebracht hat, kann es eine **Marketingstrategie** erarbeiten.

**Unter Marketingstrategie wird ein langfristiger und umfassender Verhaltens-plan verstanden, welcher der Erreichung der Marketing- und Unternehmensziele dient.**

Marketingstrategien müssen über mehrere Planungsperioden (Jahre) wirksam sein. Sie befassen sich mit der Frage, auf welche Märkte sich ein Unternehmen ausrichten, welches Kundensegment bedient werden und wie sich das Unternehmen im Vergleich zur Konkurrenz positionieren soll.

## Marktsegmentierung

 FS3

Für ein bestimmtes Produkt besteht der Markt in der Regel aus einer Vielzahl von Kunden, die sich mehr oder weniger voneinander unterscheiden. Kunden sind beim Kauf zu zahlreich und zu unterschiedlich hinsichtlich ihrer Erwartungen, als dass ein Unternehmen allen Kunden gerecht werden könnte. Um den Einsatz der Marketinginstrumente möglichst effizient zu gestalten, sollte sich ein Unternehmen auf eine oder wenige Kundengruppen konzentrieren, welche sich von anderen Kunden durch bestimmte Merkmale unterscheiden. Ein Unternehmen muss sich deshalb überlegen, welche Kunden mit den Produkten bedient werden sollen. Um den Markt sinnvoll bedienen zu können, muss dieser zuerst in einzelne Teile (Kundengruppen) gegliedert werden. Diese Unterteilung wird **Marktsegmentierung** genannt.

**Unter Marktsegmentierung versteht man die Aufteilung des Gesamtmarktes in homogene[1] Käufergruppen. Hauptziel einer solchen Segmentierung ist es, eine Aufteilung zu wählen, die eine effiziente und erfolgreiche Marktbearbeitung ermöglicht.**

[1] homogen: von gleicher Art

Eine Segmentierung kann nach den verschiedensten Kriterien vorgenommen werden. In der Regel ergibt die Kombination mehrerer Kriterien eine sinnvolle Marktsegmentierung.

Tab. 91

| Kriterium | Ausprägung | Beispiel |
|---|---|---|
| geografisch | – Gebiet<br>– Bevölkerungsdichte<br>– Klima<br>– Sprache | – Deutschschweiz, Westeuropa<br>– ländlich, städtisch<br>– südlich, nördlich<br>– Französisch, Deutsch |
| soziodemografisch | – Alter<br>– Geschlecht<br>– Einkommen<br>– Beruf<br>– Ausbildung | – 20- bis 30-Jährige<br>– männlich, weiblich<br>– Normalverdiener<br>– Schreiner, Banker<br>– Akademiker, Nichtakademiker |
| wert- und verhaltensbezogen | – Werthaltung<br>– Lebensstil<br>– Art der Freizeitgestaltung<br>– Kaufmotive | – Fleiss, Disziplin, Sparsamkeit<br>– Freizeitorientierung, Karriereorientierung<br>– Kinogänger, Outdoor-Sportler<br>– Qualität, Preis, Prestige |

Der Trend zur Individualisierung→ erfordert anstelle der Aufteilung des Gesamtmarktes in homogene Käufergruppen teilweise eine feinmaschigere Aufteilung. Diese wird „Segment of One" genannt und bedeutet, dass jeder Kunde ein einzelnes Segment darstellt→.

→ S. 60 Trend zur Individualisierung

→ S. 228 f. Einführungsbeispiel BMW

Nach der Marktsegmentierung folgt der Entscheid, in welchem Zielmarkt das Produkt verkauft werden soll. Dabei legt das Unternehmen fest, welches Marktsegment durch ein spezifisches Produkt oder eine Dienstleistung bedient werden soll. Die Auswahl des Zielmarktes hängt von den Marktgrössen, den Marktbearbeitungskosten und der Konkurrenzsituation ab.

### Positionierung

Jedes Produkt und jede Dienstleistung besitzt aus der Sicht des Kunden eine bestimmte Position im Markt. Diese Position wird im Vergleich zu den Alternativen auf dem Markt bestimmt und kann durch den Marketing-Mix des Unternehmens aktiv gesteuert werden.

**Nach dem Zielmarktentscheid folgt die Positionierung im Zielmarkt. Die zentrale Aufgabe der Positionierung besteht darin, die Stellung des Leistungsangebots eines Unternehmens gegenüber der Konkurrenz festzulegen, um so die Richtung für einen effizienten Einsatz der Marketinginstrumente vorzugeben.**

Die **Positionierung** eines Produkts oder einer Dienstleistung kann in einem zwei- oder mehrdimensionalen Positionierungsmodell dargestellt werden. Die Kriterien ergeben sich aus den Eigenschaften der Marktsegmente. Die folgende Abbildung zeigt eine mögliche Positionierung von Jeansmarken in einer Matrix. Die beiden Achsen sind mit je einem Kriterium beschriftet, im vorliegenden Fall mit geografischer Region (städtisch, ländlich) und Einkommen (hoch, tief).

Abb. 157

**Beispiel** Zweidimensionales Positionierungsmodell

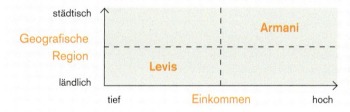

Die Position von Produkten und Dienstleistungen kann von einem Unternehmen mit dem Einsatz von Marketinginstrumenten aktiv gesteuert werden. Das bedeutet, dass die Positionierung in einem bestimmten Zielmarkt auch verändert werden kann. Verschiedene Gründe veranlassen ein Unternehmen, die Position im Markt zu ändern. Beispielsweise kann es feststellen, dass das zu bedienende Marktsegment schrumpft oder bereits durch viele Konkurrenten bedient wird. Diese Tendenz kann ein Unternehmen dazu veranlassen, die Zielgruppe um weitere Marktsegmente zu erweitern.

Die Marketingstrategie ist die Grundlage für den Einsatz der Marketinginstrumente. Die strategischen Entscheidungen bezüglich Zielmarkt und Positionierung müssen nun mit geeigneten Marketinginstrumenten auf der operativen Ebene umgesetzt werden.

→ Aufgabe 9

# 7.4 Marketing-Mix

 FS2

Der **Marketing-Mix** ist die von einem Unternehmen zu einem bestimmten Zeitpunkt eingesetzte Kombination der Marketinginstrumente Produkt, Preis, Distribution und Kommunikation.

## 4-P-Modell

Die „4 Ps" stehen für die Begriffe Product (Marktleistung, Produkt), Price (Preis), Place (Distribution) und Promotion (Absatzförderung, Werbung, PR). In der neueren Marketingliteratur wird insbesondere im Bereich der Dienstleistungen oft von „7 Ps" gesprochen. Die ursprünglichen „4 Ps" werden dabei mit dem P für Personen (Personalpolitik), dem P für Process Management (Prozess-Management) und schliesslich dem P für Physical Facilities (Ausstattungspolitik) ergänzt.

Auf den Punkt gebracht, beantworten die „4 Ps" → folgende Fragen:
- *Product:* Welche Produktleistung und welche Ausgestaltung des Produkts wird den Bedürfnissen der Kunden gerecht?
- *Price:* Wie müssen Preise und Konditionen ausgestaltet sein, damit sie vom Kunden akzeptiert werden?
- *Place:* Wie gelangt das Produkt möglichst einfach, schnell und kostengünstig zum Kunden? Welche Vertriebswege sollen genutzt werden?
- *Promotion:* Wie kann das Unternehmen die Kunden auf das Produkt aufmerksam machen und vom Kauf überzeugen?

→ S. 288 Produkpolitik, S. 298 Preispolitik, S. 316 Distributionspolitik, S. 327 Kommunikationspolitik

→ Aufgaben 10 und 11

Die vier Marketinginstrumente beinhalten u. a. folgende Elemente:

Tab. 92

| Product<br>Produkt | Price<br>Preis | Place<br>Distribution | Promotion<br>Kommunikation |
|---|---|---|---|
| – Absatzprogramm/ Sortiment<br>– Produkteigenschaften<br>– Verpackung<br>– Serviceleistungen<br>– Garantieleistungen | – Preisbestimmung<br>– Preisstrategie<br>– Konditionen | – Absatzwege<br>– Transportmittel | – Werbung<br>– Öffentlichkeitsarbeit<br>– Sponsoring |

Der Einsatz von Marketinginstrumenten ist insbesondere in hart umkämpften Märkten von Bedeutung.

Auf **Käufermärkten** besteht ein starker Wettbewerb zwischen den Unternehmen. Die Kunden können zwischen den verschiedenen Produkten auswählen und sind in der stärkeren Position als die Unternehmen. Diese sind bloss Auftragnehmer, die auf Kundenaufträge angewiesen sind. Auf solchen Märkten ist das After-Sales-Management[1], welches darauf abzielt, die Kunden langfristig ans Unternehmen zu binden, besonders wichtig.

[1] After-Sales-Management: Massnahmen, die darauf abzielen, den Kunden nach abgeschlossenem Kaufprozess an das Produkt, die Dienstleistung oder allgemein an das Unternehmen zu binden
→ S. 353 After-Sales-Management

→ Aufgabe 12

**Beispiel** Zweifel Pomy-Chips AG – Erfolgsfaktoren Produkt, Qualität und Distribution

Fast zwei Drittel der schweizerischen Chips-Konsumenten bevorzugen die Produkte der Zweifel Pomy-Chips AG. Dies ist eine bemerkenswerte Zahl, wenn man bedenkt, dass die Firma erstens ein mittleres Familienunternehmen ist und zweitens die Marktdominanz nicht über Preiskämpfe errungen hat.
Wodurch hat Zweifel seine Marktdominanz erreicht?
Pfeiler der überragenden Marktleistung von Zweifel sind die hohe Produktqualität und ihr Frischedienst. Gegen Ende der Fünfzigerjahre wurden die Kartoffelchips noch von Hand in Pfannen gebacken. In den Sechzigerjahren unternahm Zweifel grosse Investitionen in die modernsten und leistungsfähigsten Produktionsanlagen Europas und konzentrierte sich auf Qualitätselemente wie Würzkompetenz. Parallel dazu baute Zweifel einen Frischedienst mit Direktbelieferung von 24 000 Verkaufsstellen auf: Jede Verkaufsstelle wird je nach Umsatz mit einer individuell abgestimmten Frequenz pro Woche direkt betreut. Der Kunde muss dadurch keine Bestellungen mehr machen und keine Lager halten. Dennoch verfügt er immer über volle Regale mit frischer Ware.

Abb. 158

**Anforderungen an den Marketing-Mix**

Die Herausforderung eines erfolgreichen Marketing-Mix besteht darin, die Marketinginstrumente so zu kombinieren, dass sie bei den Zielgruppen die grösste positive Wirkung erzielen. Dazu müssen drei Voraussetzungen erfüllt sein:
– *Sinnvolle Kombination der Marketinginstrumente:* Die Instrumente müssen so kombiniert sein, dass sie von den Zielgruppen als Ganzheit wahrgenommen werden und in sich widerspruchsfrei sind. Dabei verspricht der Einsatz eines einzigen Instrumentes wenig Erfolg. Angestrebt werden sollte eine sinnvolle Kombination aller Marketinginstrumente.

**Beispiel** Zweifel Pomy-Chips AG – Sinnvolle Kombination der Marketinginstrumente

Würde Zweifel Pomy-Chips AG Produkte mittlerer Qualität zu denselben Preiskonditionen, mit demselben modernen Design, aber keinem Frischedienst anbieten, wären keine positiven Effekte auf die Zielgruppen zu erwarten. Die gewählte Kombination der Produktgestaltung (hohe Qualität, zahlreiche verschiedene Chips-Sorten, modernes Design), Distribution (Direktbelieferung des Detailhandels), Promotion (Werbung verbunden mit grossen Events) und Preisgestaltung hat dem Unternehmen zu einem Marktanteil von über 60 % in der Schweiz verholfen.

– *Permanente Marktorientierung:* Die Kombination der Instrumente ist so zu wählen, dass sie alle Trends in den einzelnen Umweltsphären→ berücksichtigt.

→ S. 57 Umweltsphären

**Beispiel** Zweifel Pomy-Chips AG – Permanente Marktorientierung

Abb. 159

Heute spielen Gesundheit und Wohlbefinden eine grosse Rolle. Gerade bei Chips zögern viele Konsumenten, weil einerseits immer wieder Meldungen über die giftige, krebserregende Substanz Acrylamid in Chips auftauchen, andererseits viele Konsumenten dem Gesundheitstrend folgen und kalorienärmere Snacks verzehren. Die Zweifel Pomy-Chips AG betont deshalb in der Werbung, dass die Chips aus ausgewählten Schweizer Kartoffeln und natürlichen Zutaten schonend hergestellt werden. Ausserdem wurden Gesundheitschips (Zweifel „Cractiv") auf den Markt gebracht, welche 40 % weniger Fett enthalten als die Originalchips. Auf der Homepage werden sogar Nährwerttabellen angeboten.

– *Klare Prioritäten:* Die verfügbaren finanziellen Mittel sollten nicht nach dem „Giesskannenprinzip"[1] auf die verschiedenen Märkte sowie auf die Marketinginstrumente verteilt werden. Das Unternehmen muss daher den Mitteleinsatz auf ausgewählte Märkte und Instrumente konzentrieren.

[1] Giesskannenprinzip: Gleichmässige Verteilung von (staatlichen) Geldmitteln, ohne die unterschiedlichen Verhältnisse der Empfänger zu berücksichtigen.

**Beispiel** Zweifel Pomy-Chips AG – Klare Prioritäten

Die Zweifel Pomy-Chips AG versucht, jederzeit auf die Lebens- und Ernährungsgewohnheiten der Konsumenten zu reagieren. Zu diesem Zweck sind sie auf Social Media Plattformen wie Facebook oder Twitter vertreten. Auf der Website können Zweifel-Fans Lob und Kritik abgeben, aber auch Wünsche äussern. Im Sommer 2010 wurde nach vermehrter Nachfrage die „Snacketti Onion Rings" wieder in das Sortiment aufgenommen. Das Unternehmen setzt im Bereich Produktgestaltung gezielt einen ihrer Marketing-Schwerpunkte.

Die folgende Tabelle zeigt eine mögliche Ausgestaltung des Marketing-Mix der Zweifel Pomy-Chips AG. Diese Darstellung betont die Anforderungen an den Marketing-Mix, indem die Zusammenhänge zwischen den einzelnen Marketinginstrumenten eingezeichnet ist. Beispielsweise besteht ein Zusammenhang zwischen der Produktqualität, die die Zweifel Pomy-Chips AG ihren Kunden bietet und dem hohen Preis, der für die Snackprodukte verlangt wird. Die Direktbelieferung des Detailhandels garantiert den Frischedienst und bietet gleichzeitig die Möglichkeit, die eigenen Lastwagen auffällig zu beschriften.

Tab. 93

| Product / Produkt | Price / Preis | Place / Distribution | Promotion / Kommunikation |
|---|---|---|---|
| – Produktqualität | – Oberes Preissegment | – Direktbelieferung von Detailhandel und Gastgewerbe | – Orange Farbe |
| – Frischedienst | | – Distributionsnetz | – Logo „Z" |
| – Würzkompetenz | | – Regalpflege | – Beschriftete Lastwagen |
| – Zahlreiche Chips-Sorten | | – Kundenkontakte | |

# Aufgaben – D7 Marketingüberblick

## 1

a Definieren Sie den Begriff „Markt" aus Marketingsicht.

b Wie entsteht eine Nachfrage nach einem bestimmten Gut (Produkt/Dienstleistung)?

## 2

Definieren Sie den Begriff Marketing.

## 3

Was wird unter einem Marketingkonzept verstanden?

## 4

Beschreiben Sie den Kaufentscheidungsprozess der Dienstleistung „mobil telefonieren" anhand dieses Schemas:

Tab. 94

| Phase | Beschreibung | mobil telefonieren |
|---|---|---|
| 1 | | |
| 2 | | |
| 3 | | |
| 4 | | |
| 5 | | |
| 6 | | |

## 5

Arbeiten Sie in Gruppen. Wählen Sie zwei Produkte und zwei Dienstleistungen aus, die Sie in Ihrem Alltag verwenden bzw. in Anspruch nehmen und vergleichen Sie anschliessend Ihre Kaufmotive bei deren Kauf. Wie haben rationale bzw. emotionale Motive Ihren Kaufentscheid beeinflusst?

## 6

a Erklären Sie die vier behandelten Marktgrössen am Beispiel des Schweizer Marktes für Zahnpasta.

b Auf welche Marktgrössen und auf welche Art und Weise versuchen Unternehmen mit ihren Werbeanstrengungen Einfluss zu nehmen? Verwenden Sie zur Erklärung wieder das Zahnpasta Beispiel.

**7**

Ermitteln Sie je die Vor- und die Nachteile der Primär- und Sekundärforschung.

**8**

a Der Hersteller von Mund- und Zahnpflegeprodukten „Iocaba" möchte den aktuellen Marktanteil im Schweizer Zahnpastamarkt ermitteln. Welche Marktforschungsart (quantitativ, qualitativ) und welche Erhebungsmethode (Primär-, Sekundärmarktforschung) empfehlen Sie dem Unternehmen? Begründen Sie.

b Welche Marktforschungsart und welche Erhebungsmethode empfehlen Sie der Zweifel Pomy-Chips AG, wenn das Unternehmen herausfinden möchte, ob ein verändertes Design der Chipsverpackung die Kunden mehr anspricht als das aktuelle Design? Diskutieren Sie die verschiedenen Möglichkeiten.

**9**

a Welche zwei Segmentierungskriterien sind für einen Mobiltelefonhersteller am zweckmässigsten? Nennen Sie die Kundengruppen und beschreiben Sie danach, wie das Unternehmen die dadurch erreichten einzelnen Kunden-segmente gezielt ansprechen könnte (Leistung, Preis, Werbung).

b Erarbeiten Sie ein zweidimensionales Positionierungsmodell (zwei Segmen-tierungskriterien) und stellen Sie dieses mithilfe einer Matrix dar. Überlegen Sie, welche Kriterien (Achsen der Matrix) sinnvoll sind.

**10**

Lesen Sie folgenden Text und halten Sie mithilfe der kurzen Unternehmens-beschreibung von Dell, eigenen Beobachtungen sowie Internetrecherchen die wesentlichen Elemente des Marketing-Mix („4 Ps") in einer Tabelle fest.

> Das Unternehmen Dell* wurde 1984 von Michael Dell gegründet und hat seinen Hauptsitz in Round Rock, Texas. Im Jahr 2013 war Dell weltweit der drittgrösste Computerhersteller. Das Unternehmen erzielte einen Umsatz von 56,9 Milliarden US-Dollar und beschäftigt weltweit über 110 000 Mitarbeiter. Die Produktpalette von Dell umfasst u. a. PCs, Notebooks, Ultrabooks, Moni-tore, Drucker und Server. Der Computerhersteller verwendet vorwiegend Komponenten von Drittproduzenten. Dell wählt für seine Produkte den direk-ten Absatzweg. Der Kunde hat demnach die Möglichkeit, per Internet, Telefon oder Fax eine Bestellung aufzugeben.

★ www.dell.de

**11**

Die Biketec AG ist in Huttwil domiziliert und stellt E-Bikes mit dem Namen FLYER her. Besuchen Sie die Website www.flyer-bikes.com und versuchen Sie möglichst viel zu den vier Marketinginstrumenten in Erfahrung zu bringen. Entwickeln Sie einen sinnvollen Marketing-Mix (4-P-Modell) für ein Unternehmen, welches neu in den Fahrradmarkt eintritt und mit E-Bikes erfolgreich sein möchte.

**12**

Begründen Sie bei den folgenden vier Beispielen, ob es sich um Käufer- oder Verkäufermärkte handelt.
– Büchermarkt
– Markt für Seniorenbetreuung in Altersheimen
– Markt für frisches Obst
– Markt für Anwälte (Anwaltskanzleien) oder Herzchirurgen

### Leitfragen

a) Was wird unter Produktpolitik verstanden?
b) Worin unterscheidet sich der Grund- vom Zusatznutzen?
c) Wie lässt sich das Absatzprogramm bzw. das Sortiment eines Unternehmens beschreiben?
d) Wozu dient die ABC-Analyse?
e) Welche Elemente enthält die Produktgestaltung?
f) Welche Funktionen erfüllt die Verpackung?

### Schlüsselbegriffe

Produktpolitik, Absatzprogramm, Handelswaren, Programmbreite, Programmtiefe, Sortiment, Sortimentsbreite, Sortimentstiefe, ABC-Analyse, Produktgestaltung, Produktinnovation, Produktvariation, Produktrelaunch, Produktelimination, Produktkern, Grundnutzen, Produktäusseres, Zusatznutzen, Markenartikel, Eigenmarken, No-Name-Produkte, Zusatzleistungen, After-Sales-Service

### Verankerung im Modell

Das Ziel der Kundenprozesse im Bereich der Geschäftsprozesse heisst: Kundenbedürfnisse entdecken, diese befriedigen und damit einen Mehrwert für die Kunden schaffen. Die konkrete Ausgestaltung dieser Marktorientierung nennt sich Marketing: Die Produktpolitik als ein Instrument des Marketings beschäftigt sich mit allen Aspekten der unternehmerischen Angebotspalette und stellt das Fundament aller weiteren Verkaufsaktivitäten dar.

**Beispiel** Bang & Olufsen*

★ www.bang-olufsen.com

Abb. 160

Bang & Olufsen wurde 1925 von Peter Bang und Svend Olufsen in Dänemark gegründet. Heute ist Bang & Olufsen die führende internationale Premium-Marke der Unterhaltungselektronik und steht weltweit für exzellente Bild- und Klangqualität, höchsten Anwendungskomfort, bewährte Handwerkskunst sowie aussergewöhnliches Design.

Bang & Olufsen war einer der ersten Hersteller, der auch die Rückseite eines Gerätes ansprechend gestaltete, um dem Anwender Freiräume bei der Integration der Geräte in seinen Wohnraum zu ermöglichen.

Im Geschäftsjahr 2014/2015 beschäftigte Bang & Olufsen rund 2000 Mitarbeitende und erwirtschaftete einen Umsatz von ca. 345 Mio. Schweizer Franken (2356 Mio. Dänische Kronen, Wechselkurs vom 19.03.2016).

Was muss Bang & Olufsen bei der Konzeption neuer Produkte beachten, um weiterhin hohe Umsätze erzielen zu können?

## 8.1 Aufgaben der Produktpolitik

Die **Produktpolitik** ist ein wesentlicher Bestandteil des Marketinginstrumentariums. Obwohl von Produktgestaltung die Rede ist, sind viele Aspekte dieses Entscheidungsfeldes auch für Dienstleistungen relevant. Die Frage, wie das Angebot ausgestaltet sein soll, stellt sich für einen Anbieter von Dienstleistungen ebenso wie für ein Produktions- oder Handelsunternehmen.

**Die Produktpolitik umfasst alle Aktivitäten eines Unternehmens, die auf die art- und mengenmässige Gestaltung des Absatzprogramms, der einzelnen Produkte und deren Zusatzleistungen ausgerichtet sind.**

Einem Unternehmen stehen im Rahmen der Produktpolitik folgende Möglichkeiten zur Verfügung:
– Gestaltung des Absatzprogramms
– Gestaltung des Produkts (z. B. Produkteigenschaften, Verpackung) und Zusatzleistungen (z. B. Beratung, Garantie)

Die Produktgestaltung stellt das wesentliche Instrument der Produktpolitik dar. Sie beschäftigt sich mit der Festlegung von Produkteigenschaften und mit der Veränderung dieser Eigenschaften. Dabei geht es immer darum, den Absatz des betreffenden Produkts zu fördern.

Produkte und Dienstleistungen dienen der Bedürfnisbefriedigung→. Deshalb erwarten die Kunden von jedem Produkt einen bestimmten Nutzen. Dieser wird in einen Grund- und einen Zusatznutzen eingeteilt. Der Grundnutzen wird an objektiv messbaren Produkteigenschaften gemessen. Bei einem Auto stellt der Treibstoffverbrauch einen solchen Grundnutzen dar, welcher mit der Anzahl Liter pro 100 Kilometer objektiv messbar ist. Dagegen bezieht sich der Zusatznutzen auf nicht objektiv messbare Produkteigenschaften. Ein solcher Zusatznutzen kann die Marke→ eines Autos sein, welche beim Besitzer das Bedürfnis nach sozialer Anerkennung→ befriedigt. Die soziale Anerkennung wird subjektiv wahrgenommen und lässt sich deshalb nicht in Zahlen ausdrücken.

**Beispiel** Bang & Olufsen – Grund- und Zusatznutzen

Der Grundnutzen eines Fernsehgeräts von Bang & Olufsen besteht in erster Linie darin, dem Käufer den Empfang von Fernsehsendungen oder das Betrachten eines Films zu ermöglichen. Objektiv messbar sind der Stromverbrauch oder die Haltbarkeit eines Bang & Olufsen-Geräts. Aufgrund des durchdachten Designs und des hervorragenden Rufs der Marke stiften die Geräte von Bang & Olufsen einen Zusatznutzen in Form von Bewunderung und Anerkennung durch andere. Die Produkte von Bang & Olufsen sind Lifestyle-Produkte, welche einen gewissen sozio-ökonomischen Status[1] unterstreichen sollen.

→ S.13 Bedürfnis, Bedarf, Nachfrage

→ S.342 Markenaspekte

→ S.14 Maslow'sche Bedürfnispyramide

→ Aufgabe 1

[1] Sozio-ökonomischer Status: Stellung in der Gesellschaft aufgrund der Einkommenstärke oder des Vermögens.

Abb. 161

## 8.2 Absatzprogramm

FS2

Das **Absatzprogramm** (Verkaufsprogramm) ist die Angebotspalette eines Unternehmens. Es umfasst alle Produkte und Dienstleistungen, die ein Unternehmen anbietet.

Zum Absatzprogramm zählen dabei nicht nur die im eigenen Unternehmen hergestellten Waren, sondern auch die **Handelswaren**, welche aus unternehmensfremden Quellen stammen und unverändert weiterverkauft werden.

Die Gestaltung des Absatzprogramms umfasst alle Entscheidungen, welche die Zusammensetzung, Überprüfung und Veränderung des gesamten Leistungsprogramms[1] eines Unternehmens betreffen. Die grosse Herausforderung bei der Bestimmung des geeigneten Absatzprogramms ist die Auswahl einer optimalen Anzahl angebotener Produkte.

Das Absatzprogramm eines Unternehmens kann zweidimensional beschrieben werden:

Die **Programmbreite** beschreibt die Anzahl der vom Unternehmen geführten Produktarten→. Eine Produktart ist eine Klasse von Produkten, die vor allem bezüglich des zu befriedigenden Bedürfnisses, aber auch bezüglich anderer Merkmale (z.B. Absatzwege und Kundengruppe) eine gewisse Homogenität[2] aufweisen.

**Beispiel** „Bäckerei Sonniger AG" – Programmbreite

Die „Bäckerei Sonniger" bietet Brot, Gebäck und Sandwiches an.

Die **Programmtiefe** beschreibt die Anzahl der Artikel und Sorten, die innerhalb einer Produktart angeboten werden. Je tiefer ein Programm, desto mehr Varianten einer Produktart werden angeboten und desto besser können verschiedene Käufergruppen gezielt angesprochen werden. Die Programmtiefe ist ein entscheidender Faktor bei der Bewältigung eines heterogenen[3] Käufermarktes→.

**Beispiel** „Bäckerei Sonniger AG" – Programmtiefe

Die „Bäckerei Sonniger" verkauft mehrere Sorten Brot. Neben Roggenbrot, Weizenbrot, Baguette, Ciabatta und Vollkornbrot werden auch Spezialbrote wie Leinsamenbrot, Kürbiskernbrot, Zwiebelbrot und Sonnenblumenkernbrot angeboten.

Bei Handelsunternehmen[4] werden statt Programmbreite und -tiefe andere Bezeichnungen verwendet. Bei Handelsunternehmen wird die Angebotspalette als **Sortiment** bezeichnet. Es umfasst alle angebotenen Artikel eines Handelsunternehmens. Auch das Sortiment kann in zwei Dimensionen aufgeteilt werden. Bei der **Sortimentsbreite** wird von einem schmalen oder breiten Sortiment gesprochen. In Bezug auf die **Sortimentstiefe** von einem flachen oder tiefen Sortiment.

[1] Leistungsprogramm: umfasst neben dem Produkt an sich (Marke, Farbe, Design, Verpackung, Funktionalität usw.) auch die Zusatzleistungen wie Garantieleistungen, Lieferbedingungen und Kundendienst

→ S. 244 Produktionsprogrammplanung

[2] Homogenität: aus „Gleichartigem" zusammengesetzt

[3] heterogen: aus „Ungleichartigem" zusammengesetzt

→ S. 280 Marktsegmentierung

[4] Handelsunternehmen: Die Wertschöpfung des Unternehmens besteht im Handel von Waren, die nicht selbst hergestellt, sondern eingekauft und unverändert weiterverkauft werden.

**Beispiel** Weinladen im Vergleich mit Warenhaus – Sortimentsbreite
und -tiefe

→ Aufgabe 2

Abb. 162

Ein Weinladen, wie es der Name schon sagt, bietet nur ein schmales Sortiment
an: Wein und Champagner. In einem Warenhaus hingegen ist das Sortiment
breit, denn dort werden neben Weinen und Champagner auch Kleidung, Sport-
artikel, Kinderspielsachen und Büromaterial angeboten.
In einem Warenhaus findet der Weinliebhaber ein flaches Sortiment mit nur
wenigen Sorten Rotwein vor. Ein Weinladen hingegen hat ein tiefes Sortiment
mit verschiedensten Rotweinsorten.

Oberstes Ziel bei der Gestaltung des Absatzprogramms ist die Optimierung der
Anzahl der angebotenen Produkte. Dieses Ziel stellt für jedes Unternehmen eine
grosse Herausforderung dar, da ein Dilemma besteht: Wenn ein Unternehmen ein
tiefes Sortiment anbietet, können einerseits viele individuelle Kundenbedürfnisse
befriedigt werden, aber andererseits kann eine zu grosse Auswahl an Produktva-
rianten verwirrend sein und die Kaufentscheidung des Kunden erschweren. Bietet
ein Unternehmen dagegen ein zu schmales oder zu flaches Sortiment an, können
Bedürfnisse bestimmter Kundengruppen nur ungenügend befriedigt werden.

**Beispiel** Bang & Olufsen – Absatzprogramm

Das Sortiment des dänischen Herstellers umfasst Fernsehgeräte, Audiosysteme,
Lautsprecher sowie Integrationslösungen für das intelligente Haus. Im Vergleich
zu einem Hersteller wie Sony, welcher Fernseher und Projektoren, Notebooks
und andere Computerprodukte, Digitalkameras und Fotodrucker, Camcorder
usw. anbietet, ist das Absatzprogramm von Bang & Olufsen eher überschaubar.
Auch die Absatzprogrammtiefe ist wenig ausgeprägt.
Bang & Olufsen ist bestrebt, sich von der Konkurrenz durch das unverkennbare
Design, die hohe Qualität und den guten Service abzuheben, nicht durch eine
möglichst breite und tiefe Angebotspalette.

Hat sich ein Unternehmen für ein Absatzprogramm entschieden, muss es die
angebotenen Produkte beobachten. Ein Instrument dazu ist die **ABC-Analyse**→. → S. 234 ABC-Analyse
Diese dient dem Unternehmen als Entscheidungsgrundlage für die Gestaltung
des Absatzprogramms und des Sortiments. Ausserdem gibt die ABC-Analyse
Aufschluss darüber, welche Güter mit gezieltem Einsatz geeigneter Marketing-
Instrumente gefördert werden sollten.
Bei der ABC-Analyse werden die Produkte zuerst nach der Höhe ihrer Gewinne
(oder Umsätze) zusammengestellt. Produkte der Gruppe A gelten als Leistungs-
träger mit einem hohen Beitrag am Unternehmensgewinn. Produkte der Gruppe B verfügen über einen mittleren Gewinnanteil und sollten mit gezielten
Marketing-Massnahmen zu Produkten der Gruppe A aufsteigen. In diesem Zusammenhang sind die Anforderungen an den Marketing-Mix→ zu berücksichti- → S. 282 Marketing-Mix
gen. Der Einsatz der Marketing-Instrumente erfolgt aufgrund beschränkter
Ressourcen nach bestimmten Prioritäten. Die ABC-Analyse liefert bei der Fest-

legung dieser Prioritäten wichtige Hinweise. Bei Produkten der Gruppe C handelt es sich um Produkte mit einem geringen Beitrag am erzielten Unternehmensgewinn. Bei diesen Produkten ist zu überlegen, ob sie längerfristig beibehalten oder aus dem Programm gestrichen werden sollen. Dadurch werden Kapazitäten in Form von Kapital und Arbeitskraft für Güter mit einem höheren Gewinnanteil frei.

Die Festlegung der Gewinnanteile der A-, B- und C-Güter ist eine strategische Entscheidung und kann folgendermassen aussehen:

Tab. 95

| Kategorie | Gewinnanteil am Gesamtgewinn | Anteil am Absatzprogramm bzw. Sortiment |
|---|---|---|
| A-Güter | 70 % | 20 % |
| B-Güter | 20 % | 30 % |
| C-Güter | 10 % | 50 % |

In der Grafik werden die Werte (Gewinnanteil bzw. Anteil am Absatzprogramm) kumuliert dargestellt und verdeutlichen, dass 70 % vom Gesamtgewinn von A-Gütern stammen, die nur 20 % des Absatzprogrammes ausmachen; der Rest wird von den B- und C-Gütern abgedeckt.

Abb. 163

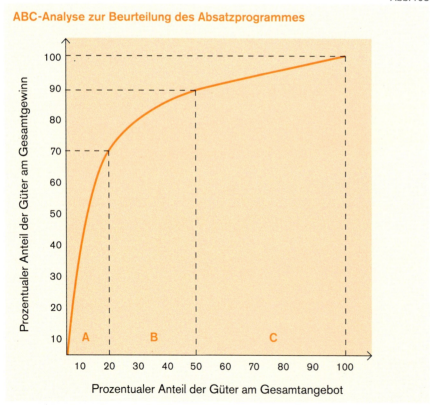

ABC-Analyse zur Beurteilung des Absatzprogrammes

## 8.3    Produktgestaltung

Die **Produktgestaltung** umfasst alle Massnahmen, die zur Festlegung oder Veränderung von Produkteigenschaften getroffen werden.
Einem Unternehmen stehen verschiedene Möglichkeiten zur Verfügung:

– **Produktinnovation**→: Ein Produkt wird neu entwickelt.

→ S. 536 Produktinnovation

– **Produktvariation:** Ein im Markt etabliertes Produkt wird leicht verändert. Die Anzahl der angebotenen Produkte bleibt gleich.
– **Produktrelaunch:** Eine oder mehrere Produkteigenschaften eines im Markt etablierten Produkts werden umfassend verändert. Das Ziel dabei ist es, den zurückgehenden oder stagnierenden Absatz eines Produkts in der Sättigungsphase des Produktlebenszyklus→ neu zu beleben.

→ S. 108 Produktlebenszyklus

– **Produktelimination**→: Ein erfolgloses Produkt wird vom Markt genommen.

→ S. 108 Poor Dogs/Produktlebenszyklus

**Beispiel**  Bang & Olufsen – Produktinnovation

Bang & Olufsen brachte als erstes Unternehmen eine Fernbedienung auf den Markt, mit der sich vom CD-Player über den Fernseher bis zur Zimmerbeleuchtung alles einheitlich steuern liess. Die Fernbedienung übertraf die Mindestanforderungen an das Produkt und galt als Symbol technischer Innovation.

Die Gestaltung eines Produkts umfasst drei Dimensionen:

Abb. 164

### Dimensionen der Produktgestaltung

### Gestaltung des Produktkerns

Der **Produktkern** verkörpert das eigentliche Produkt und bietet dem Käufer den **Grundnutzen** mit den funktionalen Eigenschaften.
Ein Unternehmen sollte sich durch die Gestaltung des Produktkerns von der Konkurrenz unterscheiden und dabei die Verhältnisse des Marktes berücksichtigen.

**293**

**Beispiel** Bang & Olufsen[*] – Produktkern

★ www.bang-olufsen.com

Das BeoVision Avant TV-Gerät ist ein Premium-Entertainment-Center, das durch seine magische und intuitive Bedienung, seine hervorragende Videoleistung und seinen authentischen Klang begeistert.

Das Lautsprechersystem verfügt über acht Lautsprecher mit jeweils eigenem Verstärker. Es zieht den Benutzer schon beim Einschalten in seinen Bann, wenn es wie von Zauberhand unter dem Bildschirm zum Vorschein kommt und einen brillanten Klang präsentiert.

Das TV-Gerät bietet eine weitere neue Funktion namens „Chromatic Room Adaptation". Diese analysiert mithilfe zweier Lichtsensoren das Umgebungslicht und passt das Bild auf dem Bildschirm an die Farbtemperaturen im Raum an.

## Produktäusseres

Das **Produktäussere** liefert den **Zusatznutzen**, der den Grundnutzen eines Produkts unter Umständen sogar in den Hintergrund drängt und die Kaufentscheidung eines Kunden entscheidend mitbestimmt. Bei den Entscheidungen zum Produktäusseren stehen Fragen zum Design, zur Verpackung und zur Markierung im Vordergrund.

*Welches Design eignet sich für die Produkte?*
Aus Sicht des Kunden liegt ein gelungenes Design vor, wenn ein Produkt optisch ansprechend gestaltet und benutzerfreundlich ist. Diese Gesichtspunkte müssen vom Produktdesigner berücksichtigt werden. Dabei sind Kompromisse unvermeidbar: Der Designer steht z. B. vor der Frage ob er dem Kundenwunsch nach geringem Gewicht oder dem nach grosser Stabilität gerecht werden soll.

Abb. 165

**Beispiel** Bang & Olufsen – Design

Das BeoVision Avant TV-Gerät hält sich unauffällig im Hintergrund, solange es nicht verwendet wird, und rückt erst beim Einschalten „ins Rampenlicht". Das Lautsprechersystem wird erst beim Einschalten des Gerätes ausgefahren und entschwindet beim Ausschalten wieder elegant unter dem Gehäuse. Durch die verschiedenen Platzierungsmöglichkeiten (Wandhalterung, Boden- und Tischstandfüsse) lässt sich das Gerät zudem flexibel in die jeweilige Wohneinrichtung integrieren.

*Welche Funktionen erfüllt die Verpackung?*
Viele Produkte, insbesondere Lebensmittel, könnten ohne Verpackung nicht gelagert, verteilt oder verkauft werden. Mithilfe der Verpackung kann aus einer oder mehreren Produkteinheiten eine logistische Einheit geformt werden.

Eine Verpackung erfüllt technische und kommunikative Funktionen.

Abb. 166

**Funktionen der Verpackung**

Funktionen der Verpackung

| Technische Funktionen | Kommunikative Funktionen |
| --- | --- |
| – Transportfunktionen<br>– Lagerfunktionen<br>– Schutzfunktionen | – Informationsfunktion<br>– Werbemittelfunktion |

*Transportfunktion:* Während des Transportes soll durch die Verpackung verhindert werden, dass die Ware übermässiger Beanspruchung ausgesetzt ist. Oft erfolgt dies durch einen mehrfachen Schutz (z. B. Karton und Palette). Zudem führen genormte Verpackungen zu einem geringeren Raumbedarf in den Transportmitteln. Die Masse der Packmittel (z. B. Palette) ist genau auf die Masse der Transportmittel abgestimmt. Diese ermöglichen eine optimale Auslastung des Transportmittels und beschleunigen den Lade- und Entladevorgang.

*Lagerfunktion:* Jede Ware wird vom Zeitpunkt der Fertigstellung bis zum Zeitpunkt des Gebrauches bzw. Verbrauches mehrmals ein- und umgelagert. Mithilfe einer geeigneten Verpackung wird die Lagerung beim Hersteller oder Importeur, im Gross- und Einzelhandel, beim Spediteur sowie beim Verbraucher erleichtert, gesichert und beschleunigt.

*Schutzfunktion:* Die Verpackung schützt nicht nur die Ware vor Beschädigungen, Verunreinigungen und Mengenverlust, sondern auch den Menschen vor Verletzungen bei scharfkantigen Waren, spitzen oder giftigen Gegenständen. Durch die Gestaltung der Verpackung können auch die Transportmittel, die Umwelt und andere Waren vor Beschädigung (z. B. durch auslaufende Flüssigkeiten) geschützt werden.

*Informationsfunktion:* Die Verpackung kennzeichnet das Produkt nach Art, Menge, Gewicht und Preis und informiert die Kunden über mögliche Gefahren, Verfallsdaten und Verwendungszweck des Produkts. Zudem ist die Verpackung Träger von verschlüsselten Daten (Barcodes), welche das schnelle Einlesen an Scanner-Kassen ermöglichen.

*Werbemittelfunktion:* Anhand der Verkaufsverpackung erkennt der Käufer ein Produkt, sei es am Namen, am Firmenlogo, an Farbe oder Form der Verpackung. Eine ansprechende Verkaufsverpackung fördert den Verkauf, steigert den Absatz und spricht allenfalls neue Kunden an.

→ Aufgabe 3

*Welche Markierungen drängen sich auf?*
Der Kennzeichnung von Produkten durch Namen und Symbole in einem charakteristischen Design der Verpackung kommt im Marketing eine immer

grössere Bedeutung zu. Marken sind in vielen Bereichen eine Voraussetzung für den Aufbau fester Kundenbeziehungen und für den Aufbau eines bestimmten Images. → S. 340 Markenführung

**Markenartikel** sind Produkte, welche sich im Markt durch einen hohen Bekanntheitsgrad auszeichnen. Kennzeichen sind eine weite Verbreitung im Absatzmarkt, gleich bleibende Qualität und Aufmachung und markenbezogene Verbraucherwerbung (z. B. McDonald's).

**Eigenmarken** sind den Markenartikeln ähnlich und werden meist von den Grossverteilern günstiger angeboten. Das Ziel von Eigenmarkenanbietern (z. B. Coop mit Prix Garantie) ist die Bindung der Kundschaft an das eigene Unternehmen. **No-Name-Produkte** sind Produkte, die nicht mit einem bestimmten Markennamen verbunden sind (z. B. Lebensmittel bei Aldi). Sie sind einfach und sachlich beschriftet. Ihr Preis liegt vielfach bis zu 50 % unter dem entsprechenden Markenartikel, ihre Qualität ist jedoch meistens auch geringer. Für solche Produkte wird nur wenig geworben. → Aufgabe 4

## Zusatzleistungen

Alle **Zusatzleistungen** eines Produkts können unter dem Begriff Kundenservice zusammengefasst werden. Dieser umfasst sämtliche Dienstleistungen, die ein Hersteller oder ein Händler vor und/oder nach dem Absatz eines Produkts erbringt. Das Produkt soll so für einen möglichen Käufer attraktiv gemacht werden und/oder die Zufriedenheit nach dem Kauf stärken. Zusatzleistungen können in folgende vier Hauptgruppen eingeteilt werden:
– Information und Beratung beim Einkauf
– Schulung und Instruktion nach dem Kauf
– Zustellung und Installation der Waren
– Reparatur-, Ersatzteil- und Garantiedienst
Diese Zusatzleistungen spielen bei hochwertigen und technisch komplizierten Gebrauchsgütern eine grosse Rolle. Für ein gleichwertiges Produkt mit oder ohne zusätzliche Leistungen müssen unterschiedliche Marktpreise bezahlt werden.

**Beispiel** Bang & Olufsen – Zusatzleistungen

Auch beim Kundenservice von Bang & Olufsen stehen Qualität und eine einwandfreie Ausführung an erster Stelle.
Service: Um den bestmöglichen **After-Sales-Service**[1] zu gewährleisten, hat Bang & Olufsen eine Reihe hochqualifizierter Service Centers und Service Partner autorisiert, die Wartung und den Service gemäss den von Bang & Olufsen geforderten Standards durchzuführen. [1] After-Sales-Service (engl.): Serviceleistungen nach dem Verkauf: S. 353 After-Sales-Management
Installation: Nach dem Kauf werden die Produkte auf Wunsch zum Kunden nachhause geliefert, dort angeschlossen und gegebenenfalls kundenspezifisch angepasst.
Garantie: Für alle Bang & Olufsen-Produkte wird eine 3-Jahres-Garantie bei Herstellungs- und Materialfehlern gewährt. → Aufgabe 5

# Aufgaben – D8  Produktpolitik

## 1

a Nennen und beschreiben Sie die Eigenschaften des Grund- und Zusatznutzens eines Produkts.

b Wenden Sie das Konzept von Grund- und Zusatznutzen auf ein Produkt an, das Sie kürzlich gekauft haben, tauschen Sie Ihre Lösung mit einem Mitschüler aus und vergleichen Sie den Nutzen der unterschiedlichen Produkte.

## 2

Vergleichen Sie das Sortiment zweier Unternehmen, die durch ihre Produkte dasselbe Kundenbedürfnis befriedigen. Wie unterscheiden sich die Sortimente in Bezug auf Sortimentsbreite- und tiefe?

## 3

Erläutern Sie die wichtigsten Funktionen einer Verpackung an den Produktbeispielen Milch und Medikament.

## 4

a Welche Entscheidung hat Migros bei der Gestaltung des Produktäusseren von M-Budget-Eigenmarkenartikeln getroffen?

b Weshalb denken Sie, hat sich Migros so entschieden?

c Welche Marktsegmente spricht Migros mit der gewählten Gestaltung des Produktäusseren an?

## 5

Die Produktpolitik ist auch im Dienstleistungsbereich von Bedeutung. Das Angebot von Dienstleistungen ist ebenfalls auf Kundenbedürfnisse ausgerichtet und muss entsprechend angeboten werden.

a Wenden Sie die drei Dimensionen der Produktgestaltung (Abbildung Dimensionen der Produktgestaltung) analog auf die Dienstleistung „Zugfahren" an. Verwenden Sie für die Lösung das folgende Schema:

Tab. 96

**Kern**                **Erweiterte Ausgestaltung der DL**                **Zusatzleistung**

b Überlegen Sie dabei, welcher Grund- und Zusatznutzen durch die Dienstleistung befriedigt wird.

## Leitfragen

a) Welches sind die Aufgaben der Preispolitik?

b) Welche Orientierungspunkte hat ein Unternehmen zur Preisbestimmung?

c) Was wird unter „Preiselastizität der Nachfrage" verstanden?

d) Welche Faktoren beeinflussen die Preiselastizität der Nachfrage?

e) Welche psychologischen Wirkungen haben Preise oder Preisänderungen?

f) Wovon hängt die Preisuntergrenze und wovon die Preisobergrenze ab?

g) Welche preispolitischen Strategien werden unterschieden?

h) Welches sind die Instrumente der Konditionenpolitik?

## Schlüsselbegriffe

Preispolitik, Zahlungsbereitschaft, Preisobergrenze, Preiselastizität der Nachfrage, Snob-Effekt, Ankerpreis, Preisuntergrenze, Deckungsbeitrag, Break-Even-Analyse, Zuschlagsverfahren, Leitpreis, Preispolitische Strategien, Premiumpreisstrategie, Tiefpreisstrategie, Skimmingstrategie, Penetrationsstrategie, Preisdifferenzierung, Konditionenpolitik, Rabatt, Mengenrabatt, Sonderrabatt, Zeitrabatt, Treuerabatt, Lieferbedingungen, Zahlungsbedingungen

## Verankerung im Modell

Die Preispolitik gehört zu den Geschäftsprozessen. Sie gehören zusammen mit der Produkt-, Distributions- und Kommunikationspolitik zu den Marketinginstrumenten. Bei der Bestimmung des Preises, der Preisstrategie und den Zahlungs- und Lieferbedingungen orientiert sich ein Unternehmen an den Kunden, der Konkurrenz und den eigenen Herstellungskosten. Für den letztgenannten Punkt liefert die Betriebsbuchhaltung die notwendigen Informationen. Der Preis ist nicht isoliert, sondern immer in Relation zur Leistung zu betrachten (Stichwort: Preis-Leistungs-Verhältnis). Dadurch hängt die Preispolitik mit anderen Geschäftsprozessen wie der Leistungserstellung, Produktpolitik und nicht zuletzt auch der Markenführung zusammen.

**Beispiel** Die Detailhändlerin Coop*

* www.coop.ch

Die Coop-Gruppe hat ihren Sitz in Basel und ist im Detailhandel[1], im Grosshandel und in der Produktion tätig. Zur Coop-Gruppe zählen Ladenformate aus den Bereichen Food, Non-Food und Dienstleistungen. Coop bietet die grösste Markenvielfalt im Schweizer Detailhandel und zeichnet sich durch ein breites ökologisch und sozial profiliertes Sortiment sowie durch Nachhaltigkeitsleistungen entlang der gesamten Wertschöpfungskette aus. Gesamthaft führt die Coop-Gruppe gegen 2000 Verkaufsstellen im Detailhandel und 124 Cash +Carry-Märkte (Abholgrosshandel). Die Coop-Gruppe beschäftigt rund 80000 Mitarbeitende.

[1] Detailhändler verkaufen Waren an Endverbraucher in Kleinmengen.

Abb. 167

- Wie viel ist der Kunde wohl bereit, für ein Produkt zu zahlen?
- Welchen Preis muss ein Produkt aufweisen, damit die Einnahmen grösser sind als die Kosten?
- Wie viel darf das Produkt maximal kosten, damit es sich gegenüber Konkurrenzprodukten durchsetzt?
- Sollen die Produkte zu einem besonders hohen oder tiefen Preis abgesetzt werden?
- Welche Möglichkeiten bestehen zur bewussten Variation des Preises?
- Welche Rabatte sollen den Kunden gewährt werden?
- Wie sollen die Liefer- und Zahlungsbedingungen lauten?

## 9.1 Aufgaben der Preispolitik

Unternehmen stehen immer vor der Aufgabe, ein optimales Preis-Leistungs-Verhältnis[1] zu finden, um ihre Waren und Dienstleistungen zu verkaufen. Bei der Festlegung des Preises müssen verschiedene Aspekte berücksichtigt werden:

[1] Preis-Leistungs-Verhältnis: Bewertung des Verhältnisses zwischen Preis und Qualität eines Gutes

Tab. 97

| Aspekt | Erklärung | Beispiel Coop |
|---|---|---|
| Preishöhe | Je höher der Preis, desto höher ist bei einer bestimmten Absatzmenge der Umsatz des Unternehmens. | Verkauft Coop seine Kekse (Preis: CHF 2.50) bei gleichbleibender Absatzmenge (200 000 Stk.) um CHF 0.50 teurer, steigt der Umsatz um CHF 100 000. Berechnung: CHF 0.50/Stk. · 200 000 Stk. = CHF 100 000 |
| Absatzmenge | Der Preis beeinflusst die absetzbare Menge des Gutes. In der Regel sinkt die Absatzmenge eines Gutes bei steigendem Preis. | Sinkt der Kekse-Absatz durch die Preiserhöhung auf CHF 3.00 z. B. auf 150 000 Stk., so sinkt der Umsatz um 50 000 Franken. Berechnung: 150 000 Stk. · CHF 3.00/Stk. – 200 000 Stk. · CHF 2.50/Stk. = – CHF 50 000 |

**Die Preispolitik umfasst alle Überlegungen und Entscheidungen, die den Preis eines Produkts betreffen. Sie beschäftigt sich mit der Preisbestimmung und -differenzierung.**

Die Preispolitik hat die Maximierung des Gewinns zum Ziel. Von diesem übergeordneten Ziel können verschiedene Unterziele abgeleitet werden, wie:
- Erhöhung des Umsatzes
- Erhöhung des Marktanteils→
- Aufbau oder Stärkung eines bestimmten Images (z. B. Tiefstpreisimage)
- Kundengewinnung→ und Kundenbindung→

Das Instrumentenbündel der Preispolitik kann im Gegensatz zu den anderen Marketinginstrumenten relativ rasch verändert und angepasst werden. Im Gegensatz zum Preis erfordert die Produktgestaltung→ eine vorgängige Entwicklungszeit.

→ S. 277 Marktgrössen

→ S. 350 Kundengewinnung

→ S. 351 Kundenbindung

→ S. 293 Produktgestaltung

**Beispiel** Coop – Preissenkung aufgrund veränderter Marktsituation

Unmittelbar vor dem Markteintritt des deutschen Detailhändlers Lidl in die Schweiz vom 19. März 2009 hat Coop die Preise von Produkten gesenkt, welche ebenfalls von Lidl verkauft werden. Damit wollte Coop eine Abwanderung seiner Kunden zu Lidl verhindern. Anfang 2015 senkte Coop ausserdem die Preise zahlreicher Import-Produkte als Reaktion auf die Aufhebung des Mindestwechselkurses zwischen Euro und Schweizer Franken durch die SNB[1].

Daneben lösen Änderungen in der Preis- und Konditionenpolitik häufig schnelle Reaktionen der Marktteilnehmer (Konsumenten und Konkurrenten) aus. Der Preis ist für viele Konsumenten einer der wichtigsten Entscheidungsfaktoren beim Kauf eines Produkts. Aus diesem Grund ist eine flexible und dem Markt angepasste Preispolitik für den Unternehmenserfolg entscheidend.

[1] SNB: Schweizerische Nationalbank

→ Aufgabe 1

## 9.2 Preisbestimmung

FS2, KS6

Den Unternehmen stehen verschiedene Wege offen, die Preise für ihre Produkte zu bestimmen bzw. anzupassen. Die hier genannten Orientierungspunkte zur Bestimmung des optimalen Preises beziehen sich auf einen festen Zeitpunkt.

Abb. 168

**Orientierungspunkte bei der Preisbestimmung**

| Preisbestimmung | | |
|---|---|---|
| **Nachfrageorientierung** (Kunde) | **Kostenorientierung** (Kosten) | **Wettbewerbsorientierung** (Konkurrenz) |
| Ausgangspunkt: Zahlungsbereitschaft der Kunden | Ausgangspunkt: Kosten des Produkts für das Unternehmen | Ausgangspunkt: Preise der Konkurrenz |

**Nachfrageorientierte Preisbestimmung**

Bei der nachfrageorientierten Preisbestimmung steht die **Zahlungsbereitschaft** der Konsumenten im Zentrum. Der subjektiv vom Kunden empfundene Wert eines Produkts wird dementsprechend berücksichtigt. Die **Preisobergrenze** liegt dort, wo der vom Konsumenten wahrgenommene Preis mit seiner Wertschätzung des Produkts übereinstimmt.

Je höher der Konsument den Nutzen eines Produkts bewertet, desto eher ist er bereit, dafür einen hohen Preis zu bezahlen. Um aus Sicht des Unternehmens beurteilen zu können, ob eine Preisänderung optimal ist, sollte die daraus resultierende Nachfrageänderung bekannt sein. Die Reagibilität[1] der nachgefragten Menge auf Preisänderungen wird als Preiselastizität der Nachfrage bezeichnet.

[1] Reagibilität: Mass für die Reaktion auf die Veränderung einer Variable (hier: Mass für die Reaktion auf Preisänderungen)

**Die Preiselastizität der Nachfrage gibt an, wie die Nachfragemenge nach einem Gut auf Preisänderungen reagiert.**

Die Preiselastizität lässt sich wie folgt berechnen:

$$\text{Preiselastizität} = \frac{\dfrac{M_2 - M_1}{M_1} \cdot 100}{\dfrac{P_2 - P_1}{P_1} \cdot 100} = \frac{\text{rel. Mengenänderung in \%}}{\text{rel. Preisänderung in \%}}$$

Legende:
M$_1$: Menge zum Zeitpunkt 1      P$_1$: Preis zum Zeitpunkt 1
M$_2$: Menge zum Zeitpunkt 2      P$_2$: Preis zum Zeitpunkt 2

In der Fachsprache wird in diesem Zusammenhang auch von preiselastischer, preisunelastischer sowie von inverser Nachfrage gesprochen.

**Preiselastische Nachfrage** Bei einer Preiselastizität < –1 wird die Nachfrage als elastisch bezeichnet. Die prozentuale Mengenreaktion ist somit stärker als die prozentuale Preisänderung. Die Konsumenten reagieren z. B. bei Gütern des gehobenen Bedarfs wie Autos und Unterhaltungselektronik relativ empfindlich auf Preisänderungen, d.h. die nachgefragte Menge nach einem Gut verändert sich aufgrund der Preisänderung merklich. Das bedeutet, dass eine Preisreduktion aufgrund des überproportionalen Mengenanstiegs zu höheren Umsätzen führt und ein Unternehmen in einer solchen Situation gut damit beraten ist, die Preise zu senken. Allerdings müssen die Preise mindestens noch kostendeckend sein.

**Beispiel** Plasmafernseher – Preiselastische Nachfrage

Abb. 169

Für einen Plasmafernseher wird der Preis von 1 200 Franken auf 1 440 Franken, also um 20 %, erhöht. Die Nachfrage verringert sich um 70 % von 3 400 Stück auf 1 020 Stück.

$$\text{Preiselastizität} = \frac{-70\,\%}{20\,\%} = -3,5$$

Diese Preiserhöhung von 20 % bewirkt einen überproportionalen Mengenrückgang von 70 %. Dies bedeutet einen Umsatzrückgang von 4,08 Millionen Franken (CHF 1 200/Stk. · 3 400 Stk.) auf 1,468 8 Millionen Franken (CHF 1 440/Stk. · 1 020 Stk.).

**Preisunelastische Nachfrage** Ist die Preiselastizität > –1 aber < 0, wird die Nachfrage als unelastisch bezeichnet. In diesem Fall ist die Mengenänderung geringer als die Preisänderung. Konsumenten reagieren z. B. bei Gütern des Grundbedarfs wie Nahrungsmitteln relativ unempfindlich auf Preisänderungen, d.h. die nachgefragte Menge nach einem Gut ändert sich aufgrund von Preisänderungen kaum. In einer solchen Situation ist es für Anbieter sinnvoll, die Preise zu erhöhen – schliesslich ist der prozentuale Mengenrückgang kleiner als der prozentuale Preisanstieg, womit auch der Umsatz des Anbieters ansteigt.

**Beispiel** Heizöl – Preisunelastische Nachfrage

Der Preis für 100 Liter Heizöl steigt um 20 % von bisher 75 Franken auf 90 Franken. Die Verbraucher senken ihre Nachfrage um 10 %, d.h. von 6 000 Liter auf 5 400 Liter.

$$\text{Preiselastizität} = \frac{-10\,\%}{20\,\%} = -0.5$$

Dieser Preisanstieg von 20 % bewirkt einen unterproportionalen Mengenrückgang von 10 %. Dies bedeutet eine Umsatzsteigerung von 4 500 Franken (CHF 75/100 l · 6 000 l) auf 4 860 Franken (CHF 90/100 l · 5 400 l).

**Vollkommen preisunelastische Nachfrage** Ist die Preiselastizität = 0, wird von einer vollkommen unelastischen Nachfrage gesprochen. Das bedeutet, dass die Konsumenten auf Preisänderungen keine Reaktion zeigen. Eine vollkommen unelastische Nachfrage gibt es z. B. bei lebensnotwendigen Medikamenten für schwerstkranke Menschen und bei Suchtmitteln für Abhängige.

**Beispiel** Medikament – Vollkommen preisunelastische Nachfrage

Ein Pharmakonzern erhöht den Preis für ein lebenswichtiges Medikament um 50 % von 40 Franken auf 60 Franken. Da schwerkranke Menschen auf die Behandlung mit einer bestimmten Menge dieses Medikaments (hier: 120 Pillen pro Monat) angewiesen sind, reagieren sie nicht auf diese Preiserhöhung.

$$\text{Preiselastizität} = \frac{0\,\%}{50\,\%} = 0$$

Dieser Preisanstieg von 50 % bewirkt keine Mengenänderung. Dies bedeutet eine Umsatzsteigerung von 4 800 Franken (CHF 40/Stk. · 120 Stk.) auf 7 200 Franken (CHF 60/Stk. · 120 Stk.).

**Inverse Preiselastizität der Nachfrage (Snob-Effekt)** Bei einer Preiselastizität > 0 haben steigende Preise steigende Nachfragemengen zur Folge. Dieser Verlauf der Nachfragekurve ist abnormal und widerspiegelt den **Snob-Effekt**. Dieser Effekt spielt bei Gütern eine Rolle, die einen hohen Prestigewert und Statuscharakter besitzen. Viele Kunden schliessen nämlich vom Preisniveau direkt auf die Produktqualität. Bei sinkenden Preisen ist es nicht erstrebenswert, diese Güter zu besitzen, weshalb die nachgefragte Menge nach diesen Gütern bei sinkenden Preisen rückläufig ist.

**Einflussfaktoren auf die Preiselastizität der Nachfrage** Die Preiselastizität der Nachfrage kann durch verschiedene Faktoren beeinflusst werden. Die nachfolgenden Faktoren lassen allerdings nur eine grobe Tendenzaussage über die Höhe der Nachfrageelastizität zu→.

→ Aufgabe 3

Tab. 98

| Einflussfaktor | Erklärung | Beispiele |
|---|---|---|
| Substituier-barkeit | Wenn ein Produkt nicht leicht durch ein anderes ersetzt (substituiert) werden kann, so lässt sich davon auf eine relativ unelastische Nachfrage schliessen. | Nachfrage nach Heizöl. Wenn ein Haus mit einer Ölheizung ausgestattet ist, kann kurzfristig nur mit Öl geheizt werden. Erst mittel- bis langfristig kann auf das Heizen mit Erdwärme umgestellt und damit auf das Heizöl verzichtet werden. |
| Leichtigkeit der Nachfrage-befriedigung | Kann ein Kundenbedürfnis durch ein bestimmtes Produkt leicht befriedigt werden, so ist die Nachfrage nach diesem Gut unelastisch. | Die Nachfrage eines einzelnen Konsumenten nach Salz ist sehr gering, weil das Bedürfnis nach gesalzenen Speisen bereits mit sehr kleinen Mengen befriedigt werden kann. Es ist deshalb unwahrscheinlich, dass eine grosse Preisreduktion den Absatz stark erhöhen würde. |
| Dauerhaftigkeit | Sind die Preise nach Meinung der Konsumenten momentan zu hoch, kann der Kauf der meisten dauerhaften Güter aufgeschoben werden. Die Dauerhaftigkeit ist also ein Faktor, der die Nachfrage elastisch macht. | Nachfrage nach Autos oder Computern: Steigen die Preise für Autos oder Computer kurzzeitig an, können die Konsumenten ihr altes Produkt weiterhin nutzen und einen allfälligen Preisrückgang abwarten. |
| Dringlichkeit | Im Gegensatz zur Dauerhaftigkeit macht eine hohe Dringlichkeit der Bedürfnisbefriedigung die Nachfrage weitgehend unelastisch. | Zuckerkranke Menschen (Diabetiker) sind in regelmässigen Abständen auf Insulin angewiesen. Auf Preisänderungen können diese aufgrund der Dringlichkeit des Insulinkonsums nicht oder nur in sehr geringem Ausmass reagieren. |

**Messung der Zahlungsbereitschaft der Konsumenten** Eine grosse Schwierigkeit bei der nachfrageorientierten Preisbestimmung bereitet die Messung der Zahlungsbereitschaft der Konsumenten. Preis-Markttests können diesbezüglich Abhilfe schaffen, indem sie den Unternehmen wichtige Hinweise in Bezug auf das Nachfrageverhalten und Nutzeneinschätzungen auf dem Markt liefern. Bei einem solchen Test werden neue oder modifizierte Produkte auf einem räumlich begrenzten Gebiet – dem Testmarkt – angeboten. Der Markttest liefert einem Unternehmen die Möglichkeit, die Marktchancen sowie das Marketingkonzept für eine bestimmte Zeitperiode zu testen. Preis-Markttests sind Feldtests und gehören zur primären Marktforschung→.

→ S. 278 Marktforschung

**Psychologische Preisbestimmung** Neben dem Nachfrageverhalten, den Kosten und der Wettbewerbssituation des Unternehmens sollten auch die psychologischen Auswirkungen von Preisen bei der Preisbestimmung berücksichtigt werden. Preise wirken wesentlich auf die Nachfrager ein, teilweise aber auch auf die Konkurrenz.

Bei der Beurteilung von Produktpreisen richten sich die Nachfrager häufig nach einem bestimmten Referenzpreis, dem sogenannten **Ankerpreis**. Diesen leiten sie entweder aus ihren aktuellen oder früheren Preiserfahrungen oder aus den situativen Gegebenheiten des jeweiligen Kaufs ab.

→ Aufgabe 2

**Beispiel**  Psychologische Preisbestimmung – drei mögliche Situationen

Ein Detailhändler platziert die Pasta-Sorte seiner billigen Eigenmarke „Tippie" neben anderen teureren Pasta-Sorten. „Tippie" erscheint dem Kunden im Vergleich zur teureren Pasta-Sorte als besonders günstig.

Ein Hersteller von Beamer-Geräten wirbt bei seiner Kundschaft, indem er die ehemals höheren Preise durchstreicht und darunter die tieferen aktuellen Preise heraushebt. Dem Kunden wird so der Eindruck vermittelt, dass er bei einem Kauf ein besonderes Schnäppchen erwirbt.

Ein Computerhändler bringt das Preisschild mit der Aufschrift „CHF 999" an einen Notebook an. Durch das Vermeiden eines vierstelligen Verkaufspreises wird der Kundschaft der Eindruck vermittelt, vor einem günstigen Angebot zu stehen.

## Kostenorientierte Preisbestimmung

Die kostenorientierte Preisbestimmung geht von den Kosten im Unternehmen aus.→ Der Preis für ein Produkt wird so festgesetzt, dass die Selbstkosten[1] gedeckt sind und darüber hinaus ein Gewinn – den Gewinnzuschlag – erwirtschaftet wird. Während die nachfrageorientierte Preisbestimmung eine Preisobergrenze festlegt, steht bei der kostenorientierten Preisbestimmung die Frage nach einer **Preisuntergrenze** im Vordergrund: Bei der Preisfestsetzung müssen langfristig mindestens die Selbstkosten (variable und fixe Kosten) gedeckt sein. Dem Unternehmen stehen dazu die Deckungsbeitragsanalyse, die Break-Even-Analyse sowie das Zuschlagsverfahren zur Verfügung.

→ S.371 Betriebsbuchhaltung

[1] Selbstkosten: Alle während des Leistungserstellungsprozess für ein/-e Produkt/DL entstandenen Kosten (wie z. B. Material-, Fertigungs- und Vertriebskosten)

**Deckungsbeitragsanalyse**→: Ein Unternehmen ist in der Preisgestaltung gegen unten nicht frei. Die Deckungsbeitragsanalyse signalisiert einem Unternehmen, welchen Preis es für ein Produkt mindestens erhalten muss.

→ S.378 Deckungsbeitragsanalyse

Der Deckungsbeitrag/Stk. (Verkaufspreis/Stk. – variable Kosten/Stk.) steht dem Unternehmen zur Deckung der fixen Kosten zur Verfügung. Werden die fixen Kosten gedeckt, dann trägt der Deckungsbeitrag zum Gewinn bei.

*Situation 1: Langfristige Preisuntergrenze*
Verkaufspreis/Stk. = (Variable Kosten + Fixkosten)/Stk.
Deckungsbeitrag/Stk. = Fixkosten/Stk.
Der Deckungsbeitrag deckt sämtliche Fixkosten ab. Das Unternehmen macht weder Gewinn noch Verlust. Langfristig betrachtet, ist dieser Verkaufspreis das absolute Minimum.

*Situation 2: Kurzfristige Preisuntergrenze*

Verkaufspreis/Stk. = Variable Kosten/Stk. < (Variable Kosten + Fixkosten)/Stk.
Deckungsbeitrag/Stk. = 0 < Fixkosten/Stk.

Im Falle eines Deckungsbeitrags von Null sind zumindest die variablen Kosten gedeckt. Allerdings trägt eine verkaufte Einheit nicht zur Deckung der Fixkosten bei, weswegen insgesamt ein Verlust in Höhe der Fixkosten entsteht – ein Zustand, welcher wirtschaftlich nur während kurzer Zeit tragbar ist.

*Situation 3: Kurzfristiger Preisbereich*

Variable Kosten/Stk. < Verkaufspreis/Stk. < (Variable Kosten + Fixkosten)/Stk.
0 < Deckungsbeitrag/Stk. < Fixkosten/Stk.

Hier ist der Deckungsbeitrag zwar positiv (> 0), reicht aber nicht aus, um die Fixkosten vollständig zu decken: Die Produktion führt entsprechend zu einem Verlust. Ein Nichtverkauf würde aber zu einem noch grösseren Verlust führen, da der Verkauf einen Beitrag an die Deckung der kurzfristig nicht veränderbaren Fixkosten leistet. Das Unternehmen wird also zumindest kurzfristig weiterproduzieren. Über längere Zeit kann ein Unternehmen solche Verluste aber nicht tragen.

*Situation 4: Sofortige Produktionseinstellung*

Verkaufspreis/Stk. < Variable Kosten/Stk. < (Variable Kosten + Fixkosten)/Stk.
Deckungsbeitrag/Stk. < 0 < Fixkosten/Stk.

In einer solchen Situation liegt der Verkaufspreis nicht nur unter den Gesamtkosten pro Stück, sondern sogar unter den variablen Kosten pro Stück. Der Deckungsbeitrag ist also negativ und ein Verkauf würde überhaupt keinen Beitrag an die Deckung der Fixkosten leisten. Damit sind durch den Verkaufspreis nicht einmal die variablen Kosten gedeckt. Aus diesem Grund würde ein Unternehmen die Herstellung des Guts umgehend einstellen.

Abb. 170

**Beispiel** Outdoor-Sportgeschäft – Deckungsbeitragsrechnung

Ein Outdoor-Sportgeschäft hat im letzten Jahr mithilfe eines Markttests feststellen können, dass die Kunden für ein Zelt des Typs „Pure Adventure" bereit sind, maximal 220 Franken zu bezahlen. Um zu entscheiden, ob das Sportgeschäft das Zelt ins Sortiment aufnehmen soll, muss der Deckungsbeitrag des Produkts berechnet werden. Die variablen Kosten des Zeltes betragen 150 Franken, der Deckungsbeitrag 70 Franken. Somit kann das Outdoor-Sportgeschäft das Zelt verkaufen, da ein Deckungsbeitrag an die Fixkosten geleistet wird.

**Break-Even-Analyse** Mithilfe der **Break-Even-Analyse**$^{\rightarrow\rightarrow}$ wird der kritische Stückpreis ermittelt, durch den die Durchschnittskosten gerade gedeckt sind. Der Break-Even-Preis entspricht dabei den Durchschnittskosten einer produzierten Einheit und stellt die langfristige Preisuntergrenze$^{\rightarrow}$ dar.
Zur Überprüfung dieses Zusammenhangs die folgende Überlegung: Die Break-Even-Absatzmenge wird mithilfe der folgenden Formel bestimmt:

→ S. 125 und → S. 380
Break-Even-Analyse

 FS3

→ S. 304 Langfristige
Preisuntergrenze

$$\text{Break-Even-Absatzmenge } (x) = \frac{\text{Fixkosten (FK)}}{\text{Preis (P)} - \text{variable Kosten (VK)/Stk.}}$$

Die Auflösung der Gleichung nach dem Preis (P) führt zu einer allgemeinen Formel für den Break-Even-Preis, abhängig von der jeweiligen Absatzmenge (x).

$$\text{Break-Even-Preis (P)} = \frac{\text{Fixkosten (FK)}}{\text{Absatzmenge (x)}} + \text{variable Kosten (VK)/Stk.}$$

Die hergeleitete Gleichung bestätigt bei genauerem Hinsehen die anfängliche Vermutung, dass der Break-Even-Preis den Stückkosten entspricht: Diese setzen sich nämlich aus den Fixkosten (FK)/Stk. sowie den variablen Kosten (VK)/Stk. zusammen.

**Beispiel** „PlayIT" – Break-Even-Preis

Der Produzent „PlayIT" produziert unter anderem den MP3-Player „Top" und beliefert einen Elektronik-Grossisten bereits seit zwei Jahren damit. Das Unternehmen bestimmt mithilfe der Break-Even-Analyse den Break-Even-Preis. Dieser muss mindestens erzielt werden, damit „PlayIT" beim Verkauf kein Verlust entsteht. Zurzeit sieht sich „PlayIT" mit folgenden Kosten und Absatzerwartungen konfrontiert:
Variable Kosten/Stk.: CHF 120
Fixkosten: CHF 2 400 000
Produktionsmenge: 600 000 Stück

Der Break-Even-Preis bzw. die Stückkosten eines MP3-Players „Top" betragen folglich:

$$\text{Break-Even-Preis (P)} = \frac{\text{CHF 2 400 000}}{\text{600 000 Stk.}} + \text{CHF 120/Stk.} = \text{CHF 124/Stk.}$$

Der Break-Even-Preis beträgt also 124 Franken/Stk. Dieser Preis deckt bei einer Absatzmenge von 600 000 Stk. gerade die Durchschnittskosten (Stückkosten). Entsprechend ist der Gewinn bei einem Break-Even-Preis von 124 Franken/Stk. gleich Null.

**Zuschlagsverfahren:** Beim **Zuschlagsverfahren** wird zu den Kosten eines Produkts (=Break-Even-Preis) ein bestimmter Gewinnzuschlag addiert.
Verkaufspreis = Stückkosten in CHF (1 + Gewinnzuschlag in %)

**Beispiel** „PlayIT" – Preisbestimmung mithilfe des Zuschlagsverfahrens

Der Produzent „PlayIT" hat sich zum Ziel gesetzt, mit dem MP3-Player „Top" eine Umsatzrendite von 15 % zu erzielen. Das Unternehmen bestimmt mithilfe des Zuschlagsverfahrens den Verkaufspreis, welchen „PlayIT" vom Elektronik-Grossisten verlangt. Die Stückkosten (der Break-Even-Preis) für einen MP3-Player „Top" belaufen sich auf 124 Franken. Nun kann der Hersteller den Preis für einen MP3-Player „Top" bestimmen. Der Elektronik-Grossist müsste demnach dem Unternehmen „PlayIT" pro MP3-Player einen Preis von CHF 142.60 bezahlen. „PlayIT" erzielt somit einen Gewinn von CHF 18.60 pro Player.

In der Praxis wird die Preisbestimmung mithilfe des Zuschlagsverfahrens häufig angewandt. Dies aus folgenden Gründen:

– Unternehmen wissen meist mehr über ihre Kosten als über die Zahlungsbereitschaft ihrer Kunden.
– Es besteht die allgemeine Überzeugung, dass dieses Verfahren für die Nachfrager fair ist. Der Verkäufer nutzt die Lage des Käufers bei dringendem Bedarf (unelastischer Nachfrage) nicht aus und verzichtet damit auf die Maximierung seines Gewinns.

Allerdings kann die Preisbildung nach dem Zuschlagsverfahren auch problematisch sein, da die tatsächlich abgesetzte Menge eines Produkts vom festgelegten Preis abhängt. Durch einen zu hohen Gewinnzuschlag, kann das Produkt möglicherweise gar nicht abgesetzt werden.

→ Aufgaben 4 und 5

### Wettbewerbsorientierte Preisbestimmung

Bei dieser Preisbestimmung richtet ein Unternehmen den Preis eines Produkts nach den Preisen der Konkurrenz aus. Das Unternehmen legt den eigenen Preis dabei entweder auf dem gleichen Niveau der Konkurrenz fest (Konkurrenzpreis = **Leitpreis**) oder um einen bestimmten Prozentsatz darüber oder darunter. Ist dieser Preis festgelegt, bleibt er unabhängig von der jeweiligen Nachfrage- und Kostensituation so lange unverändert, als der Leitpreis konstant bleibt.

Besonders auf oligopolistischen Märkten[1] mit homogenen Gütern[2] ist häufig eine konkurrenzorientierte Preisfestsetzung zu beobachten. Treibstoffe (der Oligopolisten BP, Shell usw.) sind ein gutes Beispiel für die konkurrenzorientierte Preisfestsetzung. Um in einer solchen Wettbewerbssituation zu reagieren, muss ein Unternehmen den Preis reduzieren.

Zur Bestimmung des optimalen Angebotspreises sollte ein Unternehmen sowohl nachfrageorientierte, als auch kosten- sowie wettbewerbsorientierte Aspekte berücksichtigen. Eine einseitige Orientierung an einem der drei vorgestellten Preisbestimmungsverfahren ist zu wenig exakt.

[1] oligopolistischer Markt: Marktform mit vielen Nachfragern, aber wenigen Anbietern

[2] homogene Güter: gleichartige Güter, die aus Sicht des Konsumenten austauschbar sind

Abb. 171

**Preisbildung durch Zuschlagsverfahren oder Leitpreis**

Preisbildung durch Zuschlagsverfahren (Kostenorientierung)

Stückkosten (Break-Even-Preis) + Gewinnzuschlag = Verkaufspreis

Preisbildung durch Orientierung am Leitpreis (Wettbewerbsorientierung)

Leitpreis (Verkaufspreis) – durchschnittlich variable Kosten = Deckungsbeitrag/Stück

Unternehmen

Markt

**Beispiel** Discounter – Wettbewerbsorientierte Preisbestimmung

Ein Discounter, welcher die absolut tiefsten Preise für seine Kundschaft anbieten will, offeriert eine Tiefstpreisgarantie. Diese gibt dem Kunden das Recht, die Differenz zurückzufordern, falls er bei der Konkurrenz das Produkt günstiger findet.

→ S. 106 Kostenführerschaftsstrategie

→ Aufgabe 6

## 9.3 Preispolitische Strategien

Die Preisfestsetzung basiert auf der preispolitischen Strategie. Einem Unternehmen stehen verschiedene **preispolitische Strategien** zur Verfügung. Diese sind langfristig ausgerichtet und werden über mehrere Perioden verfolgt. Die folgende Abbildung gewährt einen Überblick über die verschiedenen Strategien.

Abb. 172

Preispolitische Strategien

Die technologische Entwicklung ermöglicht zudem, dass sich die Preispolitik nicht mehr zwingend am Eigentum an einem Produkt, sondern auch an deren Nutzungsintensität (sog. Pay-Per-Use-Modelle) orientieren kann (z. B. Drucker, Software).

### Statische Strategiekonzepte der Preispolitik

Bei den statischen Verfahren wird die Preisentscheidung auf der Grundlage von zeitpunktorientierten Informationen getroffen. Überlegungen zur zukünftigen Marktentwicklung werden nicht berücksichtigt. Zu den statischen Verfahren zählen die Premiumpreisstrategie und die Tiefpreisstrategie.

Abb. 173

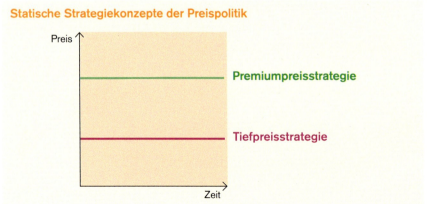

Statische Strategiekonzepte der Preispolitik

**Premiumpreisstrategie** Die **Premiumpreisstrategie** (Prämienpreisstrategie) ist eine Form der Hochpreisstrategie. Für ein Produkt werden dauerhaft hohe Preise festgelegt. Ein Unternehmen muss diese hohen Preise auch langfristig im Vergleich mit seiner Konkurrenz verteidigen können. In der Regel ist deshalb ein hoher Preis auch mit einer hohen Produktqualität verbunden. Typische Beispiele für die Premiumpreisstrategie sind hochwertige Markenprodukte oder Luxusprodukte wie exklusive Uhren, Parfüms oder Autos.

**Beispiel** Coop – Premiumpreisstrategie

Unter der Linie „Fine Food" bietet Coop eine attraktive Auswahl qualitativ herausragender Spezialitäten an. „Fine Food" ergänzt das Sortiment der Coop-Eigenmarke. Bei den Produkten der Linie „Fine Food" kommt die hohe Qualität durch das Verpackungsdesign zum Ausdruck. Jedes Produkt ist mit einem kleinen Faltprospekt versehen, welches die Geschichte oder die Besonderheit des jeweiligen Produkts aufzeigt. Zudem gibt es Tipps zum Zubereiten und Servieren der Spezialitäten.
Im Gegensatz zu Discountern bietet Coop als Vollsortimenter absolute Wahlfreiheit über alle Preis- und Qualitätslagen. Das Coop-Sortiment profiliert sich durch Angebote in fünf Preislagen, von „günstig wie der Discounter" (Prix Garantie) bis „hochpreisig für Premiumqualität und Premiumprodukte" (Fine Food).

**Tiefpreisstrategie** Mit der **Tiefpreisstrategie** wird eine Niedrigpreisstrategie verfolgt. Produkte werden bei dieser Strategie dauerhaft zu niedrigen Preisen angeboten. Die Niedrigpreise liegen entweder unter dem Preis vergleichbarer Produkte oder erscheinen in der Wahrnehmung der Käufer als niedrig. Verfolgt ein Unternehmen eine solche Strategie, ist der Preis im Rahmen eines Niedrigpreis-Images das wichtigste Werbeargument<sup>→</sup>. Diese Strategie kann sowohl für ein gesamtes Produktprogramm bzw. Sortiment als auch für einzelne Produkte gelten.

→ S. 330 Werbung

**Beispiel** Coop – Tiefpreisstrategie

Die 2005 eingeführte Dauertiefpreislinie Prix Garantie mit dem schlichten Design in Pink umfasst Artikel des täglichen Gebrauchs und ist auf Familien sowie Haushalte mit knappem Budget ausgerichtet. Mit mehr als 420 Artikeln bietet die Marke alle wichtigen Food- und Non-Food-Produkte des täglichen Bedarfs zu guter Qualität an. Sie sind immer mindestens so preisgünstig wie die Tiefpreislinien der Konkurrenz. Der Umsatz im 2015 belief sich auf knapp unter 300 Mio. Schweizer Franken.

Abb. 174

### Dynamische Strategiekonzepte der Preispolitik

Im Gegensatz zu den statischen Verfahren werden bei den nachfolgenden Strategien mehrere Perioden im Zeitablauf beachtet. Zu den dynamischen Verfahren zählen die Skimmingstrategie und die Penetrationsstrategie.

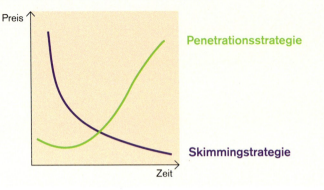

Abb. 175

**Dynamische Strategiekonzepte der Preispolitik**

Preis

Penetrationsstrategie

Skimmingstrategie

Zeit

**Skimmingstrategie** Bei einer **Skimmingstrategie** (Abschöpfungsstrategie) verlangt das Unternehmen in der Einführungsphase eines Produkts einen hohen Einführungspreis. Diesen hohen Preis kann es in der Regel durchsetzen, wenn es sich um Produktneuheiten handelt. Mit zunehmender Markterschliessung oder mit steigendem Wettbewerbsdruck→ senkt das Unternehmen den Preis und erhofft sich dadurch neue Käuferschichten zu gewinnen.

→ S. 108 Reife- und Sättigungsphase

Die Skimmingstrategie empfiehlt sich z. B. immer dann, wenn es um technische Innovationen geht, bei denen die Gefahr einer vorzeitigen Veralterung besteht (z. B. Computer) oder bei neuen Produkten, nach denen eine starke Nachfrage besteht.

Abb. 176

**Beispiel** Buchmarkt – Skimmingstrategie

Auf dem Buchmarkt kommt zuerst die teure gebundene Ausgabe auf den Markt. Erst mit erheblicher Zeitverzögerung erscheint die günstigere Taschenbuchausgabe.

**Penetrationspreisstrategie** Bei einer **Penetrationsstrategie** (Marktdurchdringungsstrategie[1]) werden Produkte zu einem besonders niedrigen Preis eingeführt. Ziel dieser Strategie ist die schnelle Marktdurchdringung mit neuen Produkten. Zusätzlich sollen die niedrigen Preise künftige Konkurrenten vor einem Markteintritt abschrecken. Der Einführungspreis wird dann vom Unternehmen mit der Zeit schrittweise erhöht. Im Idealfall geht die Preiserhöhung auch mit einer Qualitätssteigerung einher, was die Legitimität der Preiserhöhung steigert.

[1] Marktdurchdringung: Ein Unternehmen wächst mit dem vorhandenen Angebot in seinem aktuellen Marktsegment. Hierzu muss es in einem Verdrängungswettbewerb mit Konkurrenten seinen Marktanteil erhöhen.

**Beispiel** Japanische Unternehmen – Penetrationspreisstrategie

Viele japanische Unternehmen haben diese Strategie vor allem in den USA und Europa verfolgt. Zunächst sind sie mit „Billigprodukten" in den Markt eingedrungen (z. B. Autos, Elektrogeräte und Kameras) und haben sich dann mit gesteigerter Qualität auf dem Markt behauptet, was ihnen eine Preiserhöhung ermöglichte.

## Preisdifferenzierung

 FS2, KS6

Durch die Preisdifferenzierung will ein Unternehmen verschiedene Käufergruppen ansprechen, um so den Gesamtgewinn zu steigern.

**Bei der Preisdifferenzierung bietet ein Unternehmen das gleiche Produkt oder die gleiche Dienstleistung verschiedenen Nachfragern zu unterschiedlichen Preisen am Markt an.**

Voraussetzungen für eine erfolgreiche Preisdifferenzierung ist, dass
– sich die Nachfrage sinnvoll segmentieren lässt und
– eine isolierte Ansprache der einzelnen Marktsegmente→ möglich ist.

→ S. 280 Marktsegmentierung

Tab. 99

| Arten der Preis-differenzierung | Erklärung | Beispiel |
|---|---|---|
| Zeitlich | Der Preis eines Produkts ist abhängig vom Zeitpunkt des Kaufes. Je nach Bestellzeitpunkt oder Nutzungszeit werden unterschiedliche Preise verlangt. | Saisonpreise bei Reisen |
| Räumlich | Der Preis eines Produkts ist abhängig von der Region bzw. dem Land, in dem es angeboten wird. | Unterschiedliche Preise für Mieten in Grossstädten und ländlichen Gebieten |
| Mengenmässig | Der Preis eines Produkts ist abhängig von der gekauften Menge. Je mehr ein Kunde kauft, desto günstiger ist der Preis. | „3 Stück zum Preis von 2", Gruppenermässigungen bei Zugbilleten |
| Personell | Der Preis eines Produkts ist für bestimmte Kundengruppen unterschiedlich. | Studentenermässigung, Preisvorteile für Vereinsmitglieder |
| Sachlich | Gleiche Produkte werden in unterschiedlicher Aufmachung zu verschiedenen Preisen verkauft. | Umgepackte No-Name-Waren bei Discountern, die von Markenherstellern produziert werden |

**Beispiel** Coop – Preisdifferenzierung*

Die schweizerische Konsumentenzeitschrift Saldo liess im Jahr 2005 fünf Standardprodukte von Coop durch ein Labor sowie durch Fachleute testen und dann mit den ähnlichen Produkten der Billiglinien (Coop: Prix Garantie) vergleichen. In den meisten Fällen waren Inhaltsstoffe und Geschmack der Standardprodukte annähernd gleich wie die jeweiligen Billiglinien. Aus den Testergebnissen lässt sich die Annahme ableiten, dass Coop eine Strategie der Preisdifferenzierung verfolgt. Die fast gleichen Produkte werden an verschiedene Konsumenten zu unterschiedlichen Preisen verkauft.

★ Gaibrois, C. (2005, 31. August). Unterschiede sind oft schwer feststellbar. *saldo*, 13, S. 6–8.

→ Aufgaben 7 und 8

## 9.4 Konditionenpolitik

UE9

Bei der Entscheidung der Preisgestaltung spielen auch die gewährten kunden-spezifischen Preisnachlässe (Rabatte), die Liefer- und Zahlungsbindungen sowie Serviceleistungen eines Unternehmens eine Rolle, die sich unter dem Begriff der **Konditionenpolitik** zusammen fassen lassen. Durch die Konditionenpolitik kann sich ein Unternehmen von der Konkurrenz abheben und so allenfalls die Kaufentscheidungen der Konsumenten beeinflussen.

### Rabattpolitik

Durch Rabatte verändert sich für den Kunden der tatsächlich zu bezahlende Preis. Die Gewährung von Rabatten soll den Umsatz steigern, die Beziehung zwischen Kunden und Lieferanten festigen sowie zu einer wirtschaftlichen Auftragsabwicklung beitragen.

**Unter einem Rabatt wird ein prozentualer Preisnachlass verstanden.**

Abb. 177

**Arten von Rabatten**

**Mengenrabatte** werden als Bar- oder Naturalrabatte (Mehrlieferung des bestellten Produkts) gewährt, wenn ein bestimmtes Auftragsvolumen überschritten wird. Dem Kunden soll hierdurch ein Anreiz geschaffen werden, eine grössere Menge für einen bestimmten Zeitraum im Voraus zu bestellen.

**Sonderrabatte** sind einmalige Preisverbilligungen mit dem Ziel, den Absatz eines Unternehmens zu vergrössern.

**Beispiel** Coop – Sonderrabatte

Zur Preisleistung von Coop gehören auch viele Sonderrabatte im gesamten Sortiment. In den Coop-Supermärkten werden jede Woche zahlreiche Artikel mit Preisreduktionen angeboten.

**Zeitrabatte** werden gewährt, wenn zu festgelegten Zeitpunkten oder in bestimmten Zeitabständen bestellt wird. Ziel ist die möglichst gleichmässige Verteilung der Aufträge über das Jahr hinweg. Es kann zwischen Vorausbestellungsrabatten, Einführungsrabatten, Auslaufrabatten und Saisonrabatten unterschieden werden.

**Treuerabatte** werden langjährigen Kunden gewährt oder bei mehreren im Voraus terminierten Bestellungen in festgelegten Zeitabständen angeboten. Ziel ist es, die längerfristige Kundenbindung zu sichern.→

→ Aufgabe 9

→ S. 351 Kundenbindung

**Beispiel** Coop Supercard – Treuerabatt

Für jeden Einkauf bei Coop und den Supercard-Partnern erhält der Inhaber einer Supercard pro bezahlten Franken einen Superpunkt gutgeschrieben. Damit wird die Treue der Coop-Kundinnen und -Kunden belohnt. Diese können beispielsweise aus attraktiven Prämien einen Wunschartikel auswählen oder in den Coop City Warenhäusern Non-Food-Einkäufe mit Punkten bezahlen. Darüber hinaus können im Coop Supermarkt und im Coop Bau+Hobby Baumarkt immer wieder neu ausgewählte Sortimente mit Superpunkten bezahlt werden.

Abb. 178

### Liefer- und Zahlungsbedingungen

Weitere Elemente einer Konditionenpolitik sind die Liefer- und Zahlungsbedingungen.

**In den Lieferbedingungen werden die Rechte und Pflichten von Kunden und Lieferanten bei der Übergabe der Ware festgelegt.**

Die Lieferbedingungen gehören eigentlich zur Distributionspolitik→. Allerdings sind auch einige Aspekte bei der Konditionenpolitik von Bedeutung, z. B.
– Kosten des Transports,
– Kosten der Transportverpackung und -versicherung,
– Konventionalstrafen[1] bei verspäteter oder schlechter Leistung.

→ S. 316 Distributionspolitik

[1] Konventionalstrafe: Geldbetrag, den die schuldende Partei bezahlen muss, wenn sie im Rahmen eines Vertrages ihren Verpflichtungen nicht nachkommt.

Diese Aspekte können vom Unternehmen günstiger als branchenüblich gestaltet werden und so einen Kaufanreiz schaffen. Nachdem Rabatte und Lieferbedingungen zwischen dem Unternehmen und dem Kunden vereinbart sind, wird über die Zahlungsbedingungen verhandelt.

**Die Zahlungsbedingungen regeln, auf welche Art und Weise die gekauften Produkte vom Käufer bezahlt werden.**

Die Zahlungsbedingungen enthalten Zahlungsarten (z. B. bar, Kreditkarte, Smartphone oder Smartwatch) und -fristen, Zahlungsabwicklung und -sicherung. Häufig wird vom Lieferanten ein „Skonto" gewährt. Dieser Preisnachlass auf den Endpreis wird dem Kunden eingeräumt, wenn er seine Rechnung innerhalb einer bestimmten Frist begleicht (meistens 2 % Skonto innerhalb von 10 Tagen).

# Aufgaben – D9 Preispolitik

**1**

a Nennen Sie Aufgaben und Ziele der Preispolitik.

b Welche Auswirkungen haben Preisänderungen auf den Umsatz und den Gewinn eines Unternehmens?

**2**

a Besuchen Sie verschiedene Geschäfte in Ihrer Umgebung. Finden Sie Beispiele, bei denen Unternehmen bewusst versuchen, mit der psychologischen Wirkung von Preisen zu spielen.

b Suchen Sie Produkte, bei denen die psychologische Wirkung von Preisen Ihr persönliches Einkaufsverhalten beeinflusst.

**3**

Trotz staatlicher Subventionen, erhöht die Schweizer Bahngesellschaft SBB die Fahrpreise stetig. Solche Massnahmen können sich negativ auf die Nachfrage nach Fahrkarten und Streckenabonnements auswirken. Die SBB hält jedoch an ihrer preisstrategischen Ausrichtung fest.

a Weshalb kann sich die SBB eine solche Preisstrategie erlauben?

b Welche Probleme könnten sich bei einer langfristig anhaltenden Preissteigerung für die SBB ergeben?

c Welche allgemeinen Schlussfolgerungen lassen sich aus dem Beispiel der SBB für die Preisfestsetzung ziehen?

**4**

Die „Food AG" produziert tiefgefrorene Fertiggerichte italienischer Art wie Spaghettigerichte und verschiedene Lasagnearten. Das Unternehmen möchte neu auch eine übergrosse Spezialpizza in ihr Sortiment aufnehmen. Dazu hat die „Food AG" eine Preisumfrage durchgeführt und festgestellt, dass die Konsumenten maximal 12 Franken für eine solche überdimensionale Pizza bezahlen würden. Nun möchte die „Food AG" herausfinden, ob dieser Preis einen Deckungsbeitrag erzielt und die riesige Pizza in Zukunft allenfalls auch für diesen Preis verkauft werden könnte. Das Unternehmen schätzt die variablen Kosten der Pizzaherstellung auf CHF 9.50. Berechnen Sie den Deckungsbeitrag und beurteilen Sie, ob die „Food AG" die übergrosse Pizza in ihr Sortiment aufnehmen sollte oder nicht.

**5**

Fredy Brunner betreibt mit seinem Bruder ein Unternehmen, welches Molke-Drinks herstellt. Die Brüder möchten mit ihrem neusten Drink „PassionMix" einen Gewinnzuschlag von 12 % erzielen und schätzen die Absatzmenge auf 50 000 Stück pro Jahr. Die durchschnittlich variablen Kosten bei der Drink-Produktion belaufen sich auf CHF 2.50 pro Stück, die Fixkosten auf 20 000 Franken.

a Berechnen Sie die Stückkosten (Break-Even-Preis) eines „PassionMix"-Drinks.

b  Kalkulieren Sie von den Stückkosten (Break-Even-Preis) ausgehend den Verkaufspreis des „PassionMix"-Drinks mithilfe des Zuschlagsverfahrens.

c  Berechnen Sie die Break-Even-Absatzmenge des „PassionMix"-Drinks.

## 6

Nennen und erklären Sie die drei Orientierungspunkte zur Preisbestimmung in drei Sätzen.

## 7

Erstellen Sie anhand des Schemas eine Übersicht über die verschiedenen preispolitischen Strategien.

a  Nennen Sie die preispolitischen Strategien.

b  Beschreiben Sie die preispolitischen Strategien.

c  Finden Sie für jede preispolitische Strategie ein entsprechendes Produkt oder eine Dienstleistung.

Tab. 100

| Preispolitische Strategie | Beschreibung | Beispiel |
| --- | --- | --- |

## 8

Vergleichen Sie die Preisstrategien von Coop und Migros mit jenen von Aldi und Lidl: Inwiefern unterscheiden sich diese voneinander?

## 9

Finden Sie Beispiele für die Rabattpolitik eines Unternehmens, von der Sie selbst bereits einmal profitiert haben. Tauschen Sie die Ergebnisse mit Ihrem Banknachbarn aus und diskutieren Sie die verschiedenen Ansätze.

## 10

a  Erkundigen Sie sich bei Ihren Eltern über Ihre obligatorische Grundversicherung bei der Krankenkasse und die Franchise. Vergleichen Sie die Prämie Ihrer Krankenkasse anschliessend mit Angeboten anderer Krankenkassen. Verwenden Sie hierfür die Website www.comparis.ch.

b  Welche Voraussetzungen sind für einen sinnvollen Preisvergleich verschiedener Krankenkassen nötig?

www.iwp.unisg.ch/bwl

## Leitfragen

a) Was wird unter Distributionspolitik verstanden?

b) Welche Distributionsorgane werden unterschieden?

c) Was ist ein Absatzweg?

d) Welche Vor- und Nachteile bietet der direkte bzw. der indirekte Absatz?

e) Was ist Franchising?

f) Was wird unter Einzel- bzw. Grosshandel verstanden?

g) Was sind die Hauptaufgaben der physischen Distribution?

h) Welche Fragen stellen sich bei der Distribution von Dienstleistungen?

## Schlüsselbegriffe

Distributionspolitik, Distributionsorgan, Absatzmittler, Einzelhandel, Grosshandel, Absatzweg, direkter Absatz, indirekter Absatz, E-Commerce, Franchising, physische Distribution, Magisches Dreieck bei der Transportmittelwahl

## Verankerung im Modell

Im Rahmen der Geschäftsprozesse werden die Produkte und Dienstleistungen erstellt. Anschliessend werden sie über verschiedene Wege an die Kunden verteilt. Innerhalb des Marketing-Mix ist die Distributionspolitik für die Gestaltung des Absatzes verantwortlich.

## Beispiel · Just AG*

* www.just.ch

Abb. 179

Die Just AG bezeichnet sich als ein Appenzeller Weltunternehmen, welches zur Schweizer Tradition steht und gleichzeitig international denkt und handelt. Just produziert Schönheits-, Körperpflege-, Gesundheits- und Haushaltsprodukte und vertreibt diese in rund 30 Ländern. Basis der Just-Produkte ist im Wesentlichen die unerschöpfliche Pflanzenwelt der Schweizer Heimat. In Walzenhausen befinden sich Zentrale und Produktion. Ein weiterer Produktionsstandort befindet sich in Argentinien. Mehr als 350 fest angestellte Mitarbeitende arbeiten am Standort in der Schweiz. Zusätzlich arbeiten mehr als 60 000 Verkaufsberater rund um den Globus. Seit der Gründung im Jahre 1930 basiert das Geschäftsmodell erfolgreich auf den drei Säulen Entwicklung, Produktion und Direktvertrieb. Der Direktvertrieb erfolgt über individuelle Beratung (Haustürgeschäft), ein Partysystem, via Telefon und Internet sowie auf Messen und Märkten. Durch diese Formen des direkten Kontakts versucht Just, den hohen Kundenanforderungen jederzeit gerecht zu werden. Welches sind die Vor- und Nachteile dieser direkten Vertriebsform? Welche weiteren Möglichkeiten bestehen, um ein Produkt erfolgreich abzusetzen? Inwiefern hängt die Wahl der Absatzmöglichkeit vom Charakter und den Eigenschaften des Produkts ab?

## 10.1 Aufgaben der Distributionspolitik

Jedes Unternehmen zielt darauf ab, möglichst viele der hergestellten Produkte oder Dienstleistungen zu verkaufen. Denn gelangen diese nicht zum Kunden, werden keine Einnahmen generiert. Die Produkte müssen ausserdem gelagert werden, wodurch dem Unternehmen Kosten in Form von Lagerunterhaltskosten und Kapitalbindung entstehen→. Aus diesem Grund ist eine gute Distributionspolitik[1] für ein Unternehmen unverzichtbar.

→ S. 230 Kapitalbindung und Lagerunterhalt

[1] Distribution: Verteilung

**Die Distributionspolitik umfasst alle Entscheidungen und Handlungen, die den Weg eines Produkts oder einer Dienstleistung vom Hersteller zum Endabnehmer betreffen.**

Das wichtigste Ziel der Distributionspolitik ist die Verfügbarkeit der Produkte. Das richtige Produkt soll dem Kunden am richtigen Ort, in der richtigen Menge, zum richtigen Zeitpunkt und in gewünschter Qualität zur Verfügung stehen.→ Dabei sollen die Vertriebskosten (z. B. Lager- und Transportkosten) so gering wie möglich gehalten werden. Ökologische Gesichtspunkte spielen eine zunehmend wichtigere Rolle bei den Entscheidungen der Distributionspolitik. Aus diesen Zielen können die drei Hauptaufgaben der Distributionspolitik und entsprechende Fragen abgeleitet werden:

→ S. 228 Materialwirtschaft

Tab. 101

| Hauptaufgaben | Fragen |
|---|---|
| Festlegung der Distributionsorgane | Wer soll die Produkte verteilen? |
| Festlegung des Absatzweges | Auf welchem Weg sollen die Produkte zum Kunden gelangen? |
| Festlegung der physischen Distribution | Soll der Transport selbst oder durch einen Dritten ausgeführt werden? Welche Transportmittel sollen gewählt werden? |

## 10.2 Distributionsorgane

Bei der Entscheidung über die Distributionsorgane stellt sich die Frage, ob sich das Unternehmen zur Erfüllung der Distributionsaufgaben eigener oder fremder Organe bedient. Grundsätzlich kann zwischen unternehmensinternen und unternehmensexternen Distributionsorganen unterschieden werden.

**Das Distributionsorgan eines Unternehmens ist für die Überführung von Produkten oder Dienstleistungen vom Hersteller zum Endabnehmer verantwortlich.**

**317**

## Unternehmensinterne Distributionsorgane

Bei der unternehmensinternen Distribution kommt die Gewinnung und organisatorische Abwicklung von Aufträgen der Verkaufsabteilung eines Unternehmens zu. Die wesentlichen unternehmensinternen Distributionsorgane sind die
Mitglieder der Geschäftsleitung, Verkäufer und Aussendienstpersonal sowie
Verkaufsniederlassungen:

Tab. 102

| Distributionsorgan | Erklärung | Beispiele |
|---|---|---|
| Mitglieder der Geschäftsleitung | Bei dieser Art des Absatzes pflegt die Geschäftsleitung einen persönlichen Kontakt zu ihren Grosskunden und stellt diesen selbst die neusten Produkte oder Dienstleistungen vor. | Textil- und Bekleidungsindustrie, wo Geschäftsleitungsmitglieder selbst ihre neusten Kollektionen präsentieren. |
| Verkäufer, Aussendienstpersonal | Diese Distributionsorgane sind vom jeweiligen Unternehmen beauftragt und haben dessen Regeln und Pflichten zu entsprechen. Die Verkäufer besuchen ihre Kunden regelmässig und beziehen dafür zumeist einen festen Lohn und teilweise auch eine umsatzabhängige Provision. | Versicherungen, Just-Berater |
| Verkaufsniederlassung | Diese Form wird vor allem von Grossunternehmen gewählt, wobei eigene Niederlassungen gegründet und geführt werden, welche beispielsweise für Kundenberatungen, Verkaufsabschlüsse und Auslieferung aus eigenen Lagern zuständig sind. | Modebranche, Dienstleistungssektor |

**Beispiel** Direktvertrieb durch Just-Berater*

* www.just.ch

Abb. 180

Durch den persönlichen Kontakt zum Kunden
möchte die Just AG ihre Produkte besser präsentieren und erlebbar machen. Dies geschieht durch vier
verschiedene Arten des Direktvertriebs: Beim Direktvertrieb mit individueller Beratung suchen Just-
Berater die Kunden zu Hause auf. Das Partysystem
bildet das Herzstück des Direktvertriebs. Dabei
werden die Just-Produkte auf einer Erlebnisparty
im privaten Umfeld präsentiert. Die fröhliche
Stimmung bei Partys trägt zum besseren Erleben
der Marke Just bei. Wo der Besuch eines Just-Bera-
ters nicht möglich ist, können die Kunden die Produkte bequem übers Callcenter via Telefon oder via
Internet im Just-Onlineshop bestellen. Die Produkte werden zudem auf vielen Märkten und Messen
vertrieben.

## Unternehmensexterne Distributionsorgane

Viele Hersteller verkaufen ihre Produkte jedoch nicht direkt an den Endkäufer. Aus diesem Grund sind die Hersteller und Endverbraucher durch eine Vielzahl von Partnern miteinander verbunden. Diese unternehmensexternen Distributionsorgane werden **Absatzmittler** genannt. Die bedeutendsten Absatzmittler sind Handelsvertreter, Makler sowie Einzel- und Grosshandel:

Tab. 103

| Distributionsorgan | Erklärung | Beispiele |
|---|---|---|
| Handelsvertreter | Ein Handelsvertreter ist ein selbstständiger Gewerbetreibender, der sein Tun frei gestalten und auch seine Arbeitszeit selbst einteilen kann. Die Produkte gehen nicht in das Eigentum des Handelsvertreters über. Somit trägt er keine mit der Ware verbundenen Risiken, wie z. B. Verderb der Ware oder Zahlungsunfähigkeit des Kunden. Die Vergütung solcher Absatzorgane geschieht meist stark umsatzorientiert. | Papeteriebranche |
| Makler | Makler suchen Käufer und Verkäufer von bestimmten Produkten und bieten ihnen gegen eine Provision die Gelegenheit zum Abschluss von Geschäften an. | Grundstückverkäufe, Versicherungen und Bankgeschäfte |
| Einzelhandel | Der Einzelhändler kauft Güter und verkauft diese in der Regel ohne zusätzliche Bearbeitung an den Endkunden. | Warenhaus, Bijouterie |
| Grosshandel | Im Grosshandel werden Waren in grossen Mengen eingekauft und an Wiederverkäufer (also nicht dem Endkunden) weiterverkauft. | Cash and Carry |

Einzel- und Grosshandel stellen in der Praxis die bedeutendsten Absatzmittler dar und werden in der Folge kurz vertieft.

**Der Einzelhandel besteht aus der Summe der Aktivitäten des Verkaufs von Waren und Dienstleistungen direkt an den Endverbraucher zu dessen persönlicher, nicht-gewerblicher Verwendung.**

Der Einzelhandel ist sehr dynamisch und wandlungsfähig. Die Gliederung des Einzelhandels kann nach den Kriterien Sortiment→, Preis und Verkaufsort erfolgen.

→ S. 291 Absatzprogramm

Tab. 104

| Sortiment | Preis | Verkaufsort |
|---|---|---|
| – Fachgeschäfte (z. B. Sportartikelgeschäft) <br> – Spezialgeschäfte (z. B. Vinothek) <br> – Fachmärkte (z. B. Media-Markt) | – Discountmärkte (z. B. Lidl) <br> – Delikatessengeschäft (z. B. Delicatessa von Globus) | – Versandhandel (z. B. Cornelia) <br> – Verkaufslokal (sog. stationärer Einzelhandel) |

Beim Grosshandel werden, im Gegensatz zum Einzelhandel, grössere Mengen abgesetzt und die bearbeiteten Absatzgebiete sind grösser. Dafür sind die Werbung, die Verkaufsatmosphäre in den Geschäften und zum Teil auch der Standort eines Grosshändlers von geringerer Bedeutung. Es gibt unzählige Formen des Grosshandels. Die wichtigsten werden hier kurz aufgegriffen:

– *Klassischer Konsumgüterhändler:* Dieser verkauft vorwiegend an den Einzelhandel, wobei ein umfassender Service angeboten wird.
– *Produktionsverbindungshändler:* Die Abnehmer dieser Händler sind Produktionsbetriebe und gewerbliche Abnehmer. Sie verkaufen Produkte, die nicht zum Wiederverkauf, sondern zur Weiterverwendung in der Produktion bestimmt sind.
– *Abholgrosshändler* (Cash and Carry): Die Kunden kommen an den Verkaufsort und kaufen in grossen Mengen möglichst günstig Produkte ein. Sie zahlen gleich vor Ort. Der Cash-and-Carry-Grosshändler beschränkt sich meistens auf einen begrenzten Warenkreis.
– *Versandgrosshändler:* Dieser präsentiert seinen Kunden die Artikel oftmals mittels Katalogen. Die bestellten Waren werden dem Kunden zugesandt.

**Der Grosshandel besteht aus der Summe der Aktivitäten des Verkaufs von Waren und Dienstleistungen an Wiederverkäufer, Weiterverarbeiter und an Grossverbraucher.**

## 10.3 Absatzwege

Bei der Festlegung des Absatzweges geht es um die Frage, ob die Distribution über den direkten oder indirekten Absatzweg vollzogen werden soll. In der betrieblichen Realität existieren auch verschiedene Mischformen von direkten und indirekten Systemen. Eine besondere Mischform stellt das Franchising dar.
Mit der Wahl eines geeigneten Absatzweges sollen möglichst viele Kunden gewonnen und erreicht werden. Diese Wahl ist eine langfristige Entscheidung, welche z. B. die Erhältlichkeit von Produkten, das Produktimage oder die Preise von Produkten beeinflusst.

**Ein Absatzweg (auch Distributionskanal) umfasst alle Stufen, die dafür zuständig sind, ein Produkt oder eine Dienstleistung dem Kunden zur Verfügung zu stellen.**

Die Ausgestaltung des Absatzweges nimmt in der Realität sehr verschiedene Formen an. Der Absatzweg hängt von folgenden Einflussfaktoren ab:

– *produktbezogene:* Lagerfähigkeit oder Erklärungsbedürftigkeit eines Produkts
– *kundenbezogene:* Geografische Verteilung oder Einkaufsgewohnheiten
– *konkurrenzbezogene:* Absatzwege der Konkurrenz oder Anzahl der Konkurrenten
– *unternehmensbezogene:* Das zur Verfügung stehende Kapital oder das Marketingkonzept<sup>→</sup>

→ S. 273 Marketingkonzept

## Direkter und indirekter Absatz

Die wichtigste Frage in Bezug auf den Absatzweg ist, ob Absatzmittler zwischen Unternehmen und Endverbrauchern eingeschaltet werden sollen oder ob das Unternehmen seine Produkte direkt absetzen soll. Zwischen der Wahl des Distributionsorgans und dem Entscheid über den geeigneten Absatzweg besteht demzufolge ein Zusammenhang. Wird ein Absatzmittler für den Verkauf von Waren und Dienstleistungen eingesetzt (unternehmensexternes Distributionsorgan), erfolgt die Distribution per Definition über den indirekten Absatzweg.

**Der direkte Absatz zeichnet sich dadurch aus, dass der Produzent als unmittelbarer Verkäufer gegenüber dem Konsumenten auftritt. Werden für den Verkauf jedoch ein oder mehrere Absatzmittler (Händler) eingeschaltet, wird von indirektem Absatz gesprochen.**

Abb. 181

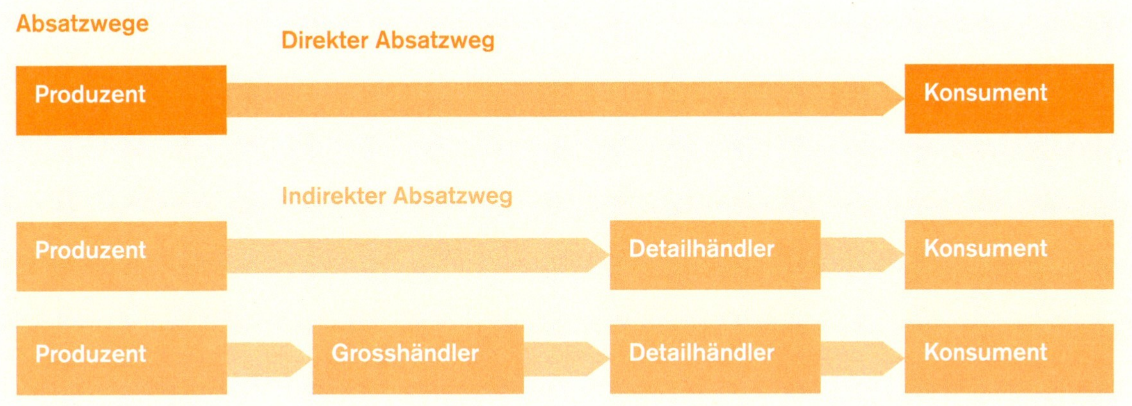

**Absatzwege**

**Direkter Absatzweg**

| Produzent | | Konsument |

**Indirekter Absatzweg**

| Produzent | | Detailhändler | Konsument |

| Produzent | Grosshändler | Detailhändler | Konsument |

Ein direkter Absatzweg empfiehlt sich für folgende Produktarten:

Tab. 105

| Produktarten | Erläuterung | Beispiel |
| --- | --- | --- |
| Verderbliche Produkte | Diese verlangen eine rasche Überführung. Die Qualität dieser Produkte kann durch Zeitverluste oder häufiges Umladen leiden. | Fische, Meeresfrüchte |
| Unstandardisierte Produkte | Vor allem wenn eine auftragsorientierte Fertigung vorliegt, empfiehlt sich der direkte Weg zum Kunden. | Spezialmaschinen |
| Wertvolle Produkte | Solche Produkte verursachen meist hohe Lagerkosten und erfordern häufig ein Kundendienst→, wie z.B. regelmässige Wartung. | Zentralheizung<br><br>→ S. 353 After-Sales-Management |
| Neue, innovative und erklärungsbedürftige Produkte | Der Hersteller solcher Produkte verfügt über das notwendige Know-how. | Installation eines neuen EDV[1]-Systems<br><br>[1] EDV: Elektronische Datenverarbeitung |

Ein indirekter Absatzweg empfiehlt sich für folgende Situationen:

Tab. 106

| Situationen | Erläuterung | Beispiel |
|---|---|---|
| Sehr viele Kunden | Je grösser die Zahl der Kunden, desto grösser würde der Verkaufsaufwand für den Produzenten. | Parfum |
| Häufiger Bedarf | Je häufiger ein Produkt von den einzelnen Kunden nachgefragt wird, desto grösser würde der Verkaufsaufwand für den Produzenten. | Nahrungsmittel |
| Grosses Einzugsgebiet | Je weiter die Kunden vom Produzenten entfernt sind, desto grösser würde deren Einkaufsaufwand. | Auto |

**Beispiel** Just – Direktverkauf

Just setzt eine kompetente, persönliche und kundenorientierte Beratung an die erste Stelle, weshalb sie am Prinzip des Direktvertriebs festhält. Das Unternehmen passt die Grundidee des Direktvertriebs aber laufend an die neuen gesellschaftlichen und technologischen Gegebenheiten an. Mit Aufkommen des Internets wurde deshalb der Online-Verkauf stark ausgebaut. Damit können Kunden 7 Tage à 24 Stunden Produkte in aller Ruhe studieren und dann direkt beim Produzenten bestellen.

Findet der Einkaufsvorgang virtuell via Datenübertragung statt, spricht man vom elektronischen Handel[1] bzw. **E-Commerce.** Bei dieser Art der Distribution wird vom Bestellvorgang bis zur Bezahlung alles über das Internet abgewickelt. Im Vergleich zu den traditionellen Vertriebskanälen weist der elektronische Handel den Vorteil sehr geringer Transaktionskosten,→ weil der Verkäufer nebst dem Lager keinen Verkaufsladen mehr haben muss.

[1] elektronischer Handel: Internethandel, virtueller Marktplatz

→ S. 125 Transaktionskosten

**Beispiel** Orell Füssli – E-Commerce

Bei Books.ch, der E-Commerce-Plattform von Orell Füssli, funktioniert der Verkauf von Büchern online über ein Internet-Portal. Ein Kunde muss keinen Orell-Füssli-Buchshop aufsuchen, sondern kann ein Werk bequem von zuhause aus suchen, zu sich nach Hause bestellen oder auf das Tablet herunterladen und per Kreditkarte bezahlen.

→ Aufgaben 1 und 2

### Franchising

In der betrieblichen Realität findet man die verschiedensten Mischformen von direkten und indirekten Absatzwegen. Eine besondere Mischform stellt das so genannte Franchising→ dar, welches beispielsweise von McDonald's, Benetton oder The Body Shop erfolgreich betrieben wird.

→ S. 136 Franchising

**Unter Franchising versteht man eine vertraglich geregelte Zusammenarbeit zwischen zwei rechtlich selbstständigen Unternehmen, bei der dem Franchise-Nehmer vom Franchise-Geber gegen Entgelt das Recht gewährt wird, Produkte und Dienstleistungen unter einer bestimmten Marke zu verkaufen.**

Das Franchising ist insofern eine Mischform aus direktem und indirektem Absatzweg, weil es für den Kunden nicht ersichtlich ist, dass hinter dem Franchise-Nehmer und dem Franchise-Geber unterschiedliche Unternehmen stehen. Aus Sicht des Kunden wählt das Unternehmen demnach einen direkten Absatzweg. Der Franchise-Geber hat keinen direkten Kundenkontakt, sondern beliefert lediglich den Franchise-Nehmer, der den Kauf mit dem Kunden abwickelt. Aus dieser Sicht handelt es sich um einen indirekten Absatzweg.

Der Franchise-Nehmer erhält eine schon erfolgreich getestete Geschäftsmethode mit dem nötigen Know-how. Er kann somit direkt ohne Aufbaurisiko Geschäfte betreiben und gleichzeitig eine gewisse Unabhängigkeit bewahren.

Der Franchise-Geber erhält dafür bei Vertragsabschluss eine einmalige Zahlung und in der Regel periodische Zahlungen von rund 5 bis 7% des Umsatzes. Er kann mit geringen finanziellen Mitteln sein Produkt sehr weit verbreiten. Weiter kann er das lokale Know-how des Franchise-Nehmers ausnutzen.

Abb. 182

**Franchising**

| Franchising | |
|---|---|
| **Franchise-Geber** (Hersteller, Lieferant) | **Franchise-Nehmer** (Ladenbesitzer) |

Leistungspaket Franchise-Geber
- Know-how
- Marketingkonzept
- Marke/Name
- Schulung/Beratung
- Mitwirkung Geschäftseinrichtung

Leistungspaket Franchise-Nehmer
- unternehmerisches Risiko
- zur Verfügung stellen der Infrastruktur
- Rekrutierung Personal
- Einhaltung Normen/Vorgaben
- Bezahlung Franchise-Gebühr

Vorteile Franchise-Geber
- Schnelle Expansion
- kleine Fixkosten
- kein Konkursrisiko, keine Haftung für Schulden
- gute Kontrollmöglichkeiten

Vorteile Franchise-Nehmer
- Rascher Start mit bewährter Methode, eingeführtem Produkt, bekannter Marke
- Unterstützung und Beratung in der Geschäftsführung
- Weitgehende Selbstständigkeit

Nachteile Franchise-Geber
- Gefahr der Verselbstständigung (Kopieren der Idee)

Nachteile Franchise-Nehmer
- Abhängigkeit von professionellem Marketing und konstanter Produktqualität

→ Aufgabe 3

## 10.4 Physische Distribution

Die **physische Distribution** befasst sich mit dem eigentlichen Transport der produzierten Ware. Die Entscheidungen, die in diesem Bereich gefällt werden, sind unabhängig von der strategischen Entscheidung über Distributionsorgan und Absatzweg.

### Make or Buy

Ein Unternehmen muss sich grundsätzlich überlegen, ob die Aufgabe der physischen Distribution durch das Unternehmen selbst wahrgenommen wird, oder ob ein Speditionsunternehmen eingesetzt und diese Tätigkeit ausgelagert wird. Bei der physischen Distribution steht das Unternehmen vor einer Art „Make or Buy-Entscheidung"→. Ähnlich, wie sich ein Produktionsunternehmen die Frage stellt, ob Teile eines Produkts selbst hergestellt (make) oder fremdbezogen (buy) werden sollen, überlegt sich ein Unternehmen, ob es die physische Distribution selbst abwickeln oder ob allenfalls ein Drittunternehmen eingesetzt werden soll. Ein Pizzakurier beispielsweise führt einen eigenen Fahrzeugpark und übernimmt die physische Distribution der bestellten Pizzas selbst. In anderen Fällen werden Speditionsunternehmen bevorzugt. Der Transport von Waren stellt die Kernkompetenz eines Speditionsunternehmens dar. Dieses verfügt demnach über das notwendige Know-how und kümmert sich beispielsweise bei grenzüberschreitenden Warentransporten auch um die Zollformalitäten. Die Entscheidung bezüglich des geeigneten Transportmittels wird dann dem Speditionsunternehmen überlassen.

→ S. 122 Make or Buy

Tab. 107

| Vorteile | Nachteile |
|---|---|
| Das Führen eines eigenen Fahrzeugparkes ist mit hohen Investitionen und Unterhaltskosten verbunden. Ausserdem ist das investierte Kapital gebunden und kann nicht gleichzeitig für andere Zwecke verwendet werden (Opportunitätskosten). | Andererseits verliert ein Unternehmen durch den Einsatz von Speditionsunternehmen einen Teil seiner Unabhängigkeit. |

### Transportmittel

Der Transport von Waren kann über verschiedene Transportmittel (Lastwagen, Bahn, Schiff, Flugzeug) abgewickelt werden.

Für den Transport von Waren ist auch eine Kombination verschiedener Transportmittel denkbar. Der so genannte Huckepackverkehr beispielsweise kombiniert den Strassen- und Schienenverkehr. In näherer Zukunft könnten zur Feinverteilung auch Drohnen zum Einsatz kommen. Diese eignen sich vor allem für leichte Güter und für den Einsatz in nicht dicht besiedelten Gebieten.

**Entscheidungskriterien**

Mit welchem Transportmittel die physische Distribution erfolgt, hängt von verschiedenen Faktoren ab. Die folgenden Kriterien beeinflussen die Entscheidung bezüglich dem geeigneten Transportmittel:

Tab. 108

| Kriterien | Erläuterungen |
|-----------|---------------|
| Zeit | Welches Transportmittel garantiert die termingerechte Auslieferung von Waren? |
| Ökonomie | Welches Transportmittel verursacht die geringsten Kosten? |
| Ökologie | Welches Transportmittel verursacht die geringste Umweltbelastung→? |

→ S. 265 Transportintensität

Das untenstehende Dreieck wird „magisch" genannt, weil nicht alle Zielsetzungen gleichzeitig im selben Ausmass erreicht werden können. Mit der Entscheidung für ein Transportmittel können die Waren nicht sehr schnell und zugleich sehr günstig und sehr umweltfreundlich transportiert werden. Beispielsweise ist ein Schiffstransport im Vergleich zu einem Flugzeugtransport umweltfreundlicher und kostengünstiger, jedoch sicherlich langsamer. Die Verantwortlichen der Distributionspolitik müssen abwägen, welches Ziel in einer konkreten Situation wichtiger ist.

→ Aufgaben 4, 5 und 6

Abb. 183

**Magisches Dreieck bei der Transportmittelwahl**

Zeit        Kosten

Umweltbelastung

## 10.5   Distributionssysteme für Dienstleistungen

Die Entscheidungen bezüglich des geeigneten Distributionssystems spielen nicht nur bei Produkten eine Rolle. Bei Dienstleistungen ist vor allem wichtig, dass mögliche Partner und Standorte so ausgewählt werden, dass die Bevölkerung trotz geografischer Streuung angemessen mit der jeweiligen Dienstleistung versorgt werden kann. Krankenhäuser müssen geografisch so verteilt werden, dass die medizinische Grundversorgung der gesamten Bevölkerung gewährleistet ist. Bei leichteren medizinischen Problemen ist in weiträumigen Gebieten alternativ zum Besuch des Arztes auch eine telefonische Konsultation möglich. Die neuen Informationstechnologien machen es bestimmten Dienstleistungsbranchen möglich, gewisse Dienstleistungen ohne direkten persönlichen Kontakt (face to face) zur Verfügung zu stellen. Dazu gehören Bankdienstleistungen über den Geldautomaten und das E-Banking.

# Aufgaben – D10  Distributionspolitik

**1**

Welcher Zusammenhang besteht zwischen der Wahl des Distributionsorgans, des Absatzweges und des Absatzmittlers?

**2**

Factory Outlets, wie z. B. in Landquart, setzen auf eine direkte Form des Absatzes.

a Beschreiben Sie mithilfe der Informationen auf der Website www.landquartfashionoutlet.ch den Absatzweg des Unternehmens.

b Nennen Sie die Vor- und Nachteile von Factory Outlets.

**3**

McDonald's ist ein berühmtes Beispiel für ein Franchise-Unternehmen. Suchen Sie im Internet nach Informationen, um die folgenden Fragen beantworten zu können.

a Was bietet McDonald's als Franchise-Geber den Franchise-Nehmern?

b Welche Voraussetzungen verlangt McDonald's von seinen Franchise-Nehmern?

c Diskutieren Sie: Würden Sie sich als Franchise-Nehmer bei McDonald's bewerben? Welche Gründe sprechen dafür, welche dagegen?

**4**

Was sind die Hauptaufgaben der physischen Distribution und welche Entscheidungen müssen in diesem Bereich gefällt werden?

**5**

Sie führen ein Speditionsunternehmen und sind für die Abwicklung der physischen Distribution von Waren Ihrer Kunden zuständig. Für welches Transportmittel entscheiden Sie sich in den folgenden Situationen? Ziehen Sie für Ihre Entscheidung die Kriterien Zeit, Kosten und Umwelt hinzu und begründen Sie Ihre Antwort.

a Transport von Waren, welche schnellstmöglich von St. Gallen nach Hamburg gelangen müssen.

b Transport von schweren Gütern von Rotterdam nach Genua.

c Transport von Obst und Gemüse von Wil nach Winterthur.

**6**

Vergleichen Sie für den Verkauf von Kleidern den Versandhandel mit dem stationären Einzelhandel (Verkaufslokal). Verwenden Sie dazu folgende Kriterien: Zeit, Kosten, Umwelt, Auswahl und Beratung. Benennen Sie die Vor- und Nachteile aus Sicht eines kundenorientieren Unternehmens.

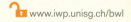 www.iwp.unisg.ch/bwl

# D11 Kommunikationspolitik

→ S. 195 Inhaltsübersicht

## Leitfragen

a) Welcher Instrumente bedient sich die Kommunikationspolitik?
b) Was wird unter Werbung verstanden und welches sind ihre Hauptaufgaben?
c) Was beinhaltet ein Werbekonzept?
d) Was bedeutet die AIDA-Formel und wie kann sie angewendet werden?
e) Was bedeutet Public Relations (PR)?
f) Was ist Sponsoring und welche Arten können unterschieden werden?

## Schlüsselbegriffe

Kommunikationspolitik, Verkaufsförderung, Persönlicher Verkauf, Product Placement, Werbung, Werbekonzept, Werbeobjekt, Werbesubjekte, Wirkungsziele, Werbebotschaft, Werbemittel, Werbeperiode, Werbebudget, AIDA-Formel, Guerilla-Marketing, Virales Marketing, Public Relations, Sponsoring, Streuverlust, Ambush Marketing

## Verankerung im Modell

Die Kommunikationspolitik gehört zu den Geschäftsprozessen und plant und steuert die Kommunikation zwischen dem Unternehmen und seinen Anspruchsgruppen. Sie bildet zusammen mit der Produkt-, Preis- und Distributionspolitik den Marketing-Mix.

Die Kommunikation kann sich direkt auf das angebotene Produkt oder die Dienstleistung beziehen. In diesem Fall wird die Anspruchsgruppe (potenzielle) Kunden angesprochen. Instrumente der Kommunikationspolitik werden jedoch auch eingesetzt, um in der Öffentlichkeit ein gutes Unternehmensimage aufzubauen. In diesem Fall ist die Kommunikation nicht direkt auf das Angebot ausgerichtet, sondern beinhaltet vielmehr Informationen über die Unternehmenstätigkeit an sich. Diese richtet sich nebst der Anspruchsgruppe Kunden auch an die Anspruchsgruppe Öffentlichkeit/NGOs, Kapitalgeber und Mitarbeitende.

**Beispiel** Das Unternehmen H&M*

 * www.hm.com

Abb. 184

Die erste H&M-Filiale wurde 1947 in Schweden eröffnet. Heute betreibt H&M über 3 500 Geschäfte in 55 Ländern. Der Konzern beschäftigt über 132 000 Mitarbeitende. Im Geschäftsjahr 2014 betrug der Umsatz 176,6 Milliarden Schwedische Kronen (inkl. Mehrwertsteuer). H&M konnte sich während den letzten Jahren nochmals beträchtlich vergrössern. Heute entwerfen mehr als 100 Designer in enger Zusammenarbeit mit Einkäufern und Musterzeichnern die Kollektionen für Damen, Herren, Jugendliche und Kinder. Jede Saison tritt H&M mit neuen Kollektionen für verschiedene Zielgruppen auf den Markt. Die Herausforderung besteht nun darin, die neue Kollektion bekannt zu machen. Doch welche Mittel stehen H&M zur Verfügung um dies zu erreichen?

# 11.1 Aufgaben der Kommunikationspolitik

Die **Kommunikationspolitik** umfasst alle Informationsbeziehungen eines Unternehmens, die auf die Beeinflussung der jeweils relevanten Anspruchsgruppe→ gerichtet sind. Die Anspruchsgruppe Kunden ist dabei zentral, jedoch nicht die einzig relevante Anspruchsgruppe.

→ S. 69 Anspruchsgruppen

Es nützt einem Unternehmen nichts, das beste Produkt herzustellen, wenn es von den eigenen Zielgruppen→ nicht wahrgenommen wird. Die Ziele der Kommunikationspolitik richten sich immer auf die Beeinflussung des Verhaltens auf dem Markt. Wird das Angebot eines Unternehmens von den potenziellen Kunden nicht wahrgenommen, wird es normalerweise nicht in die Kaufentscheidung einbezogen. Deshalb muss jedes Unternehmen darauf bedacht sein, dass die angebotenen Produkte und Dienstleistungen von den Nachfragern auf dem Markt zur Kenntnis genommen werden. Zu diesem Zweck muss das Unternehmen mit den tatsächlichen und den potenziellen Kunden kommunizieren und ihnen mitteilen, warum und zu welchem Zweck→, zu welchen Bedingungen→ und an welchen Orten→ ihre Produkte und Dienstleistungen erhältlich sind.

→ S. 280 Marktsegmentierung

→ S. 289 Grundnutzen/Zusatznutzen

→ S. 312 Konditionenpolitik

→ S. 317 Distributionsorgane

Jedes Unternehmen braucht nebst den Kunden die Akzeptanz weiterer Anspruchsgruppen, um langfristig bestehen zu können. Deshalb richtet das Unternehmen die Kommunikation nicht nur an die Kunden, sondern auch an die Anspruchsgruppen Öffentlichkeit, Kapitalgeber, Mitarbeitende, Staat usw. Die Kapitalgeber wollen über die finanzielle Lage des Unternehmens informiert werden→. NGOs wollen wissen, ob das Unternehmen nachhaltig produziert→. Die Mitarbeitenden orientiert das Unternehmen laufend über das interne Geschehen und die Zukunftspläne des Unternehmens. Durch die Kommunikationsmassnahmen versucht das Unternehmen bei seinen Anspruchsgruppen ein positives Unternehmensimage aufzubauen. Für jedes Unternehmen ist eine effiziente und zieladäquate[1] Kommunikationspolitik deshalb unverzichtbar.

→ S. 445 Geschäftsbericht

→ S. 447 Nachhaltigkeitsbericht

[1] zieladäquat: hier, den relevanten Anspruchsgruppen entsprechende Kommunikation

**Die Kommunikationspolitik zielt darauf ab, das Unternehmen, seine Produkte, Dienstleistungen und Marken bekannt zu machen, indem es den Zielgruppen entscheidungsrelevante Informationen übermittelt. Der Aufbau eines positiven Unternehmensimages ist ebenfalls Ziel der Kommunikationspolitik.**

Die Kommunikationspolitik eines Unternehmens unterscheidet folgende Kommunikationsinstrumente:

Tab. 109

| Kommunikations-instrument | Erklärung | Beispiele |
|---|---|---|
| Werbung | Information des potenziellen Kunden über das Vorhandensein, die Eigenschaften, die Erhältlichkeit und den Preis eines Produkts oder einer Dienstleistung. Diese Information erfolgt über bezahlte Medien. | – Gedruckte Anzeigen<br>– Radiowerbung<br>– Kino- und TV-Werbung<br>– Kataloge<br>– Plakate<br>– YouTube-Clips über Social Media |

| Public Relations (PR) | Schaffung eines guten Unternehmens-images bei den relevanten Anspruchs-gruppen durch die Vermittlung von unter-nehmerischen Tätigkeiten und deren Resultaten. | – Unternehmensleitbild→<br>– Betriebsbesichtigungen<br>– Jahresberichte<br>– Spenden<br>– Medienkontakte<br>– Unternehmenswebsite |
|---|---|---|
| Sponsoring | Förderung einzelner Personen, Vereine oder Veranstaltungen durch Geld-, Sach- oder Dienstleistungen, die mit einer Gegenleistung (z.B. Aufdruck des Logos auf Spielertrikots) verknüpft ist. | – Sportsponsoring<br>– Wissenschaftssponsoring<br>– Kunst- und Kultursponsoring<br>– Sozial- und Umweltsponsoring<br>– Medien- und Programmsponsoring |
| Verkaufsförderung | Kurzfristige Anreize, die den Verkauf zu-sätzlich unterstützen und stimulieren sol-len. Es wird zwischen Handels-, Händler- und Verbraucherpromotions unterschieden. | – Prämien (Handel)<br>– Zweitplatzierung[1] (Händler)<br>– Warenprobe, Produktdemonstration, Gewinnspiel (Verbraucher) |
| Persönlicher Verkauf | Präsentation im Gespräch mit der Absicht, das Produkt zu verkaufen. | – Verkaufsstellen<br>– Ausstellungen und Messen |
| Product Place-ment | Gezieltes Einbauen von Markenprodukten in die Handlung von Spielfilmen oder Fernsehsendungen. | – James Bond trägt eine Omega-Uhr.<br>– Die Hauptdarstellerin kauft bei H&M ein. |

**Beispiel** H&M – Werbung[*]

Unternehmen suchen laufend nach neuen Möglichkeiten, um auf sich auf-merksam zu machen. In der österreichischen Hauptstadt Wien hat sich H&M deshalb für eine Zusammenarbeit mit dem Verein „Werbung macht Mut" entschieden. Der Verein „Werbung macht Mut" ist das Bindeglied zwischen Un-ternehmen, die Ausschau nach einzigartigen Kommunikationsmöglichkeiten halten, sowie karitativen Organisationen, die auf finanzielle Unterstützung an-gewiesen sind. Der Verein bietet Unternehmen attraktive Preise für Werbung und Branding[2] und arbeitet dabei eng mit Gebäudeeigentümern und Projek-tionspartnern zusammen. Die H&M-Werbekampagne zur Herbstkollektion 2009 war in Wien auf einer Werbefläche von unglaublichen 3 600 m$^2$ zu sehen. Fünf Sujets wurden dabei abwechslungsweise auf den 113 m hohen Florido To-wer projeziert. Der Reinerlös der Brand- und Werbeprojektion kommt nationa-len und internationalen Projekten humanitärer Organisationen zugute.

Neben der Werbung für die aktuelle Kollektion von H&M verspricht der Verein „Werbung macht Mut" dem Unternehmen auch einen Imagegewinn durch die indirekte Unterstützung von Menschen in Not.

Werbung, Public Relations und Sponsoring gehören zu den zentralen Mass-nahmen in der Kommunikationspolitik. Aus diesem Grund werden diese Kom-munikationsinstrumente nachfolgend detaillierter dargestellt.

→ S. 93 Unternehmensleitbild

[1] Zweitplatzierung: Sonder-platzierung ausserhalb des üblichen Regalplatzes einer Ware im Handel. Dadurch können einzelne Produkte und Produktgruppen beson-ders hervorgehoben werden. Häufig stehen diese Waren auf einer entsprechenden Ak-tionsfläche oder in der Nähe des Kassenbereiches.

★ www.werbungmachtmut.at

[2] Branding: sämtliche Massnahmen zum Aufbau und zur Stärkung einer Marke (→ S. 345 Branding)

→ Aufgaben 1 und 2

**329**

## 11.2 Werbung

 FS2

Jeden Tag begegnen wir Dutzenden von Werbungen – einige davon sprechen uns emotional an, andere bringen uns zum Lachen, die einen lassen Fragen aufkommen, die anderen sind einfach nur informativ. Doch was versteht man in der Betriebswirtschaft unter dem viel verwendeten Begriff Werbung?

**Werbung umfasst Kommunikationsmassnahmen, die an die Marktteilnehmer gerichtet sind und das Ziel haben, bei diesen Aufmerksamkeit zu erzeugen, sie zu informieren und ihre Verhaltensweisen zu beeinflussen. Gegenstand der Werbung sind Produkte, Dienstleistungen, Marken oder das Unternehmen selbst.**

### Werbekonzept

 KS6

Werbung muss systematisch geplant und durchgeführt werden. Hierfür werden **Werbekonzepte**[1] erstellt. Sie zeigen, wie die Kommunikation zwischen dem werbenden Unternehmen und den Werbeempfängern gestaltet sein soll.

[1] Konzept: Plan, Entwurf, Vorstellung

**Das Werbekonzept setzt den allgemeinen Rahmen für die Gestaltung der Werbung für ein Unternehmen oder für dessen Produkte. Es umfasst also die Gesamtheit aller Entscheidungen für einen bestimmten Werbefall.**

Beim Aufbau eines Werbekonzepts sind folgende zentralen Fragen zu klären:

*1. Wofür soll die Werbung konzipiert sein?* Die Grundlage jedes Werbekonzepts bildet das **Werbeobjekt**. Es bezeichnet den Gegenstand, für den geworben wird. Es kann sich um Produkte, Produktgruppen, Dienstleistungen, neue Ideen, Marken usw. handeln.

> **Beispiel** H&M – Werbeobjekt
>
> Für die „Divided"-Kollektion soll eine Werbekampagne gestartet werden. Das Sortiment umfasst Jeans und Streetwear, passend für jede Gelegenheit – ob im Alltag oder für die nächste Party. Auch Jeans aus der „denim"-Kollektion sowie Accessoires sind in dieser umfangreichen Kollektion erhältlich, welche die neuesten internationalen Trends widerspiegelt.

Abb. 185

*2. Welche Zielgruppe soll angesprochen werden?* Bei dieser Überlegung handelt es sich um die Bestimmung der Werbeadressaten (**Werbesubjekt**), also die Zielgruppe→, auf welche die Werbung positiv wirken sollte. Es sollen Personen bestimmt werden, bei denen ein Bedürfnis für das Werbeobjekt oder die Dienstleistung vorhanden ist und die auch die Fähigkeit und Bereitschaft besitzen, dieses Bedürfnis am Markt befriedigen zu können.

In den meisten Fällen werden verschiedene Zielgruppen nach demografischen, geografischen, psychischen und gruppenspezifischen Faktoren definiert. Die grundsätzlichen Zielgruppen wurden bereits bei der Entwicklung der Marketingstrategie bestimmt. Hier geht es aber darum, möglichst genau festzulegen, welche Personengruppen konkret anzusprechen sind. Es gilt, dass die Zielgruppe so exakt wie möglich bestimmt werden sollte (z. B. kosten- und modebewusste Teenager). Damit die Werbemassnahmen zielgerichtet entwickelt werden können, müssen die Eigenarten und Verhaltensweisen dieser anvisierten Zielgruppen mithilfe der Marktforschung<sup>→</sup> ermittelt werden.

→ S. 278 Marktforschung

**Beispiel** H&M – Zielgruppe

„Divided" ist eine Kollektion für die junge Zielgruppe bei H&M. Die Werbekampagne soll junge Frauen und Männer gezielt ansprechen.

*3. Welches sind die Werbeziele?* Die **Wirkungsziele** einer Werbekampagne sind die formulierten Erwartungen an die Wirkungen der Werbeaktivitäten. Diese Ziele müssen sich messen lassen. Dazu werden Messindikatoren festgelegt. Eine Umsatzsteigerung lässt sich bspw. an der prozentualen Änderung des Umsatzes im Vergleich zur Vorperiode messen. Die exakte Formulierung der Werbewirkungsziele ist unabdingbare Voraussetzung jeder systematischen Werbung.
Es wird häufig zwischen ökonomischer und ausserökonomischer Wirkung unterschieden. Die ökonomische Wirkung ist quantitativ messbar, das heisst, sie lässt sich in Zahlen ausdrücken (z. B. Umsatzsteigerung). Die ausserökonomische Wirkung von Werbung lässt sich nicht in Zahlen ausdrücken (z. B. Bekanntheit einer Marke). Bei näheren Betrachtungen handelt es sich aber auch bei der zweiten Kategorie um rein ökonomische Wirkungsziele, welche indirekt die Stellung des Unternehmens und dessen Angebot im Markt fördern sollen. Die unternehmerischen Werbeziele können sein:

Tab. 110

| Werbeziele | Konkretisierung |
|---|---|
| Umsatz | Umsatzsteigerung<br>– durch Verkaufsmengensteigerung<br>– durch Verkaufspreissteigerung (z. B. Aufbau einer Marke, für die die Kunden bereit sind, mehr zu bezahlen<sup>→</sup>) |
| Bekanntheit | Steigerung der Bekanntheit des Unternehmens, der Produkte und Dienstleistungen sowie der Marke |
| Wissen | Förderung von Wissen von Eigenschaften und Verwendungsmöglichkeiten des Produkts oder der Dienstleistung bei potenziellen Kunden. |
| Einstellungen, Image | Verbesserung der Einstellung gegenüber Dienstleistungen und Unternehmen sowie Verbesserung des positiven Images des Unternehmens und dessen Produkten |

→ S. 340 Markenführung

**Beispiel** H&M – Werbeziele

Bei den jährlich startenden Werbekampagnen von H&M wird stets Bezug auf
die aktuelle Saison genommen. Die Kampagnen kündigen die neuen Kollektionen an und sollen bei den Kunden die Neugier auf die neuen Kollektionen in
den Geschäften wecken. Die Kampagnen sollen einladend und anregend wirken
und immer für eine Überraschung gut sein.

*4. Welches ist die Werbebotschaft?* Die **Werbebotschaft** enthält die eigentliche
Werbeaussage, die das Unternehmen dem Konsumenten vermitteln will. Damit
soll die Zielgruppe zu einer positiven Reaktion auf das Unternehmensangebot
bewegt werden. Es wird grundsätzlich zwischen informativen und suggestiven
Werbebotschaften unterschieden.

Tab. 111

| Begriff | Informativ | Suggestiv |
|---|---|---|
| Ziel | Werbung soll informieren. | Werbung soll beeinflussen. |
| Angesprochen wird … | Der Kopf (rational) | Das Herz (emotional, affektiv[1]) |
| Elemente | – Eigenschaften und Nutzen des Produkts oder der Dienstleistung<br>– Vorteile gegenüber Konkurrenzprodukten<br>– Erhältlichkeit<br>– Besondere Leistungen, die mit dem Produkt verbunden sind (z.B. Garantieleistungen) | – Persönliche Erlebnisse<br>– Ansehen in der Gesell- schaft→ |
| Überzeugung des Kunden durch … | Sachliche Orientierung | Weckung latenter[2] Bedürf- nisse |
| Güterart→ | Eher Investitionsgüter | Eher Konsumgüter |

[1] affektiv: auf Gefühle, Werthaltungen und Interessen bezogen

→ S. 14 Maslow'sche Bedürfnispyramide

[2] latent: unterschwellig, unbemerkt
Latentes Bedürfnis: ein zwar vorhandenes, dem Kunden jedoch nicht bewusstes Bedürfnis

→ S. 16 Güterarten

→ Aufgabe 3

**Beispiel** H&M – Werbebotschaft

Die Geschäftsidee von H&M, Mode und Qualität zum besten Preis anzubieten,
wird jedes Jahr in mehreren Werbekampagnen kommuniziert. Die Werbung
soll die Kunden auf ansprechende und informative Weise einladen, den unzähligen H&M-Geschäften einen Besuch abzustatten. Die zentrale Botschaft der
Kampagnen ist die Vorstellung der jeweiligen aktuellen Kollektionen.

*5. Welche Werbemittel sollen eingesetzt werden?* Ist die Werbebotschaft bestimmt, muss sie mit den passenden **Werbemitteln** an die Werbesubjekte herangetragen werden. Mögliche Werbemittel sind:

– TV-/Radio-Spot
– Zeitungsinserat
– Plakat (z. B. auf Litfasssäule, Plakatwand oder Fahrzeug)
– Flyer/Prospekt/Katalog
– Werbebanner im Internet

Je nach Werbemittel werden andere Sinnesorgane des Zielpublikums angesprochen. Weiter sollten die gewählten Werbemittel möglichst kostengünstig und doch wirkungsvoll sein. Die Wirkung auf die Zielgruppe hängt stark von der Kreativität und dem Einfühlungsvermögen des Werbegestalters ab.

Abb. 186

**Beispiel** H&M – Werbemedien

Die gesamte Werbung von H&M entsteht in enger Zusammenarbeit mit externen Kreativfachleuten in der Unternehmenszentrale in Stockholm. Dadurch ist die Werbung in allen Märkten überwiegend identisch. Die Kombination der entsprechenden Werbeträger wird an die Umstände und Erfordernisse des jeweiligen Marktes angepasst. Die Botschaft wird über verschiedene Kanäle kommuniziert, zum Beispiel über Riesenposter, Zeitschriften, Kataloge und das Internet sowie durch TV- und Kinowerbung.

Shopping in Ginza Street, Tokyo (20. 10. 2012)

*6. Wie lange soll geworben werden?* Unter der **Werbeperiode** versteht man den Zeitraum, über den sich eine bestimmte Werbeaktivität erstreckt. Dieser Zeitraum hängt sehr stark von der Art des Produkts ab. Für gewisse Produkte macht es Sinn, nur zu ganz bestimmten Zeitpunkten zu werben, wie z. B. für Snowboards zu Beginn des Winters. In diesem Fall wird von konzentrierter Werbung gesprochen. Für andere Produkte hingegen ist regelmässige Werbeaktivität sinnvoll, wie z. B. für Frühstücksmüesli. In diesem Fall wird von kontinuierlicher Werbung gesprochen.

Abb. 187

**Beispiel** H&M – Werbeperiode

Jedes Jahr startet H&M mehrere grosse Werbekampagnen, die von kleinen Kampagnen zwischendurch ergänzt werden. Dabei wird stets Bezug auf die aktuelle Saison genommen. H&M startet jedes Jahr vor Weihnachten eine Kampagne für Unterwäsche, welche die Männerwelt dazu verleiten soll, den Frauen H&M-Unterwäsche als Geschenk unter den Weihnachtsbaum zu legen.

*7. Wie hoch soll das Werbebudget sein?* Im **Werbebudget** wird der Geldbetrag festgelegt, der zur Deckung der Planungs- und Durchführungskosten sämtlicher Werbemassnahmen einer Planungsperiode zur Erreichung des vorgegebenen Werbeziels dient. Die Kosten einer Werbekampagne können beträchtlich sein. Deshalb ist eine Abwägung von Kosten und Nutzen einer Kampagne notwendig. Der Nutzen von Werbung lässt sich aus der Werbewirkung ableiten, wobei dieser nur schwer erfasst werden kann. Werbemittel und Zeitperiode einer Werbekampagne haben grossen Einfluss auf die Kosten.

Bei der Festlegung des Werbebudgets wird zwischen Ziel- und Mittelorientierung unterschieden. Die Zielorientierung folgt dem Minimumprinzip: Das Werbeziel soll mit möglichst geringen Kosten erreicht werden. Die Mittelorientierung hingegen folgt dem Maximumprinzip: Mit den zur Verfügung stehenden Mitteln soll eine maximale Werbewirkung erreicht werden.→

→ S.17 Maximumprinzip

In der Praxis haben oftmals Umsatz und Gewinn der Vorperiode Einfluss auf die Grösse des Werbebudgets. In konjunkturell schlechten Phasen müssen Unternehmen ihre Werbeausgaben deshalb meistens kürzen, obwohl die Werbung den Absatz erhöhen könnte.

→ Aufgaben 4, 5 und 6

**Beispiel** H&M – Werbebudget*

* www.nzzwerbung.ch
und
www.mytamedia.ch

Werbemedien verursachen unterschiedlich hohe Kosten. Möchte H&M ein farbiges Inserat in der Grösse einer Seite in einer Zeitung aufschalten, entstehen folgende Kosten: Neue Zürcher Zeitung 26 590 Franken, Tagesanzeiger 29 040 Franken, Pendlerzeitung 20 Minuten 68 550 Franken. H&M muss Kosten und Nutzen der Werbung gut abwägen und sich überlegen, in welcher Zeitung die anvisierte Zielgruppe am besten erreicht werden kann.

**Vorgehen gemäss PDCA-Zyklus**→

→ S.528 PDCA-Zyklus

Mithilfe eines Konzepts erfolgt die Planung (**P**lan) der Werbung, welche anschliessend ausgeführt wird (**D**o). Danach wird die Werbewirksamkeit anhand der Werbeziele überprüft (**C**heck). Aufgrund der daraus gewonnen Erkenntnisse wird das Werbekonzept für einen nächsten Werbelauf verbessert (**A**ct).

**AIDA-Formel**

FS3

Bei der Planung von Werbeaktivitäten ist es wichtig zu wissen, wie eine gewisse Werbebotschaft auf tatsächliche und potenzielle Kunden wirkt. Die **AIDA-Formel** ist ein grober Orientierungsraster für die Ausarbeitung von Werbebotschaften. In der Praxis existieren jedoch weitere, differenziertere Ansätze um eine möglichst hohe Werbewirksamkeit zu erzielen. Die AIDA-Formel lautet wie folgt:

→ Aufgaben 7 und 11

Tab. 112

| AIDA-Formel | Erklärung |
|---|---|
| Attention | Die Werbebotschaft soll die Aufmerksamkeit der potenziellen Käufer wecken. |
| Interest | Die Werbebotschaft soll bei den potenziellen Käufern Interesse für das Produkt wecken. |
| Desire | Die Werbebotschaft soll bei den potenziellen Käufern einen Kaufwunsch auslösen. |
| Action | Die Werbebotschaft soll bei den potenziellen Käufern eine Handlung – nämlich den Kauf des Produkts – auslösen. |

Berücksichtigen Sie folgende Aspekte in Ihrem Schreiben:
– konkrete Gegenleistung des Clubs anbieten
– Kreative aber realistische Ideen
– Pflege der Sponsoren durch Anlässe
– Kontaktperson

**10**

Wählen Sie zwei bekannte Schweizer Unternehmen aus und analysieren Sie, welche Art von Sponsoring die beiden Unternehmen betreiben: Welche Personen, Vereine/Teams oder Veranstaltungen werden von den Unternehmen gesponsert? Erläutern Sie mögliche Gründe, weshalb sich die beiden Unternehmen für die jeweiligen Formen des Sponsorings entschieden haben. Können Sie gegebenenfalls einen gewissen Streuverlust erkennen?

**11**

Führen Sie eine Podiumsdiskussion zur Frage „Soll die Werbung für Tabak verboten werden, da dieser die Gesundheit nachhaltig schädigen kann?" durch. Bereiten Sie die Rollen in Gruppen vor, indem Sie Ihre Argumente und mögliche Gegenargumente schriftlich festhalten.

Tab. 114

| Mögliche Rollen | Haltung |
| --- | --- |
| Schüler/-in 1 | Raucher/-in, setzt sich gegen ein Werbeverbot ein |
| Schüler/-in 2 | Nichtraucher/-in, setzt sich für ein Werbeverbot ein |
| Lehrer/-in | Er setzt sich für ein Rauchverbot rund um das Schulhaus ein. |
| Elternteil | für ein Werbeverbot |
| Arzt | Er ist zwar von der Schädlichkeit des Rauchens überzeugt, glaubt aber, dass ein Werbeverbot nicht wirksam ist. |
| Tabakhersteller | Er hat Angst vor einem Absatzrückgang und ist absolut gegen ein Werbeverbot. |
| Organisator eines Sportanlasses | Er ist auf Werbeeinnahmen angewiesen und deshalb gegen ein Werbeverbot. |

**12**

Suchen Sie auf YouTube mithilfe der Begriffe „beste Marketing-Kampagne", „most successful marketing campaign", „the world's best marketing campaigns" oder „top marketing campaigns" nach den besten Werbeclips. Schauen Sie sich einige dieser Werbeclips an und nennen Sie die Erfolgsfaktoren für die virale Verbreitung dieser Werbeclips.

 www.iwp.unisg.ch/bwl

**339**

# D12 Markenführung
→ S. 195 Inhaltsübersicht

www.iwp.unisg.ch/weblinks

## Leitfragen

a) Was bedeuten die Begriffe Marke und Branding?
b) Welche Aspekte können mithilfe einer Marke kommuniziert werden?
c) Welche Vorteile ergeben sich durch eine Marke für die Konsumenten und die Anbieter?
d) Was wird unter Markenkapital verstanden und wie lässt sich ein solches berechnen?
e) Wie kann eine Marke im Gedächtnis der Kunden eingeprägt werden?
f) Welche Entscheide werden in der Markenpolitik im Hinblick auf die Marken-Strukturformen gefällt?

## Schlüsselbegriffe

Marke, Branding, Warenzeichen, Markenkapital, Markenaspekte, Markenbekanntheit, Markenakzeptanz, Markenpräferenz, Markentreue, Markenwissen, Herstellermarken, Handelsmarken, Lizenzmarken, Einzelproduktmarke (Monomarke), Sortimentsmarke, Markenverknüpfung

## Verankerung im Modell

Entscheidungen zu Branding, Marke und Markenpolitik werden im Rahmen des Markenführungsprozesses gefällt. Dieser Prozess gehört neben der Kundenakquisition sowie der Kundenbindung zu den Kundenprozessen, welche wiederum Bestandteil der Geschäftsprozesse sind. Ziel der Markenführungsprozesse ist es, eine Marke in den Köpfen der (potenziellen) Kunden zu verankern.

## Beispiel  Unilever-Konzern – Knorr

* www.knorr.de

Abb. 189

Knorr wurde 1838 von Carl Heinrich Theodor Knorr in Heilbronn gegründet und exportierte anfänglich Dörrobst. Um 1870 begann die Fabrik mit der Produktion von Mehlen aus Grünkern, Erbsen, Linsen, Bohnen und Tapioka. Nach dem Tod des Firmengründers 1875 ging das Unternehmen auf dessen Söhne über, die Versuchsgärten zur Verbesserung der Suppenzutaten anlegten. 1885 wurden Abpackstellen in Österreich und der Schweiz eröffnet, um eine Erhöhung von Einfuhrzöllen in diese Länder zu umgehen. Die im Jahre 1952 erfolgte Einführung der Aromat-Streuwürze, welche auch heute noch aus vielen Küchen nicht wegzudenken ist, stellte einen wichtigen Meilenstein in der Unternehmensgeschichte dar. Heute umfasst die Produktpalette von Knorr Suppen, Gewürze, Saucen, Beilagen, Bouillons, Dressings, Kochzutaten, Mixe, Tiefkühlkost und in zunehmendem Mass auch Fertiggerichte. Knorr ist seit dem Jahre 2000 Teil des Unilever-Konzerns.*

Knorr ist heute eine gefestigte Marke, welche internationale Bekanntheit erlangt hat. Wie hat es Knorr geschafft, eine so erfolgreiche Marke aufzubauen? Was macht überhaupt eine Gewinn bringende Marke aus?

Typische Dose Aromat, eine Schweizer Streuwürze von Knorr (Konzern: Unilever), aufgenommen am 29.02.2008

## 12.1 Annäherung an den Begriff Marke

Eine für den Unternehmenserfolg sowie die Sicherung des zukünftigen Bestehens sehr entscheidende Marketingleistung eines Unternehmens liegt im Aufbau, dem Erhalt sowie der Stärkung von Marken.

**Eine Marke ist ein Name, ein Begriff, ein Zeichen, ein Symbol, eine Gestaltungsform oder eine Kombination aus all diesen Bestandteilen mit dem Zweck, die Produkte oder Dienstleistungen eines Anbieters zu kennzeichnen und zusätzlich eine Differenzierung gegenüber der Konkurrenz zu erzielen.**

Durch eine **Marke** entsteht eine Vertrauensbindung zu einem Produkt oder einer Dienstleistung und damit zum anbietenden Unternehmen. Die Marke Knorr gilt heute als Inbegriff für eine zukunftsweisende Nahrungsmittel-Technologie, eine gute Qualität und eine hohe Beständigkeit. Die Konsumenten erkennen die Marke anhand des Knorr-Logos sofort.

**Der Begriff Branding umfasst sämtliche Massnahmen zum Aufbau und zur Stärkung einer Marke.**

**Branding** lässt sich auf das Einbrennen einer Erkennungsmarke bei Tieren (z.B. Kühen) zurückführen. Im heutigen Sprachgebrauch umfasst der Begriff alle Massnahmen zum „Einbrennen" von Marken im Gedächtnis ihrer Konsumenten.

Mit einem Markennamen verspricht der Hersteller seinen Konsumenten, ihnen Produkte in konstanter oder stetig steigender Qualität, in einheitlicher Verpackung, in gleich bleibenden Abpackmengen und zielgruppengerechter Ansprache durch Werbemassnahmen zu liefern. Damit erfüllen Marken für die Konsumenten auch die Funktion, die Entscheidungskomplexität und damit die Transaktionskosten (Suchkosten durch Suche nach dem geeignetsten Produkt) zu verringern. Häufig weisen Marken jedoch auch eine soziale Dimension auf, indem der Kauf von Markenartikeln die Zugehörigkeit zu einer bestimmten Gesellschaftsgruppe oder -schicht verkörpert<sup>→</sup>. Aus Sicht des Markeninhabers bietet eine Marke den Vorteil, dass deren Inhaber durch die Eintragung ins Markenregister das ausschliessliche Nutzungsrecht für den jeweiligen Markennamen (Knorr) und das Markenzeichen (Knorrli) in seinem Produktbereich zusteht. Im Markenregister eingetragene Marken oder Markenbestandteile werden **Warenzeichen**<sup>→</sup> genannt.

→ S. 14 Maslow'sche Bedürfnispyramide; Soziale Bedürfnisse

→ S. 541 Warenzeichen

Geschützte Marken (Warenzeichen) werden häufig mit einem ® oder einem ™ (trademark) gekennzeichnet. Das auch in Europa bekannte ®-Zeichen wird verwendet, wenn die Marke in einem nationalen Markenverzeichnis erfolgreich registriert wurde (z.B. Appenzeller® Käse), das ™-Symbol hingegen steht für registrierte Marken im anglo-amerikanischen Sprachraum.

→ Aufgabe 1

**Ein Warenzeichen ist eine Marke oder ein Bestandteil einer Marke, der rechtlich geschützt ist und dem Anbieter die ausschliessliche Nutzung des Markennamens oder Markenzeichens sichert.**

## 12.2 Markenaspekte

Eine Marke bewirkt jedoch aus Kunden- wie auch aus Herstellersicht viel mehr als nur die Identifikation der Herkunft: Sie kommuniziert darüber hinaus verschiedene Aspekte, welche in der folgenden Tabelle übersichtlich dargestellt sind:

Tab. 115

| Kommunizierte Aspekte | Beschreibung | Beispiel Knorr | Beispiel Ferrari |
|---|---|---|---|
| Eigenschaften<br><br>1 Assoziation: Eine bewusste oder unbewusste Verknüpfung von Gedanken<br><br>→ S. 330 Werbung<br><br>→ S. 281 Positionierung | Eine Marke ruft bei den Kunden Assoziationen[1] mit gewissen Eigenschaften hervor. Dem Unternehmen bietet sich so die Möglichkeit, diese in der Werbung→ besonders hervorzuheben. Damit wird das Ziel verfolgt, sich gegenüber der Konkurrenz zu differenzieren und eine entsprechende Positionierung→ im Markt zu erlangen. | Knorr suggeriert als Marke die Eigenschaften „qualitativ hochstehend" und „beständig". | Ferrari steht als Automobilmarke für die Eigenschaften „teuer" oder „schnell". |
| Nutzen | Die Kunden wünschen aber nicht die Eigenschaften selbst, sondern fragen die damit verbundenen Nutzen nach. Die Eigenschaften sind vom Anbieter in einen funktionellen oder emotionalen Kundennutzen umzusetzen. | Bei Knorr kann die Eigenschaft „qualitativ hochstehend" in den funktionalen Nutzen „schnell und bequem gut essen" umgesetzt werden (Convenience). | Bei Ferrari könnte die Eigenschaft teuer in den emotionalen Nutzen „von anderen bewundert oder beneidet" übertragen werden. |
| Werte<br><br>→ S. 330 Werbung | Eine Marke widerspiegelt aber auch die dem Produkt und dem Markeninhaber zugeordneten Werte. Sind diese Werte einmal bestimmt, muss der Markenstratege herausfinden, von welchen Kundengruppen diese Werte am meisten nachgefragt werden, um diese in der Werbung zielgruppengerecht→ anzusprechen. | Knorr signalisiert als Marke „Qualität", „Beständigkeit" und „Bewährtheit". | Ferrari signalisiert „Geschwindigkeit" und „Exklusivität" |
| Persönlichkeit und Nutzeridentifizierung | Eine Marke kann (z.B. durch Werbung) ein bestimmtes Persönlichkeitsprofil vermitteln. Dadurch bringt sie oftmals auch die Zugehörigkeit zu einer bestimmten Gruppe zum Ausdruck. | Knorr vermittelt das Profil einer Person, die weiss, was für ein gutes Essen wichtig ist. Diese möchte unkompliziert kochen, ohne auf Genuss verzichten zu müssen. | Zu Ferrari passt die Persönlichkeit einer wohlhabenden, draufgängerischen, extravaganten Person. |

Die wichtigste Aufgabe im Bereich des Markenführungsprozesses ist es also, einer Marke eine tief verankerte Bedeutung zu verleihen, welche über die reine Kommunikation von Begriffen, Namen oder Symbolen hinausgeht. Gelingt dies, kann wie im Beispiel von Knorr von einer gefestigten Marke gesprochen werden.

→ Aufgabe 2

**Beispiel** Die Marke Knorr

Unilever Foodsolutions bietet mit der Marke Knorr qualitativ hochwertige Produkte an, die in ihren Rezepturen, Convenience-Stufen[1] und Packungsgrössen auf die speziellen Kundenbedürfnisse der individuellen privaten Verpflegungen bis hin zur kommerziellen Gastronomie zugeschnitten sind. Knorr-Produkte werden von der Kundschaft durch ihre markante und einheitliche Gestaltung sofort erkannt. Bei den Kunden löst Knorr Assoziationen mit Qualität und Beständigkeit aus.

[1] Convenience-Stufen: Stufen der Nahrungsmittelaufbereitung: Reicht von „küchenfertig" (z. B. gewaschener Salat aus der Packung) bis hin zu „verzehrfertig" (z. B. Sandwich)

## 12.3 Markenkapital

Marken unterscheiden sich stark in der Zugkraft und der Geltung, die sie im Markt besitzen. Der monetäre Wert einer Marke bzw. das **Markenkapital** kann anhand der folgenden Kriterien geschätzt werden.

**Markenbekanntheit:** Am wenigsten stark sind Marken, die nur wenigen Konsumenten bekannt sind. Einen höheren Wert weisen Marken auf, die eine hohe Markenbekanntheit aufweisen. Besonders hoch ist der Markenwert, wenn die Marke zum Produktbegriff wird (z. B. Pampers anstelle von Windeln oder Tupper anstelle von Frischhaltedosen).

**Markenakzeptanz:** Stark sind diejenigen Marken, welche sich einer hohen Markenakzeptanz erfreuen. Markenakzeptanz bedeutet, dass die Mehrzahl der Kunden diese Marke aufgrund der mit ihr verbundenen Markenaspekte (Eigenschaften, Werte usw.) akzeptiert.

**Markenpräferenz:** Noch stärker sind Marken, die einen hohen Grad an Markenpräferenz geniessen. Dies bedeutet, dass die Wahl der Kunden unter konkurrierenden Marken am ehesten auf diese fallen würde.

**Markentreue:** Schliesslich gibt es die sehr starken Marken, welche einen hohen Grad an Markentreue besitzen. Starke Markentreue zeichnet sich dadurch aus, dass der Käufer, der seine Stammmarke kaufen will und sie in einem Geschäft nicht vorfindet, ein anderes Geschäft aufsucht.

Eine gut gepflegte Marke besitzt einen hohen Geltungswert, der aus Sicht des Markeninhabers auch als Markenkapital bezeichnet wird. Im Amerikanischen wird dafür der Ausdruck „brand equity" gebraucht. Das wertvolle Markenkapital kann durch die Förderung des **Markenwissens** (Repräsentation der Marke im Gedächtnis der Konsumenten) und das Vertrauen der Konsumenten in die jeweilige Marke aufgebaut werden. Die möglichen Wege, wie sich bei den Kunden solches Markenwissen und Vertrauen in die Marke entwickelt, beschreibt Kaas[*] folgendermassen:

★ Kaas, K. P. (1990). Langfristige Werbewirkung und Brand Equity. *Werbeforschung & Praxis*, 3, 48–52.

*Markenwissen* entsteht
- durch Erfahrungen beim Ge- oder Verbrauch eines Produkts.
- wenn der Kunde beobachtet oder hört, dass ein Produkt bei anderen Konsumenten erfolgreich eingesetzt wurde.
- durch direkte Kommunikation des Markeninhabers (Anbieter) mit den Kunden. Das bedeutet, dass die Geltung der Marke durch gezielte Werbung und persönlichen Verkauf der Produkte gefördert wird.

*Vertrauen* entsteht
- wenn der Ruf einer Marke glaubhaft vermittelt, dass hinter der Marke ein kompetenter, zuverlässiger Anbieter steckt.
- wenn der Anbieter glaubhaft signalisiert, dass er selbst von seinem Produkt überzeugt ist und sich mit seiner Marke auf Dauer im Markt zu engagieren gedenkt.
- durch Kontrollen und Label<sup>→</sup> (Gütesiegel) vom Staat, welche Sicherheit und qualitative Beständigkeit ausstrahlen. → S. 267 Umweltlabels

Auch nach der erfolgreichen Festigung einer Marke im Markt muss diese sorgfältig gepflegt werden, sodass sie ihren Wert, das Markenkapital, behält. Das bedeutet für ein Unternehmen unter anderem, dass die Markenbekanntheit, die von den Konsumenten wahrgenommene Qualität und Funktionserfüllung sowie eine positive Markenassoziation aufrechterhalten und kontinuierlich verbessert werden müssen. Eine solche Marken-Pflege erfordert Aufwendungen für Werbung, für Service, für Produktverbesserungen durch Forschung und Entwicklung, für Handel und andere wertbringende Massnahmen.

In der folgenden Tabelle sind die zehn weltweit wertvollsten Marken (Brands) des Jahres 2014 aufgeführt:<sup>*</sup> ★ www.interbrand.com

Tab. 116

| Marke | Markenkapital (in Millionen US-Dollar) |
|---|---|
| Apple | 118 863 |
| Google | 107 439 |
| Coca-Cola | 81 563 |
| IBM | 72 244 |
| Microsoft | 61 154 |
| General Electric | 45 480 |
| Samsung | 45 462 |
| Toyota | 42 392 |
| McDonald's | 42 254 |
| Mercedes Benz | 34 338 |

→ Aufgabe 3

## 12.4　Branding

Die Frage nach der Einführung einer Marke verlangt von den Marketingverantwortlichen das Treffen wichtiger Entscheidungen und die Ergreifung konkreter Massnahmen zu deren Umsetzung. Zunächst muss entschieden werden, ob ein bestimmtes Produkt überhaupt als Markenartikel geführt werden soll.

### Vor- und Nachteile von Marken

Sicher ist für jedes Unternehmen, dass mit der Lancierung einer Marke Kosten verbunden sind (Verpackung, Etikettierung, Schutzrechtüberwachung, Werbung usw.). Aus diesem Grunde muss sich ein Unternehmen in einem ersten Schritt überlegen, ob die Vorteile eines Markenartikels seine Nachteile bzw. Kosten wettmachen. Ein Markenartikel bietet vier gewichtige Vorteile:[*]

★ Kotler & Bliemel, 1999

– Ein Markenname (oder Warenzeichen) ermöglicht es dem Anbieter, sein Produkt durch einen Eintrag ins Markenregister gegen Kopien der Konkurrenz rechtlich zu schützen.
– Der Markenartikel erleichtert es dem Anbieter, einen treuen Kundenstamm aufzubauen. Markentreue schützt gegen Produkte der Konkurrenten und gegen starke, preislich bedingte Absatzschwankungen (konstante Verkaufsmenge dank festem Kundenstamm).
– Ein Markenartikel unterstützt den Anbieter bei der Marktsegmentierung. Ein Waschmittelhersteller verkauft unter Umständen nicht nur ein einziges, einfaches Waschmittel, sondern kann verschiedene Marken mit jeweils leicht veränderter Zusammensetzung im Absatzprogramm→ haben. Diese können dabei behilflich sein, ein spezifisches Marktsegment gezielt anzusprechen.

→ S. 290 Absatzprogramm

– Erfolgreiche Marken stellen ein Kapital im Markt dar, das als Markenbekanntheit, Markenakzeptanz, Markenpräferenz und Markentreue→ zum Ausdruck kommt. Der Anbieter kann sich auf dieses Kapital und die damit verbundenen Qualitätsvorstellungen der Kunden verlassen und sein Angebot dadurch mit grösserem und schnellerem Erfolg erweitern, als dies einem unbekannten Anbieter ohne gefestigte Marke möglich ist.

→ S. 343 Markenkapital

### Arten von Marken

Ein Anbieter kann seine Markenware als Herstellermarke, als Lizenzmarke, als Händlermarke[1] oder auch als Kombination von Marken mehrerer Absender (Co-Branding) auf den Markt bringen.
**Herstellermarken:** Unternehmen wie IBM, Ford und viele Industriegüterhersteller bringen ihre gesamte Produktion unter eigenen Markennamen als Herstellermarken heraus.
**Handelsmarken:** Bei Lebensmitteln und anderen Verbrauchs- und Gebrauchsgütern findet man eine grosse Anzahl von Handelsmarken wie z. B. K-Tec (Bekleidung des Sportmarktes Athleticum) oder Miocar (Autozubehör des Schweizer Handelshauses Migros).

[1] Händlermarke: Auch Fremdmarke, Auftragsmarke, Kundenmarke, Handelsmarke oder Hausmarke genannt

**Lizenzmarken:** Bei Mode- und Luxusgütern werden viele Artikel als Lizenzmarken vermarktet, wie dies z. B. bei Boss und Davidoff der Fall ist.

**Kombination:** Bei Computern wird oft eine Kombination von Marken mehrerer Absender gewählt, wie z. B. Intel gemeinsam mit IBM.

### Formen der Verknüpfung von Produkten und Marken

Ein Markenartikelanbieter hat vier unterschiedliche Strukturformen der Verknüpfung von Produkten und Marken zur Verfügung:

Tab. 117

| Strukturform | Erklärung | Beispiel | Beurteilung |
|---|---|---|---|
| Einzelprodukt-marken/Mono-marken | Dabei verwendet ein Unternehmen einen eigenen Markennamen für jedes einzelne Produkt. | Procter & Gamble (Ariel, Linor, Pampers, usw.) oder Unilever (Dove, Knorr, Lipton, Rexona usw.) | Der Ruf eines Unternehmens wird nicht direkt mit der Marke verknüpft. Wenn die Marke keinen Erfolg im Markt hat, wird der Name des Markeninhabers davon nicht direkt berührt. |
| Eine einzige Sortiments-marke | Ein Unternehmen besitzt eine einzige Sortimentsmarke für all seine Produkte. | Diese Struktur findet man bei den Automobilherstellern Ford oder BMW. Auch die Grossbank UBS verfolgt eine Einmarkenstrategie. | Die Einführungskosten für ein neues Markenprodukt liegen hier niedriger, weil weder eine Namenssuche noch hohe Werbeausgaben für den Ausbau der Markenbekanntheit erforderlich sind. Darüber hinaus ist mit einer hohen Anzahl an Erstkäufen zu rechnen, wenn der Hersteller bereits einen guten Namen hat. |
| Mehrere Sortiments-marken | Ein Unternehmen schafft mehrere Sortimentsmarken für die unterschiedlichen Produktbereiche. | Beiersdorf verwendet die Marke „Nivea" für ein Sortiment von Körperpflegeprodukten und die Marke „Tesa" bei Klebefolien. | Diese Form eignet sich vor allem für Unternehmen, die höchst unterschiedliche Produkte anbieten. |
| Mehrschichtige Marken-verknüpfungen | Markenverknüpfungen entstehen durch die Kombination aus dem Firmennamen und einem individuellen Markennamen. | Volkswagen verwendet diese Strukturform für den VW-Golf. | Die Anbieter möchten ihren Firmennamen mit Sortimentsmarken oder Einzelproduktmarken verbinden. Der Firmenname erhält hier die Funktion einer Orientierungsmarke: Diese dient der Vermittlung abstrakter Werte, wie „Vertrauenswürdigkeit des Anbieters" oder „technische Kompetenz", welche auf den individuellen Markennamen abfärben und dessen Markenwert steigern. |

→ Aufgabe 4

# Aufgaben – D12 Markenführung

**1**

Reflektieren Sie Ihre Einstellung gegenüber Marken beim Kauf der folgenden Produkte:
– Kleider
– Computer
– Handy
– Körperpflegeprodukte
– Sportgeräte

Legen Sie bei den aufgelisteten Gütern Wert auf Markenartikel? Wenn ja, welches sind Ihre bevorzugten Marken und weshalb? Vergleichen Sie Ihre Überlegungen in der Klasse. Diskutieren Sie mögliche Unterschiede bezüglich Ihrer Markenpräferenzen.

Abb. 190     Abb. 191

**2**

Welche Assoziationen lösen die Marken Nike bzw. Helvetia, verkörpert durch die beiden Spitzensportler Roger Federer und Dario Cologna, bei Ihnen aus? Beziehen Sie die verschiedenen Kommunikationsaspekte, wie Eigenschaften, Nutzen, Werte und Persönlichkeit in Ihre Überlegungen mit ein.

Roger Federer trainiert für das Australian Open in Melbourne (07.01.2014)

Dario Cologna beim Davos FIS Langlauf Weltcup Herren 30 km (12.12.2015)

**3**

Marken können unterschiedliche Werte aufweisen:

a Welche Kriterien zur Bestimmung des Markenkapitals existieren?

b Bilden Sie in Ihrer Klasse Gruppen von 4 bis 6 Personen und einigen Sie sich gruppenintern auf zwei Produkte bzw. Marken, die dasselbe Bedürfnis befriedigen (z. B. Microsoft und Apple). Führen Sie eine kleine Marktforschung durch, indem jedes Gruppenmitglied zu den einzelnen Kriterien des Markenkapitals (siehe Aufgabe a) einen Wert von 1 bis 3 abgibt (1 = tief; 2 = mittel; 3 = hoch). Aus der Summe der einzelnen Werte lässt sich das Markenkapital aus Sicht der Gruppe ermitteln.

**4**

Sie haben mehrere Möglichkeiten zur Verknüpfung von Produkten und Marken kennengelernt.

a Stellen Sie sich vor, Sie führen ein kleines Unternehmen mit einem hervorragenden Ruf und einer entsprechend starken Präsenz auf dem Markt: Bei der Einführung eines neuen Produkts rät Ihnen Ihr Marketing-Experte von der Monomarken-Strategie ab. Warum wohl?

b Nennen Sie anhand des Beispiels „Nestlé" die Vor- und Nachteile einer mehrschichtigen Markenverknüpfungsstrategie.

www.iwp.unisg.ch/bwl

**347**

## Leitfragen

a) Was wird unter Customer Relationship Management verstanden?

b) Welche Bedeutung hat die Kundenzufriedenheit für das Unternehmen?

c) Wie kann ein Unternehmen erfolgreich Neukunden gewinnen?

d) Wie können Kunden an ein Unternehmen gebunden werden?

e) Wie kann ein Unternehmen Kundenpotenziale erhalten bzw. ausbauen?

f) Was bedeutet Beschwerdemanagement?

g) Welche Ziele verfolgt das Beschwerdemanagement?

h) Was wird unter dem Begriff After-Sales-Management verstanden?

i) Was wird unter Multi-Channel bzw. Cross-Channel verstanden?

## Schlüsselbegriffe

Customer Relationship Management, Kundenzufriedenheit, Kundenpotenzial, Kundengewinnung, Kundenbindung, Beschwerdemanagement, After-Sales-Management, CRM-Software, Wiederkäufe, Zusatzkäufe, Folgekäufe, Multi-Channel, Cross-Channel, Touchpoints

## Verankerung im Modell

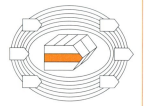

Der Umgang mit der Anspruchsgruppe Kunden ist in den Geschäftsprozessen im Bereich der Kundenprozesse anzusiedeln. Die Zufriedenstellung dieser Anspruchsgruppe ist zentral für den Erfolg eines Unternehmens und bedarf deshalb einer besonderen Beziehungspflege. Das Ziel soll aber nicht nur sein, die Kunden durch gezielten Einsatz von geeigneten Marketinginstrumenten anzusprechen, sondern die Beziehung zum Kunden langfristig zu erhalten. Dafür steht der Begriff Customer Relationship Management (CRM). Das CRM ist ein ganzheitlicher Ansatz zur Unternehmensführung. Er integriert und optimiert alle kundenbezogenen Prozesse innerhalb des Unternehmens. Das Beziehungsmanagement zu weiteren wichtigen Anspruchsgruppen wie Lieferanten oder Kapitalgebern ist analog ausgestaltet.

**Beispiel** Walbusch

Abb. 192

Walter Busch gründete im Jahr 1934 sein Unternehmen und vertrieb zunächst Schneiderwaren (Rasierer) per Post. Später entwickelte sich Walbusch zu einem Modefachgeschäft und heute liegt der Schwerpunkt des Familienunternehmens bei der Männermode. Die Kundschaft kann online, über Katalog oder in einem der 43 Fachgeschäfte einkaufen. Zur Unternehmensgruppe gehören neben der Marke „Walbusch" die Outdoormarke „Klepper", die Herren-Modemarke „Mey & Edlich" sowie der Gesundheitsversand „Avena". Das Unternehmen erzielte 2014 einen Umsatz von rund 325 Millionen Euro und beschäftigt knapp 1 000 Mitarbeiter.

# 13.1 Ziele des CRMs

Das Ziel der Kundenprozesse ist eine langfristige Befriedigung von Kundenbedürfnissen. Damit soll für den Kunden ein Wert geschaffen werden. Eine nachhaltige Profitabilität wird über eine hohe Zahlungsbereitschaft der Kunden und über eine erfolgreiche Kundengewinnung und Kundenbindung erreicht.

**Customer Relationship Management (CRM) ist ein kundenorientierter Ansatz der Unternehmensführung. Das unternehmerische Handeln wird auf die Kundenbedürfnisse ausgerichtet, mit dem Ziel, langfristige und partnerschaftliche Kundenbeziehungen optimal zu gestalten. Zu den wichtigsten Aktivitäten gehören die Kundengewinnung und die Kundenbindung.**

Kundengewinnung ist bis zu fünfmal teurer, als die Bindung von Kunden. Ob sich zwischen dem Unternehmen und dem Kunden eine langfristige Beziehung aufbauen lässt, hängt massgeblich von der Kundenzufriedenheit ab. Deshalb besteht das primäre Ziel des CRMs darin, die Kundenzufriedenheit zu erhöhen bzw. auf einem für das Unternehmen optimalen Niveau zu halten.

**Kundenzufriedenheit ist das Ergebnis eines Vergleichs zwischen den Erwartungen, die ein Kunde an eine Leistung (Produkt bzw. Dienstleistung) stellt und den vom Kunden subjektiv wahrgenommenen Leistungen.**

Das Unternehmen kann die Kundenzufriedenheit→ durch die Gestaltung der Kundenprozesse aktiv beeinflussen. Die folgende Abbildung zeigt, inwiefern die Kundenprozesse auf Seite des Unternehmens, der Kaufentscheidungsprozess auf Seite des Kunden und die Kundenzufriedenheit zusammenhängen:

→ S. 300 Nachfrageorientierte Preisbestimmung

Abb. 193

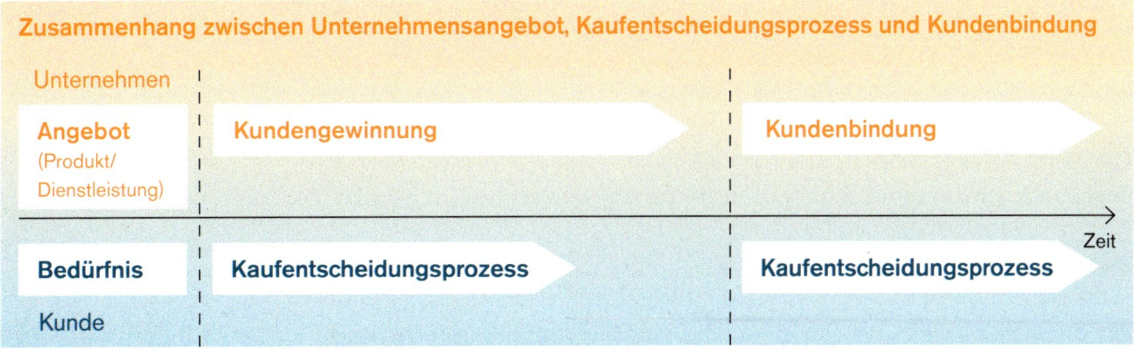

Zusammenhang zwischen Unternehmensangebot, Kaufentscheidungsprozess und Kundenbindung

Der Kunde hat ein Bedürfnis→, das er befriedigen will. Das Unternehmen bietet auf dem Markt ein Produkt oder eine Dienstleistung an, welche/-s möglicherweise geeignet ist, das Kundenbedürfnis zu befriedigen. Das Unternehmen versucht, den Kunden zu gewinnen. Dazu setzt das Unternehmen verschiedene Marketinginstrumente→ ein. Der Kunde durchläuft einen Kaufentscheidungsprozess. Am Ende resultiert beim Kunden ein Zustand der Kundenzufriedenheit oder -unzufriedenheit. Nach der Kundengewinnung kommt auf Seite des Unternehmens der Kundenprozess der „Kundenbindung" zum tragen. Dieser Prozess beinhaltet verschiedene Aktivitäten und richtet sich nach der Kunden-

→ S. 13 Bedürfnis, Bedarf, Nachfrage

→ S. 282 Marketinginstrumente

zufriedenheit. Unzufriedene Kunden erfordern andere Massnahmen auf Seite des Unternehmens als zufriedene. Daraus ergeben sich die vielfältigen Aufgaben der Kundenprozesse „Kundengewinnung und -bindung". Die Gestaltung dieser Prozesse ist die Hauptaufgabe des Customer Relationship Managements.

Durch das digitalisierte CRM können Kundendaten (Transaktions- und Verwendungsdaten, Kundenhistorie etc.) zielgerichtet gesammelt und analysiert werden. Dies ermöglicht einerseits individualisiertere Kundenprozesse und andererseits können wichtige Informationen für die Produkt-, Preis- und Vertriebsgestaltung gewonnen werden. Ein gutes, zentrales CRM soll dabei ermöglichen, die richtigen Kunden zum richtigen Zeitpunkt mit dem richtigen Angebot zu erreichen.

→ Aufgabe 1

## 13.2 Kundengewinnung

Die **Kundengewinnung** – auch Kundenakquisition genannt – befasst sich mit der Aufgabe des Erschliessens neuer **Kundenpotenziale**[1]. Zwei Grundstrategien lassen sich in der Kundenakquisition unterscheiden:
– Kunden der Konkurrenz abwerben
– bisherige Nichtverwender[2] bzw. -verbraucher gewinnen.

Die Aufgabe bei der Abwerbung von Kunden von der Konkurrenz besteht im Wesentlichen darin, den potenziellen Kunden von den Vorteilen der eigenen Leistungen zu überzeugen um ihn damit zu einem Anbieterwechsel zu bewegen. Bei einem Nichtverwender besteht der Auftrag darin, jene Barrieren abzubauen, die ihn davon abhalten, den Kauf eines bestimmten Produkts oder die Inanspruchnahme einer bestimmten Dienstleistung zu tätigen.
Die Grundstrategie der Kundengewinnung ist massgeblich vom Sättigungsgrad des Marktes abhängig.→→ Entspricht das Marktvolumen beinahe dem Marktpotenzial, herrschen unter den Unternehmen harte Wettbewerbsbedingungen. Um Marktanteile zu gewinnen, müssen die Kunden von der Konkurrenz abgeworben werden. Diese Situation wird auch Verdrängungswettbewerb genannt.

**Beispiel** Walbusch – Kundengewinnung

Für eine effektive Gewinnung neuer Kunden platziert Walbusch auf verschiedenen Websites von Online-Partnern sowie auf Social-Media-Plattformen Banner und Werbelinks. Walbusch kann z. B. am Seitenrand einer Website eine Werbung platzieren. Wenn der Internetbenutzer auf die Werbung klickt, wird er automatisch auf die Website von Walbusch weitergeleitet. Ein wesentlicher Vorteil für Walbusch ist die zielgruppengerechte→, massgeschneiderte Ansprache potenzieller Kunden. Über die Wirksamkeit von Bannern und Werbelinks lassen sich ausserdem umfangreiche Statistiken generieren. So ist unter anderem jederzeit genau ersichtlich, wie viele Nutzer die Walbusch-Website durch einen Partnerlink besucht haben und wie hoch die Anzahl der Bestellungen ist.

[1] Kundenpotenzial: Sowohl Kunden, welche noch nicht zum Kundenstamm gehören, als auch Kunden, welche bereits zum Kundenstamm gehören und zu einer Umsatzsteigerung beitragen könnten (z. B. durch Erhöhung der Käufe).

[2] Nichtverwender: Kunden, die ein bestimmtes Produkt oder eine Dienstleistung bisher nicht gekauft bzw. noch nicht in Anspruch genommen haben.

→ S. 277 Marktgrössen
→ S. 108 Produktlebenszyklus

→ S. 280 Marktsegmentierung

→ Aufgabe 2

## 13.3   Kundenbindung

Das Ziel des Customer Relationship Managements besteht darin, die Kundenbeziehungen möglichst nachhaltig zu gestalten, da ein Kunde für das Unternehmen erst mit der Zeit profitabel wird. Im Zentrum der **Kundenbindung** steht die Frage, wie einmal gewonnene Kunden ans Unternehmen gebunden werden können. Die folgende Abbildung gibt einen Überblick über die Aufgaben der Kundenbindung.

Abb. 194

**Aufgaben der Kundenbindung**

→ Aufgaben 3 und 4

**Kundenpotenzial erhalten**

Um das Kundenpotenzial zu erhalten, müssen beim Kunden kontinuierliche Wiederkäufe erzeugt werden (z. B. die Verlängerung eines Abonnements um ein Jahr). Ist der Kunde mit dem Produkt oder der Dienstleistung zufrieden, dann ist davon auszugehen, dass das Kundenpotenzial erhalten werden kann. Kundenunzufriedenheit kann jedoch dazu führen, dass der Kunde zur Konkurrenz abwandert. Um das Kundenpotenzial zu erhalten, muss dies verhindert werden. Unzufriedenen Kunden, die in einen aktiven Dialog mit dem Unternehmen treten, um ihre Unzufriedenheit in Form einer Beschwerde zu kommunizieren, wird eine hohe Aufmerksamkeit beigemessen. Eine gezielte Massnahme zur Kundenrückgewinnung ist der systematische Umgang mit Kundenbeschwerden in Form eines Beschwerdemanagements.

**Unter Beschwerdemanagement werden alle Massnahmen verstanden, die ein Unternehmen bei geäusserter Kundenunzufriedenheit ergreift, um diese zu beseitigen, damit keine Gefährdung der Kundenbeziehung riskiert wird.**

Das Beschwerdemanagement liefert wichtige Hinweise auf Stärken und Schwächen eines Unternehmens aus Sicht der Kundschaft, insbesondere auf Produktions- oder Dienstleistungsmängel, aber sehr oft auch auf Mitarbeiterfehler. Die meisten unzufriedenen Kunden wenden sich ohne weiteren Kontakt von einem Unternehmen ab. Deshalb können Beschwerden als eine wichtige zweite Chance aufgefasst werden, um den verärgerten Kunden zufriedenzustellen. Mithilfe eines effizienten Beschwerdemanagements kann das Feedback der Kunden aufgenommen und für den Lernprozess des Unternehmens genutzt werden.

**Beispiel** Walbusch – Service und Hilfe

Neben einem umfassenden „Häufige Fragen"-Katalog bietet Walbusch seinen Kunden auf der Website verschiedene Möglichkeiten der Kontaktaufnahme: telefonisch, über ein Kontaktformular per E-Mail oder über E-Postbriefe. Zusätzlich besteht die Möglichkeit, per Formular einen Rückruf anzufordern, sodass Walbusch den Kunden innerhalb weniger Minuten oder zu einem vom Kunden gewählten Zeitpunkt zurückruft.

Abb. 195

Die vorrangigen Ziele eines professionellen Beschwerdemanagements sind:
– Eine rasche und unkomplizierte Zufriedenstellung unzufriedener Kunden.
– Beschwerdeinformationen sollen so genutzt werden, dass eine Steigerung der Qualität von Produkten und Dienstleistungen erzielt werden kann.

Die Praxis hat gezeigt, dass ein systematischer Umgang mit Beschwerden eine emotionale Wirkung hat, das Verbundenheitsgefühl des Kunden mit einem Unternehmen langfristig positiv beeinflusst und die Kundentreue im Vergleich zu „beschwerdefreien" Kunden oft grösser ist. Ein professionelles Beschwerdemanagement kann somit die Erhaltung von Kundenpotenzialen unterstützen.

→ Aufgabe 5

Das After-Sales-Management ist eine weitere Möglichkeit, das Kundenpotenzial zu erhalten.

**Unter After-Sales-Management werden alle Massnahmen verstanden, die darauf abzielen, den Kunden nach abgeschlossenem Kaufprozess an das Produkt oder die Dienstleistung bzw. an das Unternehmen zu binden.**

Diese Form des Managements entstand aus der Erkenntnis, dass die Kundenbeziehung langfristig – über die gesamte Nutzungsdauer eines Produkts – bestehen bleiben und gepflegt werden soll. Das Hauptziel des After-Sales-Managements besteht darin, diesen Zeitraum für gezielte Marketingmassnahmen zu nutzen.

Mögliche Instrumente der After-Sales-Kommunikation:
– Mediawerbung, Kundenzeitschrift
– Direktmarketing[1]
– Internet, Social Media (z. B. Facebook, Twitter, Xing, Community-Blogs)
– Persönliche Kommunikation, Service/Kundendienst, Kundenbefragung
– Kundenkarten, Kundenklub

[1] Direktmarketing: Kommunikationspolitisches Instrument, das einen persönlichen Kontakt zwischen Unternehmen und Zielgruppe anstrebt, z. B. Telefongespräch

**Beispiel** Walbusch – Social Media

Auch Walbusch hat einen Facebook-Account, der von über 10 000 Personen gelikt wurde. Dort postet das Unternehmen regelmässig Beiträge über Produktneuheiten, Unternehmens-News oder Wettbewerbe oder es kommentiert aktuelle Themen.

→ Aufgabe 6

After-Sales-Kommunikation kann dann erfolgreich eingesetzt werden, wenn eine lückenlose Kundeninformation vorhanden ist. Hierfür wird eine **CRM-Software** genutzt, welche wichtige Kundendaten, Verkaufschancen und Kundeninteressen verwaltet. Ein CRM-System ist eine Datenbankanwendung. Sie ermöglicht eine strukturierte und automatisierte Erfassung sämtlicher Daten von Kunden und Kontakte mit ihnen. Auch lassen sich Aufgaben und Aktivitäten speichern, die im Zusammenhang mit Kunden zu erledigen sind, deren termingerechte Erledigung von der Software überwacht wird. Mithilfe einer solchen Datenbank können die Verkaufschancen pro Kunde erfasst und statistisch ausgewertet werden. Die Software gibt Aufschluss darüber, welche Kunden das höchste Kaufpotenzial aufweisen. Mithilfe dieser Information kann das Marketing die verkaufsfördernden Massnahmen speziell auf diese Zielgruppe abstimmen.

### Kundenpotenzial ausbauen

Umsätze lassen sich durch die Erhöhung der Kaufmenge und der Kauffrequenz sowie durch den Verkauf teurerer Produkte vergrössern. Bezogen auf das CRM sind die Kundenpotenziale nicht einfach nur zu erhalten, sondern auszubauen. Dieser Ausbau kann auf unterschiedliche Weisen geschehen. Dies soll am Beispiel von Gillette aufgezeigt werden:

Tab. 118

| Art des Kaufes | Erklärung | Beispiel Gillette |
|---|---|---|
| Wiederkäufe erhöhen | Alle Kaufprozesse des gleichen Produkts | Kauffrequenz erhöhen durch einen Wechsel auf ein neueres Rasierermodell (z. B. Wechsel von Gillette Mach 3 Turbo zu Gillette Mach 3 Power) |
| Folgekäufe erzeugen und/oder erhöhen | Direkte Kaufverbunde zwischen dem Erstprodukt und einer anderen Leistung | Kauf von Rasierklingen bei Besitz eines Gillette-Rasierers |
| Zusatzkäufe erzeugen und/oder erhöhen | Verbundmechanismus zwischen dem Erstprodukt und einer anderen Leistung. Der Nutzen- und Beschaffungsverbund ist aber für den Kunden nicht per se erkennbar. | Kauf von Pflegeprodukten der Marke Gillette (z. B. Aftershave) |

Folge- und Zusatzkäufe über das Internet werden durch proaktives Aufzeigen in der Art von „Wir empfehlen dazu", „Andere Kunden kauften dazu" oder „Mögliche Alternativen" erzeugt.

## Kundenbindungsmassnahmen

Die Marketinginstrumente Produkt-, Preis-, Distributions- und Kommunikationspolitik bieten dem Unternehmen vielfältige Möglichkeiten zur Gestaltung der Kundenbindung. Die folgende Tabelle* zeigt eine Übersicht über die Kundenbindungsmassnahmen. Auf den Ebenen der einzelnen Marketinginstrumente lassen sich je nach Fokus drei Arten von Massnahmen unterschieden:

– Fokus Interaktion: Die Massnahmen erfordern einen „Dialog" zwischen dem Unternehmen und dem Kunden.
– Fokus Zufriedenheit: Hier steht die Kundenzufriedenheit im Mittelpunkt, d. h. die Massnahmen sind darauf ausgerichtet, die Kundenzufriedenheit zu erhöhen.
– Fokus Wechselbarrieren: Ziel dieser Massnahmen ist die Steigerung von Wechselbarrieren, um zu verhindern, dass der Kunde zur Konkurrenz abwandert. Besonders mittels Kommunikationspolitik werden die Vorteile der eigenen Leistung gegenüber der Konkurrenz hervorgehoben.

★ In Anlehnung an: Munich Business School (2005), zit. in Pufahl, M., Laux, D. D. & Gruhler, J. M. (2006). *Vertriebsstrategien für den Mittelstand. Die Vitaminkur für Absatz, Umsatz und Ertrag.* Wiesbaden: Gabler.

→ S. 537 Crowdsourcing

Tab. 119

| Marketinginstrumente | Massnahmen mit dem Fokus „Interaktion" | Massnahmen mit dem Fokus „Zufriedenheit" | Massnahmen mit dem Fokus „Wechselbarriere" |
|---|---|---|---|
| Produktpolitik | – Gemeinsame Produktentwicklung→ (sog. Crowdsourcing)<br>– Kundenbewertungen der Produkte<br>– Social Media, Community-Blogs | – Individuelle Angebote<br>– Qualitätsstandards<br>– Servicestandards<br>– Zusatzleistungen<br>– Garantien | – Individuelle technische Standards |
| Preispolitik | – Kundenkarten | – Preisgarantien<br>– Zufriedenheitsabhängige Preisgestaltung | – Rabatt- und Bonussysteme<br>– Preisdifferenzierung<br>– Kundenkarten |
| Distributionspolitik | – Kundenbesuche | – Online-Bestellung<br>– Katalogverkauf<br>– Direktverkauf | – Abonnemente<br>– Standortwahl |
| Kommunikationspolitik | – Direkt-Mail<br>– Events<br>– Servicenummern<br>– Gewinnspiele<br>– Produktmuster<br>– Social Media, Community-Blogs | – Kundenclubs<br>– Kundenzeitschriften<br>– Beschwerdemanagement | – Rabatt- und Bonussysteme<br>– Preisdifferenzierung<br>– Kundenkarten<br>– Online-Konto |

→ Aufgabe 7

## 13.4   Multi-Channel und Cross-Channel

Die Begriffe **Multi-Channel** und **Cross-Channel** werden oft als Synonyme verwendet, obschon ein wesentlicher Unterschied besteht. Beim klassischen Multi-Channel-Unternehmen kann der Kunde über verschiedene Kanäle (Stationärer Shop (Verkaufslokal), Online-Shop, App, Katalog, Telefon, Contact-Center) bedient werden, wobei die Prozesse in den einzelnen Kanälen voneinander isoliert laufen. Beim Cross-Channel-Unternehmen kann der Kunde während des Prozesses (z. B. Hosenkauf) zwischen den verschiedenen Kanälen wechseln, sogenanntes „Channel-Hopping" betreiben (siehe ein mögliches Vorgehen für einen Hosenkauf in Abbildung 196). Die Kanäle interagieren dabei miteinander und beinhalten dieselben Angebote.

Abb. 196

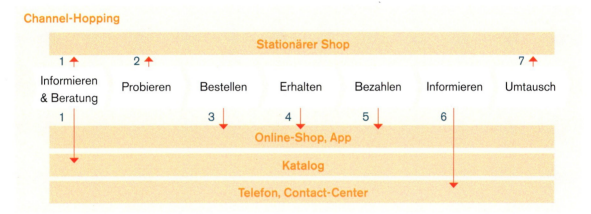

Die Hauptaufgaben eines zentralen CRM beim Cross-Channel-Unternehmen bestehen darin, die Customer Experience an allen **Touchpoints**[1] zu optimieren. Ziel ist es, die Kunden individuell zu gewinnen und zu binden, eine profitable Kundenbeziehung dauerhaft zu pflegen sowie die Kundenzufriedenheit und den Kundenwert permanent zu steigern.

[1] Touchpoint: Schnitt- bzw. Kontaktstelle zwischen Unternehmen und Kunde

**Beispiel**  Walbusch – 360°-Kundensicht an allen Touchpoints

Kunden wollen barrierefrei zwischen Touchpoints wechseln können. Deshalb hat Walbusch ein umfassendes Multi-Channel-CRM eingeführt, bei dem alle Touchpoints vom Contact-Center über den Online-Shop bis hin zur Kasse in einer CRM-Lösung zusammengeführt sind. Durch diese 360°-Sicht auf den Kunden garantiert das Unternehmen eine Durchgängigkeit der operativen Bestell- und Serviceprozesse. Sämtliche Mitarbeitenden der Touchpoints haben Zugriff auf den laufenden Kaufprozess und die Kundenhistorie. So kann sich der Kunde im Contact-Center informieren, später online bestellen und bei Fragen telefonisch oder direkt in einer der Filialen an die Mitarbeiter wenden. Durch die 360°-CRM-Lösung wird er stets als dieselbe Person erkannt und dementsprechend betreut. Walbusch stellt so sicher, dass die Mitarbeitenden die Kundenanliegen sofort erfassen und kompetent bearbeiten können. Zudem wird dem Kunden das Gefühl gegeben, dass man ihn kennt. Walbusch gewann 2014 und 2015 für diese innovative CRM-Lösung mehrere Preise.

# Aufgaben – D13 Customer Relationship Management

**1**

Welche Rolle spielt die Kundenzufriedenheit für das Customer Relationship Management? Begründen Sie Ihre Antwort.

**2**

Heute besitzt fast jedes Unternehmen eine Website. Nicht jede Website bringt aber Neukunden. Wie können Sie als Unternehmer sicherstellen, dass Ihre Website effektiv neue Kunden bringt? Formulieren Sie gezielte Massnahmen.

**3**

Nehmen Sie zu folgender Aussage Stellung: „Kunden zu binden, ist fünfmal billiger als Kunden zu finden."

**4**

Wählen Sie drei Unternehmen, bei denen Sie bereits mehrere Käufe getätigt oder Dienstleistungsangebote in Anspruch genommen haben. Wie versuchen die jeweiligen Unternehmen Sie als Kunde an sich zu binden? Wie reagieren Sie auf diese Kundenbindungsmassnahmen?

**5**

Das Beschwerdemanagement beinhaltet den systematischen Umgang mit Kundenbeschwerden.

a   Suchen Sie im Internet nach einem Unternehmen, bei dem Sie eine Beschwerde anbringen können. Vergleichen Sie zu zweit die Kundenfreundlichkeit des Beschwerdemanagements anhand von Kriterien (z.B. Auffindbarkeit und Verständlichkeit von Formularen).

b   Diskutieren Sie Ihre Erfahrungen oder die Erfahrungen eines Familienmitgliedes mit dem Beschwerdemanagement eines Unternehmens. Welchen Einfluss hatte das Beschwerdemanagement auf die Kundenzufriedenheit?

**6**

Sie sind Inhaber eines Einzelhandelsbetriebes und machen sich Gedanken zum Einsatz verschiedener Kundenbindungsmassnahmen: Kundenzeitschrift, Kundenkarte und Mailing. Die finanziellen Mittel lassen nur den Einsatz *eines* Instrumentes zu. Sie sind unsicher, welches für Sie die beste Lösung wäre, um Ihre Kunden effektiv ansprechen und zu einem Wiederkauf animieren zu können. Erstellen Sie eine Nutzwertanalyse→ (Kriterien: Kosten für das Unternehmen, Effektivität und Innovationskraft; Punkte 1–5) und entscheiden Sie sich anhand dieser Analyse für eine der drei Optionen.

→ S.556 Nutzwertanalyse

**7**

Welche Möglichkeiten stehen einem Skigebiet mit einer Skischule zur Verfügung, um die Kundenbeziehung zu pflegen? Formulieren Sie konkrete Massnahmen für die Gestaltung der Kundenprozesse Kundengewinnung und -bindung.

www.iwp.unisg.ch/bwl

### Leitfragen

a) Was ist eine Bilanz, wie wird sie aufgestellt und interpretiert?
b) Welche Informationen liefert die Erfolgsrechnung?
c) Was sind stille Reserven und wie können diese gebildet werden?
d) Wie wird eine Geldflussrechnung erstellt und gelesen?
e) In welche Bereiche wird die Geldflussrechnung gegliedert?

### Schlüsselbegriffe

Bilanz, Liquiditätsprinzip, Umlaufvermögen, Anlagevermögen, Fälligkeitsprinzip, Fremdkapital, Eigenkapital, Inventur, Inventar, Erfolgsrechnung, Aufwand, Ertrag, Stille Reserven, Geldflussrechnung

### Verankerung im Modell

Die Finanzbuchhaltung erfasst und strukturiert alle finanziell relevanten Transaktionen in einem Unternehmen, welche für die Erstellung der Bilanz, Erfolgsrechnung und Geldflussrechnung notwendig sind. Die Finanzbuchhaltung liefert dem Management Entscheidungsgrundlagen für die (finanzielle) Führung des Unternehmens und gehört damit zusammen mit der Betriebsbuchhaltung zu den Unterstützungsprozessen. Während die Finanzbuchhaltung alle finanziell relevanten Aktivitäten erfasst, liegt das Schwergewicht der Betriebsbuchhaltung auf der Erfassung und Optimierung der Kostensituation.

**Beispiel** „Bäckerei Sonniger AG"

Die „Bäckerei Sonniger" ist ein traditionelles Familienunternehmen mit einer Backstube und drei Verkaufsläden. In diesen Läden verwöhnt die Bäckerei ihre Kundschaft mit einem vielfältigen Produktangebot, mit Fachkompetenz und Freundlichkeit. Das Produktangebot umfasst mehrere Sorten Brot und süsse Gebäcke, welche in der eigenen Backstube mit grösster Sorgfalt hergestellt werden. Besonders bekannt ist die Bäckerei für das Vollkornbrot und die Apfelkrapfen. In den Verkaufsläden wird zudem Schokolade verkauft, welche eingekauft und nicht selbst hergestellt wird. Darüber hinaus bietet das Unternehmen Brotbackkurse an.

Neben der eigentlichen Kerntätigkeit stellen sich für die Sonnigers folgende buchhalterischen Fragen:

– Wie werden Vermögen und Schulden dargestellt?
– Wie kann der wirtschaftliche Erfolg des Unternehmens erhoben werden?
– Wie kann sichergestellt werden, dass immer ausreichend flüssige Mittel zur Bezahlung der Rechnungen vorhanden sind?

Abb. 197

# 14.1 Übersicht über das Rechnungswesen

Die Unternehmen streben danach, die Auswirkungen ihres wirtschaftlichen Handelns zahlenmässig zu erfassen und übersichtlich abzubilden. Das Rechnungswesen kommt diesem Wunsch nach und versucht die finanziellen Sachverhalte zu erfassen, zu verarbeiten und auszuwerten. Das Rechnungswesen kann in zwei Hauptbereiche gegliedert werden, in die Finanz- und Betriebsbuchhaltung. Das finanzielle Rechnungswesen ist sowohl für die Unternehmensführung als auch für externe Anspruchsgruppen bestimmt und dokumentiert die Vermögens-, Schulden-, Erfolgs- und Liquiditätslage[1] eines Unternehmens. Das betriebliche Rechnungswesen dient der internen Planung und Kontrolle der Mengen- und Wertebewegung innerhalb des Unternehmens.

[1] Liquidität: Fähigkeit, fällige Verbindlichkeiten (Rechnungen) pünktlich und vollumfänglich begleichen zu können

Abb. 198

**Überblick über das Rechnungswesen**

Zur finanziellen Führung gehören neben dem Rechnungswesen auch Finanzierungs- und Investitionsentscheidungen. Die Finanzierung→ ist eng mit den Investitionen→ verbunden. Finanzierung ist die Mittelbeschaffung und die Investition beschäftigt sich mit dem Einsatz dieser Mittel. Um die richtigen Führungsentscheidungen für Investitionen zu treffen, stellt das Rechnungswesen dem Management die notwendigen Daten zur Verfügung. Im Übrigen bildet das Rechnungswesen die Basis für eine Finanzanalyse→, Unternehmensbewertung→ und Berichterstattung→.

→ S. 388 Finanzierung

→ S. 405 Investitionen

→ S. 427 Rechnungslegung, Finanzanalyse und Unternehmensbewertung

→ S. 443 Berichterstattung des Unternehmens

## 14.2 Bilanz

**Die Bilanz ist die Gegenüberstellung aller Aktiven (Vermögen) und Passiven (Schulden) eines Unternehmens zu einem bestimmten Zeitpunkt (Momentaufnahme an einem Stichtag, meistens 31. Dezember).**

Eine Bilanz erfüllt insbesondere folgende Funktionen:

Tab. 120

| Funktion | Erklärung |
|---|---|
| Dokumentation | Die Bilanz stellt eine Bestandesaufnahme der im Unternehmen vorhandenen Vermögen und Schulden an einem Stichtag dar. |
| Gewinnermittlung | In der Bilanz wird der Gewinn bzw. der Verlust einer bestimmten Periode ersichtlich. |
| Information | Die Bilanz informiert intern (als Steuerungsinstrument für das Unternehmen) sowie extern (zum Beispiel Kapitalgeber, Staat usw.) über die finanzielle Lage des Unternehmens. |

Die Aktivseite (Aktiven) einer Bilanz zeigt, auf welche Weise ein Unternehmen die verfügbaren Mittel eingesetzt hat (z. B. in Form von Maschinen). Die Passivseite zeigt, wie das Unternehmen seine Vermögenswerte finanziert hat (z. B. wurden mithilfe eines Darlehens Maschinen angeschafft). Die Aktiv- und die Passivseite müssen immer ausgeglichen sein, das bedeutet, dass die Summe der Aktiven der Summe der Passiven entspricht.

**Aktiven**

Das Vermögen, oder eben die Aktiven, eines Unternehmens werden in der Bilanz nach dem Liquiditätsprinzip geordnet.

**Das Liquiditätsprinzip besagt: je schneller etwas zu Bargeld verflüssigt werden kann, desto weiter oben steht dieser Vermögensposten auf der Aktivseite der Bilanz.**

Die Aktivseite zeigt, wofür die finanziellen Mittel verwendet werden. Sie wird unterteilt in Umlauf- und Anlagevermögen:

Tab. 121

| Gliederung | Erklärung | Typische Konti |
|---|---|---|
| Umlaufvermögen | Dient der Abwicklung des operativen Geschäfts und ist innerhalb eines Jahres liquidierbar | – flüssige Mittel (Kasse, Post- und Bankguthaben)<br>– Forderungen aus Lieferungen und Leistungen (früher: Debitoren)<br>– Vorräte |

| Anlagevermögen | Dient dem Unternehmen auf Dauer und ist nicht zur kurzfristigen Veräusserung bestimmt | – Finanzanlagen (Aktien, Obligationen usw.)<br>– Mobile Sachanlagen (Maschinen, Einrichtungen, Fahrzeuge)<br>– Immobile Sachanlagen (Liegenschaften)<br>– Immaterielle Anlagen (Patente, Marken→, Goodwill→) | → S.541 Patent<br><br>→ S.343 Markenkapital |

## Passiven

Die Passivseite zeigt, woher die finanziellen Mittel stammen. Sie stellt die Schulden aus Unternehmenssicht dar und wird nach dem Fälligkeitsprinzip geordnet.

**Das Fälligkeitsprinzip besagt: je früher die Schulden fällig bzw. an den Gläubiger zurückbezahlt werden müssen, desto weiter oben stehen diese Schuldenposten auf der Passivseite der Bilanz.**

Die Passivseite wird in Fremd- und Eigenkapital unterteilt.

Tab. 122

| Gliederung | Erläuterung | Typische Konti | |
|---|---|---|---|
| Fremdkapital | Ist befristet bzw. kündbar. Der Fremdkapitalgeber ist nicht am Unternehmen beteiligt, hat kein Mitspracherecht und haftet nicht. Es wird unterschieden zwischen:<br>kurzfristiges Fremdkapital (bis 1 Jahr)<br><br>langfristiges Fremdkapital (> 1 Jahr) | – Verbindlichkeiten aus Lieferungen und Leistungen (früher: Kreditoren)<br><br>– Darlehen<br>– Hypothek[1]<br>– Rückstellungen | [1] Hypothek: grundpfandgesicherte Schuld, wobei eine Immobilie als Pfand dient |
| Eigenkapital | Das Eigenkapital entspricht der Schuld des Unternehmens gegenüber seinen Eigentümern. | – Kapital (Eigenkapital, Aktienkapital)<br>– Reserven<br>– Gewinn (Gewinnvortrag[2], Jahresgewinn) | [2] Gewinnvortrag: Einbehalten von Gewinnen aus den Vorjahren |

Tab. 123

**Beispiel** „Bäckerei Sonniger AG" – Bilanz per 31.12.2015 (in CHF)

| Aktiven | | | Passiven | | |
|---|---|---|---|---|---|
| Umlaufvermögen | | | Fremdkapital | | |
| Kasse | 2 000 | | Verbindlichkeiten aus Lieferungen und Leistungen | 10 000 | |
| Post | 2 500 | | Darlehen | 67 000 | |
| Bank | 5 500 | | Hypotheken | 150 000 | |
| Forderungen aus Lieferungen und Leistungen | 13 000 | | Rückstellungen | 3 000 | 230 000 |
| Vorräte | 5 000 | 28 000 | | | |
| Anlagevermögen | | | Eigenkapital | | |
| | | | Aktienkapital | 200 000 | |
| Mobilien | 200 000 | | Reserven | 50 000 | |
| Immobilien | 300 000 | 500 000 | Gewinnvortrag | 28 000 | |
| | | | Jahresgewinn | 20 000 | 298 000 |
| | | 528 000 | | | 528 000 |

→ Aufgabe 1

## Inventur und Inventar

Die Schulden- und Vermögensbestände eines Unternehmens müssen für die Bilanzerstellung ermittelt werden. Dieser Vorgang wird in der Fachsprache Inventur genannt.

Inventur bezeichnet das Aufnehmen der Bestände. Dabei werden die Art, die Menge und der Wert des entsprechenden Vermögens- bzw. Schuldenpostens erfasst.

Das daraus entstehende Bestandesverzeichnis wird Inventar genannt. Dieses dient der Erstellung der Bilanz als Informationsgrundlage.

Ein Inventar umfasst alle im Rahmen einer Inventur mengenmässig erfassten Vermögens- und Schuldenwerte eines Unternehmens.

**Beispiel** „Bäckerei Sonniger AG" – Inventur

Am Jahresende steht bei der „Sonniger AG" die Inventur an. Die Inventur wird von den beiden Enkelinnen des Ehepaars Sonniger vorgenommen. Diese haben Ferien und sind zusätzlichem Taschengeld als Belohnung nicht abgeneigt. Die beiden Enkelinnen zählen die Produkte im Lager und errechnen dann den Gesamtwert der Warenvorräte.

Abb. 199

## 14.3   Erfolgsrechnung

Bisher wurde nur die Vermögens- und Schuldenlage eines Unternehmens betrachtet. Was jedoch die Eigenkapitalgeber besonders interessiert, ist die Erwirtschaftung von Gewinn. Aus der Unternehmenstätigkeit entstehen Erträge (z. B. wenn ein Verkaufsladen der „Bäckerei Sonniger" Brot verkauft). Die Erwirtschaftung von Erträgen erfordert vorgängige Aufwände (z. B. wenn die Bäckerei die Brotzutaten oder ihre Angestellten bezahlen muss). Dieser Wertzuwachs und Wertverzehr hat einen grossen Einfluss auf die finanzielle Lage eines Unternehmens. Deshalb führt jedes Unternehmen neben der Bilanz eine weitere Rechnung, die Erfolgsrechnung.

Die Erfolgsrechnung ist eine Gegenüberstellung aller Erträge und Aufwände, welche über einen bestimmten Zeitraum anfallen (laufende Rechnung, meistens über eine Einjahresperiode).

Diese Definition zeigt, dass die Erfolgsrechnung im Gegensatz zur Bilanz eine Zeitraumrechnung ist. Sie ist nicht auf einen Zeitpunkt (z. B. Ende des Geschäftsjahres), sondern auf einen Zeitraum (z. B. Geschäftsjahr) bezogen. Am Ende dieses Zeitraums ergibt sich aus der Differenz von Erträgen und Aufwänden ein Erfolg (ein Gewinn oder ein Verlust). Ein Gewinn kann an die Eigentümer ausbezahlt oder im Unternehmen belassen und dem Eigenkapital gutgeschrieben werden. Ein Verlust reduziert das Eigenkapital. Die neue Geschäftsperiode (neues Jahr) beginnt wieder mit einer neuen Erfolgsrechnung mit dem Stand Null.

Eine Strukturierung der Erfolgsrechnung erfolgt durch die Unterteilung in Aufwände und Erträge.

Tab. 124

| Gliederung | Erklärung | Typische Konti |
|---|---|---|
| Aufwände | Die Aufwände zeigen auf, wofür ein Unternehmen wie viel Geld ausgegeben hat und wie stark Vermögenswerte verbraucht wurden. | – Materialaufwand/Warenaufwand<br>– Personalaufwand<br>– Betriebsaufwand (Raumaufwand, Verwaltungsaufwand, Werbeaufwand, Abschreibungen[1] usw.)<br>– Übriger Aufwand |
| Erträge | Die Erträge geben an, wofür ein Unternehmen wie viel Geld eingenommen hat und wie stark Vermögenswerte gewachsen sind. | – Produktionsertrag/Handelsertrag/Dienstleistungsertrag<br>– Übriger Ertrag |

[1] Abschreibung: Eine Abschreibung erfasst die Wertverminderung eines Vermögensgegenstands (Umlauf- oder Anlagevermögen) wegen Alterung, Verschleiss, Preiszerfall usw.

Tab. 125

**Beispiel** „Bäckerei Sonniger AG" – Erfolgsrechnung vom Jahr 2015 (in CHF)

| Aufwände | | Erträge | |
|---|---|---|---|
| Materialaufwand | 80 000 | Produktionsertrag[2] | 527 000 |
| Handelswarenaufwand | 12 000 | Handelsertrag[3] | 100 000 |
| Personalaufwand | 403 000 | Dienstleistungsertrag[4] | 50 000 |
| Raumaufwand | 160 000 | Übrige Erträge | 20 000 |
| Abschreibungen | 20 000 | | |
| Übriger Aufwand | 2 000 | | |
| Gewinn | 20 000 | | |
| | 697 000 | | 697 000 |

[2] Produktionsertrag: Verkaufserlös von den selbst hergestellten Broten

[3] Handelsertrag: Verkaufserlös aus den eingekauften und weiterverkauften Schokoladen

[4] Dienstleistungsertrag: Teilnahmegebühren aus den Brotbackkursen

→ Aufgabe 2

# 14.4 Interne und externe Bilanz

Die Informationen des Rechnungswesens richten sich an verschiedene interne und externe Adressaten. Da interne und externe Adressaten über unterschiedliche Informationsrechte verfügen, wird zwischen einer internen und einer externen Bilanz unterschieden. Die Finanzbuchhaltung stellt für die Geschäftsleitung eine wichtige Informationsgrundlage für Entscheidungen dar und fungiert gleichzeitig als ein Frühwarnsystem für zukünftige finanzielle Entwicklungen. Aus diesem Grund stellt die Geschäftsleitung hohe Anforderungen an die interne Bilanz. Die interne Bilanz kann nur von der Geschäftsleitung und dem Verwaltungsrat eingesehen werden. Die externe Bilanz richtet sich an andere Adressaten (Aktionäre, Gläubiger usw.) und ist öffentlich zugänglich. Im Gegensatz zur bereinigten internen Bilanz enthält die externe Bilanz stille Reserven. Diese Reserven werden still genannt, weil sie nicht ersichtlich sind.

**Stille Reserven können in der externen Bilanz enthalten sein. Sie stellen eine Abweichung zur tatsächlichen Vermögenssituation dar.**

Stille Reserven entstehen durch Unterbewertung oder durch Weglassen von Aktiven oder durch Überbewertung von Passiven. Es sind folgende Fälle möglich:

Tab. 126

| Entstehung von stillen Reserven | Beispiel „Bäckerei Sonniger AG" |
|---|---|
| Unterbewertung von Aktiven | Die Bäckerei schreibt ihr Fahrzeug von 30 000 Franken auf 20 000 Franken ab, obwohl dieses eigentlich noch einen Wert von 25 000 Franken hat. So entstehen stille Reserven von 5 000 Franken. |
| Weglassen von Aktiven | Die Bäckerei erhält einen alten Backofen mit einem geschätzten Wert von 1 000 Franken geschenkt, welcher aber nicht verbucht wird. Dadurch sind stille Reserven von 1 000 Franken entstanden. |
| Überbewertung von Passiven | Die Bäckerei rechnet aufgrund qualitativ mangelhafter Apfelkrapfen mit Schadenersatzklagen in der Höhe von 2 000 Franken. Das Unternehmen bildet aber Rückstellungen von 3 000 Franken. Dadurch sind stille Reserven von 1 000 Franken entstanden. |

Stille Reserven stellen eine Verfälschung der Vermögensbilanz und auch der Ertragslage (Erfolgsrechnung) eines Unternehmens dar. Durch die Bildung stiller Reserven wird ein zu kleiner Gewinn ausgewiesen. Durch die Auflösung stiller Reserven entsteht ein zu hoher Gewinn. Dies ermöglicht einem Unternehmen, Gewinne über längere Zeitperioden hinweg konstant zu halten.

Die Bildung von stillen Reserven ist allerdings durch Rechnungslegungsvorschriften beschränkt. Diese Beschränkung dient einerseits den Eigenkapitalgebern und andererseits dem Staat. Beide Anspruchsgruppen sind an einer korrekten Darstellung der effektiven Vermögens- und Ertragslage interessiert. Beim Eigenkapitalgeber geht es dabei um die Dividende und beim Staat um die Steuererträge, welche durch die Bildung von stillen Reserven geschmälert würden.

→ S. 428 Rechnungslegung

→ Aufgabe 3

# 14.5  Geldflussrechnung

Eine der häufigsten Ursachen für Unternehmenskonkurse (Insolvenz[1]) ist eine ungenügende Liquidität. Deshalb sollte jede Geschäftsleitung die Liquiditätssituation ihres Unternehmens jederzeit im Auge behalten. Dazu reichen die Zahlen des Jahresabschlusses (Bilanz und Erfolgsrechnung) meist nicht aus. Aus diesem Grund bietet sich zusätzlich die Geldflussrechnung an.

**Die Geldflussrechnung gibt Auskunft über die Gründe für Veränderungen der Geldbestände eines Unternehmens über einen bestimmten Zeitraum.**

Zu den Geldbeständen werden das Bargeld, die Post- und Bankguthaben sowie die kurzfristigen Anlagen, über die man innerhalb von 90 Tagen verfügen kann, gezählt. Zählt man alle vorhandenen Bestände zusammen, erhält man die so genannten „liquiden Mittel" eines Unternehmens. Diese haben die gleiche Bedeutung wie Sauerstoff für den menschlichen Körper. Ohne liquide Mittel stirbt ein Unternehmen sofort wegen Zahlungsunfähigkeit.

Das Gesetz schreibt die Erstellung einer Geldflussrechnung nicht vor. Eine solche Rechnung ist aber unverzichtbar, um Liquiditätsengpässe zu vermeiden. Verändern sich die unternehmerischen Geldbestände, wird vom Geldfluss gesprochen. Es werden drei Bereiche unterschieden, wo solche Veränderungen stattfinden können: Geschäftsbereich, Investitionsbereich und Finanzierungsbereich.

Tab. 127

| Geldflussbereiche | Erklärung |
|---|---|
| Geschäftsbereich | Der Geldfluss aus diesem Bereich umfasst alle liquiditätswirksamen[2] Einnahmen und Ausgaben, die durch die Geschäftstätigkeit entstanden sind. Sind die Einnahmen höher als die Ausgaben, liegt ein Cashflow (Geldzufluss) vor. Bei Ausgabenüberschüssen liegt hingegen ein Cashdrain bzw. Cashloss (Geldabfluss) vor. |
| Investitionsbereich | Dieser Bereich beinhaltet alle Veränderungen der Geldbestände, welche als Folge von Investitionen entstanden sind. Beim Kauf von Anlagevermögen (Investition) nehmen die Geldbestände ab, beim Verkauf hingegen (Desinvestition) zu. Der Verkauf von Anlagevermögen bietet sich demnach an, wenn ein Unternehmen liquide Mittel benötigt. |
| Finanzierungsbereich→ | Durch eine Aufnahme von langfristigem Fremd- oder Eigenkapital erhöht ein Unternehmen seine Geldbestände. Dieses Vorgehen wird Finanzierung genannt. Wird hingegen Fremd- oder Eigenkapital zurückbezahlt, sinken die liquiden Mittel, was als Definanzierung bezeichnet wird. |

[1] Insolvenz: Zahlungsverpflichtungen gegenüber einem Gläubiger nicht erfüllen können, Zahlungsunfähigkeit

[2] liquiditätswirksam: Es findet ein Geldzufluss oder -abfluss statt. Dies ist beispielsweise beim Verkauf eines Produkts der Fall, jedoch nicht bei der Auflösung stiller Reserven.

→ S. 391 Finanzierungsarten

**Beispiel** „Bäckerei Sonniger AG" – Geldflussrechnung für das Jahr 2015

**Bestand Liquide Mittel:**
Die Bäckerei hatte zu Beginn des Jahres 2015 liquide Mittel[1] in der Höhe von 28 000 Franken.

**Geldfluss im Geschäftsbereich:**
Im Verlaufe dieses Jahres hat das Unternehmen 140 000 Franken mehr Einnahmen aus dem Verkauf von Backwaren erzielt als Ausgaben getätigt, die zu deren Herstellung notwendig waren (Geldzufluss).

**Geldfluss im Investitionsbereich:**
In derselben Periode hat das Unternehmen eine neue Backmaschine für 90 000 Franken gekauft und die alte Backmaschine für 10 000 Franken verkauft. Dies entspricht einem Geldabfluss von 80 000 Franken.

**Geldfluss im Finanzierungsbereich:**
In derselben Periode musste das Unternehmen ein Darlehen in der Höhe von 78 000 Franken zurückzahlen (Geldabfluss).

**Schlussfolgerung:**
Die Erfolgsrechnung weist zwar einen Gewinn von 20 000 Franken aus, die rudimentäre Geldflussrechnung hingegen zeigt einen Nettogeldabfluss in der Höhe von 18 000 Franken (140 000 – 80 000 – 78 000 = –18 000). Der neue Bestand der liquiden Mittel per Ende 2015 beträgt demnach nur noch 10 000 Franken. Eine sofortige Finanzierung von Investitionen aus der eigenen Kasse ist zurzeit nicht möglich. Die Bezahlung von kurzfristig fälligen Verpflichtungen (z. B. Lieferantenrechnungen, Bankdarlehen) würde die Bäckerei an den Rand eines Konkurses treiben.

→ Aufgabe 4

Abb. 200

# Aufgaben – D14 Finanzbuchhaltung

**1**

Simon und Petra betreiben ein kleines Sportartikelgeschäft. Bis anhin hat ein guter Kollege von ihnen die Buchhaltung geführt. Dieses Jahr haben sie diese Aufgabe zum ersten Mal selbst in die Hand genommen. Bei der kontinuierlichen Verbuchung hat alles gut geklappt und per 31.12.2015 haben sie nun eine Bilanz aufgestellt. Von ihrem Kollegen haben sie die Grundregel vernommen, dass die Aktivseite immer gleich gross sein muss wie die Passivseite. Nachdem sie nochmals einen Blick auf ihre Bilanz geworfen haben, sind sie nun aber ein wenig irritiert, weil ihre Bilanz nicht ausgeglichen ist.

Tab. 128

**Bilanz per 31.12.2015 (in CHF)**

| Passiven | | | Aktiven | | |
|---|---|---|---|---|---|
| Eigenkapital | | | Anlagevermögen | | |
| Kasse | 2 000 | | Verbindlichkeiten aus Lieferung und Leistung | 12 000 | |
| Immobilien | 220 000 | | Darlehen | 112 000 | |
| Hypotheken | 135 000 | | Bank | 18 000 | |
| | | 357 000 | Forderungen aus Lieferungen und Leistungen | 6 500 | |
| | | | Fahrzeuge | 166 000 | 314 500 |
| Umlaufvermögen | | | Fremdkapital | | |
| Aktienkapital | 287 500 | | Warenvorräte | 12 000 | |
| Einrichtungen | 80 000 | | Gewinnvortrag | 28 000 | |
| | | 367 500 | Maschinen | 66 000 | |
| | | | Post | 4 000 | |
| | | | | | 110 000 |
| | | 724 500 | | | 424 500 |

**367**

a Ordnen Sie die einzelnen Konti in der Tabelle korrekt den Aktiven oder Passiven zu.

b Ordnen Sie die einzelnen Konti in der Tabelle der Spalte „bis 1 Jahr" oder der Spalte „> 1 Jahr" zu.

c Erstellen Sie eine neue korrekte Bilanz.

Tab. 129

| | Aktiven | Passiven | bis 1 Jahr | > 1 Jahr |
|---|---|---|---|---|
| Kasse | | | | |
| Immobilien | | | | |
| Hypotheken | | | | |
| Aktienkapital | | | | |
| Einrichtungen | | | | |
| Verbindlichkeiten aus Lieferungen und Leistungen | | | | |
| Darlehen | | | | |
| Bank | | | | |
| Forderungen aus Lieferungen und Leistungen | | | | |
| Fahrzeuge | | | | |
| Warenvorräte | | | | |
| Gewinnvortrag | | | | |
| Maschinen | | | | |
| Post | | | | |

2

Simon und Petra wollen herausfinden, ob sie mit ihrem Sportartikelgeschäft im letzten Jahr einen Gewinn oder Verlust erwirtschaftet haben. Erstellen Sie mithilfe folgender Angaben eine Erfolgsrechnung.

| | | | |
|---|---|---|---|
| Reparaturertrag | CHF 80 000 | Warenaufwand | CHF 164 000 |
| Personalaufwand | CHF 140 000 | Versicherungsaufwand | CHF 6 000 |
| Werbeaufwand | CHF 17 000 | Raumaufwand | CHF 40 000 |
| Zinsaufwand | CHF 17 000 | übriger Betriebsertrag | CHF 26 000 |
| Abschreibungen | CHF 4 000 | übriger Betriebsaufwand | CHF 4 000 |
| Warenertrag | CHF 280 000 | | |

**3**

Die „SimFanto AG" hat per 31.12.2015 unten stehende externe Bilanz erstellt.
Auf folgenden Positionen wurden stille Reserven gebildet:

– Die Fahrzeuge, die am 01.01.2014 für 200 000 Franken angeschafft wurden,
  haben eine Nutzungsdauer von 10 Jahren. Sie sollten eigentlich pro Jahr um
  20 000 Franken abgeschrieben werden.
– Die Immobilien sind gemäss eines Gutachtens per 31.12.2015 125 000 Franken wert.
– Auf den Verbindlichkeiten aus Lieferungen und Leistungen wurden stille Reserven in der Höhe von 2 000 Franken gebildet.

Tab. 130

**Bilanz per 31.12.2015 (in CHF)**

| Aktiven | | | Passiven | | |
|---|---|---|---|---|---|
| Umlaufvermögen | | | Fremdkapital | | |
| Kasse | 3 000 | | Verbindlichkeiten aus Lieferungen und Leistungen | 12 000 | |
| Post | 3 000 | | Darlehen | 72 000 | |
| Bank | 12 000 | | Hypotheken | 80 000 | 164 000 |
| Forderungen aus Lieferungen und Leistungen | 5 000 | | | | |
| Warenvorräte | 9 000 | 32 000 | | | |
| Anlagevermögen | | | Eigenkapital | | |
| Maschinen | 30 000 | | Aktienkapital | 170 000 | |
| Einrichtungen | 40 000 | | Vorjahresgewinn | 18 000 | 188 000 |
| Fahrzeuge | 150 000 | | | | |
| Immobilien | 100 000 | 320 000 | | | |
| | | 352 000 | | | 352 000 |

a Wie hoch sind die stillen Reserven auf den Fahrzeugen?

b Da sich der Inhaber entschieden hat, das Unternehmen zu verkaufen, muss per 31.12.2015 eine um die stillen Reserven bereinigte Bilanz aufgestellt werden. Erstellen Sie eine interne Bilanz.

c Wie wirkt sich die Auflösung der stillen Reserven auf die Erfolgsrechnung und damit auf den Gewinn bzw. den Verlust aus?


## 4

a Beurteilen Sie für jeden Geschäftsfall, ob dieser die Geldflussrechnung tangiert bzw. liquiditätswirksam ist.

b Nennen Sie bei liquiditätswirksamen Geschäftsfällen den Bereich, in dem die Änderung stattgefunden hat (Geschäfts-, Investitions- oder Finanzierungsbereich).

Tab. 131

| Geschäftsfall | Geldfluss Ja/Nein? | Bereich der Geldflussrechnung |
|---|---|---|
| a Zahlung von Zinsen | | |
| b Abschreibung auf Fahrzeuge | | |
| c Verkauf einer gebrauchten Maschine | | |
| d Zahlung der Löhne | | |
| e Barzahlung von Kundeneinkäufen | | |
| f Aufnahme eines Darlehens bei der Bank | | |
| g Kauf eines neuen Druckers | | |
| h Bildung von stillen Reserven auf den Fahrzeugen | | |
| i Bezahlung der Miete | | |
| j Teilrückzahlung des kurzfristigen Fremdkapitals | | |
| k Zahlung der Stromrechnung | | |

www.iwp.unisg.ch/bwl

# D15 Betriebsbuchhaltung

→ S. 196 Inhaltsübersicht

www.iwp.unisg.ch/weblinks

## Leitfragen

a) Wie werden in einem Unternehmen die Kosten erfasst und überwacht?

b) Welche Kostenarten lassen sich voneinander unterscheiden?

c) Wie lassen sich Gemeinkosten den hergestellten Produkten (Kostenträger) zuordnen?

d) Auf welche Art und Weise kann die Break-Even-Menge (Gewinnschwellenmenge) berechnet werden?

e) Was bedeutet Kalkulation und wie wird der Einstandswert bzw. der Verkaufspreis einer Ware bestimmt?

## Schlüsselbegriffe

Betriebsbuchhaltung, Vollkostenrechnung, Kostenarten, Kostenstellen, Verteilschlüssel, Umlageschlüssel, Kostenträger, Einzelkosten (direkte Kosten), Gemeinkosten (indirekte Kosten), Teilkostenrechnung, Fixkosten, variable Kosten, Deckungsbeitrag, Deckungsbeitragsrechnung, Break-Even-Point (Gewinnschwelle), Break-Even-Analyse, Vorkalkulation, Nachkalkulation, Einkaufskalkulation, Einstandswert, Bezugskosten, Betriebsinterne Kalkulation, Nettoverkaufspreis, Selbstkosten, Verkaufskalkulation, Gewinnzuschlag, Gemeinkostenzuschlag, Skonto, Bruttokreditverkaufspreis

## Verankerung im Modell

Die Betriebsbuchhaltung hat einerseits zur Aufgabe, die bei der Leistungserstellung anfallenden Kosten zu erfassen und damit unter anderem die Grundlage für eine optimale Preispolitik (Geschäftsprozesse) zu legen. Andererseits dient die Betriebsbuchhaltung aber auch als Entscheidungsgrundlage des Managements (Managementprozesse), mit deren Hilfe dieses die Kostensituation überwacht und die zur Verfügung stehenden Ressourcen möglichst effizient bewirtschaftet. Da die Betriebsbuchhaltung somit zu einem reibungslosen Ablauf der Management- und Geschäftsprozesse beiträgt, ist sie zu den Unterstützungsprozessen zu zählen.

## Beispiel „Bäckerei Sonniger AG"

Abb. 201

Die „Bäckerei Sonniger AG" ist ein traditionelles Familienunternehmen mit einer Backstube und drei Verkaufsläden. In diesen Läden verwöhnt die Bäckerei ihre Kundschaft mit einem vielfältigen Produktangebot, mit Fachkompetenz und Freundlichkeit. Das Produktangebot umfasst mehrere Sorten Brot und süsse Gebäcke, welche in der eigenen Backstube mit grösster Sorgfalt hergestellt werden. Besonders bekannt ist die Bäckerei für das Vollkornbrot und die Apfelkrapfen. In den Verkaufsläden wird zudem Schokolade aus Südamerika verkauft, welche eingekauft und nicht selbst hergestellt wird. Darüber hinaus bietet das Unternehmen Brotbackkurse an.

**371**

Das Eigentümer-Ehepaar interessiert sich nun für die Kosten, welche bei der Herstellung ihrer Produkte und Dienstleistungen anfallen. Dabei stellen sich ihnen insbesondere folgende Fragen:

- Wie viel kostet die Herstellung eines Vollkornbrots?
- Auf welche Art und Weise sollen dem Vollkornbrot die Mietkosten zugeordnet werden?
- Wie viele Teilnehmer sind für den angebotenen Brotbackkurs notwendig, damit dieser Gewinn bringend oder zumindest kostendeckend durchgeführt werden kann?
- Wie lässt sich vom Einkaufspreis (Katalogpreis des Lieferanten) ausgehend der Verkaufspreis für die Schokolade bestimmen?

## 15.1 Abgrenzung zwischen Finanz- und Betriebsbuchhaltung

Im Rahmen der Finanzbuchhaltung→ werden das Vermögen, die Schulden, die Erträge und die Aufwände betrachtet. Bei der Betrachtung eines Unternehmens ist aber auch von Interesse, welche Preise gesetzt werden müssen, um erfolgreich zu wirtschaften. Solche und ähnliche Fragen werden nicht von der Finanzbuchhaltung, sondern von der Betriebsbuchhaltung beantwortet.

→ S. 357 Finanzbuchhaltung

**Die Betriebsbuchhaltung, auch als Kostenrechnung bezeichnet, erfasst alle in einem Unternehmen anfallenden Kosten und ordnet diese einzelnen Produkten und Dienstleistungen bzw. Projekten zu.**

**Beispiel** „Bäckerei Sonniger AG" – Die Kosten der Produktion

Eine bekannte Spezialität der „Bäckerei Sonniger AG" sind ihre selbstgemachten Vollkornbrote und Apfelkrapfen. Bei der Produktion dieser zwei Produkte entstehen die unterschiedlichsten Kosten, z. B. Kosten für das benötigte Mehl, aber auch Mietkosten für die Backstube, den Lagerraum sowie die Verkaufsläden. Beim Mehl spricht man von direkten Kosten bzw. Einzelkosten, da die benötigte Menge Mehl für die Produktion eines Vollkornbrots genau berechnet werden kann – d. h. die „Mehlkosten" pro Vollkornbrot können genau bestimmt und den Vollkornbroten zugeordnet werden. Die Zuordnung der Mietkosten hingegen ist schwieriger. Auf diese Thematik wird später eingegangen.

In der Betriebsbuchhaltung existieren zwei Arten von Kostenrechnungen, nämlich die Voll- und die Teilkostenrechnung. Beides sind Führungsinstrumente→, welche die Kosten für die Erstellung eines Gutes liefern und demzufolge für die Preisbestimmung→ der einzelnen Produkte im Unternehmen wichtig sind. Diese Zahlen sind nicht für die Öffentlichkeit, sondern nur für die internen Adressaten bestimmt.

→ S. 198 – S. 227 Managementprozesse

→ S. 304 Kostenorientierte Preisbestimmung

## 15.2 Vollkostenrechnung

**Die Vollkostenrechnung verteilt die gesamten Kosten auf die verschiedenen Kostenträger.**

Die Vollkostenrechnung beantwortet die folgenden drei Fragen:

Tab. 132

| Kostenarten | Kostenstellen | Kostenträger |
|---|---|---|
| „Welche Kosten fallen an?" | „Wo fallen Kosten an?" | „Wofür fallen Kosten an?" |
| z. B. Vollkornmehl, Hefe, Salz und Wasser sowie Mietkosten für die Backstube, den Lagerraum und die Verkaufsläden | z. B. in der Backstube, im Lagerraum und in den Verkaufsläden | z. B. für Vollkornbrote oder Apfelkrapfen |

### Kostenartenrechnung

Die Kostenartenrechnung ist keine eigentliche Rechnung, sondern lediglich eine geordnete Darstellung der angefallenen Kosten.

Ausgangspunkt der Kostenartenrechnung bildet der in der Finanzbuchhaltung ermittelte Aufwand→. Das Problem ist nun, dass Aufwand und Kosten nicht in vollem Umfang übereinstimmen. Es gibt Aufwände bzw. Wertverzehr, welche/-r nichts mit der betrieblichen Leistungserstellung zu tun haben/hat. Spendet ein Unternehmen zum Beispiel Geld, dann ist das wohl ein Aufwand, welcher aber nichts mit der Leistungserstellung (z. B. Vollkornbrotherstellung) zu tun hat und aus diesem Grund nicht in die Kostenartenrechnung einfliessen darf.

→ S. 362 Aufwand

Nachdem die Arten von Kosten gesammelt wurden, können diese den Einzel- oder den Gemeinkosten zugeteilt werden.

Tab. 133

| Kostenarten | Erklärung | Beispiel | Verwendung |
|---|---|---|---|
| Einzelkosten = direkte Kosten | Alle während dem Leistungsprozess für ein bestimmtes Produkt (Kostenträger) entstandenen Kosten, welche sich diesem direkt zuordnen lassen. | Die Materialkosten können jedem einzelnen Produkt genau zugeordnet werden. Ein Kleid braucht eine genau bestimmte Menge Stoff. | Übertragung in die Kostenträgerrechnung |
| Gemeinkosten = indirekte Kosten | Alle während dem Leistungsprozess entstandenen Kosten, welche sich nicht einem bestimmten Produkt zuordnen lassen, sondern zur Erstellung mehrerer Produkte angefallen sind. Es ist nur bekannt, in welchem Bereich sie entstanden sind. | Die Mietkosten für das Fabrikationsgebäude lassen sich nicht direkt den einzelnen Produkten zuordnen, denn sie werden von allen erstellten Produkten gemeinsam verursacht. | Übertragung in die Kostenstellenrechnung |

**Beispiel** „Bäckerei Sonniger AG" – Einzelkosten und Gemeinkosten am Beispiel eines Vollkornbrotes

→ Aufgabe 1

Abb. 202

Zu den bei der Produktion von Vollkornbrot entstehenden Einzelkosten gehören Vollkornmehl, Hefe, Salz und Wasser. Diese lassen sich dem einzelnen Vollkornbrot einfach zuordnen, da die notwendigen Mengen für die Herstellung eines solchen einfach zu ermitteln sind.

Die Mietkosten hingegen, welche bei der „Bäckerei Sonniger AG" anfallen, sind keine Einzelkosten, sondern Gemeinkosten. Bei der Bäckerei wird für die Backstube, den Lagerraum sowie die Verkaufsläden Miete bezahlt. Im Gegensatz zu den Einzelkosten lassen sich Gemeinkosten nicht direkt einem Vollkornbrot zuordnen, da diese nicht alleine durch die Produktion von Vollkornbroten, sondern durch alle Produkte (z. B. Apfelkrapfen) verursacht werden.

## Kostenstellenrechnung

Im Gegensatz zu den Einzelkosten, lassen sich die Gemeinkosten nicht direkt auf einen Kostenträger zuteilen. Aus diesem Grund muss ein rechnerischer Umweg über die Kostenstellen eingeschlagen werden. Eine Kostenstelle ist ein definierter Bereich im Unternehmen, in dem Kosten anfallen (z. B. Lager, Produktionshalle, Verkaufsladen). Die Organisations- und Führungsstruktur ist so zu gestalten, dass eine Person für die Kostenstelle die Führungsverantwortung (inklusive der finanziellen Verantwortung) inne hat. Die Kostenstellenrechnung zeigt auf, wo im Unternehmen Kosten angefallen sind (z. B. Heizkosten im Lager, in der Produktionshalle und im Verkaufsladen). Die Verteilung der Gemeinkosten auf die einzelnen Kostenstellen erfolgt möglichst verursachergerecht aufgrund von Schätzungen oder mithilfe von Verteilschlüsseln. Es wird zwischen Mengenschlüsseln (z. B. beanspruchte Quadratmeter, Anzahl Maschinenstunden, Anzahl geleisteter Einzellohnstunden) und Wertschlüsseln (z. B. investiertes Kapital, Wert der hergestellten Produkte) unterschieden. Bei der Verwendung des Mengenschlüssels „Quadratmeter" müssen grössere Räume einen höheren Anteil an den Gemeinkosten (z. B. Heizkosten) tragen.

→ S. 158 Organigramm

Eine Kostenstelle ist ein definierter Bereich im Unternehmen, in dem Kosten anfallen.

Ein Verteilschlüssel legt fest, wie Gemeinkosten verursachergerecht auf die Kostenstellen verteilt werden. Ein Umlageschlüssel legt fest, wie die Kosten verursachergerecht von den Kostenstellen auf die Kostenträger umgelegt werden.

**Beispiel** „Bäckerei Sonniger AG" – Verteilschlüssel für Mietkosten

Mietkosten (= Kostenart) sind indirekte Kosten, welche zuerst verteilt werden müssen. Dies macht die „Bäckerei Sonniger AG" nach einem bestimmten Verteilschlüssel. Es wird angenommen, dass sich die Mietkosten vorwiegend nach der Anzahl der Quadratmeter (= Verteilschlüssel) bemessen lassen.

Bei der „Bäckerei Sonniger AG" ergeben sich jährlich 160 000 Franken Mietkosten. Diese müssen nun auf die einzelnen Kostenstellen verteilt werden. Mietkosten fallen bei der Bäckerei in der Backstube (Produktionsstätte), im Lagerraum und in den drei Verkaufsläden (= Kostenstellen) an. Die Backstube umfasst 160 m$^2$ der Lagerraum 80 m$^2$ und die drei Verkaufsläden insgesamt 400 m$^2$. Werden die Mietkosten gemäss dem Verteilschlüssel „Fläche in Quadratmeter" verteilt, bedeutet dies, dass die Kostenstellen Backstube 25 %, der Lagerraum 12,5 % und die drei Verkaufsläden 62,5 % der anfallenden Mietkosten verursachen. In CHF ausgedrückt werden folgende Kosten zugewiesen:

Tab. 134

| Kostenstelle | Verteilschlüssel | Anfallende Mietkosten pro Jahr |
|---|---|---|
| Backstube | 160 m$^2$ | CHF 40 000 |
| Lagerraum | 80 m$^2$ | CHF 20 000 |
| Verkaufsläden | 400 m$^2$ | CHF 100 000 |
| Summe | 640 m$^2$ | CHF 160 000 |

→ Aufgabe 2

## Kostenträgerrechnung

Die Kosten werden schliesslich den Kostenträgern (Produktart, Dienstleistung) belastet. Die Einzelkosten werden von der Kostenartenrechnung direkt auf die jeweiligen Kostenträger verteilt. Die indirekten Kosten (Gemeinkosten) werden den jeweiligen Kostenträgern aus der Kostenstellenrechnung mithilfe eines Umlageschlüssels zugeordnet. In der Kostenträgerrechnung werden sämtliche Kosten zusammengefasst, die einem gemeinsamen Kostenträger zugeteilt sind, um in Erfahrung zu bringen, welche Kosten ein Endprodukt wirklich verursacht. Demnach weist die Kostenträgerrechnung die Selbstkosten aus. Werden vom Erlös der verkauften Produkte die Selbstkosten abgezogen, resultiert daraus der Erfolgsbeitrag eines Kostenträgers am gesamten Betriebserfolg.

**Die hergestellten Güter und die erbrachten Dienstleistungen werden als Kostenträger bezeichnet. Diese Kostenträger haben die von ihnen verursachten Kosten zu tragen.**

**Beispiel** „Bäckerei Sonniger AG" – Kostenträger Vollkornbrot

Abb. 203

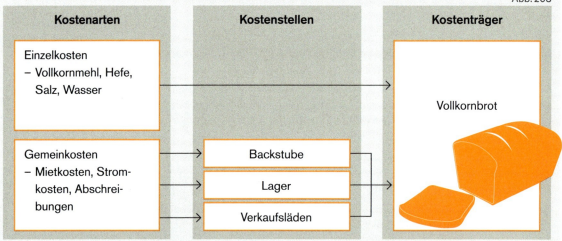

Bei der Herstellung eines Vollkornbrots fallen sowohl Einzel- als auch Gemeinkosten (= Kostenarten) an. Die Einzelkosten „Vollkornmehl", „Hefe", „Salz" und „Wasser" lassen sich dem Kostenträger „Vollkornbrot" direkt zuteilen – schliesslich ist bekannt, welche Menge dieser Zutaten für die Herstellung eines Vollkornbrots benötigt wird. Bei den Gemeinkosten (Miete, Strom, Personal, und Abschreibungen) verhält es sich jedoch anders: In der Regel ist nicht bekannt, welche Mietkosten die Herstellung eines Vollkornbrots verursacht. Daher werden die Gemeinkosten anhand eines passenden Verteilschlüssels (Fläche in $m^2$ im Falle der Mietkosten) auf die Kostenstellen „Backstube", „Lager" und „Verkaufsläden" verteilt. Erst danach erfolgt die Zuordnung der Gemeinkosten auf den Kostenträger, was im vorliegende Fall etwa über die Anzahl Stunden, welche die Vollkornbrote zur Herstellung in der Backstube benötigen und wie viele Stunden die Vollkornbrote im Lager und in den Verkaufsläden verbringen, geschehen könnte: Gehen wir im Folgenden davon aus, dass als Kostenträger neben „Vollkornbroten" nur noch „Apfelkrapfen" existieren:

Tab. 135

| Kostenstelle | Anfallende Mietkosten pro Jahr in CHF | Vollkornbrote (h/Stk.) | Apfelkrapfen (h/Stk.) |
|---|---|---|---|
| Backstube | 40 000 | 4 | 2 |
| Lager | 20 000 | 3 | 1 |
| Verkaufsläden | 100 000 | 7 | 5 |
| Summe | 160 000 | 14 | 8 |

Von den insgesamt 6 Stunden, welche ein Vollkornbrot sowie ein Apfelkrapfen zusammen durchschnittlich in der Backstube verbringen, entfallen 4 Stunden auf das Vollkornbrot sowie 2 Stunden auf den Apfelkrapfen: Entsprechend sind 4/6 der in der Backstube anfallenden Mietkosten auf den Kostenträger „Vollkornbrote" und 2/6 auf den Kostenträger „Apfelkrapfen" umzulegen:

Tab. 136

| Kostenstelle | Anfallende Mietkosten pro Jahr in CHF | Vollkornbrote (Kosten in CHF) | Apfelkrapfen (Kosten in CHF) |
|---|---|---|---|
| Backstube | 40 000 | 4/6 ≙ 26 667 | 2/6 ≙ 13 333 |
| Lager | 20 000 | 3/4 ≙ 15 000 | 1/4 ≙ 5 000 |
| Verkaufsläden | 100 000 | 7/12 ≙ 58 333 | 5/12 ≙ 41 667 |
| Total | 160 000 | 100 000 | 60 000 |

Von den bisher errechneten Daten ausgehend können in einem weiteren Schritt nun die Stückkosten pro Vollkornbrot und Apfelkrapfen ermittelt werden: Gehen wir davon aus, dass die Einzelkosten pro Vollkornbrot CHF 0.50 (für Vollkornmehl, Hefe usw.) und pro Apfelkrapfen CHF 0.30 (für Mehl, Apfelringe usw.) betragen. Insgesamt fallen beim Vollkornbrot Mietkosten in der Höhe von 100 000 Franken und bei den Apfelkrapfen solche über 60 000 Franken an. Die „Bäckerei Sonniger AG" geht von einer Verkaufsmenge von 80 000 Vollkornbroten und 50 000 Apfelkrapfen pro Jahr aus. Die gesamten Stückkosten (variable Stückkosten + fixe Stückkosten) betragen nun:
– Vollkornbrot: CHF 0.50 + CHF 100 000/80 000 = CHF 1.75
– Apfelkrapfen: CHF 0.30 + CHF 60 000/50 000 = CHF 1.50

Wird der Preis nun bei den Stückkosten (Selbstkosten) angesetzt (= Break-Even-Preis→), so würden zwar alle Kosten gedeckt, jedoch kein Gewinn erzielt werden. Daher verkauft die „Bäckerei Sonniger AG" ihre Vollkornbrote und Apfelkrapfen nicht zum Selbstkostenpreis (Break-Even-Preis), sondern zu einem höheren Verkaufspreis→. Ausserdem ist im vorliegenden Beispiel zu beachten, dass als Gemeinkosten nur Mietkosten berücksichtigt wurden – in der Realität sind jedoch weitere Gemeinkosten (Strom, Verwaltung usw.) auf die Produkte umzulegen, weswegen die Stückkosten im Vergleich zu den oben berechneten effektiv höher liegen.

→ S. 305 Break-Even-Analyse

→ S. 306 Zuschlagsverfahren

Die Erstellung einer Vollkostenrechnung ist, wie eben gezeigt, nicht einfach. Besonders schwierig gestaltet sich dabei die Definition sinnvoller Verteil- und Umlageschlüssel, damit die Gemeinkosten auf die Kostenstellen und letztlich auf die einzelnen Kostenträger verteilt werden können. Diese Schlüssel beruhen oft auf Schätzungen (so die Anzahl Stunden, welche ein Vollkornbrot in einer Kostenstelle verbringt) und sind daher nicht besonders genau. Aus diesem Grunde wird neben der Vollkostenrechnung mit der Teilkostenrechnung häufig ein weiteres Instrument zur Bestimmung und Verteilung der angefallenen Kosten eingesetzt.

# 15.3 Teilkostenrechnung

Die Vollkostenrechnung hat aufgezeigt, wie sämtliche Kosten den Kostenträgern (Produkten und Dienstleistungen) entweder direkt (Einzelkosten) oder indirekt über die Kostenstellen (Gemeinkosten) zugewiesen wurden. Dabei konnte festgestellt werden, dass insbesondere die Zuordnung der Gemeinkosten über einen Umlageschlüssel mit erheblichen Schwierigkeiten und damit Ungenauigkeiten behaftet ist. Zur Verminderung des Risikos von Fehlentscheidungen sollte ein Unternehmen daher auch die Teilkostenrechnung berücksichtigen: Diese belastet einem einzelnen Kostenträger nicht die „vollen" Kosten, sondern nur einen Teil davon.

**Die Teilkostenrechnung umfasst alle Kostenrechnungssysteme, welche sich auf die Betrachtung der direkt einem Kostenobjekt zurechenbaren Kosten (= Einzelkosten) beschränken.**

Aus der Teilkostenrechnung resultiert kein Gewinn oder Verlust, sondern ein Deckungsbeitrag. Zum besseren Verständnis werden an dieser Stelle zuerst einige Begriffe erklärt:

Tab. 137

| Begriff | Erklärung |
|---|---|
| Fixkosten | Diese Kosten fallen in konstanter Höhe an, unabhängig von der produzierten Menge eines Produkts, z. B. Mietkosten. |
| Variable Kosten | Diese Kosten hängen von der produzierten Menge eines Produkts ab, z. B. Materialeinzelkosten. |
| Deckungsbeitrag | Dieser entsteht, wenn der Verkaufspreis grösser als die variablen Kosten pro Stück ist. Er steht zur Deckung der fixen Kosten zur Verfügung. |
| Break-Even-Absatzmenge | Bei dieser Verkaufsmenge wird die Gewinnschwelle erreicht. |

**Deckungsbeitragsanalyse**

Fixkosten spielen im Rahmen der Unternehmensaktivitäten eine zentrale Rolle und sind bei Änderungen der Umsatzzahlen nicht sofort beeinflussbar. So ist die Miete von Verkaufsräumen für eine gewisse Zeit vertraglich fix geregelt – ein Mietvertrag kann nicht auf der Stelle veränderten Rahmenbedingungen (z. B. geringeren Umsatzzahlen) angepasst werden.

Mit dem **Deckungsbeitrag** versucht ein Unternehmen, seine Fixkosten zu decken.

**Beispiel** „Bäckerei Sonniger AG" – Deckungsbeitragsanalyse

Die „Bäckerei Sonniger AG" führt jedes Jahr einen mehrtägigen Brotbackkurs durch. Dieses Jahr soll der Kurs unter dem Titel „Gesund, gesünder, Vollkorn" stattfinden. Die „Bäckerei Sonniger AG" hat entschieden, dass der Kurs nur dann durchgeführt wird, wenn dieser zumindest kostendeckend ist. Aus diesem Grund wollen die Sonnigers in einem ersten Schritt wissen, wie viel ein einzelner Teilnehmer zur Deckung der Fixkosten (Personal- und Werbekosten) beiträgt.

Die Formel für die Berechnung dieses Beitrages pro verkaufte Einheit lautet:

**Deckungsbeitrag/Stk. = Nettoerlös/Stk. (= Verkaufspreis/Stück) – variable Kosten/Stk.**

Der Deckungsbeitrag/Stk. gibt an, wie viel eine verkaufte Einheit eines Guts zur Deckung der Fixkosten (z. B. Personal- und Werbekosten, Mietkosten) beiträgt. Ist der Deckungsbeitrag aller verkauften Einheiten grösser als die Fixkosten, resultiert daraus ein Gewinn. Ist er dagegen kleiner, ergibt sich ein Verlust. Die Gewinnschwelle (Break-Even-Point) befindet sich also bei derjenigen Absatzmenge, bei welcher der gesamte Deckungsbeitrag aller verkauften Einheiten den Fixkosten entspricht:

Break-Even-Menge: Deckungsbeitrag = Nettoerlös (Umsatz) – variable Kosten = Fixkosten

Die Berechnung des Deckungsbeitrages ist vor allem wichtig in Bezug auf die Preisgestaltung und Kostenüberwachung. Mithilfe der Deckungsbeitragsanalyse kann sowohl die Break-Even-Menge (Gewinnschwellenmenge) als auch der Break-Even-Preis (Gewinnschwellenpreis)→ berechnet werden.

→ S. 305 Break-Even-Analyse

**Die Deckungsbeitragsrechnung ist ein Kalkulationsinstrument, dessen Informationen in der Preisgestaltung und Kostenüberwachung verwendet werden.**

**Beispiel** „Bäckerei Sonniger AG" – Deckungsbeitragsanalyse

Die Sonnigers haben die Fixkosten von 2 950 Franken für den Brotbackkurs aus folgenden Daten berechnet (Summe der unten stehenden Fixkosten):

| | |
|---|---|
| Personalkosten | CHF 2 500 |
| Werbekosten | CHF 450 |

Die variablen Kosten betragen pro Teilnehmer bzw. Teilnehmerin 30 Franken (= variable Kosten/Stk.) und setzen sich folgendermassen zusammen:

| | | |
|---|---|---|
| Kursunterlagen | CHF | 10 |
| Mittagessen | CHF | 15 |
| Backzutaten | CHF | 5 |

Pro Teilnehmer bzw. Teilnehmerin wird eine Teilnahmegebühr von 80 Franken (= Nettoerlös/Teilnehmer, Preis) verlangt.

Die Besitzer der „Bäckerei Sonniger AG" möchten mithilfe der Deckungsbeitragsanalyse nun ermitteln, wie viel jeder Backkurs-Teilnehmer bzw. jede -Teilnehmerin zur Deckung der Fixkosten (Personal- und Werbekosten) beiträgt:

Deckungsbeitrag pro Teilnehmer:
Nettoerlös pro Teilnehmer/-in (=Preis/Teilnahmegebühr) – Kosten pro Teilnehmer (variable Kosten/Stk.) = CHF 80 – CHF 30 = CHF 50

Durch jeden bezahlenden Backkurs-Teilnehmer bzw. jede -Teilnehmerin erhält die „Bäckerei Sonniger AG" einen Deckungsbeitrag von 50 Franken, welchen sie zur Deckung der Fixkosten in der Höhe von 2 950 Franken einsetzen kann. Wären die variablen Kosten pro Teilnehmer höher als die Teilnahmegebühr (Nettoerlös pro Teilnehmer) und der Deckungsbeitrag pro Teilnehmer damit negativ, würde sich das Angebot des Brotbackkurses für die „Bäckerei Sonniger AG" überhaupt nicht lohnen.

## Break-Even-Analyse

 FS3

Der **Break-Even-Point** heisst übersetzt **Gewinnschwelle**. Diese beschreibt diejenige Produktionsmenge, ab welcher kostendeckend produziert werden kann. Der Deckungsbeitrag aller abgesetzten Produkte entspricht beim Break-Even-Point den gesamten Fixkosten (siehe weiter vorne unter „Deckungsbeitrag"). Wird die Gewinnschwelle überschritten, resultieren Gewinne. Wird diese Schwelle hingegen unterschritten, sind Verluste für das Unternehmen die Folge. Die Gewinnschwelle kann für ein einzelnes Produkt (Ein-Produkt-Betrachtung) oder mehrere Produkte (Mehr-Produkt-Betrachtung) bestimmt werden.

Die **Break-Even-Analyse**⃗ (**Gewinnschwellenanalyse**) wird verwendet, um jene Absatzmenge zu berechnen, bei der ein Produzent die Kosten deckt und in den Gewinnbereich eintritt. Sie gibt an, wie hoch der zu erwirtschaftende Umsatz sein muss, um die gegebenen Fixkosten und variable Kosten zu decken.

→ S. 125 und S. 305 Break-Even-Analyse

In der folgenden Abbildung entsprechen die Gesamtkosten bei der Menge ($x_2$) dem Erlös. Bei dieser Menge resultiert weder ein Verlust noch ein Gewinn. Kann die Absatzmenge weiter bis zu $x_3$ gesteigert werden, liegen die Gesamtkosten unter den Erlösen und das Unternehmen erzielt einen Gewinn. Im Falle einer geringen Produktionsmenge bei $x_1$ hingegen übersteigen die Gesamtkosten die Erlöse, was einen Verlust zur Folge hat.

Abb. 204

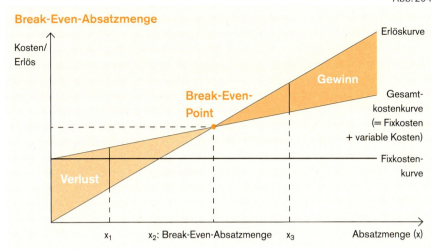

**Break-Even-Absatzmenge**

Die Break-Even-Absatzmenge ($x_2$) liegt beim Schnittpunkt zwischen der Kosten- sowie der Erlösfunktion. Mathematisch kann dieser Punkt bestimmt werden, indem die Kosten- und die Erlösgleichung gleichgesetzt werden:

*Kostenfunktion*                                    *Erlösfunktion*
Fixkosten (FK) + [var. Kosten (VK)/Stk. · Menge (x)] = Preis (P)/Stk. · Menge (x)

Wird obige Gleichung nach x aufgelöst, ergibt sich für die Break-Even-Absatzmenge folgende allgemeine Formel:

$$\text{Break-Even-Absatzmenge (x)} = \frac{\text{Fixkosten (FK)}}{\text{Preis (P)/Stk.} - \text{variable Kosten (VK)/Stk.}}$$

Da der Deckungsbeitrag pro Stück als „Preis (P)/Stk. – variable Kosten (VK)/Stk." definiert ist (siehe weiter vorne unter „Deckungsbeitrag"), lässt sich die Formel zur Berechnung der Break-Even-Absatzmenge (x) auch folgendermassen notieren:

$$\text{Break-Even-Absatzmenge (x)} = \frac{\text{Fixkosten (FK)}}{\text{Deckungsbeitrag/Stk.}}$$

**Beispiel** „Bäckerei Sonniger AG" – Break-Even-Absatzmenge

Nachdem die „Bäckerei Sonniger AG" bereits den Deckungsbeitrag pro Teilnehmer bzw. Teilnehmerin am Brotbackkurs bestimmt hat, möchte sie mithilfe der Break-Even-Analyse ermitteln, ab welcher Teilnehmerzahl (= Break-Even-Absatzmenge) die Fixkosten von 2 950 Franken vollständig gedeckt würden.

$$\text{Break-Even-Absatzmenge (x)} = \frac{\text{CHF } 2\,950}{\text{CHF } 80/\text{TN} - \text{CHF } 30/\text{TN}}$$

$$= \frac{\text{CHF } 2\,950}{\text{CHF } 50/\text{TN}} = 59 \text{ TN}$$

Bei einer Teilnehmerzahl von 59 und dem Deckungsbeitrag pro Teilnehmer von 50 Franken werden die Fixkosten von 2 950 Franken vollständig gedeckt.

Die Bäckerei geht jedoch von einer geringeren Teilnehmerzahl aus. Anstelle der benötigten 59, rechnet sie nur mit 10 Teilnehmern. Bei einer Teilnahmegebühr von 80 Franken würde für die Bäckerei ein Verlust resultieren. Aus diesem Grund will die Bäckerei nun wissen, wie hoch die Teilnahmegebühr bei der Teilnehmerzahl von 10 sein muss→:

→ S. 306 Break-Even-Preis

Damit die Fixkosten der Bäckerei gedeckt werden, muss der Deckungsbeitrag pro Teilnehmer 295 Franken betragen. Damit die Bäckerei zudem keinen Verlust einfährt, müssen die variablen Kosten von 30 Franken pro Teilnehmer darauf geschlagen werden. Daraus resultiert der kostendeckende Teilnehmerbeitrag von 325 Franken. Bei einem Teilnehmerbeitrag in dieser Höhe ist jedoch aufgrund der Preiselastizität der Nachfrage→ mit einer geringeren Teilnehmerzahl zu rechnen.

→ S. 301 Preiselastizität
→ Aufgabe 3

An dieser Stelle ist unbedingt anzufügen, dass die Betriebsbuchhaltung nicht nur die Kosten eines Unternehmens analysiert, sondern auch relevante Informationen für die Kalkulation bereitstellt, den Betriebserfolg ermittelt und Unterlagen für die Kosten- und die Erfolgskontrolle liefert. Auf die Kalkulation soll im folgenden Kapitel näher eingegangen werden.

## 15.4 Kalkulation

Grundsätzlich bedeutet Kalkulation schlichtweg Berechnung. Im Rechnungswesen kann zwischen der Vorkalkulation und der Nachkalkulation unterschieden werden. Die Differenzen zwischen Vor- und Nachkalkulation werden interpretiert und fliessen ins Kosten-Controlling[1] ein und in die Preisgestaltung→ zurück.

[1] Controlling: Führungsinstrument. Hier werden der Unternehmensleitung Zahlen zur besseren Steuerung und Kontrolle des Unternehmens geliefert.

→ S. 304 Kostenorientierte Preisbestimmung

Abb. 205

**Kalkulation**

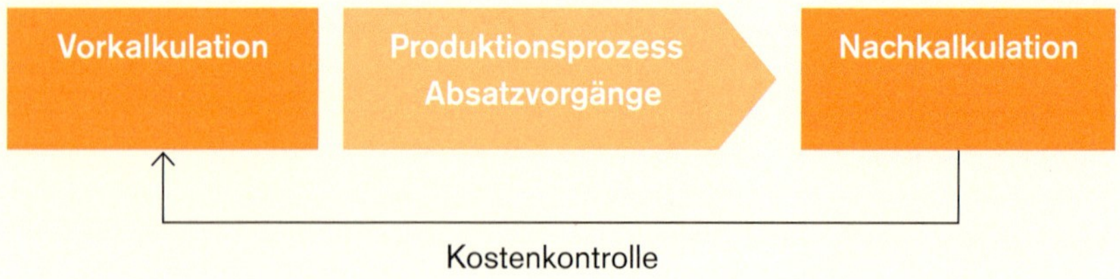

Vorkalkulation — Produktionsprozess Absatzvorgänge — Nachkalkulation

Kostenkontrolle

Die Hauptaufgaben der **Vorkalkulation** sind die Ermittlung der Selbstkosten (siehe Kostenträgerrechnung), die Preisfindung, die Preisbeurteilung und die Offertenstellung. Die in der Vorkalkulation erfassten Kosten unterliegen meist *Schätzungen* und sind demzufolge meist *Soll-Kosten*.

Die **Nachkalkulation** ist sozusagen eine Kostenkontrolle. Sie wird nach der Leistungserstellung mit den wirklich angefallenen Kosten, den *Ist-Kosten*, durchgeführt. Die Differenz mit den Soll-Kosten zeigt, ob das Unternehmen kostendeckend gearbeitet hat oder nicht.

Die „Bäckerei Sonniger AG" ist auf der einen Seite ein Produktionsunternehmen (Herstellung von Vollkornbrot, Apfelkrapfen usw.). Auf der anderen Seite ist die Bäckerei aber auch ein Handelsbetrieb. Sie importiert nämlich spezielle Schokolade aus Südamerika und verkauft diese in ihren Verkaufslokalen weiter. Im Folgenden wird das Beispiel „Schokolade aus Südamerika" (Handelsbetrieb) weiter verfolgt. Es zeigt die Aufgabe der Preisbestimmung genauer auf.

### Einkaufskalkulation

Die „Bäckerei Sonniger AG" importiert dunkle Schokolade aus Südamerika und verkauft diese in ihren drei Verkaufslokalen.

Bei der **Einkaufskalkulation** geht es darum, vom Bruttokreditankaufspreis zum Einstandswert zu kommen. Der **Einstandswert** wird wie folgt berechnet:

Bruttokreditankaufspreis (= Katalogpreis des Lieferanten)
– Rabatt/-e→                                                    → S. 312 Rabattpolitik
= Nettokreditankaufspreis (= Rechnungsbetrag)
– Skonto
= Nettobareinkaufspreis
+ Bezugskosten
= Einstandswert/Einstandspreis                                   → Aufgabe 4

**Beispiel**  „Bäckerei Sonniger AG" – Berechnung des Einstandswerts
für „Dark Forest"-Schokolade

Abb. 206

Die „Bäckerei Sonniger AG" importiert mit der Schokolade „Dark Forest" eine sehr teure und exklusive dunkle Schokolade, welche in einer speziellen Form verkauft wird. Der Bruttokreditankaufspreis für eine Portion (300 Gramm) dieser Schokolade beträgt umgerechnet CHF 6.80. Die weiteren Einkaufskonditionen lauten: 17 % **Mengenrabatt** ab 150 Stück, 2 % **Skonto** bei einer Bezahlung innerhalb von 10 Tagen. Die Bäckerei bestellt 180 Stück der dunklen, zarten Schokolade und bezahlt innerhalb von drei Arbeitstagen. Die Transport- und Zollkosten (**Bezugskosten**) belaufen sich auf CHF 2.40 pro bestellte Schokolade. Herr Müller, welcher bei der „Bäckerei Sonniger AG" für den Einkauf zuständig ist, berechnet sogleich den Einstandswert einer Schokolade der Sorte „Dark Forest" von 300 g Gewicht:

| | |
|---|---|
| Bruttokreditankaufspreis | CHF 6.80 (Katalogpreis des Lieferanten) |
| – Rabatt (hier: Mengenrabatt) | CHF 1.20 |
| = Nettokreditankaufspreis | CHF 5.60 (Rechnungsbetrag) |
| – Skonto | CHF 0.10 |
| = Nettobareinkaufspreis | CHF 5.50 |
| + Bezugskosten/Bezugsspesen | CHF 2.40 |
| = Einstandswert | CHF 7.90 |

Bei dieser Kalkulationsart stellt sich die Frage, wie hoch der Nettoverkaufspreis eines Produkts angesetzt werden muss, um alle Kosten, wie Mietkosten für Verkaufsläden und Stromkosten zu decken und dabei dennoch einen angemessenen Gewinn erzielen zu können.

Werden bei einem Handelsbetrieb die Gemeinkosten zum Einstandswert des jeweiligen Produktes addiert, ergibt das die **Selbstkosten**[1] des Produkts. Die Berechnung der Gemeinkosten eines Produkts erfolgt dabei analog zu den Ausführungen im Abschnitt zur „Vollkostenrechnung": So kann der Anteil der Mietkosten, welche das Handelsgut „Dark Forest"-Schokolade zu tragen hat, wiederum anhand der Anzahl Stunden im Verkaufsladen berechnet werden.

[1] Selbstkosten: Alle während dem Leistungsprozess für ein/-e Produkt/Dienstleistung entstandenen Kosten (wie Material-, Fertigungs-, Vertriebskosten usw.)

Auch der angestrebte Reingewinn muss kalkuliert werden. Wird dieser Reingewinn zu den Selbstkosten dazugezählt, ergibt dies den **Nettoverkaufspreis**. Dieser wird wie folgt berechnet:

Einstandswert
+ Gemeinkosten
= Selbstkosten
+ Reingewinn→
= Nettoverkaufspreis (Nettoerlös)

→ S. 306 Zuschlagsverfahren

**Beispiel** „Bäckerei Sonniger AG" – Nettoverkaufspreis einer „Dark Forest"-Schokolade

Beim Verkauf der südamerikanischen Schokolade rechnet die „Bäckerei Sonniger AG" mit 10 % **Gemeinkostenzuschlag** auf den Einstandswert für Mietkosten, Stromkosten und Lohnkosten. Der **Gewinnzuschlag** soll 5 % der Selbstkosten betragen.
Der Nettoverkaufspreis für eine Schokolade „Dark Forest" ergibt sich wie folgt:

Einstandswert          CHF 7.90
+ Gemeinkosten        CHF 0.80 (gerundet)
= Selbstkosten         CHF 8.70
+ Reingewinn           CHF 0.45 (gerundet)
= Nettoverkaufspreis   CHF 9.15

→ Aufgabe 5

## Verkaufskalkulation

Die **Verkaufskalkulation** versucht die Frage zu beantworten, wie hoch ein Verkaufspreis angesetzt werden muss, damit das Unternehmen zusätzlich Rabatt und Skonto gewähren kann. Der **Bruttokreditverkaufspreis** wird wie folgt berechnet:

Nettoverkaufspreis

+ Verkaufssonderkosten

= Nettobarverkaufspreis

+ Skonto

= Nettokreditverkaufspreis

+ Rabatt

= Bruttokreditverkaufspreis

**Beispiel** „Bäckerei Sonniger AG" – Bruttokreditverkaufspreis
einer „Dark Forest"-Schokolade

Die speziellen Verkaufskosten belaufen sich für die „Dark Forest"-Schokolade auf CHF 1.20. Die „Bäckerei Sonniger AG" gewährt ihren Grosskunden bei einer Bezahlung innerhalb von 10 Tagen einen Skonto von 2 %. Rabatte werden keine gewährt. Daraus kann für eine aus Südamerika stammende dunkle Schokolade folgender Bruttokreditverkaufspreis berechnet werden:

| | |
|---|---|
| Nettoverkaufspreis (Nettoerlös) | CHF 9.15 |
| + Verkaufssonderkosten | CHF 1.20 |
| = Nettobarverkaufspreis | CHF 10.35 |
| + Skonto | CHF 0.20 (gerundet) |
| = Bruttokreditverkaufspreis | CHF 10.55 |

→ Aufgabe 6

## 1

Die beiden Freunde Max und Peter sind grosse Kenner von Skate- und Longboards. Vor zwei Jahren haben sie sich auf die individuelle Herstellung von Skate- und Longboards spezialisiert und betreiben einen eigenen kleinen Laden. Sie kaufen die Einzelteile und verschiedene Arten von Holz ein und bauen dann auf Kundenwunsch passende Boards.

Entscheiden Sie für die unten stehenden Begriffe, ob es sich um Kostenarten bzw. Einzel- oder Gemeinkosten, Kostenstellen oder Kostenträger handelt.

Tab. 138

| | Kostenarten | | Kostenstellen | Kostenträger |
|---|---|---|---|---|
| | Einzelkosten | Gemeinkosten | | |
| Designabteilung | | | | |
| Kugellager | | | | |
| Skateboard | | | | |
| Schrauben & Muttern | | | | |
| Montageabteilung | | | | |
| Unterhalt der Schleifanlage | | | | |
| Holz | | | | |
| Schleif-Material | | | | |
| Haftbelag (Grip) | | | | |
| Lagerraum | | | | |
| Achsen | | | | |
| Longboard | | | | |
| Räder | | | | |
| Gebäudeunterhalt | | | | |
| Verpackungsabteilung | | | | |

**2**

Zeigen Sie einen möglichst passenden Verteilschlüssel, mit dem die folgenden Gemeinkosten auf die Kostenstellen verteilt werden können.

a Lohngemeinkosten

b Heizkosten

c Stromkosten für Maschinen

**3**

Sie sind Produktionsleiter in einem Unternehmen. Für ein bestimmtes Produkt liegen folgende Daten vor:

– Verkaufspreis des Produkts            CHF     100
– Variable Materialkosten pro Stück      CHF     25
– Materialgemeinkosten             CHF  37 500
– Fertigungsgemeinkosten           CHF 125 000
– Variable Fertigungskosten pro Stück     CHF     10
– Verwaltungsgemeinkosten          CHF  40 000
– Vertriebsgemeinkosten             CHF  22 500
– Variable Vertriebskosten pro Stück     CHF    2.50

Ermitteln Sie den Break-Even-Point.

**4**

Der Bürofachhändler Peter Fischer bestellt beim Lieferanten Tschepp 10 000 A4-Ordner aufgrund einer detaillierten Einkaufskalkulation. Die Konditionen lauten: Katalogpreis für 10 000 A4-Ordner 15 000 Franken (CHF 1.50 pro Stück), 5 % Mengenrabatt und 2 % Skonto bei Bezahlung innert 10 Tagen. Auf welchen Betrag lautete die Rechnung des Lieferanten?

**5**

Die „Active AG" importiert Fitnessgeräte. Der Einstandswert eines solchen Geräts beläuft sich auf 150 Franken. Die Gemeinkosten betragen 20 % des Einstandswerts. Das Unternehmen kalkuliert mit einem Reingewinnzuschlag von 15 % der Selbstkosten. Berechnen Sie den Nettoverkaufspreis.

**6**

Aus dem Verkauf eines Druckgerätes soll ein Nettoerlös von 18 000 Franken erzielt werden. Zum Nettoerlös kommen Transportkosten im Wert von 600 Franken sowie 12 % Händlerrabatt und 2 % Skonto bei Bezahlung innert 10 Tagen dazu.

a Berechnen Sie den Bruttokreditverkaufspreis des Druckgeräts.

b Wie lautet der Rechnungsbetrag für einen Händler, der nach 30 Tagen bezahlt?

# D16 Finanzierung
→ S. 196 Inhaltsübersicht

## Leitfragen

a) Was bedeutet Finanzierung?

b) In welchem Zusammenhang stehen die Begriffe Finanzierung und Investition?

c) Was wird unter Kapitalbedarf verstanden?

d) Wie kann der Kapitalbedarf bestimmt werden?

e) Welche Finanzierungsarten können unterschieden werden?

f) Welche Formen der Kreditfinanzierung gibt es?

g) Welches sind mögliche Kriterien für die Wahl der Finanzierungsart?

h) Wie funktioniert Crowdfunding?

## Schlüsselbegriffe

Finanzierung, Kapitalbedarf, Aussenfinanzierung, Innenfinanzierung, Fremdfinanzierung, Eigenfinanzierung, Kreditfinanzierung, Kontokorrentkredit, Darlehen, Hypothekardarlehen, Obligationenanleihen, Beteiligungsfinanzierung, Selbstfinanzierung, Vermögensverflüssigung, Crowdfunding

## Verankerung im Modell

Die Finanzierung gehört zu den Unterstützungsprozessen. Die Finanzierung unterstützt die Leistungserstellung (Geschäftsprozesse) insofern, als sie die finanziellen Mittel zum Kauf der notwendigen Infrastrukturen und Materialien beschafft. Ohne Finanzierung kann ein Unternehmen nicht existieren.

## Beispiel  SITAG AG*

* www.sitag.ch

Die SITAG AG wurde im Jahre 1965 gegründet. Inzwischen hat sich das Unternehmen als Hersteller von hochwertigen Büroeinrichtungslösungen im europäischen Markt etabliert. Seit 1980 liegt der Schwerpunkt in der Entwicklung und Produktion exklusiver Büromöbel (Loungegruppen, Konferenztische), ergonomisch ausgereifter Bürostühle und ganzer Systemlösungen (Einrichtung von Konferenz- und Empfangsräumen). Der Büromöbelhersteller verbindet Präzision mit Innovationsstärke. Er arbeitet intensiv an neuen Büroeinrichtungslösungen, die sowohl die technische wie auch individuelle Entwicklung moderner Arbeitsplatzgestaltung aufnehmen. Dabei geht es um die Suche nach dem idealen Zusammenwirken von Funktionalität im Alltag und Design. Es gilt der Grundsatz „Form follows function". Heute erwirtschaftet das Unternehmen mit rund 130 Mitarbeitern einen Umsatz von ca. 30 Millionen Franken. Seit 2015 gehört SITAG zu 100 % dem polnischen Büromöbelhersteller Nowy Styl. Die Nowy Styl Group ist der drittgrösste Bürostuhl- und Büromöbelhersteller in Europa.

Der Wettbewerb in dieser Branche ist immens. Entsprechend müssen die Geldflüsse sorgfältig geplant werden, damit die Zahlungsfähigkeit jederzeit gewährleistet bleibt. SITAG ist mit folgender Herausforderung konfrontiert: Die Geschäftsliegenschaften und die modernen Maschinen binden viel Kapital. Über verschiedene Finanzierungsarten ist das erforderliche Kapital bereitzustellen. Das Unternehmen muss bei den Kundenaufträgen zudem grosse finanzielle Vorleistungen (Materialbeschaffung, Produktion) erbringen. Erst nach dem Verkauf der Büromöbel fliesst wieder Geld zurück ins Unternehmen.

# 16.1   Kapitalbedarfsermittlung

FS2, FS3, KS4

Damit ein Unternehmen überhaupt wirtschaftlich tätig werden oder expandieren kann, sind Investitionen notwendig. Hierfür muss zuerst der Kapitalbedarf abgeschätzt werden. Ist dieser bekannt, müssen die notwendigen finanziellen Mittel beschafft werden (Finanzierung). Erst wenn diese zur Verfügung stehen, kann das Investitionsvorhaben realisiert werden. Die Themen Finanzierung und Investition sind demnach eng miteinander verknüpft.

Tab. 139

| Finanzierung | Investition |
|---|---|
| Beschaffung von finanziellen Mitteln z. B. Bankkredit | Verwendung der finanziellen Mittel z. B. Kauf einer Maschine |

In diesem Kapitel wird der Fokus auf die Finanzierung gelegt. Das Thema Investition→ wird in einem eigenen Kapitel behandelt.

→ S. 405 Investitionen

**Bei der Finanzierung geht es um die Beschaffung finanzieller Mittel. Unter Investition wird die Verwendung bzw. das Anlegen dieser finanziellen Mittel verstanden.**

Bei der Unternehmenstätigkeit müssen nebst dem Kauf der Produktionsanlagen (Investition) auch die laufenden Kosten der Herstellung (z. B. Personalkosten, Materialkosten) finanziert werden, weil die Einnahmen aus dem Verkauf erst zu einem späteren Zeitpunkt fliessen.

Die Höhe des benötigten Kapitals hängt einerseits von der Höhe der Einnahmen und Ausgaben, andererseits aber auch vom zeitlichen Abstand zwischen den Einnahmen und Ausgaben ab. Der Kapitalbedarf ist keine statische Grösse, sondern ändert sich fortlaufend. Die Kapitalbedarfsermittlung beantwortet die Frage, wie viele finanzielle Mittel maximal benötigt werden. Weder zu viel noch zu wenig Kapital ist gut. Bei zu wenig Kapital kann es zu Liquiditätsengpässen führen und damit die Leistungserstellung behindern. Bei zu viel Kapital entstehen unnötige Kapitalkosten (z. B. Zinszahlungen, Dividenden).→

→ S. 432 Liquidität

**Der Kapitalbedarf gibt diejenige Kapitalmenge an, die für die Erstellung von Produkten und Dienstleistungen maximal erforderlich ist.**

**Beispiel** „Produktions AG" – Kapitalbedarfsermittlung

Abb. 207

Bei der Herstellung und Lagerung eines Postens an Büromöbeln fallen folgende Kosten an (die Zahlen sind fiktiv und sollen nur das Grundproblem veranschaulichen):

- Materialkosten   CHF 216 000
- Personalkosten   CHF   90 000
- Übrige Kosten    CHF   72 000

Das Material liegt vor Produktionsbeginn 15 Tage im Lager. Die Produktionszeit dauert 45 Tage. Die Kreditoren- (Lieferanten) und Debitorenfrist (Kunden) beträgt je 30 Tage. Die Fertigfabrikate werden weitere 15 Tage gelagert, bevor sie an die Kunden verkauft werden. Die Personal- und die übrigen Kosten fallen bei Produktionsbeginn an.

Da die ersten Kundenzahlungen erst Tage nach dem Verkauf auf das Konto der „Produktions AG" eingehen, die Herstellungs- und Lagerkosten aber zu Beginn der Produktion anfallen, müssen genügend liquide Mittel vorhanden sein.

Abb. 208

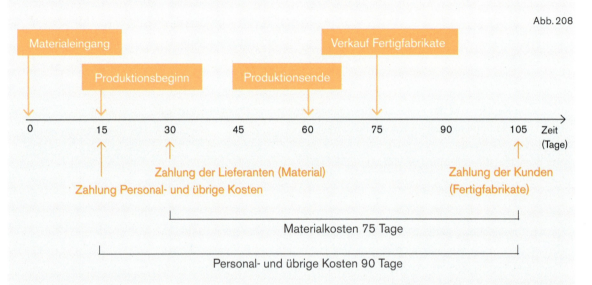

Der Finanzchef der „Produktions AG" berechnet den Kapitalbedarf für das Umlaufvermögen (UV):

Tab. 140

| Kosten | Kosten pro Jahr (CHF) | Kosten pro Tag (CHF) | Bindungsdauer (Tage) | Kapitalbindung des UV (CHF) |
|---|---|---|---|---|
| Materialkosten | 216 000 | 600 | 75 | 45 000 |
| Personalkosten | 90 000 | 250 | 90 | 22 500 |
| Übrige Kosten | 72 000 | 200 | 90 | 18 000 |
| Max. Kapitalbedarf des UV | | | | 85 500 |

Damit das Unternehmen die laufend anfallenden Kosten decken kann und nicht in einen Liquiditätsengpass gerät, muss die „Produktions AG" mindestens über 85 500 Franken liquide Mittel verfügen.

Hat ein Unternehmen den benötigten Kapitalbedarf bestimmt, geht es in einem nächsten Schritt um die Wahl der Finanzierungsart.

→ Aufgabe 1

Ein Unternehmen hat verschiedene Möglichkeiten, um das notwendige Kapital zu beschaffen. Diese verschiedenen Finanzierungsarten lassen sich nach folgenden Merkmalen systematisieren:

Abb. 209

**Finanzierungsarten**

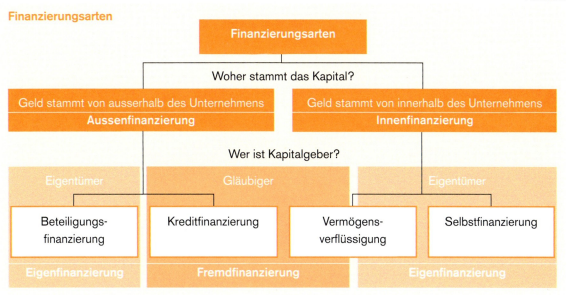

### Kreditfinanzierung

Die **Kreditfinanzierung** ist eine Form der Aussenfinanzierung. Der benötigte Kapitalbedarf wird dem Unternehmen von Fremdkapitalgebern zur Verfügung gestellt. Somit ist die Kreditfinanzierung eine Fremdfinanzierung. Bei dieser Finanzierungsart überlässt der Kreditgeber, bspw. die Bank, dem Unternehmen einen bestimmten Geldbetrag für einen festgelegten Zeitraum. Als Gegenleistung erhält der Gläubiger eine angemessene Verzinsung sowie den geschuldeten Geldbetrag am Ende der Laufzeit zurück.

→ S. 110 Businessplan
→ Aufgabe 2

Tab. 141

| Formen der Kreditfinanzierung | Art des Fremdkapitals | Beschreibung |
|---|---|---|
| Kontokorrentkredit | kurzfristig | Der Inhaber eines Kontokorrents kann finanzielle Engpässe überbrücken, da er sein Konto bis zu einer bestimmten Limite überziehen kann. Diese Limite wird von der Bank festgesetzt. Dadurch ist gewährleistet, dass das Unternehmen zur Bezahlung der Lieferantenrechnungen stets liquide ist. |
| Kredit/Darlehen | mittelfristig oder langfristig | Um einen Kredit zu erhalten, muss oftmals ein Businessplan→ vorgelegt werden. Die Bedingungen (z.B. Dauer und Zinssatz) werden in einem Vertrag festgehalten. |

**391**

| Hypothekardarlehen | langfristig | Das Hypothekardarlehen ist für die Finanzierung von Immobilien[1] bestimmt. Hierbei dient die Immobilie als Sicherung. |
| Obligationen-anleihen | langfristig | Obligationsanleihen sind in Wertpapierform gekleidete Schuldverpflichtungen, welche Geldleistungen zum Inhalt haben. Dabei verpflichtet sich der Anleihensschuldner, dem Inhaber der Obligation (Obligationär) auf den darauf eingetragenen Geldbetrag einen (meist jährlichen) Zins zu bezahlen und den Geldbetrag nach Ablauf der vereinbarten Frist zurückzuzahlen. |

[1] Immobilien: Liegenschaften

## Beteiligungsfinanzierung

Die **Beteiligungsfinanzierung** ist im Gegensatz zur Kreditfinanzierung eine Form der Eigenfinanzierung, da die bestehenden Eigentümer oder neu eintretende Eigentümer[→] für den nötigen Kapitalbedarf aufkommen. Dabei stellt der Eigentümer dem Unternehmen langfristige Mittel zur Verfügung[→].

→ S. 137 Beteiligung
→ S. 360 Eigenkapital

**Beispiel** SITAG – Aussenfinanzierung

Bei der Aufnahme der Unternehmensaktivitäten zur Zeit der Gründung der SITAG war eine Innenfinanzierung noch nicht möglich – schliesslich wurden noch keine Einnahmen erzielt, welche für Investitionen ins Unternehmen hätten verwendet werden können. Die Kosten mussten also durch Aussenfinanzierungsbeiträge gedeckt werden: Einen Teil davon könnte der Gründer Emil Eberle aus seinen privaten Ersparnissen im Sinne der „Beteiligungsfinanzierung" selbst in sein Unternehmen eingebracht haben. Ein allfälliger Rest kann bei einer Bank in Form eines Kredits aufgenommen werden (Kreditfinanzierung).

## Selbstfinanzierung

Bei der **Selbstfinanzierung** wird der Jahresgewinn eines Unternehmens, welcher den Eigentümern eigentlich in vollem Umfang zusteht, nicht oder nur teilweise an diese ausbezahlt. Der nicht ausgeschüttete Gewinn wird in der Bilanz dem Eigenkapital zugerechnet. Deshalb zählt die Selbstfinanzierung, auch Finanzierung aus einbehaltenen Gewinnen genannt (Gewinnvortrag[→]), neben der Innen- auch zur Eigenfinanzierung.

→ S. 360 Gewinnvortrag

## Vermögensverflüssigung

Eine weitere Möglichkeit, das notwendige Kapital für eine geplante neue Investition zu erhalten, besteht im Verkauf bestehender Anlagevermögen (z. B. alte Maschine). Die dadurch frei werdenden Finanzmittel stehen dann für neue

Investitionsvorhaben zur Verfügung. Diese Finanzierungsart nennt sich **Vermögensverflüssigung**[1]. Sie lässt sich aber weder der Eigen- noch Fremdfinanzierung eindeutig zuordnen.

[1] Vermögensverflüssigung: Vermögensverflüssigung wird auch Desinvestition genannt.

**Beispiel** SITAG – Innenfinanzierung

Als die SITAG das erste Mal einen Gewinn erzielte, konnte dieser zur Finanzierung neuer Produktionsanlagen im Unternehmen eingesetzt werden (Selbstfinanzierung). Durch den Verkauf alter Maschinen können weitere finanzielle Mittel bereitgestellt werden (Vermögensverflüssigung).

→ Aufgaben 3 und 4

## 16.3 Kriterien für die Wahl der Finanzierungsart

In einem ersten Schritt wurde der Kapitalbedarf ermittelt und anschliessend die verschiedenen Finanzierungsarten dargelegt. In einem letzten Schritt geht es um die Frage, für welche Finanzierungsart sich das Unternehmen entscheiden soll. Die Wahl einer bestimmten Finanzierung ist für das Unternehmen wichtig. Ob Eigen- oder Fremdkapital besser ist, kann mithilfe folgender Kriterien abgewogen werden:

Tab. 142

| Kriterium | Eigenkapital ~ Eigenfinanzierung | Fremdkapital ~ Fremdfinanzierung |
|---|---|---|
| Autonomie der Geschäftsleitung | Mitbestimmungsrecht und daher Einflussnahme auf die Geschäftsleitung | Sobald der Kredit gesprochen ist, besteht kein Mitbestimmungsrecht und daher keine Einflussnahme auf die Geschäftsleitung. |
| Kosten für das Unternehmen | Entschädigung in Abhängigkeit von Gewinn bzw. Verlust. Entschädigung muss jedoch nicht zwingend jedes Jahr erfolgen. | Vertraglich fix vereinbarter Zinsanspruch |
| Verfügbarkeitsmenge | Begrenzung durch finanzielle Kapazität und Bereitschaft bisheriger und neuer Eigentümer | Begrenzung durch Kapitaldienstfähigkeit[2] und die verfügbaren Sicherheiten[3] von Gesellschaft und Gesellschafter |
| Verfügbarkeitsdauer | Zeitlich unbestimmt, kein Rückzahlungsanspruch | Zeitlich begrenzt, Rückzahlungsanspruch |

[2] Kapitaldienstfähigkeit: Fähigkeit des Schuldners, alle Zahlungen (Zinsen), die er in regelmässigen Abständen leisten muss, aus dem laufenden Einkommen bezahlen zu können.

[3] Sicherheiten: Vermögensgegenstände (Sachen und Rechte), die den Gläubiger gegen das Ausfallrisiko aus einer Kreditgewährung absichern sollen.

Ein besonders wichtiger Grundsatz ist die goldene Bilanzregel→. Diese besagt, dass langfristige Investitionen mit langfristig zur Verfügung stehendem Kapital finanziert werden soll.

→ S. 435 Goldene Bilanzregel

**Beispiel** „Produktions AG" – Wahl der Finanzierungsart

Die „Produktions AG" will einen neuen modernen Produktionsstandort erstellen. Um solche Investitionen zu bewältigen, ist viel zusätzliches Kapital erforderlich. Eine Möglichkeit ist, dass eine oder mehrere zusätzliche Personen Aktien zeichnen. Der Unternehmensgründer und Hauptaktionär will aber wahrscheinlich eine möglichst hohe Autonomie in Bezug auf die Geschäftsführung bewahren. Wenn ein Hauptaktionär die Einflussnahme neuer Gesellschafter auf die Geschäftsführung verhindern will, muss er Fremdkapital bei der Bank aufnehmen. Allerdings ist die Verfügbarkeit von Fremdkapital auf die Laufzeit des Kredits beschränkt und die Bank verlangt je nach Risikogesamtsituation entsprechende Sicherheiten und Zinsen. So sind bei Investitionen die verschiedenen Finanzierungsarten nach ihren Vor- und Nachteilen sorgfältig abzuwägen. Bei besonders grossen Investitionsvorhaben fliesst das Kapital in der Regel aus verschiedenen Finanzierungsarten.

## 16.4   Crowdfunding

Diese neue Idee der Geldbeschaffung wird in der Regel über das Internet organisiert. Dabei wird eine Vielzahl von Menschen (crowd) über das Internet dazu aufgerufen, für ein Projekt oder eine Idee einen finanziellen Beitrag zu leisten (funding). Im Verhältnis zum Gesamtbetrag leistet jeder Geldgeber nur einen kleinen Anteil. Deshalb wird diese Finanzierungsart auch Schwarmfinanzierung genannt. Beim Crowdfunding geht es neben dem finanziellen Aspekt meistens auch um eine emotionale Beteiligung am Projekt.

Oft gibt es eine im Vorfeld definierte Mindestsumme, die in einem vorher festgelegten Zeitraum erreicht werden muss, damit das Projekt realisiert wird. Falls die angestrebte Summe nicht erreicht wird, erhalten die Unterstützer ihr Geld wieder zurück.

Wenn es gelingt, ein Projekt über die Crowd zu finanzieren, erhalten die Unterstützer in der Regel eine nicht finanzielle Gegenleistung, z. B. in Form einer persönlichen Danksagung oder ein Exemplar des Projektergebnis (Klassisches Crowdfunding). Beim Spenden-Crowdfunding erhält der Spender weder eine materielle noch eine immaterielle Gegenleistung.

Idealerweise können unterschiedliche Beträge eingezahlt werden, damit jeder mit seinem Budget teilnehmen kann, der das Projekt mitfinanzieren möchte.

Um ein Projekt über Crowdfunding zu finanzieren, gibt es inzwischen eine Vielzahl von Plattformen, über welche die Zahlungen abgewickelt werden können. Eine der grössten ökosozialen Crowdfunding-Plattformen Europas ist z. B. Oneplanetcrowd*. Zahlreiche innovative Geschäftsideen werden über die US-Plattform Kickstarter* finanziert.

Abb. 210

* www.oneplanetcrowd.com
* www.kickstarter.com

# Aufgaben – D16 Finanzierung

**1**

Die beiden Maschinenbautechniker Sabina und Marco wollen sich selbstständig machen und möchten wissen, wie viel Geld sie für ihr geplantes Projekt benötigen.

Die Büroeinrichtung kostet sie schätzungsweise 10 000 Franken, das Werkzeug und die Maschinen 410 000 Franken und das Gebäude 740 000 Franken.

Der geplante Umsatz beträgt 4 Millionen Franken pro Jahr.
Die Kostenanteile→ am geplanten Umsatz werden wie folgt geschätzt:          → S. 363 Aufwände

– Materialkosten                35 %
– Personalkosten                20 %
– Betriebskosten                13 %
– Übrige Kosten                 10 %

Angaben zu durchschnittlichen Fristen:
– Lagerdauer für Material:              20 Tage
– Produktionsdauer:                     40 Tage
– Lagerdauer für Fertigfabrikate:       20 Tage
– Debitorenfrist:                       45 Tage
– Kreditorenfrist:                      30 Tage

Die Personalkosten müssen durchschnittlich 15 Tage nach dem Produktionsbeginn, die Betriebskosten bei Produktionsbeginn und die übrigen Kosten durchschnittlich 30 Tage nach Produktionsbeginn bezahlt werden.

a Erstellen Sie einen Zeitstrahl und tragen Sie die folgenden Begriffe an der richtigen Stelle ein:
  – Ausgang der Fertigfabrikate aus dem Lager
  – Eingang der Zahlung der Kunden (aus dem Verkauf der Fertigfabrikate)
  – Eingang der Fertigfabrikate ins Lager
  – Produktionsbeginn
  – Produktionsende
  – Materialeingang
  – Verkauf der Fertigfabrikate
  – Zahlung der Betriebskosten
  – Zahlung der Lieferanten (Rohstoffe)
  – Zahlung der Personalkosten
  – Zahlung der übrigen Kosten

b Stellen Sie anhand des unter a) erstellten Zeitstrahls den Zeitraum fest, während dem das Kapital für folgende Kostenarten gebunden ist (Anzahl Tage, die zwischen den jeweiligen Ausgaben und Einnahmen vergehen und während deren das Kapital gebunden ist):
 – Materialkosten        – Betriebskosten
 – Personalkosten        – übrige Kosten

c Berechnen Sie anhand der Angaben den gesamten Kapitalbedarf (Umlauf- und Anlagevermögen) für das Projekt (1 Jahr = 360 Tage). Legen Sie Ihren Überlegungen die in der Aufgabenstellung aufgeführten jährlichen Kosten (prozentualer Anteil am Umsatz) sowie die in der letzten Teilaufgabe berechnete Kapitalbindungsdauer zugrunde. Runden Sie auf ganze Franken.

**2**

Es können weitere kurzfristige Finanzierungsarten unterschieden werden, so zum Beispiel der Kunden- und der Lieferantenkredit. Suchen Sie in Nachschlagewerken oder im Internet Informationen zu diesen Finanzierungsarten und vervollständigen Sie die folgende Tabelle.

Tab. 143

| Kriterien | Kundenkredit | Lieferantenkredit |
| --- | --- | --- |
| Kreditnehmer | | |
| Kreditgeber | | |
| Vergabe liquider Mittel | | |
| Zeitpunkt der Kreditvergabe | | |
| Zeitpunkt der Rückzahlung | | |

**3**

Michael ist 17 Jahre alt und möchte sich schon seit längerer Zeit einen Roller kaufen. Um welche Finanzierungsart handelt es sich, wenn Michael

a bar bezahlt?

b den Roller auf Rechnung kauft?

c für den Kauf des Rollers sein Mofa verkauft?

d mit seiner Visa-Karte bezahlt?

e das Geld von den Eltern geliehen erhält?

f sein Bruder ihm einen Teil des Geldes zusammen mit der Abmachung aushändigt, dass er den Roller mitbenutzen darf?

g mit seiner EC-Karte bezahlt?

**4**

a Im Folgenden sind zwei kurze Beispiele geschildert. Entscheiden Sie für die jeweiligen Finanzierungsmöglichkeiten (1–7) ob es sich dabei um eine Aussen-, Innen-, Eigen- oder Fremdfinanzierung handelt.

Tab. 144

| Beispiel | Aussen-finanzierung | Innen-finanzierung | Eigen-finanzierung | Fremd-finanzierung |
|---|---|---|---|---|

Das Unternehmen „Skotisch AG" ist im Bereich der Solarenergie tätig und möchte ein neues Solar-Projekt verwirklichen, wozu es finanzielle Mittel benötigt.

1) „Skotisch AG" gibt zusätzliche Aktien aus.

2) Das Unternehmen beschafft sich die finanziellen Mittel durch die Ausgaben von Obligationen.

3) Um das Projekt zu finanzieren, werden dieses Jahr keine Dividenden an die Aktionäre ausbezahlt.

4) Ein Unternehmensteil wird verkauft.

| Beispiel | Aussen-finanzierung | Innen-finanzierung | Eigen-finanzierung | Fremd-finanzierung |
|---|---|---|---|---|

Die „Siggenthaler GmbH" möchte das Warenlager neu organisieren, da sie ab kommendem Jahr drei neue Modelle in ihre Produktion aufnimmt.

5) Die Gesellschafter beschliessen eine Erhöhung der Kapitaleinlage.

6) Das Unternehmen nimmt einen Kredit bei einer Bank auf.

7) Die Aktien, die die „Siggenthaler GmbH" an einem anderen Unternehmen hält, werden verkauft.

b Nennen Sie für die oben aufgeführten Finanzierungsmöglichkeiten die jeweilige Finanzierungsart (Beteiligungsfinanzierung, Kreditfinanzierung, Definanzierung, Selbstfinanzierung).

## Leitfragen

a) Was ist Leasing?
b) Welche Parteien sind involviert?
c) Welche Formen von Leasing existieren?
d) Wo liegt die Abgrenzung zum Kauf bzw. zur Miete?
e) Welches sind die Vor- und Nachteile des Leasings?

## Schlüsselbegriffe

Leasing, Leasingnehmer, Leasinggeber, Innominatvertrag, Mobilienleasing, Immobilienleasing, direktes Leasing, indirektes Leasing, Investitionsgüterleasing, Amortisation, Konsumgüterleasing, Finanzierungsleasing, Operatives Leasing, Sale-and-Lease-Back

## Verankerung im Modell

Leasing ist eine weitere Finanzierungsart→ und ist somit Teil der Unterstützungsprozesse. Das Leasing unterstützt die Leistungserstellung insofern, als dass es die Anschaffung der notwendigen Infrastruktur ermöglicht.

→ S. 391 Finanzierungsarten

**Beispiel** „Druckerei Bergengut AG"

Die „Druckerei Bergengut AG" stellt Druckerzeugnisse jeglicher Art her: Das Angebot reicht von einfachen Broschüren bis zu aufwändig gestalteten Hochglanzmagazinen. Das noch junge Unternehmen wurde erst vor einigen Jahren gegründet und hat sein Angebot seitdem stetig ausgebaut. Durch die Angebotserweiterung wurden jedoch hohe Investitionen in Druckmaschinen nötig: Zusätzlich zu den bis dahin verwendeten Digitaldruckgeräten wurden Offset-Druckmaschinen angeschafft.

Beim Offset-Druckverfahren handelt es sich um ein indirektes Flachdruckverfahren, bei welchem vorgängig Druckplatten hergestellt werden müssen. Da die Herstellung dieser Druckplatten im Vergleich zu Digitaldruckverfahren (Laserdruck, Tintenstrahldruck) relativ teuer ist, lohnt sich der Einsatz der Offsetdruck-Technologie vor allem für Zeitschriften, Tageszeitungen, Magazine und Versandhauskataloge mit einer Auflagenhöhe von mindestens 1 000 Exemplaren. Der Kauf und die Inbetriebnahme solcher Maschinen ist jedoch teuer: Es muss mit Anfangsinvestitionen von mehreren hunderttausend Franken gerechnet werden – für ein kleines, aufstrebendes Unternehmen wie die „Druckerei Bergengut AG" ein hoher Betrag. Nach der Evaluation verschiedener Finanzierungsformen beschliesst die Geschäftsführung der „Druckerei Bergengut AG", von einem kapitalintensiven Kauf abzusehen und stattdessen die Offset-Druckmaschinen zu leasen. Hierbei stehen verschiedene Arten des Leasings zur Verfügung.

Abb. 211

## 17.1 Annäherung an den Begriff Leasing

**Leasing** stammt ursprünglich aus dem englischen Sprachraum und bedeutet „mieten" oder „pachten" (engl.: to lease).

**Der Leasinggeber überlässt dem Leasingnehmer für einen gewissen Zeitraum eine bewegliche (Mobilien) oder unbewegliche (Immobilien) Sache zur freien Nutzung, wofür der Leasingnehmer eine Gebühr (Leasingrate) zu bezahlen hat.**

In der Schweiz gehören Leasingverträge zu den **Innominatverträgen**[1], welche als solche nicht im Gesetz geregelt sind. Aus diesem Grund gibt es verschiedene Erscheinungsformen von Leasingverträgen. Sie enthalten im Allgemeinen Elemente von Kauf, Abzahlungskauf, Miete, evtl. Pacht und Auftrag, weswegen sie juristisch als gemischte Verträge gelten.

Der Leasingvertrag ist besonders eng mit dem Mietvertrag verwandt: Im Unterschied zu diesem enthält er jedoch Elemente, die über die reine Gebrauchsüberlassung[2] hinausgehen. Aufgaben, die bei mietvertraglichen Absprachen normalerweise der Vermieter trägt, werden beim Leasing vom Leasingnehmer übernommen (z.B. Wartungs- und Instandsetzungsleistungen, Reparaturen oder Versicherungen).

## 17.2 Arten von Leasingverträgen

Da der Leasingvertrag einen Innominatvertrag darstellt, kann er in Abhängigkeit von der vertraglichen Ausgestaltung in verschiedenen Formen in Erscheinung treten.

### Mobilien- und Immobilienleasing

Diese Unterscheidung bezieht sich auf das Leasingobjekt bzw. das Leasinggut: Beim **Mobilienleasing** handelt es sich um Mobilien (Büroeinrichtungen, Maschinen usw.), während beim **Immobilienleasing** Immobilien (Liegenschaften, Grundstücke) im Vordergrund stehen.

**Beispiel** „Druckerei Bergengut AG" – Mobilien-/ Immobilienleasing

Das Beispiel der Druckerei dreht sich um die Beschaffung einer Offset-Druckmaschine und damit um eine Mobilie. Bei der von der „Druckerei Bergengut AG" beschlossenen Finanzierungslösung handelt es sich also um ein Mobilienleasing.

[1] Innominatverträge: Bezeichnung für Verträge, welche als solche gesetzlich nicht geregelt sind.

[2] Gebrauchsüberlassungsverträge: Verträge, welche die zeitweise Überlassung von Gegenständen zum Gebrauch regeln. Dazu gehören die Miete und die Pacht (für unbewegliche Objekte), die Leihe (für bewegliche Objekte) sowie auch das Darlehen (Geld).

→ Aufgabe 1

Abb. 212

### Direktes und indirektes Leasing

Die Formen des direkten und des indirekten Leasings unterscheiden sich durch die Anzahl Parteien, welche in die Geschäftsbeziehung involviert sind.

Beim **direkten Leasing** – auch Herstellerleasing genannt – wendet sich der Hersteller bzw. der Lieferant direkt an den Leasingnehmer. Da bei dieser Leasingform keine weiteren Parteien involviert sind, handelt es sich um eine Zwei-Parteien-Beziehung:

Abb. 213

**Direktes Leasing**

Beim direkten Leasing least der Leasingnehmer das Leasinggut (bzw. Leasingobjekt) direkt beim Hersteller (Leasinggeber), wobei der Leasingnehmer dem Leasinggeber für das Überlassen des Leasingguts den Leasingzins schuldet.

Im Gegensatz dazu zeichnet sich das **indirekte Leasing** durch das Vorliegen eines Dreiecksverhältnisses aus: Der Leasingnehmer wählt das gewünschte Leasingobjekt beim Hersteller/Lieferanten aus. Als Leasinggeber fungiert in diesem Fall jedoch nicht der Hersteller/Lieferant selbst, sondern eine Leasinggesellschaft oder eine Bank. Diese erwirbt das Leasingobjekt beim Hersteller/Lieferanten und überlässt es dem Leasingnehmer im Rahmen eines Leasingvertrages zum Gebrauch:

Abb. 214

**Indirektes Leasing**

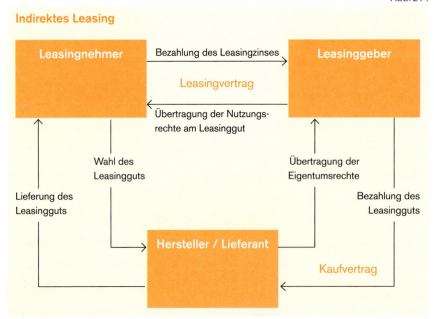

**Beispiel** „Druckerei Bergengut AG" – Direktes/Indirektes Leasing

Die „Druckerei Bergengut AG" beschliesst, die Offset-Druckmaschine bei der Heidelberg Schweiz AG zu beziehen. Die Geschäftsleitung der „Druckerei Bergengut AG" hat sich für die Heidelberg Speedmaster CD 102 entschieden. Allerdings ist ein direktes Leasing bei dieser Produzentin nicht möglich, da sie die von ihr hergestellten Produkte nur verkauft. Aus diesem Grund wendet sich die „Druckerei Bergengut AG" an ihre Hausbank, die Credit Suisse AG. In der Folge schliesst die Credit Suisse mit der Heidelberg Schweiz AG zwecks Erwerb der Heidelberg Speedmaster CD 102 einen Kaufvertrag ab. Sie behält die von ihr erworbene Maschine jedoch nicht für sich, sondern überlässt sie der „Druckerei Bergengut AG" im Rahmen des Leasingvertrags zum Gebrauch (indirektes Leasing).

### Investitionsgüter- und Konsumgüterleasing

Als **Investitionsgüterleasing** gilt das Leasing von Gütern, welche für den Geschäftsgebrauch eines Unternehmens eingesetzt werden und die ausschliesslich gewerblichen Zwecken dienen. Als typische Investitionsgüter→ werden Maschinen, Fahrzeuge, Mobilien und Immobilien betrachtet.

→ S. 16 Investitionsgüter

**Konsumgüterleasing** ist hingegen das Leasing von Gütern, die zu privaten Zwecken benötigt werden: Dazu gehören etwa Möbel und Haushaltsapparate. Zudem dürften Leasingverträge allgemein im Zusammenhang mit dem Leasing von Privatfahrzeugen bekannt sein.

Abb. 215

**Beispiel** „Druckerei Bergengut AG" – ein Geschäftsleitungsmitglied least ein Luxusfahrzeug

Herr Knoll ist Geschäftsleitungsmitglied der „Druckerei Bergengut AG". Er liebäugelt schon seit geraumer Zeit mit dem Erwerb eines Neuwagens zum privaten Gebrauch. Für sein Traumauto, einen Bentley, reichen Herr Knolls Ersparnisse jedoch nicht aus. Aus diesem Grund wendet er sich an die „AutoLease AG", eine auf Auto-Leasing spezialisierte Leasinggesellschaft. Diese erwirbt das Fahrzeug beim Bentley-Händler im Rahmen eines Kaufvertrages und überlässt es Herrn Knoll zum Gebrauch. Im Gegenzug leistet dieser der „AutoLease AG" regelmässig Zahlungen in der Höhe der vereinbarten Leasingrate.

Der neue 2014 Bentley Mulsanne auf der North American International Auto Show, 27.01.2013 in Detroit, Michigan

### Finanzierungsleasing und Operatives Leasing

Beim **Finanzierungsleasing** (indirektes Leasing) strebt der Leasingnehmer eine lange Nutzung an einem meist sehr kapitalintensiven Investitionsgut an. Er sucht nach langfristigen Finanzierungsformen. Der Finanzierungsleasing-Vertrag zeichnet sich durch eine lange, unkündbare Vertragsdauer (in der Regel 3–5 Jahre) aus. Während dieser wird durch die regelmässige (meist monatliche)

Leistung der Leasingraten häufig eine 80–100 %ige **Amortisation**[1] des Leasingobjekts angestrebt. Wie dies bei Leasingverträgen während der Laufzeit immer der Fall ist, erwirbt der Leasingnehmer auch beim Finanzierungsleasing kein Eigentum am Leasingobjekt. Im Leasingvertrag wird allerdings oft vorgesehen, dass der Leasingnehmer das Leasinggut am Ende der Vertragslaufzeit zu einem bestimmten Restpreis erwerben kann und damit Eigentümer wird.

Beim **Operativen Leasing**[2] wird das Leasinggut entweder jederzeit kündbar oder für eine kurzfristige, während dieser Zeit unkündbaren Dauer, zur Nutzung überlassen. Das Operative Leasing hat zum Zweck, seitens des Leasingnehmers einen lediglich kurzfristigen Nutzungsbedarf an einem Gut zu decken. Bei dieser Form des Leasings ist der Leasinggegenstand nach Ablauf der Vertragsdauer noch nicht vollständig amortisiert – er muss deshalb vom Leasinggeber weiterverwertet (z. B. weiterverkauft) werden können. Durch die Ähnlichkeit mit mietrechtlichen Verhältnissen kann das Operative Leasing als gewöhnliche Miete qualifiziert werden.

**Beispiel** „Druckerei Bergengut AG" – Finanzierungsleasing

Der mit der Credit Suisse AG abgeschlossene Leasingvertrag weist eine fixe Laufzeit von 5 Jahren auf. Der Vertrag ist während der genannten Vertragsdauer unkündbar. Aufgrund der langen Vertragslaufzeit handelt es sich beim Vertrag der „Druckerei Bergengut AG" mit der Credit Suisse AG um eine Form des Finanzierungsleasings.

## Sale-and-Lease-Back

Eine Sonderform des Leasings ist das **Sale-and-Lease-Back**. Hier verkauft der Leasingnehmer seine Mobilien und Immobilien an eine Leasinggesellschaft und least dieselben sogleich wieder zurück. Diese Leasing-Variante wird von Unternehmen häufig eingesetzt, um Liquiditätsengpässe[3] zu überwinden: Das Unternehmen erhält durch den Verkauf seiner Mobilien[4] oder Immobilien[5] die gewünschten liquiden Mittel, ohne auf deren Weiternutzung verzichten zu müssen. Bei dieser Form des Leasings ist keine dritte Partei in das Vertragsverhältnis involviert – es handelt sich also um eine reine Zwei-Parteien-Beziehung zwischen Leasingnehmer und -geber.

**Beispiel** „Druckerei Bergengut AG" – Sale-and-Lease-Back

Wegen der nicht fristgerechten Auslieferung von Hochglanzmagazinen für ein renommiertes Medienhaus muss die „Druckerei Bergengut AG" eine Konventionalstrafe von 100 000 Franken bezahlen. Diese unerwartete Strafe bringt das Unternehmen in arge Zahlungsschwierigkeiten. Um sich die dafür notwendigen flüssigen Mittel zu verschaffen, verkauft die Druckerei ihre neuen Computer an eine Leasinggesellschaft und least dieselben sogleich wieder zurück.

[1] Amortisation: (frz. amortir: tilgen, abzahlen): Prozess, in dem anfängliche Aufwendungen für ein Objekt mit dadurch entstehenden Erträgen abgezahlt werden.

[2] operatives Leasing: engl. Operating Leasing

[3] Liquidität: Bezeichnung für Verfügbarkeit über genügend Zahlungsmittel

[4] Mobilien: bewegliche Sachanlagen (z. B. Maschinen)

[5] Immobilien: nicht bewegliche Sachanlagen (z. B. Liegenschaften)

→ Aufgaben 2 und 3

Tab. 145

| Unterscheidungs-merkmal | Kauf | Miete | Leasing |
|---|---|---|---|
| Eigentums-übergang | Das Eigentum am Verkaufsobjekt geht beim Verkauf vom Verkäufer auf den Käufer über. | Der Mieter hat zwar das Nutzungsrecht am Mietobjekt. Dieses bleibt aber im Eigentum des Vermieters. | Der Leasingnehmer erwirbt kein Eigentum am Leasingobjekt. |
| Kapitalbedarf | Der Kauf setzt eine unmittelbar hohe Liquidität voraus und führt zum sofortigen Abfluss grosser finanzieller Mittel. | Für die Bezahlung der Mietzinsen ist bei Mietbeginn keine hohe Liquidität erforderlich. | Da das Leasingobjekt beim Leasing während einer längeren Zeitspanne amortisiert (abbezahlt) wird, ist zu Beginn der Leasingdauer keine hohe Liquidität erforderlich. |
| Entgelt | Da der Verkäufer nach dem Verkauf nicht mehr Eigentümer des Verkaufsobjekts ist, hat er keinen Anspruch auf ein Entgelt. | Der Mietzins stellt das Entgelt für den Gebrauch des Mietobjekts dar. | Die Leasingraten stellen nicht nur Entgelt für den Gebrauch des Leasingobjekts dar, sondern verkörpern auch dessen (Teil-) Amortisation. |
| Gefahrtragung | Beim Verkauf geht die Gefahrentragung vom Verkäufer auf den Käufer über. | Der Vermieter ist verpflichtet, das Mietobjekt in einem tauglichen Zustand zu übergeben und diesen zu erhalten. | Der Leasingnehmer trägt nach Übergabe des Leasingobjekts die Gefahr einer allfälligen Zustandsverschlechterung. Der Leasingnehmer hat auch nach Untergang des Objekts (z.B. ein geleastes Auto zu Schrott gefahren) den Leasingzins weiterhin zu bezahlen. |
| Reparatur und Versicherung | Der Verkäufer hat nach dem Verkauf keinerlei Verpflichtungen mehr. | Der Vermieter hat die Kosten für die Instandhaltung des Mietobjekts zu tragen. | Der Leasingnehmer ist verpflichtet das Leasingobjekt zu versichern und in Stand zu halten. |

Ob Kauf, gewöhnliche Miete oder Leasing: Vor einer grösseren Investition sollten alle Optionen in Betracht gezogen und miteinander verglichen werden. Eine beste Lösung für alle möglichen Fälle existiert ohnehin nicht. Die Entscheidung für eine der drei Möglichkeiten hängt insbesondere von der momentanen Liquidität, den laufenden Kosten (Mietzinsen, Leasingraten) bzw. alternativer Anlagemöglichkeiten ab.

→ Aufgaben 4 und 5

# Aufgaben – D17 Leasing

## 1

Sie begegnen einem alten Schulfreund und erzählen ihm von Ihrem neu geleasten Auto, einem roten Seat Ibiza. Daraufhin möchte Ihr Freund wissen, um was es sich beim „Leasing" genau handelt – schliesslich habe er schon oft davon gehört.
Erläutern Sie in ein paar kurzen Sätzen, worum es beim Leasing geht. Gehen Sie dabei neben der begrifflichen Betrachtung insbesondere auf die Rechte und Pflichten des Leasinggebers und -nehmers ein.

## 2

a Erläutern Sie den Unterschied zwischen Finanzierungsleasing und Operativem Leasing.
b Wodurch zeichnet sich das Sale-and-Lease-Back aus? Erläutern Sie die Besonderheiten dieser Leasingform. Gehen Sie dabei insbesondere auch auf deren Zweck ein.

## 3

Zum Angebot der „Druckerei Bergengut AG" gehört nicht nur die Herstellung von Druckerzeugnissen, sondern ebenfalls deren Auslieferung an den Kunden. Diese Aufgabe möchte die Geschäftsleitung jedoch nicht an ein Transportunternehmen vergeben, sondern selbst ausführen. Zu diesem Zweck soll ein kleiner Fuhrpark angeschafft werden, bestehend aus 4 Mercedes-Transportern. Gehen Sie davon aus, dass die Fahrzeuge direkt beim Fahrzeug-Hersteller Mercedes geleast werden.
Um welche Art des Leasings handelt es sich dabei und was sind deren Merkmale? Gehen Sie bei der Beantwortung dieser Frage auch auf alternative Leasing-Formen ein.

## 4

Aufgrund einer zurzeit sehr ungünstigen konjunkturellen Lage werden die Auftragsvolumina im Bereich der Printprodukte immer kleiner – die Offset-Druckmaschinen der „Druckerei Bergengut" sind aufgrund der Überkapazität zurzeit nur zu ca. 60 % ausgelastet.
Welche Nachteile könnten sich in der beschriebenen Situation für die „Druckerei Bergengut" aus dem Umstand ergeben, dass all ihre Druckgeräte geleast und nicht gekauft wurden?

## 5

Die „Druckerei Bergengut AG" hätte die Offset-Druckmaschine auch kaufen statt leasen und den Kauf mit Eigenkapital oder mithilfe eines Bankkredits finanzieren können.
Wägen Sie die Vor- und Nachteile der genannten Optionen gegeneinander ab.

## Leitfragen

a) Welche Merkmale zeichnen Investitionen aus?

b) Was wird unter Opportunitätskosten verstanden?

c) Welche Arten von Investitionen gibt es?

d) Welche Rechengrössen werden bei einer Investition verwendet?

e) Welche Methoden stehen zur Verfügung, um Investitionsprojekte auf ihre Vorteilhaftigkeit zu prüfen?

f) Was sind kalkulatorische Zinsen?

g) Worin unterscheiden sich die statischen von den dynamischen Methoden?

## Schlüsselbegriffe

Sachinvestition, Finanzinvestition, immaterielle Investition, Ersatzinvestition, Erweiterungsinvestition, Rationalisierungsinvestition, Investitionsrechnung, Kostenvergleichsrechnung, kalkulatorische Zinsen, Opportunitätskosten, Gewinnvergleichsrechnung, Rentabilitätsrechnung, Amortisationsrechnung, Barwert, Abzinsung, Barwertmethode, interner Zinssatz

## Verankerung im Modell

Das Anschaffen von langfristigen Kapitalanlagen, wie Maschinen, Gebäuden oder Grundstücken, mit bereits vorhandenen oder noch zu beschaffenden finanziellen Mitteln wird als Investition bezeichnet. Investitionen werden direkt aus der Strategie abgeleitet und helfen, das langfristige Überleben des Unternehmens sicherzustellen. Bei der eigentlichen Investitionsvorbereitung und -entscheidung handelt es sich um einen Unterstützungsprozess. Ein Unternehmen tätigt eine Investition nur, wenn diese lohnenswert ist. Bei mehreren Investitionsmöglichkeiten soll die beste ausgewählt werden, damit das beschränkte und kostenpflichtige Kapital optimal eingesetzt wird.

**Beispiel** „Landwirt Franke"

Abb. 216

Als erstes Land der Welt garantiert Norwegen allen Kühen seit dem Jahr 2006 per Gesetz eine Matratze für die Nachtruhe. Einige norwegische Bauern ärgerten sich zu Beginn über die teure Investition, die ihnen gesetzlich aufgezwungen wurde. Dabei sollte die angenehmere Nacht- sowie auch Tagruhe den Tierhaltern am Ende Mehreinnahmen bringen. Nach bisherigen Erfahrungen geben die Kühe dank der weichen Unterlage etwa zehn Prozent mehr sowie qualitativ höherwertige Milch. Der Schweizer Landwirt Franke prüft deshalb, ob er ebenfalls solche Matratzen für seine Kühe anschaffen soll. Darüber hinaus überlegt er sich, ob er für den Transport seiner Milch einen Milchtransporter anschaffen soll.
Für Landwirt Franke stellen sich folgende Fragen:
– Sind solche Investitionen überhaupt lohnenswert?
– Für welchen Matratzentyp soll er sich entscheiden?

**Investitionsmerkmale**

Jede Investition stellt aus Unternehmenssicht eine Kapitalbindung bzw. eine Ausgabe dar. Diese werden nur getätigt, wenn bezüglich der gesamten Investitionsdauer die Einnahmen die Ausgaben übertreffen und damit ein Gewinn resultiert. Eine Investition ist an folgenden Merkmalen erkennbar:

Tab. 146

| Merkmale | Erläuterung | Beispiele „Landwirt Franke" |
|---|---|---|
| Opportunitätskosten | Der Verzicht auf alternative Kapitalanlage- bzw. Investitionsmöglichkeiten stellt für das Unternehmen Opportunitätskosten dar. | Anstelle des Kaufes der Matratzen könnte Franke das für den Kauf benötigte Geld auch auf einem Sparkonto anlegen und würde dafür Zinsen erhalten. |
| Verbuchung | Die anfallenden Investitionskosten weisen eine gewisse Höhe auf und werden in der Bilanz aktiviert. | Der Kauf eines Milchtransporters wäre eine Investition. Hingegen ist die Beschaffung von Treibstoff für den Milchtransporter keine Investition, sondern wird als Aufwand über die Erfolgsrechnung verbucht. |
| Zeitliche Diskrepanz | Ausgaben- und Einnahmeströme fallen nicht zeitgleich an. | Die Kühe geben nicht zeitgleich mit dem Kauf der Matratzen mehr und bessere Milch, sondern erst zu einem späteren Zeitpunkt. |
| Zeitlich verteilter Nutzen | Der erwartete Nutzen fällt verteilt über mehrere Jahre an. | Mehreinnahmen resultieren in den folgenden Jahren durch mehr Milch von höherer Qualität. |
| Unsicherheiten | Investitionen sind zukunftsgerichtet und deshalb unsicher. Je weiter sich eine Investition in die Zukunft auswirkt, desto unsicherer sind die zugrunde gelegten Daten. | Wie viel Milch eine Kuh künftig geben wird und ob die zusätzliche Milch dann auch abgesetzt werden kann, ist nicht sicher. |
| beschränkte Quantifizierbarkeit | Viele für die Entscheidung relevanten Daten können nicht in Geldwerte gefasst werden. | Franke macht sich vor dem Kauf des Milchtransporters nicht nur Gedanken über dessen Kosten und Nutzen, sondern stellt sich darüber hinaus die Frage nach der Sicherheit und der Umweltfreundlichkeit. |

## Investitionsarten

Investitionen können grundsätzlich nach der Art des Gegenstandes kategorisiert werden.

Tab. 147

| Investitions-arten | Erläuterung | Beispiele |
|---|---|---|
| Sachinvesti-tionen | Liegen vor, wenn verfügbare finanzielle Mittel zur Beschaffung von Sachgütern eingesetzt werden. | Kauf einer Maschine oder eines Produktionsgebäudes |
| Finanzinvesti-tionen | Liegen vor, wenn verfügbare finanzielle Mittel zum Kauf von Finanzvermögen verwendet werden. | Aktienkauf |
| Immaterielle Investitionen | Liegen vor, wenn verfügbare finanzielle Mittel zur Beschaffung von immateriellen Gütern[→] verwendet werden. | Zu diesen Investitionen zählen beispielsweise der Kauf von Patent[1]-, Lizenz- und Markenrechten. |

[1] Patent: Ein Patent schützt eine Erfindung – der Patentinhaber hat das Recht, anderen die Verwendung seiner Erfindung zu verbieten.

→ S. 16 Immaterielle Güter

Sachinvestitionen können weiter nach dem Kriterium des Zwecks unterteilt werden.

Tab. 148

| Zweck der Sach-investitionen | Erläuterung | Beispiel |
|---|---|---|
| Ersatz-investitionen | Dadurch werden Sachgüter eines Unternehmens durch andere ersetzt. Es wird versucht, die wirtschaftliche Leistungskapazität[2] im Unternehmen zu erhalten. | Eine Produktionsmaschine wird durch eine neue Maschine mit der gleichen Kapazität ersetzt. |
| Erweiterungs-investitionen | Mithilfe solcher Investitionen versucht ein Unternehmen seine Leistungskapazität zu erhöhen. | Es wird eine zusätzliche Maschine angeschafft. |
| Rationalisierungs-investitionen | Diese Investitionen verbessern die unternehmerische Leistungsfähigkeit, mit dem Ziel der Kostensenkung. | Es wird eine bessere Maschine angeschafft, welche mehr Teilchen pro Stunde produziert. |

[2] Kapazität: maximal mögliche Leistungsfähigkeit von Betriebsmitteln

→ Aufgabe 1

# 18.2 Grundlagen zur Investitionsrechnung

 KS4

Die Investitionsrechnung hat einerseits zum Ziel, mit geeigneten rechnerischen Verfahren zwischen mehreren Investitionsprojekten dasjenige zu wählen, welches die Unternehmensziele am besten erfüllt. Andererseits kann mit der Investitionsrechnung der Nutzen eines Investitionsprojekts festgestellt werden, auch wenn keine Alternativen vorliegen.

Es ist zu bemerken, dass bei einer umfassenden Investitionsentscheidung nicht nur monetäre[1], sondern auch nicht-monetäre Daten in die Betrachtung mit einbezogen werden müssen. Die Investitionsrechnung berücksichtigt hingegen nur die monetären Grössen. Die nicht-monetären Daten (Auswirkungen der Investitionen auf Mensch und Umwelt)→ dürfen aber auf keinen Fall vernachlässigt werden. Sie müssen mit den Resultaten der Investitionsrechnung kombiniert werden, um zu einer Entscheidung zu gelangen. Verschiedene Investitionsalternativen können anhand von monetären und nicht-monetären Kriterien in einer Nutzwertanalyse→ verglichen werden.

[1] monetär: das Geld betreffend

→ S. 262 Ökobilanz

[2] Liquidation: Verkauf oder Entsorgung des Investitionsgegenstands

→ S. 556 Nutzwertanalyse

Bei der Investitionsrechnung sind folgende Rechengrössen relevant:

→ Aufgabe 11

Tab. 149

| Rechengrösse | Erklärung | Beispiel „Landwirt Franke" |
|---|---|---|
| Investitionsbetrag (Kapitaleinsatz) I | Sämtliche Kosten, die bis zum Zeitpunkt der Inbetriebnahme der Investition anfallen (Kauf, Installation, Produktionsausfall, Umschulung usw.). | Franke muss für jede Kuh eine Matratze zu einem Preis von 500 bis 900 Franken (je nach Matratzentyp) kaufen, zu sich transportieren und den Stall einrichten (Installation) lassen. |
| Nutzen N | Als Nutzen wird der Mittelrückfluss, der durch die Investition ausgelöst wird, bezeichnet. Dies können Mehreinnahmen oder Einsparungen sein. | Dank der bequemeren Nachtruhe geben die Kühe zehn Prozent mehr und qualitativ höherwertige Milch. |
| Nutzungsdauer n | Zeitspanne von der Inbetriebnahme einer Investition bis zu ihrer Liquidation[2]. | Die Matratzen müssen je nach Typ nach 5 bis 6 Jahren ausgetauscht werden. |
| Kalkulationszinssatz i | Anstatt die finanziellen Mittel einer Investition zuzuführen, hätten diese auch angelegt werden können und damit Zinsen abgeworfen (Opportunitätskosten). | Franke stellt eine Mindestzinsanforderung von 8 % für seine investierten Matratzen. |
| Liquidationserlös L | Verkaufserlös abzüglich allfälliger Entsorgungs- und/oder Demontagekosten. | Die alten Matratzen können nicht mehr weiterverkauft werden, womit kein Liquidationserlös resultiert. Franke kann diese Matratzen jedoch einem anderen Bauern weitergeben und so Entsorgungskosten vermeiden. |

Investitionsrechnungsverfahren lassen sich wie folgt unterteilen. Im weiteren Verlauf des Kapitels wird auf die in der Grafik ersichtlichen Verfahren näher eingegangen.

Abb. 217

**Investitionsrechnungsmethoden**

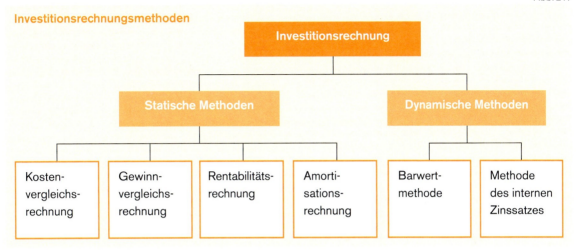

Jede Methode hat seine Vor- und Nachteile. In der Praxis werden deshalb zur Vorbereitung eines Investitionsentscheids mehrere Methoden gleichzeitig angewendet.

Tab. 150

**Beispiel** „Landwirt Franke" – Investitionsrechnung

Den norwegischen Landwirten stehen zwei Arten von Matratzen zur Auswahl. Landwirt Franke fragt sich nun, welche der Matratzen für ihn vorteilhafter wäre. Folgende Zahlen stehen Franke für seine Entscheidung zur Verfügung.

| | Matratze A | Matratze B |
|---|---|---|
| Investitionsbetrag (I) (Kapitaleinsatz) | CHF 500 | CHF 900 |
| Jährliche Betriebskosten | CHF 100 | CHF 80 |
| Jährlicher Erlös (mehr und bessere Milch) Nutzen (N) | CHF 250 | CHF 300 |
| Nutzungsdauer (n) | 5 Jahre | 6 Jahre |
| Kalkulatorischer Zinssatz (i) | 8 % | 8 % |
| Jährliche Abschreibungen ($a = I/n$) | CHF 100 | CHF 150 |
| Liquidationserlös (L) | CHF 0 | CHF 0 |

# 18.3 Statische Methoden der Investitionsrechnung

### Kostenvergleichsrechnung

Mit der **Kostenvergleichsrechnung** werden die anfallenden Kosten zweier oder mehrerer Investitionsprojekte über eine bestimmte Periode (meist ein Jahr) verglichen. Zinsen, die mit einer anderen Investitionsmöglichkeit erzielt worden wären, müssen als Kosten verrechnet werden. Diese entgangenen Zinsen nennt man **kalkulatorische Zinsen** und sie stellen **Opportunitätskosten** dar.

**Kalkulatorische Zinsen sind Zinsen auf das durchschnittlich in der Investition gebundene Kapital.**

Um die kalkulatorischen Zinsen zu berechnen, muss in einem ersten Schritt die Höhe des durchschnittlich gebundenen Kapitals ermittelt werden. Dieses kann berechnet werden, indem unterstellt wird, dass der Investitionsbetrag durch eine kontinuierliche, gleich bleibende Amortisation wieder freigesetzt wird. Dieses frei gewordene Geld steht sodann für alternative Investitionen, welche Zinsen in Aussicht stellen, zur Verfügung (z. B. am Kapitalmarkt). Das weiterhin gebundene Kapital hingegen nicht.

**Beispiel** „Landwirt Franke" – Kapitalbindung und kalkulatorische Zinsen

Zum Zeitpunkt des Kaufs der Matratzen des Typs A wird Kapital in der Höhe von 500 Franken gebunden. Es wird unterstellt, dass über die gesamte Nutzungsdauer jedes Jahr 100 Franken amortisiert werden. Dem Landwirt entgehen im ersten Jahr die Zinsen, die er durch Anlegen des Geldes am Kapitalmarkt hätte erwirtschaften können. Im Fall des Landwirts Franke beträgt das durchschnittlich gebundene Kapital im ersten Jahr 450 Franken (Durchschnitt des Anfangs- und Endbestandes im ersten Jahr). Werden die 450 Franken mit dem kalkulatorischen Zinssatz von 8 % multipliziert, ergeben sich Opportunitätskosten im ersten Jahr in der Höhe von 36 Franken. Über die gesamte Nutzungsdauer ergeben sich in der Summe kalkulatorische Zinsen von 100 Franken.

Tab. 151

| Jahr | Kapitalbindung | | | Kalkulatorische Zinsen[1] |
|------|------|------|------|------|
| n = 5 Jahr | Anfangs-betrag | Endbetrag | Durch-schnitt[2] | (i = 8 %) |
| 1. Jahr | CHF 500 | CHF 400 | CHF 450 | CHF 36 |
| 2. Jahr | CHF 400 | CHF 300 | CHF 350 | CHF 28 |
| 3. Jahr | CHF 300 | CHF 200 | CHF 250 | CHF 20 |
| 4. Jahr | CHF 200 | CHF 100 | CHF 150 | CHF 12 |
| 5. Jahr | CHF 100 | CHF 0 | CHF 50 | CHF 4 |
| Summe | | | | CHF 100 |

[1] Vereinfachte Berechnung, welche Zinseszinsen nicht berücksichtigt.

[2] $\dfrac{\text{Anfangsbetrag} + \text{Endbetrag}}{2}$

Abb. 218

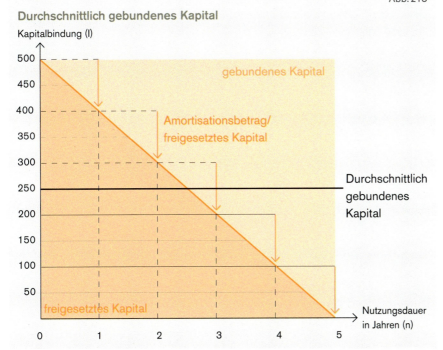

**Durchschnittlich gebundenes Kapital**

Die Abbildung verdeutlicht die Berechnung des durchschnittlich gebundenen Kapitals über die gesamte Nutzungsdauer von fünf Jahren hinweg.

Die kalkulatorischen Zinsen können mithilfe der folgenden Formel auch einfacher berechnet werden:

$$\text{Durchschnittlich gebundenes Kapital} = \frac{\text{Investitionsbetrag}}{2}$$

Kalkulatorische Zinsen = durchschnittlich gebundenes Kapital · i

**Beispiel** „Landwirt Franke" – Durchschnittlich gebundenes Kapital und kalkulatorische Zinsen (ohne Liquidationserlös)

Im Falle von Franke berechnet sich das durchschnittlich gebundene Kapital für eine Matratze des Typs A folgendermassen:

$$\frac{\text{CHF } 500}{2} = \text{CHF } 250$$

Durch folgende Berechnung ergeben sich die kalkulatorischen Zinsen:

CHF 250 · 0,08 = CHF 20

Jedes Jahr werden somit diesem Investitionsprojekt 20 Franken Zinskosten verrechnet. Über die gesamte Nutzungsdauer von 5 Jahren ergibt sich folglich ein Betrag von 100 Franken, der genau dem obigen Ergebnis entspricht.

Falls am Ende der vorgesehenen Nutzungsdauer ein Liquidationserlös zu erwarten ist, erfolgt die Berechnung nach folgender Formel:

Durchschnittliches gebundenes Kapital

$$= \frac{(\text{Investitionsbetrag} - \text{Liquidationserlös})}{2} + \text{Liquidationserlös}$$

$$= \frac{(I - L)}{2} + L = \frac{(I + L)}{2}$$

Kalkulatorische Zinsen = Durchschnittlich gebundenes Kapital · i

**Beispiel** „Landwirt Franke" – Durchschnittlich gebundenes Kapital und kalkulatorische Zinsen unter Berücksichtigung eines Liquidationserlöses

Abb. 219

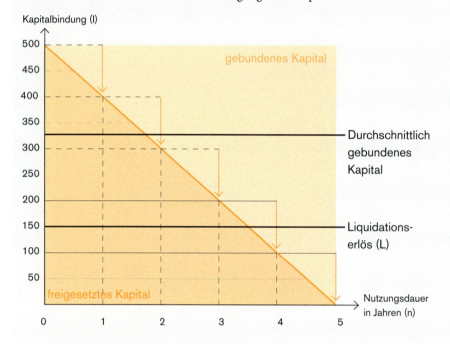

Landwirt Franke muss für eine Matratze des Typs A 500 Franken bezahlen. Er rechnet damit, dass er die Matratze am Ende der Nutzungsdauer von fünf Jahren für 150 Franken weiterverkaufen kann. Der Investitionsbetrag zu Beginn beträgt somit eigentlich nur noch 350 Franken. Die Hälfte dieses Betrages (CHF 350/ 2 = CHF 175) ist über die gesamte Nutzungsdauer gebunden. Um das durchschnittlich gebundene Kapital zu erhalten, muss noch der Liquidationserlös am Ende der Laufzeit (CHF 150) dazu addiert werden. Der Grund dafür liegt darin, dass der Landwirt über die 150 Franken erst nach 5 Jahren wieder frei verfügen und in andere Projekte investieren kann. Das durchschnittlich gebundene Kapital beträgt somit:

Abb. 220

$$\frac{(\text{CHF } 500 - \text{CHF } 150)}{2} + \text{CHF } 150 = \text{CHF } 325$$

Gummimatratze für Kühe der Environment and Bio Sience
University in Aas, Norwegen (12.01.2006)

Die jährlichen kalkulatorischen Zinsen:

CHF 325 · 0,08 = CHF 26

Über die gesamte Nutzungsdauer fallen kalkulatorische Zinsen in der Höhe von 130 Franken (5 Jahre · CHF 26 pro Jahr) an.

Nachdem das Prinzip des durchschnittlich gebundenen Kapitals erläutert wurde, kann die Kostenvergleichsrechnung der beiden Matratzentypen aufgestellt werden.

Tab. 152

**Beispiel** „Landwirt Franke" – Kostenvergleichsrechnung

Franke möchte nun die jährlichen Gesamtkosten der jeweiligen Matratzen ermitteln. Dafür muss er in einem ersten Schritt das durchschnittlich gebundene Kapital berechnen:

|  | **Matratze A** | **Matratze B** |
| --- | --- | --- |
| Durchschnittlich gebundenes Kapital | CHF 250 | CHF 450 |

In einem zweiten Schritt folgt die eigentliche Kostenrechnung:

|  | **Matratze A** | **Matratze B** |
| --- | --- | --- |
| Jährliche Betriebskosten | CHF 100 | CHF  80 |
| Jährliche kalkulatorische Zinsen | CHF  20 | CHF  36 |
| Jährliche Abschreibungen | CHF 100 | CHF 150 |
| **Jährliche Gesamtkosten** | **CHF 220** | CHF 266 |

Landwirt Franke entscheidet sich nach der Kostenvergleichsrechnung für die Matratze A, da sie für ihn jährlich weniger Kosten bedeutet.

→ Aufgabe 2

Da der Erlös nicht berücksichtigt wird, ist ein solcher Vergleich der Kosten nur bei Alternativen sinnvoll, bei welchen derselbe jährliche Erlös bzw. Nutzen vorausgesetzt wird. Bei unterschiedlichen Erträgen ist die Gewinnvergleichsrechnung vorzuziehen.

## Gewinnvergleichsrechnung

Bei dieser Methode werden die Erlöse mit einbezogen. Dabei wird versucht, die zu erwartenden Jahresgewinne der verschiedenen Investitionsalternativen einander gegenüberzustellen.

Tab. 153

**Beispiel** „Landwirt Franke" – Gewinnvergleichsrechnung

Der jährliche Mehrerlös durch die grössere Menge an Milch und die bessere Milchqualität liegt für Matratze A bei 250 Franken und für Matratze B bei 300 Franken. Ansonsten liegen dieselben Daten vor wie für den Kostenvergleich. Der Landwirt zieht nun die jeweiligen Kosten vom jährlichen voraussichtlichen Erlös der entsprechenden Alternative ab.

|  | Matratze A | Matratze B |
|---|---|---|
| Jährlicher Erlös | CHF 250 | CHF 300 |
| – Jährliche Betriebskosten | CHF 100 | CHF 80 |
| – Jährliche kalkulatorische Zinsen | CHF 20 | CHF 36 |
| – Jährliche Abschreibungen | CHF 100 | CHF 150 |
| **Jährlicher Gewinn (G)** | CHF 30 | **CHF 34** |

Seiner Gewinnvergleichsrechnung entsprechend, müsste sich somit Landwirt Franke für den Matratzentyp B entscheiden.

→ Aufgabe 3

### Rentabilitätsvergleichsrechnung

Die Rentabilität drückt die jährliche Verzinsung des eingesetzten Kapitals aus. Dabei wird das Verhältnis von Gewinn zu durchschnittlich gebundenem Kapital betrachtet. Die Rentabilität wird wie folgt berechnet:

$$\text{Rentabilität in \%} = \frac{\text{Jährlicher Gewinn}}{\text{Durchschnittlich gebundenes Kapital}} \cdot 100 = \frac{G}{(I + L)/2} \cdot 100$$

Tab. 154

**Beispiel** „Landwirt Franke" – Rentabilitätsvergleichsrechnung

Franke möchte nun auch noch die Rentabilität der beiden Investitionsalternativen „Matratze A" und „Matratze B" berechnen. Er benutzt die gleichen Daten wie für die Kosten- und Gewinnvergleichsrechnung.

|  | Matratze A | Matratze B |
|---|---|---|
| Jährlicher Gewinn (G) | CHF 30 | CHF 34 |
| Durchschnittlich gebundenes Kapital | CHF 250 | CHF 450 |
| **Rentabilität** | **12,0 %** | 7,5 % |

Die Investitionsentscheidung sollte in diesem Fall zugunsten der Matratze A ausfallen, da die Rentabilität mit 12 % höher ist als bei Matratze B.

→ Aufgabe 4

## Amortisationsrechnung

Anhand der Amortisationsrechnung[1] wird berechnet, wie viele Jahre vergehen, bis die investierte Geldsumme vollständig durch Rückflüsse gedeckt ist. Die Methode beantwortet also die Frage: Wie lange dauert es, bis sich eine getätigte Investition auszahlt?

$$\text{Amortisationszeit (A)} = \frac{\text{Investitionsbetrag}}{\text{Durchschnittlicher Nutzen}}$$

$$A = \frac{\text{Investitionsbetrag}}{(\text{Gewinn} + \text{Abschreibungen})}$$

$$A = \frac{I}{N} = \frac{I}{(G + a)}$$

Wie bei der Berechnung des durchschnittlich gebundenen Kapitals bereits erklärt wurde, entsprechen die jährlichen Abschreibungen der jährlichen Amortisation[2]: Jedes Jahr werden also Beträge in der Höhe der Abschreibungen freigesetzt (=Amortisationsbeträge), welche für alternative Investitionsprojekte genutzt werden können. Zusammen mit dem jährlichen Gewinn ergeben die Abschreibungen den durchschnittlichen Nutzen eines Investitionsprojekts.

Bevorzugt wird die Investitionsalternative mit der kürzesten Amortisationszeit. Denn je weniger Jahre bis zum vollständigen Rückfluss einer investierten Geldsumme verstreichen, desto rascher können diese Mittel wieder anderweitig verwendet werden.

**Beispiel** „Landwirt Franke" – Amortisationsrechnung

Landwirt Franke möchte auch noch die Amortisationszeit berechnen. Wiederum liegen ihm die gleichen Daten vor wie für die Kosten-, Gewinn- und Rentabilitätsvergleichsrechnung.

Tab. 155

|  | Matratze A | Matratze B |
| --- | --- | --- |
| Investitionsbetrag (I) | CHF 500 | CHF 900 |
| Jährlicher Gewinn (G) | CHF 30 | CHF 34 |
| Jährliche Abschreibungen (a) | CHF 100 | CHF 150 |
| **Amortisationszeit** | **3,8 Jahre** | 4,9 Jahre |

Die Amortisationsrechnung sagt Franke, dass er die Matratze A der Matratze B vorziehen soll, da ihm das Geld in kürzerer Zeit wieder frei zur Verfügung steht.

Das Problem bei dieser Methode ist, dass die Nutzungsdauer (n) nicht berücksichtigt wird. Am obigen Beispiel soll das Problem erläutert werden. Der Matratzentyp A hat eine Amortisationszeit von 3,8 Jahren im Vergleich zu Matratzentyp B von 4,9 Jahren. Nach der Amortisationsrechnung (Payback-Methode) ist die Matratze A vorteilhafter, da sie eine um 1,1 Jahre kürzere Amortisationszeit verspricht. Wird nun aber noch die Nutzungsdauer in die Entscheidung mit einbezogen, ist der Vorteil der Matratze A nicht mehr derart gross. Die Matratze des Typs A hat eine Nutzungsdauer von 5 Jahren. Somit kann die Matraze A noch 1,2 Jahre länger genutzt werden, bevor sie durch eine neue ersetzt werden muss, obwohl sie nach 3,8 Jahren vollständig amortisiert ist. Der Matratzentyp B hat eine Nutzungsdauer von 6 Jahren und wird nach der Amortisationszeit von 4,9 Jahren noch 1,1 Jahre genutzt. Wenn man somit die nach der Amortisation verbleibende Nutzungsdauer in die Entscheidung mit einbezieht, müsste Landwirt Franke weiterhin den Matratzentyp A wählen, wobei die Differenz zu Matratze B mit 0,1 Jahren vernachlässigbar ist.

Bis anhin wurde von einem jährlich konstanten Nutzen ausgegangen. Der Nutzen kann sich aber von Jahr zu Jahr verändern. Auch in diesen Fällen kann die Amortisationsrechnung angewendet werden, wobei zur Berechnung der Rückzahlungsfrist die jährlichen Nutzen kumuliert (addiert) werden. Folgendes Beispiel soll die Anwendung illustrieren:
- Investitionsbetrag:        CHF 800 000
- Nutzungsdauer:        10 Jahre
- Der Nutzen sei folgendermassen verteilt:

Tab. 156

| Jahr | Nutzen (in CHF) | Nutzen kumuliert (in CHF) |
|---|---|---|
| 1 | 100 000 | 100 000 |
| 2 | 120 000 | 220 000 |
| 3 | 90 000 | 310 000 |
| 4 | 140 000 | 450 000 |
| 5 | 100 000 | 550 000 |
| 6 | 120 000 | 670 000 |
| 7 | 120 000 | 790 000 |
| 8 | 120 000 | 910 000 |
| 9 | 120 000 | 1 030 000 |
| 10 | 120 000 | 1 150 000 |

Bei einer Nutzungsdauer von 10 Jahren hat sich die Investitionssumme nach 8 Jahren amortisiert.

→ Aufgaben 5, 6 und 7

## 18.4 Dynamische Methoden der Investitionsrechnung

Diese statischen Methoden sind zwar handlich, berücksichtigen aber die Unterschiede des zeitlichen Anfalls von Einnahmen und Ausgaben nicht. Die dynamischen Methoden sind diesbezüglich etwas differenzierter, denn sie berücksichtigen den unterschiedlichen zeitlichen Anfall von Zahlungsströmen. Sie bauen auf dem Konzept des Barwerts.

**Der Wert, den zukünftiges Geld heute hat, wird als Barwert (engl.: Present Value [PV]) oder Gegenwartswert bezeichnet.**

Den Barwert erhält man durch **Abzinsung**[1] des künftigen Geldbetrages mit einem Kapitalzinssatz, der Ausdruck einer alternativ erreichbaren Verzinsung ist (Opportunitätskosten). Hinter diesem Zinssatz steckt der Gedanke, dass heute verfügbares Geld zinsbringend angelegt werden könnte. Je höher das allgemeine Zinsniveau ist, desto relevanter wird der Einbezug dieser Betrachtungsweise. Der Zinssatz berechnet sich in der Praxis aus dem Zinssatz für risikolose Staatsanleihen (in der Schweiz die Rendite von langfristigen Bundesobligationen) plus einem Risikozuschlag, je nach Risiko der Investition (z. B. 2,5 % Rendite der Bundesobligation + 5 % Risikozuschlag = Zinssatz von 7,5 %).

[1] Abzinsen: Durch Abzinsen eines Betrages auf den Zeitpunkt Null erhält man den Betrag, den man heute bei gegebenem Zinssatz investieren müsste, um zu einem späteren Zeitpunkt ein bestimmtes Vermögen zu besitzen.

Um diesen Wert berechnen zu können, müssen drei Grössen bekannt sein:
- der künftige Geldbetrag ($Z_t$) in n Jahren
- die Anzahl Jahre (t) in denen man das Geld erhalten wird und
- der Zinssatz (i).

Die Formel für die Berechnung des Barwerts ($Z_0$) lautet:

$$Z_0 = \frac{Z_t}{(1+i)^t}$$

Abb. 221

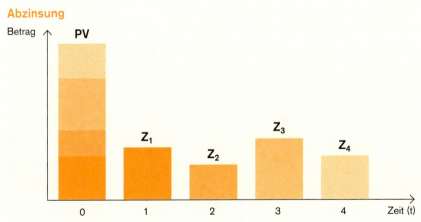

**Abzinsung**

Die obige Abbildung zeigt eine Zahlungsreihe mit vier Zahlungen $Z_1$ – $Z_4$, welche während der Jahre t = 1 bis t = 4 eingehen. Die Säule im Zeitpunkt t = 0 zeigt die kumulierten Barwerte (Present Value) aller Zahlungen 1 bis 4.

**Beispiel** Fabian – Barwertmethode

Frankes Sohn Fabian wird in zwei Wochen 14 Jahre alt und wünscht sich von seinen Eltern und Verwandten Geld. Sein grösster Wunsch ist es, in zwei Jahren einen eigenen Roller zu kaufen. Er hat sich auch schon ein Modell der Marke Aprilia ausgesucht, welches 3 500 Franken kostet. Fabian möchte nun wissen, wie viel Geld er in zwei Wochen auf sein Jugendsparkonto einzahlen muss, damit er in zwei Jahren den Roller kaufen kann. Der aktuelle Zinssatz beträgt 1,25 %.

Abb. 222

$Z_0 = ?$
$Z_t = \text{CHF } 3\,500$
$i = 1{,}25\,\%$
$t = 2 \text{ Jahre}$

$$Z_0 = \frac{Z_t}{(1 + i)^t} \rightarrow \frac{3\,500}{(1 + 0.0125)^2} = \text{CHF } 3\,414.15$$

Fabian muss 3 414.15 Franken auf sein Bankkonto einzahlen.

## Barwertmethode[1]

[1] Barwertmethode: auch Net-Present-Value-Methode genannt

Während dem die Investitionsausgaben heute ($Z_0$) vorgenommen werden, fällt der erwartete Nutzen einer Investition meist über mehrere Jahre verteilt in der Zukunft an ($Z_1$, $Z_2$ usw.). Diese einzelnen Ausgaben und Einnahmen lassen sich nicht ohne Weiteres miteinander vergleichen. Die unten stehende Abbildung verdeutlicht diese Problematik. Für welche Investitionsalternative würde sich ein Unternehmen bei einem Investitionsbetrag ($I_0$) von 21 000 Franken für beide Investitionen A und B und einem Zinssatz von 6 % entscheiden? Für die Investitionsalternative A, die im Zeitpunkt 1 10 000 Franken und im Zeitpunkt 3 15 000 Franken auszahlt oder die Investitionsalternative B, die nach 2 Jahren 12 000 Franken und nach 4 Jahren 15 000 Franken ausschüttet?

Abb. 223

**Barwertmethode**

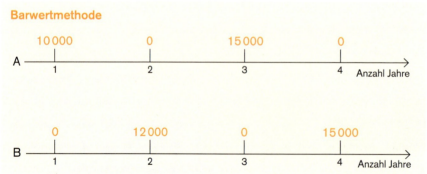

Auf den ersten Blick fällt die Entscheidung nicht leicht. Um das Problem zu lösen, müssen die Zahlungsströme, Ein- wie auch Auszahlungen auf den Zeitpunkt der Investition ($t_0$) zurückgerechnet werden. Durch das Abdiskontieren der

Beträge auf den Zeitpunkt $t_0$ werden die zu unterschiedlichen Zeitpunkten anfallenden Zahlungsströme vergleichbar. Nur so kann herausgefunden werden, welche Investition lohnenswerter bzw. vorteilhafter ist. Diesen Vorgang nennt man Abzinsung (Diskontierung).

Investitionsalternative A

Tab. 157

| | Betrag in CHF | Abzinsungsfaktor | Barwert in CHF[1] |
|---|---|---|---|
| 0. Jahr ($t_0$) | −21 000 | 1,0 | −21 000 |
| 1. Jahr ($t_1$) | 10 000 | $(1 + 0,06)^1$ | 9 434 |
| 2. Jahr ($t_2$) | 0 | $(1 + 0,06)^2$ | 0 |
| 3. Jahr ($t_3$) | 15 000 | $(1 + 0,06)^3$ | 12 594 |
| 4. Jahr ($t_4$) | 0 | $(1 + 0,06)^4$ | 0 |
| Total | | | **1 028** |

[1] Barwert: Betrag dividiert durch den Abzinsungsfaktor

Investitionsalternative B

Tab. 158

| | Betrag in CHF | Abzinsungsfaktor | Barwert in CHF |
|---|---|---|---|
| 0. Jahr ($t_0$) | −21 000 | 1,0 | −21 000 |
| 1. Jahr ($t_1$) | 0 | $(1 + 0,06)^1$ | 0 |
| 2. Jahr ($t_2$) | 12 000 | $(1 + 0,06)^2$ | 10 680 |
| 3. Jahr ($t_3$) | 0 | $(1 + 0,06)^3$ | 0 |
| 4. Jahr ($t_4$) | 15 000 | $(1 + 0,06)^4$ | 11 881 |
| Total | | | **1 561** |

Bei einem Zinssatz von 6 % müsste sich das Unternehmen für das Projekt B entscheiden, weil es 533 Franken (CHF 1 561 − CHF 1 028) mehr ausschüttet.

Der Nettobarwert einer Investition errechnet sich aus der Differenz des Barwerts aller investitionsbedingten Einnahmen und dem Barwert aller investitionsbedingten Ausgaben inklusiv dem Investitionsbetrag ($I_0$). Sofern die Investition (z. B. eine Maschine) am Ende der Nutzungsdauer noch verkauft werden kann, stellt dieser Liquidationserlös (L) ebenfalls eine Einnahme dar.

Formel: $NPV = \dfrac{(E_1 - A_1)}{(1+i)^1} + \dfrac{(E_2 - A_2)}{(1+i)^2} + \dots + \dfrac{(E_n - A_n)}{(1+i)^n} + \dfrac{L_n}{(1+i)^n} - I_0$

$\qquad\quad = \displaystyle\sum_{t=1}^{n} \dfrac{(E_t - A_t)}{(1+i)^t} + \dfrac{L_n}{(1+i)^n} - I_0$

NPV: Net Present Value, Nettobarwert der Investition (inkl. Investitionsbetrag)
PV: Present Value, Barwert des Zahlungsstromes (ohne Investitionsbetrag)
E: Einnahmen
A: Ausgaben
L: Liquidationserlös zum Zeitpunkt n (= Einnahme)
I: Investitionssumme zum Zeitpunkt t = 0 (= Ausgabe)
n: Nutzungsdauer
t: Zeitindex, wobei t = 1, 2, 3, … n
i: Zinssatz

Liegt ein Überschuss vor (ist also der Nettobarwert eines Investitionsprojekts positiv), so lohnt sich die geplante Investition. Im umgekehrten Fall, also wenn ein Fehlbetrag vorliegt, sollte auf die Investition verzichtet werden.

→ Aufgaben 8 und 9

**Beispiel** „Landwirt Franke" – Barwertmethode

Franke überlegt sich, für die Lieferung seiner Milch an die „Bäckerei Sonniger" ein eigenes Milchtransportfahrzeug zu kaufen. Zusätzlich möchte er mit dem Transporter die Milchlieferungen von anderen Landwirten übernehmen. Er fragt Sie nun an, ob sich eine solche Anschaffung für ihn lohnen würde oder nicht. Folgende Zahlen stehen ihm für die Entscheidung zur Verfügung:

| Investitionssumme (I) | CHF 80 000 |
|---|---|
| Nutzungsdauer (n) | 3 Jahre |
| Liquidationserlös (L) | CHF 45 000 |
| Zinssatz (i) | 8 % |

Tab. 159

| | Einnahmen (E) in CHF | Ausgaben (A) in CHF | E – A in CHF | Abzinsungs-faktor | E – A abge-zinst in CHF |
|---|---|---|---|---|---|
| 0. Jahr | 0 | 80 000 | –80 000 | 1,0 | –80 000 |
| 1. Jahr | 15 000 | 4 000 | 11 000 | $(1 + 0{,}08)^1$ | 10 185 |
| 2. Jahr | 26 000 | 3 000 | 23 000 | $(1 + 0{,}08)^2$ | 19 719 |
| 3. Jahr | 26 000 | 3 000 | 23 000 | $(1 + 0{,}08)^3$ | 18 258 |
| Liquidationserlös | 45 000 | | 45 000 | $(1 + 0{,}08)^4$ | 35 722 |
| NPV | | | | | 3 884 |

Die Investition lohnt sich, da sie einen Gewinn von 3 884 Franken generiert.

## Methode des internen Zinssatzes

Der **interne Zinssatz**[1] stellt die effektive Rendite eines Investitionsprojekts dar, welche mit dem Kalkulationszinssatz verglichen werden kann. Beim Kalkulationszinssatz handelt es sich um eine Mindestverzinsungsanforderung, die das Unternehmen erreichen möchte. Ist der interne Zinssatz mindestens so gross wie die Mindestverzinsungsanforderung, so ist die Investition vorteilhaft.

[1] interner Zinssatz: auch Internal Rate of Return (IRR) genannt

Zur Berechnung des internen Zinssatzes wird dieselbe Formel wie für den Nettobarwert verwendet, wobei die gesuchte Grösse der Zinssatz (i) darstellt. Dabei gilt folgende Bedingung: NPV = 0.

Formel:
$$NPV = 0 = \frac{(E_1 - A_1)}{(1 + i)^1} + \frac{(E_2 - A_2)}{(1 + i)^2} + \dots + \frac{(E_n - A_n)}{(1 + i)^n} + \frac{L_n}{(1 + i)^n} - I_0$$
$$= \sum_{t=1}^{n} \frac{(E_t - A_t)}{(1+i)^t} + \frac{L_n}{(1+i)^n} - I_0$$

Bei Projekten, welche über mehr als zwei Jahre laufen, ergeben sich bei der Berechnung des Zinssatzes erhebliche mathematische Lösungsschwierigkeiten. Daher wird mit Näherungslösungen gearbeitet.

**Beispiel** „Landwirt Franke" – Methode des internen Zinssatzes

Fritz Petri bittet seinen langjährigen Freund, den Landwirt Franke, um Geld. Fritz möchte seit Langem ein Projekt realisieren und braucht dazu 10 000 Franken. Er verspricht Franke einen Erlös (Rückzahlung) von insgesamt 11 000 Franken nach einem Jahr. Landwirt Franke möchte nun herausfinden, wie hoch der interne Zinssatz bzw. die Rendite ausfallen würde.

→ Aufgabe 10

Abb. 224

| | |
|---|---|
| Investitionssumme (I) | CHF 10 000 |
| Erlös 1. Jahr | CHF 11 000 |
| Kosten 1. Jahr | CHF 0 |
| Nutzungsdauer (n) | 1 Jahr |

$$NPV = 0 = \frac{(E_1 - A_1)}{(1 + i)^1} - I_0$$

$$\rightarrow 0 = \frac{(11\,000 - 0)}{(1 + i)^1} - 10\,000$$

$$\rightarrow 10\,000 = \frac{11\,000}{(1 + i)}$$

$$\rightarrow (1 + i) = \frac{11\,000}{10\,000}$$

$$\rightarrow i = 0.1 = 10\,\%$$

Der Landwirt Franke ist mit dem Angebot einverstanden, da ihm die Bank lediglich einen Zinssatz von 3 % anbietet.

# Aufgaben – D18 Investitionen

## 1

Um welche Investitionsarten handelt es sich bei den folgenden Geschäftsfällen? Beachten Sie, dass Sachinvestitionen nach weiteren Kriterien unterschieden werden können und nehmen Sie entsprechend auch diese Differenzierung vor.

a Schulung des Verkaufspersonals

b Eröffnung einer neuen Filiale

c Kauf einer 30 %-Beteiligung an der „Kaufer-AG"

d Ausbau der Produktionshalle

e EDV-Anlage wird ersetzt

f Patenterwerb

g Werbekampagne für einen neuen Staubsauger

h Eine vorhandene Maschine wird durch eine neue, technisch verbesserte Maschine ersetzt.

## 2

Die Skiregion „SnowLand" bietet die optimalen Bedingungen für Skifahrer und Snowboarder. Die Skiregion überlegt sich den Bau einer zusätzlichen Sessellift-anlage zum Saisonstart. Dazu stehen zwei Alternativen zur Verfügung:

Tab. 160

|  | Anlage A | Anlage B |
|---|---|---|
| Kapitaleinsatz | CHF 1 000 | CHF 1 800 |
| Jährliche Betriebskosten | CHF 500 | CHF 400 |
| Liquidationserlös | CHF 0 | CHF 0 |
| Nutzungsdauer | 4 Jahre | 6 Jahre |
| Kalkulatorischer Zinssatz | 8 % | 8 % |

a Welche Anlage ist für die Skiregion kostengünstiger?

b Wie lautet Ihre Entscheidung, wenn der kalkulatorische Zinssatz anstelle von 8 % auf 15 % ansteigt?

c Vergleichen Sie die Resultate von a) und b). Welche Probleme zeigt Ihnen dieser Vergleich auf?

d Diskutieren Sie die Vor- und Nachteile von solchen Investitionsrechnungen.

e Konsultieren Sie den Geschäftsbericht einer Bergbahn (z. B. Geschäftsbericht 2013/2014 Lenzerheide Bergbahnen AG). Analysieren Sie die Werte in der Bilanz und der Erfolgsrechnung und verschaffen Sie sich einen Einblick in die wahren Zahlen einer Bergbahn.

**3**

Die „Bauschutt & Partner AG" zieht den Einbau einer neuen Heizungsanlage in
Betracht. Für das Unternehmen kommt entweder eine Öl- oder eine Holzschnit-
zelanlage in Frage. Folgende Daten stehen für den Entscheid zur Verfügung:

Tab. 161

|  | Holzschnitzelanlage | Ölanlage |
|---|---|---|
| Kapitaleinsatz | CHF 2 500 | CHF 2 000 |
| Jährlicher Erlös (Einsparungen) | CHF 1 050 | CHF 870 |
| Jährliche Betriebskosten | CHF 500 | CHF 400 |
| Liquidationserlös | CHF 0 | CHF 0 |
| Nutzungsdauer | 20 Jahre | 18 Jahre |
| Kalkulatorischer Zinssatz | 8 % | 8 % |

Sie sind Geschäftsleiter der „Bauschutt & Partner AG".

a  Beurteilen Sie die beiden Anlagen aufgrund eines Kosten- und Gewinn-
   vergleichs.
b  Der Kosten- und Gewinnvergleich hat das Unternehmen nicht weiter-
   gebracht. Finden Sie weitere, nicht quantifizierbare Kriterien für den Entscheid für eine der beiden Anlagen.
c  Erstellen Sie nun mit den wichtigsten unter b) gefundenen Kriterien eine
   Nutzwertanalyse→ und formulieren Sie anschliessend eine Empfehlung
   zuhanden des Verwaltungsrates.

→ S. 556 Nutzwertanalyse

**4**

Die „Titangiesserei Titanium AG" möchte sich eine neue Giessmaschine anschaffen und prüft nun folgende Daten einer Investitionsmöglichkeit:

Tab. 162

| | |
|---|---|
| Investitionskapital | CHF 10 000 000 |
| Gewinn im ersten Jahr | CHF 260 000 |
| Gewinn im zweiten Jahr | CHF 220 000 |
| Gewinn im dritten Jahr | CHF 180 000 |
| Liquidationserlös am Ende der Nutzungsdauer | CHF 0 |
| Nutzungsdauer | 3 Jahre |

Berechnen Sie die jährliche sowie die totale (gesamte Nutzungsdauer) Rentabilität des Investitionsprojekts.

## 5

Ein Unternehmen muss sich zwischen den zwei Investitionsprojekten X und Y entscheiden. Folgende Zahlen sind gegeben:

Tab. 163

|  | Projekt X | Projekt Y |
|---|---|---|
| Investitionsbetrag | CHF 360 000 | CHF 390 000 |
| Jährliche Gewinne | CHF 80 000 | CHF 140 000 |
| Nutzungsdauer | 12 Jahre | 13 Jahre |

a Wie lange dauert die Amortisationszeit für jedes der beiden Projekte?
b Für welches Projekt entscheidet sich das Unternehmen aufgrund der entsprechenden Berechnungen? Begründen Sie diese Entscheidung.

## 6

Ein Versandhaus überlegt sich, ob die bisherige, stark arbeitsintensive Verpackungsabteilung durch die Anschaffung eines leistungsfähigen Verpackungsautomaten (Automation) erweitert werden soll. Aufgrund folgender Zahlen ist zu prüfen, ob sich die Neuanschaffung lohnt:

Tab. 164

| | |
|---|---|
| Anschaffungskosten für den Verpackungsautomaten | CHF 80 000 |
| Einmalige Installationsanpassungen | CHF 10 000 |
| Ersparnis Personalkosten pro Jahr | CHF 48 000 |
| Zusätzliche Raum- und Energiekosten pro Jahr | CHF 12 000 |
| Nutzungsdauer | 10 Jahre |

a Nach wie vielen Jahren zahlt sich die Anschaffung des Verpackungsautomaten im Vergleich zur manuellen Arbeit aus?
b Weshalb entscheidet sich das Versandhaus für die Anschaffung?
c Welche nicht-monetären Aspekte könnten Sie für oder gegen die Anschaffung des Verpackungsautomaten hervorbringen?

**7**

Das Unternehmen „Sportproduce" will eine neue Maschine für die Produktion kaufen. Das momentane Modell ist alt und es stehen Reparaturen an. Auch Ausfälle in der Produktion werden immer häufiger. In diesem Jahr fielen bereits Reparaturkosten von insgesamt 40 000 Franken an. Deshalb scheint eine Investition sinnvoll und nötig, obwohl diese Maschine damals für 550 000 Franken gekauft wurde.

Für die Investition liegen folgende Daten vor: Die Produktionsmaschine kostet neu 650 000 Franken und hat nach 12 Jahren einen Restwert von 0 Franken. Die Maschine, welche die „Sportproduce" kaufen will, wurde aber schon von einem anderen Unternehmen 3 Jahre genutzt. Dieses Unternehmen ging Konkurs und die Maschine wird nun zu 450 000 Franken verkauft. Allerdings werden für den Transport und die Installation weitere 70 000 Franken verrechnet. Im ersten Jahr ist ein Nutzen von 100 000 Franken realistisch, da die Maschine noch richtig abgestimmt werden muss. Im zweiten Jahr wird ein um 50 000 Franken höherer Nutzen als im Jahr davor erwartet. Im dritten Jahr wird ein Nutzen von 170 000 Franken geschätzt. Nachdem im vierten Jahr 100 000 Franken Nutzen geplant ist, wird für die restlichen Betriebsjahre mit einem gleich bleibenden Nutzen von 160 000 Franken gerechnet.

a  Um welche Art von Investition handelt es sich im Fall der „Sportproduce"?

b  Wie viele Jahre beträgt die Amortisationszeit?

**8**

a  Wie viel beträgt der Barwert eines Frankens nach Ablauf von folgenden sechs verschiedenen Zeiteinheiten ($i = 10\,\%$): 1 Jahr, 5, 10, 15, 20 und 25 Jahre? Welche allgemeine Aussage kann aus den Barwerten abgeleitet werden?

b  Wie gross ist der Gegenwartswert eines Frankens, den man in 4 Jahren erhalten wird, bei folgenden Zinssätzen: $4\,\%$, $10\,\%$, $20\,\%$, $30\,\%$ und $40\,\%$? Welche allgemeine Aussage kann aufgrund der Barwerte getroffen werden?

**9**

Zwei Freunde Simone und Gabriel planen ein Café zu eröffnen. Das Ladenlokal haben sie bereits eingerichtet, es fehlt nur noch eine professionelle Kaffeemaschine. Sie haben sich bereits über die Vor- und Nachteile der verschiedenen Modelle ausführlich informiert. Zwei Modelle stehen nun in der engeren Auswahl. Modell A ist im Gegensatz zu Modell B eine einfachere Ausführung und ist dementsprechend 2 000 Franken billiger. Um herauszufinden, welche Maschine für sie lohnenswerter ist, haben die beiden Freunde die erwarteten Einnahmen und Ausgaben für jedes einzelne Modell geschätzt.

Tab. 165

| | Modell A | Modell B |
|---|---|---|
| Anschaffungspreis | CHF 8 000 | CHF 10 000 |
| Nutzungsdauer | 4 Jahre | 4 Jahre |
| Erwartete Einnahmen – Ausgaben | | |
| 1. Jahr ($t_1$) | CHF 3 500 | CHF 4 000 |
| 2. Jahr ($t_2$) | CHF 3 800 | CHF 4 100 |
| 3. Jahr ($t_3$) | CHF 3 900 | CHF 4 100 |
| 4. Jahr ($t_4$) | CHF 4 000 | CHF 4 200 |

a Berechnen Sie den Nettobarwert (Net Present Value) bei einem Diskontierungssatz von 12 %. Welches Modell ist nach dieser Methode vorteilhafter?

b Das Modell A kann am Ende der Laufzeit für 1 000 Franken und Modell B für 1 800 Franken verkauft werden. Berechnen Sie den neuen Nettobarwert (Net Present Value) bei einem Diskontierungssatz von 12 %. Welches Modell ist nun vorteilhafter?

**10**

Berechnen Sie den internen Zinssatz des folgenden Projekts:

| | |
|---|---|
| Investitionssumme (I) | CHF 15 000 |
| Erlös 1. Jahr (E) | CHF 18 000 |
| Kosten 1. Jahr (A) | CHF 2 000 |
| Nutzungsdauer (n) | 1 Jahr |

**11**

Bei Investitionsentscheidungen gibt es nebst monetären immer auch nicht monetäre, schwer erfassbare Aspekte (sog. Imponderabilien) zu berücksichtigen. Es ist jeweils Aufgabe des Managements, solche schwer messbaren Aspekte in die Entscheidung einfliessen zu lassen. In der Regel werden dann Argumente gegeneinander abgewogen.

Überlegen Sie sich anhand verschiedener Investitionssituationen solche schwer messbaren Aspekte.

www.iwp.unisg.ch/bwl

# D19 Rechnungslegung, Finanzanalyse und Unternehmensbewertung

→ S. 196 Inhaltsübersicht

## Leitfragen

a) Aus welchen Gründen hat die Rechnungslegung nach bestimmten Grundsätzen zu erfolgen?

b) Welche Unternehmen sind zu einer ordnungsgemässen Rechnungslegung gesetzlich verpflichtet?

c) Welchen Grundsätzen muss eine ordnungsgemässe Rechnungslegung entsprechen?

d) Welche Finanzkennzahlen eignen sich für die Finanzanalyse?

e) Welches Spannungsfeld besteht zwischen Liquidität, Rentabilität und Sicherheit aus Unternehmens- und aus Geldanlegerperspektive?

f) Welche Verfahren gibt es für die Unternehmensbewertung?

g) Welche Schwierigkeiten entstehen bei der Unternehmensbewertung?

## Schlüsselbegriffe

True and fair view, Rechnungslegung, Handelsregister, Realisationsprinzip, Imparitätsprinzip, Niederstwertprinzip, Finanzanalyse, Finanzkennzahlen, Controlling, Liquidität, Liquiditätsgrad I, Liquiditätsgrad II, Liquiditätsgrad III, Rentabilität, Eigenkapitalrendite, Gesamtkapitalrendite, Umsatzrentabilität, EBIT-Marge, Eigenkapitalquote, Fremdkapitalquote, Verschuldungsgrad, Anlagedeckungsgrad I, Anlagedeckungsgrad II, Goldene Bilanzregel, Magisches Dreieck der Finanzanalyse, Unternehmensbewertung, 3-M-Konzept, Due Diligence, Substanzwertverfahren, Liquidationsverfahren, Ertragswertverfahren, Discounted Cash Flow (DCF)

## Verankerung im Modell

Die Rechnungslegung, die Finanzanalyse und die Unternehmensbewertung sind Unterstützungsprozesse. Um sachgerechte Führungsentscheidungen zu treffen und die Informationsbedürfnisse der Anspruchsgruppen zu befriedigen, werden die unternehmensrelevanten Informationen vom Rechnungswesen nach bestimmten Prinzipien aufgearbeitet. Anhand der Finanzanalyse wird die finanzielle Lage des Unternehmens beurteilt. Mittels Unternehmensbewertung wird der Wert eines Unternehmens festgelegt.

## Beispiel „Kitchen King AG"

Max Müller hat vor 30 Jahren das Unternehmen „Kitchen King" mit Hauptsitz in Zürich gegründet, dessen Produktionstätigkeit darin besteht, Küchenherde, Pfannen und Rührbesen herzustellen. Das Unternehmen ist seit seiner Gründung stetig gewachsen und verfügt nunmehr über drei Produktionsstandorte in der Schweiz, an denen insgesamt über 300 Mitarbeiter beschäftigt sind. Um das Unternehmen zielgerichtet und zweckmässig führen zu können und um dabei die richtigen Entscheidungen zu treffen, braucht Max Müller finanzielle Daten. Diese werden ihm kontinuierlich durch das Rechnungswesen zur Verfügung

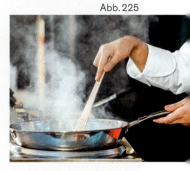

Abb. 225

gestellt. Für Max Müller stellen sich folgende Fragen:
- Max Müller hat „Kitchen King" neulich zu einer Aktiengesellschaft („Kitchen King AG") umgewandelt und an der Börse kotiert. Er fragt sich nun, nach welchen Grundsätzen sein Unternehmen die Rechnungslegung zu erstellen hat.
- Max Müller ist sich nicht sicher, ob die flüssigen Mittel in der Höhe von 1000 000 Franken ausreichend sind.
- Max Müller steht kurz vor dem Pensionsalter und will das Unternehmen mangels eigener Nachkommen der „Power Kitchen AG" verkaufen. Es bereitet den beiden Parteien jedoch Schwierigkeiten den Wert und damit den Preis des Unternehmens zu bestimmen.

# 19.1 Rechnungslegung

Fremd- und Eigenkapitalgeber, aber auch weitere Anspruchsgruppen[→] wie der Staat, sind interessiert an korrekten Zahlen zur tatsächlichen Lage eines Unternehmens (sog. **True and fair view**). Das Informationsbedürfnis bezieht sich dabei auf die Vermögens-, Schulden-, Erfolgs- und Liquiditätslage[→] eines Unternehmens. In das Handeln der Geschäftsführung[→] haben die Anspruchsgruppen wenig Einsicht. Die Kapitalgeber benötigen eine möglichst grosse Transparenz, um zu entscheiden, ob sie dem Unternehmen Geld zur Verfügung stellen wollen oder nicht. Der Staat will insbesondere verhindern, dass ihm durch einen zu tief ausgewiesenen Gewinn (Bildung von stillen Reserven[→]) Steuern entgehen. Aufgrund der Wichtigkeit der Finanzdaten für einige Anspruchsgruppen und zu deren Schutz hat die **Rechnungslegung** die finanzielle Lage des Unternehmens nach bestimmten Grundsätzen zu dokumentieren. Die dafür notwendigen Daten werden vom Rechnungswesen aufbereitet und bereitgestellt.

→ S. 70 Anspruchsgruppen und deren Erwartungen

→ S. 358 – S. 366 Bilanz, Erfolgsrechnung und Geldflussrechnung

→ S. 217 Principal-Agent-Theorie

→ S. 364 Interne und Externe Bilanz

**Rechnungslegungspflicht**

Das Schweizer Obligationenrecht (OR) verpflichtet sämtliche Unternehmen, welche sich ins **Handelsregister**[1] eintragen müssen, zur Führung eines ordnungsgemässen Rechnungswesens. Wer ein Handels-, Fabrikations- oder ein anderes nach kaufmännischer Art geführtes Gewerbe betreibt, ist verpflichtet, seine Firma am Orte der Hauptniederlassung in das Handelsregister eintragen zu lassen[2]. Der Verordnung zum Handelsregister (HRegV) ist zu entnehmen, dass von der erwähnten Eintragungspflicht diejenigen Unternehmen ausgenommen werden, welche einen jährlichen Umsatz von 100 000 Franken nicht überschreiten.

[1] Art. 957 OR

[2] Art. 934 OR

**Beispiel** „Kitchen King AG" – Rechnungslegungspflicht

„Kitchen King AG" verarbeitet Rohstoffe zu Küchenartikeln (Fabrikationsgewerbe) und hat im letzten Jahr einen Umsatz in der Höhe von 10,5 Millionen Franken erwirtschaftet. Hiermit ist „Kitchen King AG" zur Führung eines ordnungsgemässen Rechnungswesens gesetzlich verpflichtet.

## Rechnungslegungsgrundsätze

Für die vorherrschende Gesellschaftsrechtsform in der Schweiz, die Aktiengesellschaft →, gelten gemäss Obligationenrecht folgende sechs Grundsätze.

→ S. 501 Aktiengesellschaft (AG)

Tab. 166

| Grundsatz | Erläuterung | Beispiel „Kitchen King AG" |
|---|---|---|
| Vollständigkeit | Die Vermögens- und Ertragslage eines Unternehmens kann von Anspruchsgruppen nur beurteilt werden, wenn alle relevanten Sachverhalte vollständig in der Jahresrechnung enthalten sind. | „Kitchen King AG" muss drohende Entschädigungszahlungen aus einer Sammelklage[1], welche eventuell nächstes Jahr bezahlt werden müssen, im Geschäftsbericht erwähnen. |
| Klarheit & Wesentlichkeit | Der Einblick in die wirtschaftliche Lage eines Unternehmens muss durch eine übersichtliche und sachgerechte Gliederung der Bilanz und der Erfolgsrechnung → und die Darlegung aller wesentlichen Sachverhalte garantiert werden. | Schulden von „Kitchen King AG" gegenüber Dritten sind nach ihrer zeitlichen Rückzahlungspflicht zu ordnen (kurzfristige Schulden, langfristige Schulden). „Kitchen King AG" darf die Beträge in ganzen Franken angeben. |
| Vorsicht | Ein Gewinn darf erst dann in der Buchhaltung ausgewiesen werden, wenn auch tatsächlich etwas verkauft worden ist **(Realisationsprinzip)**. | „Kitchen King AG" erhält eine mündliche Zusage eines Kunden, beim nächsten Grossauftrag über 500 000 Franken berücksichtigt zu werden. „Kitchen King AG" darf den Betrag aber erst realisieren, wenn ein Vertrag besteht und die Leistung (Lieferung von Küchenartikeln) erbracht wurde. |
| | Ein Verlust ist hingegen bereits dann zu berücksichtigen, wenn sich ein Aufwand abzeichnet, aber noch nicht angefallen ist **(Imparitätsprinzip)**. | Aufgrund fehlerhafter Küchenartikel sind Umtauschaktionen und Garantieleistungen absehbar. Für diese wird in der Folge sofort eine Rückstellung in der Höhe der mutmasslichen Aufwände gebildet. |
| | Bei verschiedenen Bewertungsmöglichkeiten von Gütern muss der niedrigste Wert in der Bilanz aufgenommen werden **(Niederstwertprinzip)**. | Die noch nicht verkauften Küchenschränke müssen zu den Herstellkosten von 300 Franken je Stück und nicht zum aktuellen Marktwert von 400 Franken je Stück bilanziert werden (Niederstwertprinzip). |

[1] Sammelklage: dabei klagen viele Kläger gegen einen oder mehrere Beklagte.

→ S. 358 Bilanz

| Grundsatz | Erläuterung | Beispiel „Kitchen King AG" |
|---|---|---|
| Fortführung | Die Rechnungslegung hat von einer Fortführung der Unternehmenstätigkeit auszugehen und demnach das Anlagevermögen zu Fortführungswerten zu bilanzieren. Bei der Einstellung der Geschäftstätigkeit ist ein Unternehmen verpflichtet, eine Bilanz zu Veräusserungs- oder Liquidationswerten[1] zu erstellen. | Solange das Geschäft fortgeführt wird, dürfen die Werte der „Kitchen King AG" unter dieser Annahme, also zu Fortführungswerten, bilanziert werden. |
| Stetigkeit | Die Abschlüsse genügen dem Prinzip der Stetigkeit, wenn sie bezüglich Darstellung und Bewertung jedes Jahr nach den gleichen Grundsätzen erstellt werden. So wird gewährleistet, dass die Zahlen mit den Vorjahren verglichen werden können. | „Kitchen King AG" hat sich bei den Maschinen für eine bestimmte Abschreibungsmethode entschieden. Diese kann nicht bei jedem Jahresabschluss gewechselt werden. |
| Verrechnungsverbot <br><br> → Aufgaben 1 und 2 | Aktiven und Passiven sowie Aufwände und Erträge sollten nicht miteinander verrechnet werden. | „Kitchen King AG" hat bei ihrer Hausbank einen Kredit in Höhe von 100 000 Franken aufgenommen. Ausserdem hat das Unternehmen aber noch ein Konto bei genau der gleichen Bank. In der Bilanz darf der Kredit nicht mit dem Vermögen auf dem Konto verrechnet werden. |

[1] Veräusserungs-/Liquidationswerte: Die Bewertung zu Liquidationswerten führt zu geringeren Werten als eine solche zu Fortführungswerten. Der Grund liegt darin, dass zu Fortführungswerten kein Verkaufs- und Zeitdruck besteht und die Aussicht auf zukünftige Gewinne den Wert eines Unternehmens generell erhöht.

**Rechnungslegungsstandards**

Zur Präzisierung der gesetzlichen Vorgaben und zur besseren Vergleichbarkeit unterschiedlicher Unternehmen wurden Rechnungslegungsstandards geschaffen. Auf nationaler Ebene ist insbesondere zu erwähnen:
- Swiss GAAP FER: Die Swiss Generally Accepted Accounting Principles wurden von der Schweizer Stiftung für Fachempfehlungen zur Rechnungslegung FER entworfen und veröffentlicht.

Damit sich auch ausländische Investoren ein Bild über die finanzielle Lage eines Unternehmens machen können, greifen Schweizer Unternehmen mit internationalem Bezug immer häufiger auf internationale Standards zurück. Zu erwähnen sind diesbezüglich:
- IFRS: Die International Financial Reporting Standards wurden vom IASB (International Accounting Standards Board) herausgegebenen und werden von zahlreichen Ländern zumindest für börsenkotierte Unternehmen vorgeschrieben.
- US-GAAP: Die United States Generally Accepted Accounting Principles wurden vom Financial Accounting Standards Board herausgegeben und sind v. a. in den USA, aber auch international weit verbreitet.

Aktiengesellschaften mit Sitz in der Schweiz, welche an der Schweizerischen Börse (SIX, Swiss Exchange) Aktien herausgeben, sind verpflichtet, entweder IFRS oder US-GAAP als Rechnungslegungsstandard anzuwenden. Darüber hinaus sind die Swiss-GAAP-FER-Standards ebenfalls zugelassen.

Eine korrekt erfolgte Rechnungslegung ist die Grundvoraussetzung für eine Analyse der darin enthaltenen Zahlen. Manipulierte Zahlen im Jahresabschluss führen zu falschen Kennzahlen (sog. „garbage in garbage out").

→ Aufgabe 3

## 19.2 Finanzanalyse

UE4, UE5, DL3G

Die systematische Aufbereitung von Informationen über die finanzielle Situation des Unternehmens wird **Finanzanalyse** genannt. Diese Aufbereitung wird vom Unternehmen selbst, aber auch von interessierten Anspruchsgruppen (z. B. Finanzanalysten, Kapitalgebern, Lieferanten) gemacht und erfolgt mithilfe von Finanzkennzahlen. **Finanzkennzahlen** sind verdichtete Informationen besonders wichtiger Grössen aus der Rechnungslegung (insbesondere aus der Bilanz→). Sie geben Auskunft über die **Liquidität**, die Rentabilität und die Sicherheit und erfüllen drei Hauptfunktionen:

→ S. 358 Bilanz

*Entscheidungsfunktion:* Die Kennzahlen zeigen die Stärken und Schwächen des Unternehmens. Mögliche Kapitalgeber entscheiden aufgrund der Kennzahlen, ob sie dem Unternehmen Geld zur Verfügung stellen oder nicht. Die Unternehmensführung ergreift basierend auf den Kennzahlen Entscheidungen und leitet Massnahmen ab.

*Kontrollfunktion:* Die Kennzahlen ermöglichen die Überprüfung der Zielerreichung (Soll-Ist-Vergleich), den unternehmensinternen Vergleich über mehrere Jahre und den unternehmensexternen Vergleich mit anderen Unternehmen.

*Steuerungsfunktion:* Durch Kennzahlenziele kann das Verhalten der Mitarbeitenden gesteuert und Anreize können geschaffen werden.

Die systematische Beschaffung, Aufbereitung und Analyse von finanziellen Daten wird unternehmensintern auch als **Controlling** bezeichnet. Die Analyse umfasst die Bewertung und Interpretation der Kennzahlen. Controlling findet jedoch nicht nur im Rahmen der finanziellen Führung, sondern auch in anderen Unternehmensbereichen wie beispielsweise im Marketing oder in der Produktion→ statt.

→ S. 255 Kennzahlen der Produktion

**Finanzkennzahlen basieren auf einer korrekten Rechnungslegung, sind verdichtete Informationen zur finanziellen Situation eines Unternehmens und geben der Unternehmensführung und den interessierten Anspruchsgruppen Auskunft über die Liquidität, Rentabilität und Sicherheit.**

## Liquidität

**Unter dem Begriff Liquidität wird die sofortige Verfügbarkeit von Zahlungsmitteln zur fristgerechten und uneingeschränkten Begleichung von Verbindlichkeiten (Schulden) verstanden.**

Eine ausreichend hohe Liquidität ist nötig, um fällige Schulden bei den Fremdkapitalgebern und Lieferanten zu begleichen. Kurzfristig steht die Zahlungsfähigkeit eines Unternehmens immer im Vordergrund. Verluste sind für ein Unternehmen nicht sofort existenzgefährdend, die Zahlungsunfähigkeit infolge einer nicht genügend hohen Liquidität allerdings sehr wohl[→].

→ S. 365 Geldflussrechnung

Tab. 167

| Liquiditätsgrad | Allgemeine Formel | Richtwert in % | Begründung des Richtwerts |
|---|---|---|---|
| Liquiditätsgrad I ("Cash Ratio") | $\dfrac{\text{flüssige Mittel}}{\text{kurzfristiges Fremdkapital}} \cdot 100$ | > 20 | Zu viele flüssige Mittel[1] verhindern eine rentablere Anlage des Kapitals bzw. verursachen unnötige Kapitalkosten. |
| Liquiditätsgrad II ("Quick Ratio") | $\dfrac{(\text{flüssige Mittel} + \text{Forderungen})}{\text{kurzfristiges Fremdkapital}} \cdot 100$ | ca. 100 | Flüssige Mittel stehen zur Rückzahlung von fälligem Fremdkapital bereit. Mit dem Zahlungseingang der Forderungen[2] darf innerhalb von 30 Tagen gerechnet werden. |
| Liquiditätsgrad III ("Current Ratio") | $\dfrac{(\text{flüssige Mittel} + \text{Forderungen} + \text{Vorräte})}{\text{kurzfristiges Fremdkapital}} \cdot 100$ $= \dfrac{\text{Umlaufvermögen}}{\text{kurzfristiges Fremdkapital}} \cdot 100$ | 150–200 | Der Verkauf der Vorräte ist mit grossen Unsicherheiten verbunden. |

Abb. 226

**Liquiditätsgrade**

| Aktiven | Bilanz | | Passiven |
|---|---|---|---|
| Umlaufvermögen | flüssige Mittel | kurzfristiges Fremdkapital | Fremdkapital |
| | Forderungen aus Lieferungen und Leistungen | | |
| | Vorräte | langfristiges Fremdkapital | |
| Anlagevermögen | | | Eigenkapital |

[1] Flüssige Mittel: Zahlungsmittel, die unmittelbar zur Erfüllung von Zahlungsverpflichtungen zur Verfügung stehen. Hierzu gehören Kasse, Bank- und Postscheckguthaben.

[2] Forderungen aus Lieferungen und Leistungen (früher: Debitoren)

→ Aufgaben 4 und 5

**Beispiel** „Kitchen King AG" – Liquidität

„Kitchen King AG" verfügt am 31. Dezember über flüssige Mittel in der Höhe von 100 000 Franken. Diese Information alleine reicht hingegen nicht aus. Folgende weitere Zahlen erlauben eine bessere Beurteilung der Liquidität.

– Forderungen aus Lieferungen und Leistungen CHF 150 000
– Vorräte CHF 200 000
– kurzfristiges Fremdkapital CHF 300 000

Der Liquiditätsgrad I beträgt demzufolge 33,3 %, der Liquiditätsgrad II 83,3 % und der Liquiditätsgrad III 150 %.

## Rentabilität

Als Rentabilität wird das Verhältnis einer Erfolgsgrösse (z. B. Gewinn) zum eingesetzten Kapital oder Umsatz bezeichnet.

Die Rentabilität zeigt den Eigenkapitalgebern und dem Management auf, ob das Unternehmen im Vergleich zu früheren Perioden oder zu anderen Unternehmen einen höheren oder tieferen Ertrag auf dem durchschnittlich eingesetzten Kapital abwirft. Die Eigenkapitalgeber können somit auf eine einfache Weise verschiedene Anlagealternativen anhand ihrer Rentabilität vergleichen.

[1] EBIT: Earnings before Interest and Taxes. Operative Ertragskraft eines Unternehmens unabhängig von der Kapitalstruktur und Steuerpflichten.

Tab. 168

| Rentabilität | Allgemeine Formel | Richtwert |
|---|---|---|
| Eigenkapital-rendite | $\frac{Gewinn}{Eigenkapital} \cdot 100$ | 8 % und mehr, in Abhängigkeit und unter Berücksichtigung des Risikos |
| Gesamtkapital-rendite | $\frac{(Gewinn + Fremdkapitalzinsen)}{Fremdkapital + Eigenkapital} \cdot 100$ | i. d. R. tiefer als EK-Rendite. 6 % und mehr |
| Umsatz-rentabilität | $\frac{Gewinn}{Umsatz} \cdot 100$ | Handelsbetrieb: 2,5 % und mehr; Industriebetrieb: 1,5 % und mehr |
| EBIT-Marge | $\frac{EBIT[1]}{Umsatz} \cdot 100$ | stark branchenabhängig |

**Beispiel** „Kitchen King AG" – Rentabilität

Max Müller möchte neben den Liquiditätskennzahlen auch noch die Rentabilität des Unternehmens am 31. Mai bestimmen. Folgende Daten werden dem Unternehmer vom „Controlling und Rechnungswesen" zur Verfügung gestellt:

– Gewinn CHF 55 000
– Fremdkapitalzinsen CHF 25 000
– Eigenkapital CHF 650 000
– Fremdkapital CHF 500 000
– Umsatz CHF 2 000 000

Da Max Müller alleiniger Eigentümer von „Kitchen King AG" ist, interessiert ihn vor allem, wie rentabel sein eingesetztes Kapital ist. Die Eigenkapitalrentabilität beträgt nach seinen Berechnungen 8,5 %, was leicht über dem Richtwert liegt.

Die Gesamtkapitalrendite macht 7 % aus und liegt somit unter der Eigenkapitalrentabilität. Sie zeigt dem Unternehmer Müller, wie effizient mit dem Gesamtkapital, bestehend aus Eigen- und Fremdkapital, gearbeitet wird.

Die Umsatzrentabilität gibt darüber Auskunft, wie viel Prozent des Umsatzes als Gewinn übrig bleibt. Bei „Kitchen King AG" beträgt diese Kennzahl 2,75 %.

→ Aufgabe 6

## Sicherheit

**Die Sicherheit hängt von der Kapitalstruktur ab. Sie besagt, wie überlebensfähig ein Unternehmen im Falle von Verlusten und Rückzahlung von Fremdkapital ist.**

Die finanzielle Sicherheit eines Unternehmens ist massgeblich von der Höhe des Eigenkapitals und der Fälligkeit des Fremdkapitals abhängig.

Tab. 169

| Kennzahl | Allgemeine Formel | Richtwert |
|---|---|---|
| Eigenkapitalquote | $\frac{\text{Eigenkapital}}{\text{Gesamtkapital}} \cdot 100$ | > 30 % |
| Fremdkapitalquote | $\frac{\text{Fremdkapital}}{\text{Gesamtkapital}} \cdot 100$ | < 70 % |
| Verschuldungsgrad | $\frac{\text{Fremdkapital}}{\text{Eigenkapital}} \cdot 100$ | < 230 % |
| Anlagedeckungsgrad I | $\frac{\text{Eigenkapital}}{\text{Anlagevermögen}} \cdot 100$ | 90–120 % |
| Anlagedeckungsgrad II | $\frac{\text{Eigenkapital + langfr. Fremdkapital}}{\text{Anlagevermögen}} \cdot 100$ | 120–160 % |

Ein zu geringes Eigenkapital stellt ein Risiko dar. Bei Verlusten sind zu wenig Reserven vorhanden, auf welche zurückgegriffen werden kann. Ein hoher Anteil an Fremdkapital kann zu schlechteren Kreditkonditionen[1] führen. →

[1] Kreditkonditionen: Bedingungen, zu welchen einem Unternehmen Fremdkapital zur Verfügung gestellt wird.

→ S. 393 Kriterien für die Wahl der Finanzierungsart

**Beispiel** „Kitchen King AG" – Sicherheit

Um ein vollständiges Bild des Unternehmens zu erhalten, möchte Max Müller die Kennzahlen der Sicherheit analysieren. Folgende Daten werden dem Unternehmer vom „Controlling und Rechnungswesen" zur Verfügung gestellt:
– Eigenkapital CHF 500 000
– Fremdkapital CHF 600 000
– Gesamtkapital CHF 1 100 000

Die Eigenkapitalquote gibt Auskunft über den Anteil des Eigenkapitals am Gesamtkapital. Für „Kitchen King AG" ergibt sich eine Quote von 45,5 %. Diese kann als zufriedenstellend angesehen werden. Die Fremdkapitalquote zeigt den Anteil des Fremdkapitals am Gesamtkapital. Sie beträgt bei „Kitchen King AG" 54,5 % und liegt somit ebenfalls im grünen Bereich. Der Verschuldungsgrad gibt an, um wie viel das Fremdkapital das Eigenkapital übersteigt. Je geringer die Eigenkapitalquote ist, desto höher fällt der Verschuldungsgrad auf. Mit 120 % liegt das Unternehmen klar unter 230 %.

An den Anlagedeckungsgraden kann abgelesen werden, ob das Anlagevermögen (langfristige Anlage) mit langfristigem Kapital finanziert ist. In diesem Zusammenhang wird auch von der goldenen Bilanzregel gesprochen.

**Die goldene Bilanzregel besagt, dass Vermögen, welches langfristig gebunden ist (Anlagevermögen) mit langfristig zur Verfügung stehendem Kapital (Eigenkapital und langfristiges Fremdkapital) finanziert werden soll (Fristenkongruenz).**

Abb. 227

**Goldene Bilanzregel**

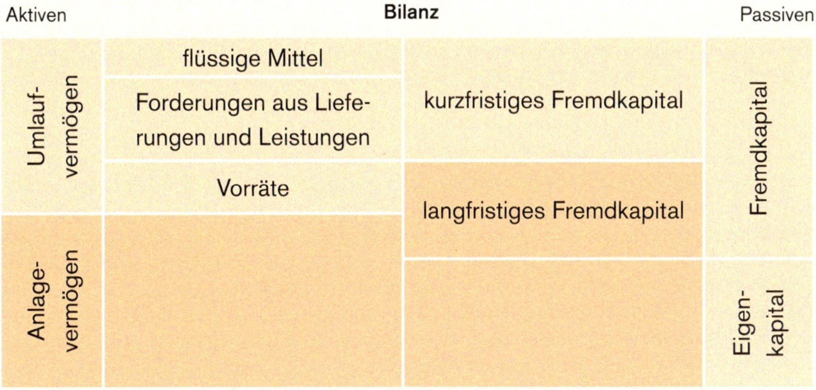

Wenn die goldene Bilanzregel nicht eingehalten wird, müssen zur Rückzahlung von kurzfristigem Fremdkapital Anlagevermögen (z.B. Maschinen, Gebäude) verkauft werden. Ein solcher Verkauf würde die Produktion einschränken oder gar verunmöglichen und damit die Existenz des Unternehmens gefährden.

→ Aufgabe 9

**Magisches Dreieck**

Das Ziel jedes Unternehmens und Anlegers ist es, eine optimale Abstimmung der drei Kriterien Liquidität, Rentabilität und Sicherheit zu finden. Diese drei Ziele sind aber nicht ohne Kompromisse miteinander vereinbar. Eine Verbesserung des einen Kriteriums hat negative Auswirkungen auf eines oder beide anderen Kriterien. Dieses Spannungsfeld wird als so genanntes „magisches Dreieck" bezeichnet. Dabei kann zum einen die Perspektive des Unternehmens und zum anderen diejenige des privaten Anlegers eingenommen werden.

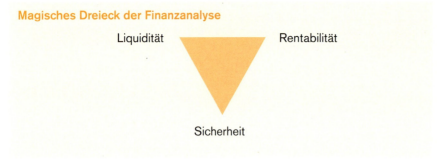

Abb. 228

**Magisches Dreieck der Finanzanalyse**

*Unternehmensperspektive:*
Für ein Unternehmen ist eine ausreichende Liquidität genauso überlebensnotwendig wie genügend Sauerstoff für den Menschen: Nur über eine angemessene Liquidität kann jederzeit die Zahlungsbereitschaft sichergestellt und ein Unternehmen vor dem Konkurs bewahrt werden. Je mehr Vermögenswerte jedoch in liquider Form vorhanden sind, desto weniger kann Gewinn bringend investiert oder angelegt werden. Zwischen einer hohen Liquidität und der Rentabilität herrscht entsprechend ein Spannungsfeld. Eine unter diesen Gesichtspunkten optimale Liquidität lässt sich mit einer Liquiditätsplanung$^\rightarrow$ erreichen.

Die Rentabilität, die darauf abzielt, vorhandene Mittel möglichst Gewinn bringend einzusetzen, ist sozusagen die Nahrung des Unternehmens. Bei schlechtem oder sogar Verlust bringendem Geschäftsgang geht ein Unternehmen nicht sofort zugrunde. Für eine längerfristige Existenz müssen aber Gewinne erwirtschaftet werden. Um die Eigenkapitalrendite zu steigern, kann das Unternehmen mehr Fremdkapital aufnehmen, was aber die Abhängigkeit von Fremdkapitalgebern erhöht und die Sicherheit des Unternehmens verkleinert.

Die Sicherheit, welche sich mit einer risikogerechten Finanzierung und der richtigen Wahl der Finanzierungsarten$^\rightarrow$ beschäftigt, stellt mit anderen Worten das Fettpölsterchen eines Unternehmens dar. Ein genügend grosses Eigenkapital kann Verluste abdecken und den Kapitalbedarf eines Unternehmens sichern. Da Kapital nicht gratis zu haben ist, kostet dies Geld, was die Rentabilität verringert.

→ S. 365 Geldflussrechnung

→ S. 391 Finanzierungsarten

*Geldanlegerperspektive:*
Das magische Dreieck lässt sich auch anhand dreier verschiedener Anlagemöglichkeiten aus der Geldanlegerperspektive erläutern.
– Mit der Entscheidung, das Geld zuhause unter dem Kopfkissen aufzubewahren, ist zwar die Zahlungsfähigkeit stets sehr hoch (hohe Liquidität), aber die Zinsen entfallen (keine Rentabilität) und die Gefahr besteht, dass das Geld entwendet und entwertet wird (geringe Sicherheit).
– Einlagen auf Sparbüchern sind hingegen sehr sicher (hohe Sicherheit) und innerhalb von wenigen Tagen verfügbar (hohe Liquidität), bieten jedoch nur eine tiefe Verzinsung (tiefe Rentabilität).
– Aktienanlagen wiederum unterliegen teilweise hohen Kursschwankungen (tiefe Sicherheit), sind in der Regel schnell über die Börse veräusserbar (hohe Liquidität) und bieten langfristig hohe Kursgewinne (hohe Rentabilität). Die Aktionäre wollen für das höhere Risiko mit einer höheren Rentabilität entschädigt werden.

Die Sicherheit kann für einen Anleger von verschiedenen Faktoren, wie z. B. der Bonität (Zahlungsfähigkeit) des Schuldners, dem Kursrisiko oder – bei Auslandsanlagen – der politischen Stabilität des Anlagelandes abhängen. Indem das Vermögen in verschiedene Anlageformen (Bankguthaben, Aktien, Anleihen, Immobilien usw.) und Branchen, Länder und Währungen investiert wird, kann die Sicherheit erhöht werden. Diese Anlagestrategie nennt sich Diversifikation[1].

[1] Diversifikation: Die Verteilung des Vermögens auf verschiedene Anlageformen, Branchen, Länder und Währungen, um die Sicherheit zu erhöhen.

## 19.3 Unternehmensbewertung

 UE5

Der Preis für ein Unternehmen kann im Gegensatz zu einem herkömmlichen Gut nicht so einfach bestimmt werden, da ein Unternehmen aus mehreren materiellen und immateriellen Gütern→ besteht, deren Bewertung sich insbesondere im Falle von immateriellen Gütern wie Patenten→, Lizenzen[2] und Marken→ nicht ganz einfach gestaltet.

→ S. 16 Wirtschaftliche Güter

→ S. 541 Patent

[2] Lizenz: Nutzungsrecht

→ S. 343 Markenkapital

**Eine Unternehmensbewertung ist die Bewertung aller materiellen und immateriellen Werte, über die ein Unternehmen verfügt.**

### Anlässe für eine Unternehmensbewertung

Es gibt verschiedene Anlässe, welche eine Bewertung eines Unternehmens erforderlich machen. Es sind dies namentlich:
– Kauf oder Verkauf eines Unternehmens
– Nachfolgeregelungen, Erbteilungen
– Platzierung an der Börse (Initial Public Offering, IPO)
– Auszahlung eines ausscheidenden Gesellschafters
– Ermittlung von Umtauschverhältnissen im Rahmen von Umstrukturierungen (z. B. Fusionen, Abspaltung von Unternehmensteilen)
– Management-Buy-out (Unternehmensübernahme durch Management)
– Bonitätsprüfung[3] durch Kreditgeber

[3] Bonitätsprüfung: Überprüfen der Kreditwürdigkeit

### Bewertungskonzepte

Zur Bewertung von Unternehmen existieren zahlreiche Bewertungskonzepte. Zu den gängigsten Ansätzen zählen:

**3-M-Konzept** Das 3-M-Konzept ist eine einfache Methode, die anhand von relativ geringem Aufwand durchgeführt werden kann. Die Überprüfung der Aspekte Management, Money und Market geben dem Kaufinteressenten eine erste grobe Einschätzung des Unternehmens und Anhaltspunkte darauf, ob eine genauere und detailliertere Prüfung lohnenswert ist oder nicht.

Tab. 170

| Aspekt | Beschreibung |
|--------|--------------|
| Management | Qualität des Managements, gute Corporate-Governance-Regeln[1] |
| Money | Eigenkapitalbasis (Eigenkapitalquote) |
| Market | Positionierung auf dem Markt→, Marktchancen, Produktportfolio→ |

[1] Corporate Governance: sämtliche Verhaltensregeln, welche bei der Führung und Kontrolle eines Unternehmens zu berücksichtigen sind: S. 215 – S. 227 Corporate Governance

→ S. 281 Positionierung

→ S. 107 Strategiearten nach der Portfolio-Analyse

Sofern alle drei Aspekte positiv bewertet werden können, ist eine ausführlichere Prüfung – die Due-Diligence-Prüfung – der nächste Schritt, um einen vertieften Blick in das Unternehmen zu werfen.

**Beispiel** „Kitchen King AG" – Unternehmensbewertung

Max Müller denkt mit seinen 67 Jahren ernsthaft über den Ruhestand nach. Mangels eigener Nachkommen muss er sich nach möglichen Käufern umsehen.

Die „Power Kitchen AG", welche im Bereich der elektronischen Küchengeräte tätig ist, möchte ihre Geschäftstätigkeit erweitern. „Kitchen King AG" würde gut in ihr Konzept passen und deshalb sind sie an einem Unternehmenserwerb sehr interessiert. Ihre Beratungsfirma hat bereits eine erste Analyse anhand des 3-M-Konzepts vorgenommen. Das Management der „Kitchen King AG" macht einen sehr kompetenten, verantwortungsbewussten und zielgerichteten Eindruck. Die Eigenkapitalbasis scheint solide und das Unternehmen ist gut im Markt positioniert. Das Beratungsunternehmen kommt somit zu einem positiven Schluss und rät der „Power Kitchen AG" eine Due-Diligence-Prüfung vorzunehmen, um einen detaillierteren Einblick in das Unternehmen zu erhalten.

Abb. 229

**Due-Diligence-Prüfung** Im Rahmen der Unternehmensbewertung ist die Due-Diligence-Prüfung ein Verfahren, während dem die für die eigentliche Bewertung erforderlichen Informationen beschafft und aufbereitet werden. Es dient somit dem Verkäufer als Instrument zur Preisfindung und dem potenziellen Käufer als Grundlage, den vorgeschlagenen Kaufpreis zu überprüfen.

 UE4

Due Diligence ist die sorgfältige Analyse, Prüfung und Bewertung eines Objekts im Rahmen einer beabsichtigten geschäftlichen Transaktion (insbesondere im Zusammenhang mit Unternehmenskäufen). Es handelt sich um die Beschaffung und Aufarbeitung von Informationen im Sinne einer Kauf- oder Übernahmeprüfung.

Das betroffene Unternehmen wird bei einer Due-Diligence-Prüfung einer ganzheitlichen Betrachtung unterzogen, wobei ein Beratungsunternehmen die notwendigen Fachleute (Wirtschaftsprüfer, Rechtsanwälte, Steuerberater, Banken, Sachverständige usw.) dafür zusammenstellt. Die Due Diligence kann in folgende Bereiche eingeteilt werden:

→ Aufgaben 7 und 8

– die finanzwirtschaftliche Situation (financial due diligence)→
– der Markt, die Branche und die Strategie (market due diligence)
– die Technik und IT (technical and IT due diligence)
– die organisatorische Situation (organizational due diligence)
– die rechtliche Situation (legal due diligence)→
– die steuerliche Situation (tax due diligence)
– die Umweltverträglichkeit (environmental due diligence)
– die Mitarbeitersituation (human resources due diligence)

→ S. 473 Finanzielle Risiken

→ S. 473 Rechtliche Risiken

Die Ergebnisse der einzelnen Bereiche werden in einem Due-Diligence-Bericht festgehalten. Dieser enthält Ausführungen zu allen bewertungsrelevanten Tatsachen sowie Stärken und Schwächen des Unternehmens.

**Beispiel** „Kitchen King AG" – Auszug aus dem Due-Diligence-Bericht

Das Beratungsunternehmen der „Power Kitchen AG" hat bei der Due-Diligence-Prüfung unter anderem Folgendes festgestellt:
– „Kitchen King AG" weist eine gute Eigenkapitalrendite in der Höhe von 8,5 % aus und ist mit einer Eigenkapitalquote von 45,5 % gesund finanziert (financial due diligence).
– „Kitchen King AG" steht eine Anklage wegen eines Produktionsfehlers bevor. Ein Wohnhaus ist vollständig niedergebrannt, weil ein Gasherd des Unternehmens in einem Wohnhaus Feuer gefangen hat. Das Risiko, den Prozess zu verlieren und die damit verbundenen finanziellen Forderungen erfüllen zu müssen, wird von den Due-Diligence-Prüfern als hoch eingeschätzt (legal due diligence).
– Im Rahmen der steuerlichen Due Diligence wurde festgestellt, dass gewisse Unternehmenssachverhalte steuerlich nicht exakt behandelt wurden. Laut dem Beratungsunternehmen ist eine Nachzahlung von Steuern sehr wahrscheinlich.
Die „Power Kitchen AG" ist zum Schluss gekommen, dass sie trotz guter finanzieller und organisatorischer Situation aufgrund der Resultate der legal und tax due diligence (Entschädigungszahlungen, Steuernachzahlungen) das Unternehmen nur kauft, wenn der Preis noch deutlich gesenkt wird.

Eine vertiefte Bewertung der finanziellen Due Diligence kann anhand der folgenden Verfahren erfolgen:

Tab. 171

| Verfahren zur Unternehmensbewertung | Beschreibung |
| --- | --- |
| Substanzwertverfahren | Der Unternehmenswert entsteht aus der Bewertung der vorhandenen Substanzen (Vorräte, Mobilien, Immobilien). Er gibt an, welcher Betrag aufgewendet werden müsste, um ein vergleichbares Unternehmen zu errichten. |
| Liquidationswertverfahren | Es wird berechnet, welchen Wert die Substanzen haben, falls das Unternehmen sofort liquidiert (aufgelöst) und die Substanzen am Markt veräussert werden müssten. |
| Ertragswertverfahren | Summe der diskontierten[1] künftigen Gewinne. Hierfür ist eine Planerfolgsrechnung (für ca. 5 Jahre) zu erstellen. Dieses Verfahren hat i.d.R. mehr Gewicht als das Substanzwertverfahren, da es in die Zukunft gerichtet ist. |
| Discounted Cash Flow (DCF) | Die Diskontierung des künftigen Cashflows ist in der Praxis sehr verbreitet. Der Cashflow zeigt an, wie viel selbsterwirtschaftetes Geld dem Unternehmen für Investitionen, Kredittilgung, Abschreibungen, Gewinnausschüttung usw. zur Verfügung steht. Die künftigen Cashflows werden mit einem Kapitalisierungszinssatz, der einer risikoadäquaten Kapitalanlage[2] entspricht, auf einen Gegenwartswert zurückgerechnet. Es wird jeweils der Free Cash Flow[3] verwendet. Der Free Cash Flow ist die Differenz vom Cashflow und den notwendigen Investitionen für die Substanzerhaltung. Es ist derjenige Teil des Cashflows, welcher dem Unternehmen maximal entzogen werden kann, ohne dessen Substanz zu schmälern. Er stellt die Grundlage für künftige Dividendenzahlungen und Wertsteigerungen des Unternehmens dar. |

Alle Verfahren haben Vor- und Nachteile. Um einen möglichst differenzierten Schlusswert zu ermitteln, werden in der Praxis die Verfahren meistens kombiniert angewendet. Der Discounted-Cash-Flow-Ansatz gilt mittlerweile als „Best Practice"-Ansatz[4] bei der Bewertung von Unternehmen.

Dies lässt sich darauf zurückführen, dass der DCF-Ansatz den Cashflow und nicht wie beim Ertragswertverfahren den Gewinn zugrunde legt. Der Gewinnausweis hängt von der Bilanzpolitik[→] eines Unternehmens bzw. von dessen Wahl des Rechnungslegungsstandards ab. Auf die Ausweisung des Cashflows hat die Unternehmensführung jedoch nur sehr geringen Einfluss, weswegen die auf ihm basierende DCF-Methode über eine höhere Bewertungsobjektivität verfügt.

[1] Abzinsung: Damit die Gewinne der folgenden Jahre vergleichbar werden, müssen diese auf den Zeitpunkt Null (also heute) zurückgerechnet/abgezinst werden.
→ S. 417 Abzinsung

[2] Kapitalanlage mit einem angemessenen, mittleren Ausfallrisiko

[3] Free Cash Flow: frei verfügbare Geldflüsse

[4] Best Practice: „Bestes Verfahren" oder freier: Erfolgsrezept

→ S. 364 Interne und externe Bilanz

# Aufgaben – D19 Rechnungslegung, Finanzanalyse und Unternehmensbewertung

## 1

Max Müllers „Kitchen King AG" steckt in finanziellen Nöten. Um die Bilanz zu beschönigen, entschliesst sich der Rechnungsführer, mutmassliche Erträge, welche in naher Zukunft mit hoher Wahrscheinlichkeit generiert werden, bereits in dieser Buchhaltungsperiode zu berücksichtigen. Die Bildung von Rückstellungen, welche für eine Schadenersatzklage wegen eines defekten Produkts vorgenommen werden sollte, wird auf die kommende Buchhaltungsperiode verschoben. Beurteilen Sie das Vorgehen im Lichte der Rechnungslegungsgrundsätze.

## 2

Welcher Grundsatz der Rechnungslegung wird mit folgendem Vorgehen verletzt? Begründen Sie Ihre Antwort.

a In einem Jahr wird ein neues Fahrzeug um 80 % abgeschrieben und im folgenden Jahr wird ein anderes ebenfalls neues Fahrzeug lediglich um 10 % abgeschrieben.

b Eine grosse Liegenschaft eines Unternehmens erscheint nicht in dessen Bilanz.

c Die Bilanz eines Unternehmens enthält 200 Konti.

## 3

a Nennen Sie die grundlegenden Informationen, welche die Rechnungslegung den Anspruchsgruppen zur Verfügung stellen soll.

b Weshalb verlangt der Gesetzgeber, dass Unternehmen ab einer bestimmten Grösse ihre Rechnungslegung durch eine Wirtschaftsprüfungsgesellschaft prüfen lassen müssen?

## 4

Die „Schreinerei Müller" weist am Ende des Jahres 2015 die folgende Bilanz auf (in CHF):

Tab. 172

| Aktiven | | | Passiven | | |
|---|---|---|---|---|---|
| **Umlaufvermögen** | | | **Fremdkapital** | | |
| Kasse | 100 | | Verbindlichkeiten aus | | |
| Bank | 8 000 | | Lieferungen und Leistungen | 20 100 | |
| Forderungen aus Liefe- | | | Hypotheken | 42 000 | 62 100 |
| rungen und Leistungen | 9 000 | | | | |
| Warenbestand | 15 000 | 32 100 | | | |
| **Anlagevermögen** | | | **Eigenkapital** | | 60 000 |
| Mobilien | 2 000 | | Vorjahresgewinn | 5 000 | |
| Fahrzeuge | 18 000 | | Kapital M. Müller | 55 000 | |
| Immobilien | 70 000 | 90 000 | | | |
| | | 122 100 | | | 122 100 |

Ausserdem ist Folgendes bekannt:
Eigenkapital am 01.01.2015: CHF 50 000
Gewinn 2015 aus Erfolgsrechnung: CHF 6 500

a  Berechnen Sie die Liquiditätsgrade I bis III, die Eigenkapitalrendite sowie
   die Eigen- und Fremdkapitalquote der „Schreinerei Müller".
b  Interpretieren Sie die Kennzahlen anhand der jeweiligen Zielgrössen
   (Richtwerte): Wie würden Sie die finanzielle Situation des Unternehmens
   einstufen?

**5**

Beurteilen Sie die Vor- und Nachteile eines hohen Bestandes an flüssigen Mitteln.

**6**

a  Beschreiben Sie in eigenen Worten, was die Kennzahl „Umsatzrentabilität"
   aufzeigt.
b  Verdeutlichen Sie, auf was eine sinkende bzw. steigende Umsatzrentabilität
   hindeutet.
c  Beurteilen Sie die Umsatzrentabilität in einem wettbewerbsintensiven bzw.
   einem monopolistischen Markt.

**7**

Suchen Sie Faktoren, die sich positiv und solche, die sich negativ auf den
Unternehmenswert auswirken.

**8**

Max Müller weist seinen Rechnungsführer an, nur minimale Abschreibungen
vorzunehmen oder diese unter Umständen ganz auszusetzen. Im Hinblick auf
ein mögliches Kaufangebot seitens eines grossen Konkurrenten will er den
Gewinn und damit den Wert seines Unternehmens künstlich erhöhen.
a  Kann Max Müller den Wert seines Unternehmens hinsichtlich einer möglichen Übernahme durch den Ausweis eines höheren Gewinns tatsächlich
   steigern?
b  Wie beurteilen Sie dieses Vorgehen aus rechtlicher Sicht?

**9**

Erstellen Sie ein Netzwerk→ mit den Kennzahlen und weiteren Aspekten aus
der Finanzanalyse. Verwenden Sie hierzu die folgenden Begriffe: Eigenkapitalrentabilität, Gesamtkapitalrentabilität, Gewinn, Eigenkapitalquote, Fremdkapitalquote, Autonomie, Sicherheit, Verschuldungsgrad, Zinsaufwand,
Liquidität.

→ **S.549** Netzwerktechnik

# D20 Berichterstattung des Unternehmens

→ S. 197 Inhaltsübersicht

UE6

www.iwp.unisg.ch/weblinks

## Leitfragen

a) Weshalb legt ein Unternehmen seinen Anspruchsgruppen Berichte vor?

b) Über welche Kanäle kann ein Unternehmen seine Anspruchsgruppen informieren?

c) Welches sind die wichtigsten Bestandteile eines Geschäftsberichts?

d) Welches sind die wichtigsten Bestandteile eines Nachhaltigkeitsberichts?

e) Welches sind die wichtigen Grundsätze der Nachhaltigkeitsberichterstattung?

f) Welche Vorteile hat die Berichterstattung übers Internet?

## Schlüsselbegriffe

Geschäftsbericht, Konzernabschluss/Jahresrechnung, Lagebericht, Nachhaltigkeitsbericht

## Verankerung im Modell

Unterstützungsprozesse dienen der Bereitstellung der Infrastruktur und der Erbringung interner Dienstleistungen, die notwendig sind, damit Geschäftsprozesse effektiv und effizient vollzogen werden können. Dazu gehört unter anderem die Kommunikation mit internen und externen Anspruchsgruppen. Für das Unternehmen gilt es, geeignete Kommunikationsformen zu finden, welche die Entwicklung und Pflege von tragfähigen Beziehungen mit den Anspruchsgruppen fördern.

**Beispiel** Der Volkswagen-Konzern*

★ www.volkswagenag.com

Abb. 230

Der Volkswagen-Konzern mit Sitz in Wolfsburg ist einer der führenden Automobilhersteller weltweit und der grösste Automobilproduzent Europas. Im Jahr 2014 steigerte der Konzern die Auslieferungen von Fahrzeugen an Kunden auf 10,217 Millionen Fahrzeuge (2013: 9,728 Millionen).

Zwölf Marken aus sieben europäischen Ländern gehören zum Konzern: Volkswagen, Audi, Bentley, Bugatti, Lamborghini, Porsche, Ducati, SEAT, Škoda, Volkswagen-Nutzfahrzeuge, Scania und MAN.

Ziel des Konzerns ist es, attraktive, sichere und umweltschonende Fahrzeuge anzubieten, die im zunehmend scharfen Wettbewerb auf dem Markt konkurrenzfähig und jeweils Weltmassstab in ihrer Klasse sind.

Auf welche Art und Weise berichtet der VW-Konzern über seine Ergebnisse und Ziele? Wie geht der Konzern kommunikativ mit der im September 2015 aufgedeckten Manipulation von Abgastests um?

## 20.1 Informationsbedürfnisse der Anspruchsgruppen

Für die aussenstehenden Anspruchsgruppen ist es schwierig, die Tätigkeiten, Leistungen und Zukunftsaussichten eines Unternehmens zu erfassen. Die Informationsbedürfnisse sind je nach Anspruchsgruppe unterschiedlicher Natur. Die Kapitalgeber interessieren sich vor allem für die finanzielle Situation→, in der sich das Unternehmen befindet. Kunden und Öffentlichkeit hingegen interessieren sich mehr für das ökologische und soziale Verhalten des Unternehmens. Mithilfe einer gut gesteuerten Kommunikation→ kann es einem Unternehmen gelingen, Vertrauen und Akzeptanz bei ihren Anspruchsgruppen zu schaffen oder zu verstärken und damit die Attraktivität ihrer Produkte bei Kunden, Aktien bei den Eigenkapitalgebern und ihren Ruf bei der Öffentlichkeit zu steigern.

→ S. 431 Finanzanalyse

→ S. 335 Public Relations (PR)

## 20.2 Informationskanäle des Unternehmens

Ein Unternehmen kann seine Anspruchsgruppen über die Medien (z. B. Medienkonferenzen), per E-Mail (z. B. Newsletter), mit einem Unternehmensmagazin, mit Informationen auf der eigenen Website oder gedruckte Berichte informieren. Es gibt verschiedene Arten und Bezeichnungen dieser gedruckten Berichte. Hauptsächlich wird zwischen dem Geschäftsbericht und dem Nachhaltigkeitsbericht unterschieden.

→ Aufgabe 1

Tab. 173

| | Berichtart | |
|---|---|---|
| **Kriterium** | **Geschäftsbericht** | **Nachhaltigkeitsbericht** |
| Inhalt | Wirtschaftliche Unternehmensleistung | Wirtschaftliche, soziale und ökologische Unternehmensleistung |
| Zielpublikum | v. a. Kapitalgeber | Kunden, Öffentlichkeit |
| Gesetzliche Vorschriften<br><br>→ S. 428 Rechnungslegungspflicht | Grössere Unternehmen→ sind gesetzlich verpflichtet, alljährlich einen Geschäftsbericht mit einem vorgeschriebenen Inhalt zu publizieren. | Es bestehen weder gesetzliche Vorschriften zur Publikation noch zum Inhalt, noch zur Publikationshäufigkeit. |
| Beispiel | Abb. 231 | Abb. 232 |

## 20.3 Geschäftsbericht

Mit dem **Geschäftsbericht** legt die Unternehmensführung insbesondere den Kapitalgebern Rechenschaft über das abgelaufene Geschäftsjahr ab. Der Geschäftsbericht ist für den Eigenkapitalgeber des Unternehmens eine wichtige Informationsquelle zum Geschäftsgang des vergangenen Jahres und zur künftigen Strategie des Unternehmens. Für die Fremdkapitalgeber bietet er eine Möglichkeit, sich über die Kreditwürdigkeit des Unternehmens ein Bild zu machen. Der Geschäftsbericht soll die Unternehmensrealität möglichst gut darstellen.
Ein Geschäftsbericht[1] besteht mindestens aus den folgenden vier Teilen:
– Konzernabschluss/Jahresrechnung
– Lagebericht
– Bericht des Verwaltungsrats
– Bestätigungsvermerk der Revisionsstelle

[1] Die Geschäftsberichte sind meistens auf der Unternehmenswebsite unter der Rubrik „Investor Relations" auffindbar.

### Konzernabschluss/Jahresrechnung

Der **Konzernabschluss/Jahresabschluss** informiert über die wirtschaftliche Lage eines Unternehmens, d. h. Ertrags- (Gewinn), Finanz- (Zahlungsfähigkeit) und Vermögenslage. Die Zahlen für den Jahresabschluss werden durch das Rechnungswesen gesammelt und aufbereitet. Dies hat nach den Grundsätzen der Rechnungslegung→ zu erfolgen. Ein Konzern besteht aus einem Mutterunternehmen und einem oder mehreren Tochterunternehmen→. Die Tochterunternehmen sind zwar rechtlich selbstständig, jedoch wirtschaftlich und finanziell gegenüber dem Mutterunternehmen unselbständig. Die einzelnen Tochterunternehmen machen eigene Jahresabschlüsse mit Bilanz und Erfolgsrechnung. Die verschiedenen Jahresabschlüsse werden in der Konzernbilanz und Konzernerfolgsrechnung zusammengeführt. Diese Zusammenführung wird auch Konsolidierung genannt.

→ S. 429 Rechnungslegungsgrundsätze

→ S. 165 Holdinggesellschaft

### Lagebericht

→ S. 98 Unternehmensstrategie

→ S. 472 Risikokategorien

→ S. 138 Übernahme

→ Aufgabe 2

Informationen zum Geschäftsverlauf eines Unternehmens und weitere wichtige Informationen sind nur indirekt aus der Jahresrechnung ersichtlich und werden deshalb in einem **Lagebericht** publiziert. Dieser enthält üblicherweise Informationen zum vergangenen Jahr, indem er den Geschäftsverlauf und die Entwicklung der relevanten Märkte darlegt. Einen Ausblick in das kommende bzw. die kommenden Jahre erfolgt durch die Darlegung der Strategie→ und eine Risikoanalyse→.
Informationen über den Geschäftsverlauf enthalten Angaben zum Auftragseingang, zum Auftragsbestand, zum Auslastungsgrad, zur Wertschöpfung, zu den Verkaufszahlen, zu wichtigen Unternehmensübernahmen→, zu ausserordentlichen Ereignissen, zu grossen Investitionsvorhaben, zu den Mitarbeitern und zur Forschungs- und Entwicklungstätigkeit.

**Beispiel** VW – Geschäftsverlauf[*]

[*] www.volkswagenag.com
→ Geschäftsbericht 2014, S. 24 und 89

Der Vorstand der Volkswagen AG beurteilt den Geschäftsverlauf im Berichtsjahr positiv. Wie erwartet konnten wir 2014 in einem anhaltend herausfordernden Umfeld die Auslieferungen an Kunden steigern und unsere Marktpositionen behaupten. Wie lieferten im Berichtsjahr erstmals mehr als 10 Mio. Fahrzeuge an Kunden aus. Insgesamt nahmen unsere Verkäufe auf den heterogenen Automobilmärkten um 4,2 % zu. Insbesondere in der Region Asien-Pazifik und in Westeuropa war die Nachfrage höher als 2013. Die Umsatzerlöse und die operative Redite lagen über den Vorjahreswerten.

Die Kapitalrendite (RoI = Return on Investment) lag über dem Vorjahr.

Mit unserer attraktiven und umweltfreundlichen Modellpalette überzeugen wir Kunden rund um den Globus. Dieses Kundenvertrauen und unsere hohen Ansprüche an Qualität und Effizienz machen es möglich, dass wir unsere finanziellen Ziele erreichen oder sogar übertreffen.

Die folgende Tabelle gibt einen Überblick über die für das Berichtsjahr 2014 angestrebten Kennzahlen und deren Erreichungsgrad.

Tab. 174

| Kennzahl | Prognose für 2014 | Ist 2014 |
|---|---|---|
| Auslieferungen | > 9,7 Mio. (moderate Steigerung) | 10,1 Mio. |
| Umsatzerlöse | 197,0 Mrd. Euro (+/−3 %) | 202,5 Mrd. Euro |
| Operatives Ergebnis | > 9,0 Mrd. Euro (in der Bandbreite) | 9,8 Mrd. Euro |
| Investitionsquote | 6,0–7,0 % | 6,5 % |
| Kapitalrendite (RoI) | 9,0–14,5 % | 14,9 % |

### Bericht des Verwaltungsrates

In diesem Bericht legt der Verwaltungsrat[→] seine Tätigkeiten und jene seiner Ausschüsse dar. Er spricht darüber, inwiefern er die Geschäftsführung überwacht, beraten und wie sich die Zusammenarbeit mit dieser gestaltet hat. Zudem gibt er einen Kommentar zur Abschlussprüfung der Jahresrechnung ab und nennt eventuelle personelle Veränderungen in der Geschäftsführung und im Verwaltungsrat.

→ S. 216 Annäherung an den Begriff Corporate Governance

### Bestätigungsvermerk der Revisionsstelle

Die Revisionsstelle[1] (Wirtschaftsprüfer) gibt in ihrem Bestätigungsbericht ein zusammenfassendes Urteil betreffend Einhaltung der gesetzlichen Vorschriften ab.

[1] Revisionsstelle: überprüft u. a. die Richtigkeit, Vollständigkeit und Ordnungsmässigkeit der Buchführung.

**Beispiel** VW – Bestätigungsvermerk der Revisionsstelle[*]

★ www.volkswagenag.com
→ Geschäftsbericht 2014,
S. 305

Nach unserer Beurteilung aufgrund der bei der Prüfung gewonnenen Erkenntnisse entspricht der Konzernabschluss den IFRS, wie sie in der EU anzuwenden sind, und den ergänzend nach § 315a Abs. 1 HGB anzuwendenden handelsrechtlichen Vorschriften und vermittelt unter Beachtung dieser Vorschriften ein den tatsächlichen Verhältnissen entsprechendes Bild der Vermögens-, Finanz- und Ertragslage des Konzerns. Der zusammengefasste Lagebericht steht im Einklang mit dem Konzernabschluss, vermittelt insgesamt ein zutreffendes Bild von der Lage des Konzerns und stellt die Chancen und Risiken der zukünftigen Entwicklung zutreffend dar.

Hannover, den 18. Februar 2015

PricewaterhouseCoopers
Aktiengesellschaft
Wirtschaftsprüfungsgesellschaft

Norbert Winkeljohann              Frank Hübner
Wirtschaftsprüfer                 Wirtschaftsprüfer

## 20.4  Nachhaltigkeitsbericht

Zur Sicherung seiner Zukunft ist das Unternehmen nicht nur auf Umsätze und Gewinne angewiesen, sondern auch auf die breite Akzeptanz der Öffentlichkeit. Ergänzend zur Darstellung der wirtschaftlichen Unternehmensleistung im Geschäftsbericht stellt der **Nachhaltigkeitsbericht**[1] deshalb das eigene Geschäft in einen grösseren Zusammenhang. Hierzu wird neben der wirtschaftlichen auch die soziale und ökologische Unternehmensleistung abgebildet.

[1] Nachhaltigkeitsbericht: tritt auch unter dem Namen Ethik-, Sozial- oder Umweltbericht in Erscheinung und ist auf der Website der Unternehmen meist unter der Rubrik „Corporate Social Responsibility" (CSR) auffindbar.

**Bestandteile eines Nachhaltigkeitsberichts**

**Unternehmensprofil**  Auf den ersten Seiten stellt sich ein Unternehmen mit seinen verschiedenen Geschäftsbereichen, Produktgruppen und Dienstleistungen vor. Ebenso nennt der Bericht die verschiedenen Standorte und die Anzahl Mitarbeiter. Zudem legt er die Eigentumsverhältnisse und die Beteiligungen des Unternehmens dar.

**Visionen, Ziele und Strategie**  Nach dem Unternehmensprofil werden die Strategie und Visionen des Managements beschrieben. Welche Visionen hat das Unternehmen in ökonomischer, ökologischer und sozialer Hinsicht und mit welchen Zielen→ und Massnahmen sollen diese erreicht werden? Bei der Nennung von Zielen und Massnahmen ist zu deren Überprüfbarkeit darauf zu achten, dass diese einerseits konkret und andererseits terminlich fixiert sind.

→ S. 21 Unternehmensziele

Tab. 175

**Beispiel** VW – Ziele und Massnahmen*

VW betreibt ein konzernweites Nachhaltigkeitsmanagement. Ziele und Massnahmen werden entlang der Dimensionen Wirtschaft, Menschen und Umwelt gegliedert. Darüber hinaus haben die wichtigen Marken und Gesellschaften des Volkswagen Konzerns in Übereinstimmung mit den Konzernzielen eigene detaillierte Nachhaltigkeitsziele formuliert. Damit die Ziele verbindlich greifen, werden sie zeitlich terminiert. Jedes Jahr wird der Zielerreichungsgrad überprüft (Status).

Folgende Tabelle ist ein Ausschnitt aus einem umfassenderen Katalog von Handlungsfeldern.

### Wirtschaft

| Handlungsfelder | Ziele und Massnahmen | Termin | Status 2014 |
|---|---|---|---|
| Kundenzufriedenheit | Top-Kundenzufriedenheit in den Kernmärkten bei Produkt, Händler und letztem Werkstattbesuch | 2018 | Quantifizierte Ergebnisse zu Gesamtzufriedenheit, Produktzufriedenheit und Service im Vergleich zur Konkurrenz |
| Qualität | Stärkung der Innovations- und Technologieführerschaft | 2019 | Investitionsplanung 2015–2019: 85,6 Mrd. Euro in intelligente Innovationen und Technologien |
| Stabilität | Umsatzrendite vor Steuern im Konzern > 8% | 2018 | 7,3% |
| Rentabilität | Effizienzoffensive | laufend | 2015–2020: Einsparungen von 10 Mrd. Euro |
| Lieferantenbeziehungen | Integration der Nachhaltigkeitsanforderungen in die Verträge des Konzerns mit Lieferanten | 2014 | Vertragliche Integration der Nachhaltigkeitsanforderungen in den Beschaffungsprozess |
| Fahrzeugsicherheit | Vision Zero: Entwicklung innovativer Fahrerassistenzsysteme mit dem Ziel einer unfallfreien Mobilität | laufend | Einführung des Stauassistenten beim Passat |

* www.volkswagenag.com
→ Nachhaltigkeitsbericht 2014, S. 134 f.

## Menschen

| Handlungsfelder | Ziele und Massnahmen | Termin | Status 2014 |
| --- | --- | --- | --- |
| Arbeitgeberattraktivität | Top-Arbeitgeber in der Automobilbranche | 2018 | Im Jahre 2014 erreichten wir in verschiedenen Arbeitgeber-rankings wieder mehrfach Spitzenpositionen. |
| Gesundheit | Gesundheit, Fitness und Ergonomie fördern | laufend | Das Programm „Fit im Werk" zielt auf die Reduzierung körperlicher Belastungen in den Fertigungsbereichen ab. |
| Vielfalt und Chancengleichheit | Frauenanteil auf allen Manage-mentebenen im Volkswagenkon-zern in Deutschland auf 30 % er-höhen | laufend | Frauenanteil im Management steigt in Deutschland von 9,8 % in 2013 auf 10,2 % in 2014. |

## Umwelt

| Handlungsfelder | Ziele und Massnahmen | Termin | Status 2014 |
| --- | --- | --- | --- |
| Klima- und Umweltschutz | Umsetzung der Konzern-Umweltstrategie | laufend | Fortführung der Aktivitäten in den Zielfeldern; Schwerpunkt-thema Wasser verabschiedet |
| Umweltfreundliche Produkte/Elektrifizierung | $CO_2$-Reduktion der europäischen Neuwagenflotte im Zeitraum 2006–2015 um rund 30 % auf 120 g $CO_2$/km | 2015 | $CO_2$-EU-Flottenwert im Jahr 2014: 126g $CO_2$/km |
| | Jede neue Modellgeneration wird um 10–15 % verbrauchseffizi-enter als der Vorgänger. | laufend | Konsequente Umsetzung der Konzerngrundsätze Umwelt, aktuellster Beleg: Passat B8 rund 20 % |
| | Ausweitung des Angebots alternativer Antriebe als integraler Bestandteil der $CO_2$-Vermei-dungsstrategie | laufend | Markteinführung neuer erdgas-betriebener Modelle, Plug-in-Hybride und Elektrofahrzeuge |
| Intelligente Mobilität und Vernetzung | Durchführung von beziehungs-weise Beteiligung an Forschungs-projekten | laufend | Projekt Sustainable Mobility 2.0, Projekt Integration von Elektrofahrzeugen in Strom-netze |
| Ressourcenschonung über Lebenszyklus | 25 % weniger Energie- und Was-serverbrauch, Abfall und Emissi-onen pro produzierter Einheit konzernweit (Basisjahr: 2010) | 2018 | 19,3 % Reduktion bis 2014 erreicht (Pkw und leichte Nutzfahrzeuge) |
| | Verringerung der Treibhausgase-missionen in der Energieversor-gung der Produktion in Deutsch-land bis 2020 um 40 % (Basisjahr: 2010) | 2020 | Emden: neuer Windpark auf dem Werksgelände in Betrieb gegangen |

**Werthaltung** Des Weiteren soll der Nachhaltigkeitsbericht auch die Werthaltung des Unternehmens, sprich die eigene ethische Grundhaltung→ und die Corporate Citizenship[1], offenlegen. Im Bereich der Unternehmenspolitik legt das Unternehmen dar, wie es die Meinungen der Anspruchsgruppen in die Entscheidungsprozesse einbindet (Stakeholder-Dialog), wer im Unternehmen für vorgetragene Anliegen zuständig ist und wie ökonomischen, ökologischen und sozialen Risiken begegnet wird.

→ S. 80 Unternehmensethik

[1] Unternehmensbürgerschaft: bezeichnet das bürgerschaftliche Engagement von Unternehmen

**Beispiel** VW – Stakeholder-Dialog*

Den direkten Draht zu den Stakeholdern, insbesondere Mitarbeitern, Partnern und Kunden, pflegen vor allem die Marken. Auf Konzernebene versuchen wir, diese Prozesse zu bündeln und konzernweite Themen übergreifend zu diskutieren. Dazu gehört der Dialog mit der Politik, der Wissenschaft und Nichtregierungsorganisationen. Unser Ziel ist es, Erwartungen zu verstehen und aufzugreifen sowie Verständnis für unsere Positionen und unser Handeln zu schaffen. Um dieses Ziel zu erreichen, bemühen wir uns um eine stetige Intensivierung der Stakeholderdialoge.

★ www.volkswagenag.com → Nachhaltigkeitsbericht 2014, S. 23

**Ökonomische Aspekte** In einem weiteren Teil berichtet das Unternehmen über die ökonomischen Aspekte. Die finanzielle Leistung ist üblicherweise bereits im Geschäftsbericht enthalten. Trotzdem ist auch dieser Bereich für die Leser von Interesse – insbesondere wenn es um die finanziellen Leistungen geht, die das Unternehmen für die Region erbringt. Das sind beispielsweise Angaben zu ausbezahlten Löhnen und Steuern oder Leistungen für die regionale Infrastruktur.

**Ökologische Aspekte** Bei der Darlegung der ökologischen Leistung→ des Unternehmens geht es einerseits um das Unternehmen selbst (Betriebsökologie), andererseits um das hergestellte Produkt (Produktökologie). Zu diesen beiden Ebenen sind Aussagen zu erwarten, die sich auf die verschiedenen ökologischen Aspekte wie Materialien, Energie, Wasser, Emissionen und Abfall beziehen. Hierzu eignen sich verschiedene Kennzahlen (z. B. Anteil von Recyclingmaterial am Gesamtmaterialeinsatz, prozentuale Senkung des Energieverbrauchs gegenüber Vorjahr usw.). Diese Zahlen zeigen die konkreten ökologischen Leistungen eines Unternehmens auf.

→ S. 262 Ökobilanz

**Gesellschaftliche Aspekte** Die gesellschaftlichen Aspekte stellen die Auswirkungen des Unternehmens auf die Gesellschaft dar. Der Bericht soll über die Arbeitsbedingungen für Mitarbeiter Auskunft geben. Es sind dabei verschiedene Faktoren zu berücksichtigen: Arbeitssicherheit, Personalaus- und -weiterbildung, Vielfalt und Chancengleichheit. Zudem sind in letzter Zeit ebenfalls Fragen zur Vereinbarkeit von Familie und Beruf (Ermöglichung von Teilzeitarbeit, flexible Arbeitszeiten) und der Work-Life-Balance[1] hinzugekommen. Im Bereich der Menschenrechte (Kinderarbeit, Zwangsarbeit usw.) gilt es nicht nur über das eigene Unternehmen, sondern auch über die Auswahl der Lieferanten zu berichten. Auch soll das Unternehmen seine Anstrengungen zur Korruptionsbekämpfung[2] und zur Einhaltung der Gesetze aufzeigen. Für die Kunden steht insbesondere die Produktverantwortung des Unternehmens im Zentrum des Interesses. Hier soll das Unternehmen seine Bemühungen zur Verbesserung der Kundengesundheit und -sicherheit darlegen.

[1] Work-Life-Balance: ausgewogenes Verhältnis zwischen Arbeit und Freizeit

[2] Korruption: Bestechlichkeit

Abb. 233

**Beispiel** VW – Arbeitssicherheit*

* www.volkswagenag.com
→ Nachhaltigkeitsbericht 2014, S. 124

Der Unfallhäufigkeitsindex gibt Auskunft darüber, wie häufig sich – bezogen auf die Summe aller geleisteten Arbeitsstunden – Unfälle im Betrieb ereignet haben (Berechnungsformel: Anzahl der Betriebsunfälle mal 1 Million geteilt durch geleistete Arbeitsstunden).

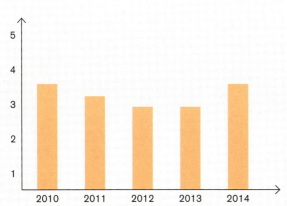

Die Anzahl der Arbeitsunfälle, der Unfallhäufigkeitsindex und der Unfallbelastungsindex sind von 2013 auf 2014 im VW Konzern gestiegen. Dies ist vor allem auf die Integration einer neuen Gesellschaft in den Konzern zurückzuführen.
Zur Unfallhäufigkeit wurden die deutlichsten Verbesserungen bei Volkswagen do Brasil und SEAT (Barcelona, Martorell) erzielt.

451

**Grundsätze der Nachhaltigkeitsberichterstattung**

Für das Verfassen eines Nachhaltigkeitsberichts sind folgende Grundsätze massgeblich:

Tab. 176

| Grundsatz | Erläuterung | Beispiel |
|---|---|---|
| Wesentlichkeit | Der Bericht soll die relevanten Informationen über die Nachhaltigkeitsaspekte enthalten. Relevant sind Informationen, welche die Zielsetzungen des Unternehmens und die Interessen der Anspruchsgruppen decken. Für zusätzliche und vertiefte Informationen kann beispielsweise auf die eigene Website verwiesen werden. | Der VW-Nachhaltigkeitsbericht beschäftigt sich stark mit der Frage des Treibstoffverbrauchs der eigenen Fahrzeuge, was für einen Fahrzeughersteller als wesentlich gilt. |
| Klarheit | Der Bericht muss klar formuliert sein, damit dieser für den Leser verständlich und nachvollziehbar ist. | VW deklariert immer, ob sich die Information auf den gesamten Konzern oder nur auf die Automarke VW bezieht. |
| Wahrheit | Die Aussagen im Bericht müssen den Tatsachen entsprechen und sowohl positive als auch negative Aspekte der Unternehmensleistung darstellen. | VW nennt die kontroverse Diskussion in der Öffentlichkeit um Biokraftstoffe. |
| Genauigkeit | Die genannten Daten müssen genau sein, damit der Leser die Leistung des berichtenden Unternehmens bewerten kann. | VW präsentiert hierfür Kennzahlen (z. B. $CO_2$-Emissionen der Neuwagenflotte in Gramm pro Kilometer). |
| Stetigkeit<br><br>→ S. 451<br>VW – Arbeitssicherheit | Die inhaltlichen Strukturen und Kennzahlen sollen möglichst beibehalten werden, damit die Unternehmensleistung über die Jahre hinweg verglichen werden kann. Zur besseren Vergleichbarkeit mit anderen Unternehmen ist es hilfreich, bei der Erstellung des Berichtes nach allgemein anerkannten Richtlinien vorzugehen. | VW soll auch im nächsten Bericht dieselbe Berechnungsformel für den Unfallhäufigkeitsindex verwenden (Anzahl der Betriebsunfälle mal 1 Mio. geteilt durch geleistete Arbeitsstunden)→. |
| Aktualität | Der Bericht muss regelmässig veröffentlicht werden, damit die darin enthaltenen Informationen möglichst aktuell sind. | VW veröffentlicht jedes Jahr einen Nachhaltigkeitsbericht und platziert aktuelle Informationen auf ihrer Website. |
| Öffentlicher Zugang | Jeder, der sich für den Bericht interessiert, soll problemlos Zugang zu den veröffentlichten Informationen haben. | VW publiziert den Nachhaltigkeitsbericht auf ihrer Website, womit dieser für jedermann einsehbar ist. |

**Manipulation von Abgastests**

Im September 2015 sorgt VW für Aufsehen. VW hat über mehrere Jahre durch Softwaremanipulationen der elektronischen Motorsteuerung von Diesel-Fahrzeugen Abgasvorschriften der USA unterlaufen. Die manipulierte Software wurde in 11 Millionen Fahrzeugen installiert.

VW startet umgehend eine umfassende Informationskampagne. Unter anderem informiert VW nach dem Negativereignis mit folgenden Worten auf der Webseite: „Lassen Sie uns eines vorwegstellen: Das Vertrauen unserer Kunden und der Öffentlichkeit ist und bleibt unser wichtigstes Gut! Wir bedauern zutiefst, dass wir Ihr Vertrauen enttäuscht haben, und kümmern uns schnellstmöglich um Ihre Belange. Alle betroffenen Fahrzeuge sind technisch sicher und fahrbereit. Die aktuelle Thematik betrifft ausschliesslich die ausgestossenen Schadstoffe. Das werden wir beheben! Klar ist: Wir übernehmen die volle Verantwortung und auch die Kosten für die notwendigen Massnahmen. Klar ist aber auch, dass das Zeit brauchen wird. Zeit für die Analyse und Zeit, um technische Massnahmen umzusetzen."

→ Aufgaben 3 und 4

## 20.5   Berichterstattung übers Internet

Viele Unternehmen berichten auch auf ihrer Website fortlaufend über ihre Leistungen. Diese Form der Berichterstattung bietet gegenüber der gedruckten Form einige Vorteile:

- keine Platzbeschränkung
- Durch diverse Verlinkungen können Zusammenhänge zwischen ökonomischen, sozialen und ökologischen Unternehmensleistungen einschliesslich Synergieeffekten und Zielkonflikten besser aufgezeigt werden.
- Der Leser kann über Suchbegriffe viel spezifischer jene Informationen beziehen, die ihn wirklich interessieren.
- Kleinere Videosequenzen können gezeigt werden.
- Aktuelle Unternehmensaktivitäten können umgehend veröffentlicht werden.
- für jedermann zugänglich, nicht nur für Aktionäre
- kein Papier notwendig und deshalb ökologischer

**Beispiel** VW – Internetauftritt

Abb. 234

453

# Aufgaben – D20 Berichterstattung des Unternehmens

**1**

Sie haben beim letzten Ferienjob Geld verdient und möchten dieses in Aktien anlegen. Nennen Sie verschiedene Möglichkeiten, um sich über die wirtschaftliche Lage eines Unternehmens zu informieren, welches für Sie in Frage kommt.

**2**

Beurteilen Sie die Güte eines Lageberichts Ihrer Wahl anhand der Aussagen zu folgenden Themenkreisen: Geschäftsverlauf, Entwicklung relevanter Märkte, Risikoanalyse, Strategie und Ausblick.

**3**

Besorgen Sie sich übers Internet einen Nachhaltigkeitsbericht Ihrer Wahl und überprüfen Sie dessen Qualität, indem Sie den Bericht auf das Vorhandensein folgender inhaltlicher Aspekte untersuchen:

Tab. 177

| Kategorie | Aspekte |
| --- | --- |
| Finanzen | Umsatz, Gewinne, Löhne, Steuern, Spenden, Subventionen |
| Umwelt | Verwendete Materialien, Energieverbrauch nach Energiearten gegliedert, Wasserverbrauch, Gewässerverschmutzung, Emission von Treibhausgasen, Recycling von Abfällen |
| Arbeitsbedingungen | Beschäftigung, Beziehung zwischen Arbeitnehmern und Management, Gesundheit und Sicherheit, Aus- und Weiterbildung, gerechte Entlöhnung, abwechslungsreiche Arbeit |
| Menschenrechte | Investitionspolitik, Human-Rights-Audits[1] bei Lieferanten, Diskriminierungsvorfälle, Identifizierung von Risikobereichen und Präventionsmassnahmen |
| Gesellschaft | Programme zur Verbesserung der lokalen Beziehungen, Bestechung und Korruption, Summe bezahlter Strafen |
| Produktverantwortung | Umsetzung des Life-Cycle-Ansatzes[2] hinsichtlich Produktsicherheit und Gesundheit, Verstösse gegen produktbezogene Vorschriften, Programme für fairen Wettbewerb |

[1] Human-Rights-Audit: Überprüfung der Einhaltung der Menschenrechte

[2] Life-Cycle-Ansatz: Ansatz, der die gesamte Lebensdauer eines Produkts (von der Wiege bis zur Bahre) beachtet.

→ S. 262 Ökobilanz

**4**

Sie sind Praktikant bei einer Umweltschutzorganisation und haben den Auftrag, ein Rating (Bewertung) von Nachhaltigkeitsberichten hinsichtlich deren Glaubwürdigkeit zu erstellen. Stellen Sie hierfür Kriterien zusammen.

 www.iwp.unisg.ch/bwl

**Leitfragen**

a) Welches sind die Aufgaben des Personalmanagements?
b) Wie läuft die Personalplanung ab?
c) Wie kann ein Unternehmen Personal rekrutieren?
d) Welche Möglichkeiten bestehen bei der Personalbeurteilung?
e) Wie und nach welchen Kriterien können Mitarbeiter entlohnt werden?
f) Wie gestaltet sich die Personalentwicklung?
g) Was kennzeichnet ein Mitarbeitergespräch?
h) Wie läuft die Personalfreistellung ab?

**Schlüsselbegriffe**

Personalplanung, Fluktuationsrate, natürliche Fluktuation, Personalbestands-analyse, Personalbedarfsanalyse, Personalgewinnung, Personalwerbung, Perso-nalauswahl, Job Interview, Testverfahren, Assessment, Probezeit, Mentoring-programm, Betriebsvereinbarung, Personaleinführung, Beurteilungsverfahren, 360-Grad-Leistungsbeurteilung, Management by Objectives (MbO), Akkord-lohn, Prämienlohn, Mitarbeiterbeteiligung, Bruttolohn, Nettolohn, ALV, IV, AHV, EO, Pensionskasse, NBUV, Fringe Benefits, Personalaus- und -weiter-bildung, Personalportfoliokonzept, Mitarbeitergespräch, Austrittsinterview, Arbeitszeugnis, Zwischenzeugnis, Arbeitsbestätigung

**Verankerung im Modell**

Unterstützungsprozesse unterstützen die Geschäftsprozesse eines Unternehmens. Sie versorgen das Management mit Informationen und Steuerungswissen. Zu den Unterstützungsprozessen zählen unter anderem alle Prozesse im Bereich der Personalwirtschaft bzw. des Personalmanagements. Ziel des Personal-managements ist es, dem Unternehmen rechtzeitig genügend sowie passende Mitarbeitende zur Verfügung zu stellen.

**Beispiel** Migros – Personalmanagement

Mit über 97 400 Mitarbeitenden ist die Migros die grösste private Arbeitgeberin der Schweiz. Die Personalpolitik ist auf die Umsetzung der Unternehmens-strategie ausgerichtet. Um die Unternehmensziele optimal zu erreichen und die Zukunft der Migros langfristig zu sichern, stellt sich für das Personalmanage-ment das Problem ausreichendes und passend qualifiziertes Personal sicherzu-stellen. Austretende Mitarbeitende müssen ersetzt werden. Um den Personalbe-stand zu garantieren, ist langfristig ein kontinuierliches Engagement in der Lehrlingsausbildung erforderlich. Die bestehenden Mitarbeitenden müssen sich durch Weiterbildung laufend an die wechselnden Arbeitsbedingungen anpassen.

Abb. 235

## 21.1 Aufgaben des Personalmanagements

**Die Hauptaufgaben des Personalmanagements bestehen darin, ausreichend viele Mitarbeiter mit den erforderlichen Qualifikationen zur Verfügung zu stellen und das Personal zielorientiert einzusetzen.**

Ein erfolgreiches Personalmanagement[1] erfordert eine ganzheitliche und integrierte Sichtweise. Die Grundlage dazu bildet die Unternehmensstrategie→. Weiter sind die Entwicklungen in den Umweltsphären→ genau zu beobachten und die Interessen der verschiedenen Anspruchsgruppen→ auszugleichen.

Folgende Abbildung zeigt die Hauptaufgaben des Personalmanagements.*

[1] Personalmanagement: wird oft Human Resource (HR) Management genannt

→ S. 98 Unternehmensstrategie

→ S. 57 Umweltsphären

→ S. 69 Anspruchsgruppen

* In Anlehnung an Hilb, M. (2007) *Integriertes Personal-Management* (16. Aufl.). Neuwied: Luchterhand.

**Hauptaufgaben des Personalmanagements**

Abb. 236

Die Aufgaben im Bereich des Personalmanagements werden meist von der Personalabteilung (Human Resources [HR-] Abteilung) wahrgenommen. In kleineren Unternehmen ist nur ein Personalverantwortlicher zuständig.

## 21.2 Personalplanung

Ausgehend von der Unternehmensstrategie ist der Bedarf an Mitarbeitern zu planen. Zuerst wird der aktuelle Personalbestand analysiert und mit dem erforderlichen Personalbestand verglichen. Aus diesem Vergleich wird der zu deckende Personalbedarf ersichtlich. Erforderliche Neueinstellungen beschränken sich nicht nur auf neu geschaffene Stellen. Vielmehr gilt es auch frei gewordene (oder innerhalb des Betrachtungszeitraums frei werdende) Stellen zu besetzen. Die Summe aus Abgängen und Neuzugängen innerhalb eines Jahres im Verhältnis zur Stellenzahl heisst **Fluktuationsrate**. Als **natürliche Fluktuation** werden Austritte aufgrund von Pensionierung oder Tod bezeichnet.

Abb. 237

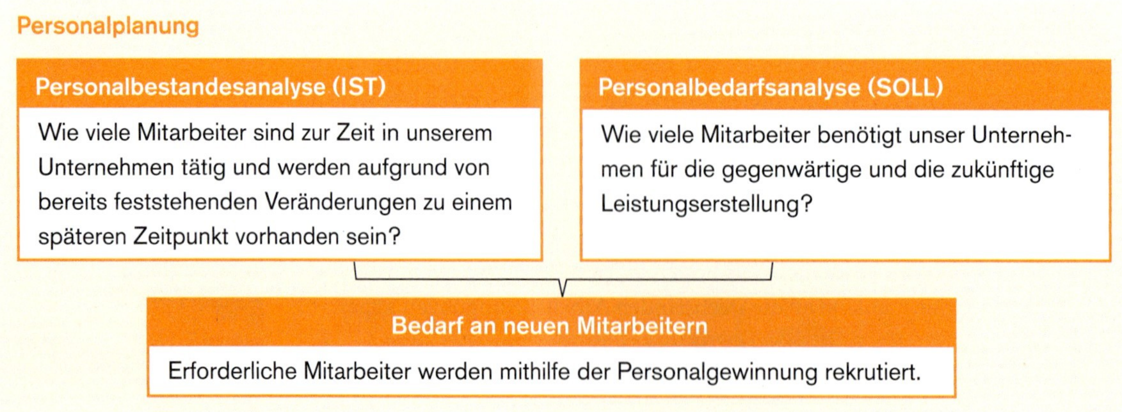

**Personalplanung**

| **Personalbestandesanalyse (IST)** | **Personalbedarfsanalyse (SOLL)** |
| --- | --- |
| Wie viele Mitarbeiter sind zur Zeit in unserem Unternehmen tätig und werden aufgrund von bereits feststehenden Veränderungen zu einem späteren Zeitpunkt vorhanden sein? | Wie viele Mitarbeiter benötigt unser Unternehmen für die gegenwärtige und die zukünftige Leistungserstellung? |

**Bedarf an neuen Mitarbeitern**

Erforderliche Mitarbeiter werden mithilfe der Personalgewinnung rekrutiert.

Die Fluktuationsrate (Ein- und Austritte) beträgt pro Jahr durchschnittlich 12,8 %. Das sind pro Jahr ca. 11 500 Mitarbeitende, welche eingestellt werden müssen. Sehr viele Mitarbeitende werden über die eigene Lehrlingsausbildung rekrutiert. Die durchschnittliche Treue zu Migros beträgt rund 10 Jahre.

## 21.3   Personalgewinnung

Wird bei der Personalplanung festgestellt, dass sich in Zukunft ein Personaldefizit einstellen wird, stellt sich im Rahmen der **Personalgewinnung** die Aufgabe, diese Lücke zu schliessen. Dabei gilt es, die erforderlichen Arbeitskräfte in der nötigen Anzahl, zum richtigen Zeitpunkt, für die erforderliche Dauer und mit den richtigen Qualifikationen zu gewinnen. Bei dieser Aufgabe wird zwischen interner und externer Personalgewinnung unterschieden.

Tab. 178

| Personalgewinnungsart | Erläuterung |
| --- | --- |
| Interne Personalgewinnung | Diese Art der Personalbeschaffung kann in verschiedenen Formen auftreten:<br>– Die vertraglich festgelegte Arbeitszeit wird verlängert.<br>– Das Personal wird in anderen Aufgabenbereichen eingesetzt.<br>– Es finden interne Beförderungen statt.<br>– Der Beschäftigungsgrad wird erhöht. |
| Externe Personalgewinnung | Personal wird ausserhalb des Unternehmens für dauerhafte oder befristete Einsätze rekrutiert. |

Zur Personalgewinnung gehören folgende vier Aufgabenbereiche:

→ Aufgabe 1

Abb. 238

**Aufgaben der Personalgewinnung**

Personalwerbung   Personalauswahl   Personaleinstellung   Personaleinführung

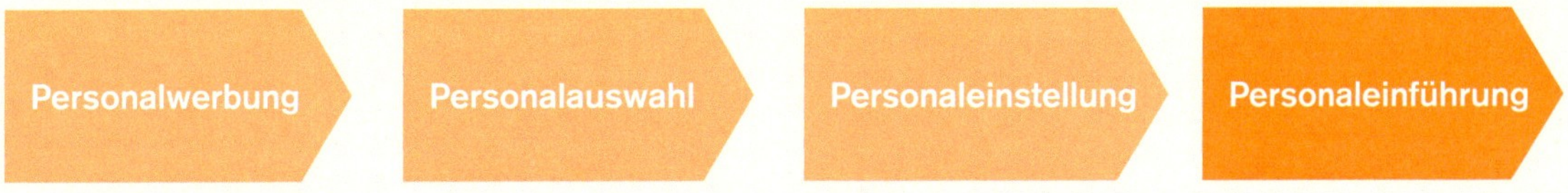

### Personalwerbung

Ziel dieses Aufgabenbereichs ist die Gewinnung geeigneter Mitarbeiter für die im Unternehmen frei gewordenen Stellen. Soll eine Stelle neu besetzt werden, sucht ein Unternehmen in der Regel zunächst innerhalb der eigenen Organisation nach passenden Kandidaten. Steht im Unternehmen keine passende Person zur Verfügung, wird mit einer Stellenausschreibung→ die externe Personalgewinnung in Gang gesetzt.

→ S. 157 Stellenausschreibung

Wird Personal extern angeworben, muss das Unternehmen auf eine möglichst hohe Werbewirkung→ abzielen. Dazu sind folgende drei Punkte entscheidend:

→ S. 331 Wirkungsziele

1. *Genaue Zielgruppendefinition:*

   Die Zielgruppe muss genau definiert sein. Dabei werden Personen angesprochen, die über die gesuchten Qualifikationen verfügen.

2. *Übereinstimmende Ziele:*

   Die Werbebotschaft, das heisst die vom Unternehmen angebotenen Anreize, muss mit den Bedürfnissen und Zielen der definierten Zielgruppe übereinstimmen. Zu den relevanten Kriterien gehören Hygienefaktoren→ wie der Lohn, die Sozialleistungen, verfügbare Sportanlagen oder die Arbeitszeitgestaltung, aber auch Motivationsfaktoren wie die Vermittlung interessanter Arbeitsinhalte oder das Aufzeigen von Karrieremöglichkeiten.

→ S. 211 Zwei-Faktoren-Theorie nach Herzberg

3. *Geeignete Werbemittel und -träger:*

   Die Bekanntmachung der offenen Stelle erfolgt oftmals über eine Stellenausschreibung. Für die Veröffentlichung der Stellenausschreibung muss sich das Unternehmen für diejenigen Werbemittel und -träger→ entscheiden, welche für die Zielerreichung am geeignetsten erscheinen. In Frage kommen: Internet, Zeitungen, Schnupperlehren, Personalvermittlungsbüros usw.

→ S. 333 Werbemittel

**Personalauswahl**

Wurden die Zielgruppe definiert und Interessenten gefunden, geht es in einem nächsten Schritt darum, die geeignetsten Bewerber für eine offene Stelle ausfindig zu machen.

Sollen diejenigen Stelleninteressenten ausgewählt werden, welche den Stellenanforderungen am besten entsprechen, so müssen im Auswahlprozess die folgenden Kriterien überprüft werden:

Abb. 239

**Kriterien bei der Personalauswahl**

| Leistungsfähigkeit | Leistungswille | Entwicklungsmöglichkeiten | Leistungspotenzial |
|---|---|---|---|
| Wie weit stimmt die Arbeitsanforderung mit den Fähigkeiten des Bewerbers überein? | Ist der potenzielle Stelleninhaber bereit, seinen Fähigkeiten entsprechende Leistungen zu erbringen und den Erwartungen des Unternehmens gerecht zu werden? | Meist stimmen die Anforderungen und die Qualifikationen nicht hundertprozentig überein. Liegen die Qualifikationen unter den Anforderungen, stellt sich die Frage, inwieweit der Bewerber durch geeignete Ausbildungsmassnahmen für die entsprechende Stelle in genügender Weise ausgebildet werden kann. | Inwieweit kommt der Bewerber zu einem späteren Zeitpunkt für höherwertige Aufgaben in Frage? |

Ein erstes Bild von einem Bewerber kann sich ein Unternehmen anhand seiner Bewerbungsunterlagen machen. Schon die Art und Weise der Gestaltung und Zusammenstellung sowie der Umfang der Bewerbungsunterlagen lassen erste Rückschlüsse auf die an der Stelle interessierten Person zu. Bewerbungsunterlagen dienen demnach als Vorselektionsinstrument[1]. Folgende Unterlagen sind für ein Unternehmen von besonderem Interesse:

[1] Selektion: Auswahl

Tab. 179

| Bewerbungsunterlagen | Erläuterung |
|---|---|
| Lebenslauf | – Vollständige Darstellung der Ausbildung bzw. Berufserfahrung<br>– Darlegung der ausserberuflichen Tätigkeiten<br>– Informationen über soziale Verhältnisse, wie Familie, Freizeitaktivitäten<br>– Besondere Kompetenzen, z.B. Fremdsprachen, ICT, Führung |
| Motivationsschreiben | Im Motivationsschreiben muss die bewerbende Person ihr Interesse am Unternehmen und der ausgeschriebenen Tätigkeit glaubhaft begründen. Es sollte sichtbar werden, dass sich die Person bereits intensiv mit dem Unternehmen auseinandergesetzt hat. |
| Zeugnisse | In den meisten Fällen legen die bewerbenden Personen Schul- und Arbeitszeugnisse bei. Dabei ist jedoch zu beachten, dass insbesondere Arbeitszeugnisse vorsichtig interpretiert werden sollen, da solche in vielen Fällen nicht vollständig objektiv verfasst wurden. |
| Allfällige Referenzen | Mithilfe dieser Personen können zusätzliche Informationen zum Bewerber eingeholt werden. Zu beachten ist diesbezüglich, dass die angegebenen Referenz-Personen möglichst unvoreingenommen sind und eine möglichst objektive Beurteilung abgeben. |

Zusätzlich zu den schriftlichen Bewerbungsunterlagen können sich Personalverantwortliche mit folgenden Verfahren ein besseres Bild über die Bewerbenden machen:

→ Aufgaben 2 und 3

Abb. 240

**Methoden zur Beurteilung von Bewerbungspersonen**

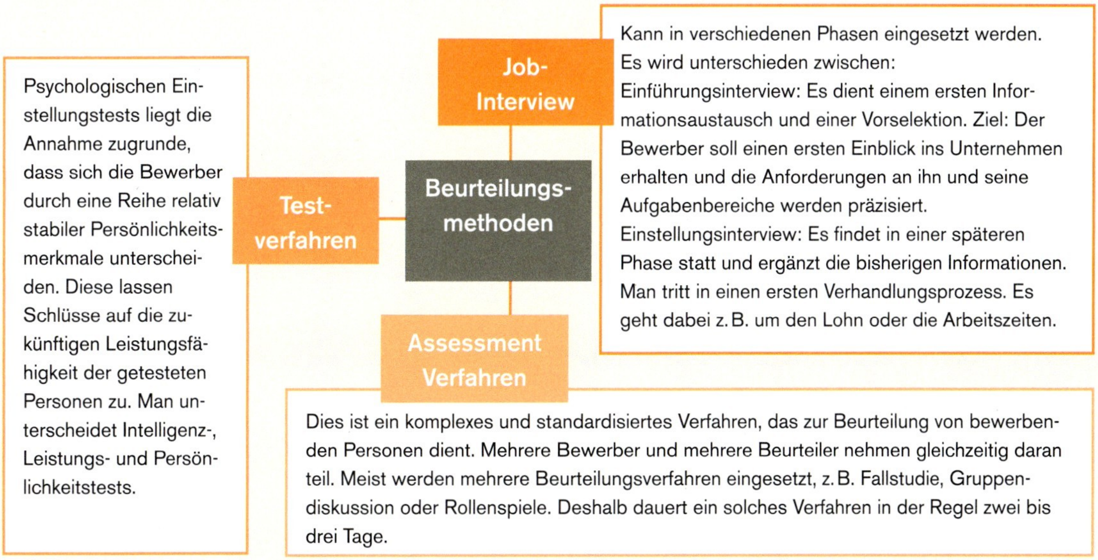

Psychologischen Einstellungstests liegt die Annahme zugrunde, dass sich die Bewerber durch eine Reihe relativ stabiler Persönlichkeitsmerkmale unterscheiden. Diese lassen Schlüsse auf die zukünftigen Leistungsfähigkeit der getesteten Personen zu. Man unterscheidet Intelligenz-, Leistungs- und Persönlichkeitstests.

**Test-verfahren**

**Beurteilungs-methoden**

**Job-Interview**

Kann in verschiedenen Phasen eingesetzt werden. Es wird unterschieden zwischen:
Einführungsinterview: Es dient einem ersten Informationsaustausch und einer Vorselektion. Ziel: Der Bewerber soll einen ersten Einblick ins Unternehmen erhalten und die Anforderungen an ihn und seine Aufgabenbereiche werden präzisiert.
Einstellungsinterview: Es findet in einer späteren Phase statt und ergänzt die bisherigen Informationen. Man tritt in einen ersten Verhandlungsprozess. Es geht dabei z.B. um den Lohn oder die Arbeitszeiten.

**Assessment Verfahren**

Dies ist ein komplexes und standardisiertes Verfahren, das zur Beurteilung von bewerbenden Personen dient. Mehrere Bewerber und mehrere Beurteiler nehmen gleichzeitig daran teil. Meist werden mehrere Beurteilungsverfahren eingesetzt, z.B. Fallstudie, Gruppendiskussion oder Rollenspiele. Deshalb dauert ein solches Verfahren in der Regel zwei bis drei Tage.

## Personaleinstellung

Neue Mitarbeitende sollten zu arbeitsmarktgerechten Bedingungen eingestellt werden. Durch eine vertrauliche Behandlung der Personaldaten muss die Privatsphäre des neuen Mitarbeiters jederzeit gewährleistet werden. Ein Instrument im Bereich der Personaleinstellung ist der standardisierte Arbeitsvertrag. Ein Arbeitsvertrag verpflichtet den Arbeitnehmer, die vertragsgemässe Arbeitsleistung zu erbringen und den Arbeitgeber, u. a. den vereinbarten Lohn zu bezahlen.

Eine Anstellung erfolgt zuerst für eine **Probezeit**. Gemäss Obligationenrecht (OR) gilt der erste Arbeitsmonat als Probezeit[1], in der Praxis werden jedoch oft drei Monate vereinbart. Während der Probezeit kann das Arbeitsverhältnis jederzeit von beiden Parteien mit einer Frist von sieben Tagen gekündigt werden.

[1] Art. 335b OR

## Personaleinführung

Insbesondere extern rekrutierte Mitarbeiter müssen nach Durchlaufen des Bewerbungsprozesses sozial und organisatorisch ins Unternehmen integriert werden.

Eine gute Einführung der neuen Mitarbeiter ins Unternehmen ist sehr wichtig. Eine neue Person soll möglichst rasch in das bestehende unternehmerische Beziehungsgefüge integriert werden, damit sie sich wohl fühlt und möglichst rasch produktiv tätig werden kann. Weiter ist es wichtig, dass der neue Mitarbeiter das Unternehmen als Ganzes kennen lernt. Dies bedeutet, dass er bald mit der Vision, Strategie, Struktur und Kultur des Unternehmens vertraut ist und sowohl die Geschichte, als auch die Produkte und Märkte des Unternehmens kennt. Instrumente der Personaleinführung sind ein besonders gut geplanter erster Tag oder ein spezifisches **Mentoringprogramm**[2].

[2] Mentoringprogramm: Eine erfahrene Person (Mentorin bzw. Mentor) gibt ihr Wissen und ihre Erfahrungen an eine noch unerfahrene Person (Mentee oder Protegé) weiter.

## 21.4 Personalbeurteilung

Das Beurteilen von Personal sollte nicht punktuell erfolgen. Es geht vielmehr darum, das Personal sowohl zum heutigen Zeitpunkt als auch vergangenheits- und zukunftsbezogen zu beurteilen.

## Beurteilungsmethode

Eine kombinierte, umfassende Beurteilungsmethode ist die **360-Grad-Leistungsbeurteilung,** welche mehrere Perspektiven berücksichtigt und aus diesem Grund dem Anspruch der „Objektivität" sehr gut gerecht wird. Es muss aber angefügt werden, dass diese Methode in der Praxis nur schwer realisierbar ist. Sie beinhaltet folgende vier Perspektiven:

Abb. 241

360-Grad-Leistungsbeurteilung

## Beurteilungsvorgehen

Eine Mitarbeiterbeurteilung kann entweder anhand eines vorgegebenen standardisierten Merkmalkatalogs (einer Checkliste) oder in unstrukturierter Form durchgeführt werden. Bei der unstrukturierten Vorgehensweise werden bloss die wesentlichsten und hervorstechendsten Merkmale und Ereignisse festgehalten. Einen strukturierten Ansatz stellt das Management by Objectives dar. Eine Personalbeurteilung muss vor allem dem Anspruch der Objektivität gerecht werden. Dies kann erreicht werden, indem gemeinsam Ziele (Objectives) vereinbart werden.

Management by Objectives (MbO) ist die systematische Zielvereinbarung mit dem einzelnen Mitarbeiter. Der Vereinbarungsinhalt umfasst in der Regel quantitative (z. B. Anzahl akquirierter Kunden), qualitative (z. B. verbesserte Kundenzufriedenheit) und persönliche Entwicklungsziele (z. B. Arbeitseffizienz).

Für das Führen mit Zielen stellt das Zielvereinbarungsgespräch eine verbreitete Vorgehensweise dar. Das Gespräch soll unter anderem die Antworten auf die folgenden Fragen klären:
– Welche zeitliche Wirkung haben die gesetzten Ziele? Sind sie lang-, mitteloder kurzfristig zu erreichen?
– Sind es strategische oder operative Ziele?
– Sind es eher allgemeine oder konkrete Ziele?
– Welches sind die zukünftigen Anforderungen an den Arbeitsplatz und daraus resultierend die Aufgaben für den Mitarbeiter?

Nachdem die vereinbarte Laufzeit für die Zielerreichung verstrichen ist, findet nochmals ein Gespräch zwischen Mitarbeiter und Führungskraft statt. Bei diesem geht es darum, den Zielerreichungsgrad zu bestimmen und meist auch die Ziele für die kommende Periode festzulegen.

## 21.5 Personalhonorierung

Die Honorierung hängt u. a. mit der Zielvereinbarung und somit auch mit der gesamten Personalbeurteilung eng zusammen. Es soll dabei jeder Mitarbeiter seiner vollbrachten Leistung und seiner Kompetenz (Verantwortung und Qualifikation) entsprechend entlohnt werden.

Es gibt viele unterschiedliche Arten von Entgeltsystemen, wodurch die individuellen Leistungsunterschiede der Mitarbeiter berücksichtigt werden können. Ein Unternehmen setzt eine bestimmte Lohnform bewusst ein, um seinen Mitarbeitern Anreize zu setzen.
Als Bewertungsgrundlagen kommen in erster Linie die Leistungszeit und die Leistungsmenge in Frage. Folgende **Lohnformen** basieren auf diesen zwei Kriterien:

Abb. 242

**Lohnformen**

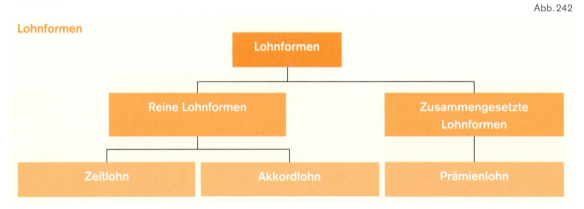

### Zeitlohn

Der Zeitlohn berechnet den Lohn nach der aufgewendeten Arbeitszeit (z. B. Monatslohn, Stundenlohn). Somit verläuft der Lohn proportional zur geleisteten Mitarbeiterarbeitszeit. Diese Lohnform setzt in der Regel keine grossen Leistungsanreize, denn die effektiv erbrachte Leistung des Mitarbeiters wird nicht direkt berücksichtigt. Diese Lohnform eignet sich dennoch für Arbeiten, die einen hohen Qualitätsstandard verlangen, die sorgfältig und gewissenhaft ausgeführt werden müssen und deren Leistungsaufwand nicht oder nur schwer messbar ist. Die geleistete Arbeitszeit ist einfach zu messen (oft mit einer Stempeluhr) und bietet daher eine praktikable Basis für die Festlegung des Lohnes.

## Akkordlohn

Beim **Akkordlohn** handelt es sich um einen Leistungslohn. Der Lohn wird dabei nicht aufgrund der Arbeitszeit, sondern nur aufgrund der erbrachten Leistung der Mitarbeiter berechnet (z. B. pro eingeräumtes Gestell ein bestimmter Lohn). Dieser Lohntyp stellt einen direkten Leistungsanreiz dar und entspricht dem Prinzip der Leistungsgerechtigkeit. Ein Nachteil dieser Lohnform ist einerseits die Gefahr, dass Menschen und Maschinen überbeansprucht werden. Andererseits besteht die Gefahr, dass die Qualität unter der hohen Leistungsgeschwindigkeit leidet. Stück- bzw. Akkordlöhne können schlecht eingesetzt werden, wenn es sich um Arbeiten handelt, die von Gruppen bewerkstelligt und die exakt ausgeführt werden müssen und bei denen eine hohe Unfallgefahr besteht.

→ Aufgabe 4

## Prämienlohn

Der **Prämienlohn** ist eine kombinierte Lohnform. Er setzt sich aus einem fixen Grundlohn und einem veränderlichen Zuschlag, der so genannten Prämie, zusammen. Die Höhe dieses Zuschlags hängt von einer Mehrleistung des Mitarbeiters ab. Mehrleistung bedeutet, dass der Mitarbeiter mehr als die Normalleistung erbringt. Diese kombinierte Lohnform enthält sowohl anforderungs- wie auch leistungsabhängige Lohnkomponenten. Man unterscheidet dabei zwischen folgenden Prämienlohnsystemen:
– Bei der Mengenleistungsprämie wird eine zusätzliche quantitativ messbare Leistung vergütet.
– Die Qualitätsprämie wird für genaues Arbeiten gewährt.
– Die Ersparnisprämie wird bei sorgfältigem Einsatz der Produktionsfaktoren ausbezahlt.

→ Aufgabe 5

## Unterscheidung zwischen Brutto- und Nettolohn

Die Lohnhöhe wird von verschiedenen Faktoren bestimmt: Eine Rolle spielen die Anforderungen an den Arbeitsplatz (Fähigkeiten, Verantwortung usw.), die individuelle Leistungsbeurteilung sowie diverse soziale Aspekte (Alter, Zivilstand usw.). Der anhand dieser Kriterien festgesetzte **Bruttolohn** wird durch zahlreiche Sozialabzüge (**AHV**[1], **IV**[2], **EO**[3], **ALV**[4], **Pensionskasse**[5], **NBUV**[6]) reduziert, womit den Arbeitnehmern lediglich der **Nettolohn** ausbezahlt wird.

## Mitarbeiterbeteiligung

Eine Möglichkeit, die Mitarbeiter am Unternehmenserfolg zu beteiligen, ist die Erfolgsbeteiligung: Dabei werden die Mitarbeiter am Unternehmensgewinn beteiligt. Beteiligt man die Mitarbeiter hingegen am Unternehmenskapital, so spricht man von einer Kapitalbeteiligung.
Ziel solcher Beteiligungen ist es, Leistungsanreize für die Mitarbeitenden zu schaffen und diese langfristig an das Unternehmen zu binden.

[1] AHV: Alters- und Hinterlassenen-Versicherung

[2] IV: Invalidenversicherung

[3] EO: Erwerbsersatzordnung für Militär- und Zivildienstleistende sowie Finanzierung der Mutterschaftsversicherung

[4] ALV: Arbeitslosenversicherung

[5] Pensionskasse: Berufliche Altersvorsorge

[6] NBUV: Nichtbetriebsunfallversicherung

## Nicht-monetäre Anreize

Ein Leistungsanreiz kann auch nicht-monetär[1] erfolgen. Ein Unternehmen ist ein soziales Gebilde, in dem die zwischenmenschlichen Beziehungen eine bedeutende Rolle spielen. Viele nicht-monetären Anreize wollen diese Beziehungen fördern. Ein Unternehmen kann seinen Mitarbeitern z. B. Sportanlagen zur Verfügung stellen. Dadurch kann unter Umständen der soziale Zusammenhalt zwischen einzelnen Mitarbeitern gestärkt werden. Es ist aber wichtig zu wissen, dass solche sozialen Anreize sehr unterschiedlich empfunden werden. Nicht jeder Mitarbeiter sieht in einer Sportanlage einen sozialen Anreiz.

[1] nicht monetär: ohne Geld

## Fringe Benefits

Unter den **Fringe Benefits** werden Lohnnebenleistungen verstanden, welche von den Unternehmen häufig zur Steigerung ihrer Attraktivität auf dem Arbeitsmarkt eingesetzt werden. Zu diesen gehören die Bereitstellung von Autos oder Mobiltelefonen für den Privatgebrauch, die Beteiligung an Bahnabonnementen oder die Gewährung vergünstigter Produkt- bzw. Dienstleistungsbezüge. Fringe Benefits gehören meist zu den „Hygienefaktoren"→: Ihr Vorhandensein führt nicht zu einer hohen Mitarbeiterzufriedenheit, ihr Fehlen jedoch zu einer gewissen Unzufriedenheit. Die Kürzung solcher Lohnnebenleistungen in wirtschaftlich schweren Zeiten sollte daher wohlüberlegt sein.

→ S. 211 Zwei-Faktoren-Theorie nach Herzberg

## Flexible Arbeitszeitmodelle

Flexible Arbeitszeitmodelle sind gerade in Bezug auf die Vereinbarkeit von Familie und Beruf von grosser Bedeutung. Zu diesen gehören die Teilzeitarbeit, das Jobsharing (Aufteilung der Regelarbeitszeit auf zwei Personen) oder Gleitarbeitszeiten (Beginn und Ende des Arbeitseinsatzes können in einem gewissen Rahmen frei gewählt werden). Im Arbeitsmarkt setzt sich immer mehr die Erkenntnis durch, dass individuelle Lösungen, welche die Lebensumstände der Arbeitnehmer berücksichtigen, auch zu deren Motivation und damit zu einer höheren Produktivität beitragen.

**Beispiel** Migros – Vereinbarkeit von Familie und Beruf

Abb. 243

Der Anteil der Frauen in der Migros-Gruppe beträgt 62 %. Das sind über 60 000 Frauen. Von diesen haben etwa 30 000 Kinder. Der Migros ist die Vereinbarkeit von Beruf und Familie deshalb besonders wichtig. Dazu gehören flexible Arbeitszeitmodelle sowie Schwangerschafts- und Elternurlaube.

# 21.6 Personalentwicklung

Aufgabe der Personalentwicklung ist es, die Fähigkeiten der Mitarbeiter so zu fördern, dass diese ihre momentanen und künftigen Aufgaben bewältigen können. Dabei sollen ihre Qualifikationen den von der jeweiligen Stelle im Unternehmen gestellten Anforderungen entsprechen. Ein Hauptbereich der Personalentwicklung stellt die Aus- bzw. Weiterbildung dar.

## Personalaus- und -weiterbildung

Die Aus- und Weiterbildung kann in zwei Bereiche aufgeteilt werden:
- *Betriebliche Grundausbildung:*
  Sie vermittelt den Mitarbeitenden die notwendigen Grundkenntnisse und -fähigkeiten, welche sie benötigen, um einen Beruf oder eine Tätigkeit ausüben zu können.
- *Betriebliche Weiter- oder Fortbildung:*
  Sie ist darauf ausgerichtet, vorhandenes Wissen und bestehende Fähigkeiten innerhalb der Belegschaft zu erweitern.

**Beispiel** Migros – Personalaus- und -weiterbildung[*]

* www.migros.ch → Geschäftsbericht 2015

Mit rund 3 650 Lernenden in über 40 verschiedenen Berufen ist die Migros die grösste private Ausbildnerin der Schweiz. Neben den fachlichen werden auch die sozialen und methodischen Kompetenzen gefördert.

Zusätzlich zur Grundbildung besteht ein umfassendes Weiterbildungsprogramm. Es wurden auch E-Learning-Angebote geschaffen, um eine Vielzahl von Mitarbeitenden rasch, zeit- und ortsunabhängig mit Bildungsinhalten und Themen vertraut zu machen.

Auf der Stufe der Direktion ist die zielgerichtete Weiterentwicklung der Führungskräfte besonders wichtig. Migros verfügt über spezielle Nachwuchsförderungsprogramme, bei denen künftige Entscheidungsträger auf mögliche Herausforderungen vorbereitet werden.

## Personalportfoliokonzept

Die Förderung bzw. Entwicklung der Mitarbeiter wird aus der Beurteilung und den daraus folgenden Erkenntnissen abgeleitet. Wichtig ist, dass dem Mitarbeiter bewusst wird, dass er für sich selbst verantwortlich ist und bei seiner Förderung und Entwicklung die Hauptrolle spielt.

Aufgrund der Vergangenheitsleistung eines Mitarbeiters und seines Zukunftspotenzials werden die Ziele seiner betrieblichen Entwicklung festgelegt.

Im **Personalportfolio** werden die Leistungsfähigkeit und das Entwicklungspotenzial der gesamten Belegschaft ermittelt. Das Portfolio unterscheidet vier Mitarbeitertypen:

Abb. 244

## Personalportfolio*

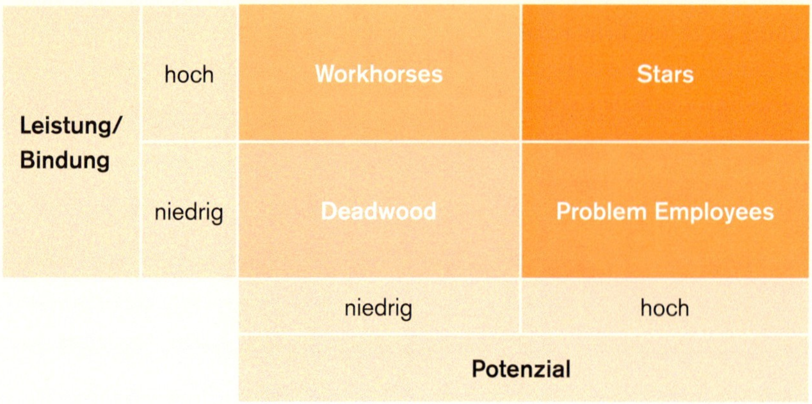

★ Odiorne, G.S. (1984), S. 65 f.

| Leistung/ Bindung | hoch | Workhorses | Stars |
|---|---|---|---|
| | niedrig | Deadwood | Problem Employees |
| | | niedrig | hoch |
| | | **Potenzial** | |

Mithilfe des oben abgebildeten Portfolios können vier Mitarbeitertypen voneinander unterschieden werden:

– *Deadwoods (leistungsschwache Mitarbeiter):*
Sie müssen voraussichtlich auf weniger bedeutsame Stellen versetzt oder im schlimmsten Fall sogar entlassen werden.

– *Workhorses (Arbeitstiere):*
Diese Mitarbeiter fühlen sich mit dem Unternehmen stark verbunden, verfügen aber selbst nur über ein geringes Entwicklungspotenzial. Arbeitstiere benötigen individuelle Führung, um nicht zu den Deadwoods in den leistungsschwachen Bereich abzusinken. Workhorses sind für das Unternehmen jedoch von hoher Wichtigkeit und sollten daher gepflegt werden.

– *Problem Employees (Problemfälle):*
Solche müssen ihr Leistungsverhalten unbedingt verbessern. Dies betrifft vor allem Mitarbeiter, von denen man zum gegebenen Zeitpunkt nicht genau weiss, ob sie längerfristig überhaupt im Unternehmen bleiben möchten. Durch Aufzeigen möglicher Aufstiegschancen bzw. durch deren gezielte Förderung können diese Mitarbeiter allenfalls zu Stars werden.

– *Stars:*
Sie sind ganz besonders zu fördern, weil sie sich durch herausragende Leistungen auszeichnen und über ein hohes Entwicklungspotenzial verfügen.

### Mitarbeitergespräche

Mitarbeitergespräche zwischen Führungskräften und Mitarbeitern sind in jeder Phase des Personalmanagements von hoher Bedeutung. Solche Gespräche sind ein zentrales Instrument, insbesondere wenn es um die Personalentwicklung geht. An Mitarbeitergesprächen besprechen die beteiligten Parteien regelmässig oder bei Bedarf spezifische Themen. Folgende Anlässe können ein Mitarbeitergespräch notwendig machen:

– Jahresgespräch: Dieses sollte mit einer Zielvereinbarung für den kommenden Zeitraum abgeschlossen werden. Der Zielerreichungsgrad wird dann im nächsten Gespräch überprüft.

- Ablauf der Arbeitsvertragsbefristung
- Kündigung
- Rückkehr nach Arbeitsunfähigkeit
- Karriereplanung
- Konfliktanalyse
- Weiterbildungswünsche
- Veränderte persönliche Situation (Schwangerschaft, verkürzte Arbeitszeit, Abteilungswechsel usw.)

Inhalte dieser Gespräche können sein:
- Zielvereinbarungen→
- Weiterbildungsmassnahmen
- Leistungsbeurteilungen
- Einsatzplanung
- Arbeitszeit
- Lohn

→ S. 461 Management by Objectives

→ Aufgabe 6

## 21.7 Personalfreistellung

Freistellungen von Mitarbeitern können aus verschiedenen Gründen erfolgen. Als mögliche Gründe sind zu nennen:
- Das Unternehmen und der Mitarbeiter können sich hinsichtlich der Leistung, der bestehenden Aufgaben und der Entwicklungsmöglichkeiten nicht einigen.
- Der Mitarbeiter möchte eine neue Herausforderung annehmen oder hat bereits eine neue Anstellung gefunden.
- Das Unternehmen muss aufgrund von Umstrukturierungsmassnahmen Stellen abbauen oder gar den Betrieb schliessen.
- Das Unternehmen verlegt seinen Standort. Die Mitarbeitenden wollen den Ortswechsel nicht vollziehen.
- Mitarbeiter werden durch Maschinen ersetzt und dadurch wegrationalisiert.
- Unternehmen fusionieren→ und benötigen daher nicht mehr alle Mitarbeitenden.

→ S. 139 Fusion

### Austrittsinterview

Für alle Beteiligten ist ein Austrittsinterview als Bewertungsinstrument sehr wichtig. Sowohl der ausscheidende Mitarbeiter als auch das Unternehmen haben dadurch die Möglichkeit, aus dem konstruktiven Feedback Schlüsse zu ziehen und für sich selbst Änderungsmassnahmen abzuleiten. So könnte sich ein Mitarbeiter beispielsweise vornehmen, seine Teamfähigkeit zu verbessern. Es ist empfehlenswert, die das Unternehmen verlassende Person am letzten Arbeitstag nach Aushändigung des Arbeitszeugnisses zu einem offenen Gespräch einzuladen. Bei diesem Gespräch soll die Person veranlasst werden, ihre Austrittsgründe möglichst objektiv zu schildern und die Stärken und Schwächen des Unternehmens nachträglich zu beurteilen. Ausserdem soll sie sinnvolle Verbesserungsvorschläge anbringen können.

## Arbeitszeugnis

**Arbeitszeugnisse** können Selektionsmittel sein. Deshalb sollten sie fair und möglichst objektiv ausgestellt werden. Es gibt einfache und qualifizierte Arbeitszeugnisse.

- *Einfaches Arbeitszeugnis (auch Arbeitsbestätigung):*
  Es enthält keine Leistungsbeurteilung, sondern nur Fakten wie Personalien, Dauer der Erwerbstätigkeit und Art der Aufgaben. Das einfache Arbeitszeugnis stellt demzufolge einen Tätigkeitsnachweis dar.
- *Qualifiziertes Arbeitszeugnis (Vollzeugnis):*
  Es beinhaltet neben den Fakten auch eine Leistungsbewertung und eine Beschreibung der Verhaltensweisen des betreffenden Mitarbeiters.

Grundsätzlich wird von rechtlicher Seite her gefordert, dass Arbeitszeugnisse wahrheitsgemäss formuliert werden. Das Problem beim Ausstellen von Zeugnissen ist aber, dass die Wahrheit für den Austretenden manchmal nicht immer ganz so schmeichelhaft ist. Aus diesem Grund versuchen sich die Arbeitgeber bisweilen mit formelhaften Wendungen zu behelfen. Rechtlich ist es aber so, dass ein Arbeitgeber, welcher ein unwahres Zeugnis ausstellt, unter Umständen sogar zu Schadenersatzleistungen verpflichtet werden kann. Ein Arbeitszeugnis kann auf Wunsch des Arbeitnehmers auch die Art und den Grund für die Auflösung des Arbeitsverhältnisses umfassen. Sagt das Arbeitszeugnis nichts darüber aus, wird in der Praxis davon ausgegangen, dass die Kündigung von Seiten des Arbeitgebers veranlasst wurde.

Vielen Arbeitnehmern ist nicht bewusst, dass sie jederzeit ein Anrecht auf ein **Zwischenzeugnis** haben. Diese werden z. B. verlangt, wenn die vorgesetzte Person aus dem Unternehmen ausscheidet. Verlangt ein Arbeitnehmer ein Zeugnis, ist das Unternehmen rechtlich dazu verpflichtet, ein solches auszustellen[1].

[1] Art. 330a OR

→ Aufgabe 7

## Sozialplan

Die Personalkosten stellen in den meisten Unternehmen den grössten variablen Kostenfaktor dar. In wirtschaftlich schwierigen Zeiten tendieren deswegen viele Unternehmen zu einem massiven Stellenabbau. Um **Massenentlassungen** handelt es sich gemäss Gesetz (OR), wenn in kleineren Betrieben (bis 300 Mitarbeiter) mindestens 10 % der Mitarbeiter, in grösseren (ab 300 Mitarbeiter) mindestens 30 Mitarbeiter freigestellt werden[2]. In solchen Fällen hat ein Unternehmen die Arbeitnehmer bzw. ihre Vertretung (Gewerkschaft) zu konsultieren und diesen die Möglichkeit zu eröffnen, Vorschläge zur Milderung der sozialen Folgen der Entlassung zu unterbreiten[3]. Von der Massenentlassung muss auch das kantonale Arbeitsamt in Kenntnis gesetzt werden[4].

[2] Art. 335b OR

[3] Art. 335f OR

[4] Art. 335g OR

Droht eine Massenentlassung, arbeiten viele Unternehmen zusammen mit den Sozialpartnern (Arbeitnehmervertretungen) Sozialpläne aus, welche die Folgen einer Entlassung mildern sollen. Im Rahmen eines Sozialplans können beispielsweise Kündigungsfristen verlängert und Berufsberatungen, Beteiligungen an Aus- oder Weiterbildungsmassnahmen oder vorzeitige Pensionierungen ausgehandelt werden.

# Aufgaben – D21 Personalmanagement

**1**

Notieren Sie möglichst viele Vor- und Nachteile der internen Personalbeschaffung.

**2**

Suchen Sie im Internet oder in Zeitungen nach einem Unternehmen, welches offene Stellen bzw. Praktika ausgeschrieben hat (Stellenanzeigen).
Verfassen Sie ein passendes Bewerbungsschreiben (Motivationsschreiben) für die offene Stelle.

**3**

a   Im vorliegenden Kapitel wurden Testverfahren zur Personalauswahl und -beurteilung beschrieben. Stellen Sie Vermutungen an, welche Probleme diesen Verfahren gemeinsam sind.
b   Charakterisieren Sie stichwortartig die wesentlichen Eigenschaften eines Assessment Centers.
c   Beschreiben Sie davon ausgehend Fälle, in denen Ihrer Meinung nach ein Assessment Center das geeignete Mittel zur Personalauswahl ist.

**4**

Tragen Sie die Vor- und Nachteile von Akkordlöhnen zusammen. Führen Sie dazu gegebenenfalls ein Interview mit einer Person aus Ihrem Umfeld durch, welche im Akkord bezahlt wird.

**5**

Leistungslöhne, zu denen auch die viel diskutierten Boni gehören, sind in der heutigen Wirtschaftswelt weit verbreitet.
a   Zeigen Sie die Chancen und Gefahren auf, die Ihrer Meinung nach die Anwendung dieser Entlohnungsform bergen? Denken Sie dabei insbesondere an motivationale Aspekte.
b   Überlegen Sie, bei welcher Art von Arbeit der Einsatz solcher Leistungslöhne sinnvoll sein kann und in welchen Fällen von deren Anwendung abgesehen werden sollte?

**6**

Bilden Sie Gruppen von ca. 4 Personen und bestimmen Sie in Ihrer Gruppe einen realistischen Inhalt für ein Mitarbeitergespräch.
a   Spielen Sie dieses Gespräch nach Zuteilung der Rollen durch (Arbeitgeber und -nehmer sowie zwei Beobachter, die den Gesprächsverlauf verfolgen und sich dazu Notizen machen).
b   Diskutieren Sie anschliessend, welche Punkte Ihnen für das Gelingen von solchen Gesprächen besonders wichtig erscheinen.

**7**

Analysieren Sie das Arbeitszeugnis von Andrea Muster auf die formalen Anforderungen an ein qualifiziertes Arbeitszeugnis und stellen Sie fest, inwieweit diese Kriterien erfüllt sind.

---

**Arbeitszeugnis**

Frau Andrea Muster, geboren am 06.11.1974, von Winterthur, arbeitete vom 1. Januar 2012 bis 31. Mai 2016 als Sekretärin/Sachbearbeiterin im Direktionssekretariat. Ihr Aufgabengebiet umfasste im Wesentlichen:
– Telefondienst
– Bearbeitung von Kundenreklamationen
– Korrespondenz
– Allgemeine administrative Arbeiten

Frau Muster verfügte nur teilweise über die nötigen Berufserfahrungen und Fachkenntnisse, wodurch sie in der Startphase überfordert war. Mit guter Unterstützung und entsprechender Anleitung war sie jedoch in der Lage, die ihr übertragenen Aufgaben auszuführen. Sie konnte sich gut auf neue Situationen einstellen, war vertrauenswürdig und für neue Vorhaben aufgeschlossen.

Bei Reklamationen von dritter Seite zeigte Frau Muster ein überdurchschnittliches Engagement und machte stets gute Verbesserungsvorschläge. Die Kunden lobten ihre Zuverlässigkeit. Frau Muster hatte ein freundliches, natürliches Auftreten und gute Umgangsformen. Ihr Verhalten gegenüber Vorgesetzten, Mitarbeiterinnen und Mitarbeitern war immer kooperativ und einwandfrei.

Frau Muster verlässt uns am 31. Mai 2016 auf eigenen Wunsch, um sich durch den Besuch einer Handelsschule fachlich weiterzubilden. Wir danken ihr für ihre Mitarbeit und wünschen ihr für die Zukunft alles Gute.

Wil, 31. Mai 2016          Unterschriften

                          Direktor               Personalchefin

### Leitfragen

a) Welche Risiken sind im Rahmen der Unternehmenstätigkeit zu beachten?
b) Wie erfolgt ein systematisches Risikomanagement?
c) Welche Risikostrategien können voneinander unterschieden werden?
d) Wie versuchen Unternehmen rechtliche Risiken zu minimieren?
e) Welcher Zusammenhang besteht zwischen der Risikolage eines Unternehmens und dessen Kreditwürdigkeit?

### Schlüsselbegriffe

Risiko, Risikokategorien, Risikomanagement, Risikostrategien, Compliance-Systeme, Politik-Monitoring, Lobbying, Kreditvergabe, Risikoreporting

### Verankerung im Modell

Jedes Unternehmen strebt in erster Linie danach, sein Bestehen am Markt und damit die eigene Überlebensfähigkeit sicherzustellen. Für Unternehmen ist es schwierig dieses Ziel zu erreichen, weil sie aufgrund der vielfältigen Entwicklungen in den Umweltsphären→ und wegen interner Ereignisse zahlreichen Risiken ausgesetzt sind. Es ist deshalb eine wichtige Aufgabe der Unternehmensleitung, Risikomanagementsysteme zu etablieren. Diese sollen sicherstellen, dass ein Unternehmen in seiner Ganzheit überwacht und bezüglich Risiken laufend eingeschätzt wird. Da das Risikomanagement die Früherkennung von Risiken sicherstellt und damit die Geschäftsprozesse unterstützt, wird es zu den Unterstützungsprozessen gezählt.

→ S. 57 Umweltsphären

### Beispiel  Lufthansa – Risikomanagement

Lufthansa ist als international tätiges Luftfahrtunternehmen zahlreichen Risiken ausgesetzt. Dazu gehören Markt-, Rechts- und Haftungsrisiken, Streiks, IT-Risiken[1], operationelle Risiken oder politische und regulatorische Risiken.
Am 24. März 2015 brachte der Kopilot der Germanwings (Tochtergesellschaft von Lufthansa) einen Airbus A320-211 auf dem Flug von Barcelona nach Düsseldorf willentlich zum Absturz. Alle 150 Personen an Bord starben. Für Lufthansa stellt sich das tägliche Problem, Risiken, aber auch Chancen möglichst frühzeitig zu erkennen und passend damit umzugehen. Diese Aufgabe ist Bestandteil der Führungsarbeit und fliesst in die verschiedenen Entscheidungen im Unternehmen ein. Damit die Risiken erkannt und optimal gemanagt werden, müssen alle Personen innerhalb der gesamten Organisation die Richtlinien zum Risikomanagement beachten. Der Vorstand[2] hat einen Risikomanagement-Ausschuss eingesetzt. Dieser stellt sicher, dass Risiken laufend funktions- und prozessübergreifend erkannt und bewertet werden. Ausserdem hat der Risikomanagement-Ausschuss zur Aufgabe, das System des Risikomanagements laufend weiterzuentwickeln. Besonders wichtig ist, dass möglichst keine Risiken entstehen und von Anfang an vermieden werden.

[1] IT: Informationstechnologie

[2] Vorstand: der Vorstand einer deutschen AG entspricht in etwa dem Verwaltungsrat einer schweizerischen AG.

Abb. 245

# 22.1 Risikoarten

UE4

Der Risikoumfang oder das allgemeine Verlust- und Schadenspotenzial hat sich in den letzten Jahren für die meisten Unternehmen vergrössert (z. B. rasante technologische Veränderungen, plötzlich auftauchende neue Konkurrenten aufgrund der Globalisierung[1], Abhängigkeit von wenigen Kunden, Naturkatastrophen). Definiert wird der Begriff Risiko wie folgt:

[1] Globalisierung: Prozess der zunehmenden internationalen Verflechtung in Wirtschaft, Politik, Kultur, Umwelt, Kommunikation usw.

**Ein Risiko ist definiert durch die Eintrittswahrscheinlichkeit eines Schadensereignisses multipliziert mit der Grösse des Schadens.**

**Beispiel** Fluggesellschaften – Risiko

Gehen wir davon aus, dass eine Fluggesellschaft pro 4 Millionen Flüge (= Eintrittswahrscheinlichkeit) im Schnitt ein Flugzeug im Wert von 300 Millionen Franken (= Schaden) durch einen schweren Flugunfall verliert: Die Wahrscheinlichkeit eines solchen Verlusts liegt entsprechend bei $1/4\,000\,000 = 0.00000025$. Das Ausfallrisiko für die Fluggesellschaft beträgt demnach 75 Franken pro Flug.

Abb. 246

## Risikokategorien

Unternehmen sind vielfältigen Risiken ausgesetzt, welche in Kategorien zusammengefasst werden können:

Tab. 180

| Risiko-kategorie | Beschreibung | Beispiel Lufthansa | |
|---|---|---|---|
| Konjunktu-relle→ Risiken | – Die allgemeine Wirtschafts-lage verschlechtert sich. | – sinkende Kaufkraft in Deutschland und der Schweiz<br>– zyklische Schwankungen der Nachfrage | → S. 65 Konjunkturlage |
| Marktrisiko | – neue Konkurrenten<br>– besseres Produkt der Konkurrenz<br>– Kunden fragen ein Gut nicht mehr nach<br>– Schlüsselkunden springen ab | – Billigairlines<br>– Grossraumflugzeuge mit grösserer Kapazität<br>– Destinationen sind nicht mehr gefragt<br>– Mitarbeiter der Deutschen Bank fliegen nicht mehr mit Lufthansa | |
| Finanzielle Risiken | – Debitorenverluste<br><br>– Anstieg des allgemeinen Zinsniveaus | – Passagiere bezahlen ihr Ticket nicht<br>– Erhöhung der Leasing-gebühren für die Flugzeuge | |

| Politische Risiken | – Instabile politische Lage | – Länder können wegen Krieg oder Pandemien[1] nicht angeflogen werden. | [1] Pandemie: Eine sich über ganze Länder und Erdteile ausbreitende Epidemie |
| | – Ängste in der Bevölkerung reduzieren den Konsum. | – Terroranschläge<br>– Flugzeugentführungen | |
| Rechtliche Risiken | – Neue nationale und internationale Gesetze treten in Kraft. | – restriktive[2] Nachtflugregelungen und Lärmgrenzwerte<br>– Umweltabgaben ($CO_2$-Abgaben auf Kerosin)<br>– strengeres Haftpflichtgesetz[3] | [2] restriktiv: einschränkend<br><br>[3] Haftpflicht: Die gesetzliche Pflicht, einen Schaden wiedergutzumachen, den man selbst od. den jemand, für den man verantwortlich ist, einem anderen zugefügt hat. |
| Technische Risiken | – technisches Versagen führt zu einem Schaden | – Flugbuchungssysteme versagen<br>– Flugzeugabsturz | → Aufgaben 1, 2 und 3 |
| Operationelle Risiken | – Risiken in der Ausübung der Geschäftstätigkeit | – Betrugsfall in der Buchhaltung<br>– Flugzeugabsturz wegen angetrunkenem Piloten | |

## Risikomanagementsystem

Ein langfristiges Überleben des Unternehmens ist nur sichergestellt, wenn das Unternehmen ein umfassendes Risikomanagement betreibt.

**Risikomanagement meint die systematische Handhabung der Risiken, die für ein Unternehmen bestehen. Ziel ist die Vermeidung oder zumindest Minderung von Schäden bzw. Verlusten. Risikomanagement handelt demgemäss stets proaktiv[4] und umfassend. Im Einzelnen initiiert und koordiniert es alle Tätigkeiten, die der Erkennung, Einschätzung, Bewertung, Bewältigung und Überwachung der bedeutenden Risiken dienen.**

[4] proaktiv: initiatives Handeln, Gegenteil von reaktivem Handeln

→ Aufgabe 4

Unternehmerische Aktivitäten sind stets mit Risiken behaftet: Ziel eines ganzheitlichen Risikomanagements besteht somit nicht darin, Risiken vollständig zu beseitigen. Eine Vorgehensweise, welche jegliches Risiko ausschliesst, würde letztlich zur unternehmerischen Untätigkeit führen. Demgegenüber hat eine konsequente Auseinandersetzung mit Risiken die Aufgabe, das Erreichen folgender Zielsetzungen sicherzustellen:
– Sicherung der Unternehmensexistenz
– Sicherung des zukünftigen Erfolges
– Vermeidung bzw. Senkung der Risikokosten[5]
– Marktwertsteigerung des Unternehmens

[5] Risikokosten: Aufwendungen für Versicherungsprämien, Kosten für Schadensverhütung usw.

**473**

Zur Erreichung der genannten Ziele empfiehlt sich ein Risikomanagement-Prozess bestehend aus fünf Hauptschritten:

Tab. 181

| Schritt | Leitfragen |
|---|---|
| 1. Risiken identifizieren | – Welche Risiken bedrohen das Unternehmen (vgl. Risikokategorien in der vorherigen Tabelle)? |
| 2. Risiken bezüglich Eintrittswahrscheinlichkeit und Grösse des Schadens einschätzen und bewerten | – Wie gross ist das Risiko?<br>– Kann das Unternehmen mit dem Risiko leben? |
| 3. Den Gesamtumfang der Risiken einschätzen (Risiken aggregieren) | – Hängen die Risiken voneinander ab, und wenn ja, wie und in welchem Masse?<br>– Welche Risiken können kombiniert auftreten? |
| 4. Risiken bewältigen, vermeiden, vermindern oder beseitigen | – Was kann das Unternehmen tun, um ein Risiko tragbar zu machen? |
| 5. Risiken überwachen | – Hat sich die Risikosituation verändert?<br>– Ist die Risikoeinschätzung noch aktuell?<br>– Sind die Risikobewältigungsstrategien noch passend? |

Die folgende Grafik zeigt auf, wie ein Unternehmen seine Risiken einschätzen kann und welche Handlungsalternativen daraus abgeleitet werden können (vgl. Schritte 2 und 4 aus der Tabelle):

Abb. 247

**Risikoeinschätzung**

| Wahrscheinlichkeit des Ereignisses | hoch | Risiko bewältigen | Risikobewältigung unabdingbar/zentral |
|---|---|---|---|
| | gering | Risiko verkraftbar | Risiko bewältigen |
| | | gering | gross |
| | | **Grösse des Schadens** | |

Da der vorausschauende Umgang mit Risiken für den Weiterbestand eines Unternehmens essenziell ist, gehört das Management von Risiken zu den wichtigsten Führungsaufgaben der Unternehmensleitung. Damit wird klar, dass das Risikomanagement direkt von der obersten Unternehmensebene wahrgenommen wird.

## 22.2 Umgang mit Risiken

**Risikostrategien**

Anhand der bereits genannten Handlungsalternativen in Bezug auf den Umgang mit Risiken (bewältigen, vermeiden, vermindern, beseitigen) lassen sich vier verschiedene **Risikostrategien** identifizieren:

Abb. 248

**Risikostrategien**

Im Rahmen des Risikomanagements kann die Unternehmensführung …

… *auf riskante Geschäfte verzichten und damit auch das Risiko vermeiden:* Unter bestimmten Umständen kann selbst das Nichtstun eine gangbare Risikostrategie sein. Dies ist der Fall, wenn Risiken die Existenz eines Unternehmens bedrohen oder wenn der erwartete Ertrag aus der Eingehung des Geschäfts zu klein wäre, um das dabei entstehende Risiko zu rechtfertigen.

**Beispiel** Lufthansa – Risiko nicht eingehen

Das Management der Lufthansa könnte beschliessen, eine bestimmte Destination aufgrund einer politisch instabilen Situation (Gefahr von gewalttätigen Auseinandersetzungen, terroristische Anschläge, Bürgerkrieg) nicht mehr anzufliegen, um das Risiko einer Einschränkung des Flugbetriebs (gestrandete Maschinen, Beschlagnahmung/Zerstörung/Abschuss von Flugzeugen) zu umgehen. Diese Massnahme drängt sich umso mehr auf, falls das Passagieraufkommen bzw. die Auslastung der Flugzeuge für die betreffende Destination und damit der Ertrag aus dem Flugbetrieb ohnehin gering ausfällt.

*... gewisse Risiken bewusst und gezielt übernehmen:* Bei der Entscheidung, ein bestimmtes Risiko einzugehen, müssen Unternehmen Risiko und Ertrag miteinander ins Verhältnis setzen. Jede Geschäftsaktivität sollte dahingehend untersucht werden, ob ihr erwarteter Gesamtertrag höher ausfällt als die Selbstkosten[→], in welche die Risiken miteinbezogen werden müssen. Hierfür müssen die Risiken quantifiziert werden. Dies bedeutet nichts anderes als die Folgen ihres Eintretens in einem Zahlenwert auszudrücken – mitunter eine schwere Aufgabe, da die meisten Risiken nur schwer einzuschätzen sind.

→ S. 373 Vollkostenrechnung

**Beispiel**  Lufthansa – Bewusste Übernahme von Risiken

Ein international operierendes Unternehmen wie die Lufthansa hat selbstredend mit einer Vielzahl von Dienstleistern und Lieferanten Geschäftsbeziehungen. Im Falle von Forderungen ist immer wieder mit Ausfällen zu rechnen – vielfach sind aus der Erfahrung und Beobachtung entsprechend säumige Debitoren bereits bekannt. Ein Weg besteht nun darin, eine Versicherung gegen Forderungsausfälle abzuschliessen. Wenn allerdings aufgrund sorgfältiger Risikoabschätzung erwartbar ist, dass mögliche Ausfälle die Versicherungssumme nicht übersteigen werden, ist es angezeigt, das Risiko bewusst einzugehen und keine weiteren Vorkehrungen zu treffen.

Obwohl im internationalen Flugverkehr nur wenige Unfälle geschehen und die Lufthansa über modernste Flugzeuge verfügt, ist Fliegen stets mit einem gewissen Risiko behaftet. Im schlimmsten Fall kann ein menschliches oder technisches Versagen zum Absturz führen und zahlreiche Menschenleben fordern. Solange aus der Flugtätigkeit jedoch ein Ertrag bzw. Gewinn resultiert, wird die Lufthansa (und jede andere Fluggesellschaft) dieses Risiko eingehen – im Bewusstsein, dass zwar ein Risiko besteht, welches aber ohne Einstellung der Geschäftstätigkeit nie ganz ausgeschlossen werden kann.

Abb. 249

*... Risiken minimieren:* Will ein Unternehmen ein Geschäft trotz eines bestehenden Risikos eingehen und damit die Aussicht auf einen möglichen Gewinn bewahren, sollten Risiken minimiert werden. Zur Senkung bzw. Minimierung des Risikos eignen sich verschiedene Ansatzpunkte: Einige setzen bei der Risikoursache an und versuchen, die Eintrittswahrscheinlichkeit eines Risikos über die Optimierung von Abläufen und Prozessen zu minimieren. Andere wiederum haben zum Ziel, beim Eintritt eines Schadensfalles dessen Ausbreitung (Dominoeffekt[1]) durch Frühwarnsysteme zu verhindern. Sinnvoll kann es auch sein, Schadensereignisse im Vornherein zu simulieren, um im Ernstfall besser gerüstet zu sein und angemessen reagieren zu können.

[1] Dominoeffekt: Kleine Ursache, welche bezüglich ihrer Auswirkung immer grössere Kreise zieht.

**Beispiel** Lufthansa – Minimierung von Risiken

Alle Piloten der Lufthansa absolvieren regelmässig Trainings in Flugsimulatoren, welche Flugsituationen möglichst realitätsnah darzustellen versuchen. Dabei werden auch immer wieder technische Störfälle – und damit Risikosituationen – simuliert, um das Verhalten der Piloten beim Auftreten solcher Fälle zu optimieren und das Risiko eines Absturzes zu minimieren. Mögliche Störfälle (technische Risiken) sind beispielsweise Triebwerksausfälle, plötzlicher Druckverlust in der Kabine oder Ausfälle der Bordelektronik.

*... das Risiko auf Dritte überwälzen:* Werden Risiken eingegangen und sollen/können sie nicht gänzlich selbst getragen werden, besteht die Möglichkeit der Überwälzung auf Dritte. Im Fokus dieser Risikostrategie steht dabei die Übertragung des Risikos an Versicherungsgesellschaften. Eine besondere Bedeutung kommt dabei der Versicherungswirtschaft zu. Für Unternehmen (und Privatpersonen) besteht eine Vielzahl von Versicherungen. Insbesondere Risiken mit einem grossen Schadensausmass sind zu versichern. Bei besonderen Risiken verlangt sogar der Staat eine obligatorische Versicherung (z. B. Elementarschäden bei Gebäuden, Krankenkasse[1]). Allerdings sind die Versicherungsgesellschaften nicht bereit, jedes beliebige Risiko zu tragen. Versicherungsgesellschaften müssen ihrerseits für einen Risikoausgleich besorgt sein. Sie können sich bei Rückversicherungsgesellschaften (z. B. Swiss Re, Münchener Rück) rückversichern.

[1] Krankenkasse: Die obligatorische Krankenpflegeversicherung gewährt Leistungen bei Krankheit, Unfall und Mutterschaft. Bei Unfällen springt die Krankenversicherung nur dann ein, wenn die versicherte Person über keine andere (obligatorische oder private) Versicherungsdeckung verfügt.

**Beispiel** Lufthansa – Risikoüberwälzung

→ Aufgabe 5

Die Auswirkungen von Terroranschlägen sind so gravierend, dass auch Versicherungsgesellschaften sehr zurückhaltend sind, solche Risiken zu übernehmen. Spezialversicherer bieten für diese Gefahren nur noch eingeschränkte Kaskoversicherungen (= Fahrzeugversicherung) an, welche die Schäden an Flugzeugen abdecken.

Abb. 250

**477**

## Compliance-Systeme und Politik-Monitoring

Zur Minimierung von rechtlichen Risiken eigenen sich **Compliance-Systeme:** Solche sollen die Übereinstimmung des Verhaltens und der Handlungen eines Unternehmens mit den geltenden Rechtsvorschriften, den unternehmensinternen Grundsätzen und der Ethik→ bzw. die Verhinderung von Gesetzesverletzungen und Regelverstössen sicherstellen. Ihre Realisierung bedarf personeller Ressourcen. In grösseren Unternehmen wird eine spezielle Einheit mit dieser kontinuierlichen Überprüfung betraut. Aus Gründen der Objektivität und Unabhängigkeit kann auch ein externer Dienstleister mit dieser Aufgabe betraut werden.

→ S. 80 Unternehmensethik

Als **Politik-Monitoring** wird die systematische Beobachtung politischer Aktivitäten bezeichnet. Grosse Unternehmen überwachen die rechtliche Entwicklung in sie betreffenden Gebieten. Sie beschränken sich dabei allerdings zunehmend nicht auf die Recherche, sondern versuchen, vor dem Erlass neuer Gesetze durch das Parlament mittels **Lobbying** bei Parlamentariern Einfluss auf die Gesetzgebungsentwicklung zu nehmen. Parlamentarier erhalten dadurch einerseits wichtige Informationen, sollten aber andererseits die Interessen der Gesamtbevölkerung berücksichtigen und nicht Einzelinteressen bevorzugen.

## Kreditvergabe

Die gesamte Risikolage eines Unternehmens hat erhebliche Auswirkungen auf dessen Finanzierung. Die Kredit gebenden Banken schätzen die Risikosituation eines Unternehmens jeweils sehr genau ein.→ Je grösser die gesamten Risiken eines Unternehmens sind, desto schlechter ist der Unternehmenswert und die Bewertung (Rating).→ Bei einem schlechten Rating gewähren die Banken nur noch zu teuren Zinskonditionen oder unter Umständen gar keine Kredite mehr. Deshalb ist es wichtig, dass Unternehmen genügend Eigenkapital ausweisen können, um allfällige Risiken tragen zu können. Zur Verbesserung der Stabilität des Finanzsystems hat der Staat den Banken Eigenkapitalvorschriften gemacht. Dadurch sollten die Banken und das ganze Finanzsystem beim Eintreten einer Krise besser gerüstet sein.

→ S. 111 Risikoanalyse

→ S. 437 Unternehmensbewertung

## Risikoreporting

Die internationalen Rechnungslegungsstandards→ verlangen, dass die aussenstehenden Adressaten des Unternehmens (z. B. Aktionäre, Konsumenten) über dessen Risikolage informiert werden. Das **Risikoreporting** ist Teil der Unternehmensberichterstattung→.

→ S. 430 Rechnungslegungsstandards

→ S. 445 Geschäftsbericht

**Beispiel** Lufthansa – Risikoreporting

→ Aufgabe 6

Im Geschäftsbericht publiziert die Lufthansa jeweils in einem separaten Teil die Risikolage und den Umgang mit den Risiken (Risikobericht).

# Aufgaben – D22 Risikomanagement

**1**

Erstellen Sie ein Risikoprofil für einen Landgasthof. Orientieren Sie sich dabei an den im Kapitel genannten und weiteren Risikokategorien.

**2**

Suchen Sie die Risiken einer Bank. Legen Sie Ihren Betrachtungen ein auf kantonaler Ebene operierendes Institut zugrunde, das mehrheitlich Kredite für KMU vergibt und nicht im Investment-Banking engagiert ist.

**3**

Erstellen Sie für sich persönlich eine Risikoanalyse, die Erwerbsleben und Rentenalter einbezieht. Beschreiben Sie die Risiken und ordnen Sie diese nach der Wahrscheinlichkeit des Ereignisses und der Grösse des Schadens. Wie beurteilen Sie Ihren persönlichen Versicherungsschutz?

**4**

a  Welche Zielsetzungen werden im Risikomanagement durch die konsequente Auseinandersetzung mit Risiken verfolgt?

b  Wie würden Sie in Anbetracht dieser Zielsetzungen die Wichtigkeit eines konsequenten Risikomanagements beurteilen? Legen Sie Ihrer Antwort auch die folgende Risikomanagement-Richtlinie der Lufthansa zugrunde:

„Risiken und Chancen sind allgegenwärtige Bestandteile der Unternehmenstätigkeit und werden bewusst und proaktiv gesteuert. … Das Management von Risiken und Chancen ist in die bestehenden Geschäftsprozesse integriert."[*]

* https://www.lufthansa-group.com/de/verantwortung/wirtschaftliche-nachhaltigkeit/risikomanagement.html, gefunden am 30.03.2016

**5**

Sie treffen beim Einkaufen zufällig einen alten Freund aus der Primarschulzeit und erzählen ihm davon, wie Sie in Ihrer Freizeit verschiedenen Extremsportarten (Klettern, Canyoning, Base Jumping) nachgehen. Daraufhin nennt er Sie einen „Spinner". Wer sich heutzutage noch auf die Strasse traue, sei sowieso schon lebensmüde – wer da noch Sport treibt, sei so gut wie tot. Er verstehe nicht, warum die Leute nicht einfach zuhause blieben.

a  Welche Risikostrategie verfolgt Ihr Freund ganz offensichtlich?

b  Bevor Sie irgendeine sportliche Aktivität aufnehmen, informieren Sie sich immer gewissenhaft über die Wetterentwicklungen und bereiten sich seriös vor. Beim Klettern sind Sie ausserdem immer angeseilt. Beschreiben Sie Ihre Risikostrategie.

**6**

Nehmen Sie zu folgender Aussage Stellung: „Rettungsboote werden nicht in Sturmzeiten, sondern bei schönem Wetter gebaut."

www.iwp.unisg.ch/bwl

## Leitfragen

a) Welche Unternehmensformen können unterschieden werden?

b) Welche Gesellschaftsformen existieren im Schweizer Recht?

c) Wie unterscheiden sich die Gesellschaftsformen bezüglich ihrer Eignung, ihres Zwecks und ihren Zielsetzungen?

d) Wie unterscheiden sich die gesetzlichen Gründungsvorschriften bezüglich der verschiedenen Gesellschaftsformen?

e) Welches sind die Rechte und Pflichten der Gesellschafter bei den einzelnen Gesellschaftsformen?

f) Was ist das Handelsregister und welche Eintragungspflichten ergeben sich aus der Wahl einer spezifischen Gesellschaftsform?

g) Welche Bestimmung stellt das Gesetz im Bezug auf die Namensgebung (Firma) eines Unternehmens auf?

## Schlüsselbegriffe

Einzelunternehmen, Formzwang, Formfixierung, einfache Gesellschaft, Kollektivgesellschaft, kaufmännisches Unternehmen, Kommanditgesellschaft, Gesellschaft mit beschränkter Haftung, Stammkapital, Stammanteile, Dividende, Aktiengesellschaft, Aktienkapital, Namensaktien, Inhaberaktien, Vorzugsaktien, Kommanditaktiengesellschaft, Genossenschaft, Verein

## Verankerung im Modell

In den bisherigen Kapiteln wurde ein Unternehmen meist aus einer betriebswirtschaftlichen Perspektive betrachtet. Aus juristischer Sicht hingegen steht nicht das Unternehmen an sich, sondern dessen rechtliche Ausgestaltung und damit die Rechtsform im Mittelpunkt des Interesses. Der Begriff „Gesellschaft" verweist auf die Form der Zusammenarbeit sowie die Eigentumsverhältnisse in einem Unternehmen. Da die Formen dieser gesellschaftlichen Verbindungen rechtlich vorgegeben sind, wird im Zusammenhang mit Gesellschaftsformen auch von den „Rechtsformen oder dem Rechtskleid von Unternehmen" gesprochen. Diese beschreiben einerseits die rechtlichen Strukturen eines Unternehmens (Strukturen als Ordnungsmoment), bestimmen andererseits aber auch die Zusammensetzung der Kapitalgeber bzw. der Eigentümer (Anspruchsgruppe) desselben. Die Bestimmung einer passenden Rechtsform ist eine strategische Entscheidung, die auf der obersten Führungsebene (Managementprozess) getroffen wird. Der Vollzug der gewählten Rechtsform im Unternehmensalltag gehört aber zu den Unterstützungsprozessen.

**Beispiel** Unternehmensgründung – Einzelunternehmen

Abb. 251

Roman Venturo ist 26 Jahre alt und hat soeben sein Studium mit einem Master of Arts in Business Administration (Betriebswirtschaftslehre) abgeschlossen. Voller Tatendrang und mit vielen innovativen Ideen im Kopf spielt er ernsthaft

mit dem Gedanken, ein eigenes Unternehmen zu gründen. Da Roman Venturo bereits während seiner Studienzeit immer wieder Nachhilfestunden erteilt hat und gerne mit jungen Menschen zusammenarbeitet, überlegt er sich, die Lernunterstützung von Schülerinnen und Schülern zu seinem Beruf zu machen. Dabei schwebt ihm ein vielgestaltiges Modell in Form eines Lernkompetenz-Zentrums für Schülerinnen und Schüler vor: Die Unterstützung soll im Sinne eines umfassenden Konzepts nicht nur die inhaltliche Unterstützung in verschiedenen Fachgebieten betreffen, sondern auch weitere Dienstleistungen wie Lern- und Laufbahnberatungen enthalten. Dies umfasst im Sinne eines eigentlichen „Coachings"[1] beispielsweise auch die Vermittlung von Lern- und Arbeitsmethoden sowie die spezifische Unterstützung der Schülerinnen und Schüler im Bewerbungsprozess (gemeinsames Verfassen des Lebenslaufs, Zusammenstellen der Bewerbungsunterlagen usw.). Nachdem Roman Venturo seine Geschäftsidee genügend weit konkretisiert hat, macht er sich die ersten Gedanken zur Form seines Unternehmens: Im Zentrum steht dabei in erster Linie die Frage, ob er als Einzelunternehmer tätig werden oder die Leistung zusammen mit anderen Personen in einem Gesellschaftsunternehmen erbringen will. Roman orientiert sich bei seiner Entscheidung an folgender Abbildung:

[1] Coaching: Als Coaching wird die zielorientierte Begleitung von Menschen, vor allem im beruflichen Umfeld, bezeichnet.

Abb. 252

```
                        ┌─────────────────────────┐
                        │   Unternehmensformen    │
                        └─────────────────────────┘
                  ┌──────────────┴──────────────┐
    ┌──────────────────────┐          ┌──────────────────────┐
    │  Einzelunternehmen   │          │ Gesellschaftsunternehmen │
    └──────────────────────┘          └──────────────────────┘
```

**Einzelunternehmen**
- einzelne Person als Inhaber, Kapitalgeber und Träger des Geschäftsrisikos
- Unternehmensführung und Entscheidungsbefugnisse obliegen in der Regel dem Einzelunternehmer (Selbstorganschaft)

**Gesellschaftsunternehmen**
- mehrere Personen (Gesellschafter) als Inhaber, Kapitalgeber und Träger des Geschäftsrisikos
- Unternehmensführung bzw. Entscheidungsbefugnisse obliegen häufig einer Drittperson (Drittorganschaft)

Das Einzelunternehmen unterscheidet sich vom Gesellschaftsunternehmen also insbesondere in Bezug auf die Eigentumsrechte.

→ Aufgabe 1

## 23.1   Einzelunternehmen

### Inhaber/Kapitalgeber

Der Inhaber eines Einzelunternehmens ist eine einzelne natürliche Person[2], welche in eigenem Namen und in eigener Verantwortung ein kaufmännisches Unternehmen betreibt. Als Einzelunternehmer kann jedermann auftreten: vorausgesetzt wird lediglich die Handlungsfähigkeit nach Art. 12 des Schweizerischen Zivilgesetzbuches (ZGB)[3].

[2] Natürliche Person: „Mensch aus Fleisch und Blut". Abzugrenzen von der juristischen Person, mit welcher eine körperschaftlich strukturierte Kapitalgesellschaft gemeint ist.

[3] Schweizerisches Zivilgesetzbuch (im Folgenden ZGB): Gesetzesbuch, welches Regelungen zum Personen-, Familien-, Erb- und Sachenrecht enthält.

## Gründungsvorgang

Die Gründung eines Einzelunternehmens ist aus rechtlicher Sicht vergleichsweise einfach: Aus Art. 36 HRegV[1] ergibt sich, dass der Inhaber sein Unternehmen bis zu einem Jahresumsatz[2] von 100 000 Franken nicht im Handelsregister eintragen lassen muss – er hat aber auf jeden Fall das Recht dazu, dies am Ort der Hauptniederlassung zu tun. Ausserdem muss derjenige, der zum Handelsregistereintrag verpflichtet ist, nach Art. 957 des Schweizerischen Obligationenrechts (OR)[3] die kaufmännische Buchführung[4] beachten.

## Firma (Namensgebung)

Der Begriff „Firma" wird im rechtlichen Sinne nicht synonym zum Ausdruck „Unternehmen" verwendet: Unter einer „Firma" wird vielmehr der Name verstanden, mit welchem das Unternehmen im Geschäftsleben auftritt (Briefkopf, Reklamen usw.). Laut Art. 945 OR besteht die Firma eines Einzelunternehmens aus dem unverfälschten Familiennamen des Geschäftsinhabers sowie allenfalls gewissen Zusätzen, die auf Unternehmenstätigkeiten verweisen. Auf keinen Fall aber darf der Firma ein Zusatz beigefügt werden, welcher ein Gesellschaftsverhältnis andeutet.[5]

**Beispiel** Firma – Einzelunternehmen

- Erlaubt: Roman Venturo Nachhilfe
- Erlaubt: Competence Center R. Venturo, St. Gallen
- Nicht erlaubt: ComVenture Nachhilfe, St. Gallen (verfälschter Nachname)
- Nicht erlaubt: Competence Center R. Venturo & Co. (& Co. als Andeutung eines Gesellschaftsverhältnisses)

## Rechte des Einzelunternehmers

Dem Einzelunternehmer als alleinigem Inhaber des Unternehmens steht auch der gesamte Gewinn zu. Im Gegenzug hat er aber auch einen allfälligen Verlust alleine zu tragen. Im Übrigen bestimmt der Einzelunternehmer in der Regel die Ausrichtung sowie die Strategie seines Unternehmens, es sei denn, er überträgt diese Aufgabe mittels einer Handlungsvollmacht[6] einer Drittperson. Hierin liegt auch der grosse Vorteil des Einzelunternehmens: Dessen Inhaber kann Entscheide sofort und ohne Rücksichtnahme auf andere Miteigentümer treffen, was die Flexibilität und Schlagkraft dieser Unternehmensform wesentlich erhöht.

## Pflichten des Einzelunternehmers

Benötigt das Unternehmen keinen Eintrag ins Handelsregister und somit keine kaufmännische Buchführung, erwachsen dem Einzelunternehmer keine weiteren Pflichten.

[1] HRegV: Handelsregisterverordnung

[2] Jahresumsatz: Jahreserlös

[3] Schweizerisches Obligationenrecht (im Folgenden OR): Gesetzeskodifikation (Gesetzesbuch), welche Regelungen zum Vertrags- sowie zum Gesellschafts- und Wertpapierrecht enthält.

[4] Kaufmännische Buchführung: Ordnungsgemässe Führung der Bücher, insb. der Bilanz und der Erfolgsrechnung.

[5] Art. 945 OR

[6] Handlungsvollmacht: Ermächtigung zur Vertretung von Unternehmen, namentlich zum Abschluss von Verträgen. Kann auf einzelne Rechtsgeschäfte beschränkt werden.

## Risiko und Haftung

Der Einzelunternehmer trägt das Unternehmensrisiko alleine und haftet somit unbeschränkt und mit seinem gesamtem Vermögen für die Verbindlichkeiten[1] des Einzelunternehmens.

[1] Verbindlichkeit: Schuld

## Auflösung

Das Einzelunternehmen ist derart eng mit seinem Inhaber verknüpft, dass es in der Regel mit dessen Tod oder Handlungsunfähigkeit aufgelöst wird. Als alleiniger Eigentümer kann der Inhaber das Unternehmen jederzeit auflösen.

## Vor- und Nachteile/Eignung

Das Einzelunternehmen zeichnet sich durch die schnellen Entscheidungswege sowie eine hohe Beweglichkeit und Anpassungsfähigkeit aus. Nachteile ergeben sich jedoch vor allem daraus, dass die Kontinuität eines Einzelunternehmens durch die Verknüpfung mit einer einzelnen Person nicht immer gewährleistet ist und sich auch die Nachfolgeregelung schwierig gestaltet. Ausserdem haben Einzelunternehmen grössere Schwierigkeiten bei der Kreditbeschaffung, da den Gläubigern lediglich das Vermögen des Geschäftsinhabers als Haftungssubstrat[2] zur Verfügung steht.

→ S.391 Kreditfinanzierung

[2] Haftungssubstrat: Bezeichnet die Vermögenswerte, mit welchen für Geschäftsschulden gehaftet wird.

**Beispiel** Unternehmensgründung – Voraussetzungen für eine Gesellschaft

Roman Venturo rechnet für die Gründung seines kleinen Lernkompetenz-Zentrums mit Anfangsinvestitionen in der Höhe von ca. 12 000 Franken, was die sechs ersten Monatsmieten eines kleinen Büroraumes sowie den Kauf von Büroeinrichtungsgegenständen beinhaltet. Nach 6 Monaten will er kostendeckend arbeiten und die getätigten Investitionen durch Mehreinnahmen decken. Nach einer sorgfältigen Analyse der rechtlichen Situation kommt Roman Venturo zum Schluss, seine Tätigkeit in Zusammenarbeit mit anderen Personen aufnehmen zu wollen. Hauptgrund dafür ist das unternehmerische Risiko, seine Anfangsinvestitionen durch die erzielten Erträge nicht decken zu können. Zudem weiss er, dass sich die Kapitalbeschaffung in einer Gesellschaft einfacher gestaltet als bei einem Einzelunternehmen. Nicht zuletzt möchte der Jungunternehmer aber auch seine eigene Arbeitsbelastung reduzieren und den Gründungsprozess beschleunigen. Daher fragt er seine zwei Freunde Daniel Streng und Jessica Lerner an, ob sie mit ihm zusammen eine Gesellschaft gründen wollen. Diese sind anfänglich ein wenig skeptisch, lassen sich durch Romans gut durchdachtes Konzept jedoch schnell überzeugen. Die drei Freunde machen sich sogleich an die Arbeit, erstellen ein detailliertes Konzept und mieten zusammen eine kleine Büroräumlichkeit in St. Gallen. Sie staunen in der Folge nicht schlecht, als ihnen ein rechtskundiger Freund eröffnet, dass sie damit im rechtlichen Sinne bereits eine Gesellschaft bilden.

Tab. 182

| Einzelunternehmen | | | |
|---|---|---|---|
| Inhaber | Kapital | Gründung | Handelsregister |
| handlungsfähige, natürliche Einzelperson | Kapitaleinlagen des Einzelunternehmers | keine formalen Gründungsvorschriften, falls Jahresumsatz < CHF 100 000 | ab CHF 100 000 Jahresumsatz |
| Rechte | Pflichten | Risiko | Firma |
| Gewinn und Verlust an Inhaber | Jahresumsatz > CHF 100 000: Handelsregistereintrag und kaufmännische Buchführung | Inhaber haftet für Verluste persönlich und unbegrenzt | Familienname des Einzelunternehmers |

## 23.2  Überblick Gesellschaftsformen

Eine Gesellschaft ist eine „vertragsmässige Verbindung von zwei oder mehreren Personen zur Erreichung eines gemeinsamen Zweckes mit gemeinsamen Kräften und Mitteln".[1] Für das Vorliegen einer Gesellschaft sind entsprechend die folgenden Merkmale bezeichnend:

**Eine Gesellschaft ist eine Personenvereinigung, welche auf einer vertraglichen Basis beruht und durch einen gemeinsamen Zweck charakterisiert wird, welcher mit gemeinsamen Kräften und Mitteln erreicht werden soll.**

Sind alle diese Merkmale vorhanden, liegt ein Gesellschaftsverhältnis vor.

[1] Art. 530 OR

→ Aufgabe 2

**Beispiel** Unternehmensgründung – Gesellschaftsverhältnis

*Personenvereinigung:* Mit Roman, Daniel und Jessica haben sich drei Personen zu einer Vereinigung zusammengeschlossen.

*Zweck:* Roman, Daniel und Jessica haben sich zusammengetan, um mit gemeinsamen Kräften und Mitteln ein Lernkompetenz-Zentrum zu eröffnen und zu führen. Dieser „animus societatis"[2], d.h. der Wille zur Gemeinschaftsbildung ist unabdingbar für die Entstehung einer Gesellschaft.

[2] animus societatis: lat. Bezeichnung für den Willen, eine Gemeinschaft zu bilden, in deren Rahmen ein bestimmtes Ziel verfolgt wird.

*Vertragliche Basis:* Das Gesellschaftsverhältnis entstand durch eine mündliche Abrede (einen mündlichen Vertrag) zwischen den drei Freunden.

Damit kann zwischen Roman, Daniel und Jessica in der Tat bereits ein Gesellschaftsverhältnis ausgemacht werden: Über die Gesellschaftsform wurde jedoch noch keine Aussage getroffen. Jessica recherchiert daher im Internet nach den im Schweizer Recht zugelassenen Gesellschaftsformen und findet dabei die folgende Übersicht:

Abb. 253

```
                        Gesellschaftsformen

          Rechtsgemeinschaften              Körperschaften

  Einfache    Kollektiv-   Kommandit-   GmbH    AG    Kom-      Genossen-   Verein
  Gesell-     gesell-      gesell-                     mandit-   schaft
  schaft      schaft       schaft                      AG

   OR          OR           OR          OR      OR     OR        OR         ZGB
   530 ff.     552 ff.      594 ff.     772 ff. 620 ff. 764 ff.  828 ff.    60 ff.
```

### Formzwang und Formfixierung

Das Schweizerische Gesellschaftsrecht zeichnet sich durch einen strikten **Formzwang**[1] aus: Die Gesellschafter müssen sich einer der in der obigen Abbildung ersichtlichen acht Gesellschaftsformen bedienen, welche ihnen das Gesetz vorschreibt.

Auch bei der inhaltlichen Ausgestaltung einer Gesellschaft sind deren Inhaber nicht völlig frei: Die Art. 530–926 OR sowie 60–79 ZGB enthalten grundsätzlich zwingende Anforderungen an die jeweilige Gesellschaftsform, welche nur bei abweichender Regelung dispositiv[2] ist. Trotz dieser **Formfixierung**[3] haben die Gesellschafter noch einen erheblichen Spielraum bei der Anpassung der Gesellschaft an die unternehmerischen Erfordernisse.

**Im Gesellschaftsrecht gelten Formzwang und Formfixierung. Im Interesse des Rechts- und Wirtschaftsverkehrs dürfen nur die acht vom Gesetz explizit vorgesehenen Gesellschaftsformen verwendet werden. Diese sind zum Schutz von Gesellschaftern, Gesellschaftsgläubigern und -schuldnern zudem streng geregelt.**

[1] Formzwang: Einschränkung der zur Verfügung stehenden Gesellschaftsformen.

[2] Dispositive Regelung: Es kann von diesen Regeln abgewichen werden. Sie stehen zur Disposition des Regelanwenders und gelten immer dann, wenn keine abweichenden Abmachungen getroffen wurden.

[3] Formfixierung: Zwingende Regelungen zur rechtlichen Ausgestaltung der Gesellschaftsformen.

Abb. 254  → Aufgabe 4

★ Schweizerisches Bundesamt für Statistik (BfS). Daten vom 29. März 2010

Bemerkungen zur Abbildung: Einfache Gesellschaft: Aufgrund fehlenden Handelsregistereintrags keine statistische Erfassung möglich Kommandit-AG: Sehr selten (vernachlässigbar) Verein: Statistische Erfassung nur bei Handelsregistereintrag

### Anzahl Unternehmen pro Gesellschaftsform*

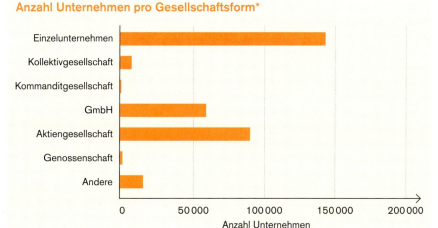

## Rechtsgemeinschaften und Körperschaften

Die im Schweizer Recht auftretenden Gesellschaftsformen lassen sich entweder
den Rechtsgemeinschaften oder den Körperschaften zuordnen:

Tab. 183

| Merkmale | Rechtsgemeinschaften | Körperschaften |
|---|---|---|
| Alternative Bezeichnung | Personengesellschaft | Kapitalgesellschaft |
| Beschreibung | Rechtsgemeinschaft als Zusammenschluss natürlicher Personen (Sonderfall: auch eine juristische Person kann zusammen mit einer natürlichen Person eine Personengesellschaft bilden) | Körperschaft als rechtlich eigenständige Person (juristische Person) |
| Verhältnis Gesellschaft und Mitglied | Enge Verbindung: Ein- und Austritt sowie Übertragung der Mitgliedschaft nur schwer möglich. (Personenbezogenheit) | Lose Verbindung: Körperschaft existiert unabhängig von der Zusammensetzung der Mitglieder. (Kapitalbezogenheit) |
| Gesellschaftsvermögen/ -schulden | – Gesellschafter als Träger der Vermögensrechte (gemeinschaftliches Eigentum am Vermögen)<br>– Gesellschafter haften für Gesellschaftsschulden persönlich und solidarisch. | – Gesellschaft als Trägerin der Vermögensrechte (Alleineigentum der Gesellschaft)<br>– Gesellschaft haftet ausschliesslich für Gesellschaftsschulden. Keine persönliche Haftung der Gesellschafter. |
| Beschlüsse | Grundsätzlich Zustimmung aller Gesellschafter nötig (falls vorgesehen: Mehrheitsbeschlüsse) | Grundsätzlich Zustimmung der einfachen Mehrheit nötig |
| Geschäftsführung Vertretung | Prinzip der Selbstorganschaft: Die Geschäftsführung und -vertretung steht allen Gesellschaftern zu. | Prinzip der Drittorganschaft: Organe (Gesellschafter oder Dritte) üben Geschäftsführung und -vertretung aus. |
| Formen | Einfache Gesellschaft, Kollektivgesellschaft, Kommanditgesellschaft | Gesellschaft mit beschränkter Haftung (GmbH), Aktiengesellschaft (AG), Kommandit-AG, Genossenschaft, Verein |

→ Aufgabe 5

# 23.3 Einfache Gesellschaft

Abb. 255

| Gesellschaftsformen | | | | | | | |
|---|---|---|---|---|---|---|---|
| Rechtsgemeinschaften | | | Körperschaften | | | | |
| Einfache Gesellschaft | Kollektivgesellschaft | Kommanditgesellschaft | GmbH | AG | Kommandit-AG | Genossenschaft | Verein |

**Beispiel** Unternehmensgründung – Einfache Gesellschaft

Durch ihre bisherigen Recherchen zum Schweizer Gesellschaftsrecht hat Jessica bereits ein paar Anhaltspunkte zur rechtlichen Einordnung ihres Gesellschaftsverhältnisses gewinnen können: Offensichtlich bilden sie und ihre Freunde zusammen bereits eine einfache Gesellschaft, welche unter den Rechtsgemeinschaften[1] eingeordnet werden kann. In der Folge will Jessica natürlich wissen, welche rechtlichen Konsequenzen, also Rechte und Pflichten, sich daraus ergeben. Aus diesem Grunde stellt sie die wichtigsten Eigenschaften einer einfachen Gesellschaft zusammen.

[1] Rechtsgemeinschaft: Gemeinschaft ohne eigene Rechtspersönlichkeit

## Inhaber / Kapitalgeber

Die Inhaber einer einfachen Gesellschaft sind natürliche bzw. juristische Personen, welche zusammen mit gemeinsamen Mitteln einen gemeinsamen Zweck verfolgen.[2] Die Aufnahme neuer Mitglieder oder die Übertragung der Mitgliedschaftsrechte auf einen Dritten bedarf der Zustimmung aller Gesellschafter.[3] Wie dies für Rechtsgemeinschaften üblich ist, haftet das Bestehen einer einfachen Gesellschaft stark an den Gesellschaftern: Das Ausscheiden eines Gesellschafters durch Tod oder Kündigung bewirkt denn auch die Auflösung der einfachen Gesellschaft – es sei denn, es wurde im Gesellschaftsvertrag vereinbart, dass die übrig gebliebenen Gesellschafter das Geschäft unter sich weiterführen oder ein Nachfolger bestimmt wurde. Ein Gesellschafter kann nicht ausgeschlossen werden, ausser dies wäre vertraglich so festgehalten worden. Als letzte Möglichkeit bleibt nur die Auflösung der Gesellschaft, um einen Gesellschafter auszuschliessen.

[2] Art. 530 OR

[3] Art. 542 OR

## Gründungsvorgang / Entstehung

Die einfache Gesellschaft entsteht durch die übereinstimmende Willensäusserung, als Gemeinschaft von zwei oder mehreren Personen einen gemeinsamen Zweck mit gemeinsamen Kräften und Mitteln erreichen zu wollen. Dabei bedarf der Gesellschaftsvertrag keiner bestimmten Form, er kann namentlich auch mündlich geschlossen werden. Zu einem Eintrag ins Handelsregister ist die einfache Gesellschaft weder verpflichtet noch berechtigt.

## Handelsregistereintrag

Ein Handelsregistereintrag ist bei der einfachen Gesellschaft nicht möglich – daher kann sie auch nicht unter einer eigenen Firma auftreten. Immerhin können sich aber die einzelnen Gesellschafter ins Handelsregister eintragen lassen.

## Rechte der Gesellschafter

Die Gesellschafter haben einen Gewinn, welcher der Gesellschaft zugerechnet werden kann, zu teilen.[1] Falls vertraglich nichts anderes vereinbart wurde, steht dabei jedem Gesellschafter der gleiche Anteil am Gewinn zu – unabhängig von der Art sowie der Grösse seiner Beitragsleistung.[2] Die Gesellschafter einer einfachen Gesellschaft bilden ein Gesamthandverhältnis[3]: Vermögenswerte der Gesellschaft stehen nicht dem einzelnen Gesellschafter, sondern allen Gesellschaftern gesamthaft zu und können daher auch nur mit Zustimmung aller Gesellschafter veräussert werden.

Gesellschaftsbeschlüsse werden, sofern nichts anderes vereinbart wurde, mit der Zustimmung aller Gesellschafter gefasst.[4]

Ohne anderslautende vertragliche Vereinbarungen steht die Geschäftsführung allen Gesellschaftern zu: Jeder Gesellschafter kann ohne die Mitwirkung der anderen handeln, wobei diese jedoch das Recht haben, die Handlung durch ihren Widerspruch zu verhindern.[5] Handlungen, welche über den gewöhnlichen Betrieb der gemeinschaftlichen Geschäfte hinausgehen, bedürfen jedoch der Einwilligung aller Gesellschafter.[6]

Hat ein Gesellschafter im Innenverhältnis das Recht zur Geschäftsführung, so wird vermutet, dass er die Vertretung der Gesellschaft auch im Aussenverhältnis wahrnehmen kann.[7] Er kann also im Namen und auf Rechnung der Gesellschaft Verträge abschliessen und damit auch die übrigen Gesellschafter verpflichten.[8] Er hat diesfalls einen Anspruch auf die Übernahme seiner Auslagen und Verbindlichkeiten durch die übrigen Gesellschafter.[9]

## Pflichten der Gesellschafter

Jeder Gesellschafter muss seinen Beitrag zur Erreichung des Gesellschaftszwecks leisten: Sei es nun in der Form von Geld, Sachen, Forderungen oder Arbeit.[10]

Wie der Gewinn ist auch der Verlust ohne anderslautende Abmachung unter den Gesellschaftern gleichmässig zu verteilen – wiederum unabhängig von der Beitragsart und -grösse.

Die Gesellschafter unterstehen einer Treuepflicht sowie einem Konkurrenzverbot[11]: Sie dürfen ihre eigenen Interessen nicht entgegen denjenigen der Gesellschaft verfolgen.[12] Dies lässt sich durch die personenbezogene Ausgestaltung der einfachen Gesellschaft und die damit verbundene Pflicht der Gesellschafter zur Loyalität erklären. Eine solche kommt in der Pflicht zur Gewinnteilung[13] sowie in der Rechenschaftspflicht gegenüber den anderen Gesellschaftern[14] ebenfalls zum Ausdruck.

---

[1] Art. 532 OR

[2] Art. 533 OR

[3] Gesamthandverhältnis: Juristischer Begriff für ein Verhältnis zwischen Personen, welches sich durch den gemeinschaftlichen Besitz von Vermögenswerten auszeichnet.

[4] Art. 534 OR

[5] Art. 535 I/II OR

[6] Art. 535 III OR

[7] Art. 543 III OR

[8] Art. 543 II OR

[9] Art. 537 I OR

[10] Art. 531 I OR

[11] Konkurrenzverbot: Verbot, mit dem Unternehmen in irgendeiner Form in Konkurrenz zu treten.

[12] Art. 536 OR

[13] Art. 532 OR

[14] Art. 541 OR

**Risiko/Haftung**

Im Aussenverhältnis haften die Gesellschafter für die Schulden der Gesellschaft primär, unbeschränkt und solidarisch.

*Primär:* Die Gesellschafter haften in erster Linie mit ihrem Privatvermögen. Ein Gläubiger kann somit direkt auf das Privatvermögen eines Gesellschafters zugreifen.

*Unbeschränkt:* Die Gesellschafter haften mit ihrem gesamten Vermögen.

*Solidarisch:* Jeder Gesellschafter haftet für die gesamte Schuld der Gesellschaft. Ein Gläubiger kann entsprechend von jedem Gesellschafter die gesamte Schuld einfordern. Bezahlt ein einzelner Gesellschafter alle Schulden, so kann er im Innenverhältnis den auf die anderen Gesellschafter entfallenden Betrag von diesen einfordern.

Ein neu eintretender Gesellschafter haftet im Übrigen auch für Schulden, welche bereits vor seinem Beitritt entstanden sind. Vor dem Eintritt in eine Gesellschaft sollte deren Vermögenslage daher genau analysiert werden.

Jeder Gesellschafter ist verpflichtet, bezüglich der Gesellschaftsangelegenheit diejenige Sorgfalt anzuwenden, welche er in seinen eigenen Angelegenheiten anzuwenden pflegt.[1] Verletzt ein Gesellschafter diese Sorgfaltsregeln, so haftet er im Innenverhältnis den anderen für den durch sein Verschulden entstandenen Schaden.[2]

[1] Art. 538 I OR

[2] Art. 538 II OR

**Beispiel** Einfache Gesellschaft – Solidarische Haftung

Roman, Daniel und Jessica haben die für ihr Lernkompetenz-Zentrum eingesetzten Lehrmittel im Namen ihrer Gesellschaft bei der „Books GmbH" bezogen, die darauf versandte Rechnung in der Folge aber nicht beglichen. Bezahlen sie den ausstehenden Betrag weiterhin nicht, kann die „Books GmbH" die gesamte Schuld beispielsweise bei Daniel einfordern. Im Innenverhältnis könnten Roman und Jessica aber von Daniel in die Pflicht genommen werden, worauf sie ihren Anteil (d.h. je einen Drittel des geschuldeten Betrages) an Daniel überweisen müssen.

Abb. 256

**Auflösung**

Die Auflösung einer einfachen Gesellschaft erfolgt nach Massgabe der in Art. 545 OR aufgeführten Gründe, u. a. durch
- Erreichung bzw. Unmöglichkeit des Gesellschaftszwecks.
- den Tod eines Gesellschafters, falls nicht vereinbart wurde, dass die Erben dessen Mitgliedschaftsrechte übernehmen.
- gegenseitige Übereinkunft oder Ablauf der Zeit, auf deren Dauer die Gesellschaft eingegangen wurde.
- Kündigung, falls diese Möglichkeit vorgängig vereinbart wurde.
- Auflösung durch den Richter aus wichtigen Gründen.

Die einfache Gesellschaft wird im Gesellschaftsrecht häufig als „Auffangform" bezeichnet: Es handelt sich jeweils nur dann um eine einfache Gesellschaft, wenn keine der anderen sieben Gesellschaftsformen in Frage kommt.

**Beispiel** Unternehmensgründung – Einfache Gesellschaft vs. Kollektivgesellschaft

Roman, Daniel und Jessica haben sich zusammengetan, um mit gemeinsamen Kräften und Mitteln ein Lernkompetenz-Zentrum zu gründen und zu führen. Damit erfüllen Sie die Voraussetzungen einer Gesellschaft, auch ohne dies irgendwo explizit geäussert oder gar schriftlich festgehalten zu haben. In Frage kommen an dieser Stelle die einfache Gesellschaft sowie die Kollektivgesellschaft, die grosse Ähnlichkeiten mit der einfachen Gesellschaft aufweist.

Abb. 257

| Einfache Gesellschaft | | | |
|---|---|---|---|
| Inhaber | Kapital | Gründung | Handelsregister |
| natürliche bzw. juristische Personen | Kapitaleinlagen der Gesellschafter | übereinstimmende Willensäusserung (mündl. oder schriftl.) | Eintrag nur für die einzelnen Gesellschafter möglich, nicht für Gesellschaft als solche |
| Rechte | Pflichten | Risiko | Firma |
| alle gleiche Anteile am Gewinn, falls nichts anderes vereinbart | Verlust wird gleichmässig verteilt, jeder muss Beitrag zur Gesellschaft leisten | Gesellschafter haften für Schulden primär, unbeschränkt und solidarisch | keine eigene Firma, da Handelsregistereintrag nicht möglich ist |

→ Aufgabe 6

## 23.4 Kollektivgesellschaft

Abb. 258

 DL3G

| Gesellschaftsformen | | | | | | | |
|---|---|---|---|---|---|---|---|
| Rechtsgemeinschaften | | | Körperschaften | | | | |
| Einfache Gesellschaft | Kollektivgesellschaft | Kommanditgesellschaft | GmbH | AG | Kommandit-AG | Genossenschaft | Verein |

## Inhaber/Kapitalgeber

Die Kollektivgesellschaft ist eine Gesellschaft, in der sich zwei oder mehrere natürliche Personen, ohne Beschränkung ihrer Haftung gegenüber den Gesellschaftsgläubigern, zum Zwecke vereinigen, unter einer gemeinsamen Firma ein Handels-, Fabrikations- oder ein anderes nach kaufmännischer Art geführtes Gewerbe$^{→}$ zu betreiben.[1]

→ S. 493 Kaufmännisches Unternehmen

[1] Art. 552 I OR

Juristische Personen sind als Gesellschafter ausgeschlossen. Die Führung eines kaufmännischen Unternehmens ist unter der Rechtsform der Kollektivgesellschaft hingegen möglich. Sowohl die Gesellschafter als auch die Gesellschaft selbst kann unter ihrer Firma Verträge schliessen und vor Gericht klagen bzw. beklagt werden.[2]

[2] Art. 562 OR

## Gründungsvorgang/Entstehung

Eine Kollektivgesellschaft liegt vor, wenn sich natürliche Personen zusammentun, um ein kaufmännisches Unternehmen ohne die Begrenzung ihrer Haftung zu führen. Die Kollektivgesellschaft muss ins Handelsregister eingetragen werden.[3]

[3] Art. 552 II OR

## Firma (Namensgebung)

Falls nicht alle Gesellschafter namentlich aufgeführt werden, muss die Firma einer Kollektivgesellschaft mindestens den Namen eines Gesellschafters mit einem das Gesellschaftsverhältnis andeutenden Zusatz enthalten.[4]

[4] Art. 947 I OR

**Beispiel** Firma – Kollektivgesellschaft

– Erlaubt: Venturo, Streng & Lerner Nachhilfe
– Erlaubt: Venturo & Co. Lernkompetenz-Zentrum
– Nicht erlaubt: Venturo Lernkompetenz-Zentrum

[5] Art. 948 I OR

Scheidet ein Gesellschafter aus der Gesellschaft aus, so darf dessen Name in der Firma auch mit dessen Zustimmung nicht beibehalten werden.[5]

## Rechte der Gesellschafter

Mangels anderer vertraglicher Abrede steht jedem Gesellschafter unabhängig von der Art und Grösse seiner Beitragsleistung der gleiche Gewinnanteil zu. Zusätzlich zum Anteil am Gewinn hat der Kollektivgesellschafter das Recht auf eine Verzinsung seiner Kapitaleinlage.[6] Falls ein Gesellschafter zudem noch in einem Arbeitsverhältnis zur Gesellschaft steht, hat dieser auch Anspruch auf das vertraglich festgesetzte Honorar. Zinsen und Honorare gelten als Gesellschaftsschulden und werden daher auch bei Verlusten geschuldet.[7] Ein allfälliger Gewinn hingegen darf erst nach der Deckung früherer Verluste ausbezahlt werden.[8]

[6] Art. 558 II OR

[7] Art. 558 II & III OR

[8] Art. 560 I OR

Bezüglich der Gesellschaftsbeschlüsse sowie der Geschäftsführung (Innenverhältnis) gilt das bei der einfachen Gesellschaft Gesagte.[1]

Der Ausschluss eines Gesellschafters von der Vertretungsmacht bzw. die Begründung der Kollektivvertretung (Aussenverhältnis) müssen im Handelsregister eingetragen werden. Fehlt ein solcher Eintrag, können sich Dritte darauf verlassen, dass jeder einzelne Gesellschafter zur Vertretung der Gesellschaft ermächtigt ist.[2] Sachliche, summenmässige oder andere Beschränkungen der Vertretungsmacht im Aussenverhältnis sind nicht möglich. Die Vertretungsmacht umfasst alle Rechtshandlungen, welche den Zweck der Gesellschaft mit sich bringen kann bzw. welche diesen nicht geradezu ausschliesst. Vereinbarungen unter den Gesellschaftern bezüglich Vertretungsbefugnis (Innenverhältnis) spielen bei der Beurteilung der Vertretungsmacht (Aussenverhältnis) keine Rolle.

[1] Art. 557 II OR

[2] Art. 563 I OR

### Pflichten der Gesellschafter

Ohne Zustimmung der übrigen Kollektivgesellschafter darf ein Kollektivgesellschafter in einem Geschäftszweig der Kollektivgesellschaft weder für sich noch für andere Geschäfte machen (Konkurrenzverbot), noch an einem anderen Unternehmen als unbeschränkt haftender Gesellschafter, als Kommanditär oder als Mitglied einer GmbH teilnehmen.[3]

[3] Art. 561 OR

### Risiko/Haftung

Die Gesellschafter einer Kollektivgesellschaft haften für die Schulden der Gesellschaft subsidiär, unbeschränkt und solidarisch.

*Subsidiär:* Es haftet in erster Linie das Gesellschaftsvermögen. Ein Gläubiger muss entsprechend zunächst auf dieses greifen und kann den einzelnen Gesellschafter erst in zweiter Linie persönlich (in seinem Privatvermögen) belangen.[4]

*Unbeschränkt und solidarisch:* Siehe Erläuterungen zur einfachen Gesellschaft.

Ein ausscheidender Gesellschafter haftet den Gesellschaftsgläubigern für die vor seinem Austritt entstandenen Schulden noch während fünf Jahren seit der Bekanntgabe seines Ausscheidens im Handelsamtsblatt.[5]

Als Ausdruck der nach aussen existierenden eigenen Rechtspersönlichkeit der Kollektivgesellschaft haftet diese auch für den Schaden aus unerlaubten Handlungen, welche ein Gesellschafter in Ausübung seiner geschäftlichen Tätigkeiten begeht.[6]

[4] Art. 568 III OR

[5] Art. 591 I OR

[6] Art. 567 III OR

### Auflösung

Eine Kollektivgesellschaft wird aus denselben Gründen wie eine einfache Gesellschaft aufgelöst. Zusätzlich kommt jedoch noch der Fall des Gesellschaftskonkurses hinzu.[7]

[7] Art. 574 I OR

**Beispiel** Unternehmensgründung – Kollektivgesellschaft

Die drei Jungunternehmer Roman, Jessica und Daniel haben nun alle theoretischen Grundlagen, mit deren Hilfe sie ihre bisherige Zusammenarbeit gesellschaftsrechtlich einordnen können. Sie bilden eine Kollektivgesellschaft, falls sie ein nach kaufmännischer Art geführtes Gewerbe betreiben oder sich als Kollektivgesellschaft ins Handelsregister haben eintragen lassen.

Abb. 259

| Kollektivgesellschaft | | | |
|---|---|---|---|
| **Inhaber** | **Kapital** | **Gründung** | **Handelsregister** |
| mind. 2 natürliche (keine juristischen) Personen | Kapitaleinlagen der Gesellschafter | Bei gemeinsamer Willensäusserung zur Führung eines kaufmännischen Unternehmens ohne Haftungsbegrenzung | Eintragung ist erforderlich |
| **Rechte** | **Pflichten** | **Risiko** | **Firma** |
| Jeder Gesellschafter hat gleiche Rechte auf: <br> – Gewinn <br> – Honorar (falls ein Arbeitsverhältnis besteht) <br> – Verzinsung der Kapitaleinlage | Konkurrenzverbot | Gesellschafter haften für Schulden subsidiär, unbeschränkt und solidarisch | Name mind. eines Gesellschafters und Zusatz, welcher auf Gesellschaftsverhältnis hinweist |

### Exkurs: Kaufmännisches Unternehmen

Unter einem **kaufmännischen Unternehmen** versteht man[1]:

[1] Art. 934 OR

- *Ein Fabrikationsgewerbe:* Gewerbe, welche durch die Bearbeitung von Rohstoffen und anderen Waren mithilfe von Maschinen oder anderen technischen Hilfsmitteln neue oder veredelte Erzeugnisse herstellen.
- *Ein Handelsgewerbe:* Gewerbe, welche den Austausch von Gütern und/oder Dienstleistungen zum Inhalt haben.
- *Ein „anderes nach kaufmännischer Art geführtes Gewerbe":* Diese Unternehmen sind zwar nicht Fabrikations- und Handelsgewerbe, kommen diesen jedoch nahe, indem sie einen kaufmännischen Betrieb und eine geordnete Buchhaltung erfordern.

In der Regel kann davon ausgegangen werden, dass die Ausübung eines „freien Berufes" (Ärzte, Architekten, Anwälte usw.) kein kaufmännisches Unternehmen im Sinne des Gesetzes darstellt, ein Anwaltsbüro hingegen schon.

**Beispiel** Unternehmensgründung – Kaufmännisches Unternehmen

Das Vorhaben der drei Jungunternehmer Roman, Jessica und Daniel – der gemeinsame Betrieb eines Lernkompetenz-Zentrums – würde wohl unter die Definition eines kaufmännischen Unternehmens fallen: Ein arbeitsteiliges Vorgehen der drei Freunde, eine gewisse Koordination ihrer Tätigkeiten sowie die Führung einer geordneten Buchhaltung wäre in ihrem gemeinsamen Unternehmen von hoher Wichtigkeit. Allerdings haben sie mit ihrer Haupttätigkeit, dem Unterrichten und Coachen, noch nicht begonnen. Trotzdem wollen sie sich ins Handelsregister eintragen lassen, um eine Kollektivgesellschaft zu bilden.

→ Aufgabe 7

## 23.5 Kommanditgesellschaft

Abb. 260

| Gesellschaftsformen | | | | | | | |
|---|---|---|---|---|---|---|---|
| Rechtsgemeinschaften | | | Körperschaften | | | | |
| Einfache Gesellschaft | Kollektivgesellschaft | Kommanditgesellschaft | GmbH | AG | Kommandit-AG | Genossenschaft | Verein |

**Beispiel** Unternehmensgründung – Kommanditgesellschaft

Roman, Jessica und Daniel haben in der Folge das Handelsregisteramt in St. Gallen aufgesucht und ihre Gesellschaft unter der Firma „Venturo & Co. Lernkompetenz-Zentrum" als Kollektivgesellschaft ins Handelsregister eintragen lassen. Bald schon haben sie die Aufgaben untereinander verteilt und ihre Tätigkeiten als Coachs und Nachhilfelehrer aufgenommen. Romans Onkel, Thomas Fleissig, ein ehemaliger Lehrer und mittlerweile im Ruhestand, findet die Idee gut und ist bereit, sich finanziell am Unternehmen zu beteiligen. Allerdings möchte er seine Haftung auf den Betrag seiner Beteiligung beschränken und nicht unbegrenzt mit seinem ganzen Vermögen für Unternehmensschulden einstehen. Roman, Daniel und Jessica wiederum wollen keinen weiteren Gesellschafter aufnehmen, welcher Einfluss auf ihre Geschäftstätigkeit bzw. ihre strategische Ausrichtung ausüben kann. Daher recherchieren sie nach einer Gesellschaftsform, an welcher im Rahmen einer Rechtsgemeinschaft neben unbegrenzt haftenden Gesellschaftern – also ihnen dreien – auch eine weitere Person mit eingeschränkter Haftung teilhaben kann. Sie werden bei der Kommanditgesellschaft fündig.

Abb. 261

Die Kommanditgesellschaft ist eine Gesellschaft, in welcher zwei oder mehrere (natürliche oder juristische) Personen sich zum Zwecke vereinigen, ein Handels-, Fabrikations- oder ein anderes nach kaufmännischer Art geführtes Gewerbe zu betreiben und dabei wenigstens ein Mitglied unbeschränkt, eines oder mehrere aber als Kommanditäre[1] nur bis zum Betrag der Kommanditsumme haften.[2]

[1] Kommanditär: Begrenzt haftender Gesellschafter einer Kommanditgesellschaft

[2] Art. 594 I OR

Bei der Kommanditgesellschaft treten zu den unbegrenzt haftenden Gesellschaftern (Komplementäre[1]) noch die begrenzt haftenden Gesellschafter (Kommanditäre) hinzu. Als Kommanditäre können auch juristische Personen sowie andere Rechtsgemeinschaften an der Gesellschaft teilhaben; Komplementäre allerdings dürfen nur natürliche Personen sein.

Bei der Kommanditgesellschaft handelt es sich um eine Rechtsgemeinschaft ohne eigene Rechtspersönlichkeit, obwohl sie gegen aussen unter Umständen wie eine solche behandelt wird.

[1] Komplementär: Unbegrenzt haftender Gesellschafter einer Kommanditgesellschaft.

**Beispiel** Unternehmensgründung – Kommanditeinlage

Romans Onkel, Thomas Fleissig, verpflichtet sich gegenüber Roman und seinen Kollektivgesellschaftern Daniel und Jessica zu einer Kommanditeinlage in der Höhe von 20 000 Franken. Um einfacher an Kredite zu gelangen, vereinbaren die Jungunternehmer mit Thomas Fleissig eine Kommanditsumme von 50 000 Franken: Mit diesem Betrag hat Romans Onkel maximal für Gesellschaftsschulden einzustehen. Während die Kommanditeinlage also Thomas Fleissigs Beteiligung im Innenverhältnis betrifft, bezeichnet die Kommanditsumme denjenigen Betrag, mit dem der Kommanditär in einer Kommanditgesellschaft gegenüber Gläubigern (im Aussenverhältnis) maximal haftet. Im Gegenzug zu seiner Kommanditeinlage erhält er gemäss Vereinbarung einen Gewinnanteil von 10 % sowie Zinsen in der Höhe von 3 %.

Abb. 262

| Kommanditgesellschaft | | | |
|---|---|---|---|
| **Inhaber** | **Kapital** | **Gründung** | **Handelsregister** |
| Mindestens eine natürliche Person als Komplementär und mindestens eine natürliche oder juristische Person als Kommanditär | – Einlagen der Komplementäre<br>– Einlagen der Kommanditäre | Bei gemeinsamer Willensäusserung zur Führung eines kaufmännischen Unternehmens, wobei die Haftung mind. eines Gesellschafters gegen aussen begrenzt ist | Eintragung ist erforderlich |
| **Rechte** | **Pflichten** | **Risiko** | **Firma** |
| Gesellschafter haben gleiche Rechte, Kommanditär hat keinen Einfluss auf Geschäftstätigkeit | – Konkurrenzverbot<br>– Kommanditeinlage durch Kommanditär(e) | – Komplementäre haften für Schulden subsidiär, unbeschränkt und solidarisch<br>– Kommanditäre haften nur bis zur Höhe der Kommanditsumme | Name mind. eines unbegrenzt haftenden Gesellschafters und Zusatz, welcher auf Gesellschaftsverhältnis hinweist |

# 23.6 Gesellschaft mit beschränkter Haftung (GmbH)

Abb. 263

| Gesellschaftsformen | | | | | | | |
|---|---|---|---|---|---|---|---|
| Rechtsgemeinschaften | | | Körperschaften | | | | |
| Einfache Gesellschaft | Kollektivgesellschaft | Kommanditgesellschaft | GmbH | AG | KommanditAG | Genossenschaft | Verein |

## Inhaber/Kapitalgeber

Die Gesellschaft mit beschränkter Haftung (nachfolgend GmbH) ist eine teils kapitalbezogene, teils personenbezogene Körperschaft, in der sich eine oder mehrere natürliche oder juristische Personen mit eigener Firma und einem zum voraus bestimmten Kapital (**Stammkapital**) vereinigen. Für ihre Verbindlichkeiten haftet nur das Gesellschaftsvermögen.[1] Die Gesellschafter sind mindestens mit je einem **Stammanteil** am Stammkapital beteiligt. Die Statuten können für sie Nachschuss- und Nebenleistungspflichten vorsehen.[2] Die GmbH verfolgt in der Regel einen wirtschaftlichen Zweck und ist gewinnstrebig: Die gesetzliche Bestimmung, dass eine GmbH zwingend einen wirtschaftlichen Zweck verfolgen muss, wurde mit der GmbH-Revision (in Kraft seit 2007) fallen gelassen. Neu kann eine GmbH also auch einen nicht-wirtschaftlichen, ideellen Zweck verfolgen.

Mit der Revision des GmbH-Rechts wird nun die Einpersonen-Gründung explizit zugelassen.[3] Die Stammanteile an der GmbH sind grundsätzlich übertragbar. Die Verfügbarkeit über die Stammanteile einer GmbH ist jedoch stark eingeschränkt (vinkuliert[4]): Eine Übertragung bedarf der Zustimmung der Gesellschafterversammlung.[5] Da diese Regelung jedoch dispositiver Natur ist, kann die Vinkulierung der Stammanteile einerseits vollständig aufgehoben werden,[6] andererseits ist aber auch ein totaler Ausschluss der Übertragbarkeit möglich.[7]

## Gründungsvorgang

Da die GmbH selbst Trägerin der Vermögensrechte ist und für Gesellschaftsschulden haftet, verfügt sie mit dem Stammkapital auch über ein eigenes Vermögen. Das Stammkapital beträgt bei der GmbH mindestens 20 000 Franken und muss von den Gesellschaftern vollständig einbezahlt werden, wobei jeder Stammanteil mindestens 100 Franken betragen muss.[8]

Der Gründungsvertrag, in welchem die Gesellschafter die Gründung einer GmbH erklären, muss von einem Notar öffentlich beurkundet werden. Die Gründungsurkunde enthält überdies Angaben zu den Gesellschaftsstatuten und den Stammanteilen.

1. *Die Gesellschaftsstatuten:* Als erstes müssen die Gesellschafter die Gesellschaftsstatuten festlegen. Diese definieren die wichtigsten Eckdaten der Gesellschaft und müssen daher folgende Angaben enthalten:[9]

[1] Art. 772 I OR

[2] Art. 772 II OR

[3] Art. 772 I OR

[4] Vinkulierung: Einschränkung der Übertragbarkeit der Gesellschafterstellung.

[5] Art. 786 OR

[6] Art. 786 II Ziff. 1 OR

[7] Art. 786 II Ziff. 3/4 OR

[8] Art. 773/774 OR

[9] Art. 776 OR

- die Firma und den Sitz der Gesellschaft
- den Zweck der Gesellschaft
- die Höhe des Stammkapitals sowie die Anzahl und den Nennwert der Stammanteile
- die Form der von der Gesellschaft ausgehenden Bekanntmachungen sowie weitere Angaben zur Organisation.

Die Voraussetzungen zum Inhalt der Statuten sind zwingender Natur. Daneben enthält das Gesetz jedoch auch dispositive Regeln, die dann zum Tragen kommen, wenn ein bestimmter Bereich in den Statuten nicht geregelt wurde. Zudem muss jeder Beschluss der Gesellschafterversammlung über eine Änderung der Statuten öffentlich beurkundet und ins Handelsregister eingetragen werden.[1]

2. *Die Stammanteile (Liberierung[2] )*: Bei der Gründung müssen die Stammanteile vollständig einbezahlt (liberiert) werden. Diese Liberierung kann dabei sowohl in Form von Bargeld bzw. einer Banküberweisung, als auch in Form einer Sacheinlage erfolgen.[3]

Die GmbH erlangt das Recht der Persönlichkeit erst mit dem Eintrag ins Handelsregister: Erst damit entsteht die GmbH als solche. Der Eintrag ins Handelsregister ist in Bezug auf die GmbH-Gründung entsprechend konstitutiver Natur.[4]

[1] Art. 780 OR

[2] Liberierung: Einzahlung (Barliberierung) bzw. Einbringung (Sachliberierung) der versprochenen finanziellen Mittel in die Gesellschaft.

[3] Art. 777c I OR

[4] Art. 778 OR

## Firma (Namensgebung)

Die Firma der GmbH kann im Rahmen allgemeiner Grundsätze (z. B. keine abwertenden, rassistischen oder unsittlichen Firmennamen) frei gewählt werden. Allerdings ist in der Firma stets die Rechtsform „GmbH" anzugeben.[5]

[5] Art. 950 OR

**Beispiel** Firma – GmbH

- Erlaubt: Venturo Lernkompetenz-Zentrum GmbH
- Nicht erlaubt: Venturo & Co. Lernkompetenz-Zentrum (der Zusatz „GmbH" fehlt in der Firma)

## Rechte der Gesellschafter

Jeder Gesellschafter hat ein Anrecht auf eine Gewinnbeteiligung in Form einer **Dividende**[6] (Gewinnanteil). Diese Dividende berechnet sich im Verhältnis des Nennwerts der Stammanteile: Ein Gesellschafter, dessen Stammanteil doppelt so hoch ist wie derjenige eines anderen Gesellschafters, hat entsprechend Anrecht auf einen doppelt so hohen Anteil am Gewinn.[7] Im Falle eines Verlustes haben die Gesellschafter keinen Anspruch auf eine Dividende, da diese lediglich aus dem Bilanzgewinn oder einer dafür gebildeten Reserve ausbezahlt werden dürfen.[8]

[6] Dividende: Anteil am Gewinn (meist in Prozenten des Gesellschaftskapitals ausgedrückt).

[7] Art. 798 III OR

[8] Art. 798 I OR

Bei der GmbH gilt das Prinzip der Selbstorganschaft: Alle Gesellschafter sind als solche zur Geschäftsführung berechtigt und verpflichtet. Diese Regelung unterstreicht das Wesen der GmbH als Körperschaft mit rechtsgemeinschaftlichen Zügen. Die Geschäftsführung steht jedoch nicht jedem Gesellschafter einzeln, sondern allen Gesellschaftern gemeinsam zu.[1] Diese Regelung ist jedoch dispositiv: Die Geschäftsführung kann auch nur einzelnen Gesellschaftern oder gar ausschliesslich Dritten zugewiesen werden (Fremdorganschaft bzw. Drittorganschaft).

Die Aufgaben der Geschäftsführer umfassen alle Angelegenheiten, welche nicht nach Gesetz oder Statuten der Gesellschafterversammlung zugewiesen wurden: Dazu gehören insbesondere die Oberleitung sowie die Oberaufsicht der Gesellschaft, die Festlegung der Organisation sowie die Vorbereitung der Gesellschafterversammlung und die Ausführung ihrer Entschlüsse.[2]

Die Gesellschafterversammlung ist das oberste Organ der GmbH[3] und hat als solche die folgenden unübertragbaren Befugnisse:[4]
- die Änderungen der Statuten
- Bestellung und Abberufung der Geschäftsführer, der Mitglieder der Revisionsstelle sowie des Konzernrechnungsprüfers
- die Genehmigung der Jahresrechnung sowie die Beschlussfassung über die Verwendung des Bilanzgewinnes, insbesondere die Festsetzung der Dividende und der Tantieme[5]

Die ordentliche Gesellschafterversammlung findet alljährlich innerhalb von sechs Monaten nach Abschluss eines Geschäftsjahres statt.[6] Einberufen wird sie, wie auch eine allenfalls ausserordentlich stattfindende Gesellschafterversammlung, üblicherweise von den Geschäftsführern.[7] Die Gesellschafter üben ihr Stimmrecht in der Gesellschafterversammlung nach Massgabe ihrer Stammanteile aus:[8] Gesellschafter mit einem höheren Anteil an der Gesellschaft verfügen bei Beschlussfassungen über eine höhere Anzahl Stimmen. Falls Gesetz und Statuten nichts anderes bestimmen, werden Beschlüsse in der Gesellschafterversammlung mit der absoluten Mehrheit der vertretenen Stimmen gefasst.[9] Für wichtige Beschlüsse ist eine qualifizierte Mehrheit[10] der Stimmen vorgesehen.[11]

Des Weiteren stehen dem einzelnen Gesellschafter einer GmbH diverse Schutzrechte zu:
- Ein Einsichts- und Auskunftsrecht über alle Angelegenheiten, welche die Gesellschaft betreffen.[12]
- Das Recht, die Einberufung der Gesellschafterversammlung zu verlangen[13].
- Das Recht, statuten- und gesetzeswidrige Beschlüsse der Gesellschafterversammlung anzufechten[14] sowie die Gesellschaftsverwaltung für ihr Handeln verantwortlich zu machen.[15]
- Die Möglichkeit, die Auflösung der Gesellschaft aus wichtigen Gründen durchzusetzen.

Von grosser Bedeutung sind diese Schutzrechte vor allem für diejenigen Gesellschafter, welche nicht an der Geschäftsführung und -vertretung teilhaben (falls es solche gibt): Diesen räumt das Gesetz mit den erwähnten Schutzrechten einige Mitwirkungs- und Gestaltungsmöglichkeiten ein.

[1] Art. 809 I OR

[2] Art. 810 I OR

[3] Art. 804 I OR

[4] Art. 804 II OR

[5] Tantieme: Gewinnanteil an die Geschäftsführer (GmbH) oder die Mitglieder des Verwaltungsrats (AG)

[6] Art. 805 II OR

[7] Art. 805 I OR

[8] Art. 806 OR

[9] Art. 808 OR

[10] Qualifizierte Mehrheit: Eine Mehrheit von über 50 % (z. B. 66%ige Zustimmung zur Annahme eines Beschlusses)

[11] Art. 808b I OR

[12] Art. 802 I OR

[13] Art. 805 V Ziff. 2 i. V. m. Art. 699 III/IV OR

[14] Art. 808c i. V. m. Art. 706/706a OR

[15] Art. 827 i. V. m. Art. 753–760 OR

## Pflichten der Gesellschafter

Die Gesellschafter einer GmbH müssen die von ihnen versprochene Stammeinlage vollständig leisten.

**Beispiel** Unternehmensgründung – Liberierung der Stammanteile

Es wird eine GmbH mit einem Stammkapital in der Höhe von 50 000 Franken gegründet. Gesellschafter X zeichnet einen Stammanteil und verpflichtet sich zu einer Leistung in der Höhe von 10 000 Franken (entspricht einem Stammanteil von 20 % am Stammkapital). Er muss seinen Stammanteil in der Folge vollständig einzahlen (liberieren), indem er entweder eine Barliberierung oder eine Sachliberierung vornimmt. Die übrigen Gesellschafter haben ihre Stammanteile im Gesamtwert von 40 000 Franken ebenfalls vollständig zu liberieren.

Ausserdem obliegt den Gesellschaftern einer GmbH eine gewisse Loyalitätspflicht: Sie haben alles zu unterlassen, was die „Interessen der Gesellschaft beeinträchtigt". [1]

Den Gesellschaftern können statutarisch Nebenleistungspflichten auferlegt werden:[2] Dazu gehören beispielsweise die Bereitstellung gewisser Sachgegenstände für den Gesellschaftsbetrieb oder die Pflicht, aktiv im Unternehmen mitzuarbeiten. Durch die Einführung solcher Nebenleistungspflichten wurde die GmbH im Zuge der GmbH-Revision in die Nähe der Personengesellschaften sowie der Genossenschaft gerückt.

Bei der GmbH kann im Übrigen eine Nachschusspflicht statuiert werden:[3] Diese besteht darin, dass die Gesellschafter unter bestimmten Umständen angehalten werden können, zusätzlich zu ihrem bereits geleisteten Stammanteil weitere Einlagen zu tätigen. Die Nachschusspflicht ist gesetzlich jedoch auf maximal das Doppelte des Nennwerts eines Stammanteils eingeschränkt.[4] Ähnlich wie die persönliche Haftung kommt auch die Nachschlusspflicht vor allem in Zeiten schlechten Geschäftsganges zum Zuge. Sie kann eingefordert werden, wenn die Gesellschaft aus in den Statuten vorgesehenen Gründen Eigenkapital benötigt.

## Risiko und Haftung

Da die GmbH eine Rechtspersönlichkeit aufweist und über eigenes Vermögen in der Höhe des Stammkapitals (mind. 20 000 Franken) verfügt, dient letzteres der GmbH als Kredit- und Haftungsbasis.[5] Für Gesellschaftsschulden haftet nur das Gesellschaftsvermögen und nicht die Gesellschafter persönlich.[6]

Die Risiken eines Gesellschafters beschränken sich daher auf seine persönliche Verantwortlichkeit als Geschäftsführer oder Vertreter der GmbH.

[1] Art. 803 II OR

[2] Art. 796 I OR

[3] Art. 795 OR

[4] Art. 795 II OR

[5] Kredit- und Haftungsbasis: Kredit- und Haftungssubstrat: Vermögenswerte, welche für die Verbindlichkeiten einer Gesellschaft haften.

[6] Art. 794 OR

## Auflösung

Die GmbH wird in den folgenden Fällen aufgelöst [1]:
– Wenn ein in den Statuten vorgesehener Auflösungsgrund eintritt.
– Wenn die Gesellschafterversammlung dies beschliesst.
– Bei der Eröffnung des Konkurses.
– Wenn ein Gesellschafter dies beim Richter aus wichtigem Grunde verlangt und es keine unsachgemässe bzw. für die anderen Gesellschafter unzumutbare Massnahme darstellt.

[1] Art. 821 I OR

Zu beachten ist, dass das Ausscheiden eines Gesellschafters nicht von Gesetzes wegen zur Auflösung der Gesellschaft führt. Ein Gesellschafter kann insbesondere auf Austritt aus wichtigem Grund klagen [2] oder auf Ausschluss aus der Gesellschaft verklagt werden. [3]

[2] Art. 822 II OR

[3] Art. 823 I OR

**Beispiel** Unternehmensgründung – Umwandlung in eine GmbH

Abb. 264

Die Jungunternehmer Roman, Jessica und Daniel sind mittlerweile schon seit zwei Jahren im Nachhilfe- und Coaching-Geschäft und haben sich dort etabliert. Mit der stetigen Erweiterung ihres Lernkompetenz-Zentrums steigt aufgrund ihrer persönlichen Haftung für Gesellschaftsschulden auch das persönliche Risiko. Deshalb planen sie schon seit Längerem, ihre persönliche Haftung durch die Umwandlung der Kommanditgesellschaft in eine GmbH zu beschränken. Die GmbH als Mischform einer Personen- und einer Kapitalgesellschaft bietet sich für diese Zwecke an: Einerseits bleiben sie als Gesellschafter aufgrund des bei der GmbH geltenden Prinzips der Selbstorganschaft für die Geschäftsführung und Vertretung ihrer Gesellschaft verantwortlich. Andererseits aber können sie ihr Risiko aufgrund der alleinigen Haftung des Gesellschaftsvermögens für Gesellschaftsschulden drastisch reduzieren.

Bereits eine Woche später lassen die Jungunternehmer ihre Gesellschaft unter dem Namen „Venturo, Streng & Lerner Zentrum für Lernkompetenz GmbH" ins Handelsregister eintragen. Romans Onkel und bisheriger Kommanditgesellschafter, Thomas Fleissig, wird als Gesellschafter ohne Vertretungsbefugnis ins Handelsregister eingetragen. Seine fehlende Befugnis zur Geschäftsführung bzw. -vertretung wird auch statutarisch festgehalten. [4] Damit hat Thomas Fleissig als GmbH-Gesellschafter eine ähnliche Stellung wie bereits als Kommanditgesellschafter inne.

[4] Art. 776a II Ziff. 7 OR

Abb. 265

| Gesellschaft mit beschränkter Haftung (GmbH) | | | |
|---|---|---|---|
| **Inhaber** | **Kapital** | **Gründung** | **Handelsregister** |
| Inhaber: mind. 1 natürliche oder juristische Person | Stammkapital mind. CHF 20 000, jeder Inhaber mind. 1 Stammanteil (mind. CHF 100) | Gründungsurkunde Neu: auch Einpersonen-Gründung möglich | Eintrag ist erforderlich |
| **Rechte** | **Pflichten** | **Risiko** | **Firma** |
| Gewinnbeteiligung, Geschäftführung, Vertretung, Gesellschafterversammlung, Schutzrechte | Stammeinlage, Loyalitätspflicht, Nebenleistungs- und Nachschusspflicht (falls statutarisch vorgesehen) | – Es haftet nur das Geschäftsvermögen<br>– Persönliche Haftung der Gesellschafter für Geschäftsführung/Vertretung | frei wählbar plus Zusatz „GmbH" |

## 23.7  Aktiengesellschaft (AG)

Abb. 266

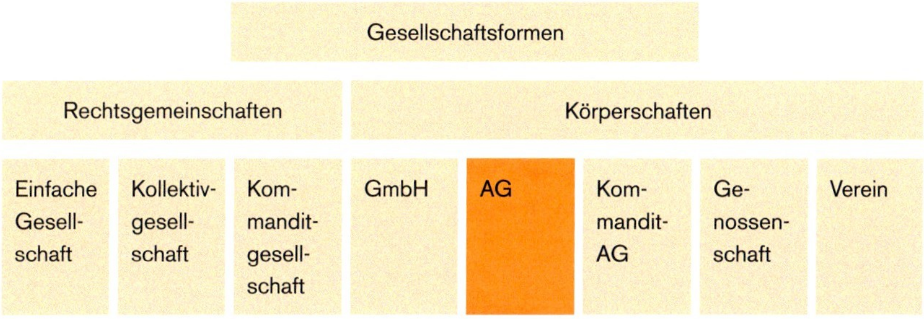

| Gesellschaftsformen | | | | | | | |
|---|---|---|---|---|---|---|---|
| Rechtsgemeinschaften | | | Körperschaften | | | | |
| Einfache Gesellschaft | Kollektivgesellschaft | Kommanditgesellschaft | GmbH | AG | Kommandit-AG | Genossenschaft | Verein |

### Inhaber/Kapitalgeber

Das Schweizer Obligationenrecht definiert die Aktiengesellschaft (nachfolgend AG) wie folgt:[1] Die Aktiengesellschaft ist eine Gesellschaft mit eigener Firma, deren zum Voraus bestimmtes Kapital (Aktienkapital[2]) in Teilsummen (Aktien[3]) zerlegt ist und für deren Verbindlichkeiten nur das Gesellschaftsvermögen haftet.

Die Aktiengesellschaft wurde mit den typischen Merkmalen einer Kapitalgesellschaft versehen: Die Grundidee des Gesetzgebers bestand in der Schaffung einer Gesellschaftsform, bei der es nicht auf die Persönlichkeit der Mitglieder und deren Mitwirkung in der Gesellschaft ankommt. In Bezug auf die persönliche Haftung gilt: „Die Aktionäre sind nur zu den statutarischen Leistungen verpflichtet und haften für die Verbindlichkeiten der Gesellschaft nicht persönlich."[4]

[1] Art. 620 I OR

[2] Aktienkapital: gehört zum Eigenkapital einer Aktiengesellschaft.

[3] Aktie: Anteil am Eigenkapital einer Aktiengesellschaft.

[4] Art. 620 II OR

## Gründungsvorgang

Die Aktiengesellschaft verfügt mit dem **Aktienkapital** über ein eigenes Vermögen. Dieses muss mindestens 100 000 Franken betragen[1] und haftet ausschliesslich für Gesellschaftsschulden.

[1] Art. 621 OR

Die Gründung einer AG erfolgt über die vorgängige Bestimmung des Aktienkapitals (mindestens 100 000 Franken) und dessen Zerlegung in Teilsummen (Aktien). Der Nennwert einer Aktie beträgt im Minimum einen Rappen.[2] Bei den Aktien wird weiter zwischen Namenaktien, Inhaberaktien und Vorzugsaktien unterschieden:

[2] Art. 622 IV OR

- **Namenaktien:** Bei diesen werden die Aktieneigentümer im Aktienbuch registriert und sind der Gesellschaft daher namentlich bekannt. Die AG verfügt bei den Namenaktien über ein wirkungsvolles Kontrollinstrument bezüglich der Zusammensetzung der Inhaberschaft (Aktionäre). Wird eine Namenaktie übertragen, muss deren Veräusserer dies auf dem Aktientitel vermerken und unterschreiben (sog. Indossierung[3]). Ausserdem muss die Aktienurkunde dem Erwerber übergeben und dieser ins Aktienbuch eingetragen werden. Erst nach diesem Eintrag erwachsen dem Aktionär die Aktionärsrechte.

[3] Art. 684 II OR

- **Inhaberaktien:** Inhaberaktionäre sind der AG in der Regel nicht bekannt: Gegenüber der Gesellschaft gilt als Aktionär, wer sich als Besitzer der Aktie ausweist.[4] Die Übertragung der Aktionärsrechte erfolgt bei Inhaberaktien durch die Übergabe der Aktienurkunde an deren Erwerber. Die Übertragbarkeit von Inhaberaktien kann von der Aktiengesellschaft nicht eingeschränkt werden (Inhaberaktien können nicht vinkuliert werden).

[4] Art. 689a II OR

- **Vorzugsaktien:** Deren Inhaber werden in irgendeiner Form gegenüber den anderen Aktionären (Stammaktionären) privilegiert.Bei dieser Bevorzugung kann es sich um eine erhöhte Dividende oder ein Bezugsprivileg bei der Ausgabe neuer Aktien handeln.[5] Verleihen Aktien dem Inhaber eine erhöhte Stimmkraft an der Generalversammlung, handelt es sich um „Stimmrechtsaktien".[6]

[5] Art. 656 OR

[6] Art. 693 OR

Eine Aktiengesellschaft kann durch eine oder mehrere natürliche oder juristische Personen gegründet werden.[7] Zuerst wird das Aktienkapital festgesetzt, bevor dieses in Teilsummen (Aktien) zerlegt wird. Danach erfolgt die Zeichnung der Aktien[8]: Die Gründer verpflichten sich, die dem Ausgabebetrag der Aktie (Teilsumme des Aktienkapitals) entsprechende Einlage zu leisten. Die Leistung der Einlage (Liberierung) kann in bar (Barliberierung) oder durch Hingabe einer Sache (Sachliberierung) erfolgen.

[7] Art. 625 OR

[8] Zeichnung von Aktien: Verpflichtung zur Leistung einer dem Nennwert der Aktie entsprechenden Leistung.

Da bei der AG ausschliesslich das Gesellschaftsvermögen für Schulden des Unternehmens haftet, ist bei deren Gründung Folgendes zu beachten: Die Gründer erklären in öffentlicher Urkunde, eine Aktiengesellschaft zu gründen, legen darin die Statuten fest, bestellen die Organe und zeichnen die Aktien[9].

[9] Art. 629 I OR

1. *Die Gesellschaftsstatuten:* Die Statuten einer AG müssen deren wichtigste Konstitutionsmerkmale aufzeigen:[10]

[10] Art. 626 OR

  - die Firma und den Sitz der Gesellschaft
  - den Zweck der Gesellschaft
  - die Höhe des Aktienkapitals, den Betrag der darauf geleisteten Einlagen sowie Anzahl, Nennwert und Art der Aktien

- die Einberufung der Generalversammlung, das Stimmrecht der Aktionäre, die Organe für die Verwaltung und für die Revision

Die Bestimmungen des gesetzlichen Statuteninhalts sind zwingender Natur.[1] Die Verbindlichkeit weiterer Bestimmungen hängt von deren Aufnahme in die Statuten ab.[2] Da die Statuteninhalte für das Wesen einer AG von grosser Bedeutung sind, müssen Statutenänderungen öffentlich beurkundet und ins Handelsregister eingetragen werden.[3]

2. *Die Zeichnung und Liberierung der Aktien:* Die Gründer müssen alle Aktien zeichnen und liberieren. Es müssen jedoch nicht alle Aktien schon bei der Gründung vollständig liberiert werden: Es reicht, wenn der Gesellschaft im Gründungsstadium mindestens 20 % des Aktienkapitals, jedoch mindestens 50 000 Franken zur Verfügung stehen.[4] Werden alle Aktien bar liberiert, sprechen wir von einer einfachen Gründung. Werden durch eine Sachliberierung von Aktien andere Vermögenswerte in das Unternehmen eingebracht, ist von einer qualifizierten Gründung bzw. von einer Sacheinlagegründung die Rede. Bei einer solchen sind insbesondere die formellen Sondervorschriften zu beachten, welche eine Überbewertung solcher Aktiven verhindern sollen:[5] Dies hätte nämlich zur Folge, dass das Haftungssubstrat der Gläubiger vermindert wird.

Die AG erlangt das Recht der Persönlichkeit erst mit dem Eintrag ins Handelsregister:[6] Der Eintrag ins Handelsregister ist in Bezug auf die AG-Gründung entsprechend konstitutiver Natur. Mit dem Eintrag ins Handelsregister kann die AG auch über ihr Gesellschaftskapital (Aktienkapital) verfügen.[7]

### Firma (Namensgebung)

Die Firma der AG kann grundsätzlich frei gewählt werden.[8] Sind sie nicht in irgendeiner Form täuschend, rassistisch oder unsittlich, können sowohl Personennamen wie auch Sach- oder Fantasienamen verwendet werden. In der Firma enthalten sein muss jedoch stets die Rechtsform „AG".

### Beispiel Firma – AG

- Erlaubt: Venturo Lernkompetenz-Zentrum AG, St. Gallen
- Nicht erlaubt: Venturo & Co. Lernkompetenz-Zentrum (der Zusatz „AG" fehlt in der Firma)

Firmen dieser Gesellschaftsform müssen sich von allen in der Schweiz bereits eingetragenen Firmen von Gesellschaften deutlich unterscheiden:[9] Der Firmenschutz ist entsprechend national (schweizweit).

### Gesellschaftsorgane

Die AG erlangt ihre Handlungsfähigkeit durch ihre Organe. Das Prinzip der Fremdorganschaft (Drittorganschaft) steht im Vordergrund: Gesetzlich vorge-

[1] Art. 626 OR
[2] Art. 627 OR
[3] Art. 647 OR
[4] Art. 632 OR
[5] Art. 634 – 635a OR
[6] Art. 643 I OR
[7] Art. 633 II OR
[8] Art. 950 OR
[9] Art. 951 II OR

sehen sind die Generalversammlung (GV)[10], der Verwaltungsrat (VR)[11] und die Revisionsstelle[12]. Weitere Organe wie zum Beispiel eine Geschäftsführung (CEO usw.) bzw. eine Direktion oder Beiräte können vorgesehen werden. Dabei ist jedoch das Paritätsprinzip[1] zu beachten: Jedem der drei Pflichtorgane (GV, VR und Revisionsstelle) sind im Gesetz aufgeführte Aufgaben zugewiesen:

**Die Generalversammlung** Die Generalversammlung der AG findet in ihrer ordentlichen Form jeweils innerhalb von sechs Monaten nach Abschluss des Geschäftsjahres statt. Bei Bedarf ist jedoch auch die Einberufung einer ausserordentlichen Generalversammlung vorgesehen.[2]

Der Generalversammlung stehen die folgenden Aufgaben zu:[3]

- die Festsetzung und Änderung der Statuteninhalte (Zweck, Firma, Aktienkapital usw.)
- die Wahl der Mitglieder des Verwaltungsrates sowie der Revisionsstelle
- die Kontrolle sowie die Entlastung des Verwaltungsrats
- die Genehmigung des Jahresberichts sowie der Jahres- und Konzernrechnung
- die Beschlussfassung über die Verwendung des Bilanzgewinnes, namentlich die Festsetzung der Dividenden und der Tantieme
- die Beschlussfassung über Kapitalerhöhungen/-herabsetzungen, Auflösung der Gesellschaft und Fusion bzw. Umwandlung der AG

**Beispiel** Generalversammlung – Stimmrecht des Aktionärs

Aktionär A besitzt zwei Aktien mit einem Nennwert von je 1 000 Franken, während Aktionär B vier Aktien mit einem Nennwert von 1 500 Franken pro Aktie sein Eigen nennt. Aktionär B besitzt insgesamt also Aktien, deren Nennwert dreimal grösser ist als derjenige der Aktien von A. Aktionär B hat an der Generalversammlung entsprechend ein dreimal höheres Stimmrecht.

An der Generalversammlung üben die Aktionäre ihr Stimmrecht in der Regel nach dem Verhältnis ihrer Beteiligung (des Nennwerts all ihrer Aktien) aus.[4] Der Grundsatz des proportional zum Aktiennennwert verteilten Stimmrechts kann durch die Stimmrechtsaktien durchbrochen werden: Die Statuten können vorsehen, dass auf jede Aktie eine Stimme entfällt – ganz unabhängig von deren Nennwert.[5] Das Stimmrechtsprivileg gilt jedoch nicht unbeschränkt: Art. 693 III OR nennt Wahlen und Abstimmungen, bei denen die Bemessung des Stimmrechts nach der Zahl der Aktien nicht anwendbar ist und damit die verstärkte Stimmkraft von Stimmrechtsaktien nicht zum Tragen kommt. Ebenfalls unwirksam ist das Stimmenprivileg selbstredend auch in Fällen, wo das Gesetz ausschliesslich auf den Kapitaleinsatz abstellt.[6]

Falls weder das Gesetz noch die Statuten eine anderslautende Bestimmung vorsehen, werden Beschlüsse an der Generalversammlung mit der absoluten Mehrheit der vertretenen Aktienstimmen gefasst.[7] Wichtige Beschlüsse wie namentlich solche bzgl. der Zweckänderung, einer Kapitalerhöhung oder der Auflösung der AG, müssen mit zwei Dritteln der vertretenen Stimmen und mit der absoluten Mehrheit der vertretenen Aktiennennwerte gefasst werden (qualifizierte Mehrheit[8]).

[10] Art. 698–706b OR

[11] Art. 707–726 OR

[12] Art. 727–731a OR

[1] Paritätsprinzip: Eigentliche Gewaltenteilung zwischen verschiedenen Gesellschaftsorganen, welche jeweils über unentziehbare Aufgaben und Funktionen verfügen.

[2] Art. 699 II OR

[3] Art. 698 II OR

[4] Art. 692 I OR

[5] Art. 693 I OR

[6] Art. 699 III OR

[7] Art. 703 OR

[8] Art. 704 I OR

**Der Verwaltungsrat**  Der Verwaltungsrat stellt die Exekutive der AG dar. Er ist als solche für die Geschäftsführung sowie die Vertretung der AG zuständig. Die schweizerische Rechtsordnung ist bezüglich der Ausgestaltung der Unternehmensführung relativ flexibel: In kleineren AGs kann vorgesehen werden, dass die Geschäftsführung beim Verwaltungsrat verbleibt und dessen Mitgliedern gemeinsam zusteht.[1] Sehr häufig jedoch erfolgt eine Delegation der Geschäftsführung und -vertretung an eine Drittperson bzw. Drittinstanz, z. B. an einen CEO und andere Geschäftsleitungsmitglieder.[2] Allerdings ist der Übertragbarkeit von Verwaltungsratsaufgaben an die Geschäftsführung durch das Paritätsprinzip Grenzen gesetzt: Das Gesetz definiert die dem Verwaltungsrat ausschliesslich obliegenden Aufgaben:[3]

– die Oberleitung der Gesellschaft sowie die Erteilung von Weisungen
– die Festlegung der Gesellschaftsorganisation
– die Ernennung, Abberufung und Kontrolle der Geschäftsleitung
– die Erstellung des Geschäftsberichts, die Vorbereitung der Generalversammlung sowie die Ausführung von deren Beschlüssen

Der Verwaltungsrat besteht aus einem oder mehreren natürlichen Personen.[4] Ist eine andere juristische Person an der AG beteiligt, so sind deren Vertreter in den Verwaltungsrat wählbar.[5] Verwaltungsräte werden in der Regel von der Generalversammlung für eine Amtsdauer von drei Jahren gewählt.[6] Sie können von der Generalversammlung jederzeit abberufen werden und haben auch das Recht, jederzeit zurückzutreten.[7] Bei einem Rücktritt zu Unzeit werden sie jedoch schadenersatzpflichtig.

Beschlüsse werden im Verwaltungsrat mit der Mehrheit der abgegebenen Stimmen gefasst, wobei dem Vorsitzenden von Gesetzes wegen der Stichentscheid zukommt.[8] Im Gegensatz zu den Aktionären unterstehen die Verwaltungsräte einer umfassenden Treuepflicht: Sie müssen die Interessen der Gesellschaft wahren.[9]

**Die Revisionsstelle**  Die Revisionsstelle prüft zum Schutz der Aktionäre, der Gläubiger sowie der Öffentlichkeit die Jahres- und Konzernrechnung der Aktiengesellschaft. Der Umfang dieser Prüfung bemisst sich an der Grösse sowie der Wichtigkeit einer AG: So ist entweder eine ordentliche Revision[10], eine eingeschränkte Revision[11] oder aber gar keine Revision[12] durchzuführen.

Die Revisionsstelle muss unabhängig sein und sich ihr Prüfungsurteil objektiv bilden.[13] Insbesondere darf ein Mitglied der Revisionsstelle nicht gleichzeitig im Verwaltungsrat bzw. in der Geschäftsleitung vertreten sein.[14]

### Rechte der Gesellschafter

Die Gesellschafter einer Aktiengesellschaft haben ein Anrecht auf einen verhältnismässigen Anteil am Bilanzgewinn.[15] Vorbehalten bleiben jedoch die „in den Statuten festgesetzten Vorrechte für einzelne Aktienkategorien"[16], womit die Vorzugsaktien gemeint sind.

---

[1] Art. 716b III OR

[2] Art. 716b I OR

[3] Art. 716a I OR

[4] Art. 707 I OR

[5] Art. 707 III OR

[6] Art. 710 OR

[7] Art. 705 OR

[8] Art. 713 I OR

[9] Art. 717 I OR

[10] Art. 727 OR

[11] Art. 727a I OR

[12] Art. 727a II–IV OR

[13] Art. 728 I OR

[14] Art. 728 II OR

[15] Art. 660 I OR

[16] Art. 660 III OR

Ausbezahlt wird jedoch nicht der ganze Gewinn der Gesellschaft: Ein Teil davon ist von Gesetzes oder der Statuten wegen den Reserven zuzuweisen. Die Dividende darf erst festgelegt werden, nachdem diese Zuweisung vorgenommen wurde.[1] Die Dividenden dürfen lediglich aus dem Bilanzgewinn oder einer dafür gebildeten Reserve ausbezahlt werden.[2]

Werden im Zuge einer Erhöhung des Aktienkapitals neue Aktien ausgegeben, so hat jeder bisherige Aktionär das Recht auf denjenigen Teil der neuen Aktien, welcher seiner bisherigen Beteiligung entspricht.[3]

**Beispiel** Aktiengesellschaft – Bezugsrechte der bisherigen Aktionäre

Eine Aktiengesellschaft verfügt über ein Aktienkapital in der Höhe von 200 000 Franken, wobei der Aktionär X über Aktien im Nennwert von 50 000 Franken verfügt. Nun soll eine Aktienkapitalerhöhung in der Höhe von 100 000 Franken durchgeführt werden. Da seine bisherige Beteiligung an der AG 25 % beträgt, hat er einen gesetzlich festgelegten Anspruch auf den Kauf eines Viertels der neu ausgegebenen Aktien im Nennwert von 25 000 Franken.

Durch das Bezugsrecht bei der Ausgabe neuer Aktien wird sichergestellt, dass die bisherigen Aktionäre ihre bestehenden Anteilsrechte bewahren und nicht durch neue Aktionäre um ihren proportionalen Anteil am Unternehmen und damit um ihren Einfluss gebracht werden.

Wird die Aktiengesellschaft aufgelöst, haben die Aktionäre zudem einen Anspruch auf einen verhältnismässigen Anteil am Liquidationserlös[4].[5]

Aktionäre haben keinen Anspruch auf die Teilnahmen an der Geschäftsführung bzw. an der Vertretung einer Gesellschaft: Diese Aufgabe wird vom Verwaltungsrat bzw. weiteren, vom Verwaltungsrat bestimmten Instanzen, wahrgenommen. Insofern ist also das Prinzip der Fremdorganschaft (Drittorganschaft) in der AG weitgehend verwirklicht.

Trotzdem verfügen die Gesellschafter der AG über gewisse Mitbestimmungsrechte: Sie haben einen Anspruch auf die Teilnahme an der Generalversammlung (GV), welcher u. a. das Recht auf Meinungsäusserung, Antragstellung und Stimmabgabe[6] sowie das Recht beinhaltet, sich an der GV vertreten zu lassen.[7]

Zudem stehen den Aktionären diverse Schutzrechte zu.→ Zu diesen gehören:

– *Einsichts- und Auskunftsrechte:* Den Aktionären ist Einsicht in den Geschäftsbericht und den Revisionsbericht zu gewähren.[8] Ausserdem haben sie an der GV das Recht, sowohl vom Verwaltungsrat als auch von der Revisionsstelle Auskunft über die Angelegenheiten der Gesellschaft zu verlangen.[9] Da Aktionäre jedoch keiner Treuepflicht unterstehen, werden ihre Informations- und Auskunftsrechte durch Geschäftsgeheimnisse und andere schutzwürdige Interessen der Gesellschaft begrenzt.[10]

– *Recht auf die Durchführung einer Sonderprüfung:* Die Sonderprüfung wurde eingeführt, um die Einflussmöglichkeiten der Aktionäre erhöhen. Dem Sonderprüfer ist uneingeschränkte Einsicht in die Angelegenheiten der Gesellschaft zu gewähren,[11] damit dieser über eine bestimmte Frage einen Bericht an die GV verfassen kann. Gegenüber den Aktionären hat er dabei für die Wahrung der schutzwürdigen Interessen der Gesellschaft zu sorgen.[12]

[1] Art. 674 I OR

[2] Art. 675 II OR

[3] Art. 652b I OR

[4] Liquidationserlös: Erlös, welcher aus dem Verkauf des Gesellschaftsvermögens resultiert.

[5] Art. 660 II OR

[6] Art. 700 OR

[7] Art. 689 II OR

→ S. 217 Principal-Agent-Theorie

[8] Art. 696 I OR

[9] Art. 697 I OR

[10] Art. 697 II OR

[11] Art. 697d II OR

[12] Art. 697e OR

- *Recht zur Anfechtung von GV-Beschlüssen:* Jeder Aktionär hat das Recht, Beschlüsse der Generalversammlung, welche gegen das Gesetz oder die Statuten verstossen, innerhalb von zwei Monaten gerichtlich anzufechten.[1] GV-Beschlüsse, welche gegen die aktienrechtliche Grundordnung verstossen, sind gar nichtig (z. B. die Einführung der persönlichen Haftbarkeit der Aktionäre für Gesellschaftsschulden). Die Aktionäre haben jedoch kein Recht, gesetzes- oder statutenwidrige Beschlüsse des Verwaltungsrats anzufechten – es sei denn, der Verstoss gegen das Gesetz oder die Statuten ist wiederum qualifizierter Natur.[2]
- *Recht zur Verantwortlichkeitsklage:* Die Mitglieder des Verwaltungsrates und alle mit der Geschäftsführung befassten Personen sind sowohl der Gesellschaft als auch den einzelnen Aktionären und Gesellschaftsgläubigern für den Schaden verantwortlich, welche sie durch absichtliche oder fahrlässige Verletzung ihrer (Sorgfalts-)Pflichten verursachen.[3] Die Aktionäre haben das Recht, den ihnen dadurch entstandene Schaden (unmittelbarer Schaden[4]) gerichtlich geltend zu machen. Ausserdem können sie einen der Gesellschaft entstandenen Schaden (mittelbarer Schaden[5]) einklagen und Leistung an die Gesellschaft als solche verlangen.[6]
- *Recht zur Auflösungsklage aus wichtigem Grund:* Aus wichtigem Grund können Aktionäre, welche mind. 10 % des Aktienkapitals vertreten, die Auflösung der AG verlangen.[7] Die Auflösung stellt jedoch die letztmögliche Massnahme dar und kommt vor allem in Betracht, wenn z. B. Mehrheitsaktionäre die Rechte von Minderheitsaktionären andauernd und schwerwiegend verletzen.

### Pflichten der Gesellschafter

Den Aktionären dürfen ausser der Liberierung ihrer Aktien keine weiteren Pflichten auferlegt werden.[8] Da auch die Rechte eines Aktionärs, insbesondere seine Informationsrechte gegenüber der Gesellschaft, eingeschränkt sind, obliegt dem Aktionär anders als dem Verwaltungsrats- bzw. Geschäftsleitungsmitglied auch keine Treuepflicht: Er darf ein die AG konkurrierendes Unternehmen gründen und führen.

### Risiko und Haftung

Da die Aktiengesellschaft eine Rechtspersönlichkeit aufweist und über eigenes Vermögen in der Höhe des Aktienkapitals (mind. 100 000 Franken) verfügt, dient letzteres der AG als Kredit- und Haftungsbasis. Für Gesellschaftsschulden haftet wiederum nur das Gesellschaftsvermögen und nicht die Gesellschafter persönlich.[9]

Ausserdem muss die Gesellschaft mit einem Teil des Bilanzgewinns gesetzliche bzw. statutarische Reserven bilden.[10] Da diese neben dem Aktienkapital zum Eigenkapital zählen, steigt durch die Bildung von Reserven die Eigenkapitaldecke, mit deren Hilfe der Fortbestand des Unternehmens auch in schlechten Geschäftsjahren gesichert werden kann.

[1] Art. 706 I OR

[2] Art. 714 OR

[3] Art. 754 I OR

[4] Unmittelbarer Schaden: Schaden, welcher unmittelbar bei den Aktionären eintritt.

[5] Mittelbarer Schaden: Schaden, welcher zuerst bei der Gesellschaft eintritt und damit auch deren Aktionäre betrifft.

[6] Art. 756 I OR

[7] Art. 736 Ziff. 4 OR

[8] Art. 680 I OR

[9] Art. 620 II OR

[10] Art. 671ff OR

## Auflösung

Die Auflösung der AG erfolgt grundsätzlich nach denselben Regeln wie diejenige der GmbH.

**Beispiel**  Unternehmensgründung – Von der GmbH zur AG

Roman, Daniel und Jessica haben sich im Bereich Lernunterstützung und Berufswahl-Coaching in den vergangenen sechs Jahren stetig weiterentwickelt. Ihr einst kleines Unternehmen in der Rechtsform der Kollektivgesellschaft ist mittlerweile zu einem stattlichen Betrieb im rechtlichen Kleide einer GmbH herangewachsen. Da die drei Jungunternehmer weiter wachsen bzw. ihre Geschäftstätigkeit ausweiten wollen, benötigen sie nach wie vor viel Kapital. Ausserdem wollen sie interessierten Investoren eine unkomplizierte Möglichkeit bieten, in ihr Unternehmen zu investieren. Daher entscheiden sich Roman, Jessica und Daniel zur Gründung einer Aktiengesellschaft (Aktienkapital 100 000 Franken) mit der Firma „Venturo Lernkompetenz-Zentrum AG, St. Gallen". Zusammen mit Romans Onkel, Thomas Fleissig, bringen sie ihren Willen, eine AG zu gründen, im Rahmen der Gründungsurkunde zum Ausdruck, legen darin die Statuten fest und bezeichnen die Organe. Sie halten fest, dass sie den Verwaltungsrat bilden und für die Geschäftsführung bzw. -vertretung besorgt sind. Romans Onkel, Thomas Fleissig, bleibt einfacher Aktionär und erhält keine besonderen Funktionen. Als Revisionsstelle wird ein unabhängiges Rechnungsprüfungs-Unternehmen, welches sich auf Revisionsarbeiten in Aktiengesellschaften spezialisiert hat, eingesetzt. Das Aktienkapital wird wie folgt zerlegt: Roman und Jessica zeichnen Aktien im Wert von je 30 000 Franken, welche sie zu 100 % bar liberieren. Daniel zeichnet Aktien in der Höhe von 25 000 Franken, welche er durch die Einbringung eines vom Grossvater geerbten Grundstücks liberiert (Sachliberierung). Romans Onkel, Thomas Fleissig, zeichnet die übrigen Aktien im Wert von 15 000 Franken und liberiert diese ebenfalls bar. Da sie die Aktiengesellschaft weiterhin selbst führen und den Kreis der Aktionäre kontrollieren wollen, nehmen Roman und seine Freunde folgende Bestimmung in die Statuten auf:

Abs. 1: „Die Übertragung von Namenaktien ist nach Massgabe von Art. 685a Abs. I OR nur mit der Zustimmung der Gesellschaft möglich. Die Zustimmung wird in den folgenden Fällen verweigert:
1) Im Falle der Übertragung der Aktien an Konkurrenten bzw. diesen nahestehenden Personen;
2) Falls die Übertragung der Aktien zu einem Kontrollwechsel führen würde."

Abb. 267

Abs. 2: „Die Zustimmung kann ohne Angabe von Gründen verweigert werden, wenn die Gesellschaft dem Veräusserer anbietet, die Aktien zu ihrem wirklichen Wert zu übernehmen."

Da die Aktien der „Venturo Lernkompetenz-Zentrum AG, St. Gallen" nicht börsenkotiert sind, lässt das Gesetz diese Einschränkung der Übertragbarkeit (Vinkulierung) zu (Art. 685b I OR). Roman, Jessica und Daniel können so sicherstellen, dass sich an ihrer Aktiengesellschaft keine ihnen unerwünschte Aktionäre beteiligen und ihre Gestaltungsrechte einschränken.

Abb. 268

## Aktiengesellschaft (AG)

| Inhaber | Kapital | Gründung | Handelsregister |
|---|---|---|---|
| Eine oder mehrere natürliche oder juristische Personen | im Voraus bestimmtes Aktienkapital (mind. CHF 100 000) wird in Aktien zerlegt, Bildung von Reserven per Gesetz | öffentliche Urkunde mit Statuten und Organen (GV; VR; Revisionstelle, CEO), Namen-, Inhaber- und Vorzugsaktien | Eintragung ist erforderlich |
| **Rechte** | **Pflichten** | **Risiko** | **Firma** |
| Anteil am Bilanzgewinn, gewisse Mitbestimmungsrechte, div. Schutzrechte | Aktionäre: Liberierung der Aktien | für Gesellschaftsschulden haftet das Gesellschaftsvermögen | frei wählbar plus Zusatz „AG" |

→ Aufgabe 8

## 23.8 Kommanditaktiengesellschaft

Abb. 269

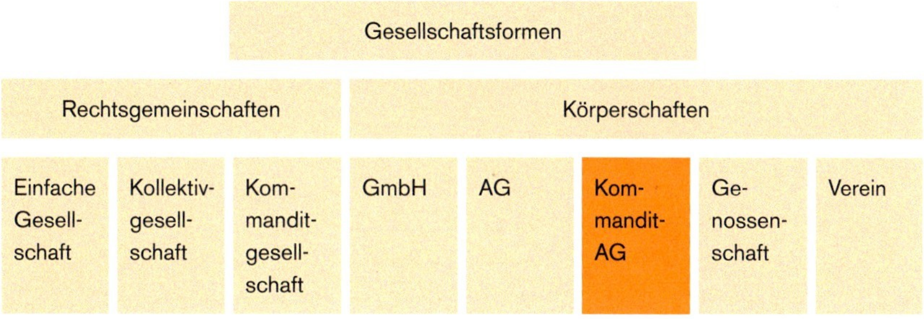

Eine Kommanditaktiengesellschaft ist „eine Gesellschaft, deren Kapital in Aktien zerlegt ist und bei der ein oder mehrere Mitglieder den Gesellschaftsgläubigern unbeschränkt und solidarisch gleich einem Kollektivgesellschafter haftbar sind".[1] Die unbeschränkt haftenden Gesellschafter bilden dabei die Verwaltung, welche für die Geschäftsführung und -vertretung der Kommandit-AG besorgt ist.[2] Im Übrigen sind auf die Kommandit-AG weitgehend die Bestimmungen zur AG anwendbar.[3] Aufgrund der sehr geringen Bedeutung der Kommandit-AG soll im Folgenden nicht weiter auf sie eingegangen werden.

[1] Art. 764 I OR

[2] Art. 765 I OR

[3] Art. 764 II OR

Abb. 270

| Kommanditaktiengesellschaft | | | |
| --- | --- | --- | --- |
| Inhaber | Kapital | Gründung | Handelsregister |
| eine oder mehrere natürliche oder juristische Personen | im Voraus bestimmtes Aktienkapital von mind. CHF 100 000 wird in Aktien zerlegt, Bildung von Reserven per Gesetz | öffentliche Urkunde mit Statuten und Organen (GV; VR; Revisionstelle, CEO), Namen-, Inhaber- und Vorzugsaktien | Eintragung ist erforderlich |
| Rechte | Pflichten | Risiko | Name |
| Anteil am Bilanzgewinn, gewisse Mitbestimmungsrechte, div. Schutzrechte | Aktionäre: Liberierung der Aktien | – für Gesellschaftsschulden haftet das Gesellschaftsvermögen<br>– Gesellschafter mit unbegrenzter Haftung, haften persönlich und solidarisch | frei wählbar plus Zusatz „Kommandit-AG" |

## 23.9 Genossenschaft

Abb. 271

| Gesellschaftsformen | | | | | | | |
| --- | --- | --- | --- | --- | --- | --- | --- |
| Rechtsgemeinschaften | | | Körperschaften | | | | |
| Einfache Gesellschaft | Kollektivgesellschaft | Kommanditgesellschaft | GmbH | AG | Kommandit-AG | Genossenschaft | Verein |

Eine Genossenschaft ist eine als Körperschaft organisierte Verbindung einer nicht geschlossenen Zahl von Personen oder Handelsgesellschaften, die in der Hauptsache die Förderung oder Sicherung bestimmter wirtschaftlicher Interessen ihrer Mitglieder in gemeinsamer Selbsthilfe bezweckt.[1] Die Genossenschaft verfolgt von Gesetzes wegen (jedoch nicht zwingend) einen wirtschaftlichen Zweck. Allerdings ist die Verschaffung von direkten Geldvorteilen eher untypisch: Im Vordergrund steht vielmehr das Verschaffen von Sachvorteilen oder das Anbieten von Dienstleistungen.

[1] Art. 828 I OR

**Beispiel**  Genossenschaftsgründung – Kinderkrippe

Abb. 272

Im Unternehmen von Roman, Jessica und Daniel arbeiten bereits über 80 Vollzeitangestellte, mehrere davon mit Kleinkindern. Um als Arbeitgeber attraktiver zu werden und um die Kinderbetreuungssituation zu verbessern, beschliessen die drei Unternehmer, mit anderen Unternehmen zusammen eine Kinderkrippe einzurichten. Dazu wollen sie unter der Firma „Krippengenossenschaft Children's Place, St. Gallen" eine Genossenschaft zur Förderung von Kinder-Betreuungsplätzen gründen. Diese sollen dabei nicht nur ihren Angestellten, sondern auch denjenigen anderer in der Region tätigen Unternehmen offenstehen.

### Inhaber/Kapitalgeber

Eine Genossenschaft verfügt von Gesetzes wegen über eine nicht geschlossene Zahl von Mitgliedern. Diese Offenheit gegenüber Neuzutritten ist auch gesetzlich verankert: Genossenschaften mit einem zum Voraus bestimmten Grundkapital und damit einer bestimmten Anzahl Kapitalanteilen sind nicht zulässig.[1] Das „Prinzip der offenen Tür" bestimmt zudem, dass sowohl der Eintritt wie auch der Austritt aus einer Genossenschaft nicht übermässig erschwert werden dürfen.[2]

Genossenschaften verfügen oft (allerdings nicht immer) über ein in Genossenschaftsanteile zerlegtes Genossenschaftskapital. Über die Höhe des Kapitals oder die Nennwerte bzw. die Liberierung der Genossenschaftsanteile enthält das Gesetz keine Bestimmungen.

[1] Art. 828 II OR

[2] Art. 842 OR

### Gründungsvorgang

An der Gründung einer Genossenschaft müssen mindestens sieben Mitglieder beteiligt sein.[3] Die Statuten mit den in Art. 832 OR enthaltenen zwingenden sowie den in Art. 833 OR festgehaltenen bedingt notwendigen Inhalten müssen schriftlich festgehalten werden. Eine öffentliche Beurkundung der Gründungsdokumente ist nicht erforderlich.

Die Gründer müssen in der Gründerversammlung die Statuten genehmigen sowie die notwendigen Organe schaffen und besetzen.[4] Die Genossenschaft entsteht als solche mit der Eintragung ins Handelsregister.[5]

[3] Art. 831 I OR

[4] Art. 834 OR

[5] Art. 838 OR

### Firma (Namensgebung)

Die Firma der Genossenschaft kann grundsätzlich frei gewählt werden.[6] Sie kann sowohl Personennamen wie auch Sach- oder Fantasienamen enthalten, sofern diese nicht gegen die allgemeinen Grundsätze verstossen. In der Firma muss jedoch stets die Rechtsform „Genossenschaft" enthalten sein.

[6] Art. 950 OR

**Beispiel** Firma – Genossenschaft

Krippengenossenschaft Children's Place, St. Gallen

Betreffend Firmenschutz gilt das bei der AG Gesagte. Die Genossenschafts-Firmen müssen sich von allen anderen, welche in der Schweiz für Genossenschaften bereits eingetragen sind, deutlich unterscheiden[1]: Der Firmenschutz ist also national (schweizweit).

[1] Art. 951 II OR

### Gesellschaftsorgane

Bei der Genossenschaft sind drei Organe vorgesehen: Die Generalversammlung[2], die Verwaltung[3] sowie die Revisionsstelle[4]. Die Aufgabenverteilung zwischen diesen drei Organen ist wie folgt geregelt.

[2] Art. 879–893 OR

[3] Art. 894–905 OR

[4] Art. 906–907 OR

**Die Generalversammlung** Die Generalversammlung der Genossenschafter bildet das oberste Organ der Genossenschaft[5] deren unübertragbare Befugnisse reglementiert sind. Diese sind im Grunde dieselben wie bei der AG, weswegen an dieser Stelle auf die dortigen Ausführungen bzw. auf den betreffenden Gesetzesartikel verwiesen werden kann. Im Übrigen gilt bezüglich der Fassung von GV-Beschlüssen das Kopfstimmprinzip: Jeder Gesellschafter besitzt unabhängig von der Anzahl oder der Höhe seiner Anteilsscheine genau eine Stimme.[6] Beschlüsse werden in der Regel mit der absoluten Mehrheit der abgegebenen Stimmen gefasst.[7] Ausnahmen ergeben sich für wichtige Beschlüsse, für welche das Gesetz 2/3- bzw. 3/4-Mehrheiten vorsieht.[8]

[5] Art. 842 I OR i. V. m. Art. 843 II OR

[6] Art. 885 OR

[7] Art. 888 OR

[8] Art. 888 II OR; Art. 889 I OR

**Die Verwaltung** Diese besteht aus mindestens drei von der Generalversammlung gewählten Personen, wobei die Mehrheit Genossenschafter sein muss.[9] Der Verwaltung obliegt die Geschäftsführung und Vertretung der Genossenschaft, deren weitere Pflichten denjenigen des Verwaltungsrats der AG sehr ähnlich sind. Die Geschäftsführung bzw. -vertretung kann an Dritte übertragen werden.[10]

[9] Art. 894 I OR

[10] Art. 898 I OR

**Die Revisionsstelle** Für die Revisionsstelle sind die Vorschriften des Aktienrechts[11] analog anwendbar.[12]

[11] Art. 727–731a OR

[12] Art. 906 I OR

### Rechte der Gesellschafter

Die Genossenschafter haben das Recht auf die Benützung der genossenschaftlichen Einrichtungen. Über vermögensmässige Rechte verfügen die Genossenschafter nur, falls dies von den Statuten so vorgesehen ist: Andernfalls fliesst ein Reingewinn vollumfänglich in das Genossenschaftsvermögen.[13] Auch das Recht auf die Rückzahlung des Anteilscheins beim Ausscheiden aus der Genossenschaft[14] sowie für den Anspruch auf Anteil am Liquidationserlös[15] entsteht erst durch eine diesbezügliche Bestimmung in den Statuten.

[13] Art. 859 OR

[14] Art. 864 ff. OR

[15] Art. 913 IV OR

Den Genossenschaftern steht die Mitwirkung an der Generalversammlung sowie das Stimmrecht zu.[1]

Für die Ausgestaltung des Schutzrechtes gilt: Die Genossenschafter haben das Recht auf Einberufung der Generalversammlung[2], das Recht auf die Anfechtung von gesetzes- bzw. statutenwidrigen Gesellschaftsbeschlüssen[3] sowie auf die Erhebung einer Verantwortlichkeitsklage gegen die Mitglieder der Verwaltung oder Geschäftsführung.[4]

Zudem hat der Genossenschafter aus wichtigen Gründen das Recht auf Austritt aus der Genossenschaft.[5] Die Auflösung derselben kann er jedoch nicht verlangen.

[1] Art. 881 ff. OR

[2] Art. 881 II OR

[3] Art. 891 OR

[4] Art. 916 ff. OR

[5] Art. 822 OR

## Pflichten der Gesellschafter

Gesetzlich ist lediglich die Treuepflicht des Genossenschafters vorgesehen.[6] Falls Anteilsscheine an einer Genossenschaft existieren, muss jeder Genossenschafter zudem einen solchen übernehmen.

In den Statuten können zudem eine einmalige oder periodische Beitragspflicht sowie weitere persönliche Leistungspflichten vorbehalten werden:[7] Darunter fallen insbesondere die Festlegung einer beschränkten oder unbeschränkten Nachschusspflicht und eine subsidiäre, beschränkte oder unbeschränkte persönliche Haftung der Genossenschafter.[8]

[6] Art. 866 OR

[7] Art. 867 OR

[8] Art. 869 ff. OR

## Risiko und Haftung

Für Verbindlichkeiten der Genossenschaft haftet ausschliesslich das Genossenschaftsvermögen, sofern die Statuten nichts anderes bestimmen. In den Statuten kann jedoch vorgesehen werden, dass die Genossenschafter persönlich beschränkt[9] bzw. unbeschränkt[10] mit ihrem gesamten Vermögen haften.

[9] Art. 870 OR

[10] Art. 869 OR

## Auflösung

Die Genossenschaft wird nach Massgabe der Statuten, durch einen Beschluss der Generalversammlung, durch Eröffnung des Konkurses oder in den übrigen vom Gesetz vorgesehen Fällen aufgelöst.[11]

[11] Art. 911 OR

**Beispiel** Kinderkrippe – Statuten, Beiträge

Roman, Jessica und Daniel schliessen sich zum Zwecke der Genossenschaftsgründung mit anderen KMU[12] aus der Region sowie dem örtlichen Frauenverein St. Gallen zusammen. In den Statuten wird ein jährlicher Mitgliederbeitrag von 8 000 Franken, welcher zur gemeinsamen Betreibung einer Kinderkrippe dient, festgelegt. Ausserdem wird nach Massgabe von Art. 870 I OR eine Bestimmung in die Statuten aufgenommen, nach welcher die Genossenschafter über ihren jährlichen Mitgliederbeitrag hinaus bis zu einem Betrag von 20 000 Franken persönlich (beschränkt) haften: Diese Regelung erhöht die Kre-

[12] KMU: kleinere und mittlere Unternehmen

ditwürdigkeit der Genossenschaft gegenüber den Genossenschaftsgläubigern. Gegen die Bezahlung des Mitgliederbeitrags steht der Beitritt zur Krippen-Genossenschaft weiteren KMU offen: Die Krippengenossenschaft „Children's Place, St. Gallen" fördert dem Sinn und Zweck einer Genossenschaft entsprechend die wirtschaftlichen Interessen der Genossenschafter (KMU-Betriebe), indem ihnen gemeinsam finanzierte Krippenplätze relativ günstig zur Verfügung gestellt werden. Die Betreibung einer eigenen Kinderkrippe käme den beteiligten Unternehmen mit Sicherheit teurer zu stehen.

Abb. 273

Abb. 274

## Genossenschaft

| Inhaber | Kapital | Gründung | Handelsregister |
|---|---|---|---|
| – Anzahl Mitglieder unbestimmt<br>– Ein- und Austritt offen für alle | – kein bestimmtes Grundkapital<br>– Gewinn fliesst in das Genossenschaftsvermögen | – mind. 7 Mitglieder<br>– Statuten, GV, Verwaltung und Revisionsstelle müssen definiert werden | Eintragung ist erforderlich |

| Rechte | Pflichten | Risiko | Firma |
|---|---|---|---|
| – Benützung der genossenschaftlichen Einrichtungen<br>– Mitwirkung an GV<br>– Stimmrecht<br>– Schutzrecht | – Treuepflicht<br>– Übernahme eines Anteilscheins (falls vorhanden)<br>– evtl. Beitragspflichten<br>– evtl. persönliche Leistungspflichten | genossenschaftliches Vermögen haftet für Verbindlichkeiten, falls Statuten keine begrenzte oder unbegrenzte persönliche Haftung vorsehen | beliebig plus Zusatz „Genossenschaft" |

## 23.10   Verein

Abb. 275

| Gesellschaftsformen | | | | | | | |
|---|---|---|---|---|---|---|---|
| Rechtsgemeinschaften | | | Körperschaften | | | | |
| Einfache Gesellschaft | Kollektivgesellschaft | Kommanditgesellschaft | GmbH | AG | Kommandit-AG | Genossenschaft | Verein |

Der Verein ist im ZGB geregelt.[1] Vereine sind körperschaftlich organisiert. Der Verein ist aber eine juristische Person mit einer eigenen Rechtspersönlichkeit. Der Verein kann für die Verfolgung seines Zwecks ein nach kaufmännischer Art geführtes Unternehmen betreiben.[2] Vereine, welche einen wirtschaftlichen Zweck verfolgen, sind gesetzlich zwar nicht vorgesehen, werden in der Praxis jedoch toleriert, sofern sie kein kaufmännisches Unternehmen führen.

[1] Art. 60 ff. ZGB

[2] Art. 61 II ZGB

### Inhaber/Kapitalgeber

Ein Verein besteht in der Regel aus einer nicht von vornherein festgelegten Anzahl Mitgliedern. Die Mitgliedschaft im Verein entsteht durch die Teilnahme an der Gründung oder durch einen späteren Beitritt, welcher grundsätzlich jederzeit möglich ist.[3] Die Mitgliedschaft ist weder übertragbar noch vererblich.[4] Vereine können den Beitritt weiterer Mitglieder jedoch einschränken oder ganz ausschliessen.

[3] Art. 70 I ZGB

[4] Art. 70 III ZGB

### Gründungsvorgang

Der Verein entsteht durch die übereinstimmende Willensäusserung, als Körperschaft bestehen zu wollen.[5] Besteht kein solcher in den Statuten festgesetzter Wille der Beteiligten, liegt eine einfache Gesellschaft vor.[6]
Die Statuten müssen in schriftlicher Form errichtet sein und über den Zweck des Vereins, seine Mittel und seine Organisation Aufschluss geben.[7] Ausserdem müssen die Statuten von den Vereinsgründern angenommen sowie der Vorstand bestellt werden. Danach kann sich der Verein ins Handelsregister eintragen lassen.[8] Eine entsprechende Pflicht zur Eintragung besteht dann, wenn der Verein ein kaufmännisches Unternehmen führt.[9]
Der Verein entsteht als solcher schon mit der übereinstimmenden Willensäusserung, einen Verein gründen zu wollen: Der Handelsregistereintrag hat rein deklaratorische Bedeutung.

[5] Art. 60 I ZGB

[6] Art. 62 ZGB

[7] Art. 60 II ZGB

[8] Art. 61 ZGB

[9] Art. 61 II ZGB

### Gesellschaftsorgane

Der Verein verfügt von Gesetzes wegen über die folgenden Organe: Die Vereinsversammlung und den Vorstand.

**Die Vereinsversammlung** Die Vereinsversammlung als oberstes Organ des Vereins wählt den Vorstand und entscheidet in allen Angelegenheiten, welche nicht anderen Organen des Vereins übertragen sind.[10] Ohne anderslautende Bestimmungen beschliesst sie zudem über die Aufnahme bzw. den Ausschluss von Mitgliedern.[11] Ausserdem übernimmt sie die Aufsicht über die Tätigkeit der Vereinsorgane und kann diese jederzeit abberufen.[12] Vereinsbeschlüsse werden mit der absoluten Mehrheit der anwesenden Mitglieder gefasst.[13] Die Mitglieder haben in der Vereinsversammlung alle das gleiche Stimmrecht.[14]

[10] Art. 65 I ZGB

[11] Art. 65 I ZGB

[12] Art. 65 II ZGB

[13] Art. 67 II ZGB

[14] Art. 67 I ZGB

**Der Vorstand**  Diesem obliegt nach Massgabe der Statutenbestimmungen die Geschäftsführung und -vertretung des Vereins.[1]

[1] Art. 69 ZGB

**Revisionsstelle**  In der Praxis werden meistens zwei Vereinsmitglieder als Revisoren gewählt, welche die Korrektheit der Vereinsbuchhaltung zuhanden der Vereinsversammlung prüfen und Bericht erstatten.

### Rechte der Gesellschafter

Der Beitritt zu einem Verein ist grundsätzlich jederzeit möglich.[2] Statutarisch kann die Aufnahme von neuen Mitgliedern jedoch eingeschränkt, an Bedingungen geknüpft oder ganz ausgeschlossen werden. [3]
Die Mitgliedschaft kann zudem unter Beachtung einer sechsmonatigen Frist auf das Ende eines Kalenderjahres beendet werden.[4] In der Praxis wird ein Austritt aus wichtigen Gründen auch ohne Einhaltung der Kündigungsfrist anerkannt.
Ausser einem Benutzungsrecht (z.B. Benutzung der Sportanlagen bei einem Sportverein) kommen den Vereinsmitgliedern in der Regel keine weiteren vermögensmässigen Rechte zu.
Mitwirkungsrechte ergeben sich aus der Teilnahme an der Vereinsversammlung und dem Stimmrecht. Als Schutzrechte können das Recht auf Anfechtung von gesetzes- oder statutenwidrigen Beschlüssen der Vereinsversammlung oder des Vorstandes[5] und der Anspruch auf die Beibehaltung des Vereinszweckes[6] bezeichnet werden.

[2] Art. 70 II ZGB

[3] Art. 72 I ZGB

[4] Art. 70 II ZGB

[5] Art. 75 ZGB

[6] Art. 74 ZGB

### Pflichten der Gesellschafter

Beiträge können von den Vereinsmitgliedern nur verlangt werden, sofern die Statuten dies vorsehen.[7]

[7] Art. 71 ZGB

### Risiko und Haftung

Für die Verbindlichkeiten des Vereins haftet das Vereinsvermögen. Es haftet ausschliesslich, sofern die Statuten keine anders lautenden Bestimmungen enthalten.[8]

[8] Art. 75a ZGB

### Auflösung

Die Auflösung des Vereins erfolgt bei einem entsprechenden Vereinsbeschluss,[9] bei Zahlungsunfähigkeit, bei der Unmöglichkeit, den Vorstand statutengemäss zu bestellen[10] sowie bei Widerrechtlichkeit oder Unsittlichkeit des Vereinszwecks.[11]

[9] Art. 76 ZGB

[10] Art. 77 ZGB

[11] Art. 78 ZGB

**Beispiel** Vereinsgründung – Statuten

Die Mitarbeiterinnen und Mitarbeiter der „Venturo Lernkompetenz-Zentrum AG, St. Gallen" gründen einen Sportverein. Statutarisch wird festgelegt, dass dieser nur den Angestellten der AG offenstehen soll. Der Mitgliederbeitrag wird durch die Statuten bei 150 Franken pro Jahr festgelegt. Für die Vereinsschulden haftet gemäss Art. 75a ZGB ausschliesslich das Vereinsvermögen, sofern die Statuten nichts anderes vorsehen.

Abb. 276

Abb. 277

| Verein | | | |
|---|---|---|---|
| Inhaber | Kapital | Gründung | Handelsregister |
| keine festgelegte Anzahl, Mitgliedschaft ist nicht übertragbar oder vererbbar, Verein ist eine juristische Person | Verfolgung eines wirtschaftlichen Zwecks nicht vorgesehen, Mitgliederbeiträge, Sponsoren, Vereinsaktivitäten | Willensäusserung, Statuten (Zweck, Mittel, Organisation), Vorstand, Vereinsversammlung | nur notwendig, falls zur Verfolgung des Vereinszwecks ein kaufmännisches Unternehmen betrieben wird |
| Rechte | Pflichten | Risiko | Firma |
| Benutzungsrecht, Mitwirkungsrecht, Schutzrecht | Bezahlung der Vereinsbeiträge, falls solche statutarisch vorgesehen sind | für Schulden haftet ausschliesslich das Vereinsvermögen, sofern die Statuten nichts anderes vorsehen | beliebig |

→ Aufgabe 9

**517**

# Aufgaben – D23 Gesellschaftsrecht

## 1

a Worin unterscheiden sich die zwei Unternehmensformen?

b Nennen und beschreiben Sie Vor- und Nachteile der beiden Unternehmensformen. Formulieren Sie Ihre Gedanken anhand der folgenden Tabelle:

Tab. 184

| | Vorteile | Nachteile |
|---|---|---|
| **Unternehmensform I:** | | |
| **Unternehmensform II:** | | |

## 2

a Welche Merkmale lassen auf das Vorliegen einer Gesellschaft schliessen?

b Begründen Sie bei jedem der folgenden fünf Beispiele, ob es sich um eine
Gesellschaft handelt oder nicht.

I   Thomas geht am Sonntagmorgen mit der Absicht zum Markt, sich einen
frischen Laib Brot zu kaufen. Über den Preis werden sich der Verkäufer
und er schnell einig, Thomas erwirbt das Brot für CHF 3.10.

II  Romans Grossvater stirbt und hinterlässt seinen fünf Erben sein
ganzes Vermögen. Diese bilden damit eine Erbengemeinschaft nach
Art. 602 ZGB.

III Moritz, Daniel und Franz sind Schüler und wollen in ihrer Freizeit ein
wenig Geld verdienen, indem sie ihren Nachbarn die Erledigung von
Gartenarbeiten anbieten. Daher investieren sie ihr ganzes Taschengeld in
den gemeinsamen Erwerb einer Heckenschere.

IV  Anna führt einen kleinen Blumenladen, der sich wachsender Kundschaft
erfreut. Um weiterhin alle Kunden bedienen zu können, stellt sie die
gelernte Floristin Vera ein.

V   Alois möchte einen kleinen Zeitungsladen eröffnen. Sein Freund Dieter
gewährt ihm dafür ein Darlehen in der Höhe von 10 000 Franken, wofür
Alois ihm halbjährlich Zinsen entrichtet und ihn ausserdem am Gewinn
beteiligt.

## 3

Absolvieren Sie folgende Recherchieraufträge. Sie können hierfür das Gesamt-
schweizerische Register (http://zefix.admin.ch/) und das Schweizerische Handelsamtsblatt (SHAB) konsultieren. Suchen Sie

a eine AG, welche in Ihrem Kanton gelöscht wurde. Welches war der Zweck
der Gesellschaft?

b eine GmbH, welche in Ihrem Kanton neu gegründet wurde. Welches ist der
Zweck der Gesellschaft?

c bei einer Gesellschaft Ihrer Wahl die aktuell zeichnungsberechtigten Personen.

**4**

Das Schweizer Gesellschaftsrecht zeichnet sich durch einen Formzwang sowie eine Formfixierung aus.

a Was wird unter diesen beiden Begriffen verstanden? Definieren Sie diese in zwei bis drei Sätzen.

b Aus welchem Grund existiert im Bereich des Gesellschaftsrechts ein Formzwang sowie eine Formfixierung? Inwiefern unterscheidet sich das Gesellschaftsrecht damit vom Vertragsrecht?

**5**

Begründen Sie in den folgenden Beispielen, ob es sich um Rechtsgemeinschaften oder Körperschaften handelt:

a Die Geschäftsführung und -vertretung liegt grundsätzlich bei den Gesellschaftern selbst: Sie stehen allen Gesellschaftern gemeinsam zu.

b Eine Gesellschaft kann als „verselbstständigte Vereinigung von Personen" beschrieben werden.

c Der CEO übernimmt die Geschäftsführung und vertritt die Gesellschaft nach aussen.

d Die Gesellschafter haften für Geschäftsschulden persönlich, unbegrenzt und solidarisch.

e Es ist grundsätzlich möglich, die Mitgliedschaft und alle damit zusammenhängenden Rechte zu übertragen.

f An der Gesellschafterversammlung werden Beschlüsse in der Regel mit der einfachen Mehrheit der vertretenen Stimmen gefasst.

g Nur das Gesellschaftsvermögen haftet für Gesellschaftsschulden.

**6**

Jenny, Larissa und Yuan haben eine Idee: Sie kaufen alte, aber gut erhaltene Schulbücher ihrer Mitschülerinnen und Mitschüler und verkaufen diese zu einem etwas höheren Preis an neu eintretende Schülerinnen und Schüler. Allerdings bezahlen sie die eingekauften Bücher nicht direkt, sondern versprechen die Bezahlung innerhalb von drei Monaten. Da der Verkauf jedoch nur schleppend anläuft und die drei Freunde bereits Schulbücher für über 700 Franken eingekauft haben, können sie ihre Schulden Ende Monat nicht zurückzahlen.

a Handelt es sich im vorliegenden Fall um eine einfache Gesellschaft? Begründen Sie Ihre Antwort anhand der Kriterien, welche eine einfache Gesellschaft kennzeichnen.

b Wie sind die Haftungsverhältnisse in einer einfachen Gesellschaft ausgestaltet? Wer haftet im vorliegenden Fall für die Gesellschaftsschulden in der Höhe von 700 Franken?

**7**

Im Gesellschaftsrecht kommt der Begriff „nach kaufmännischer Art geführtes Unternehmen" bei der Kollektivgesellschaft (Art. 552 OR) sowie bei den Bestimmungen zum Handelsregister (Art. 934 OR) vor.

a Wie lässt sich ein „nach kaufmännischer Art geführtes Unternehmen bzw. Gewerbe" grob umschreiben?

b Beurteilen Sie in den folgenden zwei Fällen, ob es sich um ein „nach kaufmännischer Art geführtes Unternehmen" handelt, und suchen Sie nötigenfalls die fehlenden Kriterien.

– Andreas, Philipp und Markus gründen zusammen ein Beratungsunternehmen: Während Andreas und Philipp sich jeweils auf die Strategieberatung konzentrieren, betreut Markus das Gebiet der Finanzberatung.

– Hans hat soeben seine Ausbildung zum Arzt abgeschlossen und eröffnet eine Praxis. Eine Sekretärin soll sich um administrative Angelegenheiten kümmern.

**8**

Beantworten Sie die folgenden Fragen zur Aktiengesellschaft:

a Inwiefern unterscheidet sich die AG in Bezug auf die Rechte und Pflichten der Gesellschafter von den Personengesellschaften bzw. von der GmbH? Wie lässt sich dieser Unterschied erklären?

b Über welche gesetzlich vorgeschriebenen Organe verfügt eine AG und welche Organe werden in der Praxis v. a. bei grösseren Gesellschaften zusätzlich geschaffen? Beschreiben Sie kurz die Aufgaben und Funktionen der jeweiligen Organe der AG.

c Was ist unter der „Vinkulierung" von Aktien zu verstehen? Welche Art Aktien werden üblicherweise vinkuliert und aus welchem Grunde?

**9**

Peter ist Mitglied des örtlichen Fussballclubs, welcher in Form eines Vereins geführt wird. In den Vereinsstatuten findet er folgende Bestimmung:
Mittel: „Zur Verfolgung des Vereinszweckes verfügt der Verein über die Beiträge der Mitglieder, welche jährlich von der Mitgliederversammlung festgelegt werden. Die Vereinsmitglieder haften subsidiär für die Verbindlichkeiten des Vereins."

a Wer haftet beim Verein grundsätzlich für die Schulden der Gesellschaft?

b Welches Problem stellt sich bezüglich der Haftbarkeit der Vereinsmitglieder im obigen Beispiel?

c Unter „Mitgliedschaft" findet Peter ausserdem die folgende Bestimmung vor: „Ein Mitglied kann jederzeit ohne Grundangabe aus dem Verein ausgeschlossen werden." Ist diese Bestimmung zulässig?

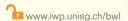 www.iwp.unisg.ch/bwl

# E

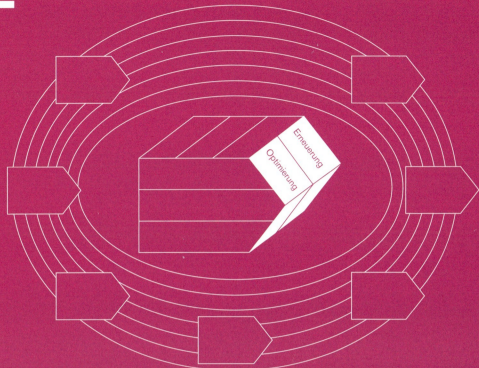

# Entwicklungsmodi

### Leitfragen

a) Weshalb sind die Entwicklungsmodi „Optimierung" und „Erneuerung" in einem Unternehmen wichtig?

b) Warum ist eine einseitige Fokussierung auf Optimierung oder Erneuerung problematisch?

c) Welche Zieldimensionen werden im Bereich der Optimierung voneinander unterschieden?

d) Welche Formen und Ansätze zur Optimierung gibt es und welches sind deren Hauptcharakteristika?

e) Woran ist eine gute Produkt- und Prozessqualität erkennbar?

f) Wozu dienen Zertifizierungssysteme und aus welchem Grund sind solche für ein Unternehmen wichtig?

### Schlüsselbegriffe

Optimierung, Erneuerung, Effektivitätsziele, Effizienzziele, Qualitätsmanagement, Total Quality Management (TQM), Kontinuierliche Verbesserungsprozesse (KVP), PDCA-Zyklus, Kaizen, Lean-Production, Just-in-Time-Konzept, Kanban, Autonome Automation, Betriebliches Vorschlagswesen, Benchmarking, Zertifikat, ISO, EFQM

### Verankerung im Modell

Die Entwicklungsmodi verleihen dem St. Galler Management-Modell eine dynamische Sichtweise: Die Unternehmen müssen ihre Marktposition immer wieder neu erkämpfen, da sich die Umweltsphären laufend verändern. Dieser Umstand zwingt die Unternehmen zur Vornahme kleinerer (Optimierung) und grösserer (Erneuerung) Veränderungen. Ohne stetige Optimierungen fallen die Unternehmen im Wettbewerb zurück.

**Beispiel**  Das Toyota-Produktionssystem

Abb. 278

Mitte der 70er-Jahre des letzten Jahrhunderts befand sich die Weltwirtschaft in einer ernsthaften Krise. Damals entwickelte die Toyota Motor Company ein spezielles Produktionssystem, welches dem Unternehmen zu neuem Aufschwung verhelfen sollte. Heute ist Toyota hinter GM der zweitgrösste Automobilhersteller der Welt. „Toyota" gilt als wertvollste Automarke der Welt.

- Welche Prinzipien liegen diesem erfolgreichen Produktionssystem zugrunde?
- Weshalb konnte sich das Unternehmen so vorteilhaft im Markt positionieren?

# 1.1 Abgrenzung zwischen Optimierung und Erneuerung

Die Unternehmen sehen sich gezwungen, ihre Produkte, Prozesse und Organisationsformen im Laufe der Zeit anzupassen, um im Markt bestehen zu können. Einerseits herrscht in vielen Märkten ein hoher Kostendruck, andererseits sehen sich Unternehmen den hohen Qualitätsansprüchen der Kundschaft gegenüber. Eine Anpassung in kleinen Schritten wird als **Optimierung** bezeichnet, während ein grundlegender und umfassender Wandel als **Erneuerung**→ bezeichnet wird. Es handelt sich hierbei um zwei Idealtypen. In der Praxis kann die Unterscheidung fliessend sein.

→ S.534 Erneuerung von Unternehmen (Innovationen)

Abb. 279

**Abgrenzung zwischen Optimierung und Erneuerung**

**Entwicklungsmodi**

**Optimierung**

– kontinuierliche Verbesserung
– in kleinen Schritten
– geringe Veränderung

**Erneuerung**

– wegweisende Innovationen
– in grossen Schritten
– radikale Veränderung

**Beispiel**  Toyota – Unterscheidung zwischen Optimierung und Erneuerung

Abb. 280

*Optimierung:* Toyota bringt einen sparsameren Benzinmotor auf den Markt und optimiert sein Produktionssystem.

*Erneuerung:* Mit der Entwicklung eines Hybridfahrzeuges hat sich Toyota an die veränderten Umweltbedingungen und Kundenwünsche angepasst. Die mit einem Verbrennungs- und Elektromotor ausgestatteten Autos haben einen tieferen Kraftstoffverbrauch, niedrige Emissions- und Geräuschwerte, eine neue Art von Beschleunigung sowie eine optimale Steuerung von Energiezufuhr und -entnahme. In Anbetracht der knappen Rohölressourcen und der zunehmenden Umweltverschmutzung sprechen die Vorzüge des Hybridfahrzeuges für sich, obwohl der Kaufpreis um einiges höher ist als bei einem Auto mit einem konventionellen Verbrennungsmotor. Mit dieser Innovation hat Toyota sein Geschäftsfeld um eine vielversprechende, zukunftsträchtige Technologie erweitert.

Aktivitäten zur Optimierung und solche zur Erneuerung eines Unternehmens müssen in einem Gleichgewicht stehen. Der Grund dafür liegt darin, dass zu viel von einem der beiden Entwicklungsmodi zu unerwünschten Zuständen führt:

– Eine dauernde Optimierung ohne Erneuerung führt längerfristig zu einer Situation der Erstarrung. Wenn das Unternehmen keine neuen Produkte lanciert, ist es dadurch längerfristig nicht mehr wettbewerbsfähig, da die Konkurrenz Erneuerungen vorangetrieben, zur Marktreife entwickelt und sich somit besser an neue Marktbedingungen angepasst hat.
– Eine dauernde Erneuerung ohne Optimierung führt zur Übermüdung aller Unternehmensressourcen, da die Erneuerungen nicht verdaut werden können: Jede Erneuerung kostet Geld und erfordert eine Anpassung der Mitarbeitenden.

Abb. 281

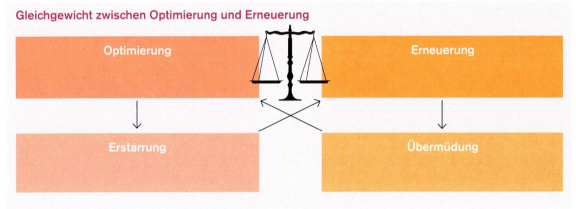

**Gleichgewicht zwischen Optimierung und Erneuerung**

**Beispiel** Toyota – Gleichgewicht zwischen Optimierung und Erneuerung

*Erstarrung:* Ab einem bestimmten Zeitpunkt kann ein Benzinmotor fast nicht mehr weiter optimiert werden. Eine weiterführende Optimierung führt zu keinem viel tieferen Benzinverbrauch mehr, womit der Kundennutzen nicht mehr steigt.
*Übermüdung:* Toyota kann nicht jedes Jahr einen auf neuen Technologien basierenden Motor auf den Markt bringen, da die Forschungsabteilung, das Personal und die Produktionsanlagen damit total überfordert wären.

## 1.2 Ziele der Optimierung

Bei Optimierungsanstrengungen stehen die zwei Zieldimensionen Effektivität und Effizienz im Vordergrund.
Die **Effektivitätsziele** orientieren sich am Kundennutzen, indem sie die kontinuierliche Verbesserung der Qualität, der Pünktlichkeit und der Sozial- und Umweltverträglichkeit anstreben. Demgegenüber sind die **Effizienzziele** gegen innen gerichtet. Sie versuchen die gewünschte Wirkung (Kundennutzen) mit möglichst wenig Aufwand (Ressourceneinsatz, Zeit, Kosten) zu erzielen.

**Beispiel** Toyota – Effektivitäts- und Effizienzziele

Die Absicht Toyotas, den Benzinverbrauch bei neuen Fahrzeugmodellen zu senken und damit die Umweltverträglichkeit der produzierten Fahrzeuge zu verbessern, stellt ein Effektivitätziel dar.

Die Entwicklung neuer Technologien zur Senkung des Benzinverbrauchs soll dabei möglichst schnell vonstatten gehen und möglichst wenig Mitarbeiter beanspruchen (Effizienzziel).

## 1.3 Formen und Ansätze der Optimierung

In der Praxis bestehen verschiedene Formen und Ansätze, um die Zielsetzungen der Optimierung zu erreichen.

### Qualitätsmanagement

**Das Qualitätsmanagement beschäftigt sich mit der Festlegung, Sicherstellung und Überprüfung von Qualitätszielen in einem Unternehmen.**

Mit der Optimierung soll die Qualität verbessert werden. Die Qualität im engeren Sinne – gemäss dem klassischen und bereits ein wenig veralteten Verständnis – bezeichnet die Güte eines Produkts oder einer Dienstleistung. Der heutigen Auffassung zufolge kommt dem Begriff aber eine wesentlich umfassendere Bedeutung zu. Der Fokus liegt folglich nicht nur auf dem Endergebnis (Produkt oder Dienstleistung), sondern darüber hinaus auch auf den zielführenden Arbeitsgängen (Prozesse) und deren Schnittstellen.

Die Produkt- und Prozessqualität kann anhand verschiedener Kriterien gemessen werden:
– Kundenzufriedenheit→
– Mitarbeiterzufriedenheit
– Lieferzeiten/Termintreue
– Lagerzeiten/-kosten→
– Herstellkosten→
– Pannen/Betriebsunterbrüche/Ausschuss

→ S. 349 Kundenzufriedenheit

→ S. 230 Kapitalbindung und Lagerunterhalt

→ S. 375 Kostenträgerrechnung

Eine tiefe Kundenzufriedenheit (z.B. durch viele Garantiefälle und Kundenreklamationen) ist ein Indikator für eine schlechte Produktqualität. Ein hoher Ausschuss hängt oft mit ungenau instruierten oder demotivierten Mitarbeitern zusammen. Lange Lieferzeiten und lange Lagerzeiten liefern einen Hinweis auf eine schlechte Prozessqualität.

Diese eben genannten Faktoren bilden die Ansatzpunkte für die Festlegung, Sicherstellung und Überprüfung von Qualitätszielen und für die Verbesserung der Qualität.

Obwohl die Kernideen und Grundsätze im Qualitätsmanagement stets dieselben blieben, haben sich im Laufe der vergangenen Jahrzehnte doch verschiedene Ansätze herausgebildet. Im Folgenden werden die verbreitetsten Qualitätsmanagement-Ansätze erläutert.

### Total Quality Management

**Dem Total Quality Management (TQM) liegt ein umfassendes Verständnis von Qualität zugrunde.**

Die meisten Qualitätssicherungssysteme basieren auf der Philosophie von Total Quality Management (z. B. ISO, EFQM). Der Begriff „Total" steht für den Einbezug aller Mitarbeitenden und die Berücksichtigung sämtlicher Anspruchsgruppen einer Organisation. „Quality" bezieht sich auf das gesamte Unternehmenssystem, also alle Strategien, Strukturen, Prozesse, Produkte und Dienstleistungen. Derweilen bezeichnet „Management" die Unternehmensführung und damit einhergehend die Verwirklichung gesetzter Ziele.

Im Mittelpunkt dieses Managementkonzepts stehen die Zufriedenstellung der Bedürfnisse und Wünsche der Kunden sowie die Verbesserung der unternehmerischen Aktivitäten. Da die Kundenorientierung einen zentralen Leitwert darstellt, gilt es, die Kundenzufriedenheit jederzeit sicherzustellen. Entsprechend orientiert sich das Qualitätsmanagement sowohl an den externen Kunden, also den Endverbrauchern, als auch an internen Abnehmern innerhalb der Wertschöpfungskette. Der Begriff des Kunden wird dabei weiter gefasst. Ausgehend von einer Tätigkeit wird sogar innerhalb des Unternehmens jede vorgelagerte Prozessstufe als Lieferant und jede nachgelagerte Prozessstufe als Kunde angesehen.

Abb. 282

**Beispiel** Toyota – Total Quality Management

Die Produktionsabteilungen von Toyota sehen sich als Lieferanten der Montageabteilung. Sie sind bemüht, einwandfreie Teile zu liefern (z. B. Löcher am richtigen Ort gebohrt), damit bei der Montage keine Verzögerungen entstehen. Die Montageabteilung ihrerseits ist wiederum ein Lieferant der Verkaufsabteilung und deshalb darum bemüht, die montierten Fahrzeuge pünktlich zu liefern.

### Kontinuierliche Verbesserungsprozesse

**Unter „Kontinuierlichen Verbesserungsprozessen" (KVP) wird eine Grundeinstellung im Rahmen des Qualitätsmanagements eines Unternehmens verstanden.**

Diese Orientierung sieht vor, alle Aktivitäten in einer Organisation andauernd zu perfektionieren. Insofern verbindet sich damit die Vorstellung einer lernenden Organisation[1]→, welche sich fortlaufend und selbstständig weiterentwickelt.

[1] Lernende Organisation: Organisation, welche Ereignisse als Anregungen auffasst und für Entwicklungsprozesse nutzt, um die Wissensbasis und Handlungsspielräume neuen Erfordernissen anzupassen.

→ S. 190 Lernende Organisation

Die Trägerschaft dieser Leitidee und somit das Kernstück der Kontinuierlichen Verbesserungsprozesse sind sämtliche Mitarbeitenden in einem Unternehmen. Sie sind dafür verantwortlich, die Prozesse in einer Organisation zu hinterfragen und diese im Falle von Handlungsbedarf anzupassen.

Zur Verwirklichung der kontinuierlichen Verbesserung hat W. Edwards Deming bereits 1951 den **PDCA-Zyklus**[>] entwickelt. Dieser erlaubt es, Problemstellungen systematisch zu bearbeiten.

→ S.334 PDCA-Zyklus

**Der PDCA-Zyklus oder Demingkreis ist ein Hilfsmittel zur Analyse und Verbesserung nicht zufriedenstellender Sachverhalte.**

Tab. 185

| Phasen | Erklärung |
|---|---|
| „**p**lan" (planen) | Zur Qualitätsoptimierung in einem Unternehmen werden die vorherrschenden Zustände beobachtet, Verbesserungspotenziale ermittelt, Zielvorstellungen formuliert und korrigierende Massnahmen geplant. |
| „**d**o" (ausführen) | Die in der Planungsphase erarbeiteten Massnahmen werden umgesetzt. |
| „**c**heck" (überprüfen) | Es wird überprüft, inwiefern die geplanten Veränderungen realisiert werden konnten. |
| „**a**ct" (verbessern) | Waren die Ergebnisse nicht befriedigend, müssen die Vorkehrungen nochmals überarbeitet und verbessert werden. Wurden die gewünschten Wirkungen erzielt, so werden die neuen Konzepte im gesamten Unternehmen als Standards übernommen und es können Optimierungsmöglichkeiten in anderen Bereichen gesucht werden. |

Die nachfolgende Abbildung des PDCA-Zyklus veranschaulicht, dass der Optimierungsprozess stets von Neuem beginnt und kein Qualitätsoptimum erreicht werden kann.

Abb. 283

**Der PDCA-Zyklus**

Verbesserung · Qualitätsplanung · Ausführung · Überprüfung · kontinuierliche Verbesserung

## Kaizen

**Kai- (Veränderung) -zen (zum Guten) bezeichnet die prinzipielle Auffassung, dass bestehende Zustände stets unvollkommen sind und zum Besseren verändert werden müssen.**

Das japanische Konzept wird grundsätzlich mit dem Gedankengut der KVP gleichgesetzt. Es bezieht sich in der Wirtschaft in erster Linie auf die Fliessfertigung→ und wird seit einiger Zeit vom Automobilhersteller Toyota erfolgreich angewandt. Die Grundannahme dieses Optimierungsverständnisses besagt, dass in einem Unternehmen stets Mängel auftreten. Diese müssen behoben werden, wobei eine vollkommene Fehlerfreiheit nicht zu erreichen und der Verbesserungsprozess demnach ein unendlicher ist.

→ S. 254 Fliessfertigung

Im Mittelpunkt der Kaizen-Philosophie steht die Optimierung der Arbeitsschritte auf allen Stufen einer Organisation, was eine Senkung der Kosten herbeiführt. Zudem soll die Anzahl der beschäftigten Arbeitskräfte auf ein Minimum beschränkt werden. Auch Fehler gilt es tunlichst zu vermeiden. Des Weiteren kommt insbesondere der Vermeidung von Ressourcenverschwendungen eine aussergewöhnliche Bedeutung zu. Verschiedene Ursachen können zu einer solchen Verschwendung führen: Überproduktion, Liegezeiten→, überflüssige Transporte einzelner Teile→, Überbearbeitung, hohe Lagerbestände→, unnötige Bewegungen der Arbeitenden oder die Herstellung defekter Produkte. Im Endeffekt zielt das Kaizen-Konzept auf die Ergreifung all derjenigen Massnahmen ab, mit deren Hilfe die Effizienz in einem Unternehmen erhöht wird.

→ S. 248 Liegezeiten

→ S. 230 Kapitalbindung und Lagerunterhalt

→ S. 244 Produktionslogistik

## Lean-Production

**Lean Production** steht für die Eliminierung aller überflüssigen Tätigkeiten. Das Konzept der schlanken Produktion wurde mittlerweile auch auf Wertschöpfungs- und Unterstützungsprozesse ausgeweitet, welche keine materiellen Güter, sondern Dienstleistungen (z. B. im Bankensektor) hervorbringen.

**Beispiel** Toyota – Die zwei Hauptsäulen des Produktionssystems

Oberstes Ziel des japanischen Automobilherstellers Toyota ist es, jegliche Art von Verschwendung im Unternehmen zu vermeiden. Die zwei Grundpfeiler des erfolgreichen Produktionssystems sind Just-in-Time und autonome Automation.

**Das Just-in-Time-Konzept (JIT) beschreibt eine Geschäftspraxis, bei welcher alle Aktivitäten zeitgerecht aufeinander abgestimmt sind.**

Das **Just-in-Time-Konzept**→ findet insbesondere in Produktionsunternehmen grosse Beachtung. Ziel ist es, die im Herstellungsprozess benötigten Teile stets zur richtigen Zeit in der richtigen Qualität und Menge am jeweils richtigen Ort bereitzustellen. Mit dieser Methode lassen sich Durchlaufzeiten→ und Lagerbestände reduzieren, wodurch wiederum Kosten gespart werden.

→ S. 233 Just-in-Time-Konzept

→ S. 247 Durchlaufzeiten

**Beispiel** Toyota – Just-in-Time-Konzept

Abb. 284

Um das Just-in-Time-Konzept in der Realität umzusetzen, hat Toyota das Kanban-System eingeführt. **Kanbans** sind Karten, mit denen sich die Mitarbeitenden informieren können, wann sie neue Teile produzieren müssen. Auf diese Weise funktioniert die Verständigung zwischen den einzelnen Abteilungen bezüglich der zu erbringenden Produktionsleistungen. Jede Karte ist einem bestimmten (Zwischen-)Produkt zugeteilt. Wird ein solches im Herstellungsprozess weiterverwendet, kommt die freie Kanban-Karte wieder in den Umlauf und signalisiert der vorgelagerten Wertschöpfungsstufe, dass sie für Ersatz sorgen muss.

Einhergehend mit der Beseitigung von Ressourcenverschwendungen wird mithilfe der **Autonomen Automation** versucht, Produktionsfehler und damit Ausschussprodukte zu verhindern. Solche Maschinen werden von Menschen programmiert und arbeiten anschliessend eigenständig. Sie können selbst Fehler im Produktionsprozess erkennen und daraufhin ein Warnsignal aussenden.

**Die Autonome Automation bezeichnet den Betrieb von Maschinen mit automatischer Warnung bei Abweichungen vom Normalbetrieb.**

### Betriebliches Vorschlagswesen

Einige Unternehmen verfügen über ein **betriebliches Vorschlagswesen**, damit die Mitarbeitenden ihre Ideen und Anregungen zur Optimierung des Unternehmens bestmöglich einbringen können. Teilweise sehen solche Systeme auch Belohnungen für besonders kreative und konstruktive Verbesserungsvorschläge vor, was die Motivation der Mitarbeitenden zum aktiven Mitdenken erhöht.

### Benchmarking

Qualität wird nicht nur anhand der Kundenanforderungen bestimmt, welche beispielsweise mithilfe von Befragungen ermittelt werden. Auch die Konkurrenz hat Einfluss auf die Festlegung von Qualitätsmassstäben jeglicher Art. Wenn sich ein Unternehmen mit den besten derselben Branche vergleicht und versucht, diese Best Practices[1] zu adaptieren, nennt sich dieses Vorgehen **Benchmarking**. Die miteinander im Wettbewerb stehenden Unternehmen versuchen sich gegenseitig zu übertreffen und setzen so die Messlatte bezüglich der Qualität immer höher.

[1] Best Practice: „Erfolgsrezept" oder „bewährtes Verfahren"

→ Aufgaben 1, 2, 3 und 4

## 1.4 Zertifizierungssysteme

**Ein Zertifikat ist ein offizielles Dokument, welches die Erfüllung bestimmter Anforderungen schriftlich festhält und beglaubigt.**

Die Beschaffenheit des untersuchten Objekts (Produkt, Dienstleistung, Prozess, usw.) wird demnach nicht losgelöst betrachtet, sondern im Hinblick auf einen festgelegten und normierten Ideal- oder Soll-Zustand bewertet. Im Rahmen dieses Vergleichs lässt sich je nach dem eine positive oder negative Abweichung feststellen.

Oftmals beginnt der Prozess der Zertifizierung mit einer Selbstbewertung durch das Unternehmen. Danach folgt eine Untersuchung durch einen unparteiischen Dritten (Auditor), welcher schliesslich für die Zertifizierung ausschlaggebend ist. Dazu müssen bestimmte Voraussetzungen erfüllt sein. Der Hauptnutzen der Zertifizierung wird darin gesehen, dass der schriftliche Nachweis vorgegebener Qualitätsstandards die Vertrauenswürdigkeit eines Unternehmens gegenüber ihren Anspruchsgruppen stärkt. Das wohl bekannteste Beispiel für ein Zertifizierungssystem ist die ISO-Normenreihe.

**Die ISO (International Organization for Standardization) ist eine Organisation, welche verschiedene anerkannte Regelwerke aufstellt.**

Die ISO versucht damit, eine internationale Normierung der Qualitätsstandards zu erreichen. Die Regelungen wurden ursprünglich für Produktionsunternehmen entwickelt. Inzwischen existieren jedoch auch spezifische Normen für den Dienstleistungssektor.

Neben Zertifikaten werden auch Preise an Unternehmen mit einem vorbildlichen Qualitätsmanagementsystem verliehen.

**Die EFQM (European Foundation of Quality Management) ist eine Organisation, welche ein umfassendes Qualitätsmanagement-Modell entwickelt hat. Es wird als Bewertungsgrundlage für verschiedene Auszeichnungen herangezogen und basiert auf der Frage: „Was ist entscheidend für den Erfolg exzellenter Organisationen?"**

Das EFQM-Modell für Business Excellence[1] dient den Unternehmen insbesondere als ganzheitlicher Orientierungsrahmen bei der Selbsteinschätzung. Dadurch kann ein Unternehmen eigenständig Stärken, Schwächen und Verbesserungsmöglichkeiten erkennen. Basierend auf dieser Selbsteinschätzung kann das Management die Unternehmensstrategie→ ausrichten. Das Modell geht vom Ansatz des Total Quality Managements aus und basiert somit auf einem umfassenden Qualitätsverständnis.

[1] Business Excellence: systematische Unternehmensentwicklung zur nachhaltigen Verbesserung der Wettbewerbsstärke

→ S. 98 Unternehmensstrategie

Abb. 285

**Das EFQM-Modell**

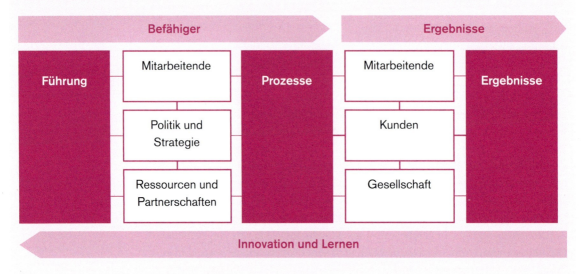

Insgesamt neun Hauptkriterien beschreiben ein Unternehmen: Fünf sind Befähigerkriterien (Führung, Mitarbeitende, Politik/Strategie, Ressourcen/Partnerschaften und Prozesse) und vier Ergebniskriterien (Mitarbeitende, Kunden, Gesellschaft, Ergebnisse). Ein besonders wichtiger Betrachtungsgegenstand sind die Ergebnisse. Die Analyse dieser Ergebnisse geben Hinweise, was ein Unternehmen erneuern kann und wo ein Lernbedarf besteht. Dieser wird durch den horizontalen Pfeil „Innovation und Lernen" angedeutet. Das Unternehmen wird dabei als Lernende Organisation verstanden. Die Befähiger müssen die Erkenntnisse, welche primär im Umgang mit den Kunden entstehen, bewusst aufnehmen und in bessere Ergebnisse überführen (horizontaler Pfeil „Befähiger" und „Ergebnisse"). Das Modell betont diesen andauernden zirkulären Prozess. Die hierfür erforderliche Energie muss von den verschiedenen Führungspersonen im Unternehmen ausgehen. Das EFQM-Modell will das Unternehmen anspornen, immer näher an den Idealzustand („Exzellenz") zu gelangen.

**Beispiel** KTQ GmbH – Zertifizierung*

Fehler in Krankenhäusern oder Arztpraxen können besonders schwerwiegende Folgen haben. Aus diesem Grund ist die Qualitätssicherung ein zentrales Thema. Die KTQ GmbH (Kooperation für Transparenz und Qualität im Gesundheitswesen) stellt den Einrichtungen im Gesundheitswesen eine praxisnahe Orientierung für ihr Qualitätsmanagement zur Verfügung. Sie hat zu Beginn des Jahres 2016 das 2000. Zertifikat im Krankenhausbereich vergeben.
Das KTQ-Verfahren setzt auf eine hohe Praxistauglichkeit und bewertet die Qualität in den Kategorien Patientenorientierung, Mitarbeiterorientierung, Sicherheit und Risikomanagement, Informations- und Kommunikationswesen, Unternehmensführung und Qualitätsmanagement. Im Mittelpunkt steht dabei der Patient.

★ http://www.ktq.de/index. php?id=6 und http://www. ktq.de/index.php?id=858

→ Aufgaben 5 und 6

# Aufgaben – E1 Optimierung von Unternehmen

**1**

Was bedeutet für Sie als Lernende/-r Schulqualität?

**2**

Das deutsche Sozialgesetzbuch (SGB) schreibt vor, dass Krankenhäuser jedes zweite Jahr einen Qualitätsbericht verfassen müssen. Suchen Sie im Internet einen solchen Bericht und bringen Sie in Erfahrung, welche Informationen genau darin enthalten sind. Vergleichen Sie die Resultate im Klassenverband.

**3**

Zugsverspätungen entstehen unter anderem dadurch, dass die Passagiere in den Bahnhöfen zu langsam ein- und aussteigen. Wodurch könnten die SBB den Prozess „Ein- und Aussteigen von Passagieren" optimieren? Nennen Sie bereits bestehende sowie neue Massnahmen.

**4**

Der Pizza-Kurier „best pizzas" hat folgende drei Prozesse:

Abb. 286

a  Wodurch kann der Pizza-Kurier „best pizzas" die einzelnen Prozesse hinsichtlich Kosten, Zeit und Qualität optimieren?
b  Durch welche Tätigkeiten können die Arbeitskräfte Disponent, Pizzaiolo und Kurier beschäftigt werden, wenn sie vorübergehend für einige Minuten keine Arbeit in ihrem Zuständigkeitsbereich haben?

**5**

a  Was ist der Sinn und Zweck eines Zertifizierungssystems?
b  Beschreiben Sie die Konzeption des Zertifizierungssystems Ihrer Schule.

**6**

Nehmen Sie zu folgender Aussage Stellung und veranschaulichen Sie die Aussage mit einem Beispiel: „Qualität ist, wenn der Kunde zurückkommt und nicht das Produkt."

## Leitfragen

a) Welches sind die Triebkräfte für Innovationen?

b) Worauf kann sich eine Innovation beziehen (Innovationsgegenstände)?

c) Welches sind die Quellen von Innovationen?

d) Welche Voraussetzungen sind nötig, damit Innovationen entstehen können?

e) Worauf ist bei der Umsetzung von Innovationen zu achten?

f) Mithilfe welcher Schutzmechanismen kann eine Innovation vor der Nachahmung durch ein Konkurrenzunternehmen geschützt werden?

g) Welche Technologiearten können unterschieden werden und welche Bedeutung haben diese?

## Schlüsselbegriffe

Innovation, Produktinnovation, Prozessinnovation, Sozialinnovation, Market Pull, Crowdsourcing, Technology Push, Technologiemanagement, Change Management, Time-to-Market, First-Mover-Advantage, Patent, Warenzeichen

## Verankerung im Modell

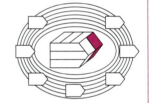

Die Entwicklungsmodi verleihen dem St. Galler Management-Modell eine dynamische Sichtweise: Die Unternehmen müssen ihre Marktposition immer wieder neu erkämpfen, da sich die Umweltsphären laufend verändern und Konkurrenten mit neuen, gleichen oder ähnlichen Produkten in den Markt eindringen. Diese Umstände zwingen die Unternehmen zur Vornahme kleinerer (Optimierung) und grösserer Veränderungen (Erneuerung). Diese grossen Veränderungen (Innovationen) können von der gesellschaftlichen oder technologischen Umweltsphäre oder aus dem direkten Kontakt mit den Kunden ausgelöst werden. Innovationen prägen die Strategie und lösen oft grössere Investitionsvorhaben mit entsprechendem Finanzierungsbedarf aus. Sie haben zudem einen Einfluss auf die Geschäftsprozesse eines Unternehmens.

**Beispiel** Schokoladenfabrik „Schoko AG"

Abb. 287

Der Schokoladenproduzent „Schoko AG" produziert nebst Tafelschokoladen auch Schokoladenkugeln mit einer Spezialfüllung. Das Unternehmen steht in Konkurrenz mit einer grossen Anzahl in- und ausländischer Anbieter. Der Preisdruck ist enorm. Die Herstellungskosten bestehender Produkte müssen daher gesenkt und zudem ein neues Produkt auf den Markt gebracht werden. Innovative Lösungen sind gefragt.

## 2.1 Triebkräfte für Innovationen

Erneuerung wird auch als **Innovation** bezeichnet. Dieser Begriff steht für neue Ideen und Erfindungen, welche wirtschaftlich umgesetzt werden. Zudem existieren viele Ideen, welche sich jedoch nie durchsetzen können. Innovativ sind demnach Ideen, welche einen bestimmten Grad an Neuigkeit aufweisen und zugleich markttauglich sind.

Innovationskraft ist eine unerlässliche Bedingung für den Markterfolg eines Unternehmens. Triebkräfte für Innovationen sind:

– verschärfter internationaler Wettbewerb
– Notlagen, welche Unternehmen zwingen, neue Leistungen zu erbringen, um ihr Überleben zu garantieren
– anspruchsvollere Kundenbedürfnisse
– Erkenntnisse aus Evaluationen (z. B. Kundenbefragungen)
– sich rasch wandelnde Technologien
– Erkenntnisse aus Kooperationen zwischen Unternehmen und Universitäten oder Fachhochschulen
– Erkenntnisse aus der Grundlagenforschung
– zufällige Entdeckungen

Diese Triebkräfte führen dazu, dass die Produktlebenszyklen→ immer kürzer werden und die Unternehmen somit zur ständigen Erneuerung gezwungen sind.

→ S. 108 Produktlebenszyklus

Durch die Umsetzung einer innovativen Idee kann ein Unternehmen quasi eine zeitlich beschränkte Monopolstellung erhalten. Diese hält so lange an, bis ein anderes Unternehmen die Idee imitiert. Daher gilt es, der Konkurrenz immer eine Nasenlänge voraus zu sein, um sich gegen sie durchsetzen zu können.

**Beispiel** Die Entwicklung von Musikdatenträgern

Die Schallplatte wurde aufgrund des technologischen Fortschritts von der Compact Disc (CD) abgelöst. Die CD ist im Vergleich zur Schallplatte handlicher, bietet eine bessere Musikqualität und mehr Speicherplatz. Als Weiterentwicklung der CD folgte die Mini-Disk. Diese wurde von der kleinen Speicherkarte abgelöst, welche in iPods und Handys eingebaut sind.

→ Aufgaben 1, 2 und 3

Abb. 288

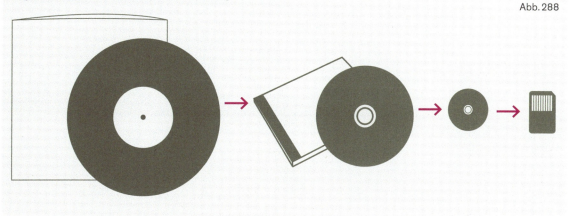

## 2.2 Innovationsgegenstände

Eine Innovation kann sich auf ein Produkt, einen Prozess oder soziale Aspekte beziehen.

**Eine Produktinnovation (auch Leistungsinnovationen genannt) bezieht sich auf die Entwicklung oder Überarbeitung eines bestehenden Produkts oder einer Dienstleistung.**

**Beispiel** „Schoko AG" – Produktinnovation

Abb. 289

Eine Produktinnovation war rückblickend die Veränderung der Grösse der Schokolade. So wurden vor längerer Zeit neben normalen Tafelgrössen (100 g) auch kleine Schokoladen-Täfelchen (zum Kaffee) eingeführt.
Eine echte Innovation für die Zukunft wäre eine Schokolade mit einem deutlich tieferen Fettgehalt bei gleichem Geschmack. Dies erfordert jedoch eine neue Technologie, da eine gewisse Fettmenge notwendig ist, damit die Schokoladenmasse verformbar bleibt.

**Prozessinnovationen beziehen sich auf die Neugestaltung von Geschäftsprozessen.**

Mit der Neugestaltung von Geschäftsprozessen[1] sollen
– einerseits die Produktionskosten und die Produktionszeit durch effizientere betriebliche Abläufe gesenkt und/oder
– andererseits eine Qualitätssteigerung erzielt werden.

[1] Neugestaltung von Geschäftsprozessen: auch Business Process Reengineering genannt

**Beispiel** „Schoko AG" – Prozessinnovation

Das One-Shot-Verfahren ist eine Prozessinnovation in der Schokoladenindustrie. Hierdurch können Schokoladenkugeln mit Füllung in einem anstatt in drei Schritten hergestellt werden. Das ältere Verfahren umfasste die Herstellung der Hülle, deren Auskühlung und das anschliessende Einspritzen der Füllung. Mit dem One-Shot-Verfahren kann dies nun alles in einem Schritt erfolgen. Hierdurch werden Zeit gespart (kein zwischenzeitliches Auskühlen mehr), Kosten gesenkt (keine Zwischenlagerungskosten→) und die Qualität gesteigert (kein Einspritzloch mehr).

→ S. 230 Kapitalbindung und Lagerunterhalt

→ Aufgabe 4

**Sozialinnovationen beinhalten Erneuerungen im Bereich des Führungs- und Organisationssystems.**

**Beispiel** „Schoko AG" – Sozialinnovation

Die „Schoko AG" hat ein Job-Rotationssystem→ eingeführt, in dessen Rahmen die Mitarbeiter halbjährlich ihren Arbeitsplatz und ihre Aufgabe wechseln. Dies ermöglicht das Kennenlernen bereichsübergreifender Zusammenhänge und die Erhöhung der Mitarbeitermotivation durch neue Herausforderungen.

→ S. 151 Job-Rotation

## 2.3   Innovationsprozess

### Quellen von Innovationen

Innovationen können ihren Ursprung an vier verschiedenen Quellen haben:

Abb. 290

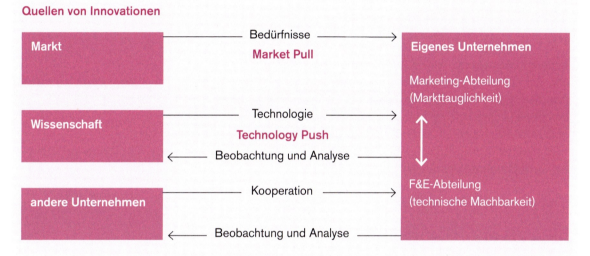

**Markt** Eine marktgetriebene Innovation (**Market Pull**) hat ihren Ursprung beim Kunden bzw. bei den Kundenbedürfnissen→. Entweder wird ein Kundenbedürfnis durch einen Kunden oder einen Mitarbeiter mit Kundenkontakt an das Unternehmen herangetragen oder das Unternehmen bringt über Marktforschung→ oder durch die Identifikation von Trends→ die wichtigsten Kundenbedürfnisse in Erfahrung. Zusätzlich sammeln die Unternehmen über die Präsenz in den sozialen Medien innovative Ideen bei Kunden. Dieses Vorgehen wird **Crowdsourcing** genannt.

→ S. 14 Maslow'sche Bedürfnispyramide

→ S. 278 Marktforschung

→ S. 59 Wertewandel und Trends

**Beispiel** „Schoko AG" – Market Pull

Über Befragungen ihrer Kunden hat die „Schoko AG" herausgefunden, dass ihre Kundschaft liebend gerne Schokolade konsumiert, jedoch aus gesundheitlichen Gründen Schokolade mit einem deutlich geringeren Fettgehalt bei gleichem Geschmack bevorzugt (Low-Fat-Bedürfnis). Das Unternehmen entwickelt eine neue Schokolade mit 10 % weniger Fett.

**Wissenschaft** Eine technologiegetriebene Innovation (**Technology Push**) hat ihren Ursprung bei der Technologie bzw. bei den Anwendungsmöglichkeiten, welche eine Technologie eröffnet. Die Kunden kaufen jedoch nicht Technologie(n), sondern Produkte und Dienstleistungen. Technologien bieten aber die Möglichkeit, die Eigenschaften der Produkte und Dienstleistungen zu prägen. Das **Technologiemanagement** schlägt die Brücke zwischen Wissenschaft und Markt, indem es Entwicklungen im Technologiebereich beobachtet und analysiert. Unternehmen kooperieren hierfür oft mit Fachhochschulen und Universitäten.

**Beispiel** „Schoko AG" – Technology Push

Die F&E-Abteilung von der „Schoko AG" hat eine neue Technologie entdeckt, welche in der Forschungsabteilung eines Maschinenbauers entwickelt wurde. Die neue Technologie (One-Shot-Verfahren) ermöglicht die Herstellung von Schokoladenkugeln mit Spezialfüllung in einem anstatt in drei Arbeitsschritten.

**Andere Unternehmen** Eine weitere Innovationsquelle kann auch im Zukauf von Unternehmen (Übernahme) oder in der Kooperation (Strategische Partnerschaft, Joint Venture→) mit anderen Unternehmen liegen, welche über eine bestimmte Technologie verfügen oder neue Produkte schon beinahe zur Marktreife entwickelt haben. In der Praxis kaufen grosse Unternehmen häufig kleine, spezialisierte Start-up-Unternehmen[1] auf, um von deren guten Ideen bzw. deren Entwicklungen zu profitieren.

→ S. 137 Joint Venture

[1] Start-up: Als Start-up-Unternehmen (kurz: Start-ups) werden junge, eben erst gegründete Unternehmen bezeichnet.

**Beispiel** „Schoko AG" – Übernahme

Die „Schoko AG" hat letztes Jahr eine kleine Confiserie aufgekauft, welche kürzlich ausgezeichnete Pralinen auf den Markt gebracht hat. Die Imitation dieser Pralinen hätte für die „Schoko AG" zu viel Zeit und Know-how in Anspruch genommen, weshalb sich die Unternehmensleitung zum Kauf der Confiserie entschloss.

→ Aufgabe 5

**Eigenes Unternehmen** Auslöser von Innovationen können auch Mitarbeiterinnen und Mitarbeiter sein. In jedem Fall muss ein Unternehmen die Markt- und Technologieentwicklungen systematisch verfolgen und in neue Produkte umsetzen. In der F&E[2]-Abteilung wird systematisch nach neuen Ideen und Möglichkeiten gesucht und die technische Machbarkeit von Ideen aus der Marketing-Abteilung geprüft. Das Marketing beurteilt die Markttauglichkeit von Ideen aus der F&E-Abteilung und prüft dabei, ob die für die Kunden wichtigen Merkmale erfüllt sind. Die Marketing- und F&E-Abteilung müssen einen regen Austausch pflegen.

[2] F&E: Forschung und Entwicklung

**Voraussetzungen für Innovationen**

Innerhalb des Unternehmens braucht es zur internen Entwicklungsaktivität die richtigen Leute mit dem richtigen Know-how. Damit diese Leute kreativ sein können, müssen einige Voraussetzungen bzw. Rahmenbedingungen vorherrschen. Kreativität[1] kann nicht erzwungen werden – so wie einer Pflanze auch nicht befohlen werden kann, zu wachsen. Das Wachstum einer Pflanze erfordert ebenfalls bestimmte Bedingungen.

[1] Kreativität: Fähigkeit schöpferischen Denkens und Handelns

Tab. 186

| Innovationsfördernde Faktoren | Erläuterung |
|---|---|
| Risikobereitschaft und Fehlerkultur | Mut zu Aussergewöhnlichem, Akzeptanz von Misserfolgen, Entwicklung von Eigeninitiative |
| Lernkultur | intensive Aus- und Weiterbildung |
| Veränderungskultur | Der schöpferische Akt ist auch ein Akt der Zerstörung von Bisherigem und erfordert die Bereitschaft zur Veränderung. |
| Visionen | Visionen bedürfen mehr der Phantasie als der Logik. |
| Teamarbeit | Innovationen können heute kaum mehr durch einzelne kreative Individuen generiert werden, sondern erfordern die Zusammenarbeit von Spezialisten aus verschiedenen Organisationsbereichen sowie eine intensive Kommunikation. |
| Kreative Freiräume | Entwickler in Unternehmen brauchen kreativen Freiraum, um ihre Ideen entwickeln zu können. Hierzu gehören beispielsweise flexible Arbeitszeitmodelle und inspirierende Geschäftsräumlichkeiten. Zu viele Regeln und Einschränkungen behindern die Kreativität. |
| Führung | Vertrauen, Feedback über die erbrachte Leistung, kooperativer Führungsstil, Mitarbeitermotivation und Förderung von Mitarbeiterinitiativen |
| Kreativitätstechniken→ | Brainstorming, Methode 635, morphologischer Kasten |

→ S. 552 Lösungen suchen

**Beispiel** „Schoko AG" – Innovationsfördernde Massnahme

→ Aufgaben 6, 7 und 8

Abb. 291

Die Schokoladenfabrik erlaubt ihren Mitarbeitern, 5% der Arbeitszeit frei zu nutzen, um neue Produkte und Prozessideen zu generieren. Mitarbeiterideen werden in einem Briefkasten gesammelt und durch die Geschäftsleitung ausgewertet.

## Umsetzung von Innovationen

Bei der Entwicklung von Innovationen ist oftmals eine Zusammenarbeit mit Partnern (z. B. Kunden, Lieferanten, Forschungseinrichtungen) notwendig, welche im Rahmen von Projekten→ stattfindet.

Im frühen Projektstadium sind Kreativität und Ideengenerierung gefragt. Im späteren Projektverlauf sind vor allem richtige Selektion, Effizienz und termingerechte Umsetzung erforderlich. Eine Idee hat bis zu ihrer Umsetzung verschiedene Hürden zu nehmen: Die Idee muss sowohl neuartig, als auch markttauglich sein. Zudem müssen die nötigen Ressourcen (Maschinen, Arbeitskräfte, Geld) zur Verfügung stehen. Da die Ressourcen beschränkt sind, kann nicht jede Idee umgesetzt werden. Eine weitere Hürde bildet die Überwindung interner Widerstände. Innovation bedeutet Veränderung, was oft zu menschlichen Ängsten vor dem Neuen und Unbekannten führt. Durch Informationen und Gespräche können solche Widerstände abgebaut werden. An dieser Stelle kommt das **Change Management**[1] zum Zuge.

→ S. 171 Temporäre Organisationsform – Projektorganisaton

[1] Change Management: Alle Aufgaben, Massnahmen und Tätigkeiten, die eine weit reichende Veränderung in einer Organisation begleiten und institutionalisieren soll.

## Schutzmechanismen

Eine Innovation bringt einen Wettbewerbsvorteil. Aus diesem Grund lässt die Konkurrenz üblicherweise mit einer Imitation[2] nicht lange auf sich warten. Um Innovationen zu schützen, bestehen mit dem faktischen und dem juristischen Schutz grundsätzlich zwei Möglichkeiten.

[2] Imitation: Nachahmung

Abb. 292

**Schutzmechanismen von Innovationen**

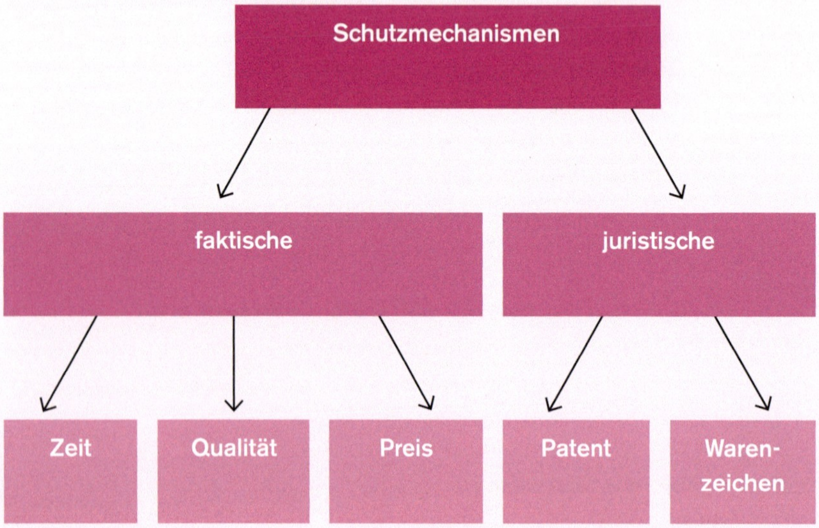

**Zeit** Für den Erfolg einer Innovation ist die Reaktionsfähigkeit auf sich verändernde Kundenanforderungen und auf Massnahmen der Konkurrenz entscheidend. Die Konkurrenzfähigkeit eines Unternehmens ist eng verbunden mit der Geschwindigkeit, mit der Chancen erkannt, entsprechende Entwicklungsaktivitäten in die Wege geleitet und neue Produkte auf den Markt gebracht und neue Prozesse im Unternehmen umgesetzt werden können. Eine Produktinnovation muss schnell auf den Markt gebracht werden (kurz **Time-to-Market**[1]), um möglichst lange ohne Imitationen durch die Konkurrenten hohe Margen generieren zu können (**First-Mover-Advantage**[2]). Jedoch kann auch eine zu frühe Markteinführung problematisch sein, falls ein Produkt Qualitätsmängel (Kinderkrankheiten[3]) aufweist. In diesem Falle können Kunden geschädigt werden und das Unternehmen viel Geld kosten sowie dessen Image schädigen. Die Entscheidung zu einer frühen oder eher späten Markteinführung stellt also eine Gratwanderung dar.

**Qualität und Preis** Ein weiterer Schutz bieten eine möglichst hohe Qualität oder ein möglichst tiefer Preis.→ Diese beiden Komponenten erschweren der Konkurrenz den erfolgreichen Auftritt mit einer wettbewerbsfähigen Imitation.

**Patent** Ein Patent gibt seinem Inhaber das Recht, anderen zu untersagen, die Erfindung zu verwenden. Andere Unternehmen dürfen ein patentgeschütztes Erzeugnis weder herstellen noch anbieten oder nutzen. Der Staat möchte mit dieser Schutzmöglichkeit die Anstrengungen und Investitionen der Erfinder vor späteren Nachahmern sichern. Damit auch weiterhin geforscht wird, muss sich eine Investition in die Forschung und Entwicklung lohnen. Der Inhaber des Patents ist berechtigt, für eine befristete Zeit über die gewährten Rechte zur Benutzung und gewerblichen Verwendung zu verfügen. Er kann die patentierte Erfindung auch weiterverkaufen.

**Warenzeichen** Ein Warenzeichen→ (geschützte Marke) ist rechtlich geschützt. Eine Marke soll zeigen, woher ein Produkt stammt bzw. von wem es produziert wurde.

## 2.4 Überblick Technologien

Technologien sind die Quelle von Produkt- und Prozessinnovationen. Eine Technologie alleine nützt aber noch nichts: Dazu ist immer eine konkrete Anwendung in Bezug auf ein Produkt oder eine Dienstleistung erforderlich. Nachfolgend werden einige Technologien vorgestellt, welche die wirtschaftliche Tätigkeit fundamental verändert haben.

[1] Time-to-Market: Zeit von der Entwicklung bis zur Marktreife

[2] First-Mover-Advantage: Vorteile desjenigen Marktteilnehmers, welcher eine Innovation (ein innovatives Produkt, eine innovative Dienstleistung) zuerst auf den Markt bringt.

[3] Kinderkrankheiten: Als Kinderkrankheiten werden Mängel und Fehlfunktionen neuer Produkte bzw. Dienstleistungen bezeichnet.

→ S. 104 – S. 105
Qualitätsführerschaft bzw. Kostenführerschaft

→ S. 341 Warenzeichen

Tab. 187

| Technologie | Erläuterung |
| --- | --- |
| Wasserkraft | Die Wasserkraft erlaubte den Ersatz von Mensch und Tier zum Betreiben von Maschinen. |
| Dampfkraft | Die Dampfkraft erlaubte die Nutzung von Bewegungsenergie der Maschinen durch Wärme. |
| Elektrifizierung | Die Elektrifizierung ermöglichte:<br>– einfachere Bauweise und kleinere Maschinen dank Elektromotoren<br>– höherer Wirkungsgrad der Elektromotoren gegenüber den Dampfmaschinen<br>– einfachere Wartung als Dampfmaschinen<br>– Transport von Energie von einem Ort zum anderen. Somit musste eine Fabrik nicht mehr zwingend neben einem Fluss stehen. |
| Computer | Der Computer hat den Ersatz der Schreibmaschine ermöglicht. Dadurch können einzelne Dokumente beliebig verändert und einfach vervielfältigt werden. |
| Gentechnologie | Methoden der Biotechnologie, welche auf den Kenntnissen der Genetik aufbauen und gezielte Eingriffe in das Erbgut eines Lebewesens ermöglichen. Dies erlaubt beispielsweise die Herstellung einer Pflanze, welche gegen Schädlinge resistent ist, womit ein Ernteausfall minimiert wird. |
| Biotechnologie | Umsetzung von Erkenntnissen aus der Biologie und der Biochemie in technische oder technisch nutzbare Elemente oder Produkte (z. B. DNA-Fingerabdruck). |
| Mobilfunktechnologie | Erlaubt die drahtlose Übermittlung von Daten. Dies ermöglicht beispielsweise die Mobiltelefonie oder das drahtlose Versenden von E-Mails. |
| Nanotechnologie | Veränderung von Materialien auf der atomaren oder der molekularen Ebene, was beispielsweise die Herstellung von selbstreinigenden Oberflächen ermöglicht. |

Neue Technologien haben meistens sowohl positive als auch negative Folgen. Die Nukleartechnologie beispielsweise sorgt für einen wesentlichen Teil des heute verbrauchten Stroms (rund 40 % in der Schweiz), führt jedoch zu Entsorgungsproblemen (Endlagerung der abgebrannten Brennstäbe) sowie zur Gefahr eines Supergaus (z. B. Reaktorunglück in Tschernobyl oder 2011 in Fukushima). Überdies zeigt die Nukleartechnologie eindrücklich die Gefahren eines Missbrauchs auf. Die militärische Verwendung in Form von Nuklearwaffen und deren möglichen Gebrauch als Terrorinstrumente sind reale Bedrohungen.

Neue Technologien bringen im Alltag oftmals willkommene Annehmlichkeiten (z. B. Computer) und enorme Rationalisierungseffekte (z. B. Maschinen). Es können aber auch gleichzeitig negative Nebeneffekte entstehen (z. B. Arbeitsplatzabbau, Überforderung von Menschen).

→ Aufgabe 9

## 2.5 Internet der Dinge

Das Internet der Dinge wird im Unterkapitel Umweltsphäre Technologie[→] beschrieben. An dieser Stelle werden Beispiele zu Produktinnovationen aus den Bereichen Mobilität, Wohnen und Alltagsutensilien abgebildet.

→ S. 63 Digitalisierung und Internet der Dinge

→ Aufgabe 10

**Beispiel**  Tesla – Modell S[*]

★ www.teslamotors.com, www.ecomento.tv

Tesla bezeichnet sich als Autohersteller, der sich innovativen Energielösungen verschrieben hat. Das Modell S von Tesla, die erste elektrisch angetriebene Limousine der Premium-Klasse, wurde im Jahr 2012 lanciert. Tesla stellte 2014 fest, dass Kunden Hilfe beim Anfahren am Berg gebrauchen können, und entwickelte einen entsprechenden Startassistenten. Dieser wurde über Nacht auf alle Tesla-Fahrzeuge weltweit überspielt. Am nächsten Morgen hatten die Tesla-Kunden einen neuen Knopf auf ihrem digitalen Armaturenbrett.

Das Navigationssystem berücksichtigt automatisch Änderungen an der Luftfederung. Wird eine Stelle, an der der Fahrer bei einer vorherigen Fahrt die Höhe der Luftfederung änderte, erneut passiert, stellt sich die Niveau-Regulierung bei allen weiteren Fahrten automatisch ein. Das Model S „merkt" sich quasi unebenen Untergrund oder Hindernisse zur Verkehrsberuhigung.

**Beispiel**  ComfyLight AG – Intelligente Glühbirne[*]

★ www.comfylight.com

Die ComfyLight AG wurde 2015 von zwei ehemaligen Doktoranden der Universität St. Gallen gegründet. Das Unternehmen vertreibt intelligente Glühbirnen mit WLAN-Anschluss und einem eingebauten Bewegungssensor. Über eine App informiert sie Wohnungsbesitzer bei Abwesenheit über Aktivitäten in deren Heim. Bei Bewegungen in der Wohnung kann die Glühbirne blinken gelassen werden, um die Eindringlinge zu verscheuchen. Die Glühbirne kann sich während des Urlaubs der Bewohner zudem auch selbstständig ein- und ausschalten, um Anwesenheit zu simulieren.

**Beispiel**  Limmex AG – Limmex-Notruf-Uhr[*]

★ www.limmex.com

Die Vision der Limmex AG ist, Menschen in Notsituationen optimale Unterstützung zu gewähren. Dies soll einfach, ortsunabhängig und diskret geschehen. Zur Erreichung dieser Vision verbindet Limmex traditionelles Schweizer Uhrenhandwerk mit innovativer Kommunikations- und Sicherheitstechnik. Daraus sind die Limmex-Notruf-Uhren entstanden. Ein Knopfdruck genügt zur Auslösung eines Alarms. Innerhalb weniger Sekunden kann dank eingebautem Lautsprecher und Mikrofon ein Telefongespräch geführt werden. Die angerufene Person erhält nach der Auslösung eines Alarms auch eine SMS. Die SMS enthält einen Link zu einer Karte, auf der die Position der Uhr zum Zeitpunkt des Notrufs markiert ist.

# Aufgaben – E2 Erneuerung der Unternehmen

**1**

Welche Bedeutung haben Innovationen für ein Unternehmen?

**2**

Nennen Sie zwei innovative Produkte aus der Vergangenheit und ein innovatives Produkt aus der Gegenwart.

**3**

Chocolat Frey hat beschlossen, seine Tafelschokoladen anstatt in Alufolie neu in Kunststofffolie zu verpacken. Was könnten die möglichen Beweggründe für diese Entscheidung gewesen sein und wo sehen Sie Gefahren dieser innovativen Idee?

**4**

Nennen Sie einige Prozessinnovationen aus den letzten Jahren/Jahrzehnten.

**5**

Sie sind Mitglied der Geschäftsleitung eines Unternehmens. Nehmen Sie zu folgender Aussage Stellung: „If you can't beat them, join them".

**6**

Entwickeln Sie mithilfe des morphologischen Kastens→ einen innovativen Tisch.

→ S.553 Morphologischer Kasten

**7**

Bilden Sie Sechsergruppen und suchen Sie kreative Produktlösungen für das Kundenbedürfnis „Sicherheit – nachts alleine unterwegs". Wenden Sie hierzu die Brainstorming-Methode→ an.

→ S.552 Brainstorming

**8**

Entwickeln Sie in einer Sechsergruppe mithilfe der 635-Methode→ ein innovatives Produkt für einen der folgenden Megatrends: Urbanisierung, demografischer Wandel, wachsendes Sicherheitsbedürfnis, zunehmende Mobilität, Rohstoffknappheit.

→ S.552 Methode 635

**9**

Diskutieren Sie anhand eigener Beispiele die Vor- und Nachteile neuer Technologien.

**10**

Recherchieren Sie im Internet nach dem Begriff „Smart Home". Erstellen Sie anschliessend eine Tabelle mit der Kopfzeile „Smartes Ding" (z. B. Intelligente Glühbirne) in der ersten Spalte und dessen „Merkmale" (z. B. selbstständiges Ein- und Ausschalten während Urlaubsabwesenheit) in der zweiten Spalte.

www.iwp.unisg.ch/bwl

# Toolbox

# Toolbox

→ S. 545 Inhaltsübersicht

## Leitfragen

a) Welche Hauptschritte beinhaltet eine systematische Problemlösung?

b) Welche Fragen werden bei einer 6W-Checkliste beantwortet?

c) Worauf ist bei der Erstellung eines Mindmaps zu achten?

d) Aus welchen Elementen besteht ein Netzwerk?

e) Was besagt die Einflussmatrix?

f) Was wird mit einem Brainstorming bezweckt und worauf ist bei der Durchführung zu beachten?

g) Wie funktioniert die Methode 635?

h) Wie wird ein morphologischer Kasten erstellt?

i) Worin unterscheidet sich die Stärken-Schwächen-Analyse von der SWOT-Analyse und dem tabellarischen Vergleich?

j) Wozu dient eine Nutzwertanalyse und wie wird eine solche erstellt?

k) In welchen Situationen wird ein Entscheidungsbaum eingesetzt und worauf ist bei der Erstellung zu achten?

l) Weshalb ist die Szenarioplanung von Bedeutung und wie wird eine solche gemacht?

m) Was ist ein Flussdiagramm?

n) Weshalb und wie wird ein Netzplan erstellt?

## Schlüsselbegriffe

6W-Checkliste, Mindmap, Netzwerktechnik, Brainstorming, Methode 635, Morphologischer Kasten, Stärken-Schwächen-Analyse, SWOT-Analyse, Nutzwertanalyse, Sensitivitätsanalyse, Entscheidungsbaum, Szenarien, Trendszenario, Best-Case-Scenario, Worst-Case-Scenario, Flussdiagramm, Netzplan

## Einführung

Im Unternehmensalltag entstehen laufend Probleme und Entscheidungssituationen, welche Führungspersonen auf allen Stufen zu bewältigen haben. Dabei müssen zahlreiche Zielkonflikte[→] abgewogen werden. Typische Führungsfragen sind:

→ S. 76 Zielharmonie, Zielneutralität und Zielkonflikte

– Welche Ansprüche werden an das Unternehmen gerichtet?

– Welche Person stellen wir nach einer Serie von Bewerbungsgesprächen an?

– Wie lassen sich unsere Herstellungskosten senken, damit wir konkurrenzfähig bleiben?

Oft gehen Führungspersonen dabei rein intuitiv[1] vor und machen dadurch Fehler. Diese liessen sich durch den Einsatz von Problemlöse- und Entscheidungstechniken ganz oder teilweise vermeiden.

[1] intuitiv: Eingebung, ahnendes Erfassen

Dieses Kapitel liefert wertvolle Techniken zur Erkennung von Problemen, zur Erarbeitung von Lösungen, zur Entscheidungsfindung zwischen verschiedenen Lösungsalternativen und zu deren Umsetzung.

# 1.1 Überblick über Problemlösemethoden

 DL3G

Komplexere Probleme mit mehreren Einflussgrössen bedürfen zur Lösung ein längeres und strukturiertes Vorgehen. Ein solcher Problemlöse- und Entscheidungsprozess zeigt in der Regel folgende fünf Hauptschritte.

Tab. 188

| Hauptschritte | Erklärung | Tools |
|---|---|---|
| 1 Situation erfassen und Problem erkennen | – Fakten und Informationen beschaffen<br>– Situationsanalyse<br>– Problem definieren und eingrenzen<br>– Ursachenanalyse | – 6W-Checkliste<br>– Mindmapping<br>– Netzwerktechnik |
| 2 Lösungen suchen | – Mögliche Lösungen suchen | – Brainstorming<br>– Methode 635<br>– Morphologischer Kasten |
| 3 Lösungen bewerten, Entscheidungen treffen und Szenarien entwickeln | – Kriterien suchen und gewichten, um die Lösungen beurteilen zu können<br>– Entscheiden und Konsequenzen des Entscheids überlegen<br>– Szenarien entwickeln | – Stärken/Schwächen-Analyse<br>– SWOT-Analyse<br>– Vergleiche mithilfe von Tabellen<br>– Nutzwertanalyse mit Sensitivitätsanalyse<br>– Entscheidungsbäume<br>– Szenariotechnik |
| 4 Lösungen umsetzen | – Lösung in Gang setzen | – Flussdiagramm<br>– Netzplantechnik<br>– Projektmanagement→ |
| 5 Lösung kontrollieren | – Erfolg der Lösung überprüfen | – Controlling, Kennzahlen→→ |

# 1.2 Situation erfassen und Problem erkennen

Im ersten Schritt ist die Ausgangslage möglichst genau zu erfassen. Es gilt die relevanten Einflussgrössen zu suchen und Wechselwirkungen[1] zwischen diesen Grössen zu erfassen. In dieser Phase des Problemlöseprozesses müssen Informationen gesammelt (Recherchieren) und strukturiert dargestellt werden (Mindmapping). Für die Darstellung der Wechselwirkung zwischen den einzelnen Einflussgrössen eignen sich Netzwerke. Oft müssen emotionale und sachliche Aspekte entflochten werden.

→ S. 171 Temporäre Organisationsform – Projektorganisation

→ S. 255 Kennzahlen der Produktion; S. 431 Finanzanalyse; S. 203 Managementkreislauf
→ S. 528 PDCA-Zyklus

[1] Wechselwirkung: gegenseitige Beeinflussung

## 6W-Checkliste

Informationen zur Erfassung einer Situation können unternehmensintern (Buchhaltung, spezialisierte Abteilungen wie das Controlling usw.) oder unternehmensextern (Behörden, Branchenverbände, Banken, Universitäten, Nichtstaatliche Organisationen, Experten und Konferenzen) beschafft werden.
Eine bewährte Vorgehensweise für das Erfassen und Strukturieren einer Situation ist die **6W-Checkliste.** Damit werden folgende Aspekte angesprochen:

– Personen (wer?)
– Materialien/Objekte (was?)
– Zeitfaktor (wann?)
– örtliche Gegebenheiten (wo?)
– Gründe, welche die Angelegenheit bedeutsam machen (warum?)
– Identifikation der betroffenen Aktivitäten (wie?)

## Mindmapping

Eine grosse Menge an Informationen ist für das Gehirn schwer zu erfassen und zu strukturieren. Das **Mindmap**[1] ist eine mögliche übersichtliche und strukturierte Darstellungsform von Informationen. Damit können viele Facetten einer Problemstellung strukturiert dargestellt werden. In die Mitte wird das Thema gesetzt und die wichtigsten Aspekte rundherum in Grossbuchstaben angeordnet. Diese werden wiederum durch einzelne Wörter spezifiziert. Das Mindmap kann auch mit Farben und Symbolen ergänzt werden. Im folgenden Beispiel wird in Mindmap-Form die Strukturierung von Informationen gezeigt.

[1] Mindmap: aus dem Englischen, bedeutet Gedächtniskarte

Abb. 293

**Beispiel** Mindmap – Strukturierung von Informationen

**Netzwerktechnik**

Für eine ganzheitliche Erfassung einer Problemsituation bietet sich die **Netzwerktechnik** an. Bei der Erstellung eines Netzwerkes wird in folgenden fünf Schritten vorgegangen:

Tab. 189

| Schritt | Fragestellung beim Vorgehen |
|---|---|
| 1 | Welche Einflussfaktoren sind für das Problem von Bedeutung? (z.B. Image, Umsatz) |
| 2 | Welche Einflussfaktoren stehen in einer Beziehung zueinander? Diese werden mit Pfeilen verbunden. (z.B. Image ⟶ Umsatz) |
| 3 | Welche Wirkung besteht zwischen zwei Einflussfaktoren? Verstärkende Wirkung ⊕: – aus gross (gut) wird grösser (besser) – aus klein (schlecht) wird kleiner (schlechter) Dämpfende Wirkung ⊖: – aus grösser (gut) wird kleiner (schlechter) – aus kleiner (schlecht) wird grösser (besser) |
| 4 | Wie stark ist die Intensität der Beziehung zwischen zwei Einflussfaktoren? (vgl. Einflussmatrix S. 550) |
| 5 | Welche Einflussfaktoren sind lenkbar und Ansatzpunkte für konkrete Massnahmen? (vgl. Aktiv- und Passivsummen S. 550 und Lenkbare Grössen auf S. 551) |

Abb. 294

**Beispiel** „Spielwaren AG" – Netzwerk (Schritte 1–3)

Die „Spielwaren AG" produziert Spielwaren. Sie sieht sich mit dem Problem sinkender Gewinne konfrontiert. Die Geschäftsleitung hat im Sinne einer ganzheitlichen Problembetrachtung ein Netzwerk erstellt.

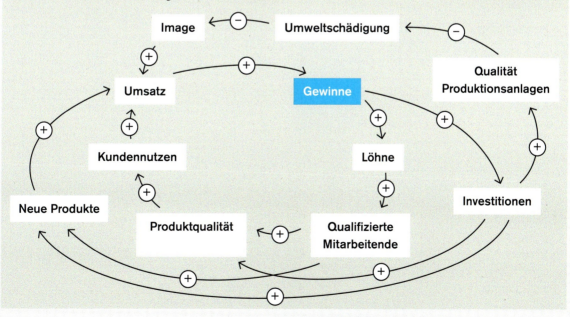

Die Intensität der Beziehung wird in einer Einflussmatrix erfasst. In dieser sind die Einflussfaktoren in Worten und Buchstaben dargestellt, wobei die Matrix wie folgt gelesen werden muss: Der Einfluss von Gewinnen (a) auf b (Löhne) ist stark (3).

Die Aktivsumme AS (bzw. die Passivsumme PS) ergibt sich aus der Addition aller einzelnen Zahlenwerte jeder Zeile (bzw. jeder Spalte).
Je höher die Aktivsumme eines Faktors ist, desto stärker beeinflusst dieser andere Faktoren. Je höher die Passivsumme eines Faktors ist, desto stärker wird dieser von anderen Faktoren beeinflusst.

Intensität der Beziehung:
1: schwach
2: mittel
3: stark

Tab. 190

**Beispiel** „Spielwaren AG" – Einflussmatrix (Schritt 4)

| Einfluss | auf | | | | | | | | | | | |
|---|---|---|---|---|---|---|---|---|---|---|---|---|
| von | a | b | c | d | e | f | g | h | i | j | k | AS |
| a Gewinne | – | 3 | 0 | 0 | 0 | 0 | 1 | 0 | 0 | 0 | 0 | 4 |
| b Löhne | 0 | – | 2 | 0 | 0 | 0 | 0 | 0 | 0 | 0 | 0 | 2 |
| c Qualifizierte Mitarbeitende | 0 | 0 | – | 2 | 0 | 0 | 0 | 1 | 0 | 0 | 0 | 3 |
| d Produktqualität | 0 | 0 | 0 | – | 2 | 0 | 0 | 0 | 0 | 0 | 0 | 2 |
| e Kundennutzen | 0 | 0 | 0 | 0 | – | 3 | 0 | 0 | 0 | 0 | 0 | 3 |
| f Umsatz | 3 | 0 | 0 | 0 | 0 | – | 0 | 0 | 0 | 0 | 0 | 3 |
| g Investitionen | 0 | 0 | 0 | 2 | 0 | 0 | – | 2 | 2 | 0 | 0 | 6 |
| h Neue Produkte | 0 | 0 | 0 | 0 | 0 | 2 | 0 | – | 0 | 0 | 0 | 2 |
| i Qualität Produktionsanlagen | 0 | 0 | 0 | 0 | 0 | 0 | 0 | 0 | – | 2 | 0 | 2 |
| j Umweltschädigung | 0 | 0 | 0 | 0 | 0 | 0 | 0 | 0 | 0 | – | 1 | 1 |
| k Image | 0 | 0 | 0 | 0 | 0 | 1 | 0 | 0 | 0 | 0 | – | 1 |
| Passivsumme (PS) | 3 | 3 | 2 | 4 | 2 | 6 | 1 | 3 | 2 | 2 | 1 | |

Aktiv- und Passivsummen helfen, zu erkennen, welche Einflussfaktoren im Netzwerk eher eine aktive, eine passive, eine kritische oder träge Rolle spielen.

- *Aktive Grössen:* beeinflussen andere stark, werden selbst aber von anderen Einflussfaktoren wenig beeinflusst. Sie besitzen eine gewisse Hebelfunktion und eignen sich deshalb am besten für Eingriffe ins System (hier: Investitionen).
- *Passive Grössen:* werden von anderen stark beeinflusst, beeinflussen andere aber nur schwach. Sie sind nicht geeignet für Eingriffe (hier: Umsatz).
- *Kritische Grössen:* beeinflussen andere stark, werden jedoch selbst von anderen ebenfalls stark beeinflusst. Aus diesem Grund empfiehlt sich eine vorsichtige Behandlung (hier: Erträge).
- *Träge Grössen:* werden weder stark beeinflusst, noch beeinflussen sie andere stark. Sie sind nicht tauglich für gestaltende Eingriffe ins System (hier: Image).

Eine weitere Kategorisierungsmöglichkeit der Einflussfaktoren ist die Unterteilung in „lenkbare Grössen", „nicht lenkbare Grössen" und „Indikatoren" (Schritt 5).

Tab. 191

| Begriff | Definition | Beispiel „Spielwaren AG" |
|---|---|---|
| Lenkbare Grössen | – durch das Unternehmen unmittelbar beeinflussbar<br>– Ansatzpunkt für konkrete Massnahmen | – Investitionen<br>– Löhne |
| Nicht lenkbare Grössen | – durch das Unternehmen nicht unmittelbar beeinflussbar<br>– Rahmenbedingungen für das unternehmerische Handeln<br>– Ansatzpunkt zur Erarbeitung von Szenarien „was wäre, wenn…" | – Umweltschädigung<br>– Umsatz |
| Indikatoren | – zeigen eine Entwicklung frühzeitig an (Frühindikator) oder den erzielten Erfolg auf (Erfolgsindikator) | – Image<br>– Erträge |

**Beispiel** „Spielwaren AG" – Schlussfolgerungen

Das Netzwerk und die Einflussmatrix zeigen der Geschäftsleitung, dass zur Steigerung der Erträge (kritische Grösse) und des Images (träge Grösse) Investitionen und Löhne (aktive, lenkbare Grössen) erhöht werden müssen.

# 1.3 Lösungen suchen

Nachdem die Probleme definiert und abgegrenzt wurden, folgt in einem weiteren Schritt die Suche nach Problemlösungsmöglichkeiten. Welche Lösungsmöglichkeiten sind grundsätzlich denkbar? Die intuitive Suche nach Lösungen kann durch den Einsatz von Kreativitätstechniken unterstützt werden.

## Brainstorming

Brainstorming ist die bekannteste und am häufigsten angewandte Kreativitätstechnik. Sie dient der gemeinsamen Ideenfindung zu einem Problem unter der Leitung eines Moderators. Der Teilnehmerkreis sollte zwischen 5 und 12 Personen liegen und möglichst heterogen[1] zusammengesetzt sein. Durch das Zusammenwirken mehrerer Personen (mit unterschiedlichem Erfahrungshintergrund) wird meistens ein besseres Ergebnis erreicht. Ideen eines Teilnehmers regen die anderen Teilnehmer zu weiteren Ideen an, auf welche sie sonst nicht gekommen wären. Dadurch fällt das Ergebnis besser aus, als wenn jeder Teilnehmer alleine Ideen entwickelt hätte. Der Moderator leitet die Sitzung und notiert alle Vorschläge oder Lösungen zum gegebenen Thema bzw. Problem.

Die Vorschläge sollten für alle Gruppenmitglieder sichtbar auf einer Wandtafel, einem Flip-Chart oder einem Hellraumprojektor visualisiert werden. Beim Brainstorming ist die Einhaltung folgender Regeln enorm wichtig:
- keine Kritik oder Bewertung der eigenen oder fremden Ideen (strikte Trennung zwischen Ideengenerierung und -bewertung)
- Quantität vor Qualität
- möglichst auch ungewöhnliche Ideen
- Fortführung und Weiterentwicklung bereits vorgebrachter Ideen
- maximale Dauer des Brainstormings 30 Minuten
- am Ende werden die Ideen vom Moderator systematisiert, gruppiert und gemeinsam mit den Gruppenmitgliedern bewertet.

[1] heterogen: sehr unterschiedlich, uneinheitlich

## Methode 635

Die **Methode 635**[2] stellt eine Art individuelles Brainstorming dar und zielt darauf ab, die entwickelten Ideen aufzugreifen und weiterzuentwickeln, um damit ihre Qualität zu steigern. Dazu arbeiten 6 Personen (oder Gruppen) zusammen. Jeder muss auf seinem Formular 3 Lösungsvorschläge für ein genau umschriebenes Problem notieren. Anschliessend werden die Formulare innerhalb der Gruppe im Uhrzeigersinn weitergereicht. Der Empfänger soll die bereits vorliegenden Ideen durch beliebige Kombinationen innerhalb von fünf Minuten weiterentwickeln und auf diese Weise seinerseits zu drei Ideen gelangen. Das Verfahren wird fortgesetzt, bis jedes Formular von allen sechs Personen bearbeitet worden ist. Dadurch entstehen 108 Ideen: 6 Blätter · 6 Zeilen pro Blatt · 3 Ideen pro Zeile. Falls nur 5 Personen in der Gruppe sind, kann die Methode auf 535 (5 Personen, 3 Ideen pro Zeile, 5 Minuten) angepasst werden.

[2] Methode 635: wird auch Brainwriting genannt

Tab. 192

**Beispiel** Methode 635

**Problemstellung:** Wie könnte die Schokoladenfabrik „Süss & Partner" die Verkaufszahlen ihrer langjährigen erfolgreichen Milchschokolade „Die süsse Verführung" nach dem letztjährigen Einbruch wieder steigern?

| | Idee 1 | Idee 2 | Idee 3 |
|---|---|---|---|
| **Person A** | Preissenkung um 10% | neue Verpackung | neue Vertriebskanäle |
| **Person B** | Mengenrabatt beim Kauf von zwei Tafeln | neue Verpackung mit trendiger Aufschrift „Calcium strengthens your bones!" | Verkauf auf Autobahn-raststätten und Flughäfen ausdehnen um Touristen als Käufer zu gewinnen |
| **Person C** | Tafelgrösse von 100 g auf 120 g steigern | leuchtende Verpackung, welche sofort ins Auge sticht | Verkauf im Ausland |
| **Person D** | Preissenkung beschränkt auf die Weihnachtszeit | jeder Verpackung einen Wettbewerb mit tollen Preisen beilegen | Muster an Schulen verteilen |
| **Person E** | Jeder Verpackung ein Abziehbildchen beilegen, um junge Kundschaft zu gewinnen | Degustationen direkt im Laden anbieten | Werbung im Fernsehen machen |
| **Person F** | Rezeptur der Schokolade leicht abändern | Schokoladenform von rechteckig auf dreieckig abändern | Sportsponsoring |

## Morphologischer Kasten

FS2, DL3G

Der **morphologische Kasten** bietet sich als Kreativitätstechnik immer dann an, wenn ein Problem oder eine Fragestellung aus verschiedenen Teilproblemen besteht und hierfür verschiedene Lösungsmöglichkeiten denkbar sind. Ein Unternehmen kann beispielsweise für die Verpackung ihres Produkts (Grösse, Farbe, Design, Material usw.) den morphologischen Kasten zuhilfe nehmen. Dadurch lassen sich auf analytischem Weg verschiedene Lösungs- bzw. Verpackungsmöglichkeiten ausarbeiten. Der morphologische Kasten wird häufig für die Entwicklung neuer Produkte angewendet.

Ein morphologischer Kasten wird wie folgt aufgebaut:
1. genaue Beschreibung des Problems bzw. der Aufgabe
2. Bestimmung der Teilprobleme (mindestens drei)
3. Suchen nach Teillösungen (mindestens drei)
4. Festlegung passender Kombinationen von Teillösungen
5. beste Lösungsvarianten bestimmen

Abb. 295

Problem:

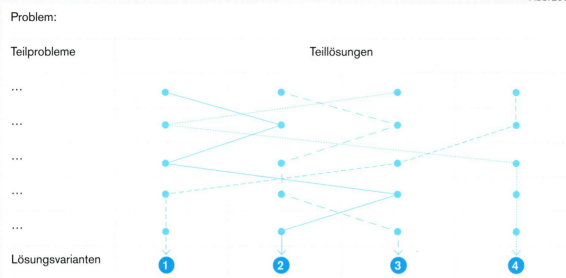

Teilprobleme                Teillösungen

...

...

...

...

...

Lösungsvarianten    1      2      3      4

**Beispiel** Schülerorganisation – Morphologischer Kasten

Das „Schulhaus Mittelberg" feiert sein 50-jähriges Bestehen. Aus diesem Grund hat das Rektorat die Schülerorganisation beauftragt eine Schulparty zu organisieren. Die Schülerorganisation nimmt bei der Suche nach verschiedenen Möglichkeiten der Partygestaltung den morphologischen Kasten zur Hand. Dadurch hat sie vier verschiedene Varianten einer Schulparty ausgearbeitet, welche sie dem Rektorat vorlegt.

Tab. 193

**Problem:** Organisation einer unvergesslichen Schulparty

| Teilproblem | Teillösungen | | | |
|---|---|---|---|---|
| **Location** | Schule | Diskothek | Waldhütte | Schiff |
| **Finanzierung** | Getränkeverkauf | Eintrittspreis | Sponsoring | Klassenkassen |
| **Musik** | Techno | Pop | Rock | Jazz |
| **Werbung** | Flyer | Pausen-ankündigung | Mund-zu-Mund-Propaganda | Schülerzeitung |
| **Attraktion** | Tanzgruppe | Wettbewerb | Prominenten-auftritt | Schaumparty |
| **Lösungsvarianten** | 1 | 2 | 3 | 4 |

Die Lösungsvarianten werden hier in Farben dargestellt. Es kommt aber häufig vor, dass einzelne Teillösungen für verschiedene Lösungsvarianten am besten passen. In einem solchen Fall sind Verbindungslinien geeigneter.

# 1.4 Lösungen bewerten, Entscheidungen treffen und Szenarien entwickeln

Bei der Bewertung von verschiedenen Lösungsvarianten werden diese den Zielen bzw. Kriterien gegenübergestellt. Die Eignung einer Lösungsvariante hängt vom Grad der Zielerreichung ab. Oftmals stellt sich das Problem, dass neben der Bewertung von quantitativen (objektiven) Kriterien (z. B. Kosten) meistens auch eine Bewertung von qualitativen (subjektiven) Kriterien (z. B. Qualität) erfolgen muss. Die Bewertung subjektiver Kriterien kann von Mensch zu Mensch verschieden ausfallen. Je nach Art des Problems können unterschiedliche Bewertungsmethoden sinnvoll sein.

## Stärken-Schwächen-Analyse

Das wohl einfachste Bewertungsverfahren ist die **Stärken-Schwächen-Analyse,** bei dem den verschiedenen Lösungsvarianten in einer einfachen Aufzählung Stärken und Schwächen zugeordnet werden.

**Beispiel** Bewertung der Stärken-Schwächen-Analyse

*Stärken*
- einfach zu erstellen
- keine weiteren Vorkenntnisse notwendig
- leicht lesbar

*Schwächen*
- Verwendung ungleicher Massstäbe bei verschiedenen Varianten
- keine Gewichtung der Ziele
- Gefahr der Manipulation

## SWOT-Analyse

FS2

Eine Erweiterung der Stärken-Schwächen-Analyse stellt die **SWOT-Analyse**→ dar, die neben den gegenwärtigen Stärken und Schwächen auch die Chancen und Gefahren in der Zukunft berücksichtigt.

→ S. 274 SWOT-Analyse

Abb. 296

| | Umwelt | |
|---|---|---|
| | **Threats** (= Gefahren) | **Opportunities** (= Chancen) |
| **Strengths** (= Stärken) | Mit welchen Stärken können welche Gefahren in Zukunft abgewendet werden? | Mit welchen Stärken können welche Chancen in der Zukunft genutzt werden? |
| **Weaknesses** (= Schwächen) | Welche Schwächen stellen zusammen mit Gefahren in Zukunft Risiken dar? | Welche Schwächen hindern uns, bestimmte Chancen in Zukunft zu nutzen? |

(Unternehmen)

## Vergleiche mithilfe von Tabellen

Tabellen eignen sich zur übersichtlichen Darstellung. Dies erleichtert die Analyse und den Vergleich von zwei oder mehreren Varianten anhand bestimmter Kriterien. Beim Kauf eines Druckers kann die Entscheidung für ein Modell anhand folgender Kriterien vorgenommen werden.

Tab. 194

| Kriterien | Drucker 1 | Drucker 2 | Drucker 3 |
|---|---|---|---|
| **Druckauflösung** | 5700 x 1440 dpi | 4800 x 1200 dpi | 4800 x 1200 dpi |
| **Geschwindigkeit** | 26 S./min | 30 S./min | 24 S./min |
| **Grösse** | 25 x 40 x 16 | 35 x 30 x 18 | 40 x 35 x 20 |
| **Zusatzfunktionen** | Scannen/Kopieren | – | Scannen/Kopieren/Faxen |
| **Preis** | CHF 189 | CHF 99 | CHF 299 |

Für eine fundierte Beurteilung und Entscheidung bei komplexeren Problemen reicht eine einfache tabellarische Aufstellung nicht mehr aus. In einer solchen Situation ist es empfehlenswert auf die Nutzwertanalyse zurückzugreifen.

## Nutzwertanalyse

 FS2, DL3G

Die **Nutzwertanalyse**→ ist ein bewährtes Instrument zur Entscheidungsfindung. Es werden qualitative und quantitative Kriterien bei der Beurteilung berücksichtigt und möglichst genau gewichtet. Das Ziel ist die Ermittlung eines vergleichbaren Bewertungsmasses (Punktwert) für alle Lösungsvarianten. Die Nutzwertanalyse läuft in sieben Schritten ab:

→ S. 119 und S. 128 Nutzwertanalyse

1. Auflistung der Lösungsvarianten
2. Festlegung der relevanten Bewertungskriterien für die Lösungsvarianten
3. Gewichtung der Bewertungskriterien (G) festlegen
4. Vergabe von Punkten (P) für die einzelnen Bewertungskriterien je Lösungsvariante (z. B. 1–3; 1 = schlecht, 2 = mittelmässig, 3 = gut)
5. Berechnung des Nutzens je Bewertungskriterium und Lösungsvariante durch Multiplikation der Gewichtung mit den zugehörigen Punkten (G · P)
6. Ermittlung des Gesamtnutzens je Lösungsvariante
7. **Sensitivitätsanalyse**[1]

[1] Sensitivitätsanalyse: Durch die bewusste Veränderung der vorgenommenen Gewichtung und/oder der Punktvergabe soll geprüft werden, ob daraus dieselbe Rangfolge der Lösungsvarianten resultiert. Damit soll die Stabilität der Entscheidung geprüft werden. Hierfür eignet sich ein entsprechend programmiertes Excel-Sheet, weil die neuen Ergebnisse sofort ersichtlich werden.

Tab. 195

| Bewertungskriterien | Gewichtung G | Variante A | | Variante B | |
|---|---|---|---|---|---|
| | | Punkte P | Nutzen = G · P | Punkte P | Nutzen = G · P |
| … | 35 | | | | |
| … | 30 | | | | |
| … | 20 | | | | |
| … | 15 | | | | |
| **Gesamtnutzen** | 100 | Total A | | Total B | |

Beim Einsatz der Nutzwertanalysen sind folgende Punkte besonders zu beachten:

– Die Kriterien müssen trennscharf sein.
– Für die Gewichtung und Bewertung der Kriterien sind möglichst einfache Zahlen zu verwenden.
– Die Summe der Gewichtungen soll 100 (100 % oder 1.0) betragen.

**Beispiel** Buskauf – Nutzwertanalyse

Ein Unternehmen will einen Bus für den Transport ihrer Mitarbeitenden vom Bahnhof ins Unternehmen anschaffen. Aufgrund von zwei vorliegenden Offerten entscheidet das Unternehmen anhand der Nutzwertanalyse.

Tab. 196

| Bewertungskriterien | Gewichtung G | Bus A | | Bus B | |
|---|---|---|---|---|---|
| | | Punkte P | Nutzen = G · P | Punkte P | Nutzen = G · P |
| Kosten | 40 | 2 | 80 | 3 | 120 |
| Sicherheit | 30 | 1 | 30 | 2 | 60 |
| Grösse | 20 | 2 | 40 | 1 | 20 |
| Design | 10 | 3 | 30 | 1 | 10 |
| Gesamtnutzen | 100 | | 180 | | **210** |

Das Unternehmen entscheidet sich aufgrund der Nutzwertanalyse für den Bus B. Um die Stabilität des Ergebnisses zu prüfen, wird eine Sensitivitätsanalyse vorgenommen. Dabei wird das Bewertungskriterium Grösse tiefer gewichtet (nur noch 10 statt 20), dafür das Bewertungskriterium Design höher (neu 20 statt 10). Dadurch steigt zwar der Gesamtnutzen vom Bus A auf 190, liegt aber immer noch unter der gleich bleibenden Punktzahl von Bus B von 210. Die vorgenommene Sensitivitätsanalyse zeigt, dass die Entscheidung für Bus B stabil ist.

Die Nutzwertanalyse kann u. a. bei folgenden Entscheidungssituationen eingesetzt werden:
– Kauf oder Miete einer Wohnung
– Auswahl von Lieferanten
– Vergleich von Offerten
– Vergleich von Investitionsprojekten
– Personalauswahl (Vergleich von Bewerbungen)
– Personalentlassung (Vergleich von Mitarbeitenden)
– Standortwahl

### Entscheidungsbäume

Der Einsatz eines Entscheidungsbaumes ist sinnvoll, wenn für eine Entscheidung zwischen zwei Alternativen mehrere Teilentscheidungen notwendig und diese voneinander abhängig sind. Der **Entscheidungsbaum** beinhaltet deshalb eine Reihe von Fragen, welche mit „ja" oder „nein" beantwortet werden können.

Abb. 297

**Beispiel** Kreditinstitut – Entscheidungsbaum

Ein möglicher Entscheidungsbaum eines Kreditinstituts, welches von Timon Illiquidas um einen Kredit ersucht wird, dient der Veranschaulichung:

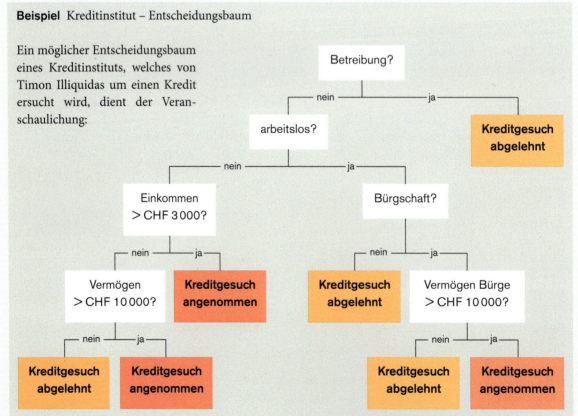

## Szenariotechnik

**Szenarien**[→] sind mögliche Zukunftsbilder von der Entwicklung von Dingen, welche das Unternehmen nicht direkt steuern kann (sog. nicht lenkbare Grössen[→]). Solche nicht lenkbaren Grössen können die Entwicklung des Ölpreises, die Entwicklung des Euros oder die globale Klimaerwärmung sein. Diese nicht lenkbaren Grössen finden sich in den Umweltsphären[→] des Unternehmens und bilden die Rahmenbedingungen für dessen Aktivitäten. Mithilfe der Szenariotechnik können basierend auf Vermutungen alternative Szenarien entworfen und durchgespielt werden. Im Sinne von „Was wäre, wenn …?" kann eine adäquate Eventualplanung entwickelt werden. Diese kann bei Eintreten eines Szenarios nur noch aus der Schublade gezogen werden.

→ S.95 Umweltanalyse

→ S.549 Netzwerktechnik

→ S.57 Umweltsphären

Der Einsatz der Szenariotechnik ist besonders geeignet, wenn …
– … neben quantitativen Informationen eine Vielzahl qualitativer Aspekte zu integrieren sind.
– … die Zukunft im Rahmen einer Problemstellung nicht genau vorhersehbar ist und nach Bandbreiten verlangt wird.
– … Kreativität bei der Problemlösung gefragt ist.

Bei einer Szenarioplanung müssen zuerst für das Unternehmen wichtige nicht lenkbare Grössen ausfindig gemacht werden. In einem zweiten Schritt müssen die sachlichen, zeitlichen und räumlichen Dimensionen definiert werden.

Szenarien werden häufig in Form eines Trichters dargestellt. Der Ausgangspunkt der Betrachtung bildet das **Trendszenario,** also jene Entwicklung, welche aufgrund stabiler Umweltentwicklungen mit grosser Wahrscheinlichkeit eintritt. Die Umweltentwicklungen sind aber nicht immer stabil, weil sie durch Störfaktoren beeinflusst werden. Dies macht die Entwicklung weiterer Szenarien notwendig. Die Eckpunkte des Trichters bilden die Extremszenarien, d.h. ein optimistisches Szenario (**Best-Case-Scenario**) auf der einen und ein pessimistisches Szenario (**Worst-Case-Scenario**) auf der anderen Seite. In der Gegenwart ist der Szenariotrichter am engsten, weil am Ausgangspunkt die Beziehungen im betrachteten System und die auf dieses einwirkenden Faktoren bekannt sind. Je grösser jedoch der Beobachtungszeitraum ist, desto mehr öffnet sich der Trichter bzw. desto mehr Szenarien sind möglich.

Abb. 298

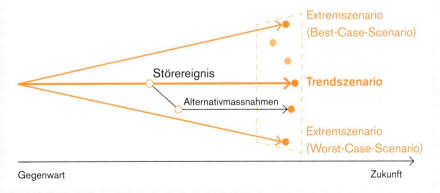

Für einen Automobilhersteller ist der Benzinpreis eine nicht lenkbare Grösse. Dieser hängt einerseits vom internationalen Ölpreis und andererseits von der nationalen Besteuerung ab. Ein Automobilhersteller entwickelt deshalb aufgrund unterschiedlicher Benzinpreise (sachliche Dimension) für die nächsten zehn Jahre (zeitliche Dimension) für Deutschland (räumliche Dimension) verschiedene Szenarien. Ein mögliches Trendszenario für einen Automobilhersteller ist ein kontinuierlicher leichter Anstieg des Ölpreises. Ein Extremszenario (Best-Case-Scenario) wäre die Entdeckung neuer, grosser, und relativ einfach zugänglicher Ölreserven (positives Störereignis), welche einen tieferen Ölpreis zur Folge hätte. Ein anderes Extremszenario (Worst-Case-Scenario) wäre ein länger andauernder Krieg in den Golfstaaten (negatives Störereignis) mit den damit verbundenen Öllieferschwierigkeiten und dem massiven Anstieg des Ölpreises.

Beide Ereignisse machen für die Automobilindustrie Alternativmassnahmen notwendig. Beispielsweise könnte die Automobilindustrie im optimistischen Szenario ihre Forschungsbemühungen hinsichtlich Wasserstoffmotoren[1] reduzieren und weiterhin konventionelle Motoren produzieren. Das pessimistische Szenario würde genau das Gegenteil, nämlich die Intensivierung der Forschung an Wasserstoffmotoren erforderlich machen.

[1] Wasserstoffmotor: Anstatt Benzin wird Wasserstoff als Kraftstoff für den Motor verwendet.

## 1.5 Lösungen umsetzen

Mit der Entscheidung für eine Lösung ist es noch nicht getan. Um eine erfolgreiche Implementierung[2] zu garantieren, ist eine durchdachte Planung erforderlich. Für einfachere Lösungen reicht das Flussdiagramm aus. Bei Lösungen mit zeitlichen Beschränkungen empfiehlt sich die Netzplantechnik und bei komplexeren Lösungen das Projektmanagement.

[2] Implementierung: Einführung/Umsetzung

### Flussdiagramm

Das **Flussdiagramm** eignet sich zur übersichtlichen Darstellung und Analyse von routinemässigen Arbeits- und Geschäftsabläufen.

Abb. 299

| Symbol im Flussdiagramm | Bedeutung | Erklärung |
|---|---|---|
|  | Start, Ende, Stopp | Jedes Flussdiagramm beginnt mit dem Start, welcher den Einstiegspunkt in den Prozess darstellt. Pro Flussdiagramm darf es nur einen einzigen Start geben. Am Schluss eines Flussdiagramms steht immer ein Ende. Dieses ist der Schlusspunkt eines Prozesses. Pro Flussdiagramm darf es nur ein einziges Ende geben. |

Abb. 300

| | Tätigkeit, Bearbeitung | Die genaue Tätigkeit kann direkt ins Symbol hineingeschrieben werden. Diese beschreibt einen bestimmten Vorgang, der innerhalb des jeweiligen Prozesses durchgeführt wird. |
|---|---|---|
| | Entscheidung | Eine Entscheidung hat einen Eingang (oben) und mehrere Ausgänge (links, rechts und unten). Die Frage, worüber eine Entscheidung gefällt werden muss, wird direkt in das Symbol geschrieben. |
| $\longrightarrow$ | Ablauflinie | Die Ablauflinie verbindet zwei Elemente miteinander. Sie stellt den Arbeitsablauf dar. |

Abb. 301

**Beispiel** „Arztpraxis Dr. Muster" – Flussdiagramm

Ärzte sind oftmals stark ausgelastet (Problem). Um unnötige vermeintliche Notfälle, welche die Tagesterminplanung durcheinanderbringen, möglichst zu eliminieren, hat Dr. med. Muster Fragen zusammengestellt (Lösungen) und in ein Flussdiagramm integriert (Lösung realisieren). Seine Praxisassistentin geht bei einer telefonischen Terminanfrage nach folgendem Flussdiagramm vor:

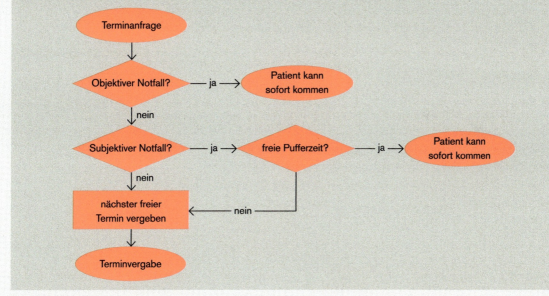

### Netzplantechnik

Ein **Netzplan** eignet sich besonders bei Umsetzungsarbeiten, welche unter grossem Zeitdruck stehen. Ein Netzplan ist die grafische Darstellung von Abläufen und Abhängigkeiten. Er bildet die einzelnen Arbeitsschritte und deren Reihenfolge ab. Zudem kann dem Netzplan entnommen werden, wie viel Zeit die einzelnen Vorgänge in Anspruch nehmen bzw. nehmen dürfen. Dadurch können zeitkritische Arbeitsschritte und drohende Terminverschiebungen frühzeitig erkannt und „Dominoeffekte" verhindert werden.

Abb. 302

| frühester Beginn | | frühestes Ende |
|---|---|---|
| **Tätigkeit** | | |
| **Dauer** | **Puffer** | |
| spätester Beginn | | spätestes Ende |

Jeder Arbeitsschritt ist gekennzeichnet durch die Tätigkeit, seine Dauer und seine Abhängigkeit von anderen Vorgängen. Diese Abhängigkeit wird durch Pfeile zwischen den Kästchen dargestellt. Die einzelnen Arbeitsschritte werden von links nach rechts angeordnet. Tätigkeiten, welche parallel – d. h. zeitgleich und unabhängig voneinander – ausgeführt werden können, stehen über- bzw. untereinander. Die Dauer weist die notwendige Zeit für den jeweiligen Arbeitsschritt aus. Der Puffer zeigt die vorhandene zeitliche Reserve, um welche der Vorgang nach hinten geschoben (spätester Beginn) oder die Dauer für den Arbeitsschritt gestreckt werden kann. Der früheste Beginn und das früheste Ende eines Vorganges werden festgelegt, indem vom Anfang des Projekts an geplant wird. Der späteste Beginn und das späteste Ende werden festgelegt, indem vom Ende her geplant wird. Der kritische Pfad wird durch die roten Pfeile dargestellt. Ergeben sich bei den Vorgängen auf dem kritischen Pfad Verzögerungen, hat dies eine zeitliche Verschiebung des Gesamtprojekts zur Folge. Den Vorgängen, welche auf dem kritischen Pfad liegen, wird aus diesem Grund besondere Beachtung geschenkt.

→ S. 249 Rückwärtsterminierung

Abb. 303

**Beispiel** Gemeindewerk – Netzplantechnik

Das Gemeindewerk erhält von der Stadtregierung den Auftrag, den Belag eines Strassenabschnittes zu sanieren und im selben Zug auch noch die Wasser- und Stromleitungen zu ersetzen. Da dieser Strassenabschnitt von vielen Autos befahren wird, müssen diese Arbeiten in möglichst kurzer Zeit abgeschlossen werden. Der Chef des Gemeindewerkes nimmt sich aus diesem Grund die Netzplantechnik zuhilfe.

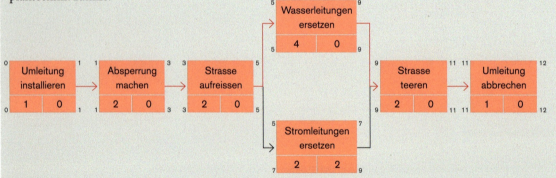

Der vorliegende Netzplan zeigt, dass die Arbeiten insgesamt zwölf Tage in Anspruch nehmen und bei allen Tätigkeiten auf die zeitlichen Vorgaben geachtet werden muss, ausser beim Ersetzen der Stromleitung. Hier können die Arbeiter auch erst zwei Tage später beginnen (also am 7. anstelle des 5. Tages).

# Anhang

# Sachwortverzeichnis

**569**

# Bibliografie

## A

Ansoff, H. I. (1965). *Corporate Strategy.* New York: McGraw-Hill.

Ansoff, H. I. (1966). *Management-Strategie.* München: Verlag Moderne Industrie.

Ansoff, I. (1984). *Implanting Strategie Management.* London: Prentice-Hall.

Argyris, C. & Schön, D. (1978). *Organizational Learning: A Theory of Action Perspective.* Reading, MA: Addison-Wesley.

Ashby, W. R. (1974). *Einführung in die Kybernetik.* Frankfurt a. M.: Suhrkamp.

## B

BCG (The Boston Consulting Group). (1970). *Perspectives on Experience.* Boston, MA: The Boston Consulting Group Inc.

Becker, J. (1998). *Marketing-Konzeption: Grundlagen des strategischen und operativen Marketing-Managements* (6., überarb. und erw. Aufl.). München: Vahlen.

Belz, C. & Bieger, T. (2001). *Customer Value. Manuskript.* St. Gallen.

Belz, C. (1998). *Akzente im innovativen Marketing.* Wien: Ueberreuter.

Bieger, T. (2000). *Dienstleistungs-Management: Einfü hrung in Strategien und Prozesse bei persönlichen Dienstleistungen* (2. überarb. Aufl.). Bern: Haupt.

Blake, R. R. & Mouton, J. S. (1985). *The Managerial Grid.* Houston: Gulf.

Bleicher, K. (1994). *Normatives Management. Politik, Verfassung und Philosophie des Unternehmens.* Frankfurt a. M.: Campus.

Bleicher, K. (2004). *Das Konzept Integriertes Management* (7. Aufl.). Frankfurt/New York: Campus.

## C

Chandler, A. D. (1970). *Strategy and structure: Chapters in the history of the American industrial enterprise.* Cambridge, MA: MIT Press.

Chandler, A. D. (1977). *The Visible Hand: The Managerial Revolution in American Business.* Cambridge, MA: Belknap.

## D

Deming, W. E. (1993). *Out of the Crisis.* Cambridge, MA: MIT-Press.

Dörner, D. (1989). *Die Logik des Misslingens: Strategisches Denken in komplexen Situationen.* Reinbek b. Hamburg: Rowohlt.

Drucker, P. (1967). *Die ideale Führungskraft.* Düsseldorf: Econ.

Drucker, P. (1985). *Innovation and entrepreneurship.* New York: Harper & Row.

Dubs, R., Euler, D., Rüegg-Stürm, J. & Wyss, C. E. (Hrsg.). (2004). *Einführung in die Managementlehre* (Band 1–5). Bern: Haupt.

Dyllick, T. (1990). *Management der Umweltbeziehungen. Öffentliche Auseinandersetzungen als Herausforderung.* Wiesbaden: Gabler.

Dyllick, T. (1989). *Management der Umweltbeziehungen.* Wiesbaden: Gabler.

## E

EFQM (1999). *The European Quality Award 2001.* Brüssel.

EFQM-European Foundation for Quality Management. (2003). *EFQM Excellence Model.* http://www.efqm.org/.

Esch, F., Herrmann, A. & Sattler, H. (2008). *Marketing. Eine managementorientierte Einführung* (2. Aufl.). München: Franz Vahlen.

## G

Gomez, P. & Probst, G. (2004). *Die Praxis des ganzheitlichen Problemlösens: Vernetzt denken – Unternehmerisch handeln – Persö nlich überzeugen* (4. Aufl.). Bern: Haupt.

Gomez, P. & Zimmermann, T. (1999). *Unternehmensorganisation: Profile, Dynamik, Methodik* (4. Aufl.). Frankfurt a. M.: Campus.

Gomez, P. (1981). *Modelle und Methoden des systemorientierten Managements.* Bern: Haupt.

Grochla, E. (1995). *Grundlagen der organisatorischen Gestaltung.* Stuttgart: Schäffer-Poeschel.

Gross, P. (1994). *Die Multioptionsgesellschaft.* Frankfurt a. M.: Suhrkamp.

Gutenberg, E. (1983). *Grundlagen der Betriebswirtschaftslehre – Band 1. Die Produktion.* Berlin: Springer.

## H

Hallauer, P., Hass, S. & Mathys, S. (2007). *Geschäftsberichte lesen und verstehen.* (4. Aufl.). Schlieren: KPMG.

Haller, M. (1986). Risiko-Management – Eckpunkte eines integrierten Konzepts. In H. Jacob (ed.), *Schriften zur Unternehmensführung – Risiko-Management* (S. 7–43). Wiesbaden: Gabler.

Hammer, M. & Champy, J. (1994). *Business Reengineering: Die Radikalkur für das Unternehmen.* Frankfurt a. M.: Campus.

Herbst, D. (2003). *Public Relations* (2. Aufl.). Berlin: Cornelsen.

Hersey, P. & Blanchard, K. H. (1988). *Management of Organizational Behavior* (5. Aufl.). Englewood Cliffs, NJ: Prentice Hall.

Hilb, M. (2002). *Integriertes Personalmanagement* (10., überarb. Aufl.). Neuwied: Luchterhand.

Hilb, M. (1997). *Integriertes Personalmanagement: Ziele, Strategien, Instrumente* (4., überarbeitete Aufl.). Neuwied: Luchterhand.

Hofstede, G. (1991). *Interkulturelle Zusammenarbeit. Kulturen – Organisationen – Management.* Wiesbaden: Gabler.

Hofstede, G. (2011). *Interkulturelle Zusammenarbeit und globales Management.* München: Beck/DTV.

Huntington, S. P. (1996). *Kampf der Kulturen: The clash of civilizations: Die Neugestaltung der Weltpolitik im 21. Jahrhundert.* München/Wien: Europa.

## I

ISO-International Organization for Standardization (2000). *Qualitätsmanagementsysteme – Anforderungen* (ISO 9001: 2000). Genf: ISO.

## K

Kaplan, R. S. & Norton, D. P. (1992). The Balanced Scorecard – Measures that drive performance. *Harvard Business Review* (January-February), 71–79.

Kaplan, R. S. & Norton, D. P. (1996). *The Balanced Scorecard: Translating Strategy Into Action.* Boston, MA: Harvard Business School Press.

Kaplan, R. S. & Norton, D. P. (1997). *Balanced Scorecard. Strategien erfolgreich umsetzen.* Stuttgart: Schäffer-Poeschel.

Kluck, D. (1998). *Materialwirtschaft und Logistik.* Stuttgart: Schäffer-Poeschel.

Kotler, P. & Bliemel, F. (1999). *Marketing-Management. Analyse, Planung, Umsetzung und Steuerung* (9. Aufl.). Stuttgart: Schäffer-Poeschel.

Kotler, P., Keller, K. L. & Bliemel, F. (2007). *Marketing-Management. Strategien fü r Wertschaffendes Handeln* (12. Aufl.). München: Pearson Studium.

Kuss, A. & Tomczak, T. (2000). *Käuferverhalten* (4., völlig neu bearb. Aufl.). Stuttgart: Lucius & Lucius/UTB.

## L

Lattmann, C. (Hrsg.). (1990). *Die Unternehmenskultur.* Heidelberg: Physica.

Lewin, K. (1943). Forces behind food habits and methods of change. *Bulletin of the National Research Council, 108,* 35–65.

Luhmann, N. (1984). *Soziale Systeme. Grundlegung einer allgemeinen Theorie.* Frankfurt a. M.: Suhrkamp.

## M

Malik, F. (1984/2002). *Strategie des Managements komplexer Systeme* (7. Aufl.). Bern: Haupt.

Meffert, H. & Buhrmann, C. (2000). Product Life Cycle Management – Grundmodell und neuere Entwicklungen. *Thexis – Fachzeitschrift für Marketing* (2), 6–10.

Meffert, H. (2001). *Marketing, Grundlagen marktorientierter Unternehmensfü hrung, Konzepte – Instrumente – Praxisbeispiele* (9. Aufl.). Wiesbaden: Gabler.

Meier-Hayoz, A. & Forstmoser, P. (2007). *Schweizerisches Gesellschaftsrecht* (10. Aufl.). Bern: Stämpfli.

Metzger, Ch. (2010). *Lern- und Arbeitsstrategien. Ein Fachbuch für Studierende an Universitäten und Fachhochschulen* (11., überarbeitete Aufl.). Oberentfelden: Sauerländer.

Müller-Stewens, G. & Lechner, C. (2011). *Strategisches Management. Wie strategische Initiativen zu Wandel führen* (4. Aufl.). Stuttgart: Schäffer-Poeschel.

Müller-Stewens, G., Spickers, J. & Deiss, C. (1999). *Mergers and Acquisitions.* Stuttgart: Schäffer-Poeschel.

## O

Odiorne, G. S. (1984). *Strategic Management of Human Resources.* San Francisco: Jossey-Bass.

Österle, H. (1996). *Business Engineering – Prozess- und Systementwicklung, Band I* (2. Aufl.). Berlin: Springer.

Osterloh, M. & Frost, T. (2000). *Prozessmanagement als Kernkompetenz* (3. Aufl.). Wiesbaden: Gabler.

## P

Pellens, B., Fülbier, R. U., Gassen, J. & Sellhorn T. (2008). *Internationale Rechnungslegung* (7. Aufl.). Stuttgart: Schäffer-Poeschel.

Peters, T. J. & Waterman, R. H. (1982). *In Search of Excellence. Lessons from America's Best-Run Companies.* New York: Harper & Row [dt.: *Auf der Suche nach Spitzenleistungen.* Landsberg: Verlag Moderne Industrie (1983)].

Pongs, A. (Hrsg.). (1999/2000). *In welcher Gesellschaft leben wir eigentlich! Gesellschaftskonzepte im Vergleich* (Bde. 1 und 2). München: Dilemma.

Porter, M. (1983). *Wettbewerbsstrategie.* Frankfurt a. M.: Campus.

Porter, M. (1986). *Wettbewerbsvorteile.* Frankfurt a. M.: Campus.

Porter, M. E. (1980). *Competitive Strategy.* New York: Free Press.

Porter, M. E. (1985). *Competitive advantage: creating and sustaining superior performance.* New York: Free Press.

Porter, M. E. (1996). *Wettbewerbsvorteile (Competitive Advantage): Spitzenleistungen erreichen und behaupten* (4. Aufl.). Frankfurt a. M./New York: Campus.

Probst, G. (1981). *Kybernetische Gesetzeshypothesen als Basis für Gestaltungs- und Lenkungsregeln im Management.* Bern: Haupt.

Pümpin, C. (1992). *Strategische Erfolgspositionen: Methodik der dynamischen Unternehmensführung.* Bern: Haupt.

## R

Rappaport, A. (1995). *Shareholder Value. Wertsteigerung als Massstab für die Unternehmensführung.* Stuttgart: Schäffer-Poeschel. [engl. 1986].

Rappaport, A. (1997). *Creating Shareholder Value.* New York: Free Press.

Rogers, E. M. (1995). *Diffusion of Innovations* (4th edition). New York: Free Press.

Rüegg-Stürm, J. (1999). *Controlling für Manager* (5. Aufl.). Zürich: Neue Zürcher Zeitung.

Rüegg-Stürm, J. (2001). *Organisation und organisationaler Wandel: Eine theoretische Erkundung aus konstruktivistischer Sicht.* Opladen/Wiesbaden: Westdeutscher Verlag.

Rüegg-Stürm, J. (2003). *Das neue St. Galler Management-Modell. Grundkategorien einer integrierten Managementlehre: Der HSG-Ansatz* (2. Aufl.). Bern/Stuttgart/Wien: Haupt.

Rüegg-Stürm, J. & Grand, S. (2014). *Das St. Galler Management-Modell. 4. Generation – Einführung.* Bern: Haupt.

## S

Schein, E. (1985). *Organizational Culture and Leadership.* San Francisco: Jossey-Bass.

Schreyögg, G. (1995). *Umwelt, Technologie und Organisationsstruktur: eine Analyse des kontingenztheoretischen Ansatzes* (3. Aufl.). Bern: Haupt.

Schuh, G. (Hrsg.). (1999). *Change Management – von der Strategie zur Umsetzung.* Aachen: Shaker.

Schuh, G., Millarg, K. & Göransson, A. (1998). *Virtuelle Fabrik – Neue Marktchancen durch dynamische Netzwerke.* München/Wien: Carl Hanser.

Schumacher, J. & Meyer, M. (2004). *Customer Relationship Management. Strukturiert dargestellt. Prozesse, Systeme, Technologien.* Berlin: Springer.

Schumpeter, J. A. (1997). *Theorie der wirtschaftlichen Entwicklung.* Berlin: Duncker & Humblot.

Seghezzi, D. (1996). *Integriertes Qualitätsmanagement: das St. Galler Konzept.* München: Hanser.

Senge, P. (1990). *The Fifth Discipline. The Art and Practice of the Learning Organisation.* New York: Doubleday.

Spremann, K. (2007). *Finance* (3. Aufl.). München: Oldenbourg.

Spremann, K. (2004). *Valuation. Grundlagen moderner Unternehmensbewertung.* München: Oldenbourg.

Staehelin, E., Suter, R. & Siegwart, N. (2007). *Investitionsrechnung* (10. Aufl.). Zürich/Chur: Rüegger.

Tannenbaum, R. & Schmidt, W.H. (1958). How to Choose a Leadership Pattern. *Harvard Business Review,* 2, 95–101.


**T**

Taylor, F. (1915). *The principles of scientific management.* New York: Harper.

Thom, N. (1996). *Betriebliches Vorschlagswesen: Ein Instrument der Betriebsführung und des Verbesserungsmanagements* (5., überarb. und erg. Aufl.). Bern: Peter Lang.

Tichy, N.M. & Devanna, M.A. (1986). *The transformational leader.* New York: Wiley.


**U**

Ulrich, H. & Krieg, W. (1972/1974). *St. Galler Management-Modell* (3. Aufl.). Bern: Haupt.

Ulrich, H. & Probst, G. (1988/2001). *Anleitung zum ganzheitlichen Denken und Handeln* (4. Aufl.). Bern: Haupt.

Ulrich, H. (1978/1987). *Unternehmungspolitik* (3., durchgesehene Aufl.). Bern: Haupt.

Ulrich, H. (1984). *Management.* Bern: Haupt.

Ulrich, H. (1968/1970). *Die Unternehmung als produktives soziales System* (2. Aufl.). Bern: Haupt.

Ulrich, P. & Fluri, E. (1995). *Management. Eine konzentrierte Einfü hrung* (7. Aufl.). Bern/Stuttgart/Wien: Haupt.

Ulrich, P. (2008). *Integrative Wirtschaftsethik. Grundlagen einer lebensdienlichen Ökonomie* (4. Aufl.). Bern: Haupt.

Ulrich, P. (2005). *Zivilisierte Marktwirtschaft. Eine wirtschaftsethische Orientierung.* Freiburg i. Br.: Herder Spektrum.

von Rosenstiel, L. & Neumann, P. (1991). *Einführung in die Markt- und Werbepsychologie* (2. Aufl.). Darmstadt: Wissenschaftliche Buchgesellschaft.


**W**

Wöhe, G. (2000). *Einführung in die allgemeine Betriebswirtschaftslehre.* München: Vahlen.

Wunderer, R. & Grunwald, W. (1980). *Führungslehre. Bd. 1: Grundlagen der Führung, Bd. 2: Kooperative Führung.* Berlin: de Gruyter.

Wunderer, R. (2001). *Führung und Zusammenarbeit. Eine unternehmerische Führungslehre* (4. Aufl.). Neuwied: Luchterhand (1. Aufl. 1993).


**Y**

Yukl, G.A. (1994). *Leadership in organizations* (3th ed.). Englewood Cliffs, NJ: Prentice Hall.

**Abbildungsverzeichnis**

12 fotolia/Visions-AD; 15 fotolia/nikola-master; 20 Mauritius images/Alamy/Patrizia Wyss; 25 Mauritius images/Alamy/Patrizia Wyss; 29 fotolia/PeJo; 31 fotolia/Sergey Peterman; 39 shutterstock/AlenD; 40 Reproduziert mit Genehmigung der swisstopo (BA 100245), Bundesamt für Landestopografie, Wabern; 57 Swiss International Air Lines Ltd.; 61 fotolia/Jochen Scheffl; 62 fotolia/leeyiutung; 63 shutterstock/djama; 66 fotolia/ Björn Wylezich; 67 shutterstock/Andrey_Kuzmin; 69 shutterstock/Ikonoklast Fotografie; 71 shutterstock/ plumdesign; 72 shutterstock/Daxiao Productions; 74 shutterstock/Matthew Ennis; 75 fotolia/Silvano Rebai; 80 fotolia/iBird; 84 fotolia/Syda Productions; 85 shutterstock/Sibuet Benjamin; 91 easyJet Airline Company PLC; 94 easyJet Airline Company PLC; 102 fotolia/Andrey Armyagov; 116 fotolia/JFL Photography; 118 fotolia/Andrey Kuzmin; 122/1 fotolia/Syda Productions; 122/2 shutterstock/Matej Kastelic; 125 shutterstock/antonsav; 126 fotolia/Maksim Shebeko; 127 fotolia/RAM; 130 fotolia/digitalefotografien; 135 shutterstock/Sorbis; 137 shutterstock/Capifrutta; 138 fotolia/ARochau; 140 fotolia/lenets_tan; 143 picture-alliance; 144 fotolia/Monkey Business; 146 fotolia/LuckyImages; 151 fotolia/Picture-Factory; 155 fotolia/alphaspirit;

**Hinweis auf zusätzliche Unterrichtsmaterialien**

Für die Lehrpersonen stehen verschiedene Materialien als Download zur Verfügung. Die drei Downloadkategorien können je separat bezogen werden. Im Lehrbuch wird mit dem Symbol ⟳ und einer Kurzbezeichnung in der Randspalte auf die Downloads hingewiesen.

Im Folgenden werden die Downloads kurz beschrieben. Detaillierte Informationen zu den Downloads finden Sie unter www.iwp.unisg.ch/downloads.

### DL 1: Folien zum Lehrbuch (978-3-06-451400-3)
– Diverse Folien zum St. Galler Management-Modell
– Alle Schaubilder und Tabellen aus dem Lehrbuch

### DL 2: Unterrichtseinheiten und Fälle (978-3-06-451399-0)
#### (I) 10 Unterrichtseinheiten (UE)
– Die Unterrichtseinheiten umspannen zwei bis sechs Lektionen.
– Themen werden aus mehreren Perspektiven beleuchtet.
– Die Schülerinnen und Schüler werden in einen aktiven Lernprozess eingebunden.

#### (II) 4 Fallstudien (FS)
– Die Fallstudien haben einen konkreten unternehmerischen Bezug.
– Die Durchführung erstreckt sich über mehrere Lektionen.

#### (III) 6 Kleinstfälle (KS)
– Die Kleistfälle können in 90 Minuten gelöst werden.
– Modelle und Konzepte müssen in einer konkreten Problemstellung angewendet werden.

### DL 3: Vertiefende Materialien zur Unterrichtsvorbereitung (978-3-06-451398-3)
– Diverse didaktische Materialien für die Unterrichtsvorbereitung, -gestaltung und Lernerfolgskontrolle